여성성의 신화

새로운 길 위에 있는
우리 모두에게 용기를

—

김현우 옮김 · 정희진 해제

여성성의
신화

·

The Feminine Mystique
(50th Anniversary Edition)

베
티
프
리
단
지
음

갈라파고스

이 책에 대한 찬사

당신이 어떤 세대에 속해있든, 이 책은 놀랍도록 고무적이며 다시 논의될
만한 확실한 가치가 있는 책이다. 태어나서 처음으로 책을 읽는다면, 바로
이 책을 읽어라.

—북페이지

매우 쉽게 읽히는 도발적인 책.

—루시 프리먼,《뉴욕타임스 북 리뷰》

20세기의 가장 중요한 책이 『여성성의 신화』다. 흑인들에게 마틴 루터 킹
주니어가 있었다면 여성들에게는 베티 프리단이 있다.

—바버라 시멘, 『자유와 여성』의 저자

1960년대와 70년대 페미니스트들을 각성시키는 데에 프리단보다 더 많은
일을 한 여성은 없다.

—마이클 카진,《뉴리퍼블릭》

미국 여성들이 자신들의 삶을 바라보았을 때, 그들은 베티 프리단이 남긴
것들이 여전히 작용하고 있는 것을 보게 될 것이다.

—나오미 울프,《타임》

훌륭하다. 프리단은 어떤 페미니스트 작가도 도달하지 못한 위치에 도달하는 데 성공했다. 프리단은 일반적인 독자들의 삶을 감동시켰다.

—루이스 메너드,《더뉴요커》

『여성성의 신화』는 넓고 깊이 있는 비전을 제시한다. 자신을 어린아이로 취급하는 문화에서 여성들은 제대로 성장할 수 없다. 루소가 미친 여성혐오자가 아니였다면, 그는 프리단에게 갈채를 보냈을 것이다.

—카타 폴리트《더 네이션》

이 책은 사람들을 놀라게 하고 동요시키는 힘을 지니고 있다.

—《뉴욕 타임즈》

프리단은 어머니들뿐만 아니라 모든 사람들이 필생의 업적을 쌓는 것에 있어 '배우고', 피할 수 없는 어려운 일들을 마주할 때 두려워하지 않기를 바랐다. 이 어려움은 일과 가정 사이에 균형을 맞추면서 둘 다 잘해내고 '모든 것을 얻으려' 노력할 때 발생하는 일들이다. 베티 프리단은 『여성성의 신화』를 50년 전에 써냈지만, 오늘날에도 여전히 그녀의 지혜를 사람들과 공유하기에 충분한 가치가 있다.

—아리아나 허핑턴, 《오프라 매거진》

모든 새로운 여성들,
그리고 모든 새로운 남성들을 위하여

※일러두기
이 책 『THE FEMININE MYSTIQUE』는 1978년 한국에 처음 소개될 당시 『여
성의 신비』라는 제목으로 출간되었다. 하지만 이 제목은 '여성다움'이라는 이름으
로 여성에게 덧씌워진 역할과 이미지'라는 의미를 제대로 담지 못한다고 판단하여
『여성성의 신화』로 수정하여 출간하게 되었다.

베티 프리단, 우리를
출발선에 다시 세우다

20세기에 출간된 책 중에서 시몬 드 보부아르의 『제2의 성』과 베티 프리단의 『여성성의 신화』만큼 찬사와 논쟁의 대상이 된 텍스트도 드물 것이다.

특히 이 책은 이론 자체에서 여전히 내파와 여진, 확장, 변태變態를 거듭하고 있는 자유주의 사상의 특징을 잘 보여준다는 점에서 영원한 필독서라고 할 수 있다. 지금 우리가 알고 있는 근대의 거의 모든 지식 체계가 자유주의의 자장磁場 안에서 자유롭지 않기 때문이다. 다시 말해 오늘날 이 책을 읽지 않으면 남녀를 불문하고 자신과 사회, 자본주의와 신자유주의를 이해할 수 없다.

공적 영역에서 양성 간의 평등을 주장하는 자유주의 페미니즘의 고전인 이 책이 불러일으킨 논쟁은 당대에도 지속되고 있다. 남성과 같아지는 것이 여성주의인가? 평등은 같음sameness인가, 공정함

fairness인가? 남성, 사회, 국가가 변화하지 않는 양성평등은 결국 여성의 이중, 삼중의 노동이 아닌가? 평등의 기준이 남성적 가치라면, 인간의 조건은 이성reason과 독립성autonomy뿐인가? 프리단이 말하는 여성은 '어떤' 여성인가? 백인, 중산층, 이성애자가 아닌가? 논쟁은 끝이 없다.

위와 같은 의미에서 이 책의 역사적 의미는 크게 두 가지라고 볼 수 있다. 하나는 위에서 말한 논쟁 그 자체이고, 또 하나는 자유주의 혹은 자유주의 페미니즘은 결코 달성될 수 없다는 의미에서 영원히 필요하며, 급진적일 수밖에 없다는 점이다.

자유주의 페미니즘이 불러온 논쟁과 모순은 이후 급진주의 페미니즘, 사회주의 페미니즘, 정신분석 페미니즘, 탈식민 페미니즘의 토대가 되었다. 자유주의에 대한 이해가 없다면, 자유주의와 젠더(성별성)에 대한 공부가 없다면, 자유주의의 유동성을 고려하지 않는다면 근대성과 탈근대성 모두에 접근할 수 없다.(탈근대는 공간적 개념이지 '근대 이후'가 아니다.)

자본주의와 사회주의 체제를 '이념'이라고 볼 수는 없지만, 이것들은 자유주의의 핵심 개념인 인간의 본질에 대한 실험이었다. 혹자는 다음과 같이 말한다. 가부장제 사유 체계 속에서 사회주의와 기능주의가 자유주의의 적자라면, 페미니즘은 '사생아'라는 것이다. 『여성성의 신화』는 이 '사생아'를 공적 영역의 의제로 전면에 가시화시켰다.

자유주의 페미니즘이 왜 영원히 필요한지는 베티 프리단의 책과 늘 동시에 논의되는 질라 아이젠슈타인의 『자유주의 페미니즘의 급진적 미래The Radical Future of Liberal Feminism』가 잘 보여준다. 인간의 해방과 자유는 추구하는 그날까지 달성될 수 없는 과정의 정치다. 『여성성의 신화』는 지구상 '모든' 여성이 교육, 법, 고용, 경제적 지위 등 공적 영역에서 평등을 얻는 '그날'까지 유효하다. 그러나 동시에 '그날'은 오지 않아야 한다. 민주주의는 끝없는 전진이기 때문이다.

근대에 등장한 개인individuals 개념은 인간을 신神과 자연의 질서로부터 해방시켰다(고 믿었다). 그러나 곧바로 그 '사람'이 누구인가 그리고 '사람은 같은가, 다르다면 어떻게 다른가'라는 고민이 시작되었다. 인간의 기준은 백인, 남성, 비장애인에 국한되었다는 점에서 비판받았고, 인간이 원하는 사회는 어떤 사회인가(사회주의의 등장, 문명의 발전에 대한 회의 등등)라는 논쟁을 낳았다.

자유주의 페미니즘은 가장 거대하고 광범위한 인간의 성별, 그에 따른 생활 영역 전반의 문제에 도전했다. 물론 그 도전이 기존의 정치, 개인 개념에 국한되었기에 이후 구조주의 페미니즘이 대거 등장한다.

'여성의 사회 진출'보다 사회구조 자체의 문제를 비판하는 제반 구조주의 페미니즘들에서 여성은 개인이라기보다 구조와 협상하는 주체subject, 행위자agency다. 그러나 급진주의 페미니즘의 대안 역시 자유주의에서 큰 영향을 받았다. 급진주의 페미니즘은 자유주의 페미니즘의 사적인 영역과 섹슈얼리티에 대한 무지에 대한 비판에서 출발했지만, 성적 자기 결정권이라는 자유의지론에 '의존'할 수

밖에 없었다. 성폭력과 전시 강간을 다룬 역작 수잔 브라운 밀러의
『우리의 의지에 반하여Against Our Will』는 성폭력을 개인의 의지를 억
압하는 문제로 보았다.

이 책이 1978년 『여성의 신비』(평민사)로 번역된 책을 읽은 나
로서는 한국어 제목이 잘못되었다고 생각했다. 실제로도 '틀린' 번
역이다. 그러나 'Feminine Mystique'는 '여성의 신비'이기도 하고,
'여성성의 신비'이기도 하다. 나는 '여성이라는 미스테리', '여성의
분열'로 읽는다. 그만큼 복잡한 텍스트라는 이야기다.

지금 내 앞에 있는 『여성성의 신화』는 시간과 공간을 달리하여
먼 여정을 거쳤다. 일단, 이곳은 한국사회이며 지금은 자유주의의
해방적 성격 대신 개인에게 모든 책임을 묻는 각자도생 시대, 고립
된 개인의 신자유주의 시대다. 여성은 언제나 성 역할과 시민권 사
이에서 갈등했고, 이 책은 그 문제를 정면으로 다룬다.

신자유주의는 인류 최초로 가부장제를 이긴 체제다. 신자유주
의는 페미니즘을 일정 정도 허용했다. 남성의 성 역할과 시민권, 노
동권은 대립하지 않지만 여성이 성 역할 담당자 대신 개인이 되려
면 언제나 '이기적'이라는 비난을 감수해야 했다. 그러나 신자유주
의는 여성에게도 개인화, 시민권을 허용했고 그것이 지금 우리가
목도하는 바 여성운동의 '대중화'다. 현재 한국의 여성운동의 일부
가 유례없이 동성애, 트랜스젠더, 난민혐오적 경향을 보이는 것은
당대 페미니즘이, 사회정의와 연대로서 페미니즘이기보다는 신자

유주의적 페미니즘이기 때문이다.

그런 의미에서 우리의 목표는 신자유주의적 자아에서 자유주의적 자아로의 회복일지도 모른다. 한국사회에서 『여성성의 신화』는 '우리의 문제'를 해석('해결')하는 데 좋은 참고자료다. 한국의 여성 교육 수준은 세계 1위인 반면, 노동시장 진출의 질은 104위, 언제나 100위권 밖이다. 남성과 여성의 임금 차이는 100 대 58~62를 오간다. 교육 수준과 취업의 극심한 괴리는 고학력 여성을 결혼 시장으로 내몰고, 그들은 자녀 교육에 올인한다. 이것이 바로 한국 사회의 젠더-입시교육-부동산 문제의 핵심이다. 이들 '대치동 엄마'들은 지루하지 않다. 일단 너무 바쁘다. "이름 붙일 수 없는 문제"가 없다. 있더라도 자신의 '문제'가 무엇인지 알고 있다. 이들의 인식은 매우 구조적이다.

가정에서 고학력 중산층 여성들이 자아실현하는, 다른 한편에서는 결혼 거부와 저출산을 선택하는 여성들, 자기 계발과 스펙 쌓기에 지친 여성들, '고양이, 알바, 여행'으로 상징되는 '소박한 삶'에 대한 욕구, SNS를 통해 자아를 구성하는 여성들……. 이 시대 여성들의 근본적 고민은 여전히 남성과의 불평등 때문이다. 단지 '선택'이 다양해졌을 뿐이다.

그런 의미에서 이 책은 우리를 출발선에 다시 세운다.

2018년 7월
정희진(『페미니즘의 도전』 저자)

차례

새로운 길 위에 있는
우리 모두에게 용기를

『여성성의 신화』가 출간된 지 10년이 지났다. 이 책을 쓰기 시작하기 전까지 나는 여성 문제가 존재한다는 사실을 전혀 의식하지 못했다. 그때 우리를 모두 수동적으로 만들고 서로 떨어뜨려 놓아 현실에 널려있는 여러 문제와 가능성을 보지 못하게 만들던 그 신화에 결박되어, 나 역시 다른 여성들처럼 부엌 바닥을 왁스칠하면서 희열감을 느끼지 못하는 내게 무언가 잘못이 있다고 생각했다. 바닥을 왁스칠하는 대신 이 책을 쓴 나는 별종이었음을, 1963년에 진통을 겪는 와중에 작업을 끝내면서 스스로 인정할 수밖에 없었다.

10년 전 우리는 모두 어떤 여성이 부엌 바닥에 왁스를 칠하면서 광고가 약속하는 신비로운 환희의 성취감을 경험하지 못한다면 그 여자가 별종이라고 생각했다. 우리가 아무리 주니어나 재니, 에밀리의 엄마로서, 아니면 B. J.의 부인으로서의 삶을 향유하더라도,

여전히 스스로 각자 고유한 권리를 지닌 사람이고자 하는 욕망이나 사상을 가지고 있다면, 우리는 별종이나 신경증 환자 정도로 취급받았다. 그래서 우리의 죄악이나 신경증을 성직자와 정신과 의사 앞에서 고백하고, 다른 사람들에게 맞춰 살기 위해 열심히 노력했다. 아이들에게 땅콩버터 샌드위치를 만들어주는 것 이상으로 가치 있는 일이 인생에 있다고 여기거나, 새로 산 세탁기에 가루비누를 풀어 넣어도 결혼기념일 밤의 마음이 편안하지 않거나, 양말과 셔츠를 뽀얗게 빠는 게 최상의 경험이 아니더라도, 우리는 그것을 인정하려 들지 않았다. 감추려 해도 드러나는 마음에 죄의식을 느끼면서도 말이다.

우리 중 일부(1963년 당시 미국 여성의 거의 절반)는 이미 주택 할부금을 갚거나 식료품을 살 돈을 마련하기 위해 집 밖에서 일하는 용서받지 못할 죄를 저지르고 있었다. 자신의 여성다움을 배반하고, 남편의 남성성을 침해하고, 감히 돈을 벌기 위해 일하느라 아이들을 소홀히 한다며 죄책감을 느꼈다. 아무리 돈을 벌어야만 했더라도 말이다. 여성들은 남자들과 똑같은 일을 하고도 남자보다 절반밖에 안 되는 월급을 받고, 승진 기회는 언제나 비켜가는 데다, 남성 직원의 직급과 월급을 올려줄 보고서를 쓰면서 분개했지만, 스스로가 이런 상황에 분노하고 있다는 사실을 인정하려 하지 않았다.

책을 쓰고 있을 때였다. 이웃에 사는 거티와 커피를 마시고 있는데 인구조사관이 찾아왔다. 조사관은 물었다. "직업이 뭐죠?" "전업주부요." 내가 책을 쓰고 잡지에 칼럼을 기고하는 것을 격려해주던 거티가 머리를 가로저으며 슬프게 말했다. "당신 자신을 좀 더 진지하게 평가해 봐." 나는 머뭇거리다가 인구조사관에게 다시 말했다. "실은 작가랍니다." 하지만 그때 나는 미국의 모든 기혼 여성과 마찬가지로 오전 9시부터 오후 5시까지 다른 무엇을 하든 간에 주부였고, 지금도 여전하다. 물론 결혼하지 않은 여성이 '주부'라고 적어넣지는 않겠지만, 그때에도 사회는 이 여성들이 세계 속의 인간으로서 무슨 일을 하느냐보다는 이렇게 묻는 데 관심이 있었다. "당신처럼 멋진 아가씨가 왜 결혼하지 않죠?" 그런 질문을 받고 나면 여성들은 자신을 진지하게 평가할 용기를 잃어버린다.

내가 이 책을 썼다는 것 자체가 참 믿기 어려운 일이다. 하지만 어찌 보면 내 생애 전체가 이 책을 쓰기 위한 준비 과정이었다. 모든 조각들이 마침내 한데 모여진 것이다. 1957년, 《레드북》이나 《레이디스 홈 저널》에 모유 먹이는 법 같은 글을 쓰는 데 싫증이 난 나는 1942년에 스미스대학에 입학한 동창생들에게 설문지를 돌리는 일에 많은 시간을 쏟아부었다. 교육이 우리 여성들에게 부적절한 성 역할 개념을 심어준다는 당대의 통념을 반박해보자는 생각에서였다. 하지만 설문은 사람들이 답변해준 것보다 더 많은 질문을 불러일으켰다. 교육은 여성들이 하고자 한 역할에 우리를 정확히 맞추지 못한 것 같았다. 교육이 잘못된 것인지 아니면 여성에게 부여된 역할이 잘못된 것인지 의구심이 일었다. 그때 《맥콜》에서 스미스대학 동창생 설문에 기초한 기사를 써달라는 제의를 받았지만 이내 《맥콜》의 남성 발행인은, 저 위대한 공존의 시대에 여성 편집자들이 쏟은 보이지 않는 노력이 있었음에도 불구하고, 두려움 속에 기사를 싣지 않겠다고 결정했다.《맥콜》의 남성 편집자들은 설문조사 내용이 사실일 리가 없다고 말했다. 다음에는《레이디스 홈 저널》에서 기사를 청탁받았다. 이때는 내가 거절했는데, 내가 실제로 말하려는 것과 정반대의 내용으로 글을 고쳐 쓰려고 했기 때문이었다.《레드북》을 위해 다시 글을 썼다. 매번 나는 여성, 심리학자, 사회학자, 결혼 상담원 같은 사람들을 더 많이 인터뷰했고, 점점 더 내가 중요한 것을 발견하고 있다고 확신하게 되었다.

그런데 그게 무엇일까? 나는 우리가 우리의 권리를 누리지 못하게 막는 것, 남편들의 아내나 아이들의 어머니가 아니라 사람 그 자체로 활동하는 것에 대해 죄책감을 갖게 만드는 이것에 대해 무엇이든 적당한 이름을 붙여야 했다. 여성들이 성적 욕구에 대해 느끼던 죄책감과 달리, 지금 느끼는 죄책감은 여성에 대한 성적 정의와 들어맞지 않는 욕구에 대한 것이었다. 그것은 여성적 성취에 대한 신화, 바로 '여성성의 신화'였다.

《레드북》의 편집자는 내 대리인에게 이렇게 말했다. "베티는 너무 나갔어요. 언제나 우리를 위해 좋은 작업들을 했지만, 이 경우에는 심각한 노이로제가 있는 주부라고 볼 수밖에 없어요." 나는 아이들을 소아과에 데려가는 길에 지하철에서 대리인이 쓴 편지를 읽었다. 지하철에서 내리자마자 나는 곧장 대리인에게 전화를 걸었다. "이걸 책으로 써서 출판해야겠어요." 내가 쓰고 있는 글은 여성 잡지 세계의 근간인 여성성의 신화를 위협하는 것이었다.

노튼 출판사와 계약했을 때는 1년 정도면 끝낼 수 있을 것이라 생각했지만, 원고를 완성하기까지 5년이 걸렸다. 뉴욕 공공도서관이 딱 좋은 시기에, 작가들에게 무료로 6개월씩 자리를 빌려주는 프레드릭 루이스 알렌관을 열지 않았다면 나는 시작도 해보지 못했을 것이다. 일주일에 사흘을 베이비시터를 부르고 로크랜드 카운티에서 시내까지 버스로 오가면서 글을 썼다. 알렌관 이용을 그럭저럭 6개월에서 2년으로 연장했고, 점심식사 중 내가 여성에 대한 책을 쓴다는 이야기가 나오면 조롱해대는 다른 작가들을 견뎌냈다. 그렇지만 이 책은 나를 완전히 사로잡았고, 책이 내용을 스스로 써나가는 것 같았다. 원고를 집으로 가져와 식탁 위에서, 거실 소파에서, 강가에 있는 이웃집의 부두에서 써나갔고, 아이들을 어디로 데리고 가거나 저녁식사를 만들기 위해 책 쓰는 것을 멈추어야 할 때는 머릿속으로 이어 쓴 다음, 아이들이 잠자리에 들면 작업을 계속했다.

이 책을 쓰고 있을 때 나를 사로잡은 그렇게 강력하고 신비스러운 힘을 경험해본 적이 없다. 이 책은 내 속의 깊숙한 어딘가에서 나왔고, 내 모든 경험들이 여기에 녹아들었다. 어머니로서 가진 불만, 형태심리학과 프로이트 심리학을 공부하면서 쌓은 훈련, 내가 포기한 것에 대해 죄책감을 느낀 것과 그 때문에 다른 여성들과 유대감을 느낀 경험, 어떻게 현실의 숨겨진 경제적 이면에 대한 실마리를 추적하는지 가르쳐준 리포터 경력, 교외로 탈출하고 슈퍼마켓에서 쇼핑하고 아이들을 수영장에 데리고 가고 다과 모임을 가지면서 다른 어머니들과 함께 보냈던 모든 시간들 말이다. 여성지에 글을 기

여성성의 신화

고하던 시절에도 미국에서든 세계에서든, 만약 아내나 어머니로서 여성적 경험을 거치거나 가사와 관련된 세세한 일로 바꾸어 말하지 않고서는, 여성들은 집 말고는 아무 것에도, 정치, 예술, 과학, 크고 작은 사건, 전쟁과 평화 등 어느 것에도 자신들을 동일시해서는 안 된다는 종교적 불문율이 있었다! 나는 그런 프레임 안에서 더는 글을 쓸 수가 없었다. 내가 쓰고 있던 이 책은 그런 세계를 정의하는 그 자체—내가 여성성의 신화라고 부르기로 한 것—에 도전한 것이다. 이렇게 이름을 붙이고 나니, 나는 여성성의 신화가 부여한 세상이 여성에게 유일하게 가능한 세계가 아니며, 우리의 에너지와 미래를 부자연스럽게 속박하는 것임을 알 수 있었다. 하지만 여성의 언어와 내 느낌들에서 실마리를 따라가고, 심리학과 사회학, 최근의 역사학을 가로질러 내가 글을 써온 잡지들의 지면을 통해 그런 일이 어떻게 일어났고, 또 여성들과 아이들 그리고 섹스에 실제로 어떤 영향을 미치고 있는지 추적해나가자 그 함의가 뚜렷해졌다. 그뿐만 아니라 이는 환상적이었다. 나 스스로 내가 쓰고 있는 것, 그 글이 인도되는 방향에 대해 놀라지 않을 수 없었다. 각 장을 끝낼 때마다, 마음 한 구석에서는 내가 미친 게 아닌가 하는 의문이 들었다. 그러나 실마리들이 서로 맞아 들어가자 과학 탐험 이야기에서 어떤 것을 발견했을 때 과학자들이 느끼는 것과 같이 고요하지만 강한 확신이 점점 더 나에게 깃들었다.

그냥 추상적이고 개념적인 것이 아니었다. 그것은 나와 내가 아는 다른 모든 여성들이 거짓된 삶을 살아왔으며, 우리를 진찰한 의사들과 우리를 연구한 전문가들이 그런 거짓을 영속시켰고, 우리 가정과 학교, 교회와 정치, 직업들이 그 거짓을 둘러싸고 세워졌다는 것을 의미했다. 여성들이 더도 덜도 아니라 진정한 인간이라면 여성들을 우리 사회에서 온전한 인간이 되지 못하게 만든 모든 것들이 변화되어야 했다. 그리고 여성들이 여성성의 신화를 깨뜨리고 자기 자신을 인간으로서 진지하게 바라본다면, 자신들이 서 있는 잘못된 기초를 인식하고, 성적 대상으로서 받는 찬미도 거짓임을 알게 될 것이다.

하지만 그게 놀랄 만큼 빨리 일어날지 알았더라면—10년도 채 걸리지 않았으니—두려워서 글쓰기를 중단했을지도 모른다. 아무도 가보지 않은 길을 간다는 것은 얼마나 두려운 일인가. 당신이 돌아보고 얼마나 먼지, 또 당신이 얼마나 왔는지 알게 되기 전까지는 얼마나 멀리 가야할지 알 수 없는 법이다.

지금 수백, 수천 명의 여성들이 그러는 것처럼 1963년에 어느 여성이 이 책이 자기 인생을 송두리째 바꿔놓았다고 말하며 처음으로 『여성성의 신화』에 사인을 해달라고 요청해왔을 때, 나는 이렇게 적어줬다. "새로운 길 위에 있는 우리 모두에게 용기를!" 이 길에서 다시 돌아갈 방법은 없기 때문이다. 그것은 당신의 전 생애를 변화시켰고, 분명 내 생애도 변화시켰다.

1973년 뉴욕에서
베티 프리단

여성성의 신화

두 세대 뒤의
변화한 풍경

새로운 세기, 그리고 새 천년에 가까워지는 요즈음, 자기 자신과 사회에 대한 새로운 사고를 개척해야 할 주체는 남성들이다. 여성들이 남성들을 위해 그런 일을 할 수 없고, 남성들 없이는 더 나아갈 수도 없다는 것은 고약한 일이다. 겨우 두 세대 전, 우리가 여성성의 신화를 돌파한 이래 여성들이 우리 삶의 여러 가능성을 어떻게 바꿔놓았고 우리 사회 모든 부분의 가치들을 어떻게 바꿔놓고 있는지 생각해보면, 이는 끔찍한 일이기 때문이다. 하지만 여성만으로는 안 된다. 남성들의 상황이 변화하면서 발생한 새로운 긴급함, 남성들이 돌파하지 않으면 여성들도 위협을 벗어날 수 없는 그런 긴급함이 존재한다. 여성들은 권한을 지닌 개인의 지위에서 물러나도록 강요받을까, 아니면 남성들과 함께 다시 한 번 모종의 새로운 가능성의 길에 동참해 새로운 세상을 위한 투쟁을 펼칠 수 있을 것인가?

여성이 갖게 된 새로운 권한이라는 말에 대해 생각해보자. 겨우 30년 전 내가 이 문제에 대해 쓸 무렵에 여성들은 남자의 아내, 성적 대상, 어머니, 주부처럼 단지 남성과 맺고 있는 성적 관계를 통해서만 정의될 뿐 사회에서 자신의 행동으로 정의되는 인간으로 취급받지 못했다. 하지만 이후 놀랄 만한 변화가 있었다. 당시 내가 '여성성의 신화'라고 부른 이미지는 너무도 보편적이었고, 여성 잡지, 영화, 텔레비전 광고, 모든 미디어와 심리학이나 사회학 교과서에서 흘러나왔다. 여성들은 자신이 혼자였다고 생각했고, 거실 바닥을 닦으면서 오르가슴을 느끼지 못한다면 자신에게 죄가 있다고 여겼다. 2차 세계대전 이후 수년간 여성이 가질 수 있는 꿈으로 간주되던 남편, 아이들, 교외에 있는 복층 주택 따위를 아무리 원했다 하더라도, 여성들은 자신들이 가끔씩 다른 무언가를 원하고 있다고 느꼈다.

나는 그것을 '이름 붙일 수 없는 문제들'이라고 불렀다. 왜냐하면 당시 여성들은 여러 가지 문제들로—싱크대를 깨끗이 닦지 않는다고, 남편 셔츠를 부드럽게 다리지 않는다고, 아이가 이불에 지도를 그렸다고, 남편을 궤양에 걸리게 했다고, 그리고 오르가슴을 제대로 느끼지 못한다고—비난받았다. 그러나 남편, 아이들, 집, 섹스와 관련이 없는 문제에는 이름이 없었다. 임신을 해 신문사에서 해고된 뒤 교외에 사는 주부로서 나만의 시간을 가지며 여러 여성에게서 들은 그 문제들 말이다. 당시 집 밖에서 일하는 여성들은 일을 하는 것이 남편의 남성성과 그들의 여성성을 침해하고 아이들을 소홀히 대한다는 이유로 죄책감을 느껴야 했다. 동네에 사는 어느 엄마도 '노동'하지 않았지만, 나는 아침에 몰래 마시는 한 잔의 술처럼 글을 쓰고 싶은 욕구가 치밀어오르는 것을 억누를 수 없었고, 여성과 아이들, 모유 먹이기, 자연분만, 주택과 패션 관련 글들을 여성지에 쓰면서 프리랜서로 활동했다. 여성 예술인에 대해 글을 쓸라치면 편집자는 정치적 관점을 드러냈다. "미국 여성들에게는 어울리지 않아요." 그렇게 말하는 여성지 편집자는 모두 남성이었다.

당시 모든 분야와 전문직은 남성들로 이루어져있었다. 실제로 전임 교수, 법률인, 기업 최고경영자와 중역, 의학 전문가, 학자, 병원 원장과 의료진은 모두 남성이었다. '투표권'도 여성에게는 실제로는 없었다. 여성들은 남편이 하는 대로 투표했다. 여론조사나 후보는 '여성과 관련된 이슈'에 대해 이야기하지 않았다. 여성은 진지한 이해의 대상이 되지 않았고, 여성들도 스스로에 대해 진지하게 생각하지 않았다. 임신중절은 신문에 인쇄된 단어가 아니라 여성을 비난하고 공포를 느끼게 하고 살해까지 하게 만드는 범죄였으며, 중절 시술자는 감옥에 갈 수도 있었다. 우리가 여성성의 신화를 돌파하고 여성들을 '사람'으로 부르게 된 다음에야, 우리는 사회의 주류에 참여하고, 돈을 벌고, 교육받을 똑같은 기회를 얻었다. 그리고 우리 운명에 관련된 중요한 결정에 우리만의 목소리를 낼 수 있게 되었다. 여성 자신의 문제들이 드러나게 되었고, 여성들은 자신의 경험을 진지하게 받아들이기 시작했다.

1996년 여름 애틀랜타 올림픽에서 여성 선수들이 테니스, 육상, 축구, 농구, 카약, 산악자전거 등 가능한 모든 종목에서 메달을

딴 일이 가장 큰 볼거리가 되어 텔레비전 황금 시간대를 도배한 것을 떠올려보자. 나나 내 딸이 성장기를 보내는 동안에도 주요 스포츠에서는 여성 선수들을 볼 수 없었고, 학교에서도 소녀들을 대상으로 운동선수 훈련은 하지 않았다. 여학생 운동 교육은 운동선수 훈련을 포함한 교육 분야의 성차별 철폐를 요구하고 거기에서 승리한 뒤에야 가능해졌고, 고용 차별을 금지한 시민권 7조처럼 9조를 통해 남녀 모두 동등한 노동과 운동의 기회를 부여받을 수 있었다.

1996년에는 여성의 임신중절 선택권 문제가 공화당을 쪼개놓은 결정적 이슈가 되었다. 아이를 가질지 말지 또 언제 가질지를 결정하는 것이 여성의 기본권이라 여성운동이 선언한지도, 그리고 대법원이 원래 남성들을 위해 남성들이 쓴 헌법과 권리장전에 기술된 모든 권리를 양도할 수 없는 것으로 선언한지도, 민주당이 선택의 권리를 적극 옹호하기로 결정한지도, 근본주의 우익 종교 세력이 임신중절 시술소를 위협하고 폭탄을 터뜨리는 등 악랄한 공격을 벌인지도 한참이 지났다. 공화당은 임신중절에 대한 과거의 공포와 증오를 떠오르게 하면서 선거에서 승리했다. 공화당의 1996년 강령은 임신중절을 다시 범죄로 규정하는 헌법을 제정하라고 요구했고, 여성의 삶에 족쇄를 채웠으며, 여러 공화당원들—여성은 물론 남성들도—을 소외시켰다. 시계 바늘을 거꾸로 돌리려는 필사적인 최후의 시도였다. 지금 유권자 수에서 점점 남성을 압도하게 된 여성들이 다음 미국 대통령을 선출하게 될 것이라는 사실이 명확해지면서, 단지 임신중절 선택권 문제뿐 아니라 가족 휴가, 출산 뒤 48시간

안에는 병원에서 강제로 퇴거당하지 않을 권리, 부모들이 치과에 아이들을 데려가거나 교사와 한 약속을 지키기 위해 휴가를 쓸 권리 등이 심각한 정치 쟁점이 되었다.

여전히 일부 미디어, 광고, 영화들은 여성을 성적 대상으로만 묘사하기도 하지만, 대다수의 미국인은 더는 이런 것을 멋진 것으로 인식하지 않는다. 그것은 용인될 수 없다고 인식하는 것이다. 여성을 대상으로 한 성폭력과 조금 덜 공공연한 형태의 성희롱은 이제 침묵으로 넘어가거나 은폐되지 않으며, 상원의원이나 대법원 판사, 심지어 대통령을 자리에서 끌어내릴 수 있는 심각한 범죄로 인식된다. 실제로 그런 행위들에 대한 미디어와 정치 추문 폭로자의 관심, 그리고 여성의 새로운 힘의 표현에서 비롯된 페미니스트들의 감시는 이제 한 분기점을 시작하는 듯이 보인다. 성희롱에 초점을 맞추어, 성 정치는 경제 불안, 일자리 축소, 임금 동결, 승진 유예나 사회적 지위 하락, 그리고 사실 남성의 분노를 증가시키는 위험한 증상일 수도 있는 것들에 집착하게 되었다. 성 정치는 여성성의 신화에 대한 반작용으로 시작되었다. 여성들이 남성들에게 완전히 의존할 때 하찮은 지위를 받아들여야만 하던 현실에서 억눌려온 분노가 폭발한 것이며, 남편과 아이들에 종속되어 있어야 했던 자신들의 육체에 대한 분노의 표현이었다. 이런 분노는 여성운동이 벌인 첫 전투의 동력이 되었고, 여성 자신의 능력 부여, 완전한 인간됨과 자유를 향한 여성의 진보가 내딛는 발걸음마다 든든한 힘이 되었다.

하지만 이제 성 정치는 증오의 정치와 미국의 양극화 심화에 영향을 미치고 있다. 그리고 여성과 남성의 역량 증진에 대한 실질적인 위협을 가리고 있다. 탐욕적인 기업 문화와 직무의 축소는 블루칼라나 교육 수준이 낮은 유색인종들은 말할 것도 없고 대학을 졸업한 백인 남성들에게까지 타격을 주었고, 이로 인해 지난 5년 동안 수입이 20퍼센트 줄어들었다.[1] 미디어와 정치계의 선동으로 부추김 당한 남성들은 반격을 시작했고 이는 여성들을 다시 그 희생양으로 만들 수 있다. 그러나 여성들은 더 이상 스스로가 생각했던 것 같은 수동적인 희생자가 아니다. 여성들을 여성성의 신화로 다시 손쉽게 밀어 넣을 수는 없다. 물론 정교한 DIY 장식과 요리를 상품으로 만들어, 여성성의 신화가 인기 있는 새로운 유행인 양 팔아 떼돈을 버는 마사 스튜어트Martha Stewart 같은 약삭빠른 여성도 있지만 말이다.

현실에서는 대략 50퍼센트의 가정에서 여성들의 벌이가 가계 수입의 50퍼센트를 차지한다.[2] 현재 여성들은 노동력의 50퍼센트 가까이를 공급한다.[3] 어린아이를 가진 어머니들을 포함해 여성의 55퍼센트가 일자리를 가지고 있다.[4] 그럼에도 불구하고 여성은 임금을 남성의 72퍼센트 정도만 받는다.[5] 임원 비율도 평등하지 않다. 기업 총수, 법조인, 병원장, 전임 교수, 내각의 각료, 판사, 경찰서장 등은 여전히 남성들이다. 그러나 이제 여성들은 고위직 바로 아래의 모든 단계에서 모습을 드러내고 있다. 그리고 좀 더 많은 미국인들이 포춘 선정 500대 기업보다 여성들이 소유하고 운영하는 기업에서 일하고 있다.

그러나 성별 소득 격차 감소 중 겨우 3분의 1(34퍼센트)이 여성의 소득 증가에서 기인한 것이고, 대부분(66퍼센트)은 남성의 소득 감소에서 비롯한 것이라는 사실은 우리를 우울하게 만든다.[6] 그리고 최근에는 더 많은 여성들이 노동시장에 진입하는 반면에, 더 많은 남성들이 노동시장에서 탈락하거나 퇴출당한다.

기업의 직무 축소에 희생양이 되는 계층은 처음에 유색인종 남성에서 이제는 백인 남성으로, 블루칼라에서 중간 관리직 남성들로 바뀌었다. 기술적인 이유가 아니라, 높은 임금과 수당을 받는 남성들을 제거해 주식시장의 가치를 증대시키려는 단기적 이해에서 남성들이 주로 수행하던 블루칼라 직무와 중간층 관리 직무가 축출되기 때문이다. 건강관리 같은 영역에서 여성이 수행하는 서비스 직종은 경제적으로 성장하는 분야지만, 그런 직무들은 점점 '하청화'되고, 별도 수당이 없는 임시직이나 비정규직을 낳고 있다.

여성들의 직무 중 많은 수, 특히 비정규 직무들은 대단한 경력이 되지는 못한다. 그럼에도 여러 여론조사들은 오늘날 여성들이 자신들의 직무와 일자리, 결혼과 출산에 관련된 다양한 선택권을 아주 긍정적으로 여기고 있음을 보여준다. 여성들은 자기 어머니들이 가지던 것보다 자신들에게 더 많은 선택권이 있음에 열의를 느낀다. 여성성의 신화를 박차고 나왔기 때문이다. 하지만 우리가 여성성의 신화를 탈피할 수 있도록 도움을 준 성 정치는 이제 부적절하거나 적당하지 않으며, 최근 여성과 남성을 모두 위협하는 심각한 경제적 불균형에 대응하는 데 혼선을 가져왔다.

챗바퀴 경주에서 얻는 점수로 자신의 남성적 정체성이 규정되어온 남성들은 직무와 직책에서 인생을 건 승진에 의지할 수 없게 되었다. 자신이 아직 일자리에서 축출되지 않았더라도, 형제들, 사촌이나 친구들, 직장 동료들이 그런 운명을 겪고 있기 때문이다. 그리고 점점 더 아내의 벌이에 기대게 된다. 현실에서 점차 증가하는 모순은 여성과 남성 모두에게 영향을 미치는데, 다름 아니라 미국 자산의 3분의 2를 좌우하는 상위 10퍼센트 같은 가장 부유한 계층과 여성과 남성을 불문한 나머지 우리들 사이의 소득 불평등이 가파르게 높아지고 있기 때문이다. 지난 10년 동안 미국인의 80퍼센트가 소득 정체나 하락을 겪었다.[7] 많은 가족들이 빈곤선으로 떨어지지 않는 유일한 이유는 여성과 남성 모두 노동하고 있기 때문이다. 그러나 오늘날 누구나 주식시장에서 부자가 될 수 있다고 이야기하는 탐욕의 문화 속에서, 미국인들 사이에서 커져가는 열망과 불안정성은 편향되기 쉽다. 주식시장의 호황, 기업 재무제표와 다우존스 지수가 급등하고 있지만, 여론조사 결과는 성 정치와 인종과 세대 안에서 벌어지는 갈등으로 편향된다. 기업 권력의 과도한 욕심에 드러내놓고 대항하기보다는, 여성과 남성, 흑인과 백인, 젊은이와 늙은이들에게 서로 분노가 빗나가게 되는 것이다.

나는 여성들과 남성들이 반세기 전에 그랬듯이 함께 노동시간을 단축하기 위한 새로운 전국적 운동에 나서는 모습을 보고 싶다. 주 40시간 노동을 위한 투쟁은 이제 30시간이 되어야 할 테고, 합쳐서 주 80시간을 노동하면 안 되도록 해서 아이를 키우는 남성과 여

여성성의 신화

성의 요구를 충족시켜야 할 것이다. 아이들이 학교에 가 있는 동안 노동하는 부모들에게는 하루 6시간 노동이 알맞고, 젊은 남성과 여성은 교육과 심화 훈련의 기회를 노동과 결합할 수 있어야 할 것이다. 60세가 넘는 사람들은 집안일만 돌보기보다는 자신들의 경험을 통해 계속 사회에 기여할 수 있는 방법을 찾을 수 있어야 한다. 모든 사람에게 좀 더 많은 일자리가, 그리고 여성과 남성에게 새로운 성공의 기준이 주어져야 한다.

낡은 전쟁들이 여전히 우리들을 갈라놓고 있다. 내가 자란 피오리아에서 10마일 떨어진 일리노이 노말의 미츠비시 공단에서 한 무리의 여성들이 역사상 가장 큰 소송단을 구성해 성희롱 소송을 걸었다. 공장에서 새로운 직무에 필요한 훈련과 지원을 제공하지 않았을 뿐만 아니라, 남성 직원들이 여성 직원들의 엉덩이와 가슴을 만지고 '갈보' 등으로 부르며 희롱한 것이다. 캐터필러 파업이 패배한 이래 일리노이주에서는 미츠비시가 그나마 유일하게 남아있는 괜찮은 일자리였다. 남성들은 여성들이 일자리를 장악하기 시작하자 뚜렷한 위협을 느꼈다. 나는 NOW[전국여성조직. 프리단은 여성운동이 여성성의 신화를 넘어서서 사회 주류에 동등하게 참여해야 할 필요성을 느끼고 이 조직이 출범하도록 도왔다─옮긴이]가 일본으로 가서 일본의 45개 여성단체와 함께 미츠비시 본거지에서 대결을 벌인 것을 자랑스럽게 여겼다. 그러나 남성의 폭력과 희롱을 상대로 거둔 여성의 승리는, 여성들과 남성들이 그런 불안정성과 분노의 원인 자체를 해결하지 않고는 지속될 수도 없고 견고할 수도 없다.

1995년 제4차 베이징 세계여성대회에서 뚜렷이 드러난 것처럼 지금 세계 곳곳에서 여성의 새로운 힘이 감지되고 있다. 권위주의적인 중국 정부는 올림픽 유치가 어려워질 수도 있는 시점에서, 여성들이 중국이라는 배경 앞에서 예쁜 그림으로 회의를 열고 포즈를 취하기를 기대하며 UN 세계여성대회 개최를 환영했다. 세계 전역의 운동을 이끄는 다양한 여성 조직에서 여성 4만여 명이 참여해 비자를 요구하고, 비자가 거부되자 곳곳의 중국대사관 앞에서 항의했다. 하지만 중국 정부는 비정부기구 대회를 외따로 떨어진 교외에 고립시키려고 했다. 그러나 세계 여성들의 열망을 중단시킬 수는 없었다. 어린이 운동장에서만 시위를 할 수 있다는 이야기를 듣자, 비자를 거부당한 티베트 여성들은 CNN을 그 운동장으로 데리고 가 검은 천으로 얼굴을 가리고 자신들의 이야기를 전 세계에 내보냈다. 힐러리 클린턴은 '여성권은 인권'임을 전 세계에 재확인했다. 물론 UN 대회 공식 대표들은 이제 여성, 그것도 능력이 있는 여성들이었다. 20년 전만 해도 대표단은 자국 정부로부터 주요 사안에 관한 투표권을 부여받고 온 남성들, 그리고 그 남성들의 부인과 비서들이었다. 대회에 참가한 여성들은 자신의 성생활과 출산을 통제할 여성의 권리를 보편적 인권으로 선언했을 뿐 아니라, 어린 여자아이들에 대한 할례를 인간성에 반하는 것이라고 선언했다. 여성성의 신화 아래서 세계의 남성들은 부인을 구타하거나 폭행할 권리가 있다고 여겼다. 그러나 이제, 베이징 대회 이후 미국과 전 세계에서 그런 권리는 더는 지탱될 수 없게 되었다. 법무부는 여성 폭력을 다룰 사무소를 설치하고 담당 경찰을 훈련시켰다.

미국에서 여성 폭행이 늘어나는 것처럼 보이지만, 이것은 부분적으로는 여성들이 예전에는 수동적으로 개인의 수치로 받아들이던 폭력을 이제 증언하기 때문이기도 하고, 여성에 대한 남성들의 좌절감과 욕구불만이 늘어났기 때문이기도 하다. 자기 편향 풍조가 지배한 1970년대, 즉 자기중심주의의 시대에 캘리포니아주, 코네티컷주 등 여러 곳에서 나온 연구 결과와 보고서들은 기업의 직무 축소, 지역사회 공동체의 결여, 좀 더 큰 대의에 쏟는 시간과 관심의 감소 등 여러 가지 이유 때문에 자살이나 아동학대, 이혼뿐만 아니라 여성에 대한 성폭력과 폭행도 함께 증가하고 있다는 사실을 보여줬다. 그러나 이제 여성의 관심은 자신만의 안전을 넘어서 확대되고 있다. 가족에 대한 관심은 자신의 가족만이 아니라 더 가난하고 불운한 가족들을 위한 관심을 향하고 있다. 이런 관심은 1996년에 와서 의료 지원과 복지, 사회 안전망, 학자금 대출, 아동 보건, 환경보호 관련 재정을 삭감하고 위협하는 공화당에 대한 미국 여성들의 반대 여론을 촉발했다. 여성주의의 수사학을 주워섬기는 것만으로는 아동과 노년층, 병자들, 빈곤한 이들을 위한 복지를 위협하는 정치인들이 여성의 표를 얻을 수 없었던 것이다. '재정 균형'이라는 추상적 언술은 아동과 노년층, 병들고 가난한 이들을 보호하는 정부 프로그램을 허물고 부유층의 세금을 감면해준다는 인식을 줄 수

밖에 없었다. 여성운동이 처음 시작되고 10년이 지난 시점에서, 러트거스대학의 이글턴 연구소는 연방의회에 여성이 겨우 두 명만 추가되어도 정치 의제를 바꿔버린다는 사실을 보여줬다. 새로 등장한 의제는 여성의 권리뿐만 아니라 아이들과 노년층, 병든 이들의 생활에 관련된 기본적 관심에 대한 것들이었다.

그래서 이 30년의 세월 동안 역설이나 완전한 순환 또는 초월적 논지를 통해, 여성성의 신화를 뚫고 나가 정치적, 경제적 참여와 주류 사회에서의 권한을 얻은 여성들은 점점 남자들과 비슷해지는 게 아니라 집안의 사적 영역에서만 표현되고 허용되던 가치들을 공적 영역으로 표현하게 되었다. 우리를 집 안에 가두고, 사회에서 우리의 개성을 완전하게 발전시키지 못하게 하며, 여성의 진정한 가치를 왜곡시키는 신화에 맞서 우리는 싸워야 했다. 이제 여성들은 집안의 사적 공간과 좀 더 큰 사회의 영역에서 새로운 역량과 열망으로 그런 가치들을 포용할 수 있게 되었다. 그리고 그 과정에서 여성들은 남성들과 공유하는 결혼과 가족, 가정과 사회의 정치적이고 개인적인 차원을 바꾸고 있다.

여성이 사회적 기능을 수행하고 경제적으로 지원을 받을 수 있는 유일한 길이었던 결혼은 이제 대부분의 남성들뿐 아니라 여성들에게도 새로운 기회가 되었다. 결혼이 더는 여성을 완벽하게 규정할 수 없다. 여성은 결혼 뒤에도 자신의 이름을 유지할 수 있으며, 남편과 부인이 상대방의 성을 연결해 같이 쓰기도 한다. 여성성의 신화를 돌파하는 과정에서, 일부 초기 페미니즘의 급진적 언술은 결혼, 모성, 가족에 대한 전쟁을 선포하는 듯했다. 여성성의 신화 속에 지배받던 1950년대에 낮은 수준을 유지하던 이혼율은 1960년대부터 1980년대까지 급증했다. 예전에는 누가 법정에 가든 이혼할 수 있는 경제적이고 사회적인 독립성을 가진 쪽은 남성이었다. 그러나 그 뒤 많은 여성들이 잘못된 결혼에서 빠져나올 수 있게 되었고 또 그렇게 했다. 어떤 면에서 여성들은 결혼에서 완전히 탈출하면서 여성성의 신화가 강요하는 협소한 구실에 반항을 꾀했다. 그러나 또 다른 이들에게 있어 여성들이 학교와 로스쿨로 돌아가고 비중 있는 직무를 수행하며 남성들만의 운명적 책임이던 돈벌이의 의무를 공유하기 시작하면서, 결혼은 새로운 종류의 평등과 안정성의 기반으로 전환되었다. 그리고 남성들도 과거에 가정이라는 한정된 영역 안에서 여성의 배타적인 소임이자 책임인 동시에 권력으로 부여되던 양육과 가사를 함께 하기 시작했다.

이런 모든 변화들, 새로운 문제와 즐거움을 풀어나가는 광경을 보는 것은 무척 즐거운 일이었다. 페미니즘의 수사학은 '가사의 정치학'이라는 말을 만들어냈고, 대다수 여성들이 일상 속에서 그것을 수행하기 시작했다. 여성들이 아직 많은 사무실에서 남성과 동등한 존재로 여겨지지 않듯이, 남성들은 아직 아이들과 집안일에 관해서 절대적으로 동등한 책임을 떠맡지는 않는다. 몇 해 전 나는 《뉴욕타임스》 1면에 「가사의 50퍼센트도 수행하지 않는 미국 남성들」이라는 기사가 난 것을 보고 뛸 듯이 기뻤다. 《뉴욕타임스》조차 남성이 가사를 여성과 분담하는 것이 가능하고 바람직하다고 생각하다니 얼마나 놀라운 일인가. 여성성의 신화의 아들들이요, 어머니가 샌드위치를 만들어주고 마룻바닥에 벗어놓은 속옷을 치워주던 이들이 아닌가. 남성들이 집안일을 '도운 적'이 있는(부인이 화장실 변기를 닦는 동안 햄버거를 굽는 정도라도) 비율이 20퍼센트라는 것만으로도 내게는 진보로 여겨졌다. 가장 최근의 통계를 보면, 미국 남성은 가사와 양육의 40퍼센트 정도를 수행하고 있다.[8] 나는 남성들이 다림질을 더 많이 맡는지 궁금하지만, 여성들도 예전처럼 다림질을 하지는 않는다. 세제 판매량이 전체적으로 줄어든다는 보고를 본 적이 있다. 그리고 먼지가 보이지 않게 하기 위해 25와트짜리 전구를 사기 시작했고, 주말에는 온 가족이 함께 집을 청소한다. 하지만 미국 가족의 35퍼센트만 하루에 한 끼를 같이 할 수 있다는 이야기는 기쁘지 않은 소식이다.

이혼율은 이제 더는 폭증하지 않는다. 지금은 대부분 이런 변화들을 경험하지 않은 젊은이들이 이혼을 한다. 여성운동이 태동하고 10년의 세월이 흐른 뒤, 어느 날 나는 프린스턴대학 인구연구소에서 나온 통계를 접했는데, 미국 부부들이 전례 없이 많은 횟수의 섹스를 나누며 즐거움도 더 많이 느낀다는 것이었다.[9]『여성성의 신화』를 쓰던 시절에 나는 성 평등을 향해 나아간 여성의 진보를 10년마다 역사적으로 조명한 자료를 본 적이 있는데, 이 자료에서는 여성과 남성이 평등할수록 성관계를 할 때 만족도가 증가한다는 통계를 보여주었다. 물론 평등 사이에는 더 많은 논점들이 존재하지만, 성 평등성이 행복하고 오래 지속되는 결혼과 깊은 관련이 있다는 사실을 보여주는 자료는 많다. 1995년 8월 미국사회학회 대회에서 결혼의 미래에 대해 연설해달라는 요청을 받았다. 나는 그 문제를 여성과 남성의 새로운 능력과 사회에 대한 새로운 도전이라는 관점에서 바라봤다. 예를 들어 가사와 양육을 충분히 하지 않는 남성들에 관한 모든 논의에서, 아이가 첫 성적표를 가지고 오거나 손가락을 베었을 때 아빠에게 먼저 오는 것처럼, 남성들이 가사와 양육의 많은 부분을 인계받는 것에 대해 여성들이 그다지 달가워하지 않는다는 것을 최근 들어 여성들도 인정한다는 이야기를 들었다. 친구 샐리는 내게 말했다. "벤이 아이를 의사에게 데려가게 내버려두고 싶지 않아. 그건 내 일이야." 가족 내에서 여성의 역할에는 많은 권력이 있었다. 그것은 심지어 남성의 잣대로 보자면 페미니스트들에게조차 보이지 않았다. 그러므로 어머니와 아버지가 양육권을 공유할 때 가족에 어떤 능력이 보태지는지 더 많은 연구가 진행되어야 할 것이다.

우리는 노동과 가족을 결합하는 여성들이 갖는 스트레스, 한부모 가정에서 자라는 아이들에게서 발생할 수 있는 결점들에 대해 수많은 이야기를 듣고 또 나눈다. 우리는 노동과 가족을 결합하는 경우가 여성의 스트레스를 줄인다거나, 예전에 단순한 역할을 하던 것보다 여성의 정신 건강에 더 좋으며, 여성의 정신 건강이 완경 이후 그다지 빠르게 나빠지지 않는다는 웰즐리 여성연구센터의 연구 결과를 알지 못했다. 우리는 한부모 가족이 지역사회에서 얻을 필요가 있거나 얻을 수 있는 다양한 조력에 대해서도 알지 못했다. 그러나 이제 사회구조 속에서 뭔가 변해야 한다는 자각이 존재한다. 일자리와 직업 훈련 시간이나 조건이 여전히 아내에게 삶의 자질구레한 측면들을 맡게 하던 지난 시절 남성들의 삶에 기초해있기 때문이다. 여성들은 그런 아내를 갖고 있지 않고, 지금은 대다수 남성도 그렇다. 따라서 자율 근무제나 일자리 나누기, 육아휴직 등 '가족 친화' 작업장이 정치 문제가 되고 단체 협상의 쟁점이 되었다. 기술의 첨단에 있는 회사나 바닥에 있는 회사 할 것 없이 '가족 친화' 정책을 펼치고 있다. 미국은 이런 점에서 다른 선진 국가들보다 뒤처져왔다. 프랑스와 벨기에에서는 세 살에서 네 살 아이들의 98퍼센트가 취학 전 프로그램에 다닌다.[10] 미국은 빌 클린턴이 당선된 뒤에야 육아휴직 정책을 전국으로 확대했는데, 남아프리카공화국을 제외하면 산업화된 국가 중 가장 늦은 조처였다.

또 아이를 키우는 데는 모자가정의 어머니는 말할 것도 없고 한 어머니, 한 아버지 이상의 무엇이 필요하다는 인식이 증대하고 있다. 퍼스트레이디 힐러리 클린턴은 1996년에 출간한 베스트셀러에서 이야기했다. "아이 하나를 키우려면 온 마을이 필요하다." 다양성이 의미가 있으며 모든 가정을 위해 더 크고 강력한 지역사회가 필요하다는 새로운 자각도 일어났다. 그런 현상은 1960년대 고립된 교외에 살며 여성성의 신화에 갇힌 가족이라는 단일한 모델에서 한참 멀어진 것임이 틀림없다. 40대에 아이를 갖는 부부들을 포함해, 여성과 남성이 모두 버젓한 경력을 쌓고 노동을 하며 전문적인 훈련을 쌓는 경우 등 다양한 사례들이 생겨났다. 20~30대에 아이를 갖지만 아이 어머니나 아버지가 때때로 1~2년 동안 떠나있기도 하며, 한부모들 또는 모든 부모들은 조부모나 다른 부모들과 함께 만든 놀이 집단, 회사, 교회, 지역사회 아동 보호소의 도움에 더 의지한다. 그리고 점점 더 많은 여성과 남성이 혼자 살든 함께 살든, 또 젊든 나이 들든 상관없이 새로운 가족 유형들을 만들어내고 있다. 최근 동성 결혼을 합법화하기 위해 벌어진 캠페인은 전통적 성 규범에서 떨어져 나온 남성과 여성들에게 강력한 감정적 헌신을 호소하고 있다.

1994~1995년 사이, 워싱턴 D.C.의 스미소니언에 있는 우드로 윌슨 국제학술센터에서 정책수립자들을 대상으로 세미나를 주재했는데, 성 정치와 정체성의 정치, 사회적 성별 격차의 문제를 넘어서 여성과 남성, 지역사회를 위한 새로운 패러다임을 생각해보기 위한 것이었다. 1996년에 우리는 새로운 경제 상황이라는 맥락 속에서 '가족 가치의 재구성'에 초점을 맞췄다. 나는 결코 페미니즘과 가족 사이의 외견상의 양극화를 결코 믿은 적이 없다. 낡은 여성성의 신화를 악의적으로 재현하는 것이나 최근에 벌어진 복고풍의 '가족 가치' 캠페인은 근본적으로 임신중절과 이혼, 그리고 무엇보다 여성의 권리와 자율성에 대한 공격이다. 하지만 가족들, 어머니됨과 아버지됨, 그리고 세대 간 유대와 관련된 진정한 가치들이 있다. 또 결국 오늘날 여성들의 공적 · 사적 관심사이면서 1996년 현재 정치적 성별 격차의 핵심에 있는 사랑과 양육을 주고받는 문제에 관한 가치들이 있다. 남성들이 탐욕의 문화에 대항하며 던지는

질문은 이것이다. "이게 다인가?"

여성과 남성을 대립시키는 낡은 이분법은 이제 더는 적절하지 않으며, 현실이 이것을 넘어서고 있다. 여성운동 이후 몇 년 뒤 플레이보이 클럽이 문을 닫았듯이— '바니'인 척하는 여성들에게 플레이보이 클럽은 이제 섹시하거나 노골적이지 않았다— 1997년에는 《에스콰이어》가 경영난에 빠졌다. 그리고 《미즈》와 《워킹 마더》는 매각 대상에 올랐다. 이 잡지들을 내던 발행인은, 20년 전에는 잡지의 내용이 혁명적이었지만 지금은 기성 사회의 일부일 뿐이라고 말했다. 시대의 흐름을 이끄는 《뉴요커》의 현 편집인은 여성이며, 1996년 기념호를 여성 문제에 할애하기도 했다. 1996년 선거운동에서 힐러리 클린턴과 엘리자베스 돌은 모두 자신들의 성공적인 경력에서 비롯된 능력을 보여주면서도 감추려 했다. 둘 다 적십자나 아동 문제처럼 전통적으로 여성과 관련된 쟁점에 있어 자신의 능력을 강조하면서도, 여성들이 현재 그런 쟁점들에 행사하는 새로운 정치적 고민과 조직적 발전에 신경을 썼다. 백악관에서 동등한 이들 사이의 결혼이라는 새로운 이미지가 떠오르는 것을 감출 수는 없었다. 새로운 영부인의 강력한 목소리가 가장 높은 정치 공간에서 공개된 방식으로 들려왔다. 여성성의 신화를 넘어서서 여성의 길과 남성의 길 사이의 파트너십이라는 정치적 통로 양쪽에 명확한 의미가 존재한다.

동시에 대통령 선거전에서 여성과 남성 사이의 역사적으로 새로운 성별 격차는 전국적 정치 의제가 이전에는 '여성 문제'로 기각

여성성의 신화

되곤 하던 관심사로 확연히 이동하고 있음을 알려준다. 결국 여성의 정치력이 성장함에 따라 낡은 여성성의 신화는 이제 전례 없이 새로운 정치적 실체로, 그리고 공화당과 민주당에게 똑같이 중요한 과제로 변화하고 있다.

이 사실을 4쪽짜리 표제 기사로 처음 다룬 미디어가《월스트리트저널》1996년 1월 11일자였다.《월스트리트저널》은 '역사적 순간, 남성과 여성이 대통령 선거전을 앞두고 나뉘다'라고 보도했다.

> 지금 추세가 이어진다면, 남성과 여성의 분할은 최근 역사를 모두 살펴보더라도 1996년 대통령 선거에서 가장 심화될 것이다. 사실상 이 선거는 현대 역사상 대통령 선출을 놓고 남성과 여성이 각기 다른 편에 집단적인 투표권을 행사하는 최초의 선거가 될 수 있다.
>
> 《월스트리트저널》과 NBC 뉴스의 여론조사를 돕는 민주당 여론조사 요원 피터 하트는 1996년 선거전은 엄청난 성별 격차로 특징지어진다고 말한다. …… 실제로 지난 달 초 두 언론이 공동으로 실시한 여론조사를 보면 대통령[클린턴]과 돌 상원의원에 대한 지지도가 남성들 사이에서 사실상 동률을 이루고 있지만, 여성들 사이에서는 대통령이 돌 상원의원을 54퍼센트 대 36퍼센트로 앞서고 있었다.

《월스트리트저널》은 또 이렇게 적고 있다.

> 대통령이 여성 유권자들 사이에서 누리는 인기는 재정 문제에 관

한 치열한 논쟁이 벌어지면서 상승했는데, 이것이 최근 여론조사에서 상승세를 회복한 주요한 이유다. 피터 하트는 말한다. "핵심적으로 현재 대통령이 누리는 인기는 완전히 여성들에게서 나온 겁니다. 여성들은 지금 민주당을 강력히 지지하고 있습니다. 주부나 전통적인 공화당 지지 집단까지도 클린턴 대통령을 지지합니다." (……)

지금 국가 차원의 주요 이슈를 열거해보라고 주문하면, 남성들은 여성들보다 두 배쯤 되는 비율로 재정 적자나 정부 예산 삭감을 이야기한다. 공화당이 관심을 기울여온 주제들이다. 반대로 여성들은 교육이나 빈곤 같은 사회 문제들을 이야기하는 경향이 있다. (……)

의료 지원 규모를 삭감하려는 시도, 사회복지 지출에 관한 논쟁 등은 모든 연배 여성들의 관심사다. 여성들은 청년과 노인 복지에 정부가 더 많은 책임감을 가지고 있어야 한다고 생각한다. 그래서 그런 집단들에 대한 사회 프로그램 규모가 축소되는 것에 대해 여성들은 남성들보다 더 염려하는 것이다.

공화당 예비 후보 팻 뷰캐넌 같은 이가 남성의 새로운 좌절감을 증오의 정치에 활용하고 있지만, 지금 성별의 차이가 나타나는 것은 그런 폭넓은 사회적 관심사이지 '성격'이나 성적 이슈 같은 게 아니라는 점이 중요하다. 양측의 정치 지도자들은 당황했다. 백인 남성이 궁극적 권력을 갖는다는 오래된 가정이 여전히 유지되고는 있지만 이제는 그것이 불안정하기 때문이다. 좀 더 많은 백인 남성들과 더욱 많은 유색인 남성들이 이런 새로운 관심사에 동참했다.

여성성의 신화

그리고 새로운 정치 지형 속에서, 여성들 없이는 더는 승리할 수 없다는 것이 명확해졌다. 여성들은 이제 그냥 형식적이고 수동적인 지지자가 아니라 능동적인 정책 입안자가 되었다. 1996년 투표에서 여성들은 17퍼센트의 성별 격차로 미국 대통령을 당선시켰다. 그리고 지금 최초의 여성 국무장관이 일하고 있다.

이런 파도가 정치 지형을 변화시키기 시작하는 광경은 경이롭다. 많은 공화당원들이 최저임금을 올리기 위해 민주당에 합류해 투표했다. 공화당원들은 보건 의료, 유아 보육 지원 프로그램인 헤드스타트, 푸드 스탬프를 이용한 식품 원조, 아동 범죄 방지, 학자금 대출, 환경보호, 사회적 약자에 대한 적극적 우대 조처 등에 가해지는 잔인한 공격 때문에 등을 돌리고 있다. 여성의 관심사이기도 한, 생활에 대한 구체적 관심사들이 전면과 중앙에 나서며 추상적인 재정 균형에서 우위를 차지하고 있다. 그리고 증오의 정치를 부추기고 여성과 남성, 아이들에게까지 영향을 미치는 소득 격차 심화라는 새롭고 구체적인 현실에 대응하려는 새로운 운동이 벌어지고 있다. 나는 1996년에 미국 노총의 전투적인 새 지도부와 젊은 여성운동 지도자들이 연대해, 심화되는 소득 격차에 맞서서 여성과 남성을 대립시키는 대신 모든 사람을 위한 '생활 임금'을 지지하는 연설을 기획하는 일에 즐거이 동참하기도 했다. 삶을 위협하는 탐욕의 문화, 잔인하고 제어되지 않는 기업 권력이 폭증하는 현실에 여성과 남성이 함께 대처해야 할 것이다. 기업과 개인의 경쟁과 성공의 하한선을 정하고, 국가 재정이 우선 투입되는 영역을 정하는 새로운 기준을 세워야 한다. 민중들의 복지, 공공선 등이 다음 분기 주식 시장의 가격 상승이라는 협소한 잣대보다 우위에 놓여야 한다. 일부 식견을 갖춘 최고경영자들과 남성 정치인들은 이 점을 이해하고 있다.

하지만 여성들은 조급해지기 시작했다. 자유주의 성향의 상원 의원들과 클린턴 대통령을 당선시키기 위해서 수백만 달러를 모은 헐리웃 여성정치위원회는 미국 정치에서 돈이 지배력이 되는 현상에 항의하고, 소외아동가정 지원을 폐지한 이른바 복지 개혁을 지지한 정치인들의 배신에 항의하기 위해 해산을 결정했다.

국가 차원에서 진행된 가족계획은 물론, 먹는 임신중절 약 RU486을 뛰어넘는 출산 조절 기술이 등장해 머지않아 임신중절이라는 쟁점 자체를 시대착오적인 문제로 만들 것이다. 과거에 그랬듯이 이 문제는 여성운동에서 결코 '한 가지 쟁점'의 리트머스 시험지가 아니다. 한편 남성 대변인들과 백악관 자문위원들뿐 아니라 양당 모두 여성들의 새로운 능력 부여 전체를 '인정'하지 않으며, 수백만 명의 아이들을 빈곤으로 내모는 복지 법안에 대해 언급하려 하지 않는다.

여성운동을 위해서도, 이 나라를 위해서도, 선택과 관련한 다른 이슈들은 이제 우리를 빼놓을 수 없다. 다양한 유형의 가족생활과 모든 연령, 모든 인종의 남성과 여성에게 직업과 경제 수단에 관련된 '선택'은 결코 사치가 아니다. 어떻게 살고 어떻게 죽을 것인가

　　　　　　　　　　　　　　　　　　　　여성성의 신화

하는 문제인 것이다.

역설은 깊어간다. 여성성의 신화 아래 감추어지던 여성의 경험이 지닌 진정한 가치를 둘러싼 논의가 새로이 열리는 것이다. 최근 제3 섹터 또는 시민 덕목civic virtue에 관한 언급이 늘고 있다. 하버드대학의 교수들을 비롯해 여러 사람들이 사회를 활성화하는 실질적 유대는 재산, 석유, 무역, 기술 따위에서만 유래하지 않고, 토크빌에서 시작해 지금까지 미국 민주주의의 근원으로 이해되는 시민적 결합이나 자발적 결사에서 비롯되며 이것이 중요하다고 이야기한다. 이와 같은 공동체들이 쇠락한 이유는 부분적으로는 여성들의 활동이 부진했기 때문이다. 여성들이 학부모 모임과 스카우트, 교회와 신도회, 여성마을진흥회 등에서 무급으로 활동할 때 그 일의 가치를 제대로 인정하는 이들은 아무도 없었다. 여성들이 자신의 가치를 진지하게 여기며 급여를 받고 여성의 활동이 비중 있다고 인정을 받으니까, 1996년의 미국에 부재하기는 하지만 그런 지역사회 활동이 진지하게 받아들여지고 있는 것이다. 몇몇 사회과학자들과 이른바 정치 지도자들은 좌우를 가리지 않고 제3 섹터가 정부의 복지 부담 중 많은 부분을 떠맡을 수 있다고 제안한다. 하지만 제3 섹터를 구성하는 여성들은 정부가 져야 할 좀 더 큰 책임을 자기들 혼자 다 떠안을 수 없다는 사실을 알고 있다. 이렇게 해서 우리의 민주주의는 공, 사, 시민, 기업의 책임을 결합하는 새로운 의미를 획득한다.

1996년 나는 피오리아로 돌아와 고등학교부터 대학 때까지 함께 보낸 절친한 친구이자 다섯 아이의 어머니인 해리엇 밴스 파쿠

스트의 장례식 추도문 작성을 도왔다. 고인은 공화당 여성위원이자 뼛속까지 민주주의 옹호자였다. 해리엇은 2차 세계대전이 끝나자 피오리아로 와서 나중에 공화당 주 상원의원이 된 고등학교 친구와 결혼했고, 다섯 아이를 키우면서 유아보육지원부터 여성 권리 확립까지 지역사회의 모든 캠페인을 주도했다. 피오리아 지역신문들은 이 부고를 1면 뉴스로 다루고 편집자의 글도 길게 실었다. 해리엇은 부유하거나 유명하지 않았고, 남성적인 권력의 상징도 없었다. 나는 그것이 과거에 여성의 몫으로 당연히 여겨지던 그런 유대들을 고양시키며 지역사회를 이끈 한 여성에 대한 진지한 추념이며, 단지 내 친우에 대한 개인적 헌사가 아니라고 생각한다. 여성성의 신화 때문에 하찮은 것으로 여겨지던, 여성의 기여에 대한 진지한 고려와 현재의 인정을 나타내는 하나의 상징인 것이다.

또 이것은 우리가 여성성의 신화를 돌파해 나온 이래, 이것이냐 저것이냐 또는 이기느냐 지느냐를 놓고 벌이는 싸움이 아니라 논의의 반경을 넓히는 길이기도 하다. 어느 기자는 내게 여성은 어디로 향하는가라는 끝나지 않을 평가에 대해 질문했다. "지금 여성들에게 있어 주된 싸움은 무엇인가요? 누가 이기고 누가 지는 건가요?" 그런데 나는 이 질문이 거의 시효가 지났다고 본다. 올바른 질문 방식이 아니라는 것이다. 여성들은 유방암을 심각하게 보고 유방 엑스선 촬영을 건강보험 적용 대상에 포함시키라고 의회와 각 주에서 거대한 전투를 벌여왔다. 하지만 여성들의 삶에 더욱 커다랗고 새로운 위협으로 다가오는 것은 폐암이다. 남성들이 담배를 끊고 있

여성성의 신화

을 때 담배 광고는 여성들을 흡연에 끌어들이려고 페미니즘을 이용하고 있는 것이다.

현재 서점과 도서관에는 여성 정체성의 여러 측면을 분석하는 책들이 많이 채워져 있다. 모든 역사와 국가, 종족에 걸쳐 있는 분석들이기는 하지만 결국 『화성에서 온 남자, 금성에서 온 여자』의 끝없는 아류들로, 어떻게 서로 소통할 것인가("사람들은 단지 소통하지 않을 뿐이다") 하는 이야기들이다. 남성만 다니는 대학은 미국에서 거의 소멸했다. 법원이 버지니아 사관학교와 시타델 군사학교가 여성들을 똑같이 받아들이지 않으면 주 재정을 지원할 수 없다고 선고하자, 성별로 분리된 대학과 고등학교가 여성들에게 더 좋다는 새로운 주장이 등장했다. 가난한 어린 소녀들이 남성들과 함께 공부하고 경쟁해야 할 경우 자신들의 목소리를 높이는 법을 배우지 못할 것이라는 주장인데, 내게 이런 소리는 반동이자 퇴행이며 덧없는 시대착오적 주장으로 여겨진다.

가장 작은 지방 단과대학부터 하버드, 예일, 프린스턴에 이르기까지 모든 단과대학과 종합대학에서 여성학을 독립된 교과로 강의하고 연구하고 있을 뿐만 아니라, 지금은 모든 교과에서 여성 학자들과 남성들이 한때 '어둠의 대륙'이던 여성의 경험을 분석하면서 새로운 사상과 역사가 부상하고 있다. 1996년 6월, 1800년대 미국 여성 작가를 기리는 첫 전국 모임이 하트포드의 트리니티대학에서 열려 250쪽에 이르는 발제문이 제출됐다. 이 논문들의 관심사와 서술 수준에 대해 대회의 조직자는 10년 전만 해도 '도저히 상상할 수 없던' 정도라고 말했다. 트리니티대학 역사학 교수 조안 D. 헤드릭에 따르면 19세기 여성 작가들은, "노예제, 산업자본주의, 남북전쟁이 끝난 뒤의 인종 대립 같은 커다란 사회적·정치적 문제들을 다루었다." 헤드릭은 해리엇 피처 스토우의 전기를 써서 지난 해 퓰리처상을 받기도 했다. "여성들은 투표권이 없었습니다. 글쓰기만이 자신들을 표현하는 유일한 길이었죠." 하지만 이 작가들은 포스트모던의 정전正典 속에서 남성 해체주의자들 때문에, 그리고 그들의 페미니스트 추종자들이 전멸하면서 기억에서 지워졌다. 폴 로터 교수가 한 말처럼 "감정, 눈물을 만들어내는 사상, 문학에 감동을 받는 사고, 정치적인 것에 대한 사고"는 제대로 대접을 받지 못한 것이다.

그리고 이제 여성들은 더 큰 이슈들 그리고 삶의 관심사로 복귀하고 있다. 죽어버린 추상적인 개념을 넘어서 글이 아니라 정치로 복귀하고 있다. 또 오늘날 여성들은 문학이나 다른 교과목 속의 '죽은 대륙'이 아니다. 물론 일부 페미니스트 학자들은 여전히 '희생자의 역사'를 논의하고 있다. 저명한 역사가 조지 L. 모스의 『인간의 이미지—현대 남성성의 창조』에 대한 서평[11]에서 로이 포터는 이렇게 말한다.

역사에서 여전히 숨겨져 있는 쪽은 남성이다. 남성들의 성취가 무시됐다는 것이 아니다. 역사적 연구는 언제나 남성들의 삶을 중심으로 했다. 염색장이, 재봉사, 군인, 선원, 부자, 빈자, 걸인 등. '사람들men'이라는 말 자체가 자동으로 두 기능을 하게 되니, 곧 남성과 인간을 함께

여성성의 신화

지칭한다. …… 역사의 무대를 걸어가는 이들은 대부분 어쩔 수 없이 남성이었다. 남성이 된다는 것—노동, 정치, 권력의 극장에서 연기를 수행한다는 것—이 자연스러운 일로 받아들여졌다. 싸움 같은 확실한 남성의 특성에 이따금 평화주의자나 반대파들이 문제를 제기할 때도 있었지만, 과거 유럽 남성들이 학계를 지배하고 그런 비판들을 단순한 신경질이나 유토피아 같은 것으로 간단히 치부해버리는 분위기가 조성됐다. 남성은 남성이 해야 할 구실을 할 뿐이라는 근거로 남성성을 상호 검증이라는 시험대에 최초로 올려놓은 것이 여성운동이라는 점은 놀랍지도 않다.

하지만 이제까지 남성의 신비나 이른바 '남성 연구', '남성 운동'을 다룬 책들은 십중팔구 '여성해방'을 거꾸로 베껴놓은 것들이었고, 개념상 일관되지도 못하다. 유행에 뒤떨어진 야만적인 마초식 행태를 남성성의 규정으로 삼아보려는 노력도 있었다. 로버트 블라이가 쓴 시는 남성에게 눈물을 흘리라고 권하지만, 오히려 외딴 숲속에서 여성에게 함부로 하는 야만인처럼 젠체하고 과장을 섞어 큰소리로 슬퍼하는 행동을 환기시켰을 뿐이다. 총에 강박된 민병대는 그런 시대에 뒤떨어진 남성성으로 사회의 존립 기반 자체를 위협했다. 우리 페미니스트들은 자신이 가진 확신으로 해방의 잠재력에 몰두하게 되었고, 시대착오적인 여성성의 신화를 깨고 나와 우리의 인간됨이 지닌 새로운 가능성을 포용하게 되었다. 최근까지 우리는 남성들이 사장, 남편, 연인, 경찰 등의 지위에서 우리를 억압한다고 생각했고, 남성들과 가사와 양육, 관계를 공유하는 데 실패했지만, 이제는 전문적 기술과 정치적 파워 게임을 배우고 남성들에게만 떠넘기던 돈벌이 책임까지 지고 있다. 단선적인 기업과 직업 경력은 여전히 남성의 생활에 근거해 구조가 짜여있지만, 사실 이것은 아내들이 생활의 세세한 면을 해결해주던 과거에나 가능했다. 우리는 지금 오늘날 여성들이 직면한 실제적이고 극복하기 어려운 문제를 제기하고 있다. 남성들에게는 점점 위기가 닥치고 있다. 직무 축소와 하청이 보편화되고, 평생 직장이 소멸하는 현실에서 남성들은 자유로울 수 없다. 하지만 남성들이 그런 권력을 모두 가지고 있다는 사실을 알기 때문에(죽은 백인 남성들이 그랬다!), 우리는 미국 여성이 남성보다 8년을 더 오래 산다는 것—현재 평균수명은 남성이 72세인 반면 여성은 80세다—을 진지하게 받아들이지 않는다.(그리고 남성들은 이 사실이 중요하다는 데 동의하지 않는다.)

1993년 『나이의 원천』을 쓰면서 나는 한 연구를 통해 오래 살기 위해 결정적인 두 가지 요소를 보여줬다. 어떤 사람의 능력을 이용하고 그 사람의 하루를 조직화하며 변화하는 사회의 일원으로 유지시키려는 목적과 기획이 그중 하나라면, 친밀한 유대가 다른 하나다. 하지만 남성은 이제 더는 평생 직장에 의존해 계획을 세울 수 없기에 혼란스러워한다. 남성들에게는 여성이 아이를 기르고 직업과 일과 가정의 비중을 알맞게 조정하며, 이런 결과에 따라 생활의 패턴을 변화시키면서 개발해야 했던 유연성이 필요하다. 남성들은 그토록 오랜 시간 동안 여성의 일로 치부해오던 친밀한 유대와 공유 의식을 창조하고 유지하면서 여유를 가질 필요가 있다. 그리고 마침내 본질을 마주하자. 남성이 모든 것의 잣대라는 가정은 이제 재고되어야만 한다. 여성과 남성이 모두 사회의 주류에 자리 잡고 있으며, 여러 기준들을 규정하고 있다. 여성과 남성이 시대착오적인 여성성의 신화와 그것의 짝인 남성성의 신화의 찌꺼기를 일소하고 새로운 현실을 함께 하게 되면서, 우리가 의존하는 기준, 정의, 잣대 자체가 변해야 하며, 또 실제로 변하고 있는 것이다.

그리하여 최근에 여성이 남성보다 더 큰 투표력을 획득하게 된 정치 영역에서는 젊은이와 노년층, 질병과 건강에 대한 배려, 아기를 언제 어떻게 가질지 선택하는 것, 가족의 가치 등 삶에 관련된 문제들이 벌써 오래된 재정 적자나 살상용 미사일 문제보다 더 중요한 의제가 되었다. 1996년 8월, 《뉴욕타임스》가 패션의 위기를 보도한 일이 있다. 여성이 최신 유행하는 의상을 더는 구입하지 않는 반면 남성들은 구입한다는 것이다. 광고는 '요리하는 아빠의 밤', 남성용 향수, 남성을 위한 주름 제거제 등을 판다.

아기를 업는 가방은 젊은 남성들을 더욱 강하고 부드럽게 만든다. 그런 남성들은 이제껏 남성성을 규정하던 유치한 남자의 태를 벗고 자라날 것이다. 그럼 1996년 올림픽에서 집중 조명을 받은 여성 운동선수들이 바꾸어놓은 기준은 없을까? 광고와 패션 잡지들은 여전히 사춘기도 안 된 어린 여성들을 모델로 삼거나 사람의 손길에 반응조차 할 수 없는 실리콘으로 채운 가슴을 내놓지만, 이제 자라나는 젊은 소녀들은 운동화를 사면서 새로운 힘의 이상을 찾아

나선다. 새로이 성장하는 여성들이 남성보다 키가 크거나 힘이 세거나 돈을 더 벌면 안 되는 이유가 있겠는가?

더는 젊음에 연연해하지 않는 성숙한 남성과 여성들은 마침내 아이들의 놀이, 권력과 섹스의 구태의연한 의례를 탈피하고 자기 자신에게 더욱더 충실해진다. 그리고 화성에서 온 남자나 금성에서 온 여자 흉내를 내지도 않는다. 서로 관심사를 공유하고, 공동의 노동과 사랑, 놀이, 아이들, 정치에 관련된 공동의 약호에 대해 이야기한다. 여성과 남성이 마침내 자기 자신이 되어 자유로워지고, 실제 어떤 존재인지 서로 이해하며, 성공, 실패, 즐거움, 환희, 권력, 공동선의 기준과 잣대를 함께 규정하게 될 때 생겨날 새로운 인간의 가능성을, 이제 우리는 막 접하기 시작한 것이다.

베티 프리단

1997년 4월, 워싱턴, D.C.

여성성의 신화

들어가는 말

한동안은 명확히 보지 못했지만, 나는 조금씩 오늘날 미국 여성들이 삶을 꾸려가는 방식에 뭔가 아주 잘못된 게 있다는 사실을 알게 되었다. 나를 집으로부터 멀어지게 하는 일에 내 능력과 교육을 사용하면서, 한 남편의 아내이자 세 아이의 어머니로서 반쯤은 죄책감을 느끼고 반쯤은 열의가 없는 내 삶에 물음표가 떠오르는 것을 처음으로 감지했다. 스미스대학을 졸업하고 나서 15년이 지난 1957년에 대학 동창들을 대상으로 오랜 시간에 걸쳐 진행한 심층 면접 작업은 이런 개인적인 질문에서 비롯되었다. 200명의 여성이 개인적 체험에 근거한 주관식 질문에 답해주었는데, 이를 통해 나는 무엇이 잘못되었는지는 당시의 교육 방식과 관련이 없다는 사실을 깨달았다. 나와 그녀들의 삶에서 나타나는 만족감과 문제들, 그리고 그런 것들에 기여하는 우리의 교육은 현대 미국 여성의 이미지와 제대로 들어맞지 않았다. 2차 세계대전 이후 여성지에 실린 수많은 글들과, 강의실과 의학연구실에서 연구되고 분석된, 끝없는 말의 포화 속에서 칭송되거나 비난받아온 그 여성의 이미지 말이다. 우리가 실제 겪는 생활과 순응하려고 노력하는 이미지 사이에는 내가 여성성의 신화라고 부르는 기묘한 차이가 있었다. 나는 다른 여성들도 이런 분열증을 경험하는지, 그리고 이 분열증이 무엇을 의미하는지 궁금했다.

그래서 나는 여성성의 신화의 기원과 그것에 영향을 받으며 자랐고 살아온 여성들에게 여성성의 신화가 미치는 영향을 추적하기 시작했다. 내 방법론은 이야기를 따라가는 리포터와 다를 게 없었지만, 이내 그것들이 평범한 이야기가 아니라는 것을 알아차릴 수 있었다. 한 가지 실마리가 멀리 떨어진 또 다른 현대 사상과 일상의 영역으로 나를 이끌었는데, 그것은 전통적인 여성의 이미지뿐 아니라 심리학의 기본 가정들에도 도전을 제기하는 내용이었다. 여성을 다룬 기존의 연구에서 많지는 않지만 몇 개의 퍼즐 조각을 발견한 나는 과거의 여성들이 여성성의 신화라는 맥락에서 연구되었다는 것을 알아냈다. 바사대학 여성들을 대상으로 한 멜론연구소의 연구는 도발적이었고, 프랑스 여성들에 대한 시몬 드 보부아르Simone de Beauvoir의 통찰과 미라 코마로프스키Mirra Komarovsky, 에이브러햄 해럴드 매슬로A. H. Maslow, 알바 뮈르달Alva Myrdal의 연구가 있었다. 나는 인간 정체성 문제에 대한 새로운 심리학적 사고가 발전하는 것이 훨씬 더 도발적이라는 것을 깨달았는데, 그것이 여성들에게 지니는 함의는 아직 인식되지 않은 듯했다. 나는 여성의 질병과 문제들을 다루는 이들에게 질문을 던짐으로써 좀 더 진전된 증거들을 발견했다. 그리고 여성지 편집자들, 광고업계 종사자들, 심리학, 심리분석학, 인류학, 사회학, 가정학 분야에서 여성 전문 이론가들과 이야기하면서 여성성의 신화가 성장하는 과정을 추적했다. 하지만 이 퍼즐은 생애 주기의 어떤 중요한 지점에 있는, 그들이 누구인지에 대한 문제를 직면하거나 회피하는 여성 고등학생 및 대학생들 80명과 두 시간에서 때로는 이틀에 이르는 심층 면접을 한 뒤에야 제대로 맞춰질 수 있었다. 만약 신화가 맞다면, 젊은 부인과 어머니들은 이름 없는 문제로 고통받지 말아야 하고, 사십 줄에 접어들어 한계점에 봉착하지도 않아야 할 것이다. 일부는 고통에 찌들고 일부는 평온한 상태를 유지하는 이들이 내게 마지막 실마리를 제공해주었고, 이것은 여성성의 신화를 고발하는 가장 강력한 무기가 되었다.

하지만 저명한 이론가들과 이 분야에서 활동하는 많은 전문가들의 도움, 스스로 여성성의 신화를 믿고 그것을 도운 많은 이들의 협력이 없었다면 이 책을 쓸 수 없었을 것이다. 페기 벨, 존 잉글리시, 브루스 굴드, 메리 앤 기타, 제임스 스카든, 낸시 린치, 제럴딘 로즈, 로버트 스타인, 닐 스튜어트, 폴리 위버 등 여러 여성지의 전·현직 편집인들이 나를 도와주었다. 어니스트 디히터와 동기부여연구소의 실무진들도 도움을 주었다. 바이킹 출판사의 전 편집자 매리언 스케겔은 문학 속 여주인공들에 대한 연구에 사용하던 미완성 데이터를 제공해주었다. 행동과학자들, 이론가와 치료사들 중 뉴욕대학의 윌리엄 메나커와 존 란트그라프, 브랜다이스대학의 A. H. 매슬로, 예일대학의 존 도널드, 컬럼비아대학의 윌리엄 J. 구드에게 크게 감사를 전한다. 마거릿 미드, 교육대학의 폴 배허니언, 스미스 대학의 엘자 시폴라 이즈리얼과 엘리 치노이에게도. 보스턴의 심리 분석가 안드라스 안쥐알 박사, 뉴욕의 나단 애커맨 박사, 로클랜드 카운티 정신보건센터의 루이스 잉글리시 박사와 마거릿 로렌스 박사도 있다. 웨스트체스터 카운티의 정신보건 노동자들에게도 감사를 표한다. 에밀리 굴드 여사, 제럴드 파운틴 박사, 헨리에타 글라처 박사와 뉴 로셀의 지도센터에 있는 마저리 일젠프리츠, 에드거 잭슨 등. 뉴저지주 버겐 카운티의 리처드 고든 박사와 캐서린 고든, 고 에이브러햄 스톤 박사, 계획부모협회의 레나 레빈 박사와 프레드 재프, 보스턴의 제임스 잭슨 퍼트넘 센터의 간사, 피터 벤트 브라이엄 병원의 도리서 멘저 박사와 소머스 스터지즈 박사, 동문지원센터의 앨리스 킹과 커먼웰스재단의 레스터 에번스 박사에게도 고마움을 전한다. 또 여성성의 신화와 맹렬히 투쟁하며 내게 유용한 통찰을 보여준 교육가들에게도 감사한다. 웰즐리여자대학의 로라 본홀트, 래드클리프대학의 메리 번팅, 컬럼비아대학의 마저리 니컬슨, 교육대학의 에스더 로이드 존스, 바나드대학의 밀리센트 매킨토시, 사라로렌스대학의 에스더 라우셴부쉬, 스미스대학의 토머스 멘데날과 대니얼 아론, 그리고 스미스대학의 다른 여러 교직원들이 바로 그들이다. 그리고 무엇보다도 나는 1942년 스미스대학을 졸업한 200명을 시작으로 나와 함께 자신들의 문제와 느낌을 공유한 여성들, 그리고 내 연구의 시작인 스미스대학 동창 설문조사 작업을 함께 한 매리언 잉게졸 호웰과 앤 마더 몬테로 등에게 특별히 감사를

여성성의 신화

전한다.

그리고 작가가 쓸 수 있는 조용한 작업 공간과 연구 자료에 언제든 접근할 수 있는 편의성을 제공해준 정말 훌륭한 기관인 뉴욕 공공도서관의 프레데릭 루이스 알렌관이 없었다면 세 아이를 둔 이 유별난 엄마는 이 책을 끝내기는커녕 시작도 못했을 것이다. 출판인 조지 P. 브록웨이, 편집자 버튼 빌즈, 내 대리인 마사 윈스턴의 세심한 조력에 대해서도 똑같은 감사를 표한다. 좀 더 넓은 의미에서, 이 책은 내가 아주 비범한 심리학 교육을 받지 않았더라면 결코 쓰이지 않았을 것이다. 스미스대학의 커트 코프카, 해럴드 이즈리얼, 엘자 시폴라, 제임스 깁슨, 아이오와대학의 커트 레윈, 타마라 뎀보 등 개인과 그룹들, 버클리대학의 E. C. 톨만, 장 맥팔레인, 네비드 샌퍼드, 에릭 에릭슨 등 이 분들에게서 가장 좋은 의미의 자유주의 교육을 받았지만, 나는 그것을 원래 계획대로 사용하지는 않았다.

이 책의 이론과 사실들, 내재적 가치에 대한 이해와 해석은 나의 몫일 수밖에 없다. 하지만 내가 여기서 제시한 답변들이 최종적인 것이든 아니든—그리고 여기에는 사회과학자들이 좀 더 논구해야 할 많은 질문들이 있다—미국 여성이 겪는 딜레마는 현실이다. 오늘 이 시점에 이르러 마침내 이 문제를 인정할 수밖에 없게 된 여러 전문가들은 여성을 여성성의 신화라는 틀 속에 끼워 맞추기 위해 두 배의 노력을 쏟고 있다. 나의 답변은 사회 변화를 함축하고 있기 때문에 전문가들과 여성들을 비슷한 정도로 곤혹스럽게 할 것이다. 그러나 내가 여성이 사회에 영향을 줄 수 있고 동시에 사회에 의해 영향을 받을 수 있다고 믿지 않는다면 이 책을 쓴 의미는 사라지고 말 것이다. 결국 여성은, 인간으로서 자신의 천국과 지옥을 선택할 힘을 가지고 있는 것이다.

1957년 6월부터 1962년 7월 사이에
뉴욕 그랜드뷰에서

여성성의 신화

01

이름 붙일 수 없는 문제들

이 문제는 미국 여성들의 가슴 속에 여러 해 동안 묻혀있었다. 이 동요는 낯설었고, 불만족스러웠으며, 20세기 중반의 미국 여성들이 애타게 기다리며 간절히 바라던 것이었다. 교외에 사는 가정주부들은 제각기 이 문제를 가지고 홀로 싸웠다. 침대를 정리하면서, 식료품 가게에서 물건을 사면서, 의자에 커버를 씌우면서, 아이들과 땅콩버터 샌드위치를 먹으면서, 아이들을 보이스카우트와 걸스카우트에 태우고 다니면서, 그리고 밤마다 남편 옆에 누워 "이것이 과연 전부일까?"하고 스스로에게 조용히 묻는 것조차 두려워했다.

지난 15년 동안 여성을 위해, 여성을 다룬 수백만 개의 글 중에서 여성들의 이런 갈망에 대해 다룬 글은 하나도 없었다. 전문가들이 쓴 칼럼과 책, 잡지는 여성들에게 현모양처로서 본분을 완성하는 길을 모색하라고 가르쳐왔다. 여성들은 전통의 목소리와 프로이트식 궤변 속에서 자신들의 여성스러움을 자랑스러워하는 것보다 더 큰 운명은 바랄 수 없다고 수없이 들어왔다. 전문가들은 좋은 남자를 만났을 때 놓치지 않는 방법, 아이에게 모유를 먹이며 키우고 배변 습관을 가르치는 방법, 형제들끼리 싸웠을 때 해결하는 방법과 사춘기의 반항심을 다스리는 방법을 가르쳐주었다. 그리고 식기 세척기를 고르는 법, 빵 굽는 법, 달팽이 요리를 하는 법, 간이 수영장을 직접 만드는 방법을 가르쳐주었다. 또 더 여성스러워 보이게 옷 입는 법과 행동하는 법을 알려주었으며, 어떻게 하면 결혼 생활을 더 재미있게 할 수 있는지도 말해주었다. 그런가 하면 남편이 이른 나이에 죽지 않도록 남편의 건강을 관리하는 법과 아이들이 불량배가 되지 않게 키우는 법도 가르쳐줬다. 여성들은 시인이나 물리학자, 사장이 되려는 여성들은 신경질적이고 여성스럽지 못하며 불행한 여성이니 가엾게 여기라고 배웠다. 진정으로 여성스러운 여자는 구식 페미니스트들이 쟁취하려고 싸운 직업이나 고등교육, 정치적 권리, 자주성, 독립의 기회 따위는 원하지 않아야 한다고 배웠다. 40, 50대 여성들 중에는 그런 꿈을 포기한 과거를 고통스럽게 기억하는 사람도 있었지만, 대다수 젊은 여성들은 이제 그런 생각조차 하지 않았다. 전문가 수천 명의 목소리는 여성다움과 순응, 그리고 새로운 성숙함에 갈채를 보냈다. 여성들이 할 일이라곤 아주 어린 나이에 남편을 만나 아이를 낳는 일에 자신들의 삶을 바치는 것이었다.

1950년대 말까지 미국 여성의 평균 결혼 연령은 20세였는데, 이 평균 연령은 계속 내려가서 10대까지 떨어졌다. 1400만 명의 소녀들이 17세가 되면 약혼했다. 대학에 다니는 여성의 비율은 남성과 비교해 1920년 47퍼센트에서 1958년 35퍼센트로 줄어들었다. 한 세기 전만 해도 여성들은 고등교육을 받게 해달라고 투쟁했지만, 오늘날 여학생들은 좋은 남편을 고르기 위해 대학에 간다. 1950년대 중반까지는 60퍼센트가 결혼을 하기 위해, 또는 교육을 많이 받는 게 결혼에 걸림돌이 될까 두려워 대학을 중퇴했다. 대학은 '기혼 학생'을 위해 기숙사를 마련했지만, 그곳에 입주하는 학생은 거의 언제나 남편들이었다. 부인들을 위해서는 'Ph. T'[Putting Husband Through. 남편 공부시키기—옮긴이]라는 새로운 학위가 만들어졌다.

이제 미국 소녀들은 고등학생 때 결혼하기 시작했다. 그리고 이른 결혼과 관련된 불행한 통계를 유감스럽게 생각한 여성지들은, 고등학교에 결혼 생활을 위한 과목과 결혼상담 제도를 만들어야 한다고 주장했다. 여자아이들은 중학교에 다니는 12~13세 때부터 한 상대하고만 데이트를 하게 되었다. 제조업자들은 열 살짜리 여자아이 이용으로 발포고무로 만든 가짜 가슴을 집어넣은 브래지어를 생산했고, 1960년 가을 《뉴욕타임스》에 실린 어느 3~6세용 아동복 광고는 이런 카피를 썼다. '그녀도 남자 꼬시기에 동참할 수 있습니다.'

1950년대 말까지 미국의 출생률은 인도를 능가했다. 산아제한 운동은 가족계획이라는 이름으로 바뀌었고, 그전에는 셋째나 넷째 아이를 가지면 사산하거나 기형아를 낳을 것이라고 충고를 받아온 여성들은 오히려 어떻게든 아이를 가질 수 있는 방법을 알려달라고 요청했다. 통계학자들은 특히 대학에 재학 중인 여성들이 아이를 갖는 숫자가 눈에 띄게 증가한 사실에 놀라지 않을 수 없었다. 아이 두 명을 가지던 사람들이 이제는 넷, 다섯, 여섯 명씩 아이를 낳고 길렀다. 직업 경력을 쌓으려 했던 여성들이 이제는 아이를 갖는 데서 자기 일생의 경력을 찾고 있었다. 1956년, 가정으로 되돌아가자는 미국 여성들의 운동에 대해 《라이프Life》는 기쁨에 넘쳐 찬사를 보내기도 했다.

뉴욕의 어느 병원에서는 한 여자가 자기 아이에게 모유 수유가 불가능하다는 것을 알고 기절했고, 다른 병원에서는 암으로 죽어가는 여성이 목숨은 건질 수 있지만 부작용 때문에 여성성을 상실할 수도 있다는 말을 듣고 약 복용을 거부하기도 했다. 실물보다 큰 사진 속의 아름답고 얼빠진 외모의 여성이 신문과 잡지는 물론 약국에 붙은 광고 포스터에서 외쳤다. "단 한 번밖에 살 수 없다면, 금발의 아름다운 여성으로 살겠어요." 미국 전역에서 여성 10명 중 3명은 머리를 금발로 물들였고, 자기 몸을 가냘픈 젊은 모델과 똑같은 사이즈로 줄이기 위해 음식 대신 메트리칼Metrecal이라고 부르는 분필처럼 생긴 것을 먹었다. 백화점 판매자들은 1939년 이후로 미국 여성들의 옷이 3~4사이즈 작아졌다고 보고했다. 한 판매원은 말했다. "여성들은 몸에 옷을 맞추려 하지 않고 옷에다 자기 몸을 끼워 맞추려고 애씁니다."

부엌이 다시 여성 생활의 중심이 되었기 때문에, 실내 장식가들은 모자이크 벽장과 원화로 부엌을 장식했다. 가정용 재봉틀 시장의 규모는 백만 달러에 이르렀다. 많은 여성들은 시장을 보거나, 아이를 학교에 태워다주거나, 남편과 사교 모임에 참석할 때를 빼고는 거의 집을 비우지 않았다. 여성이 집 밖에서 일자리를 가져보지도 못하고 일생을 살아가게 된 것이다. 1950년대 말에 한 가지 사회학적 현상이 갑자기 나타났는데, 미국 여성의 3분의 1이 직업을 가지고 있지만 대부분은 젊은 여성이 아니며, 직업 경력을 쌓으려는 사람은 소수라는 것이었다. 이들은 남편을 공부시키기 위해, 아들을 학교에 보내기 위해, 또는 집값 대출금을 갚기 위해 외판직이나 비서직 등 파트타임으로 일을 하는 기혼 여성이거나 혼자서 가족을 부양해야 하는 여성이었다. 전문직으로 일하는 여성은 점점 줄어들었다. 간호직, 사회사업, 그리고 교육계의 인원 부족은 거의 모든 도시에 심각한 위기를 가져왔다. 우주개발 경쟁에서 소련이 우세를 차지하는 현실을 걱정한 과학자들은 미국이 가지고 있는 아직 사용되지 않은 거대한 두뇌 자원으로 여성을 지목했다. 그러나 여성들은 물리학이 '여성적이지 않은' 학문이라고 생각해 공부하려 하지 않았다. 한 여학생은 부동산중개소에서 일하기 위해 존스홉킨스대학의 연구원 자리를 거절했다. 그녀에 말에 따르면, 그녀가 원하는 것은 다른 미국 여성들이 원하는 것과 같았다. 결혼해서 아이를 넷 낳고 교외에 있는 아름답고 멋진 저택에서 사는 것 말이다.

교외의 멋진 저택에 사는 주부. 이것이 젊은 미국 여성들이 꿈꾸는 자화상이며, 전 세계 모든 여성들이 부러워하는 것으로 여겨지는 여성상이었다. 미국의 가정주부들은 발달한 과학과 편리한 기계 장치 덕분에 단조롭고 고된 일, 출산의 위험과 늙은 할머니를 병간호해야 하는 일에서 자유로워졌다. 그들은 건강하고 아름답고 지적이며, 남편과 아이, 살림에만 집중했다. 이것이야말로 진정한 여성으로서 자아를 실현하는 것이라고 생각한 것이다. 가정주부이자 어머니로서, 그들은 남자의 세계에서 남자에게 완전하고 평등한 파트너로 존경받았다. 자동차를 선택하는 일부터 옷을 고르고 전자제품을 사들이고 슈퍼마켓을 이용하는 일까지 그들은 자유로웠다. 그들은 여성들이 언제나 꿈꾸어오던 것을 모두 가지고 있었다.

2차 세계대전이 끝난 뒤 15년 동안, 이런 여성성에 대한 신화의 성취는 당대 미국 문화의 핵심으로 칭송받았고 영속적인 것으로 여겨졌다. 수백만 명의 여성이 그림 같은 창문 앞에서 남편에게 키스하며 출근길을 배웅하고, 스테이션 왜건[뒷쪽에 화물 적재 공간을 둔 승용차 겸 화물차―옮긴이]에 아이들을 가득 태워서 학교 앞에 내려주고, 얼룩 한 점 없는 부엌 바닥을 새로 사들인 전기 왁스기로 밀면서 미소 짓는 교외 가정주부의 어여쁜 영상 속에 갇혀 자신의 삶을 이끌어갔다. 직접 빵을 굽고, 자신과 아이들의 옷을 직접 만들고, 새로 들여온 세탁기와 건조기를 하루 종일 돌렸다. 그들은 일주일에 한 번씩 갈던 침대 시트를 두 번씩 갈았고 성인 교육 강좌에서 깔개 만드는 법을 배우면서, 직업을 갖고 싶어서 고민하던 가련한 어머니 세대를 동정하곤 했다. 유일한 꿈은 완벽한 현모양처가 되는 것이었고, 최대의 야망은 다섯 아이의 어머니가 되어 아름다운 저택에서 사는 것이었다. 유일하게 분투하는 일은 남편을 얻어서 한 눈 팔지 못하게 만드는 일이었다. 집 밖에서 일어나는 여성적이지 못한 전 세계의 문제에 대해서는 생각하지 않으면서 남자들이 주요한 결정을 해주길 바랐다. 또한 여성으로서 자신이 수행하는 역할을 자랑스럽게 생각하며 인구조사서 직업 칸에 '가정주부'라고 자랑스레 적어넣었다.

15년이 넘도록 여성을 위해 쓰인 많은 글이나 남편들이 방 한쪽에 앉아서 직장이나 정치 또는 새 정화조 이야기를 하는 동안 여성들끼리 나누는 이야기는, 아이들이나 아이들의 학교에 관한 문제나 남편을 기분 좋게 해주는 법, 닭고기 요리법, 예쁜 의자 커버를 만드는 법 같은 것들이었다. 아무도 여성이 남성보다 우월하다거나 열등하다는 논박을 하지 않았다. 여성과 남성은 서로 다를 뿐이었다. '여성해방'이나 여성의 '직업 경력career'이라는 말은 이상하고 어색하게 들렸고, 몇 년 동안 아무도 이런 단어를 쓰지 않았다. 시몬드 보부아르가 『제2의 성』을 펴냈을 때, 어느 미국 평론가는 보부아르가 '인생이 무엇인지 알지 못하'는 데다가 이 이야기는 프랑스 여성에게만 적용될 뿐이라고 말했다. 미국에서는 '여성 문제'가 더 이상 존재하지 않는다는 것이었다.

1950년대와 1960년대에 문제를 느낀 여성들은 결혼 생활이나 자기 자신에게 잘못이 있다고 생각했다. 다른 여성들은 자기 생활에 만족하며 살아가고 있다고 생각했다. 부엌 바닥에 윤을 내면서 불가사의한 성취감을 느끼지 못한다면 도대체 자기는 어떻게 된 여성이란 말인가? 그런 여성은 자기 불만을 인정하는 행동을 너무 부끄러워했다. 그래서 얼마나 많은 여성들이 같은 불만을 지니고 있는지 결코 알 수 없었다. 남편에게 말해보려고 애썼지만 남편은 그녀가 무슨 말을 하고 있는지 이해하지 못했다. 자신조차도 정말로 그것이 무엇인지 알 수 없었다. 15년 넘게 미국 여성들은 섹스보다 이 문제를 이야기하는 게 훨씬 힘들다는 것을 알게 되었다. 정신과 의사들조차 이런 증상에 이름을 붙일 수 없었다. 많은 여성들이 그랬듯이 정신과 의사에게 도움을 구하러 간 어느 여성은 "무척 수치스러워요" 또는 "전 절망적일 정도로 신경질적이에요"라고 말했다. 교외의 어느 정신과 의사는 불안해하며 말했다. "요새 여자들이 뭐가 문제인지 통 모르겠어요. 우연찮게도 환자가 대부분 여성이기 때문에 그들에게 뭔가 문제가 있다는 것은 알겠어요. 성적인 문제는 아니라는 것도 알겠는데……." 그러나 이런 문제를 가지고 있는 여성들은 대체로 정신과 의사에게 가보려고 하지도 않았다. 그리고 스스로에게 계속 되뇌었다. "정말 문제될 게 없어. 아무 문제도 없단 말이야."

1959년 4월의 어느 날 아침, 나는 뉴욕에서 15마일 떨어진 교외의 새 주택가에서 주부 네 명과 커피를 마시다가 아이가 넷 있는 엄마가 절망적인 어조로 조용히 '그 문제'를 언급하는 것을 들었다. 나머지 부인들은 그가 남편이나 아이들 또는 가정에 대해 말하는 게 아니라는 것을 이내 알아차렸다. 그 자리에 있던 여성들은 자신들이 모두 똑같은 문제, 설명할 수도 없는 그 문제를 같이 인식하고 있다는 사실을 갑작스레 깨달았다. 그들은 주저하면서도 그 문제에 대해 이야기하기 시작했다. 나중에 아이들을 보육원에서 데려와서 낮잠을 재운 두 명은 자신이 혼자가 아니라는 순수한 안도감에 울음을 터뜨렸다.

여성성의 신화

이름 붙일 수 없는 이 문제가 헤아릴 수 없이 많은 미국 여성들을 괴롭히고 있다는 사실을 나는 시나브로 알아차리게 되었다. 잡지사 기자로서 자주 여성들과 아이들, 결혼 생활, 집안일, 그리고 지역사회에 대해 인터뷰를 해왔던 나는 얼마 지나지 않아 다른 문제의 징후를 눈치채기 시작했다. 롱아일랜드나 뉴저지, 체스터 카운티 대목장의 저택과 아파트뿐만 아니라, 매사추세츠의 작은 마을에 있는 개척 시대 풍 주택에서도, 멤피스의 스페인식 테라스에서도, 교외와 시내의 아파트에서도, 또 미드웨스트의 거실에서도 똑같은 징후를 느낄 수 있었던 것이다. 그땐 나도 뉴욕 로크랜드 카운티에서 세 아이를 기르고 있었기 때문에 이따금씩 이 문제를 기자가 아닌 교외에 사는 가정주부로서 느끼기도 했다. 곧 이 문제가 대학의 기숙사와 수유실에서, 학부모 모임과 여성유권자연맹 오찬회에서, 그리고 교외에서 열리는 각테일파티나 기차를 기다리는 스테이션 웨건 속에서, 그리고 찻집에서 우연히 엿들은 대화 속에서도 울려 퍼지는 것을 들었다. 아이들이 학교에 가고 난 조용한 오후나 남편들이 일하느라 늦게 와 조용한 저녁 시간에 다른 여성들에게 들은 이야기들 덕택에 나는 더 큰 사회적, 심리적 함의를 이해하기 훨씬 이전에 한 여성으로서 먼저 그 문제를 이해했다고 생각한다.

이름 붙일 수 없는 이 문제란 도대체 무엇이었던가? 여성들이 이것을 표현하려고 애쓸 때 사용하는 단어들은 대체 어떤 것이었나? 한 여성은 "무언가 공허하고…… 불완전한 기분이 들어요"라고 했다. 또는 "내가 존재하고 있는 것 같지가 않아요"라고 말하기도 했다. 또 어떤 여성은 가끔씩 진정제를 복용해 그런 느낌을 희미하게 만들어버리기도 했다. 때로는 그 문제가 남편이나 아이들과 관련되어 있으며, 그 문제를 해결하는 데 정말로 필요한 것은 집을 새로 꾸미거나, 더 나은 동네로 이사하거나, 새로운 사람을 사귀거나, 아이를 갖는 일이라고 생각해버리기도 했다. 때로는 자기도 좀처럼 설명할 수 없는 증상을 가지고 의사에게 이렇게 말하기도 했다. "지친 기분이에요. …… 제 자신도 놀랄 정도로 아이들에게 화를 엄청나게 내거든요. …… 이유도 없이 울고 싶어지고."(클리블랜드의 어느 의사는 이런 증세를 '가정주부 증후군'이라고 불렀다.) 많은 여성들이 손과 팔에 생긴 커다란 물집이 터져 피가 흐른다는 이야기를 해줬다. 펜실베니아의 어느 가정 주치의는 "나는 이것을 가정주부에게 드리운 어두운 그림자라고 부릅니다"라고 말했다. 그러면서 "아이 대여섯 명을 키우면서 하루 종일 설거지통 속에 묻혀 사는 젊은 부인들에게서 요새 이런 증세가 자주 보입니다. 그러나 이것은 세척제 때문도 아니며, 호르몬제로 치료되는 것도 아닙니다"라고 설명했다.

어느 여성은 때때로 감정이 너무도 격해져서 집을 뛰쳐나가 길거리를 돌아다닌다고 말했다. 아니면 집안에 처박혀 울기도 한다. 그런가 하면, 아이들이 자기에게 농담을 해도 자신은 그것을 듣지 않기 때문에 웃지도 않게 된다고 말했다. 나는 '현모양처로서 자기 완성'을 가로막는 방해물을 제거하고, '여성이라는 역할에 적응'하기 위해 여러 해 동안을 정신과 의사에게 치료를 받아온 여성들과 이야기를 해본 적이 있다. 그러나 이 여성들의 낙담 어린 표정과 말

여성성의 신화

투는, 한때 아무리 이상한 좌절감을 가지고 있었다 해도 자기들에게는 아무런 문제가 없다고 자신하는 다른 여성들과 똑같았다.

19세에 대학을 중퇴하고 결혼해 네 아이의 어머니가 된 여성은 내게 이렇게 말했다.

여자가 해야 한다고 하는 것들, 그러니까 취미 생활, 정원 가꾸기, 장아찌 담기, 통조림 만들기, 이웃과 사이좋게 지내기, 자선 모임에 참석하기, 학부모 모임을 위한 다과 준비 등은 모두 다 하려고 애썼어요. 난 이런 것들을 다 할 수 있고, 또 좋아하지만, 이런 것들은 나는 누구냐는 의문을 제기하거나 생각해야 할 거리를 주지는 않아요. 한 번도 직업에 대한 야망을 가져본 적이 없어요. 내가 원한 것은 단지 결혼해서 아이들을 네 명 갖는 것뿐이었지요. 지금도 물론 아이들과 남편, 가정을 사랑해요. 당신이 뭐라고 이름 붙일 수 있는 문제는 하나도 없어요. 그러나 나는 절망감을 느껴요. 내겐 아무런 인격도 없다는 생각이 들어요. 난 음식을 장만하며 옷을 간수해주는 사람이고, 잠자리를 준비하는 사람일 뿐이에요. 단순히 남이 무엇을 원할 때만 이름이 불리는 그런 사람에 불과해요. 그러면 난 누구란 말이죠?

청바지를 입은 23세의 어머니는 이렇게 말했다.

왜 이렇게 불만을 느끼는지 스스로 물어봐요. 내겐 건강하고 착한 아이들이 있고, 새 집은 아름답고 재산도 충분해요. 남편은 전자기술자로 장래가 촉망되는 사람이에요. 남편은 전혀 이런 감정을 느끼지 않아요. 내게 아무래도 기분 전환이 필요한 것 같다고 하면서 주말에 뉴욕에 가자고 했어요. 그러나 문제는 이런 게 아니에요. 난 항상 우리가 무엇이든 함께 해야 한다고 생각해왔어요. 혼자서는 책을 읽을 수 없어요. 아이들이 낮잠을 자면 내 시간이 한 시간 정도 있다고 생각하지만, 이럴 땐 아이들이 깨기를 기다리면서 집 안을 돌아다닐 뿐 아무것도 못해요. 난 사람들이 어디로 간다는 것을 알기 전에는 움직이지 않아요. 마치 어렸을 때부터 계속 내 삶을 보살펴주는 어떤 것이나 사람(부모님, 대학, 연애, 또는 아이를 갖는 일이나 새 집으로 이사하는 일 등)이 항상 있었던 것 같아요. 그러다가 어느 날 아침 깨어나서는 아무것도 기대할 것이 없게 사라져버린 기분이 드는 거죠.

롱아일랜드의 신축 주택가에 사는 젊은 주부는 이렇게 말한다.

굉장히 오랫동안 잠을 잔 것 같은 기분이에요. 왜 이렇게 피곤한지 도저히 모르겠어요. 우리 집은 내가 직장에 다닐 때 살았던 온수도 안 나오는 아파트처럼 청소하기 어렵지도 않아요. 아이들은 하루 종일 학교에 가 있어요. 일 때문은 아니에요. 나는 도무지 살아있다는 기분이 들지 않아요.

설명할 수도 없는 이 문제가 1960년에 들어서 행복한 미국 가정주부의 이미지를 뚫고 끓어오르기 시작했다. 텔레비전 광고는 여

여성성의 신화

전히 아리따운 가정주부가 거품 이는 설거지통 앞에 있는 모습을 비추었으며, "교외의 주부들, 미국적 현상"이라는 제목의《타임》커버스토리는 "더할 나위 없이 행복한 시간을 보내는……" 운운하는 기사를 싣고 있었다. 그러나 주부들이 느끼는 실제의 불행이 갑작스레 보고되기 시작했다.《뉴욕타임스》와《뉴스위크》부터《굿하우스키핑》과 CBS 텔레비전 프로(〈덫에 걸린 주부들〉)까지, 비록 그 문제의 원인에 대해 거의 모든 사람들이 아주 피상적으로 답했지만 말이다. 그 이유를 솜씨 없는 기계수리공 때문이거나(《뉴욕타임스》), 교외에서 아이들을 학교까지 차로 데려다주는 거리가 너무 멀어서라거나(《타임》), 또는 너무 잦은 학부모 모임(《레드북》) 탓으로 돌렸다. 어떤 사람은 오래된 문제, 즉 여성의 교육 때문이라고 말하기도 했다. 여성이 교육을 더욱더 많이 받게 될수록, 가정주부 역할에 불만을 느끼게 된다는 것이다. "프로이트Freud에서 프리저데어[전기냉장고 상표명—옮긴이]로, 소포클레스에서 스포크Spock[유명한 육아서 저자—옮긴이]로 넘어가는 길은 순탄치 않다는 사실이 드러났다"고《뉴욕타임스》1960년 6월 28일자는 보도했다. 그러면서 "교육을 받아 지식의 세계에 젖어있던 많은 젊은 여성들은, 모든 여성이 그런 것은 아니지만, 가정에서 숨 막히는 기분을 느끼게 된다. 그 여성들은 일상생활이 자신이 공부한 것과 어긋난다는 것을 발견하게 된다. 외출할 수 없는 사람처럼 외부 세계에서 배제되었다고 느낀다. 고뇌에 찬 여자대학 총장들은 작년에만 수십 번의 연설을 해야 했는데, 교육받은 주부들에 관한 문제 때문이었다. 그들은 이러한 불만에 직면하여, 16년간의 교육 과정은 현모양처가 되기 위한 실질적인 준비 단계라고 주장했다."

고등교육을 받은 가정주부에 대해 많은 동정이 일었다("머리를 두 개 가진 조현병 환자처럼 …… 한때 묘지파 시인들Graveyard poets을 주제로 학기말 논문을 쓰던 손으로 이제는 우유 배달부에게 메모를 적어준다. 한때는 황산이 끓어오르는 시점을 관찰했지만, 이제는 늦게 도착한 배관 수리공 때문에 성질이 끓어오르는 시간이 문제가 된다. …… 주부들은 종종 소리를 지르며 눈물을 흘리는 존재로 위축된다. …… 어느 누구도, 자기 자신마저도 시인에서 잔소리꾼으로 바뀌어가는 과정에서 자신이 어떤 종류의 사람이 되는지 이해할 수가 없는 모양이다.")

가정학자들은 주부들을 위해, 가전제품을 다루는 고등학교 실습실 같은, 좀 더 실질적인 준비를 가르쳐야 한다고 제안했다. 대학 교육자들은 여성이 살림에 적응할 수 있도록 준비시키기 위해 가정 관리와 가족에 대한 토론 그룹을 더 많이 만들 것을 제안했다. 많은 잡지에는 「당신의 결혼 생활을 더욱 흥미롭게 해줄 58가지 방법」 같은 글들이 쏟아져 나왔다. 성적 쾌감을 더 많이 느끼는 기술적인 방법을 정신과 의사나 성 의학자가 가르쳐주는 새 책이 매달 출간되었다.

《하퍼스 바자》 1960년 7월호에서 한 남성 유머작가는 여성의 투표권을 없애면 이 문제가 해결될 수 있을 것이라는 농담을 했다.("제19차 수정헌법 이전 시대의 여성들은 조용했고, 보호받았으며, 사회에서 자신의 역할을 확실히 알고 있었다. 정치적 결정은 모두 남편에게 맡겼으며, 반대로 남편은 가사의 결정권을 모두 아내에게 맡겼다. 오늘날에는 한 사람이 가사와 정치적 결정을 모두 해야 하는데 이는 여성에게 너무나 벅찬 일이다.")

일부 교육학자들은 4년제 대학과 종합대학에서 여성들을 받지 말아야 한다고 진지하게 제안했다. 즉 대학의 위기가 커지고 있는 상황에서, 가정주부가 되는 여성들에게 써먹을 데도 없는 교육을 시키기보다, 남성들이 원자력 시대의 일을 할 수 있게끔 어느 때보다 더 긴요하게 남성들을 교육시킬 필요가 있다는 것이다.

이 문제는 누구도 진지하게 받아들일 수 없는 과격한 해결책들을 제기함으로써 대강 넘어갔다.(한 여성 작가는 《하퍼스》에 여성들이 의무적으로 간호 업무를 맡고 보모 일을 해야 한다고 제안했다.) 그리고 고색창연한 만병통치약들, "사랑이 답이다", "유일한 답은 심리적인 도움뿐이다", "완성의 비결 — 아이를 갖는 길", "지적 완성의 개인적 방법", "영혼의 고통을 치료하기 위해 자아와 의지를 하느님께 맡기는 단순한 신앙 형식이 필요하다" 등으로 희석되었다.[1]

또 주부에게 그들이 얼마나 운이 좋은지 깨닫지 못하고 있다고 말함으로써 여성들로 하여금 문제의 핵심에서 비켜가게 했다. 즉 [집을] 경영하는 책임자이고, 출근 시간이 따로 없으며, 경쟁자도 없으니 유복하지 않느냐는 것이다. 이런데도 행복하지 않다면 이런 질문을 던졌다. 이 세상에서 남자들이 행복하다고 생각하는가? 정말로 여전히 비밀스럽게 남자가 되고 싶어 하는 것인가? 여성으로 태어난 게 얼마나 운 좋은 일인지 아직도 모르는 것인가?

마지막으로, 이 문제는 원래 아무런 해결책이 없다고 어깨를 으쓱하면서 대충 넘기기도 했다. 즉 여성이란 어떠한 존재인지, 미국 여성들이 여성으로서 맡은 역할을 품위 있게 받아들이지 못하는 게 왜 문제인지 이야기하면서 말이다. 《뉴스위크》는 1960년 3월 7일자에 이런 글을 실었다.

미국 여성들은 다른 나라 여성들이 가질 수 없는 많은 것을 갖고도 불만에 차 있다. 그들의 불만은 도처에서 제공되는 피상적인 방법으로 치료하기에는 너무나 깊고 널리 만연되어 있다. …… 한 전문 조사단은 벌써 주요한 문제의 근원을 도표로 정리해놓았다. …… 태초부터, 여성의 생물학적인 주기는 여성의 역할을 규정하고 제한해왔다. 프로이트는 "해부학 원리가 곧 숙명이다"라는 말로 유명하다. 어느 여성들도 미국 가정주부들만큼 타고난 제약을 극복한 적이 없는데도 그들은 아직도 그것을 고분고분하게 받아들일 수 없는 모양이다. …… 아름다운 가정, 매력과 능력, 지적 능력을 겸비한 젊은 어머니들은 변명조로 자기의 임무를 저버리려 한다. 그들은 "내가 하는 일이 뭐냐고요? 왜 아무것도 아니겠어요. 저는 그냥 가정주부예요"라고 말한다. 훌륭한 교육을 받은 여성들은 도리어 자신의 진가를 모르는 듯하다.

그래서 "여성들은 자신들의 불만이 단지 여성의 권리 중에서 가장 최근에 획득한 것"일 뿐이라는 사실을 받아들여야 하며, 《뉴스위크》가 찾아낸 행복한 가정주부와 이렇게 이야기를 나누어야 한다

여성성의 신화

는 것이다. "우리는 지금 누리는 멋진 자유에 경의를 표해야 하며 현재의 삶을 자랑스러워해야 한다. 난 대학도 나왔고 직장에서 일도 해봤지만, 주부가 되는 것이야말로 가장 가치 있고 만족할 만한 일이다. 어머니는 아버지 사업에 끼어든 적이 없었다. 어머니는 집 밖에 나갈 수도 없었으며 자식들에게서 떨어질 수도 없었다. 그러나 난 남편과 동등하다. 남편의 출장에 동반해 사업 차 열리는 사교 모임에도 참석할 수 있지 않은가."

선택할 수 있는 다른 하나의 길은 어느 여성도 거의 생각해보지 않을 법한 길이다. 《뉴욕타임스》는 이런 공감 가는 글을 실었다. "여성들이 모두 개인적인 자유가 결핍되어 있다는 생각과 육체적인 노고, 쳇바퀴 같은 가정생활 때문에 심한 좌절감을 겪고 있음을 인정한다. 하지만 다시 선택할 기회가 주어지더라도 아무도 자기 가정과 가족을 포기하려고 하지 않을 것"이라는 말이다. 《레드북》은 "남편과 아이들, 그리고 자신이 살던 동네를 바라보며 코를 쓱 문지르고 자신만을 위해 떠나버릴 여성들은 거의 없을 것이다. 그런 행동을 할 능력 있는 여성이 몇몇은 있겠지만, 개중에도 성공한 여성들은 드물다"고 써댔다.

여성들의 불만이 끓어 넘치던 그해 《룩》은 2100만 명이 넘는 독신 혹은 이혼 여성, 남편을 여의고 홀로 살아가는 여성들이 50세가 넘어서도 필사적으로 남성을 탐색한다고 보도했다. 그리고 이제 미국 여성의 70퍼센트가 24세 전에 결혼하기 때문에 이런 탐색 행각은 더 일찍 시작된다는 것이다. 25세의 비서는 남편감을 고르려는 열망 때문에 여섯 달 동안 35번이나 이직을 했다고 말했다. 여성들은 끊임없이 남편감을 찾기 위해 정치 동호회를 옮겨 다니고, 저녁에 회계학이나 항해술에 관한 강의를 들으며, 골프나 스키를 배우거나 혼자 바에 가기도 하고, 여러 교회에 나가기도 한다.

미국에서 현재 정신과 의사의 도움을 받고 있는 여성들만 수천 명이다. 기혼자들은 결혼 생활에 불만을 가지고 있으며, 미혼자들은 불안에 시달리다가 결국에는 우울증으로 고통을 겪는다고 한다. 그런데 이상하게도, 많은 정신과 의사들은 경험으로 미루어보아 미혼 여성이 기혼 여성보다 행복하다고 말한다. 그러자 교외에 있는 아름다운 저택의 문들에 작은 틈새가 생겼고, 그 틈 사이로 벙어리 냉가슴 앓듯 홀로 고민해온 수천 명의 가정주부들을 엿볼 수 있게 되었다. 갑자기 모든 사람들이 가정주부들의 고민은 수소폭탄처럼 결코 해결될 수 없는 미국인들의 비현실적 문제들 중 하나라고 말하며 그것을 당연하게 받아들이기 시작했다. 1962년이 되자 덫에 걸린 가정주부들의 상황이 전국에서 활발한 이야깃거리가 되었다. 잡지와 신문의 칼럼은 물론이고, 학문서든 시시껄렁한 책이든, 교육적인 회합과 텔레비전 토론 등은 이 문제를 쟁점으로 다루었다.

그런데도 대다수의 남성들과 일부 여성들은 여전히 이 문제가 존재한다는 사실을 알지 못했다. 정직하게 이 문제를 대면한 이들은 모든 피상적인 처방과 동정어린 조언, 책망하는 소리와 위로의 말들이 이 문제를 모종의 비현실성 속으로 가라앉힐 뿐이라는 사실을 알게 되었다. 쓸쓸한 웃음이 미국 여성들에게서 배어 나오기 시

여성성의 신화

작했다. 이런 여성들은 관심과 부러움을 사거나 동정을 받기도 하고, 이론화의 대상이 되기도 했다. 그 누구도 진지하게 고려할 수 없는 극단적인 해결책이나 우스운 선택지를 제시받기도 했다. 피곤한 일이었다. 여성들은 결혼과 육아 문제를 다루는 수많은 상담자들과 심리치료 학자들, 그리고 탁상공론을 일삼는 심리학자들에게 가정주부로서 역할에 어떻게 순응해나갈 것인지에 대한 온갖 조언을 들었다. 20세기 중반의 미국 여성들에게 자아실현을 위한 다른 길은 열려있지 않았다. 대부분 자신의 역할에 순응했으며 이 이름 없는 문제를 참고 견디거나 무시해버렸다. 자기 내부에서 꿈틀거리는 이상한 불만의 소리를 듣지 않는 것이 차라리 덜 고통스러웠을지도 모른다.

하지만 이제 더는 그 소리를 무시하거나, 그렇게 많은 미국 여성의 절망을 외면할 수 없다. 전문가들이 뭐라고 말하든 간에, 그것은 여성이 어떤 존재인가에 대한 문제가 아니다. 인간의 고통에는 이유가 있기 마련이다. 올바른 물음이 제기되지 않았기 때문에, 혹은 충분히 고려되지 않았기 때문에 이유를 찾아내지 못한 것이다. 나는 미국 여성들이 다른 시대와 다른 나라의 여성들은 꿈도 꿀 수 없는 사치품들을 가지고 있으므로 그들에게 아무런 문제가 없다는 대답을 받아들일 수 없다. 이 문제가 지닌 생소한 성격 중 일부는 그것이 인간의 오래된 물질적인 곤경을 표현하는 말들, 즉 가난, 질병, 기아, 추위 등으로는 이해될 수 없다는 것이다. 이 문제로 고민하는 여성들은 음식이 해결해줄 수 없는 허기짐을 느낀다. 이 문제는 건실한 수련의와 서기관, 혹은 잘 나가는 의사와 법률가를 남편으로 둔 부인들에게도, 1년에 5천 달러를 버는 노동자와 5만 달러를 버는 회사 중역을 남편으로 둔 여성들에게도 도사리고 있다. 이 문제는 물질적 결핍 때문에 생기는 것이 아니다. 심지어 기아나 가난 또는 질병 같은 절망적인 문제에 빠져있는 여성들은 느끼지 못할 수 있다. 만일 더 많은 돈, 큰 저택 혹은 차를 두 대 갖게 되거나, 또는 경치가 더 좋은 곳으로 이사하면 이 문제가 해결될 것이라고 생각했던 여성들은 오히려 상황이 점점 악화되는 것을 발견할 것이다.

더는 이 문제를 여성성의 상실 탓으로 돌릴 수도 없다. 그것은 교육, 독립심, 남성과의 평등이 미국 여성을 여성답지 않게 만들어버렸다고 말하는 것이나 마찬가지다. 나는 많은 여성들이 속에서 우러나오는 불만의 소리를 부인하려 애쓴다는 이야기를 들었다. 이러한 불만은 전문가들이 가르쳐준 여성다운 아름다운 모습에 어울리지 않기 때문이다. 내 생각에는 이것이 이 불가사의한 문제를 푸는 첫 번째 실마리다. 이 문제는 과학자들이 여성을 연구하고 의사들이 치료하면서, 또 상담자들이 조언하고 작가들이 글을 쓰면서 널리 사용하는 용어로는 이해할 수 없다. 이 문제로 고통받고 있는 여성들, 마음속에서 이런 소리가 꿈틀거리는 여성들은 지금까지 여성다운 자아만을 실현하도록 추구하면서 살아왔다. 이 여성들은 직업을 가지고 있지 않다. (일을 하는 여성은 다른 문제를 가지고 있겠지만) 이들의 가장 큰 꿈은 결혼과 출산이다. 가장 나이 많은 여성들,

여성성의 신화

즉 미국 중산층의 딸들에게 그 외에 다른 꿈은 불가능했다. 한때 다른 꿈을 가져본 40대와 50대 여성들은 그런 꿈을 포기하고 주부의 삶에 즐거이 뛰어들었다. 가장 젊은 층인, 새내기 주부와 갓 어머니가 된 여성들에게는 결혼과 출산만이 유일한 꿈이었다. 결혼을 하기 위해 고등학교와 대학을 중퇴하거나, 아무런 흥미를 가지고 있지 않은 직장에서 결혼할 때까지 꾸물거리던 여성들이다. 이들은 통상적인 의미에서 무척 '여성다운' 여자들이지만 여전히 이 문제로 고통스러워한다.

대학을 졸업했거나 한때 가정주부가 되는 것 이상의 꿈을 가져본 여성만이 이 문제로 고민하는가? 전문가들에 따르면 그렇다. 하지만 다음 네 여성의 말을 들어보자.

하루하루 정말 바쁘지만 지루해요. 내가 하는 일이라곤 자질구레한 것들이죠. 8시에 일어나서 아침을 준비하고, 요리를 하고, 점심을 먹고, 또 몇 가지 더 요리를 하고, 오후에는 빨래와 청소를 하고. 그러면 저녁식사 시간이 되죠. 그리고 아이들을 재우기 전에 몇 분 앉아 쉴수 있고요. …… 이게 내 하루 일과의 전부예요. 다른 사람들이 보내는 하루와 똑같죠. 단조롭다는 것. 가장 즐거운 시간은 아이들을 쫓아다닐 때예요.

아, 제가 무엇을 하면서 하루를 보내느냐고요? 6시에 일어나지요. 아들에게 옷을 입히고 아침을 먹입니다. 그리고 나서 설거지를 하고 젖먹이를 목욕시키고 젖을 물립니다. 그러고 나면 점심을 먹고, 아이들이 낮잠을 자는 동안 바느질도 하고, 옷을 수선하기도 하고, 다림질도 하면서 오전 중에 못한 일들을 합니다. 그러고는 저녁식사를 준비하고 남편이 텔레비전을 보는 동안 설거지를 합니다. 아이들을 재우고 나서 머리를 정리하고, 잠자리에 듭니다.

문제는 언제나 제가 어떤 아이들의 엄마 또는 어떤 목사의 부인이 되는가 하는 것이지, 내 자신이 어떠냐가 중요한 게 아니잖아요.

우리 집의 전형적인 아침 모습을 필름에 담는다면 마치 마르크스 형제[1950년대에 뉴욕에서 활동한 슬랩스틱 코미디 그룹―옮긴이]의 구식 희극처럼 보일 것 같아요. 설거지를 하고, 큰 아이들을 학교로 부랴부랴 보내고, 국화꽃을 가꾸러 마당을 뛰어다니고, 모임에 나오라는 전화 연락을 하러 집 안으로 뛰어 들어오고, 작은 애가 블록으로 집 만드는 것을 도와주고, 세상 소식에 어둡지 않게 신문을 15분 동안 대충 훑어보고는, 일주일에 세 번은 원시시대라면 1년이 걸렸을 정도로 많은 빨래를 삼키는 세탁기로 달려가죠. 정오가 되면 정신병동에 가야 할 정도에요. 내가 하는 일 중에서 정말로 필요하거나 중요한 일은 거의 없어요. 그런데도 극도의 긴장이 하루 종일 나를 몰아치죠. 하지만 난 그래도 동네에서 여유로운 주부라고 생각해요. 많은 친구들은 나보다 훨씬 더 미친 듯이 뛰어다녀야 하니까요. 지난 60년 동안 우리는 한 바퀴를 완전히 돌아서 제자리로 왔고, 가정주부들은 다시 다람쥐 쳇바

여성성의 신화

퀴에 걸려들고 말았죠. 그 쳇바퀴가 이제는 고급 유리와 두꺼운 융단으로 장식된 목장의 대저택이나, 편리한 현대식 아파트로 바뀌기는 했지만요. 그러나 아직도 우리는 우리 할머니들이 번쩍거리는 사치스러운 거실에서 여성의 권리에 대해 중얼중얼 불평하며 수틀 위에 엎드려 수를 놓던 때처럼 고통스러운 상황입니다.

앞의 두 여자는 대학에 다닌 적이 없다. 한 사람은 뉴저지주 레비트타운에 있는 신흥 주택가에, 다른 한 사람은 워싱턴주 타코마에 살고 있는데, 노동자 부인들을 대상으로 한 사회학 연구팀의 인터뷰에서 이러한 이야기를 털어놓은 것이다.[2] 세 번째 여성은 목사 부인으로 15회 대학친목회 설문지에 자기는 사회적인 자아실현에 대한 야망을 가져본 적이 없는데 지금은 그런 야망을 가졌다면 좋았을 것이라고 생각한다고 썼다.[3] 네 번째 여성은 인류학 박사학위가 있으며, 지금은 세 아이의 어머니로 네브래스카주에 산다.[4] 이 여성들의 말은 교육 수준의 고하를 막론하고 모든 가정주부들이 같은 절망감을 느끼고 있음을 시사한다.

사실상 오늘날 더욱 많은 여성들이 대학에 가지만 '여권'에 대해 분노해 불평을 말하는 사람은 없다. 바나드대학의 모든 졸업생을 대상으로 수행된 최근의 연구[5]에서, 초기 졸업생들 중 아주 소수만이 자신들이 받은 교육 탓에 권리를 원하게 되었다고 비난했다. 그 다음 세대의 졸업생들은 교육이 자신들에게 직업을 통한 자아실현의 꿈을 줬다고 불평을 했지만, 최근 졸업생들은 대학이 자신들에게 단지 주부나 어머니가 되는 것만으로는 충분치 않다고 느끼게 만들었다고 비난했다. 그들은 자신들이 책을 읽지 않거나 지역사회 활동에 참여하지 않는다 해도 죄책감을 느끼지 않기를 바랐다. 그러나 교육이 문제의 원인이 아니라 해도, 교육받은 것이 이 여성들을 괴롭힌다는 사실은 해답의 실마리가 될 수 있을 것이다.

여성적인 자아실현의 비결이 아이를 낳는 것이라 해도, 선택의 자유를 가진 많은 부인들이 그토록 짧은 시간에 자기 자신의 의도에 따라 그렇게 많은 아이를 갖지는 않았다. 사랑이 해답이라면, 여성들이 그런 방식으로 사랑을 추구하지는 않았을 것이다. 게다가 어떻게든 섹스와 연관되어 있겠지만, 이 문제가 성적인 것이 아닐지도 모른다는 의심이 늘어나고 있다. 나는 여러 의사들에게서 남편과 부인 사이에 빚어지는 새로운 성적 문제들을 들었다. 여성의 성적 갈망을 남편들이 만족시켜주지 못한다는 것이다. 마거릿 생어 부부의학 상담소의 정신과 의사는 "우리는 부인들을 성적 동물로 만들어버렸다"고 말했다. 그리고 "여성들은 아내와 어머니 말고는 다른 정체성을 가지고 있지 않다. 자신이 누군지 알지 못한다. 하루 종일, 남편이 밤에 집에 돌아와서 자기가 살아있음을 느끼게 해 주길 기다린다. 이제 흥미를 느끼지 못하는 쪽은 남편이다. 매일 밤, 아내가 남편이 자기가 살아있다는 것을 느끼게 해주길 기다리면서 잠자리에 누워있는 것은 무서운 일이다"라고 덧붙였다. 성관계에 관한 조언을 제공하는 책과 잡지를 파는 시장이 왜 있겠는가? 성 과학자 킨제이Kinsey가 미국의 새로운 여성 세대에 관한 풍부한 통계에서 발견해낸 성적 오르가슴의 종류도 이 문제를 해결하지는 못하는 것 같다.

반면에 프로이트와 그 제자들도 예견하지 못한 새로운 신경증과 함께 아직까지는 신경증이라고 이름도 붙여지지 않은 문제들이 여성들에게 나타나고 있다. 이 신경증은 성적 억압 때문에 생긴 증세와 동일한 징후를 보이는데, 바로 불안해하고 자기방어의 심리를 보이는 것이다. 어머니가 차로 데려다주고 숙제를 도와주면서 늘 붙어있는 아이들 세대 중에서도 새로운 문제가 드러나고 있다. 그 문제는 고통이나 규율을 견뎌내지 못하고 어떤 종류든지 자립하지 못하는 무능력함과 삶에 대한 참을 수 없는 권태로 나타난다. 교육자들은 요새 대학에 들어가는 학생들에게 독립심이 결핍되어 있고 의존성이 강하다는 것을 점점 우려하고 있다. "우리는 학생들이 어른스러워질 수 있도록 가능한 모든 노력을 다 하고 있습니다"라고 컬럼비아대학의 학장은 말했다.

미국 어린이들의 체력이 저하하는 문제를 놓고 백악관에서 회의가 열렸다. 아이들이 영양을 과하게 섭취해온 것일까? 사회학자들은 교외에 사는 아이들의 생활 구조에 관련된 놀라운 사실을 지적했다. 아이들은 레슨을 받고, 파티에 가고, 식사에 초대받으며, 자신들을 위해 구성된 놀이 모임과 공부 모임에 다녀야 한다. 오레건주 포틀랜드의 교외에 사는 한 가정주부는 왜 이런 곳에서 아이들에게 걸스카우트와 보이스카우트가 필요한지 모르겠다고 하면서 "이곳은 빈민가가 아니에요. 아이들은 여러 가지 실외 활동을 할 수 있어요. 어른들이 생활이 지루하니까 아이들 시간표를 짜서 거기다가 다른 모든 것을 고정시키려고 합니다. 그래서 아이들은 불쌍하게도 침대에 누워 공상을 즐길 시간도 없단 말입니다"라고 말했다.

이름 붙일 수 없는 이 문제가 어떻든 주부들의 일상적인 가정생활과 연관이 있을까? 여성들은 이 문제를 말로 표현하려고 할 때, 단순히 자기가 하루하루 지내는 생활을 이야기하곤 한다. 도대체 안락한 가정생활의 시시콜콜한 이야기 속에 담긴 무엇이 이런 절망감을 유발하는 것일까? 주부들은 단지 현대의 가정주부로서 자신의 구실에 대한 막중한 요구들—주부, 연인, 어머니, 보모, 소비자, 요리사, 자동차 운전사, 인테리어 전문가, 아이들을 돌보고, 기계를 수선하고, 가구에 윤을 내며, 영양과 교육에 대해 박식한 사람이 되는 것 등—때문에 덫에 걸려 꼼짝 못 하는 걸까? 식기세척기에서 세탁기로, 전화기에서 건조기로, 자동차에서 슈퍼마켓으로 질주하는 중에, 그리고 자니는 스카우트 야영장에 재니는 무용학원에 데려가고, 잔디 깎는 기계를 고치면 저녁 6시 45분이 된다. 주부들의 하루는 산산조각이 나 있다. 그들은 한 가지 일에 15분 넘게 보낼 수 없다. 잡지를 읽을 시간도 없으며, 설사 있다고 해도 집중할 힘을 잃어버린 지 오래다. 하루 종일 이러고 나면 진이 빠져서 가끔 남편이 대신 아이들을 재워야 할 때도 있다.

1950년대에는 이런 지독한 피로 때문에 많은 여성들이 의사에게 몰려갔다. 그런데 이 문제를 조사해본 어느 의사는 놀랍게도 '가정주부 피로증'으로 고생하는 환자들이 성인에게 필요한 수면의 양보다 훨씬 많은 양인 하루 10시간 정도의 수면을 취하며, 그들이 실제 집안일에 소모하는 에너지는 개인 능력의 한도까지 혹사시킬 정도의 양은 아니라는 사실을 알아냈다. 그래서 그 의사는 진짜 문제는 다른 것, 아마도 권태 증세임이 틀림없다고 결론을 내렸다. 어떤 의사들은 부인 환자들에게 하루쯤 집에서 나와 시내의 극장에서 영화나 보면서 기분 전환을 하라고 말했다. 다른 의사들은 신경안정제를 처방해주기도 했다. 많은 교외 주부들은 기침약을 먹어대듯 신경안정제를 복용했다. 어떤 의사들은 "아침에 일어나서 하루를 아무런 변화 없이 보내야 하는 것이 의미가 없다고 느껴진다면, 그럴 때 신경안정제를 한 알 드세요. 그러면 그런 게 무의미하다는 사실에 신경 쓰지 않게 될 겁니다"라고 말해주곤 했다.

교외의 주부들을 옭아매고 있는 구체적인 세부사항들, 즉 그들의 시간을 끊임없이 쓰게끔 요구하는 일들을 간파하기란 쉽다. 그러나 자신을 옭아매고 있는 사슬은 그들 자신의 생각과 정신 속에 있는 것이다. 이 사슬은 잘못된 관념과 잘못 해석된 사실 때문에, 즉 불완전한 진실과 비현실적인 선택의 결과로 만들어진 것이다. 그런 사슬은 쉽게 보이지 않으며 쉽게 떨어져 나가지도 않는다.

그러면 어떻게 여성들은 자신의 삶의 경계 안에 있는 모든 진실을 볼 수 있을까? 지금까지의 삶을 이끌어왔으며 전통적으로 받아들여진 진실을 내면의 목소리가 거부할 때, 여성은 어떻게 그 목소리를 믿을 수 있을까? 그런데 마침내 자기 내면의 소리에 귀를 기울이게 된 여성들은 전문가들도 하지 못한 놀라운 방법으로 새로운 진리를 더듬어 찾고 있는 것 같다.

　나는 무수히 많은 분야의 전문가들이 그것이 무엇인지 깨닫지 못한 채 오랫동안 각자의 현미경 아래에 진실의 단편들을 놓아두고만 있었다고 생각한다. 나는 여성들을 위해서는 그 중요성이 결코 고려된 적이 없던 심리학, 사회학, 생물학 분야에서, 어떤 새로운 연구와 이론적인 발전 속에서 그런 진리의 단편들을 발견했다. 나는 교외에 사는 의사들, 산부인과 의사, 어린이 상담전문가, 소아과 의사, 고등학교 상담교사, 대학교수, 결혼 상담원, 정신과 의사, 목사들과 이야기함으로써, 그들의 이론이 아니라 미국 여성들을 대하며 얻는 실질적인 경험에 대해 질문하면서 많은 해답을 얻었다. 나는 아직도 대다수 여성들이 맹종하면서 살아가려고 애쓰고 있는 정상적인 여성의 기준과 여성다운 순응, 여성으로서 얻는 자아실현과 여성적인 성장 등에 대해 의문을 제기하는 증거들이 점점 늘어나고 있다는 것을 깨달았다. 이러한 증거들은 여성에 대한 현재의 사고방식에 위배되기 때문에 공공연히 알려지지 못했다.

　나는 미국인들이 인구 폭발을 유발하는 조혼 현상과 대가족 형태로 회귀하고 있다는 사실과, 자연분만을 하고 모유 수유를 하려는 최근의 경향과 교외 활동 적응, 그리고 의사들 덕분에 알려지고 있는 새로운 신경증, 성격장애와 성적 문제 등이 나타나는 것을 이상하고도 새로운 시각에서 볼 수 있었다. 또한 오랫동안 여성들 사이에서 당연히 받아들여졌던 낡은 문제들, 즉 생리 불순, 불감증, 난혼, 임신 공포증, 산후 우울증, 20대와 30대 여성들에게 나타나는 정서 불안과 높은 자살률, 여성의 갱년기 위험, 이른바 미국 여성들의 수동성과 미성숙성, 어린 시절에는 여자아이가 지적 능력이 우수하나 성인이 되면 성공하지 못하는 이런 점들의 불일치, 미국 여성들의 오르가슴의 다양한 범위, 그리고 심리치료법과 여성 교육의 끈질긴 문제 등을 새로운 차원에서 보기 시작했다.

만약 내가 옳다면, 오늘날 수많은 미국 여성들의 가슴 속에서 꿈틀거리고 있는 이 이름 붙일 수 없는 문제는 여성다움을 상실했기 때문에 나타난 것이 아니다. 너무 많이 교육을 받은 탓도 아니며, 가사노동의 힘겨운 요구 때문도 아니다. 그것은 우리가 인식하고 있는 것보다 훨씬 중요한 것이다. 그것은 여성들과 아이들을 괴롭혀왔으며, 수년 동안 의사들과 교육자들을 당황하게 만든 낡은 문제와 새롭게 나타난 문제들을 해결하는 열쇠가 되는 것이다. 그것은 한 국가와 한 문화로서 우리의 미래에 중대한 열쇠가 되기에 충분할 것이다. "나는 남편과 아이들, 그리고 가정 말고 다른 무언가를 원한다"고 말하는 여성 내면의 목소리를 더는 무시할 수 없다.

02

더없이 '행복한' 주부의 등장

그토록 많은 주부들이 이 이름 붙일 수 없는 불만으로 그렇게 오랜 세월 동안 고통을 겪으면서도 각자가 혼자라고 생각해야 했던 이유는 무엇인가? "다른 여성들도 나처럼 내면에서 쟁투를 벌인다는 것을 알자 안도감에 눈물이 났어요." 내가 이 문제를 처음 글로 쓰기 시작했을 때 코네티컷의 젊은 어머니가 내게 보낸 편지에 이런 구절이 있었다.[1] 오하이오의 마을에 사는 한 여성은 이런 글을 보내왔다. "정신과 의사와 상담하는 것만이 방법이라고 여겼을 때는 분노를 느끼고 가슴이 쓰라렸어요. 말하기도 힘들만치 혼란스러운 신경증을 겪었지요. 다른 수백 명의 여성들이 똑같은 느낌을 갖고 있다는 생각은 할 수 없었어요. 완전히 혼자라고 느꼈죠." 텍사스 휴스턴의 한 주부는 이렇게 편지를 썼다. "나 혼자만 이 문제를 느낀다는 것이 저를 더욱 힘들게 했어요. 가정을 돌보고 가족들을 뒷바라지할 수 있다는 것에 대해 하느님께 감사하지만, 내 인생은 거기서 멈출 수 없었어요. 내가 별난 사람이 아니라는 것과 내가 다른 무언가를 원하는 일이 부끄러운 게 아니라는 것을 깨달은 것은 놀라운 일이었답니다."

고통스러우며 죄의식 어린 침묵, 이것이 마침내 만천하에 드러났을 때 느낀 크나큰 구원은 낯익은 심리적 징후다. 어떠한 요구가, 그들 자신의 어떤 부분이 오늘날 그토록 많은 여성들을 억압했을까? 프로이트 이후의 이 시대는 곧바로 섹스를 의심했다. 하지만 여성들 사이에서 일어난 이 새로운 동요는 섹스 때문인 것 같지는 않았다. 기실 그것은 섹스보다 여성들이 더 이야기하기 힘든 것이다. 빅토리아 시대의 여성들이 섹스를 깊이 파묻었던 만큼 그들이 파묻는 또 다른 요구, 그 일부는 대체 무엇일까?

빅토리아 시대의 여성이 자신에게 성욕이 있다는 것을 알아야 했던 것만큼 우리가 알아야 하는 무엇이 있다는 말이다. 빅토리아 시대의 훌륭한 여성이라는 이미지는 섹스를 은폐하는 삶으로 이루어졌다. 현대 미국 여성들의 이미지 역시 무언가를 은폐하여 만들어진 것일까? 건실한 고등학교 소녀들, 사랑에 빠진 여대생, 전도유망한 남편과 스테이션 왜건을 가득 채우는 아이들을 가진 교외 주부의 자랑스럽고 당당한 이미지 말이다. 여성 잡지들, 광고, 텔레비전, 영화, 소설, 결혼과 가족 전문가, 아동심리학과 성 상담 및 사회학과 심리분석 전문가들의 칼럼과 저서들이 만들어낸 이런 이미지가 오늘날 여성들의 생활을 규정하고 그들의 꿈을 반영한다. 꿈꾸는 이의 이름 붙일 수 없는 열망에 꿈이 실마리가 되듯, 이것이 이름 없는 문제들에 하나의 실마리를 제공할 수 있을 것이다. 이미지가 실재와 너무도 불일치할 때 마음의 목소리가 방사능 측정기인 가이거 계수기의 바늘을 움직이는 것처럼 말이다. 그토록 많은 여성들

여성성의 신화

의 조용한 절망을 현대 미국의 주부상으로 창조해 여성지에 그려내려 했을 때, 내 마음 속의 가이거 계수기 바늘이 움직였다. 미국 여성들이 추구하는 주부와 어머니로서의 성취를 규정하는 이 이미지에서 빠뜨린 것은 무엇일까? 오늘날 미국 여성의 정체성을 반영하고 창조하는 이미지에서 누락된 것은 무엇일까?

1960년대 초《맥콜》은 전형적인 미국 여성의 사고방식을 매우 정확히 반영하는 여성 취향의 기사들을 게재하여 여성지 계에서 가장 빠른 성장을 보였다.《맥콜》의 전형적인 이슈를 보여주는 1960년 7월호의 목차는 다음과 같다.

1. 여는 기사, 눈에 띄는 염색과 웨이브로 만들어진 「여성들이 대담해지고 있다」

2. 프리머 활자로 인쇄된 아이들에 관한 장편 시 '소년은 소년이다.'

3. 대학에 가지 않은 10대가 어떻게 똑똑한 여대생을 제치고 남자를 얻는가에 관한 짤막한 이야기.

4. 젖병을 침대 밖으로 내던지는 아기의 순간적 감각에 관한 이야기.

5. 윈저 공의 『최신 2부』 중 첫 번째 이야기로 주제는 '공작부인과 나는 지금 어떻게 살고 시간을 보내고 있는가. 의상이 내게 미치는 영향.'

6. 19세 여성이 차밍스쿨에서 눈을 깜빡이며 테니스에서 지는 방법을 배우는 이야기.("턱수염도 안 난 젊은이가 당신에게 홀려 방 한 개짜리 아파트에 가서 살게 된다면 그치에게 채권 파는 수법이라도 터득하

도록 해야 한다. 당신이 백핸드를 발리로 받아 주고 있는 동안에는 턱수염 없는 애송이가 그런 노력을 하지는 않을 것이다.")

7. 라스베이거스에서 도박하는 문제를 놓고 논쟁을 벌인 뒤 침실을 바꾸어버린 신혼부부 이야기.

8. 「열등감 콤플렉스를 극복하는 방법」에 관한 기사.

9. '결혼식 날'에 대한 이야기.

10. 록큰롤에 맞춰 춤추는 법을 배우는 10대의 어머니 이야기.

11. 임부복을 입은 볼륨 있는 모델 사진 여섯 페이지.

12. 「모델처럼 몸매 가꾸는 법」에 관한 육감적인 네 쪽짜리 기사.

13. 항공기 연착에 관한 기사.

14. 집 안에서 할 수 있는 바느질 패턴.

15. '병풍 – 황홀한 마법'을 만드는 패턴.

16. 「두 번째 남편을 찾기 위한 백과사전」이라는 기사.

17. "머리에 요리사 모자를 쓰고 손에는 돼지고기를 들고, 테라스나 뒤뜰 현관, 안뜰이나 뒷마당에서나 어디서든 꼬챙이를 뒤집고 있는 위대한 남편을 위한 바비큐 잔치. 누구든 성공할 수 있고, 아내도 안심할 수 있습니다……."

책의 앞면에는 언제나 부록이 실려있다. 클레어 루스와 엘리너 루스벨트가 쓰는 새로 나온 의약품과 신약 개발, 육아에 관한 칼럼들, 그리고 독자의 소리 항목 등.

아름답게 꾸며진 거창한 잡지에 나온 여성은 젊고 좀 유치하고

들떠있으며 거의 백치처럼 보인다. 불면 꺼질 듯이 약하고 수동적이며, 침실과 부엌이라는 공간에서만 사는 여자다. 즉 섹스와 어린애와 주택에만 만족하고 즐거워하는 모습뿐이다. 이 잡지는 여성의 성적 욕망을 배제하고 있지는 않으나, 여성에게 허락된 유일한 정열과 노력은 남성을 차지하는 것이다. 이 잡지는 화려한 음식과 옷가지, 화장품, 가구, 그리고 젊은 여성의 아름다운 몸매로 가득하지만, 어느 한 구석에서도 사고와 이념의 세계, 또는 지성과 정신적인 생활에 대한 기사를 찾아볼 수 없다. 이 잡지가 그려내는 여성은 집안일을 하고 몸을 아름답게 단장하며 남자에게 환심을 끄는 것 외에는 하는 일이 없다.

카스트로가 쿠바에서 혁명을 이끌고 남성들이 우주여행을 위해 훈련을 받고 있는 동안, 아프리카 대륙에서 신생 국가들이 생겨나고 예술가들이 추상적인 예술의 범람에 항의해 미술관에 빗장을 걸어 잠그는 동안, 전파망원경이 발명되면서 천문학자들이 우주개발에 대한 이론을 변경하고 생물학자들이 생명의 기본적인 화학구조에 대해 획기적인 발전을 이룩하고, 남부의 흑인 청년과 학생들이 남북전쟁 이후 처음으로 미국으로 하여금 민주주의의 진리에 직면하게 하는 동안, 미국 여성들이 추구해온 자화상은 바로 이런 것이었다. 고등학교를 모두 졸업하고 그중 절반은 대학까지 다닌 5백만 명이 넘는 여성들을 상대로 하는 잡지는 가정 밖의 세계에 대해서는 거의 일언반구도 하지 않았다. 이렇듯 20세기 후반에 여성들의 일은 몸치장을 하고 남자를 매혹하는 것, 아이를 낳고 남편과 아이, 가정을 보살피는 육체적인 잡일 등에 국한되어 있었다. 어느 잡지의 어느 호도 이 궤도를 벗어나지 않았다.

어느 날 저녁 나는 대부분 남성으로 구성된 잡지사 작가 모임에 참석했다. 작가들은 여성지를 포함한 온갖 종류의 잡지사에 글을 쓰고 있었고, 주요 발언자는 인종차별 반대 투쟁의 지도자였다. 그 사람이 발언하기 전에 다른 남자가 자신이 편집하는 대형 여성지가 요구하는 바를 요약해서 들려줬다.

우리 독자는 전업주부입니다. 일상의 공적 이슈들에 관심이 없어요. 국가나 국제적인 일에 무관심합니다. 오직 가족과 가정에만 신경 쓰죠. 물가나 커피처럼 가정과 직접 관련있는 일이 아니면 정치에도 관심이 없습니다. 유머요? 온건하게만 하면 불평하지 않습니다. 여행? 우리는 거의 포기했지요. 교육? 그건 문제예요. 교육 수준이 높아지고 있어요. 대부분 고등학교를 마쳤고 일부는 대학까지 다녔습니다. 자기 아이들 교육에는 엄청나게 관심을 갖고 있죠. 여성들을 위해서는 일상에서 화제 되는 이슈나 사상에 관한 글을 써선 안 됩니다. 지금 우리가 서비스에 관한 기사로 90퍼센트를 채우고, 일반적 주제에 대해서는 10퍼센트만 할애하는 이유가 바로 그거죠.

다른 편집인이 이 발언에 동의하면서 덤덤하게 덧붙였다. " '당신의 약통 속에 죽음이 있다'는 기사 말고 다른 좋은 걸 제시할 수 있겠어요? 여성의 새로운 위기 말고 다른 걸 이야기할 사람 있나요?

물론, 우리는 언제나 섹스에는 관심이 있지요."

그 즈음 작가와 편집자들은 서굿 마셜Thurgood Marshall에게 인종차별 반대 투쟁 비화에 대해 한 시간쯤 듣고 그것이 대통령 선거에 미칠 영향에 대해 이야기했다. 한 편집인은 말했다. "내가 이 이야기를 쓰지 못하는 게 유감이에요. 하지만 이걸 여성의 세계와 연결할 수는 없죠."

이 이야기를 들으면서, 나는 나치 독일이 여성의 역할을 생물학적 영역으로만 국한시키기 위해 내세웠던 "어린애, 부엌, 그리고 교회 Kinder, Kuche, Kerche"라는 슬로건이 떠올랐다. 그러나 여기는 나치 독일이 아니다. 이곳은 여성들에게 모든 영역이 열려있는 미국이다. 그러면 왜 미국의 이상적인 여성상은 가정 밖의 세계를 거부하는가? 왜 여성을 '하나의 노력, 하나의 역할, 하나의 직업'으로만 억압하는가? 얼마 전만 해도 여성들은 이 세계 속에서 성 평등과 인간으로서의 위상을 확보하겠다는 꿈을 가지고 투쟁했다. 그런데 여성들의 꿈은 어쩌다 변했으며, 어떻게 이 세계를 외면하고 가정으로 되돌아간 것일까?

한 지질학자가 대양의 밑바닥에서 진흙 덩어리를 꺼내 수년 동안 쌓인 퇴적층의 절단면을 보여준다. 이는 한 사람의 생애로는 깨닫기 어려운, 굉장히 오랜 세월에 걸친 지질학적 변화를 알 수 있게 해주는 실마리다. 며칠 동안 나는 뉴욕 공공 도서관에 앉아서 지난 20년 동안 발간된 미국 여성지들을 뒤져봤다. 그래서 미국의 여성상과 여성의 활동 영역에 나타난 명확하면서도 이해하기 어려운 변화를 하나 발견했다.

1939년 잡지 연재 소설 속의 여자 주인공들은 항상 젊지는 않았지만, 요즘 볼 수 있는 소설의 주인공들보다 더 젊은 느낌을 줬다. 미국 소설의 남자 주인공들이 항상 젊은 것처럼, 여자 주인공들 또한 그랬다. 그들은 신념이 깃든 확고한 의지로 자신의 새로운 자아와 인생을 개척해나간 신여성들이었다. 거기에는 과거와 다른 방식으로 미래를 만들어나가는 아우라가 존재했다. 미국의 4대 주요 여성지인 《레이디스 홈 저널》, 《맥콜》, 《굿 하우스 키핑》, 《우먼즈 홈 컴패니언》 등에 등장하는 주인공들은 행복하고 자랑스럽게, 모험심을 가지고 매력적으로 사회생활을 하면서 사랑을 했고 또 남성들에게 뜨거운 사랑을 받았다. 간호사, 교사, 예술가, 배우, 광고 디자이너, 외판원 등의 직업에서 보여준 탁월한 정신력과 용기와 독립심, 그리고 의지가 바로 이들의 매력이었다. 이런 여성의 개성은 남성들에게도 역시 매력적이었으며, 그렇기 때문에 남성들은 여성의 용모 못지않게 정신과 인격을 사랑했다는 것을 쉽게 알 수 있다.

대중 여성지가 한창 쏟아져 나올 때는 연애 등 쓸모없는 내용도 실리기는 했지만 이런 내용들이 중요한 주제로 부각되지는 않았다. 당시 등장하는 여주인공들은 자기가 추구하는 일이나 사회문제와 투쟁하다가 설령 사랑하는 남성을 만나더라도 자신의 목표와 이상을 포기하지 않는 사람들이었다. 지금보다 훨씬 덜 여성적인 이 신여성들은 새로운 삶의 방식을 모색할 수 있을 만큼 독립적이고 의

여성성의 신화

지가 강했다. 이들은 다른 종류의 사랑 이야기의 주인공이었다. 남자를 찾는 데는 덜 적극적이었던 이런 여성들은 사회 참여에 열정적이었고, 개개인이 지니고 있는 자신감은 남녀관계에 색다른 풍미를 느끼게 해주었다.

어떤 여성과 남성이 함께 일하던 광고 회사에서 만나 사랑을 하게 된다. 남자는 여자에게 이렇게 말한다. "나는 당신을 벽으로 막힌 정원에 가두고 싶지 않아요. 당신이 나와 함께 손을 잡고 '우리의 길'을 걸어가며 우리가 원하는 것은 무엇이든지 함께 이룩하기를 바라지요."(「함께 꾸는 꿈」, 《레드북》, 1939년 1월호)

이 신여성들은 대부분 주부가 아니었다. 이야기는 대체로 여성들이 아이를 갖기 전에 끝나버렸지만 여성들은 젊었고 미래는 열려 있었다. 하지만 어떤 의미에서는 오늘날의 유치하고 귀염둥이인 주부 여주인공들보다 더 나이 들고 보다 성숙해 보였다. 어느 간호사의 이야기도 있다.(「시어머니」, 《레이디스 홈 저널》, 1939년 6월호) "'그 여자는 사랑스러워.' 남자는 생각했다. 그녀는 사진집에 나오는 그런 예쁜 여자는 아니지만, 손에는 힘이 있었고 태도에는 자부심이 어렸으며 턱선과 푸른 눈에는 근엄함이 담겨있었다. 그 여자에게는 9년 전 수련을 시작할 때부터 늘 자신만의 세계가 있었다. 자신의 길을 개척했기에 자신의 마음만 생각하면 됐다."

한 소설의 여주인공은 지질학을 공부하는데 어머니가 답사를 가지 말고 사교 모임에 나가야 한다고 고집하자 가출해버린다. 남자들이 세상을 알고 성장하기 위해 집을 나와 직접 경험을 쌓듯 여성들도 부모의 낡은 요구를 거부하기 위해서는 떠나야 할 때 떠날 수 있어야 한다는 것이다. 한 소설의 남자 주인공은 여자가 집에서 나오도록 도와주면서 "당신은 내가 지금껏 본 어떤 여자보다 용기 있는 사람입니다. 당신은 지금 용기가 필요한 일을 해낸 것이에요"라고 말한다.(「좋은 시절을 위하여」, 《레이디스 홈 저널》, 1939년 5월호)

때때로 일과 남자를 사이에 놓고 갈등하기도 한다. 그러나 1939년의 도덕률로는 한 여성이 자신에게 충실한다면 남자를 잃지 않을 것이었다. 남자가 제대로 된 남자라면 말이다. 일찍이 남편을 잃은 한 여인은 직장에 앉아서 자신이 저지른 중대한 업무상의 실수를 바로잡아 놓을 것인지, 아니면 남자와 데이트를 계속할 것인지 곰곰이 생각한다. 그녀는 그녀의 결혼과 아이, 남편의 죽음에 대해 되돌아본다. "더 좋은 새 일자리에 대한 걱정 대신에 확실한 판단을 내리기 위해 고민하며 시간이 흘렀다." 상사가 어떻게 그 여성이 데이트를 포기하리라고 상상할 수 있었겠는가! 하지만 그녀는 직장에 머물러있기로 결정한다. "그들은 이 일에 인생을 걸었다. 그녀는 그를 실망시킬 수 없었다." 그녀는 자기 남자도 찾았는데, 바로 그녀의 상사였다! (「어둠과 빛 사이」, 《레이디스 홈 저널》, 1939년 2월호)

이런 이야기들이 위대한 문학작품이 될 수는 없을 것이다. 그러나 여주인공들이 보여주는 주체성은 지금은 물론이고 그때 잡지를 읽은 주부들에게도 무언가를 말해주고 있다. 이런 잡지는 일을 하는 여성들을 위해 쓰인 것이 아니었다. 주인공들은 가정주부들이 추구했던 이상형이었으며, 가능성을 자각하고 자아를 확립하고자

여성성의 신화

하는 당시 여성들의 열망이 반영된 인물들이었다. 주부들은 자기가 이런 꿈을 이룰 수 없었을지라도 딸들은 그런 꿈을 지니고 살아가기를 원했다. 딸들은 가정주부로 머물지 말고, 자신들은 비록 할 수 없었지만 넓은 세계로 진출하기를 바랐던 것이다.

'전문직 여성career woman'이라는 말이 미국에서 궁상스러운 단어가 되기 이전에 '직업'이 여성들에게 무엇을 의미했는지 다시 기억해내려 애쓰는 것은 오래 전에 잊어버린 꿈을 생각해내려는 것과 같다. 물론 절망의 끝에 찾은 일자리는 돈을 의미한다. 그러나 이 잡지의 독자들은 일자리를 얻으려는 여성들이 아니었다. '직업'이란 단순한 일자리보다 더 많은 것을 의미한다. 무언가를 한다는 것, 타인들 속에서 타인을 통해서만 존재하는 것이 아니라, 스스로 어떤 인간이 되는 것을 의미했던 것이다.

1950년대 이전에 직업이라는 말이 상징했던 주체적인 자아에 대한 열정적 노력을 보여주는 훌륭한 예를 「사라와 수상비행기」(《레이디스 홈 저널》, 1949년 2월호)라는 이야기에서 볼 수 있다. 온순한 딸로 자라온 19세의 사라는 다른 사람들 몰래 비행기 조종술을 배운다. 그런데 연이은 사교 모임에 어머니를 모시고 다녀야 하기 때문에 어느 날 비행 훈련을 빠지게 된다. 나이 많은 의사 손님이 "사라야, 너는 매일같이 자살을 기도하는 것 같구나. 자신에게 옳지 못한 짓을 하는 것은 다른 사람들을 괴롭히는 것보다 훨씬 더 큰 죄가 된단다"라고 말을 붙인다. 사라에게 비밀이 있을 것이라고 생각한 이 의사는 사라에게 누구를 사랑하고 있느냐고 묻는다. 사라는 대답하기 무척 어렵다고 느낀다. '사랑을 하냐고? 착하고 잘생긴 헨리(비행 수업 선생)와? 짧은 자유의 순간에 상승하는 비행기 날개와 반짝이는 물결하고? 미소 짓고 있는 듯한 무한한 세계의 멋진 광경과?' 사라는 대답한다. "네, 그런 것 같아요."

다음날 아침 사라는 단독 비행에 나선다. 헨리는 기관실 문을 튼튼히 닫아주고 기계를 이리저리 돌려줬다. 사라는 혼자였다. 그동안 배운 모든 것이 떨어져 나가고 자신이 혼자 있다는 것에 숨을 깊이 들이마셨다. 그러자 갑자기 이상한 자신감이 자신을 똑바로 고쳐 앉게 만들었다. 입가에는 미소가 떠올랐다. 사라는 혼자였다! 자신에게만 대답할 수 있었고, 그것으로 만족스러웠다.

"'난 할 수 있어.' 그녀는 스스로에게 큰소리로 말했다. …… 바람은 반짝이는 줄무늬를 만들면서 뒤로 불었고 기체는 힘을 들이지 않고도 저절로 자유로이 떠올랐다." 이제 어머니도 비행사 자격증을 따겠다는 사라를 막을 수 없었다. 사라는 자신의 인생을 개척해 나가는 것이 두렵지 않았다. 그날 밤 사라는 잠자리에 들면서 헨리가 "넌 내 거야"라고 말하던 모습을 떠올리고는 빙그레 웃었다.

"헨리 것이라니! 사라는 웃으며 잠이 들었다. 사라는 절대 헨리의 것이 아니었다. 사라는 사라의 것이었다. 그것으로 충분했다. 그런 늦은 출발을 통해 사라는 자신을 깨달을 수 있었다. 꿈의 한복판에서 사라는 그 시간의 끝에서 그녀가 다른 누구를 필요로 하게 될지, 또 그 상대는 누구일지 궁금했다."

그런데 갑자기 이런 여성상이 흐려지기 시작했다. 자유로이 비

여성성의 신화

행하는 신여성이 하늘 한가운데서 머뭇거리고, 푸른 햇빛 속에서 떨며 안온한 가정의 울타리로 황급히 돌아오게 된 것이다. 사라 이야기가 나온 같은 해에《레이디스 홈 저널》은 여성지에 처음 나타나기 시작했으며 50년대에 무수히 많이 실린, '직업: 가정주부'를 찬양하는 소설을 실었다. 이 이야기들은 대개 한 여성이 인구조사서의 직업란에 '가정주부'라고 적어 넣을 때 열등감을 느끼며 불평하는 것으로 시작한다.("그렇게 적었을 때 나는 느꼈지요. 내가 중년에다 대학도 졸업했지만 내 생애에서 아무것도 이룬 게 없다는 사실을. 나는 그저 주부일 뿐이에요.") 그러면 주부였던 적도 없는, 이 찬양의 작가들(《레이디스 홈 저널》1949년 3월호의 도로시 톰슨의 경우 신문기자, 외국 통신원, 유명한 칼럼니스트였다)은 웃음을 터뜨렸다. "문제는 당신에게 있어요. 당신은 열 몇 개의 직업을 가진 동시에 그 일들의 전문가라는 사실을 알지 못하나요"라고 호통을 쳤다. "당신은 사업가, 요리사, 간호사, 운전사, 재봉사, 인테리어 장식가, 회계사, 출장 요리사, 교사, 개인 비서라고 쓸 수 있어요. 아니면 그냥 자선가라고 쓰든지. …… 당신의 전 생애, 에너지와 기술, 재능과 노력을 모두 사랑에 쏟은 거지요." 하지만 여전히 가정주부들은 쉰 살이 다 된 지금도 자신이 젊은 시절 하려고 한 것, 예를 들면 음악 같은 분야에서 이룬 게 없으며 대학 교육을 낭비했다고 불평한다.

"호호." 톰슨은 웃으며 이야기한다. "당신 덕분에 아이들이 음악을 하지 않나요? 남편이 위대한 학업을 끝내는 동안 힘든 나날이었죠. 당신은 한 해에 3천 달러로도 멋진 가정을 꾸려가고, 옷을 직접 만들고 도배도 직접 하죠. 또 바겐세일을 기다리며 매의 눈빛으로 장을 보잖아요? 그리고 때때로 남편의 원고를 타이핑하고 교열을 봐주고, 교회 바자회도 계획하죠. 아이들이 좀 더 즐겁게 연습하게 피아노를 함께 쳐주고, 복습할 땐 교과서도 같이 읽어주고요." "하지만 그건 전부 다른 사람을 통해서 대신하는 인생을 사는 것 아닌가요?" 주부는 한숨짓는다. 하지만 톰슨은 비웃는다. "나폴레옹 보나파르트처럼 대신하는 인생 말이죠? …… 아니면 왕비겠죠. 어쨌든 당신의 자기 연민을 나누고 싶진 않네요. 당신은 내가 아는 가장 성공적인 여성 중 한 사람이에요."

돈을 버는 것에 대해서라면, 주부가 하는 봉사의 가치를 따져보자. 여성들은 바깥일을 통해서 가져오는 것보다 더 많은 돈을 집 안에서 경영 능력을 발휘함으로써 절약할 수 있다. 지루한 집안일 때문에 여성의 정신이 망가져 일부 여성들의 천재성이 좌절된다고 볼 수도 있지만, "여성적 천재성으로 가득 차 있더라도 아이들을 소홀히 한다면, 세계는 곧 종말을 고할 것이다. …… 위대한 사람들에게는 위대한 어머니들이 있다."

그리고 미국의 주부는 "온화하고 두드러지지 않는 메리를 천상의 여왕으로 승격시키고, 가장 아름다운 성당을 '노트르담Notre Dame — 우리의 여인'으로 명명해 건설한" 중세 가톨릭 국가들의 이야기를 듣는다. "가정주부, 양육자, 아이들의 환경을 조성하는 이는 문화와 문명, 도덕의 영원한 재생산자다. 위대한 경영 과업과 창조적 활동을 잘 해내고 있다는 전제 하에, 그녀가 자신의 직업을 자랑스럽

여성성의 신화

게 '가정주부'라고 적게 하라."

1949년에는 《레이디스 홈 저널》도 마거릿 미드의 『남성과 여성』을 연재했다. 모든 잡지들이 1942년에 나온 파램과 룬드버그 Ferdinand Lundberg의 『현대 여성: 잃어버린 성』을 실었다. 요지는 직업과 고등교육이 "여성의 남성화를 가져오며 그것은 가정에 크게 위험스러운 결과를 만들어내 남편뿐만 아니라 거기에 영향을 받는 아이들과 여성들의 능력에도 좋지 않게 된"다는 것이었다.

여성성의 신화가 전국으로 확산되면서 과거의 편견이 편안한 관습과 결부되어 과거가 미래를 목 조르는 꼴을 낳았다. 새로운 신화의 배후에는 궤변과 함께 이미 인정받은 진실이라고 기만하는 개념과 이론들이 존재했다. 이런 이론들은 너무나 복잡해서 몇 사람을 제외하고는 아무도 건드려볼 엄두를 내지 못했으며, 반박할 수도 없었다. 그러므로 미국 여성들에게 어떻게 해서 변화가 일어났는지 완전히 밝혀내기 위해서는 이 신비한 매력의 정체를 파헤쳐서 복잡한 기존 이론의 허구성을 더욱 자세히 따져봐야 한다.

여성성의 신화는 여성의 가장 큰 가치와 유일하게 전념해야 할 목표가 자신의 여성다움을 완성하는 것이라고 가르친다. 그리하여 역사를 통해 이런 여성다움을 제대로 평가하지 않은 것이 서구 문화의 결점이라고 주장한다. 그리고 이런 여성다움은 아주 신비롭고 직관적이며 생명 창조와 밀접한 기원을 가지고 있기 때문에 남성이 만든 학문으로는 결코 이해할 수 없다고 이야기한다. 그리고 아무리 특별하고 다를지라도 여성다움은 결코 남성의 특질보다 열등하지 않으며, 어떤 면에서는 더 우수하다고 추켜세운다. 또 서구 문화가 저지른 실수는 여성이 남성을 부러워한 나머지 수동적 성 역할에서만 만족을 찾을 수 있는 자신의 특성과 남성의 지배, 모성애를 인정하는 대신 남성처럼 되려고 애쓴 것이라고 한다.

그러나 이 신화가 미국 여성들에게 제시한 새로운 여성상은 직업란에 '가정주부'라고 자랑스럽게 적어 넣는, 실은 낡은 여성상이다. 이 신화는 결코 다른 무엇이 되어 볼 기회가 없던 어머니, 즉 주부들을 모든 여성의 이상형으로 만들어버렸다. 이 신화는 화려한 장식을 걸치고 요리, 빨래, 청소, 그리고 아이 낳는 일에 억압되고 길들여진 존재 양식을 모든 여성이 본받아야 하며, 그렇지 않으면 자신이 여자라는 사실을 부정해야 하는 처지로 만들어버렸다. 다시 말해 여성성을 맹목적인 추구의 대상으로 만들어버린 것이다.

1949년 이후의 미국 여성들에게는 어머니, 주부라는 의미 외의 자아를 가져볼 기회가 없었다. 변해가는 세계 속에서 발전하고 성장하는 개성을 가진 인격체로서의 미국 여성의 이미지는 꿈처럼 덧없이 흩어지고 말았다. 단독 비행을 함으로써 주체적인 자아를 찾아보던 의지는 '공존성togetherness'이 주는 안정감 속에서 잊힌 것이다. 여성의 무한한 세계는 가정의 아늑한 방 속으로 움츠러들었다.

여성지 지면에서 드러난 이러한 변화는 1949년에 뚜렷이 나타나고 1950년대를 거치며 점점 증가했다. 「여성다움은 집 안에서 시작된다」, 「이것이 남성의 세계」, 「젊을 때 아이를 가지세요」, 「남자를 꼬시는 법」, 「결혼을 하면 직장을 그만둬야 할까?」, 「딸에게 부인이 될 준비를 시키고 있나요?」,「집 안에서 가지는 직업」,「여성은 수다를 떨어야 할까?」,「군인들이 독일 여자를 좋아하는 이유」,「여성들이 이브한테서 배워야 할 것」,「진정한 남성의 세계, 정치」,「행복한 결혼에 이르는 길」,「젊을 때 결혼하는 것을 주저하지 마세요」,「의사가 말해주는 모유 먹이기」,「우리 아기는 집에서 낳았어요」,「요리는 시와 같은 것」,「가정을 꾸린다는 비즈니스」 등.

1949년 말에는 여성지의 여주인공 3명 중 1명만이 일을 했다. 그리고 직장을 그만둔 주인공이 진정으로 원하는 바는 주부가 되는 것이었다는 식으로 이야기를 한다. 1958년과 1959년에 나는 3대 여성지(네 번째 여성지인 《우먼즈 홈 컴패니언》은 폐간됐다)의 모든 호를 살펴봤는데, 직업을 가진 여성 주인공은 한 명도 없었다. 학업, 예술, 어떤 임무든 간에 '직업이 가정주부'인 여성들만이 있을 뿐이었다. 여주인공 백 명 당 한 명만이 직장을 다니고 있을 뿐, 젊은 미혼 여주인공조차 남편감 꼬시기를 빼면 하는 일이 없었다.[2]

이 새로운 행복한 주부 주인공들은 1930년대와 40년대의 의기충천해 일을 하는 여성들보다 이상하게도 어려 보였다. 외모 면에서나 어린아이 같은 의존성에서나 주부 주인공은 언제나 더 어려지고 있었다. 그들에게는 아이를 갖는 것 말고는 미래에 대한 비전이 아무것도 없었다. 그 세계에서 유일하게 증가하는 숫자는 아이들이다. 주부인 주인공들은 영원히 젊다. 자신의 이미지는 출산으로 귀결되기 때문이다. 아이들은 세계와 함께 자라나지만 이 여주인공들은 피터팬처럼 언제나 젊어야 하고, 계속 아이를 가져야 한다. 여성성의 신화는 여성이 주인공이 되는 다른 길을 이야기해주지 않기 때문이다. 여기 「샌드위치 제조자」라는 아주 전형적인 이야기가 있다.(《레이디스 홈 저널》, 1959년 4월호) 주인공은 대학에서 가정학을 전공했고, 요리를 배웠다. 직장을 다닌 적이 없으며, 세 아이가 있지만 여전히 어린 신부로 지내고 있다. 문제는 돈이다. "세금이나 교환 계약서, 해외 원조 프로그램 같은 골치 아픈 일은 없어요. 모든 경제적 골칫거리들은 내가 합법적으로 선출한 워싱턴의 대표자들이 알아서 하겠지요."

문제는 42달러 10센트의 용돈이다. 이 여성은 구두를 살 때처럼 돈이 필요할 때마다 남편에게 돈을 달라고 이야기하고 싶지가 않다. 그러나 남편은 돈 문제에 관해 부인을 신뢰하지 않는다. "마음대로 쓸 수 있는 돈이 조금만 있었으면! 정말 조금이라도. 1년에 몇 백 달러면 될 텐데. 찰리를 조르지 않고도 친구를 만나 가끔 점심을 먹거나 멋진 스타킹을 사거나, 예쁜 물건들을 살 수 있었으면 좋으련만. 하지만 그래도 찰리가 옳아. 나는 일생 동안 내 손으로 한 푼도 벌어본 적이 없는 걸. 그리고 어떻게 돈을 버는지도 모르고. 내가 한 일은 아이를 낳는 일, 그리고 끊임없이 요리하고, 청소하고, 요리하고, 설거지하고, 다림질하고, 요리하는 일. 그것뿐이야."

마침내 여자는 방법을 찾는다. 남편이 다니는 공장의 다른 남자 직원들에게서 샌드위치 주문을 받는 것이다. 원가를 계산하지 않았지만 한 주에 52달러 50센트를 벌 수 있다. 그리고 주문받을 샌드위치 양이 얼마나 되는지 생각하지 않았기 때문에 화덕 속에 8640개의 샌드위치 포장지를 숨겨야 한다. 찰리는 아내가 샌드위치를 예쁘게 만든다고 말한다. 여자는 설명한다. "겨우 호밀 빵 위에 햄을 얹을 뿐이에요. 그리고 그냥 샌드위치를 만드는 거지 별로 흥미는 없어요. 하지만 비결이 있긴 해요. 약간 신경 써서 손을 보는 건데, 그게 독창적으로 보이게 만드네요." 그래서 여자는 빵을 자르고, 껍질을 벗기고, 빵을 펴고, 순수익 9달러를 위해 새벽부터 끝없이 일을 한다. 여덟 개의 도시락에 넣을 소시지를 써느라 밤을 샌 여자는 음식 냄새에 구역질을 하며 결국 계단에서 비틀거리며 쓰러진다. "너무 많았어요. 그때 마침 찰리가 내려왔고, 나를 재빨리 쳐다보고는 물을 한 잔 갖다 줬죠." 여자는 아이를 하나 더 갖게 될 것이라는 것을 알았다.

"찰리가 조리 있게 먼저 이야기했죠. '점심 주문을 취소하겠어. 당신은 어머니야. 그게 당신 일이지. 당신이 돈을 벌 필요는 없어.' 참 간단하고도 지당한 이야기였죠. '네, 여보.' 전 공손하게 대답했어요. 솔직히 위안이 되었죠." 그날 밤 남편은 수표장을 가지고 왔다. 남편은 여자의 계산을 신뢰할 것이다. 여자는 8640개의 샌드위치 포장지에 대해서는 잠자코 있기로 한다. 어쨌든 여자는 막내 아이가 대학에 갈 때까지 네 아이가 학교에 가져갈 샌드위치를 만들면 그걸 다 쓸 수 있을 것이다.

수상비행기를 탔던 사라처럼 의지에 찬 여성이 아이들 도시락에 정성스레 샌드위치를 만들어 넣어주는 단순한 가정주부로 변한 것은 겨우 10년 만에 벌어진 일이었다. 10년 동안 미국의 여성상은 분열을 겪었던 듯한데, 그런 이미지의 분열은 여성의 꿈에서 직업 의식을 가차 없이 말살시키는 것보다 훨씬 더 심각한 것이었다.

처음에 여성상은 두 가지 이미지로, 즉 순진하고 정숙한 부인의 모습과 관능적인 창부의 모습으로 나뉘었다. 이렇게 분열된 새로운 여성상은 또 하나의 가지를 만들어 갈라진다. 즉 관능적인 것도 선 으로 간주되는 여성다운 여자와, 개성 넘치는 자아가 되려는 욕구 를 가진 것이 악으로 간주되는 직업의식을 지닌 여성으로 나뉘는 것이다. 새로운 여성 윤리를 다루는 이야기들은 하나같이 직업에 대한 금지된 꿈을 쫓아내는 것이자 메피스토텔레스에 대항해 주인 공이 승리를 거두는 것이다. 이 악마는 직업을 가진 여성의 모습으 로 나타나는데, 주인공에게서 남편과 아이를 빼앗아가려고 위협한 다. 결국 주인공은 남편과 아이에게서 계속 사랑받기 위해 내면의 악마, 자립의 꿈, 시대 풍조에 대한 불만, 자아의 분열을 반드시 몰아 내야 한다.

《레드북》에 실린 한 이야기(「남편처럼 행동한 남자」, 1957년 11월 호)에서 "주니어"라는 별명을 가진 어린 주인공은 "주근깨가 있는 작은 얼굴에 갈색 머리를 하"고 있다. 대학 시절 룸메이트가 주인 공의 집을 찾는다. 룸메이트인 케이는 "전도유망한 남자와 결혼했 고…… 윤기 나는 적갈색 머리를 젓가락 두 개를 꽂아 높이 틀어 올 렸다." 이혼한 케이는 아이를 어머니에게 맡겨두고 방송국에서 일 한다. 일을 하는 이 여성, 즉 악마는 주니어에게 아이를 키우는 대신에 일자리를 가져보라고 유혹한다. 케이는 새벽 3시에 아이가 울어도 이 젊은 엄마가 아이를 보러 올라가지도 못하게 막는다. 하지만 주인공의 남편 조지가 창문에서 불어 들어오는 찬바람을 맞으며 뺨에 피를 흘리는 채 울고 있는 아이를 발견하면서 케이는 응분의 벌을 받는다. 케이는 스스로 뉘우치고 태도를 바꾸어, 일에서 등을 돌리고 아이를 보살피며 새 생활을 시작한다. 그리고 주니어는 새벽 2시에 아이에게 젖을 먹이며 안도한다. "나는 정말 기뻐, 나는 주부란 말이야." 그리고 딸이 자라서 역시 주부가 되기를 바란다.

직업을 가진 탈선한 여성과 더불어, 지역사회에 관심을 가지는 주부들 역시 몰아내야 할 악마가 되었다. 국제적 대의에 대한 관심은 고사하고, 학부모 모임조차 좀 의심쩍은 의미를 갖는다.(「십중팔구는 애정 행각」, 《맥콜》 1955년 11월호) 「당신에게 말하고 싶지 않았어요」(《맥콜》, 1958년 1월호)의 여주인공은 수표장 잔고를 보여주며 사소한 집안일들에 대해 남편과 논쟁을 벌인다. 보험 정책이나 담보 대출에 대해 "똑바로 생각"할 수 없다는 것이 그녀의 주된 호소였다. 하지만 이야기는 그녀가 남편을 "가련한 작은 과부"에게 빼앗기고 있는 것으로 이어진다. 배신당한 부인은 말한다. "그 여자는 섹스어필을 하는데 아내가 거기에 어떤 무기를 가지고 대항하겠어?" 하지만 그녀의 절친한 친구는 말한다. "너는 너무 단순하게 생각하고 있어. 타니아가 얼마나 곤란한 처지에 있는지, 그녀를 도운 남자에게 얼마나 감사해하는지를 잊고 있잖아."

"나는 마음만 먹었으면 남자에게 의존해서 사는 존재는 아닐 수 있었어요." 부인은 말한다. "대학을 나온 뒤 괜찮은 직장을 가졌고 언제나 독립적인 한 인간이었죠. 나는 갈 곳 없는 가련한 여인이 아니고 그런 척 할 수도 없어요." 하지만 그녀는 그날 밤 알게 된다. 도둑일지도 모르는 소리를 듣고, 그건 결국 쥐새끼였다는 것을 알게 되었지만, 그녀는 필사적으로 남편을 불렀고 그를 되찾는다. 그는 그녀의 가식적인 공포를 위로하고 그녀는, 아니나 다를까, 그날 아침의 논쟁에서 남편이 옳았다고 중얼거린다. 그녀는 편안한 침대에 고요히 누워서 죄책감을 덜어낸 채, 비밀스러운 만족감에서 달콤한 미소를 짓는다.

종국에는 자신만의 이야기를 가진 독립적인 주체로서의 여성 주인공 자체가 사라져버린다. 여정의 끝에 있는 것은 공존이다. 이제 여성에게는 죄책감을 느끼며 숨겨야 할 독립적인 자아가 존재하지 않는다. 여성은 남편과 아이들을 통해서만, 또 남편과 아이들을 위해서만 존재할 수 있다.

'공존성'이라는 개념은 《맥콜》에서 1954년에 만들어냈다. 광고업자들, 성직자들, 신문 편집인들은 영적 중요성을 갖는 운동으로 '공존성'을 채택했다. 이는 한동안 국민운동으로 떠오르기까지 했다. 하지만 금세 날카로운 사회 비판이 가해졌고, 남성들이 이루어야 할 더 큰 인간의 목표들을 대체하는 '공존성'에 관해 신랄한 조롱이 이어졌다. 여성들은 남편에게 국가와 세계를 개척하는 일 대신 집안일을 시키려 한다는 것이다. 정치인, 인류학자, 물리학자, 시인의 능력을 가진 남성들이 사회를 위해 더 큰 일을 해야 할 주말 저

여성성의 신화

녁이나 토요일 아침에 왜 접시를 닦고 기저귀를 갈아야 한단 말인가?

특히 비평가들은 남성들이 '여성의 세계'를 공유하라는 요청을 받을 때만 성을 냈다. 여성의 세계의 경계가 어디까지인지는 아무도 묻지 않았다. 여성이 한때는 정치인, 시인, 물리학자의 능력을 가졌고 이런 비전을 꿈꾸었다는 것을 기억하는 사람은 없는 듯했다. 여성을 위한 공존이 어마어마한 거짓말임을 직시하는 이들은 거의 없었다.

《맥콜》1954년 부활절 특집호는 공존의 새 시대를 선언하며 여성들이 정치적 평등을 쟁취하고 여성지들이 "여성에게 과거에는 금지되었던 방대한 영역을 개척하게 도와주던" 시절에 보내는 장송곡을 연주했다. "점점 더 많은 수의 남성과 여성이 젊은 나이에 결혼하고, 젊은 나이에 아이들을 갖고, 더 많은 가족을 갖고, 가정에서 가장 깊은 만족을 얻는" 새로운 생활 방식이 "남성과 여성, 아이들이 함께 성취하며 …… 외따로 떨어진 여성 또는 남성이 아니라, 가족으로서 공동의 경험을 공유하는 길"이라는 것이었다.

이런 생활 방식을 묘사한 에세이는 "남성이 있을 곳은 가정"이라고 이야기한다. 새로운 이미지와 이상을 기술한 한 기사는 회색 지붕의 연립주택에서 세 아이와 살고 있는 뉴저지주의 한 부부를 소개한다. 에드와 캐롤은 "생활의 중심을 대부분 아이들과 가정에 두고 있다." 부부는 함께 쇼핑하고 목공일을 하며 아이들을 입히고 아침식사를 만든다. "그리고 에드는 카풀하는 사람들과 함께 차를 타고 사무실로 향한다."

남편 에드는 집을 칠할 색을 고르고 주요한 장식품들을 결정한다. 에드가 즐기는 허드렛일은 집 주위에서 골프 연습하기, 물건 만들기, 페인트칠, 가구와 장식용 천 고르기, 접시 건조하기, 아이들에게 책 읽어주고 재우기, 정원 일 하기, 아이들 먹이고 입히고 목욕시키기, 학부모 모임 나가기, 요리하기, 부인에게 옷 사주기, 식료품 사기 등이다.

반면에 에드가 좋아하지 않는 일들은 먼지 털기, 진공청소기 돌리기, 자기가 시작한 일 끝내기, 기저귀 널기, 접시와 냄비 닦기, 아이들 뒤치다꺼리, 눈 치우기, 잔디 깎기, 기저귀 갈기, 유모 데려다주기, 세탁, 다림질 등이다. 물론 에드는 이런 허드렛일들은 하지 않는다.

가족을 위해서 가족에는 가장이 필요하다. 그건 결국 어머니가 아니라 아버지를 의미한다. …… 아이들은 부모를 통해 성별에 따른 능력과 기능을 배우고, 다른 성을 인정하고 존중해야 한다. …… 목욕시키기, 아이들을 먹이고 재우기, 아이들과 놀기 같은 일을 아버지가 기꺼이 함께 한다고 해도 아버지가 어머니를 대체할 수는 없다. 아버지는 자신이 활동하는 외부 세계와 가정을 잇는 연결고리다. 그런 세계에서 아버지가 흥미롭고 용기 있고 참을성 있고 건설적이라면, 그런 가치들을 자신의 아이들에게도 전해줄 것이다.

이 당시《맥콜》에는 고민의 흔적이 엿보이는 글들을 많이 찾아

볼 수 있다. "갑자기 지난 몇 년 동안 추구해온 생활에서 우리가 어떤 신비로운 종교적인 흐름을 만들어주기를 기대하듯이, 모든 사람들이 '같이 하는 것'에서 정신적인 의미를 찾으려고 했다. 그것은 세계를 등지고 가정으로 기어들어가는 것이었으며, 우리는 그게 끔찍한 권태를 의미한다는 것을 보여주지 않을 도리가 없었다." 전직 《맥콜》편집인의 회상이다.

"뭐라 뭐라 해도 결국에는 정원에서 고기를 굽는 아버지다. 우리는 의류나 요리, 심지어 향수 광고에도 남자 사진을 넣었고 그로 인해 질식할 정도의 고통을 겪었다. 그러나 아이 기르는 것 말고 부부가 무엇을 함께 할 수 있었던가? 우리는 아이 돌보기 이외에 아버지와 어머니가 함께 사진 찍을 수 있는 거리를 발견하면 무척 고마워할 지경이었다. 가끔 우리는 여성들만의 영역이던 실내장식, 양육, 요리 등을 남자들이 넘겨받는다면 여성에게 무슨 일이 일어날지 궁금했다. 그러나 우리는 가정에서 벗어나서 직업을 갖는 여성의 모습을 보여줄 수는 없었다. 사실 우리가 의도한 것은 아이러니컬하게도 여성다운 여성을 위한 편집을 그만두고, 남성과 여성 둘 다를 위한 편집을 하려는 것이었다. 즉 우리는 여성을 위해서가 아니라 사람들을 위한 기사를 만들기를 원했던 것이다."

그러나 세상 속에서 남성과 함께 일하는 것이 금지된 여성들이, 진정한 사람이 될 수 있을까? 독립심을 지니는 것이 금지된 여성들은 결국 가정 일에서도 남자가 결정해주길 바랄 정도로 수동적인 의타심을 지니게 되었다. 단조로운 집안일을 하며 자아가 결핍되었다고 느끼는 주부들에게 그것을 메꿀 수 있는 종교적 운동이 필요하며, 공존성이 그것에 영감을 줄 수 있다는 광적인 환상은 여성이 입은 피해와 여성상의 공허함을 드러낸다. 남성이 가사를 함께 한다고 해서 드넓은 세상사를 저버린 여성의 피해가 보상될 수 있겠는가? 도대체 부부가 함께 거실을 진공청소기로 청소한다고 해서 가정주부가 어떤 신비하고 새로운 삶의 목표를 가질 수 있겠느냐는 말이다.

공존성이 정점에 이르렀던 1956년, 《맥콜》의 편집자들은 「달아난 어머니」라는 짤막한 연재 기사를 실었다. 이 연재물이 가장 많이 읽힌 기사가 된 것은 재미있는 일이다. "그건 실은 진실의 순간이었죠." 전직 편집자는 말했다. "아이들을 서너 명 가진 가정의 어머니들이 모두 참으로 불행하다는 것을 갑자기 깨닫게 된 거예요."

하지만 당시 '직업: 가정주부'라는 미국 여성의 새로운 이미지는 신화로 굳어졌고, 이 신화는 현실을 더욱 왜곡시키며 질문을 봉쇄했다.

내가 여성지에 글을 쓰기 시작한 1950년대까지도 여성들은 정치나 미국 이외의 다른 나라의 생활상, 국가의 중대한 문제, 예술, 과학, 이념, 모험, 교육, 심지어 동네일에 대해서까지도 자신이 부인이며 어머니로서 관심이 있는 것 이외에는 무관심했다. 또 그런 사실이 편집자들에게는 기정사실로, 그리고 잡지의 소설 작가들에게는 불변의 사실로 받아들여졌다.

여성에게 정치적인 관심거리가 될 수 있는 것은 매미[아이젠하

여성성의 신화

위 전 대통령의 영부인—옮긴이]의 의상이나 닉슨의 가정생활 같은 일이었다. 《레이디스 홈 저널》은 양심과 의무감에서 「정치적 순례자의 행진」 같은 시리즈를 기획하여, 아이들의 학교와 운동장을 개선하려 노력하는 여성들을 보여주기도 했다. 하지만 어머니의 사랑을 통해 정치에 접근할 때조차도 실제로 여성에게 관심을 갖는 것은 아니었다. 그런 독자는 소수에 불과하다는 것을 모두 알고 있었다. 《레드북》의 편집자는 남편이 핵폭탄에 오염된 지역으로 항해하는 것에 대해 부인이 어떤 감정을 느끼는지를 보여줌으로써 폭탄 이야기를 여성성의 수준으로 끌고 오는 재치를 보여주었다.

대중 여성지를 편집하던 남성들은 "여성들은 이념이나 정치적 쟁점을 그대로 이해하지 못"다고 이구동성으로 말했다. "그것은 여성들이 이해할 수 있는 말로 번역되어야 하죠." 여성 잡지에 기고하던 이들은 이런 점을 충분히 이해했다. 한 자연분만 전문가는 유력한 여성 잡지에 「원폭 방공호에서 아이를 낳는 법」이라는 기사를 실었다. 이 기사에 대해 한 편집자가 내게 말했다. "그 기사는 그렇게 잘 쓴 건 아니었어요. 안 그랬으면 우리가 그 기사를 샀을지도 모르죠." 신화에 따르면, 여성들은 그들의 신비한 여성성으로 인해 방공호에서 아이를 낳는 구체적인 생물학적 사항들에 대해서는 관심을 가질지 몰라도, 인류를 파괴하는 폭탄의 가공할 위력이라는 추상적인 사고에 대해서는 결코 관심이 없다.

물론 그러한 믿음은 자기실현적 예언이 된다. 1960년에 한 명민한 사회심리학자는 내게 35세 이하 미국 여성들이 정치에 참여하지 않는다는, 부인하기 어려운 통계를 보여주었다. "여성들도 투표를 하겠지만 공직에 나설 꿈은 갖지 않죠. 당신이 정치적인 기사를 써도 거들떠보지 않을 거예요. 여성들이 이해할 수 있는 기삿거리인 연애 이야기, 임신, 육아, 가구, 의상 등의 언어로 번역되어야하는 거죠. 경제나 인권 문제, 인종 문제 등에 대한 기사를 실어보면 여성들이 그런 것들을 전혀 들어보지도 못했다는 사실을 알게 될 겁니다."

아마 여성들은 그런 문제를 들어보지도 못했을 것이다. 이념이란 순수한 마음에 일어나는 격정처럼 본능적으로 생겨나는 것이 아니다. 이념은 인쇄된 글과 교육을 통해 전달되는 것이다. 여성의 의식에 대한 여러 조사에서, 결혼하기 위해 고등학교나 대학을 그만둔 젊은 주부들은 책을 읽지 않는다고 답했다. 젊은 주부들은 잡지만 읽는다. 그러나 옛날 잡지들을 뒤져보면, 1930~40년대에는《레이디스 홈 저널》같은 큰 잡지들에 실린 기사 중에 집 밖에서 벌어지는 세계적인 문제를 다룬 기사가 수백 개나 되는 것을 찾아볼 수 있다.「선전포고 이전 미국의 외교 관계에 관한 최초의 비화」, 월터 리프먼의「미국은 이 전쟁이 끝나면 평화를 얻게 될 것인가?」, 해럴드 스타센의「심야의 스탈린」,「중국에 관한 스틸웰 장군의 보고서」, 빈센트 시언이 쓴 체코슬로바키아의 마지막 나날들에 대한 기사들, 독일에서 벌어진 유대인 학살, 뉴딜 정책, 링컨 암살에 관한 칼 샌드버그의 설명, 미시시피에 관한 포크너의 이야기들, 산아제한을 위한 마거릿 생어의 투쟁 등.

　　　　　　　　　　　　　　　　여성성의 신화

그런데 1950년대에 들어서면 그런 잡지들이 사실상 가정주부인 여성에게 도움을 주거나 여성을 가정주부로 묘사하고, 윈저 공작부인이나 마거릿 공주처럼 순수하게 여성적인 호칭으로 신분을 파악할 수 있는 기사만 실었다. 만약 우리가 정해진 길을 벗어나서 모험적인 행동을 하거나 혼자 힘으로 무언가를 해내는 여성에 대한 기사를 쓰려면 그런 여성은 틀림없이 "아주 호전적이고 신경질적이게 묘사해야 한다."《레이디스 홈 저널》의 한 편집자의 말처럼 말이다. 여기에 마거릿 생어는 끼어들 수 없었을 것이다.

1960년대에 나는 35세 이하의 여성들이 가정의 안정을 위해 가계를 운영하는 대신에 광고 회사에서 일하면서, 대도시에서 남성들에게 그들의 원칙을 지키고 싸우도록 설득하는 의지에 찬 여주인공의 이야기에 공감하지 못하는 것을 보여주는 통계를 접했다. 새로운 젊은 주부들은 전통에 저항하는 신념을 지니고 행동하는 젊은 성직자에 공감하지도 못했다. 하지만 18세에 사지가 마비된 젊은이와 공감하는 데에는 아무런 어려움이 없었다. "의식을 되찾은 나는 움직일 수도 말할 수도 없게 된 것을 알 수 있었습니다. 한쪽 손의 손가락 하나만을 움찔거릴 수 있을 뿐이었죠." 정신과 의사의 도움과 믿음 덕분에, "나는 지금 가능한 한 오랫동안, 살만큼은 살아야 할 이유를 찾고 있습니다."

그런데 한 편집자가 주장하듯, 이러한 기사가 이 새로운 주부 독자들에게 볼 수 없고 들을 수 없는 이들, 신체 불구, 뇌성마비와 소아마비, 암, 또는 시한부 인생의 희생자들을 완전히 공감할 수 있다고 말하는 것일까? 말하거나 들을 수 없고 거동이 불편한 이들에 대한 기사들은 "직업: 가정주부"의 시대에 여성지들의 단골 주제였다. 여성들은 이런 이들을 세세하게 묘사한 글들을 보고 또 보았고, 그 기사들은 국가, 세계, 사상, 사회문제, 예술과 과학을 다룬 기사들과 모험심 강한 의지 있는 여성들에 대한 이야기를 대체했다. 그리고 희생자가 남성이든, 아니면 여성이나 아이들이건 간에, 또는 비참한 삶이 불치병이거나 서서히 진행되는 마비이건 간에, 주부 독자들은 능히 공감할 수 있었다.

이런 잡지들에 기고하면서 나는 편집자들로부터 "여성들은 공감해야만 한다"는 이야기를 끊임없이 들었다. 한번은 어느 예술가에 관한 기사를 쓰고 싶었다. 그래서 나는 그녀의 요리와 마케팅, 남편과의 사랑 이야기, 그리고 아이를 위해 유아용 침대를 칠한 이야기를 썼다. 하지만 이 예술가가 그림 그리는 데 투자한 시간들, 즉 그녀가 진지하게 작업했던 것들과 자신의 작업에 대해 느끼는 소회를 다룬 이야기는 지워야 했다. 실제로 주부가 아닌 여성에 대한 이야기도, 그녀가 주부인 것처럼 들리게 할 수 있다면 쓸 수 있었다. 그녀가 집 바깥의 세계에 쏟는 관심이나 그녀가 추구하는 개인적 관점이나 의식에 관한 이야기를 제외한다면 말이다. 1949년 2월, 《레이디스 홈 저널》은 「시인의 부엌」이라는 특집 기사를 실으면서, 에드나 밀레이Edna St. Vincent Millay가 요리하는 모습을 보여주었다. "나는 누구나 하는 집안일에 대한 이야기는 아무것도 듣지 못할 줄 알았다. 우리 시대의 가장 위대한 시인 중 한 사람이 소박한 집안일에서 아름다움을 발견할 수 있다면, 오래된 논쟁은 끝난 것 아닌가."

여성지에서 언제나 환영받는 '직업을 가진 여성'은 배우들이었다. 그러나 배우들의 이미지도 상당히 변화를 줘야 했다. 격렬한 기질과 깊은 내면을 지닌 복잡한 개인의 영혼과 성적 매력이 신비하게 섞인 모습에서 단순한 성적 대상이나 앳된 얼굴을 가진 신부의 모습, 혹은 가정주부의 모습으로 말이다. 예를 들어 그레타 가르보Greta Garbo와 마를레네 디트리히Marlene Dietrich, 베티 데이비스Bette Davis, 로잘린드 러셀Rosalind Russell, 캐서린 헵번Katherine Hepburn을 떠올려보자. 그 다음에 마릴린 먼로Marilyn Monroe, 데비 레이놀즈Debbie Reynolds, 브리지트 바르도Brigitte Bardot, 그리고 〈왈가닥 루시〉를 떠올려보자.

여성지에 배우에 대한 기사를 실으려면 반드시 그 여성을 주부로서 바라본 글을 써야 했다. 만약 그 배우가 남편이나 아이를 잃는 대가를 치르거나 여성으로서 실패한 사실을 인정하지 않으면, 결코 배우로서 자기 일이나 직업을 즐기는 모습을 보여줄 수 없었다. 1957년 6월호 《레드북》에서 다룬 주디 홀리데이Judy Holliday의 프로필은 "재기발랄하고 미모를 겸비한 여성이 어떻게 일상생활 속에서는 결코 발견하지 못한 기쁨을 자신의 일에서 찾고 있는지" 이야기해주고 있다. 우리는 주디가 은막에서는 "일상에서와는 다른 온화한 인품과 신념을 지닌 지적인 부인과 임산부 역을 훌륭히 해낸다"고 잡지에서 읽는다. 주디가 남편과 이혼했기 때문에, 또는 "자신이 여성으로서 부적절하다고 강하게 느끼기" 때문에 직업을 통해 그런 자아실현을 추구해야 한다는 것이다. 그래서 "비록 여성으로서는 실패했지만 배우로서는 거의 힘들이지 않고 성공했다는 것이 주디의 인생이 보여주는 절망적인 아이러니"라고 쓰고 있다.

아주 기묘하게도, 여성의 직업의식이나 집 밖의 세계를 향한 참여 의식을 거부하면서 여성다움에 대한 신비한 매력이 널리 퍼지자 가정 밖에서 일하는 미국 여성의 비율이 3명 중 1명꼴로 증가했다. 여전히 3명 중 2명은 가정주부였지만, 세계의 모든 영역이 여성들을 향해 문을 연 이 순간, 여성성의 신화는 어떻게 근 한 세기 동안 여성들을 자극했던 그 꿈을 부정해야 할까?

어느 날 아침 한 여성지의 편집실에서 그 단서를 하나 찾아냈다. 나보다 나이가 조금 더 많았던 한 여성 편집자는 저 옛날의 여성상이 만들어지고 있던 즈음을 지켜본 사람이다. 그녀에 의하면 직업을 가진 여성이 의지에 차 있는 옛 이미지는 여성 필자와 편집자들이 주로 창조한 반면, 현모양처라는 새로운 여성상은 주로 남성 필자와 편집자가 만들었다는 것이다.

"자료는 대부분 여성 필자들에게서 나오곤 했습니다. 젊은 남자들이 전쟁터에서 돌아오자 많은 여성들이 이 분야에서 떨어져 나갔어요. 그러고는 아이를 갖고 글 쓰는 일을 그만둬버렸습니다. 새로 등장한 남성 필자들은 모두 아늑한 가정생활을 꿈에 그리던, 전쟁터에서 돌아온 남자들이었어요."

이렇게 편집자는 향수에 젖어 말했다. 1930년대 '직업을 가진 여성'이라는 캐릭터를 만들어낸 사람들은 하나둘씩 직장을 그만두기 시작했으며, 새로운 주부의 모습을 만드는 재주를 부릴 수 없는 사람들은 40년대 말까지는 모두 여성지 동네를 떠났다. 새로운 잡지계의 유능한 선수들은 대부분 남성이었으며, 얼마 남지 않은 여성들 역시 판에 박은 가정주부의 상을 따라 안일한 글쓰기를 할 수밖에 없었다. 새로운 사람들이 여성지 업계 언저리에 모여들기 시작했다. 가정주부의 이미지를 좇아서 살거나, 그렇게 하려고 흉내를 내는 새로운 부류의 여성 필자들이었다. 또 여성의 지성과 감성을 자극할 수 있는 여러 사상이나 이념보다 주부들에게 기계나 세제, 립스틱을 파는 것에 더 관심이 많은 또 다른 부류의 여성 편집자나 출판업자들이 나타났다. 오늘날 이 잡지사들의 결정적인 발언권은 대부분 남성이 장악하고 있다. 여성들도 종종 판에 박힌 공식대로 여성상을 만들어내고 주부를 위한 '여성란'을 편집하지만, 새로운 여성상을 만들어내는 공식 자체는 남성의 머리에서 나온 것이다.

또 1940년대와 50년대에는 대규모 발행 부수를 자랑하는 여성지에서 소설 작가들이 사라졌다. 실제로 어떤 종류의 이야기든 그런 소설들은 거의 완전히 다른 종류의 기사들로 바뀌었다. 더는 시사적인 문제나 이념에 대한 기사를 볼 수 없었고, 새로 등장한 '여성란'만 있을 뿐이었다. 때로 이 기사들은 시폰 케이크를 굽거나 세탁기나 거실용 페인트를 사거나 아름다운 몸매를 갖기 위한 다이어트, 약, 옷, 화장품에 대해 쓰기 위해 시인의 예술적 재능과 개혁적 기자들의 정직함을 이용하는 것을 아끼지 않았다. 가끔은 아주 복잡한 개념을 다루기도 했다. 정신의학, 아동심리학, 성과 결혼, 의학 분야의 새로운 흐름 같은 것들 말이다. 여성 독자들은 아내이자 어머니로서 자신들에게 필요한 것들을 당연하게 받아들였지만, 잡지에는 평균적인 가정주부의 일상생활의 관점에서 구체적으로 해야 할 것과 하지 말아야 할 것이 자세하게 설명되어 있어야 했다. 어떻게 남편을 행복하게 만들어줄 것인가? 당신의 오줌싸개 아이를 치료하는 방법은? 구급약 상자로 죽음을 막는 방법은?

그러나 흥미로운 사실을 하나 발견했다. 이렇게 좁은 범위 안에서도 그것들이 주부들에게 직접 도움이 되든 아니면 문서상의 보고에 그치든 간에, 여성지의 기사들은 거의 언제나 여성지에 실린 소설보다는 질적인 면에서 더 우수했다. 그런 기사들이 훨씬 더 잘 쓰였고, 더욱 성실하고 세련됐다. 이런 관찰은 지적인 독자와 당황한 편집자들, 그리고 작가들에 의해서도 거듭 확인되었다. 《레드북》의 한 편집자는 "사람들은 소설가들이 내면의 문제를 다룬다고 생각한다. 그래서 독자들에게는 가까이 다가갈 수 없었으며 결과적으로 판에 박힌 글쟁이들만 남게 된 것"이라고 설명했다. 예전에는 낸시 헤일Nancy Hale이나 심지어 윌리엄 포크너William Faulkner 같은 진지한 작가들이 여성지에 글을 썼지만 난해하다는 평을 듣지는 않았다. 아마도 새로운 여성상은 좋은 소설에 반드시 요구되는 내면의 성실함과 깊이 있는 인내력, 인간의 진실을 제공하지 못한 모양이다.

소설에는 아주 조금만 다루어지더라도 주인공이 필요하며, 따라서 여성지에서 연재되는 소설에는 인간으로서 목표나 꿈을 추구하는 '나'라는 여성 주인공이 필요하다. 남자를 찾아 헤매는 여자나 소파 밑의 먼지 덩어리를 치우느라 바쁜 주부에 관해 쓸 수 있는 이

여성성의 신화

야기는 한계가 있다. 이렇게 해서 여성란에 실리는 기사는 소설에서 요구되는 내면의 성실함과 진실 대신 그 자리를 차지하고 있는 객관적이고 구체적이며 사실적인 생활 정보들, 즉 벽이나 립스틱의 색깔, 또는 오븐의 온도를 정확하게 조절하는 법 등을 차고 넘칠 정도로 알려주게 되었다.

오늘날의 여성지를 놓고 보면, 구체적인 생활 지식이 여성들의 이념이나 이상보다 훨씬 더 흥밋거리인 것 같다. 아니면 넘쳐나는 사실적인 지식들과 작은 사건에 대한 세심한 묘사가 미국 가정주부들을 뒤덮은 끔찍한 권태감을, 꿈의 결핍과 이념의 진공상태를 감추고 있는 것은 아닐까?

지금도 남성들의 영향력이 지배적인 여성지 업계에 남아있는 몇 안 되는 고참 여성 편집자와 이야기한 적이 있다. 그 사람은 여성다움에 대한 신비한 매력을 만드는 데 한몫을 한 자신을 이렇게 설명했다.

"우리 중 많은 사람이 조현병에 걸릴 지경이에요. 우리는 우리 자신이 직업을 가지고 있는 것에 어색함을 느끼기 시작했으며, 여성다움을 잃고 있다는 사실을 아주 두려워하게 됐어요. 결국 우리는 여성들이 여성다운 역할을 받아들이게 할 수 있는 여러 가지 방법을 계속해서 찾았던 것이죠."

실제 여성 편집자들이 자신의 경력을 포기할 수 없다면, 다른 여성들이 부인과 어머니로서 자기 자신을 성취하게끔 '조력'할 더 많은 이유가 있을 것이다. 여전히 편집회의 자리에 앉아있는 극소수 여성들은 자신의 생애에서 여성성의 신화에 굴복하지 않았다. 그러나 그 이미지의 힘이란 대단해서 다수가 죄책감을 느끼게 만들었다. 그리고 부부 사이의 애정이나 아이들에 대해 어느 정도 소홀해진다면, 자신들의 경력이 비난받지 않을까 불안해한다.

자료가 잔뜩 쌓인 책상 뒤에서 《마드모아젤》의 편집자는 편치 못한 표정으로 말했다. "대학 객원 기자로 불러놓은 여학생들은 우리를 거의 동정하다시피 하는 것 같았어요. 우리가 직업을 가진 여성이기 때문이겠죠. 마지막 팀과 가진 오찬 모임에서 우리는 돌아가며 직업에 관해 앞으로의 계획을 이야기해달라고 했거든요. 그런데 20명 중에서 단 한 명도 손을 들지 않았어요. 내가 어떻게 이 일을 배우고 사랑하게 됐는지 떠올려봤죠. 그때 우리는 모두 미쳤던 걸까요?"

자신만의 이야기를 써서 팔던 여성 기자들 옆에 새로운 무리의 여성 작가들이 나타나서, 자기들이 '그냥 주부'라는 듯 자신의 이야기를 써나가기 시작했다. 아이들의 농지거리 세계와 신형 식기세척기, 학부모 모임에서 여는 학부모의 밤에 대한 이야기들이 지면을 채웠다. "매주 열두 살짜리 아들의 잠자리를 정리하고 나면, 에베레스트 산을 오르는 것은 우습지도 않게 돼요"라고 셜리 잭슨은 썼다.(《맥콜》, 1956년 4월호) 무척 유능한 작가이자 잠자리 정리하기보다 평생 더 중요한 재능을 추구해온 셜리 잭슨, 극작가인 진 케어, 시인 필리스 맥긴리가 자신의 모습을 주부로 묘사함으로써 그들은 진짜로 잠자리를 정리하는 가정부나 하녀를 간과하거나 간과하지 않을 수 있다. 하지만 이 여성들은 이런 모습, 자신들의 소설과 시, 희곡에 따라붙는 만족스러운 고된 노동을 암묵적으로 부인한다. 주부가 아니라 개인으로서 이끌어온 삶을 부인하는 것이다.

그 여성들은 훌륭한 기능인, 최고의 주부 작가다. 그리고 그들의 작품에는 재미있는 것도 많다. 아이들에게 일어나는 일들, 열두 살 소년이 처음으로 담배를 피운 일, 유소년 야구 리그와 유치원 음악대 이야기는 재미있을 때가 많다. 그것은 작가이자 그냥 주부인 현실의 여성에게 일어나는 일들이다. 그러나 재미없는 주부 작가들에게도 이유가 있다. 톰 아저씨나 라디오 코미디 시리즈 〈아모스와 앤디〉처럼 말이다. "웃어요!" 주부 작가들이 현실의 주부들에게 말한다. "잠자리를 정리하고 소파를 청소하고 접시를 닦으면서 절망감, 공허감, 지루함, 덫에 걸린 느낌이 들 땐 웃으라고요. 재미있지 않나요? 우리 모두 같은 덫에 걸려있는데." 이런 이야기를 들으면 현실의 주부들이 자신들의 꿈과 절망감을 웃음 속에서 날려버릴 수 있을까? 좌절된 능력과 한계 지어진 인생을 농담으로 생각하게 될까? 셜리 잭슨은 잠자리를 정리하고 아들을 사랑하고 아들에게 웃어준다. 그리고 또 다른 책을 써나간다. 진 케어의 희곡은 브로드웨이에서 공연된다. 이런 농담은 현실의 그들에게는 해당되지 않는다.

새로운 주부 작가들 중 일부는 이미지로 살아간다. 《레드북》은 '모유 수유'에 관한 기사를 쓴 작가의 이야기를 들려준다. 시골 사람인 작가 베티 앤은 의사가 되려고 했다. 하지만 "래드클리프대학을 우등생으로 졸업하기 직전에 자신이 진정으로 원하는 것, 즉 결혼하고 대가족을 꾸리는 데 지장이 있을까 봐 그 영광을 물리쳤다. 예일대학 보육학교에 등록해 젊은 심리학도와 첫 데이트에서 약혼했다. 지금 그녀는 두 살부터 열세 살까지 여섯 아이를 두고 있고, 인디애나폴리스의 모성연맹에서 모유 수유 강사로 일하고 있다."(《레드북》, 1960년 5월호) 베티는 말한다.

어머니에게 모유 수유는 창조 행위를 완성하는 것입니다. 높은 성취감을 주고 여성이 달성할 수 있는 완벽에 가까운 관계에 참여할 수 있게 해주지요. …… 출산 자체는 이런 필요나 갈망을 채워주지 않습니다. …… 어머니로서 살아가는 삶은 인생의 한 방식이에요. 여성으로 하여금 관대한 느낌, 보호 자세, 어머니인 여성이 갖는 너른 사랑과 함께 자아를 온전히 표현할 수 있게 해주는 것이죠.

세대를 이어 신성하게 전해내려온 모성, 그 성취가 생애의 전부로 규정된다면, 여성들은 자신에게 열려있는 세계와 미래를 거부해야만 할까? 아니면 세계에 대한 거부가 여성들로 하여금 모성을 인생의 전부로 만들게 강제하게 될까? 신비와 현실 사이의 경계는 희미해진다. 현실의 여성들은 이 이미지 속의 분열을 체현한다.

《라이프》의 1956년 크리스마스 특집호는 '새로운' 미국 여성에 관한 기사를 자세히 다루었는데 여기서 우리는 정신과 의사에게 도움을 구하는, 직업을 가진 여성의 전형적인 모습을 —사람들은 이것이 페미니즘이 저지른 치명적인 실수라고 주장한다— 여성지에 나오는 부정적인 인물로서가 아니라 문서상의 사실로 접해볼 수 있다. 그 여성은 총명하고 우수한 교육을 받은 매력적이고 야심찬 여성이다. 남편과 똑같은 액수의 돈을 벌지만, 좌절하고 거세되고 무능하며 수동적인 남편이 성적으로 냉담해질 정도로 직업 때문에 '남성화'된 모습으로 그려진다. 남편은 모든 책임을 거부하고 파괴된 남자의 자존심을 술로 달랜다.

또 다른 주인공은 학부모 모임에서 요란스레 법석을 떠는 불만에 찬 가정주부다. 우울증에 걸린 여성은 아이들의 생활을 파괴하고 사업에 뛰어든 남편을 시기해 상대를 지배하려 한다. "결혼 전에 직장에 다녔거나 적어도 지적인 일을 하기 위해 교육받은 여성은 자신이 단지 가정주부라는 서글픈 위치에 머물러있다고 여긴다. …… 그런 여성은 불만에 차 마치 직업을 가진 여성처럼, 실제로는 더욱더 남편과 아이들과 자신의 인생에 많은 손해를 끼칠 수 있다."

그러고는 마지막으로 이런 여성과 대조해서 여성들의 '다른 특성', '독특한 여성적 성격', 즉 '성적인 면에서 볼 수 있는 포용성과 수용성을 소중히 여기는', 미소를 띠고 밝은 표정을 짓고 있는 새로운 주부의 모습을 보여준다. 여성다운 아름다움과 아이를 낳고 기르는 능력에 온갖 정성을 기울이는 이 주부의 모습은 진정 아름다운 여성의 능력을 갖추었다며 남성들의 찬양의 대상이 된다. 상류층의 교외 주택가에서 아이를 셋에서 다섯까지 갖는 옛날 방식의 가족상이 재현된 것에 기뻐하면서《라이프》는 이렇게 적고 있다.

직업을 가질 수 있는 자격을 지닌 여성들 사이에 양육과 가사의 가치를 점점 더 중시하는 경향이 생기고 있다. 이런 여성들은 보통 여성들보다 더 많이 알고 더 분별력 있기 때문에, '페미니즘'의 벌칙을 가장 먼저 이해하고 그것에 대응해온 것이라 추측할 수 있다. …… 유행하는 옷이 있고 인테리어 유형이 있는 것처럼, 생각하는 것에도 유행이 존재하고 이런 생각은 하층 계급에까지 넓게 스며드는 경향이 있다. 이것은 이전까지 지배적이었고 사람들에게 지장을 주는 경향, 즉 페미니즘에 반대하여 나타난 흐름으로, 결혼을 의무적인 것으로 만든다. 남자는 남자고 여자는 여자로, 이 둘은 얌전하게 이 결혼을 기꺼이 받아들이며 결속된다. 그들이 확신하고 있는 이 진정한 동반자 관계 말이다. 그리고 반대의 성을 가진 사람과 결혼했다는 사실에 틀림없이 기뻐할 것이다.

이즈음에 《룩Look》도 들떠서 이렇게 썼다.(1956년 10월 16일)

미국 여성들은 성별 전투에서 승리하고 있다. 마치 10대처럼 미국 여성은 성장하고 있고, 비판자들을 무릎 꿇리고 있다. …… 더는 남자들의 세계에 고립된 심리적 이민자가 아니며, 미국 노동력 중 세 번째 비중을 차지하는 집단으로서, '대단한 직업'을 찾기보다는 대개 혼수품을 준비하거나 새 냉장고를 사기 위해 일한다. 그들은 우아하게 남자들에게 최고 자리를 양보했다. 이 놀랄 만한 존재들은 1920년대

여성성의 신화

와 30년대의 '해방된' 소녀들보다 더 젊은 남자들과 결혼하고, 더 많은 아이를 낳고, 더 여성적인 관점으로 행동한다. 철강노동자의 아내와 여성청년연맹[상류층 여성들로 조직된 사회봉사단체―옮긴이] 회원은 똑같이 가사를 돌본다. …… 오늘날에 고전적인 선택을 해서 정성스레 정원을 가꾸거나 많은 아이들을 돌보는 여성이 있다면, 그 여성은 어느 때보다 더 크게 '호산나'를 외칠 것이다.

새로운 미국에서는 사실이 허구보다 더 중요해야 한다. 《라이프》와 《룩》에 기록된 실제 여성의 이미지, 즉 아이를 키우고 집안일에 자신의 인생을 헌신하는 여성의 이미지는 모든 여성들의 당연한 이상형으로 부각되었다. 그것은 여성지의 소설 속 여주인공처럼 어깨를 으쓱하고 사라져버리지 않아도 될 만큼 튼튼한 작품이다. 신화가 강한 힘을 발휘할 때 신화는 사실을 가지고 자신의 이야기를 만들어낸다. 신화는 그 신화에 모순되는 사실 때문에 더욱 커지고 사회의 평가조차 무디게 만들면서 문화의 구석구석에 스며든다.

아들레이 스티븐슨은 《우먼스 홈 컴패니언》(1955년 9월호)에 실린 1955년 스미스대학 학위 수여식 연설에서, 교육받은 여성들이 '시대의 위기' 속에서 자신만의 정치적 역할을 수행하고자 하는 욕구를 묵살했다. 이 민주적 자유주의의 전도사는 현대 여성은 부인과 어머니 구실을 통해서 정치에 참여한다고 이야기했다. "여성들, 특히 교육받은 여성들은 남성과 소년들에게 영향을 끼칠 수 있는 특별한 기회를 갖고 있습니다." 정치적 위기에 있어서 유일한 문제는 여성은 부인과 어머니라는 역할을 통해서만 진정으로 참여할 수 있다는 점을 여성들 스스로가 인정하지 못한다는 것이다.

일단 매우 긴급하고 특정한 가정생활의 문제에 몰두하게 되면, 많은 여성들은 교육을 통해 그들이 이해하고 즐길 수 있었던 중요한 이슈들과 복잡한 논쟁들에서 떨어져있다고 느끼며 좌절감을 느낍니다. 여성들은 한때 시를 썼습니다. 지금은 세탁해야 할 목록을 작성합니다. 예전에는 늦은 밤까지 미술과 철학을 논했지만 지금은 설거지를 다하고 나면 끝내자마자 피곤해서 곯아떨어질 정도입니다. 종종 위축되거나 지평선이 사라지고 기회를 잃었다는 생각이 듭니다. 여성들은 시대의 위기 속에서 자신의 사명을 수행하고 싶어 했습니다. 하지만 그들이 지금 하는 것은 기저귀를 빠는 일입니다.

핵심은 우리가 아프리카, 중동, 아시아 등 어디를 이야기하든 간에 다른 나라의 여성들은 당신만큼 '그렇게 좋은 처지에 있지 않다'는 것입니다. 요컨대 결혼과 모성애의 소명이 당신들을 우리 시대의 중요한 이슈들에서 유리시키는 것이 아니라, 오히려 사회의 한가운데 위치시키고 무한히 깊고 좀 더 긴밀한 책임감을 부여한다는 것입니다. 이것은 신문의 헤드라인을 장식하는 대다수의 큼직한 이슈들과 뉴스들 때문에 무엇이 정말 중요한지 구별할 수도 없게 된 활동보다 훨씬 중요한 일입니다.

여성의 정치적 의무는 "가정에 삶과 자유의 의미를 고취시켜

여성성의 신화

······ 남편으로 하여금 특화된 일상에 목적을 부여할 가치를 찾을 수 있게 도와주고 ······ 아이들에게 개인으로서의 독창성을 가르치는" 데 있다는 것이다.

당신에게, 부인이자 어머니로서 주어진 사명은 그것입니다. 거실에서 아이를 안거나 부엌에서 깡통을 따면서도 수행하는 일입니다. 당신이 현명하다면 남편이 텔레비전을 보는 동안 이 믿음직한 사람에게 나름의 기술을 발휘할 수도 있을 것입니다. 나는 여러분이 주부로서하는 겸손한 역할 속에서 우리의 위기에 대해 할 수 있는 많은 것들을 발견할 수 있으리라 생각합니다. 그것보다 더 나은 소명은 없으리라 기대하는 바입니다.

이리하여 여성성의 신화가 갖는 논리는 여성 문제의 성격 자체를 재규정한다. 예컨대 여성을 남성과 동등한, 무한한 잠재력을 지닌 존재로 간주하면, 문제는 그 완전한 잠재력을 실현하지 못하게 만드는 무언가다. 고등교육과 정치 참여를 가로막는 장벽들, 법적 차별이나 도덕적 편견 등이 그것이다. 하지만 여성을 성적 역할의 관점에 국한하여 규정하면, 잠재력의 실현을 막는 장애물, 세계에 대한 완전한 참여를 방해하는 편견들은 더는 문제가 되지 않는다. 유일한 문제는 주부라는 역할에 적응하는 것을 방해하는 것들뿐이다. 그래서 직업 경력이 문제고, 교육이 문제고, 정치에 관심을 가지는 게 문제고, 심지어 여성의 똑똑함과 개인성을 인정하는 것 자체가 문제가 된다. 그리고 마침내 이름 붙일 수 없는 문제, 설거지와 다림질, 아이들을 벌주고 칭찬하는 것 '이상의 무엇'을 바라는 희미한 희망이라는 문제가 나타난다. 여성지에서는 이 문제를 금발로 염색하거나 아이를 하나 더 낳는 것으로 해결하라고 말한다. "어린 아이였을 때, 우리는 모두 '특별한 존재가 될' 계획을 세웠다는 걸 생각해보세요"라고 《레이디스 홈 저널》에서 한 젊은 주부는 말한다.(1960년 2월호) 스포크 박사의 육아 서적을 7년 동안 여섯 권이나 닳도록 읽었다고 자랑하면서 그녀는 외친다. "나는 정말 행운이야! 행운! 나는 여자인 게 너무 감사해!"

어떤 이야기에는 주치의에게서 일주일에 하루는 외출하라는 조언을 받은 좌절감에 빠진 젊은 부인이 나온다. 부인은 쇼핑을 가서 드레스를 거울에 비춰보며 남편인 샘이 좋아할지 싫어할지 고민한다.(「휴일」,《마드모아젤》, 1949년 8월호)

샘은 언제나 그녀 뒤에서 알아들을 수 없는 소리를 낸다. 마치 그녀가 자신에 대해 아무 개념이 없다는 듯이. …… 갑작스레 그녀는 주름치마가 좋을지 삼각치마가 좋을지 결정을 내릴 수도, 구별을 할 수도 없어졌다. 여자는 두꺼운 유리 속의 자신을 들여다본다. 엉덩이 부근의 살은 더 두꺼워진 것 같고, 얼굴의 선도 처지기 시작했다. 스물아홉이지만 중년에 접어든 것처럼 느껴지고, 지나온 세월들에 비해 남은 날은 얼마 남지 않은 것만 같다. …… 엘렌은 겨우 아이가 셋이라니 우스웠다. 계획할 미래는 아마 또 하나의 아이를 낳는 일일 것이다. 너무

여성성의 신화

오래 미룰 수는 없었다.

「내 곁의 남자」(《레드북》, 1948년 11월호)에 나오는 젊은 주부는 공들여 마련한 저녁 파티가 남편의 기분을 북돋아주지 못했음을 알게 되자 절망에 빠진다.("도움이 됐다고 말해줬다면, 내가 잘했다고 말해줬다면 좋았을 텐데……. 인생은 한 조각이 빠진 퍼즐 같았다. 그 한 조각은 나였고, 내 자리를 찾아 맞출 수가 없었다.") 그 여성은 머리를 금발로 물들였고, 잠자리에서 남편이 새로운 "금발의 나"에게 만족감을 표시하자 "내 안의 질문에 답변이 된 것처럼, 새로운 평화를 느꼈다."

여성지에 실리는 이야기들은 여성은 아이를 낳는 순간에만 성취감을 이해할 수 있다고 반복해서 주장한다. 심지어 계속해서 아이를 낳다가 더 이상 아이를 낳을 수 없는 때가 오면 그것을 부인한다. 여성성의 신화에서 여성이 창조의 꿈이나 미래에 대한 꿈을 키울 다른 방법은 있을 수 없다. 심지어 어머니나 부인이라는 자격 말고는 자신에 대한 꿈조차 키워볼 길이 없다.《레이디스 홈 저널》 1957년 6월호에 실린 「미국 생활」에서 한 여성은 말한다. "남편이 내가 어떤 색깔이나 어떤 종류의 옷을 입는 것을 싫어하면 나도 정말 그 색깔과 옷이 싫어진다. 남편이 원하는 것이 곧 내가 원하는 것이다. 1대 1의 동등한 결혼 같은 것은 없다고 생각한다." 18세에 결혼하려고 미련도 없이 대학을 그만둔 그 여성은 '남자들이 이야기하고 있을 때' 결코 토론에 끼어들려고 하지 않았다. 무슨 일이든 남편과 언쟁하는 일이 전혀 없었다. 많은 시간을 창밖에 내리는 눈이나 비, 천천히 벌어지는 화초의 잎사귀를 바라보면서 보냈다. 유일하게 시간을 빨리 보낼 수 있는 일이 있다면 그것은 무한한 집중력이 필요한 '수놓기'다.

자기 자신의 소망은 하나도 없고 자신을 그저 아내이자 어머니로 규정하는 여성이 볼 때 여성성의 신화의 논리에는 아무런 문제가 없다. 굳이 문제를 하나 찾자면, 아이들 문제나 남편의 문제일 것이다. 《레드북》 1955년 6월호에는 어느 남편의 하소연이 실려있다. "내가 생각하기에 결혼이란 두 사람이 각자의 인생을 살아가면서 함께 묶이는 것이라고 봅니다. 그런데 아내는 우리 둘이서 하나의 인생, 그러니까 내 인생을 같이 살아야 한다고 생각하는 것 같습니다." 아내는 셔츠와 양말을 함께 사러 가서는 남편의 사이즈와 색상까지 점원에게 말해준다. 밤에 남편이 집에 돌아오면 점심은 어디서 누구와 먹었고 무슨 이야기를 나눴는지 시시콜콜 물어본다. 남편이 귀찮아하면 이렇게 말한다. "여보, 난 당신의 인생을 함께 살고싶어요. 당신이 하는 일의 일부가 되는 거죠. 그것뿐이에요. 결혼식에서 다짐했듯이 난 우리가 하나가 되길 바라요."

'아내가 말하는 식으로 두 사람이 하나가 된다는 것'이 남편에게는 이해가 되지 않는 모양이다. "언뜻 봐도 이 생각은 어리석은 것이 틀림없고, 더구나 난 그런 걸 좋아하지도 않습니다. 나만의 생각이나 행동을 가질 수 없을 정도로 다른 사람에게 얽매이고 싶지는 않아요."

유명한 결혼 상담사 에밀리 머드 박사는 이 '남편 문제'에 대한

　　　　　　　　　　　　　여성성의 신화

해답은 메리가 자신의 삶을 살고 있다고 느끼게 만드는 것이라고 이야기한다. 가끔씩은 메리를 시내로 초대해서 자기 사무실 사람들과 점심을 들게 하고, 그녀가 가장 좋아하는 송아지 요리를 시켜주고 수영 같은 '건강한 신체 활동'을 권유해 메리의 초과 에너지를 소모시키라고 말이다. 자신의 삶을 갖지 않는다는 것이 메리의 문제는 아니다.

주부의 궁극적 행복은 「미국이 살아가는 법」(《레이디스 홈 저널》 1960년 10월호)에서 묘사된 텍사스주에 사는 한 주부에게서 찾을 수 있다. 이 여성은 "은은한 물빛 소파에 앉아 창문 너머로 거리를 바라본다. 이른 시간(겨우 9시 정각)에도 파우더와 립스틱을 바르며 화장을 끝내고, 면 드레스는 티끌 하나 없이 깨끗하다." 그 여성은 자랑스레 말한다. "우리 막내가 학교에 가고 나면 오전 8시 반이죠. 우리집은 모두 깨끗하고 정돈되어 있으며 난 그날 입을 옷도 이미 갈아입고 있어요. 브리지 게임을 할 수도 있고 동호회 모임에 나갈 수도 있죠. 아니면 집에서 독서를 하거나 베토벤을 듣거나 그냥 빈둥거려도 되고요."

"오후 한 시 반에 카드놀이를 하기 전에, 가끔은 미리 머리를 감고 말린다. 집에서 브리지를 하는 날 아침이 가장 바쁘다. 테이블과 카드, 득점표를 꺼내고 신선한 커피를 내오고 점심을 준비한다. …… 겨울에는 한 주에 나흘쯤 오전 9시 반부터 오후 3시까지 게임을 하곤 한다. …… 재니스는 아들들이 학교에서 돌아오는 오후 4시까지는 꼭 집에 가 있으려 한다."

이 젊은 주부는 좌절에 빠지지 않는다. 고등학교에서는 똑똑한 학생이었고, 열여덟 살에 결혼했으며, 스무 살에 재혼하고 아기를 가진 이 여성은 7년 동안 꿈꾸고 꼼꼼히 계획한 집을 갖고 있다. 또 아침 8시 반에 모든 일을 마칠 정도로 주부로서 역량을 발휘한다는 데 자부심을 갖고 있다. 토요일이면 남편은 낚시를 가고 아이들은 소년단에 가고 그녀는 대청소를 한다.("그것 말고는 할 게 없지요. 브리지 게임도 하지 않아요. 그런 날은 하루가 길죠.")

"우리 집을 보세요. …… 거실과 식당에 칠한 은은한 회색 페인트는 칠한지 5년이나 되었지만 여전히 완벽하죠. …… 옅은 분홍색과 푸른색의 가구들은 8년을 사용했지만 얼룩 한 점 없어 보여요. 가끔씩 내가 너무 사소한 것에 만족하고 있는 게 아닌가 느낄 때도 있어요." 재니스는 즐거이 이야기하며 커다란 다이아몬드가 달린 팔찌를 바라본다. 가장 아끼는 물건은 분홍색 덮개가 있는 침대다. "저 침대에서 자면 엘리자베스 여왕이 된 것 같아요." 재니스는 행복하게 말한다.(남편은 코를 골기 때문에 다른 방에서 잔다.)

"전 제가 축복받았다고 생각해요. 좋은 남편, 잘생기고 성격 좋은 아들들, 커다랗고 편안한 집, 내 건강과 믿음에 감사하고, 두 대의 승용차, 두 대의 텔레비전과 벽난로 같은 재산에도 감사한답니다."

좌절감을 전혀 느끼지 않고, 자신이 마치 여왕인 듯한 도취감 속에서 만족하며 살아가는 이 젊은 주부의 모습을 불안하게 보고 있으면, '몇몇 문제들은 미소 띤 공허한 주부의 수동성보다 나을 것

여성성의 신화

이 없지 않을까' 하는 생각이 든다. 만약 여성성의 신화를 추구하면서 살아가는 젊은 여성들이 행복하다면 지금의 상황을 목표로 했던 것인가? 아니면 좌절감보다 심각한 것이 이 여성들 속에 숨겨져 있는 것일까? 이런 여성성과 이상, 현실 사이의 괴리가 점점 더 커지고 있지는 않은가?

하나의 징후로서 여성지에 나오는 가정주부들이 점점 더 요란하게 치장하는 모습을 보자. 거실을 청소하는 주부의 얼굴에 선명한 눈 화장이 돋보인다. "여자가 된다는 것의 영광." 왜 "직업: 가정주부"는 날이 갈수록 이렇게 강렬한 치장을 해야 하는가? 자연스럽지 못한 성적 매력은 그것 자체가 의문점이다. 숙녀는 너무도 강하게 자신의 존재를 주장하고 있다.

과거의 여성상은 성적인 매력을 제거하기 위해 지나치게 얌전해질 것을 끊임없이 요구했다. 지금의 여성상은 여성으로 하여금 지성을 상실케 하고 텔레비전 세트와 자동차, 벽난로 등을 두 개씩 갖는 것에만 온 신경을 쓰게 한다.

여성지의 전체 지면이 거대한 채소들로 채워져 있다. 사탕무, 호박, 피망, 감자가 마치 애정 행각처럼 도드라지게 묘사된다. 글자의 크기도 점점 커져서 초등학교 1학년 국어 교과서처럼 보일 지경이다. 새로운《맥콜》은 아예 솔직하게 여성을 골이 빈, 바보 같은 애완동물로 간주한다.《레이디스 홈 저널》은 치열한 태도로 록큰롤 가수 팻 분을 10대의 상담자로 내세운다.《레드북》처럼 글자 크기를 키운 잡지들도 있다. 큰 글자가 의미하는 것은 이 젊은 여성들이 겨우 1학년의 정신연령을 가지고 있다는 것일까? 아니면 보잘 것 없는 내용을 감추기 위한 것일까? 지금 여성의 세계로 인정되는 것 속에 유폐된 편집자는 뜨거운 감자 요리를 후후 불거나 부엌을 거울의 방처럼 묘사하는 것 말고는 이제 더 큰 것을 생각할 수 없게 되었을지도 모른다. 여성성의 신화에 의해 금지된 결과, 편집자는 거대한 사상을 다루지 못한다. 그런데 여성들의 마음을 사로잡은 이러한 왜소한 여성상으로 인해 발생하는 문제들이 여성지를 운영하는 남성들에게도 일어나지 않을까?

여성지끼리의 경쟁뿐만 아니라 텔레비전과도 경쟁해야 하는 여성지들은 오늘날 큰 어려움을 겪고 있다. 이런 미친 듯한 경쟁은 여성상을 조작하는 남성들에게 여성을 단지 물건을 사는 기계로 생각하게 하는 것은 아닐까? 그래서 결국에는 누가 더 완벽하게 여성의 마음에서 인간적인 사고를 없애는지 경쟁하게 만들고 있는 것은 아닐까? 사실 여성상을 조작하는 남성들의 횡포는 여성들이 멍청해지는 것과 비례해 더욱 심해지고 있다. 그러나 이 멍청한 여성상을 내세웠음에도, 여성의 활동 영역을 가정으로 축소시키고 여성의 역할을 주부로 억누르던 5개의 거대 잡지가 몇 년 사이에 폐간됐다. 또 다른 잡지들도 폐간 직전이다.

여성지의 공허하고 협소한 여성상에 대한 권태로운 반응이 늘어나고 있는데, 이것은 이런 여성상이 얼마나 현실과 유리된 것인지 잘 말해준다. 그리고 이 여성상에 헌신적인 노력을 아끼지 않던 여성들 쪽에서도 더욱 강렬한 징후가 일어나고 있다. 행복한 젊은

여성성의 신화

주부들, (부인은 자신을 남편과 아이들과 분리시켜 생각하지 못했으니까) 차라리 젊은 주부의 취향을 특히 잘 만족시켜준 어느 잡지의 편집자들은 1960년에 「왜 젊은 주부들이 덫에 걸린 기분을 느끼나」(《레드북》, 1960년 9월호)라는 기사를 실었다. 잡지사는 판매 촉진책의 하나로 5백 달러를 내걸고 젊은 주부들에게 자신들의 문제를 자세히 적어 보내달라고 요청했다. 편집자들은 답을 보낸 사람이 2만 4천 명이나 되자 놀라움을 감추지 못했다. 어떻게 여성의 모습이 덫에 걸린 상태까지 전락할 수 있는가?

어느 주요 여성지의 여성 편집자는 미국 여성들이 몹시 진지하게 자신들의 세계를 넓혀야 할 필요성을 깨닫고 있다고 보고, 집 밖의 문제들을 몇 개 다루어보자고 남자 동료들을 몇 달 동안 설득했다고 한다. 그러나 최종 결정을 내린 남자들은 "우리는 그 의견에 반대한다. 여성들은 이제 자신들의 생활에 갇혀 사고의 세계와는 철저하게 유리되어 있기 때문에 그것을 이해하지도 못할 것"이라고 말했다. 누가 그 여성들을 그런 사고의 세계에서 유리시켰는지 묻는 것은 부질없을지도 모른다. 아마도 이 프랑켄슈타인들은 그들이 만들어낸 여성성이라는 괴물을 저지할 힘이 없는 모양이다.

나 역시 이런 여성상을 만드는 데 한 몫 거들었다. 나는 지난 15년 동안 미국 여성들이 거기에 순응해 살아가려고 애쓰는 모습을 지켜봤다. 그러나 이제 더는 그 속에 숨어있는 끔찍한 함의를 부정할 수 없게 되었다. 그것은 무해한 이미지가 아니다. 이러한 해악에 대한 심리학 용어는 없을지도 모른다. 하지만 여성들이 자신의 정신을 거부하게 만드는 여성상을 좇아서 살아가려고 한다면 어떤 일이 벌어지겠는가? 변화하는 세계의 현실을 거부하는 이미지 속에서 성장한 여성에게 무슨 일이 일어날까?

생활의 물질적인 측면들, 매일 거듭되는 요리와 청소, 남편과 아이들의 건강관리 같은 일은 사실 미국인들이 개척 생활을 하던 백 년 전의 여성 세계를 규정하던 것들이다. 그러나 포장마차 대열을 이루어 서부로 간 여성들은 이와 함께 개척자로서 목적한 바도 함께 성취해나갔다. 이제 미국인이 개척해야 할 곳은 지성과 정신의 변경 지대다. 남편과 아이들과 가정에 대한 헌신이 나쁘다는 게 아니라, 그런 것이 전부는 아니라는 말이다. 왜 여성들은 인간의 운명 전체를 공유하는 대신 반쪽 인생의 그림을 받아들여야 하는가? 왜 여성들은 과거의 개척지에서 미국 여성들이 남편과 나란히 이동한 것처럼 시대의 변경으로 나아가는 대신 가사를 '중요한 것'으로 만들기 위해 분투해야만 하는가?

구운 감자 요리는 세계만큼 크지 않으며, 거실 마룻바닥을 청소하는 일은 충분한 능력을 가진 여성들이 지성과 에너지를 쏟아야 할 일이 아니다. 여성은 헝겊 인형이나 동물이 아니라 인간이다. 세대를 거쳐 내려오면서 인간은 사고력으로 사상과 전망을 만들고, 미래를 만들어나가면서 동물과 다르다는 것을 알게 되었다. 인간은 다른 동물과 마찬가지로 음식을 섭취해야 하고 성관계를 가짐으로써 번식해야 하지만, 인간으로서 사랑할 때, 그리고 과거와 다른 미래를 발견하고 창조하고 계획할 때에만 비로소 한 사람, 한 인간일

　　　　　　　　　　　　　　　　여성성의 신화

수 있다.

무엇인가를 발견하고 창조할 수 있는 능력이 있고 교육을 받은, 그토록 많은 여성들이 왜 가사와 아이 기르는 데에서 '무언가'를 찾으려고 다시 가정으로 들어갔는지는 정말 수수께끼 같은 일이다. 왜냐하면 이상하게도 의지에 찬 신여성들이 행복한 가정주부로 대치되던 지난 15년 동안에 세계의 영역은 더욱더 넓어지고, 변화 속도는 더 빨라지고, 현실 생활도 생물적이고 물질적인 궁핍에서 더 많이 해방되었기 때문이다. 여성성의 신화가 미국 여성들이 세계속에서 성장하는 것을 방해한 것은 아닐까? 정신병원의 여성 환자가 자신을 여왕이라고 믿기 위해 현실을 거부해야 하듯, 미국 여성들로 하여금 현실을 거부하도록 강요한 것은 아닐까? 조현병에 걸린 것이 아니라면, 여성들은 우리가 사는 복잡하고 변화하는 세계속에서 추방되도록 운명 지어진 것인가?

더 이상한 모순은 모든 종류의 직업이 여성들에게 개방되었는데도 '직업을 가진 여성'이라는 말은 추레한 어휘가 되고 말았다는 것이다. 능력 있는 여성은 누구든지 고등교육을 받을 수 있게 되었는데도 여성 교육은 쓸데없는 것으로 여겨져 결혼해서 아이를 갖기위해 고등학교나 대학을 중퇴하는 경우가 늘고 있다. 현대 사회 속에서 여러 가지 역할을 자유롭게 선택할 수 있는데도 여성들은 자신을 하나의 역할에만 집요하게 가둬놓고 있는 형편이다. 한때 여성은 자신의 권리를 가진 인간이 될 수 없고 자신의 능력을 자유로이 발전시킬 수도 없었으며 따라서 남성과 동등하지 못했다. 하지만 여성을 가로막는 모든 법률적, 정치적, 교육적 장벽들이 제거되었다. 그런데도 여성을 인간이 아닌 '여성'이라고 주장하며 인간이 누리는 자유를 누리지 못하게 하고 역사 발전에 참여하지 못하게 하는 새로운 여성상을 받아들여야 하는가?

여성성의 신화는 너무도 강력하게 영향력을 행사해왔다. 그렇기 때문에 여성들은 그 신화가 금지하는 소망과 능력을 가지고 있다는 사실조차 모른 채 어른이 된다. 그러나 이 신화가 아무런 이유 없이 몇 년 새 전국적으로 확산되거나 한 세기의 추세를 되돌릴 수는 없다. 여기에 힘을 부여한 것은 무엇인가? 왜 여성은 다시 집으로 돌아갔는가?

03

위기에 처한 여성들의 정체성

지난 10년 동안 또래의 여성들과 이야기를 나누면서 이상한 사실을 하나 발견했다. 그것은 나이를 먹어가면서도 많은 사람들이 스물한 살 이후의 자신의 모습을 전혀 생각하지 못한다는 것이다. 우리는 우리의 미래, 즉 여성으로서 우리 자신에 대한 자화상이 없었다.

1942년의 어느 봄날 오후 스미스대학 캠퍼스에서 느꼈던 그 고요한 정적을 나는 아직도 기억한다. 그때 나는 나의 미래에 대한 비전을 놓고 무서울 정도로 막다른 골목에 다다랐다. 그 사건이 있기 며칠 전에 나는 대학원 장학생으로 선발되었다는 통지를 받았다. 축하 인사와 함께 일렁이는 흥분 속에서 나는 생각해보고 싶지 않던 의문과 함께 이상한 불안감을 느꼈다.

"이것이 정말 내가 원하는 것인가?" 대학 건물 뒤 햇살이 따사롭게 내리쬐는 언덕에서 담소하면서 공부하고 있는 학생들과 나 사이에 이런 의문이 끼어들어 나를 쓸쓸한 적막 속으로 떼어놓았다. 나는 심리학자가 되고 싶었다. 그러나 내가 심리학자가 되는 것에 확신을 갖지 못한다면 도대체 나는 무엇이 되길 원했던 것일까. 나는 미래가 막막해졌고, 그 속에서 내 모습을 전혀 찾아볼 수 없어 암담해졌다. 대학을 졸업한 이후의 자화상이 내게는 없었던 것이다. 나는 열일곱 살 앳된 소녀로 중서부의 한 마을에서 스미스대학에 진학했다. 그때는 세계의 지평선이 무한했고 지적인 인생이 내 앞에 활짝 펼쳐져 있었다. 또한 되돌릴 수 없을 정도로 내가 누구이며 무엇을 하고 싶어 하는지를 깨닫기 시작했었다. 나는 그때 절대로 다시 집으로, 우리 마을에 있는 어머니와 부인네들의 생활로, 요컨대 가사, 카드놀이, 장보기, 아이와 남편 뒷바라지나 자선사업, 옷 만드는 일에 얽매이는 생활로 돌아갈 수 없었다. 결단을 내려 미래를 창조해야 할 때가 되었는데도 갑자기 나는 내가 정말로 무엇을 하고 싶어 하는지를 알 수 없었다.

어쨌든 나는 장학금을 받고 대학원에 진학했다. 그러나 이듬해 봄 낯선 캘리포니아의 태양이 내리쬐는 다른 대학의 캠퍼스에서 이 의문이 또다시 떠올랐다. 잠시도 이 의문에서 벗어날 수 없었다. 나는 전문 심리학자로서 일생 동안 일할 수 있게 해줄 박사 과정을 위해 장학금을 하나 더 받을 예정이었다. "이것이 정말 내가 원하는 '나'가 되는 길일까?" 이번 결정은 정말 심각하게 나를 위협했다. 나는 다른 일에 대해서는 전혀 생각할 수 없는 상태로 며칠을 안절부절 못하며 두려움 속에서 지냈다.

그러나 이런 의문은 중요하지 않다고 스스로를 타일렀다. 당시 내게는 사랑보다 더 큰 문제는 없었던 것이다. 어느 날 버클리대학의 언덕을 남자친구와 함께 걷고 있었는데 그가 말했다. "우리 사이가 이래 가지고는 아무 일도 안 되겠어. 나라면 당신처럼 장학금을 받지 않을 거야." 만약 내가 그때 그대로 밀고 나갔다면, 번복할 수 없는 그날 오후의 냉랭한 외로움을 과연 견딜 수 있었을까? 나는 위협에서 벗어나는 안도감을 느끼며 장학금을 포기했다. 그러나 그날 이후 여러 해 동안 한때 일생의 과업으로 생각했던 심리학에 관한 글을 한 줄도 읽을 수 없었다. 내가 잃은 것을 생각하는 일은 너무나 가슴 아픈 일이었다.

내가 왜 일생의 직업을 포기했는지 결코 설명할 수 없으며 나 자신도 도대체 이유를 알 수 없었다. 나는 미래를 위한 특별한 계획도 없이 신문사에서 일하면서 하루하루를 보냈다. 그리고 결혼해서 아이를 낳고 여성성의 신화에 이끌려 교외에서 가정주부로 살았다. 그러나 여전히 그 의문은 나를 쫓아다녔다. 결국 그 의문을 직시하고 스스로 해답을 얻으려고 애쓰기 전에는 내 인생에 대한 어떤 목적의식도, 마음의 안정도 찾을 수 없었다.

1959년 스미스대학의 4학년 학생들과 이야기하면서 이런 의문이 오늘날의 여성들에게도 역시 위협적이라는 사실을 발견했다. 그런데 지금 학생들은 우리 세대가 반평생을 보내고 결코 해답이 될 수 없다고 깨달은 것을 해답이라고 제시한다. 대부분 4학년인 학생들은 기숙사 로비에 앉아 커피를 마시고 있었다. 이런 광경은 많은 학생들이 왼손에 반지를 끼고 있다는 사실을 제외하면 내가 4학년일 때 여느 저녁의 모습과 별반 다를 게 없었다. 나는 주위에 앉아 있는 학생들에게 앞으로의 계획이 어떤지 물어봤다. 약혼한 학생들은 결혼이나 아파트 이야기, 남편이 학교를 마칠 때까지 비서로 돈을 벌겠다는 등의 이야기를 했다. 다른 학생들은, 적의를 품은 침묵이 흐른 뒤, 이런 일자리나 저런 일자리 아니면 대학원 공부 등에 대해 막연하게 대답할 뿐 구체적인 계획을 갖고 있는 사람은 아무도 없었다. 다음날 금발을 하나로 질끈 묶은 학생이 내게 학생들의 말을 그대로 믿느냐고 물어왔다. 그 학생은 내게 이렇게 말했다. "애들이 말한 것 중 진실은 아무것도 없어요. 우리는 무엇을 하고 싶으냐는 질문을 받는 것을 싫어해요. 아무도 자기가 무엇을 원하는지 모르거든요. 사실 그 문제에 대해 생각해 보기조차 싫은 거지요. 곧 결혼을 할 아이들은 그런 문제를 더는 생각할 필요가 없으니 행운아들인 셈이고요."

그러나 그날 밤, 다른 학생들에게 졸업 후의 계획에 대해 물어보던 나는 난로 주위에 조용히 앉아있던 약혼한 학생들도 무언가에 대한 분노를 억누르고 있다는 것을 알아차렸다. 내게 자신들의 상태에 대해 말해준 그 학생은 이런 이야기도 했다. "그들은 배운 것을 써먹지 못하는 문제에 대해 생각해보려고 하지 않아요. 하지만 자신이 누구의 부인이자 어머니가 될 것이고 자기가 지금껏 배운 공부가 아무 쓸모없는 것이 되리라는 사실은 잘 알아요. 결혼한 뒤에도 계속 책을 읽고 지역사회 일에 관심을 기울일 수 있지 않느냐고 말할 수도 있겠지만, 그건 다른 문제죠. 정말 이제 배운 것을 써먹을 수 없는 지경이 되고 마는 셈이니까요. 우리가 이제 막다른 골목에 다다랐으며 지금까지 배운 게 쓸모없어졌다는 사실을 깨닫는 것은 절망을 의미해요."

이들과 비슷한 처지에 있는 여성으로 대학을 졸업한 지 15년이 된 세 아이의 어머니이자 의사의 부인인 뉴잉글랜드주에 사는 가정 주부는 부엌에서 커피를 마시며 자신의 심정을 털어놓았다.

아무도 우리를 똑바로, 진지하게 바라보지 않았습니다. 남편의 부인과 아들의 어머니가 되는 것 이외에 자기 일생을 걸고 하고 싶은 일을 결정해야 한다고 말해준 사람이 없었다는 게 비극이었어요. 서른여섯이 되도록 이 문제를 전혀 생각해보지도 않았어요. 남편은 자기 일에 너무 바빠 매일 저녁 나를 즐겁게 해줄 수 없었고, 세 아이들은 하루종일 학교에서 시간을 보냈죠. 수혈용 피를 구하기 어려운 Rh(-) 인자임에도 아이를 더 가지려 노력했지만, 유산을 두 번 하고 난 뒤로는 아이도 낳을 수 없게 됐어요. 그때는 저의 성장과 발전이 끝났다고 생각했죠. 어렸을 적에는 크면 대학에 다니고 결혼도 할 것이라고 언제나 생각했어요. 사실 이것이 여자아이가 생각할 수 있는 전부였으니까요. 그러고 나면 남편이 내 인생의 행로를 결정해주고 내 인생을 만족시켜줄 것이라고 믿었어요. 내가 나 자신의 인생을 만들어가야만 한다는 사실은 의사의 부인으로서 남편과 떨어져 외로운 생활을 하면서, 그리고 아이들이 내 생활을 만족시켜주지 못하기 때문에 아이들에게 소리 지르게 되면서 깨닫게 됐죠. 전 여전히 제가 무엇을 하고 싶어 하는지 결정해야만 했어요. 저의 발전은 끝난 게 아니었죠. 그러나 이 문제에 대해 충분히 생각해 보는 데에만 10년이라는 세월이 걸렸어요.

여성성의 신화는 여성들이 자아에 대한 의문을 무시하는 것을 그대로 묵인하며, 심지어 그렇게 하도록 부추기기까지 한다. 그리고 "나는 누구인가?"라는 질문에 "톰의 아내고…… 메리의 어머니"라고 말하는 것으로 대답을 대신하게 가르친다. 그러나 미국 여성들이 21세 이후의 자신의 모습을 상상할 수 없게 만드는 이 무시무시한 공허함에 두려움 없이 도전했다면, 여성성의 신화가 이토록 거대한 힘을 행사하지는 못했을 것이다. 진실을 이야기하자면 —이것이 얼마나 오랫동안 진실이었는지 확신할 수는 없지만 내 세대와 오늘날 자라고 있는 미국 소녀들에게는 진실로 통할 수 있다— 미국 여성들은 자신이 누구이며 어떤 인간이 되기를 원하는지를 자신에게 말해줄 자화상을 이제 더는 가지고 있지 않다는 것이다.

텔레비전과 잡지 광고에 나타나는 대중화된 여성상은 세탁기, 빵가루, 탈취제, 세제, 크림, 염색약 등을 팔아먹기 위해 조작된 것이다. 그러나 회사들로 하여금 텔레비전 광고와 신문 광고란에 수백만 달러를 쓰게 만드는 이 여성상의 위력은 바로 미국 여성들이 자신이 지금 누구인지를 알지 못한다는 사실에서 비롯한다. 여성들에게는 자아를 발견할 수 있도록 도와줄 새로운 여성상이 절실히 필요하다. 소비 동향 조사자들이 광고주들과 쑥덕공론을 계속하는 동안 미국 여성들은 자신이 어떤 인간이어야 하는지 갈팡질팡하다가, 결국 인생의 중요한 사건들을 모두 이 번지르르한 대중화된 여성상에 따라 결정한다. 이제 더는 어머니에게 물려받지 않아도 될 여성의 모습을 찾고 있는 것이다.

우리 세대의 많은 여성들은 어머니를 사랑하면서도 어머니처럼 되고자 하지 않았다. 우리는 그들의 좌절을 지켜볼 수밖에 없었다. 우리는 어머니들의 삶을 이해한 것일까? 아니면 단지 분노를 느꼈을 뿐일까? 그들의 슬픔과 공허함을 비롯하여 너무 빠르게 우리에게 얽매여 우리로 하여금 인생을 살게 하고, 아버지가 삶을 영위할 수 있게 하며, 아무리 많은 돈을 써도 결코 그들을 만족시켜줄 것같지 않은 것을 갈망하거나 쇼핑을 하면서 하루를 보내는 그런 삶 말이다. 이상스럽게도 딸을 사랑하는 여러 어머니들은, 내 어머니도 그런 분이었지만, 딸들이 자기처럼 자라기를 원하지 않았다. 딸들은 무언가 다른 것을 필요로 해야 한다는 사실을 알고 있었다.

그러나 우리가 우리 자신을 발전시킬 수 있도록 어머니들이 우리를 격려하고 고무할 때나 당시에는 여성들에게 열려있지 않던 직업에 대한 동경을 털어놓을 때조차, 어머니들은 우리가 어떤 인간이 될 수 있는지 가르쳐줄 수 있는 여성상을 제시하지 못했다. 기껏해야 자신들의 생활이 너무 공허하고 가정에 얽매여있으며, 아이들과 요리하고 옷 만들고 카드놀이를 하고, 가끔 고아원을 방문하는 것으로 만족할 수는 없다고 이야기해줄 뿐이었다. 어느 어머니든 자기 딸에게 "나 같은 가정주부는 되지 마라"고 똑똑하게 말해줄 수는 있었지만, 이 말을 듣고 어머니가 남편과 아이들의 사랑을 기분 좋게 즐기기에는 너무 깊은 좌절에 빠졌다고 생각하는 딸은 기껏해야 "난 어머니가 실패한 것을 꼭 멋지게 해내고 말 테야. 나는 나 자신을 여성으로서 충실히 실현시켜야지" 하고 결심할 뿐, 어머니의 인생이 가르쳐주는 교훈을 간파하지 못한다.

　최근 나는 장래가 촉망되는 재능을 가지고 학교에 들어갔지만 갑자기 학교를 그만둔 고등학교 여학생들과 이야기를 나누면서 여성성의 신화에 길들여진 여성들이 품고 있는 문제의 새로운 면을 발견할 수 있었다. 처음에는 이 학생들이 단지 여성적인 적응 행위의 전형적인 경로를 따라가고 있는 것처럼 보였다. 지질학이나 시 쓰기에 흥미를 갖고 있던 학생들이 이제는 남자의 인기를 차지하는 일에만 힘을 쏟으며 다른 아이들처럼 되는 게 낫다고 생각하게 된 것이다. 그런데 좀 더 자세히 살펴보니, 이 학생들은 자기 자신을 전혀 볼 수 없는 어머니처럼 되는 것을 두려워하고 있다는 사실을 알 수 있었다. 학생들은 성장하는 것을 두려워했다. 학생들은 어머니에게서 여성으로서 느끼는 좌절감을 발견했다. 그로 인한 두려움이 다가오자 자신들이 지닌 가장 훌륭한 자질을 부인하고 인기 있는 소녀가 되기 위한 여러 요소들을 똑같이 흉내 내야 했다. 한 17세 소녀는 이렇게 말했다.

　전 정말 다른 아이들처럼 느끼고 싶어요. 시작하지도 못한 채 늘 뭔가 다른 사람이 되고픈 기분에서 결코 헤어나지 못하고 있거든요. 아침에 일어나 방을 걸을 때는 걸음마를 처음 떼는 사람이 된 것 같거나 어떤 무서운 고통을 겪고 있는 것처럼 느껴지는데도 결코 아무것도 배우지 못할 것 같은 기분이 들곤 해요. 학교가 끝난 뒤에는 아이들이 주로 모이는 곳에 가서 옷과 헤어스타일, 트위스트에 대해 몇 시간 동

　　　　　　　　　　　　　　　　　　　여성성의 신화

안 이야기하면서 앉아있는데, 사실 저는 그런 데 정말 흥미를 못 느껴요. 그래서 의식적으로 노력을 하고 있는 거죠. 그런데 다른 아이들이 하는 것을 그대로 하고, 똑같은 옷을 입고, 똑같이 말을 하고, 그렇게 유별난 것을 하지 않으면 남자들이 저를 좋아하게 된다는 사실을 알게 됐어요. 저는 벌써 제 내면도 다른 아이들과 다르지 않게 바뀌기 시작했다고 생각해요.

저는 시를 쓰곤 했어요. 지도 선생님은 제가 훌륭한 창작 능력을 가지고 있어서 꼭 시인으로 성공하는 멋진 미래가 있을 것이라고 말해줬지만, 이런 것은 인기 있는 여학생이 되려면 소용없는 것들이에요. 여자한테는 남자들의 인기를 차지하는 게 중요하거든요.

이제는 남자아이들을 바꿔가며 데이트를 즐기지만 이런 건 저의 진짜 마음과는 달라요. 의식적인 행위에 불과하죠. 이런 행위는 저를 점점 더 외롭게 만들어요. 그것 말고도 이런 짓 때문에 제가 끌려갈 막다른 길목에 대한 두려움이 있지요. 머지않아 저의 개성은 없어질 것이고 평범한 가정주부가 될 아이들과 똑같은 사람이 되겠지요. 어른이 된다는 것에 대해 생각하고 싶지 않아요. 제게 아이가 있다면 전 그 애들이 늘 같은 나이로 머물기를 원할 거예요. 그 애들이 자라는 것을 지켜본다는 것은 늙어가는 나 자신의 모습을 봐야 한다는 것인데, 전 그러고 싶지 않아요. 엄마는 제가 무슨 짓을 저지를지 걱정되어서 밤에는 잠도 잘 오지 않는다고 말씀하시곤 해요. 제가 어렸을 때 엄마는 다른 아이들이 혼자서 길을 건너다닐 때도 저 혼자서는 길을 건너지 못하게 했어요. 전 제가 결혼해서 아이를 갖는 것을 상상할 수가 없어요.

그건 마치 개성을 전혀 갖지 못하게 되는 것과 같아요. 엄마는 파도에 씻겨서 매끄럽게 된 바위나 빈 공간 같은 사람이었죠. 엄마는 너무 많은 것을 가족들한테 쏟아 넣어 결국 자기 속에는 아무것도 남은 게 없게 되었어요. 그래서 자식들에게 충분히 보상받지 못했기 때문에 화를 내게 되는 거고요. 가끔 보면 엄마한테는 아무것도 없는 것 같아요. 집 청소하는 일을 빼면 어떤 삶의 목적도 없는 것 같아요. 행복하지 못한 엄마는 아버지도 행복하게 해줄 수 없는 법이죠. 엄마가 우리들을 전혀 돌보지 않았다고 해도 너무 자상하게 돌봐준 것과 결과는 다르지 않았을 거예요. 그게 바로 우리들이 반대되는 행위를 하게 되는 이유지요. 전 엄마의 행동들이 진정한 사랑에서 나왔다고 생각하지 않아요. 어렸을 때 전 신이 나서 엄마한테 뛰어가 어떻게 물구나무서기를 배웠는지 진지하게 이야기한 적이 있는데, 그때 엄마는 제 말에 전혀 귀 기울이지 않았죠.

요즘 거울을 들여다보다가 제가 엄마를 닮아가고 있다는 것을 깨달으면 강한 두려움에 휩싸이곤 해요. 몸짓이나 말투 모두 엄마를 닮은 저를 발견하면 깜짝 놀라는 거죠. 여러 면에서 엄마와 닮지는 않았지만 한 가지 면에서 엄마를 닮는다면 결국 저도 엄마 같은 여자가 될 것이라는 생각이 들어요. 이런 생각들 때문에 저는 겁이 나요.

17세의 이 소녀는 자기 어머니 같은 여자가 되는 것이 너무나 두려워서 외모부터 '인기 있는' 소녀들을 흉내 내기 위해 자신을 다른 여성으로 만들어줄 수도 있는 기회들과 자신의 훌륭한 개성을

　　　　　　　　　　　　　여성성의 신화

외면해버렸다. 결국 자신을 잃을지 모른다는 공포감 때문에 자신의 특질을 거부한 채, 장학생으로 뽑힐 수도 있는 전통적으로 바람직한 행동은 하지 않은 것이다. 스스로에게 진실한 여성으로서 그녀의 성숙을 도와줄 여성상을 갖지 못했던 소녀는 비트족의 공허함 속으로 퇴행할 수밖에 없었다.

사우스캐롤라이나주 출신의 대학 3학년생인 다른 학생은 또 이렇게 이야기했다.

포기해버린 직업 같은 것에는 흥미를 갖고 싶지 않아요. 어머니는 열두 살 때부터 신문기자가 되고 싶었대요. 저는 20년 동안 어머니의 좌절감을 지켜봤어요. 시사 문제에는 관심을 갖고 싶지 않아요. 제 가정을 꾸리고 멋진 현모양처가 되는 것 이외에는 관심을 갖고 싶지 않은 거죠. 아무튼 교육받은 게 부담스러울 지경이에요. 무척 똑똑한 남학생들도 가정에서는 애교 있고 귀여운 여자를 원하거든요. 단지 자꾸 자꾸 뻗어나갈 수 있어서 하고 싶은 것을 모두 배우고 자신을 억제할 필요가 없을 때는 어떤 기분이 될까 하고 아주 가끔 상상해볼 뿐이죠.

이 학생의 어머니, 아니 거의 모든 우리의 어머니들이 한때는 직업을 가져보기도 했고 아니면 직업을 간절히 갖고 싶어 했거나 또는 못내 아쉬워하면서 그만두어야만 했다고 해도, 결국은 모두 주부들이었다. 우리에게 무슨 이야기를 하든 간에 눈과 귀와 이성과 감정을 가지고 있는 우리들은 우리 어머니들의 삶이 어딘가 비어있는 듯한 것을 눈치챌 수밖에 없었다. 우리는 결코 그 사람들과 같은 여성이 되고 싶지 않았다. 하지만 우리에게는 이상적인 여성상이 없지 않은가?

내가 자라면서 유일하게 알고 있던 다른 부류의 여성은 결혼하지 않은 고등학교 선생님과 도서관 사서, 그리고 머리를 남자처럼 깎은 마을의 의사 한 명과 내가 다닌 대학의 교수 몇 명뿐이었다. 이런 여성들은 아무도 내가 집에서 보고 알고 있는 따스한 생활의 중심부에 살고 있지 않았다. 많은 사람들이 결혼하지 않았거나 아이가 없었다. 나는 그들처럼 될까 봐 무서웠다. 심지어 진정으로 내게 지성을 소중히 하고 그것을 잘 계발해서 인류 역사에 기여하고 있다는 자부심을 가지라고 가르쳐주신 선생님들처럼 되는 것도 두려웠다. 나는 자신의 지성을 활용해 세계 속에서 한 사람의 역할을 맡으면서도 훌륭한 연애도 하고, 아이도 기르고 있는 여성을 누구 하나 알지 못한 채 자랐다.

나는 이것이 미국에서 오래도록 알려지지 않았던 여성 문제의 핵심이라고 생각한다. 바로 자화상의 결핍이다. 이성적인 사고를 거부하고 여성 자신과 실제로 거의 관련이 없는 대중화된 여성상이 위력을 발휘하며 여성들의 삶을 너무 크게 지배해왔다. 여성들이 자아실현의 경쟁 속에서 맞이하는 위기 때문에 고통을 받지 않았다면 이런 여성상이 그토록 커다란 힘을 행사하지는 못했을 것이다.

18세, 21세, 25세, 41세 등에 미국 여성들의 정신력이 무섭고도 이상하게 급락하는 것에 대해 많은 사회학자와 정신분석가, 교육자

여성성의 신화

들이 지적해왔다. 그러나 나는 그들의 지적이 사실을 그대로 이해하지 못했다고 본다. 그들은 이것이 문화적 환경을 조성하는 데 있어 '불연속성'이 있기 때문이라고 했다. 여성이 '역할 위기'를 겪는다는 것이다. 그리고 이런 위기의 배후에는 학교 교육이 있다고 비판했다. 미국 여성들을 너무 자유롭게 키운 탓에 야구를 하고, 자전거를 타고, 기하학을 정복하고, 대학 이사회를 지배하고, 누구든 대학을 다니고, 일자리를 얻어서 세계 속으로 뛰어들고, 뉴욕이나 시카고 또는 샌프란시스코의 아파트에서 혼자 사는 등 남자들과 똑같이 할 수 있게 가르쳤다는 것이다. 비판자들은 이런 모든 것이 여자들에게 남자들과 똑같은 자유를 누리면서 자신들이 되고 싶은 인물이 되고, 하고 싶은 일을 할 수 있는 분위기를 만들었다고 말한다. 그래서 여성들은 여성으로서의 역할에 필요한 준비를 갖추지 못했다는 것이다. '역할 위기'는 여성들이 이런 역할에 적응하도록 강요될 때 일어나며, 오늘날 20대와 30대 여성들에게서 빈번하게 나타나는 우울증과 신경쇠약증이 보통 이런 '역할 위기' 때문이라고 주장한다. 여자들이 여성으로서 자기 역할에 충실하도록 교육을 받았다면, 새삼스럽게 역할에 적응하느라 고통받지 않았을 것이라는 이야기다.

그러나 나는 그들이 사실의 한 쪽 면만 보고 있다고 생각한다.

이전에 여성들의 성장이 허락되지 않았을 때 느끼던 성장에 대한 두려움처럼, 스물한 살의 여자아이가 자신이 어떤 사람이 되어야 할지 결정해야 할 때 공포에 빠지는 것이라면? 만일 그 나이 때 직면하는 공포가 어떤 길을 가라고 명령하는 사람 없이 자신의 삶을 결정할 자유, 이전의 여성들은 선택할 수 없었던 길을 걸을 자유와 그럴 필요성에서 오는 공포라면 어떻게 될까? 이러한 공포를 피하기 위해 18세에 결혼해 아이를 낳고 자질구레한 집안일을 하면서 '여성적 적응feminine adjustment'의 길을 선택하는 사람들이 자신의 정체성 문제에 직면하여 성숙하기를 거부한다면?

우리는 새로운 여성성의 신화의 성립과 처음으로 정면충돌한 대학생 세대였다. 예전에는 대다수 여성들이 실제로 가정주부와 어머니로 인생을 끝마쳤지만, 교육의 주된 목적은 지적으로 생활을 발전시키고 진리를 추구해 세계 속에서 하나의 역할을 담당하도록 하는 것이었다. 내가 대학에 다닐 때는 이미 둔감해지고는 있었지만, 그래도 우리가 신여성이 될 것이며 우리 세계는 집보다는 훨씬 넓을 것이라는 인식이 있었다. 스미스대학 동기들 중에서 40퍼센트가 일생을 걸고 하려는 자기 직업에 관련된 계획을 갖고 있었다. 그러나 미래에 대한 무서운 공허감의 위협에 시달리던 일부 졸업생들이 결혼을 통해 그런 공포를 면할 수 있게 되자, 그 동기들이 이들을 얼마나 부러워했는지도 기억이 생생하다.

그때 우리가 부러워했던 사람들은 40세가 된 지금 그 공포를 경험하고 있다. 어느 동창은 학교를 그만두고 나서 15년이 지난 뒤 동창회 설문지에 이렇게 썼다. "내가 어떤 여자일 수 있는지 한 번도 결정을 내린 적이 없어요. 대학에서는 충분히 제 생활을 할 수 있었죠. 학교에 다닐 때 과학과 역사, 정치에 대해 더 열심히 공부하고,

철학을 더 깊이 파고들었다면 좋았을 텐데 하고 이제야 생각하니 아쉽죠. 여전히 집을 지을 수 있는 주춧돌을 찾아보고 싶어요. 대학을 마쳤다면 좋았을 텐데 하고 생각해보곤 해요. 저는 그 대신 그냥 결혼을 해버린 거지만." 또 여섯 아이를 둔 어느 동창은 이렇게 말했다. "인생을 더 깊이 있고 창조적으로 발전시켜야 했어요. 19세에 약혼했는데, 지금은 그때 결혼하지 말았어야 했다고 후회해요. 남편에게 온전히 헌신하는 것을 포함해 더할 나위 없이 완전한 인생을 기대한 나로서는 결혼이 결코 그런 것이 아니라는 사실을 알았을 때 커다란 충격을 받았죠."

일찍 결혼한 젊은 세대의 가정주부들 다수는 성장에 대한 외로운 공포를 결코 겪지 않았다. 자신들이 무엇을 선택하거나 일생 동안 하고 싶은 일을 계획하거나 미래에 대한 꿈을 가져볼 필요가 없다고 생각했기 때문이다. 단지 남편과 아이들과 새로운 집이 남은 인생을 결정해줄 때까지, 수동적으로 시간의 흐름을 느끼면서 선택될 때까지 기다리기만 하면 되었다. 자신이 누구인지 미처 알아보기도 전에 여성이라는 배역에 쉽게 빠져들고 만 것이다. 이름을 붙일 수 없는 문제로 가장 고통을 겪는 이들은 바로 이런 여성들이다.

나는 오늘날 여성 문제의 핵심이 성적인 것이 아니라 정체성에 대한 것, 즉 여성의 성장이 여성성의 신화 때문에 영속적으로 방해받고 기피되는 것이 문제라고 생각한다. 빅토리아 시대의 문화가 당시 여성들로 하여금 기본적인 성적 욕구를 인정하거나 충족시키지 못하게 했던 것처럼, 오늘날 우리의 문화 구조가 여성으로 하여금 인간으로서 자신의 능력을 개발해 발전시키려는 기본적인 욕구, 즉 성 역할 따위로 제한될 수 없는 욕구를 인정하거나 충족시키지 못하게 막고 있다.

생물학자들이 최근 '유스 세럼youth serum'이라는 혈청을 발견했다고 하는데, 이것을 애벌레 상태의 유충에 투여하면 성충으로 성장할 수 없어서 내내 유충으로 살다가 죽는다고 한다. 심리학의 일면적 주장을 퍼뜨리는 잡지와 텔레비전과 영화와 책, 그리고 여성다움에 대한 신화에 넘어가버린 부모나 교사와 상담 선생이 앞다퉈 여성들에게 주입하는 여성다운 자아실현이라는 꿈은 일종의 '유스 세럼' 구실을 한다. 대다수 여성들을 성적인 유충 상태에 머물러 있게 함으로써 스스로 충분히 해낼 수 있는 성숙한 인간의 길을 막아버리는 것이다. 그리고 또 자아를 완전히 발전시키지 못한 여성들은 자신의 성적 욕구를 충족시키기보다는 억제한다. 결국 남편과 아들에게서 거세된 존재가 되어 신경증이나, 성적 억압 때문에 일어나는 증세와 똑같은, 아직은 신경증이라고 밖에 이름이 붙여지지 않은 증상을 일으키는 사례가 점점 늘어나고 있다.

인류 역사의 모든 중요한 전환점에는 자아에 대한 위기의식들이 있었다. 그 전환점에 살던 사람들은 그런 위기에 처했을 때 어떤 이름을 붙이지는 않았다. 심리학자나 사회학자나 신학자 같은 이론가들이 이 문제만 분리시켜서 거기에 이름을 붙인 것은 아주 최근의 일이다. 유명한 심리분석학자인 에릭 H. 에릭슨Erik H. Erikson은 이것을 "한 사람이 현재 자기가 어떤 인간이며 앞으로 어떤 인간이 되려고 하는지 결정"을 내려 자아를 발전시키고 선택함으로써 생기는 위기로 정의했다.

나는 청년기에 나타나는 중요한 위기를 자아에 대한 위기라고 불렀다. 그것은 젊은이가 어린 시절에 대한 인상적인 기억과 성인기에 기대되는 희망 속에서 혼자 힘으로 어떤 중심이 되는 가치관과 방향을 갖는, 즉 어떤 활동하는 실체를 향해 서서히 나아가야만 하는 삶의 주기에 일어나는 현상이다. 그 젊은이는 자기 자신에게서 발견한 능력과, 다른 사람이 날카로운 판단력으로 말해주는 자신에 대한 기대와 평가 사이에서 의미 있는 유사점을 찾아내야 한다. …… 역사의 어느 시기에 어떤 계층의 사람들에게는 그 위기가 일종의 '제2의 탄생'과 같은 중요한 시기로 명확하게 구별될 수도 있으며, 이것은 널리 퍼진 신경증이나 만연한 사상적 불안 때문에 심각해질 수 있다.[1]

이런 의미에서 한 인간의 일생에서 정체성의 위기는 인간으로 성장하는 과정에서 부활 또는 새로운 도약을 반영하거나, 또는 그것들을 시작하게 한다고 할 수 있다. 에릭슨은 자기 자신과 서구인의 새로운 정체성을 모색하기 위해 중세 말에 가톨릭 수도원을 떠난 젊은 시절의 마틴 루터Martin Luther가 겪은 정체성의 위기를 새롭게 설명하면서 이렇게 말한다. "마치 숨을 쉬고 음식을 먹어야만 하듯이 인간에게는 역사의 어떤 시기와 인생의 어떤 국면에서 확실하고 절실하게 새로운 이념적 지향이 필요하다."

비록 정체성 문제에 대해 글을 쓰는 각 세대의 사람들이 모두 그것이 새로운 것인 양 말을 하지만, 정체성 모색에 관한 문제는 미국식 사고에서 보면 새롭지는 않다. 미국에서는 처음부터 남자란 미래를 향해 자신을 던져야 하는 존재라고 생각해왔으며, 남성의 자아가 안정된 상태를 유지하기에는 미래를 향해 나가는 속도가 늘 너무나 빨랐다. 모든 세대에 걸쳐 많은 남성들이 아버지에게서 이상적인 남성상을 물려받지 못했기 때문에 고통과 불행과 불안을 경험했다. 다시 집으로 돌아갈 수 없는 젊은 남자가 정체성을 모색하며 보이는 행로는 언제나 작가들의 주요한 주제가 되었다. 남성들이 이런 성장의 고통을 겪으면서 정체성을 찾아다니고, 또 결국에는 찾아내고야 마는 것이 미국에서는 늘 훌륭하고 옳은 일로 여겨졌다. 시골에서 자란 사내아이가 도시로 나가고, 양복장이의 아들이 의사가 되고, 에이브러햄 링컨Abraham Lincoln이 독학을 했다는 이야기는 단지 가난뱅이가 부자가 된 이야기 이상의 의미를 지니고 있다. 이런 이야기들은 미국적 꿈에서 없어서는 안 될 부분이 되었다. 이런 이야기에 등장하는 많은 사람들이 겪는 어려움은, 자유로운 선택을 가로막는 돈, 인종, 피부, 계급 같은 것들이다. 만약 자유롭게 선택할 수 있다면 그들은 그와 다른 조건과 처지를 원했을 것이다.

오늘날의 젊은 남성들도 자신이 어떤 사람이 되고 싶은지 스스로 결정해야 한다는 것을 충분히 잘 알고 있다. 중학교와 고등학교, 그리고 대학 시절에 결정을 내리지 않았다면 25세나 30세까지도 이 문제와 실랑이를 벌여야 하고, 그렇지 않으면 패배자가 되고 만

여성성의 신화

다. 그러나 이제 미국 문화권에서 남자아이들은 정체성을 모색하는 일이 더 힘든 문제라고 생각한다. 그들은 자기 아버지나 다른 남자들에게서 정체성을 모색할 때 도움이 될 수 있는 이상적인 남성상을 찾을 수 없기 때문이다. 옛날의 미개척지는 모두 개척되었고, 새로운 것과 낡은 것의 경계도 그다지 선명하지 않다. 요즘 미국의 젊은 남성들은 모델로 따를 만한 가치가 있는 남성상의 결핍, 즉 자기 능력을 진정으로 발휘할 수 있는 목적의식을 상실하면서 더욱더 커다란 정체성 모색의 위기를 겪고 있다.

그러나 이론가들은 왜 여성에게는 이런 정체성 모색의 위기를 인식하지 않았을까? 낡은 관습과 여성성의 신화가 주는 새로운 매력은 여성들이 자신의 정체성을 발견할 수 있게 해주는 성장의 길, 즉 인간으로서 자신의 정체성을 선택하는 길을 봉쇄해버렸던 것이다. 여성성의 신화에 도취된 이론가들은 여성의 해부학적 신체 조건이 곧 여성의 숙명이라고 말한다. 즉 여성의 자아는 여성의 신체 구조로 결정된다는 것이다.

그런데 정말 그럴까? 여성들은 이런 질문을 스스로에게 더 많이 던지고 있다. 마치 혼수상태에서 깨어난 사람처럼 말이다. "여기가 어디지? 내가 왜 여기 있지?" 여성들은 역사상 처음으로 자신의 인생에 나타난 자아의 위기를, 즉 여러 세대 전에 시작해 세대가 거듭됨에 따라 악화된 위기를 깨닫고 있다. 이 위기는 그 여성들과 그들의 딸들이 모호한 의식의 모퉁이를 벗어나 자아와 자신의 삶을 가지고 그토록 많은 여성들이 지금 절실히 원하는 새로운 여성상을 만들어낼 때까지 결코 끝나지 않을 것이다.

어떤 의미에서 이것은 한 여성의 일생을 초월한다. 성장하려는 여성들이 넘어야 할 중대한 고비, 즉 여성다움이라고 불리는 미성숙에서 벗어나 완전한 인간으로서 정체성을 형성해가는 전환점이라고 생각한다. 나는 여성들이 단지 완전한 인간이 되기 위해 백 년 전에 시작된 이 정체성 모색의 위기를 거쳐야 했고, 오늘날에도 여전히 그 고통을 감내해야 한다고 확신한다.

여성성의 신화

04

페미니스트들의 열정적인 여행

한 세기 전, 가정을 버린 여행이라며 비난과 오해를 받은 열정적인 여정을 여성들이 시작한 것은 자신의 정체성을 확립할 필요가 있었기 때문이었다.

최근 몇 년간은 여성의 권리를 쟁취하기 위해 고등교육을 받고, 직업을 가지고, 선거권을 얻으려고 투쟁한 과거 페미니즘 운동을 역사의 추잡한 농담 중의 하나로 비웃는 것이 유행했다. 다시 말하면, 페미니스트들은 남성이 되고 싶었던 남근 선망 노이로제 증세의 희생자들이었다는 이야기다. 사회의 모든 일이나 결정에 남성과 동등하게 참여할 수 있는 여성의 자유를 얻기 위한 투쟁에서, 페미니스트들은 성적으로 수동적이고 남성의 지배를 받아들이며 모성애를 키움으로써 성취할 수 있는 여성성을 부정하고 거부했다.

내가 잘못 보지 않았다면, 이 첫 여정은 그 뒤 여성들에게 일어난 많은 이야기를 설명할 수 있는 실마리가 된다. 현대 심리학자들이 가진 기묘한 맹점 중 하나는 왜 여성들이 새로운 정체성을 찾기 위해 가정을 등져야만 했고, 가정에 머물면서도 무엇인가 좀 더 갈망하도록 움직였느냐 하는, 여성의 감정에 대한 진실이 무엇인지를 깨닫지 못한다는 것이다. 당시까지 규정되어온 여성의 정체성에 격렬히 부정하고 반항하는 행동들이 있었다. 이 열정적인 페미니스트들에게는 여성을 위한 새로운 길로 서서히 이끄는 새로운 정체성을 모색할 필요가 있었고, 이 길은 예상 밖으로 험난했다. 어떤 때는 막다른 골목에 다다랐고 때로는 길을 잃고 방황하기도 했다. 그러나 아무리 험난하더라도 이 여행은 여성들이 꼭 해야만 할 절실한 것이었다.

그때 정체성의 문제는 여성들에게는 새로운, 정말이지 새로운 것이었다. 페미니스트들은 여성이 전진하는 데 있어 가장 앞에 선 선구자였다. 그들은 여성도 인간이라는 사실을 증명해야만 했다. 필요하다면 지난 세기의 이상적인 여성을 대표하던 고색창연한 귀부인 도자기 인형을 과감히 깨뜨려야 했다. 그들은 여성이 수동적이지 않으며, 텅 빈 거울도, 약하고 쓸모없는 장식품도, 지성이 없는 동물도, 그리고 다른 사람들이 처리해야 할 물건도 아니라는 사실을 입증해야 했다. 또한 여성이 남성과 동등한 인간으로서 가질 권리를 쟁취하기 위해 싸움을 시작하지 않고서는 여성이 자기 존재에 관련된 발언권을 가질 수 없다는 것을 보여주어야 했다.

여성은 변함없어야 한다, 여성은 어린애 같아야 한다, 여성이 있어야 할 곳은 가정이라는 소리를 여성들은 귀에 못이 박히도록 들어왔다. 하지만 남성들은 변화하고 있었다. 남성은 세계 속에 존재했으며, 남성의 세계는 더 넓어졌다. 그러나 여성들은 뒤에 남겨졌다. 해부학적 구조는 여성의 운명이었다. 여성은 아이를 낳다가

여성성의 신화

죽을 수도 있고, 아이를 12명이나 낳는 동안 서른다섯이 될 수도 있다. 반면 남성은 다른 어떤 동물도 가지고 있지 않은 그의 신체의 한 부분, 즉 마음을 가지고 자신의 운명을 개척해나갔다.

여성도 마음을 가지고 있었다. 여성도 성장하고자 하는 인간적 욕구가 있었다. 그러나 삶을 윤택하게 하고, 앞으로 나아가게 하는 작업은 더 이상 가정에서 행해지지 않는다. 또 여성은 세상사를 움직이거나 이해하는 훈련을 받지 못했다. 아이들 속에서 아이들과 마찬가지로 수동적이며, 자신이 아무것도 통제할 수 없는 채로 가정에 갇혀서, 남성을 즐겁게 하는 존재로서만 살아갈 수 있었다. 여성은 그것이 만들어질 때 자신의 몫을 할당받지 못한 남성의 세계에서 남성의 보호에만 전적으로 의존해왔다. 여성은 성장하면서 한 사람의 인간으로서 던질 수 있는 간단한 물음, 즉 "나는 누구인가? 내가 원하는 것은 무엇인가?"를 결코 제기할 수 없었다.

남성이 여성을 어린애로, 인형으로, 장식품으로 사랑하며, 여성에게 루비, 새틴, 벨벳을 사줄지라도, 여성이 아무리 안전하고 따뜻한 집에서 아이들과 지낸다고 해도, 그녀는 무언가 좀 더 다른 것을 갈망하지 않았을까? 그 당시에도 여성은 완전히 남성에 의해 객체로 정의되었고, 결코 '나'라는 자아로는 정의되지 않았다. 여성은 성행위를 즐기거나 참여할 것이라고 기대되지도 않았다. 흔히 말하듯이 "남자는 자신의 즐거움을 여자와 함께 누린다. …… 남자는 여자와 같이 즐기는 방식을 가지고 있다." 지금도 살아있거나 최근에 세상을 떠난 여성 세대에게 무척이나 중요한, 완전한 인간이 되기 위한 투쟁을 위해 주먹을 그러쥐고 싸우거나 감옥에 갇히고, 또 그것 때문에 죽기까지 했던 페미니스트들을 이해하기가 그렇게 어려운 일인가? 인간으로 성장하기 위한 권리를 찾기 위해 몇몇 여성들은 자신의 성별을 부정하고, 또 사랑하고 사랑받고 싶은 욕망과 아이를 낳고 싶은 마음을 부정했다.

남성을 미워하고 증오하고 섹스에 굶주린 노처녀들에 의해, 단지 자신에게 여성으로서 사랑받을 수 있는 능력이 없다는 이유 때문에 여성의 권리를 주장하고, 남근에 대한 질투 때문에 모든 남성에게서 그것을 없애려 하거나 그것을 파괴하기를 바라며 자신의 성을 불살라버린, 거세되고 비여성적인 존재들에 의해 페미니즘 운동의 불꽃이 타올랐다는 이야기가 한 번도 의심받지 않은 채 역사적으로 왜곡되어 존재해왔다는 것은 참 이상한 일이다. 메리 울스턴크래프트Mary Wollstonecraft, 안젤리나 그림케Angelina Grimk, 어니스틴 로즈Ernestine Rose, 마거릿 풀러Margaret Fuller, 엘리자베스 케디 스탠턴Elizabeth Cady Stanton, 줄리아 워드 하우Julia Ward Howe, 마거릿 생어는 모두 사랑했고, 사랑받았으며, 결혼도 했다. 페미니스트들 대다수는 애인이나 남편과 열정적인 관계를 유지하면서도, 동시에 당시 여성에게 금지된 자질인 완전한 인간이 되는 데 필요한 정신적 능력을 키울 기회를 찾기 위해 투쟁했다. 그렇게 투쟁한 페미니스트들이 있는 반면, 운이 좋아서 또는 지독한 경험 때문에 결혼이라는 제도에서 전향한 수잔 앤서니Susan Anthony 같은 이들도 있었다. 그런 여성들은 남성과 맺는 관계 속에서가 아니라 한 개인으로서, 사랑에 대한 요구만큼 진실이 담긴 강렬한 요구 속에서 여성이 인간으로 성장할 수 있는 기회를 얻고 자신의 능력을 충분히 발휘하도록 하기 위해 싸웠다. 마거릿 풀러는 말한다. "여성에게 필요한 것은 여성으로 행동하거나 지배하는 것이 아니다. 자연스럽게 자라고, 지식인으로 인정받고, 영혼을 가진 자로서 자유롭게 살고, 또한 여성에게 주어진 힘을 간섭받지 않고 펼치는 것이다."

페미니스트들에게 완전하고 자유로운 인간은 오직 하나의 모델, 하나의 이미지, 하나의 비전뿐이었다. 남성 말이다. 아주 최근까지도 오직 남성만이 (결코 모든 남성이 그렇지는 않지만) 자신의 완전한 능력을 깨닫는 데 필요한 자유를 누렸고, 필요한 교육을 받았다. 남성은 미래 세대를 위해 새로운 길을 개척하고 창조하고 발견할 수 있는 유일한 존재였다. 단지 남성만이 선거권을 가지며, 사회를 움직이는 주요한 결정에 의사를 표현할 자유, 사랑할 자유, 사랑을 즐길 자유, 옳고 그름의 문제를 자신들의 신의 관점에서 결정했다. 그렇다면 여성은 남성이 되고 싶어 이런 자유들을 원했던 것일까? 그들도 인간이고 싶기 때문에 그런 자유들을 원했던 것은 아닐까?

헨리크 입센Henrik Ibsen은 페미니즘이 바라는 것을 상징적으로 보여주었다. 1879년에 초연된 〈인형의 집〉에서 여성은 단지 인간일 뿐이라고 말했을 때, 입센은 문학에 새로운 이정표를 세웠다. 빅토리아 시대의 유럽과 미국의 중산층 여성들은 노라에게서 자신의 모습을 보았다. 그리고 거의 한 세기 뒤인 1960년에 텔레비전에서 자신들의 역할을 찾고 있던 수백만 명의 미국 가정주부들도 노라의 말에서 자신들을 발견했다.

당신은 늘 내게 무척 친절했죠. 그러나 우리 집은 거의 놀이방에 지나지 않았어요. 난 아빠의 인형이었던 것처럼 당신의 인형 부인이었죠. 그리고 여기서 아이들은 내 인형이었고. 내가 아이들과 놀 때 아이들이 재미있다고 생각한 것처럼, 당신이 나와 함께 놀아줄 때 나는 아주 즐겁다고 생각했어요. 우리 결혼이 그래왔던 거죠. 토르발트……

난 아이들을 키우는 데 얼마나 적격이었나요? …… 가장 먼저 해야 할 다른 일이 있어요. 나는 나 자신을 시험해야 하고 배워야 해요. 당신은 그런 일을 하도록 나를 도와줄 수 있는 남자가 아니에요. 그리고 이것이 내가 지금 당신을 떠나려는 이유죠. …… 내가 나 자신을 이해해야 하고 나에 관한 모든 것을 이해해야 한다면, 사실 혼자 있어야 해요. 이것은 내가 더는 당신과 함께 있을 수 없는 이유죠.

충격을 받은 남편 토르발트는 여성의 '가장 신성한 의무'가 남편과 아이들에 대한 의무라고 노라에게 말하며 "모든 것에 앞서, 당신은 부인이며, 아내"라고 강조한다. 노라는 대답한다.

난 무엇보다도 내가 당신과 똑같은 이성적인 인간이라고 믿어요. 그렇지 않으면, 모든 일에서, 난 이성적인 인간이 되도록 노력하고 그렇게 되어야만 해요. 토르발트, 난 사람들이 모두 당신의 말에 옳다고 생각하리라는 것, 그리고 그런 시각을 여러 책에서 찾아볼 수 있다는

여성성의 신화

것을 잘 알아요. 그러나 나는 이미 대다수 사람들이 말하고 있는 것이나 책에서 찾아볼 수 있는 것에 만족할 수 없어요. 나는 스스로 모든 것을 생각하고, 모든 것을 이해할 수 있어야 해요.

여성이 '권리들'을 쟁취하기 위해 반세기를 보냈는데도, 나머지 반세기 동안 여성이 결국 그런 권리를 원했는지 회의한다는 것은 우리 시대에 진부하게 반복되는 장면이다. 이런 '권리들'이 쟁취된 뒤에 성장한 사람들에게 이러한 이야기는 고리타분하게 들린다. 그러나 노라와 마찬가지로, 페미니스트들은 인간으로서 살아가고 사랑하기 위해서 먼저 권리를 얻어야 했다. 당시 얼마 안 되는, 아니 지금까지도, 소수의 여성들만이 그들이 알고 있던 유일한 피난처를 감히 떠나려 했다. 가정과 남편을 뒤로 하고 노라의 길을 따르기 시작한 것이다. 그러나 이제는 너무나 많은 여성들이, 가정주부로서 자신의 존재가 텅 빈 것을 발견하고는 남편과 아이들의 사랑을 더 이상 만끽할 수 없게 되었다.

일부 남성들도 인류 절반은 완전한 인간이 될 권리를 부정당했다는 것을 깨달았다. 몇몇은 여성을 옥죄고 있는 조건들을 변화시키기 시작했다. 이러한 조건들은 1848년 뉴욕 세네카 폴스에서 열린 제1차 여성권리대회에서 남성에 대한 여성의 분노 선언으로 요약되었다.

남성은 여성의 발언권이 없는 조직 속에서 여성에게 법을 준수하라고 강요했다. 남성은 여성이 결혼했을 경우에 법적 측면에서 볼 때 시민적으로 여성을 죽게 만들었다. 남성은 여성에게서 재산의 모든 권리를, 심지어 여성이 벌어오는 돈까지도 가져갔다. …… 결혼 관습에 따라 여성은 남편에게 할 수 없이 복종하고, 자신을 처벌할 권리를 남성에게 부여한다. 법이 남성에게 준 권력으로 남성은 여성의 자유를 빼앗음으로써 사실상 여성의 주인이 되는 것이다. …… 남성은 자신이 가장 명예롭다고 여기는 부와 명예에 여성이 접근하지 못하게 막는다. 신학, 의학 또는 법학 분야에서 선생이 된 여성은 별로 없다. 게다가 남성은 교육 효과가 없다는 이유로 여성이 대학에 접근할 수 있는 문호를 막아버렸다. …… 사회에서 여성을 배척하는 도덕적인 범죄가 용인되고 있을 뿐만 아니라 남성들은 별 다른 잘못을 하지 않는다고 여겨지면서, 남성과 여성에게 각기 다른 도덕규범이 주어졌다. 그 결과 남성은 잘못된 공공의 정서를 만들어냈다. 남성은 여성의 의식과 행동 영역을 규정하는 게 자신의 권리라고 주장하면서, 스스로 신의 특권을 강탈한 것이다. 여성의 자존감을 약화시키고, 여성이 자신을 종속적이고 비천한 삶으로 기꺼이 이끌어가도록 하기 위해, 남성은 모든 면에서 여성이 직접 자신감을 파괴하도록 하는 데 전력을 다했다.

한 세기 이전 이런 상황에서 페미니스트들은 그 당시나 지금이나 똑같이 '여성적feminine'이라는 말로 정의되는 여성의 존재 방식을 폐기시키기 위해 나섰다.

미국 독립전쟁 말기에 여성해방 투쟁이 시작되었고, 노예해방

운동이 강력하게 성장했다는 것은 우연의 일치가 아니다.[1] 혁명의 대변인이던 토머스 페인Thomas Paine은 1775년 처음으로 여성의 지위에 관해 논평한 사람 중 하나다. 그는 "사람들이 대부분 행복하다고 여기고 있는 나라에서도, 자신의 물건을 처리하고자 하는 욕망이 억눌리고, 자유를 빼앗기고, 그리고 법에 따라 여론의 노예가 되는" 상황을 비판했다. 혁명이 계속되는 동안, 영국의 페미니즘 운동가 메리 울스턴크래프트가 선두에 나서기 십여 년 전쯤, 주디스 사젠트 머리Judith Sargent Murray는 여성들은 새로운 목적을 계획하고 스스로를 성장시킬 지식이 필요하다고 말했다. 마운트홀리요크대학이 여성에게 남성과 동등한 교육의 기회를 주기 위해 문호를 개방한 1837년, 미국 여성들은 뉴욕에서 제1회 전국반노예대회를 열었다. 세네카 폴스에서 여성권 운동을 시작했던 여성들은 런던에서 열린 반노예대회에서 자리를 배정받지 못하게 되자 서로 만나게 되었다. 뒷전에 앉아있던 여성들 중 신혼여행 중이던 엘리자베스 스탠턴과 다섯 아이의 어머니인 새침한 루크레티아 모트Lucretia Mott는 해방은 노예에게만 필요한 것이 아니라는 결론을 내렸다.

전 세계의 어디에서든 어느 때에든, 인간의 자유가 향상되는 곳에서 여성들은 자신들의 몫을 스스로 얻어냈다. 성Sex은 프랑스혁명에서 투쟁하지 않았고, 미국의 노예를 해방시키지 않았으며, 러시아의 차르 체제를 전복시키지도 영국을 인도 밖으로 몰아내지도 않았다. 그러나 인간의 자유라는 사상이 인간의 마음을 움직였을 때 여성의 마음도 움직였다. 세네카 폴스 선언이 미국 독립선언을 뒤따른 것은 우연이 아니다.

인류사의 흐름 속에서, 가족을 이루는 한 구성원에게 지구상의 사람들 사이에서 그들이 이제껏 차지해왔던 것과 다른 지위를 부여해볼 필요가 있으니 …… 우리는 이러한 진실들이 자명하다고 생각한다. 즉 모든 남성과 여성은 평등하게 창조되었다.

페미니즘은 저속한 농담이 아니었다. 페미니즘 혁명은 인간으로서 여성이 누리는 지위가 여전히 낮았기 때문에 쟁취해야 하는 것이었다. 시어도어 파커Theodore Parker 목사는 1853년에 보스턴에서 "가정에서 여성의 역할이 여성의 능력을 고갈시키지 않는다"고 설교했다. "인류의 절반을 차지하는 여성이 가정주부, 아내이자 어머니라는 역할만으로 자신이 지닌 능력을 소비하게 하는 것은, 신이 이제까지 해놓으신 일 중 가장 큰 낭비다." 페미니즘 운동의 역사에서 위태로울 때도 있지만 선명하게 이어지는 맥락은 진정한 성적 실현에서 남성과 여성이 모두 자유로워지기 위해서는 여성 평등이 반드시 필요하다는 생각이다.[2] 반대로 여성 비하는 결혼, 사랑 등 남성과 여성 사이의 모든 관계들의 가치 하락으로 이어진다. 페미니즘 혁명이 일어난 뒤, 로버트 데일 오웬Robert Dale Owen은 "그러면 성의 독점은 다른 불공평한 독점과 더불어 소멸될 것이다. 그리고 여성은 하나의 미덕, 하나의 열정, 하나의 직업에 제한되지 않을 것"이라고 말했다.[3]

여성성의 신화

혁명을 일으킨 여성들과 남성들은 "적지 않은 오해, 잘못된 평판, 조롱"을 예상했다. 그리고 그것은 현실이 되었다. 미국에서 공개된 자리에서 처음으로 여성의 권리를 제기한 스코틀랜드 소설가의 딸인 파니 라이트Fanny Wright는 '불경한 붉은 창녀'로, 유대교 랍비의 딸인 어니스틴 로즈Ernestine Rose는 '매춘부보다 몇천 배나 저속한 여자'로 불렸다. 세네카 폴스의 선언에 대해 신문이나 성직자들은 '혁명', '여성들 사이의 반란', '페티코트의 군림', '신성 모독'이라고 떠들어댔고 소심한 이들은 그 때문에 서명을 철회했다. '자유로운 사랑'과 '합법적인 간통'에 대한 충격적인 보고들이 나오는 한편, 여성 변호사와 장관, 의사가 허겁지겁 남편에게 아기를 선물하는 동안, 법원 재판과 교회의 설교, 외과 수술들이 중단될 거라는 환상이 퍼졌다.

한 발자국씩 발걸음을 옮길 때마다 페미니스트들은 신이 여성에게 부여한 본성을 위반하고 있다는 생각과 싸워야 했다. 성직자들은 성경을 인용하며 여권 대회를 방해했다. "사도 바울이 말씀하시기를…… 모든 여성의 지배자는 남성이니라." "교회에서는 당신 부인을 조용히 시키세요. 여성들은 말을 하도록 허락받지 못했습니다." "여성들이 배우고 싶은 것이 있다면 집에 가서 남편에게 요청하게 하세요. 여성이 교회에서 공공연하게 말하는 것은 부끄러운 일이니까요." "그러나 여자가 가르치는 것과 남자를 주관하는 것을 허락하지 아니하노니 오직 조용할 것이라. 이는 아담이 먼저 지음을 받고 이브가 그 다음이기 때문이며……" "베드로가 말했습니다.

마찬가지로, 아내는 남편에게 복종해야 하느니라."

1866년에 뉴저지주 출신의 한 상원의원은 여성에게 동등한 권리를 부여하면 "온화하고 부드러운 천성 때문에 공적 생활의 혼란과 분투에 위축되거나 그 일에 적합하지 않을 것"이라고 진지하게 말했다. "여성들은 고귀하고 성스러운 사명을 지니고 있습니다. 바로 다음 세대 남성의 인격을 만드는 것입니다. 여성의 사명은 가정에 있습니다. 여성의 임무는 생존 경쟁의 장에서 돌아온 남성의 열정을 애교와 사랑으로 달래는 것이지, 남성과 경쟁함으로써 그 불꽃에 기름을 붓는 것이 아닙니다."

"그들은 스스로 무성화된 존재가 되는 데 만족하는 게 아니라, 이 세상의 모든 여성을 무성화하려고 열망합니다." 기혼 여성이 재산을 갖는 권리를 주제로 열린 첫 번째 청문회에서 이를 반대했던 뉴욕 출신 의원이 말했다. "신이 남성을 인간의 대표자로 창조하시었고, 그의 갈비뼈를 떼어 여성이라는 창조물을 만들었으며", 결혼 제도 속에서 남자 곁의 '한 육신, 한 존재'로 돌아가게 했다는 이유로, 주 의회는 청원서를 점잖게 거절했다. "입법안을 만드는 것보다 더 높은 곳에 존재하는 힘은 남성과 여성이 동등하지 않을 것이라는 위임명령을 내렸습니다."[4]

이러한 여성들이 '자연스럽지 못한 괴물'이라는 신화는, 신이 부여한 여성의 신성한 위치를 파괴하게 되면 가정을 파괴하고 남성을 노예로 만들게 될 것이라는 믿음에 근거하고 있다. 그런 신화는 가정의 한 부분을 동등한 위치로 나아가게 하는 모든 종류의 혁명

여성성의 신화

들에서 공통적으로 나타난다. 비인간적인, 흉폭한 식인종처럼 보이는 페미니스트의 이미지는 신에 대항하는 범죄자로 표현되든 성적 도착을 묘사하는 현대적 용어로 표현되든 간에, 흑인을 원시적인 동물로 보거나 노동조합원을 무정부주의자로 보는 고정관념과 다를 바 없는 것이다. 성적인 용어가 숨기고 있는 것은 페미니스트 운동은 혁명이었다는 사실이다. 물론 모든 혁명은 과격하기 마련이지만 페미니스트의 과격함은 혁명적 필연성의 증거였다. 여성으로 하여금 자기 모멸감을 느끼게 하는 남성에 대해 희미한 경멸감을 가지고 있으면서도 점잖은 예의로 그것을 가리며 무력하게 굴종하는 여성의 치욕스러운 현실에서 페미니스트들은 생겨났으며, 그들은 그것들을 열정적으로 부인했다. 명백하게, 경멸과 자기 경멸은 경멸을 야기한 조건들보다 없애기가 더 어려웠다.

물론 그들은 남성을 부러워했다. 초기 페미니스트들 중 일부는 남자처럼 머리카락을 짧게 깎고, 바지를 입고, 넥타이를 맸다. 스스로의 경험을 비롯하여 어머니의 인생을 본 열정적인 여성들은 전통적인 여성의 이미지를 거부할 만한 이유가 충분했다. 일부는 결혼도 거부하고 어머니가 되는 것도 거부했다. 낡은 여성적 이미지에 등을 돌리고 스스로와 모든 여성들의 자유를 위해 투쟁하면서, 일부는 다른 종류의 여성이 되었다. 완전한 인간이 된 것이다.

루시 스톤Lucy Stone이라는 이름은 오늘날 사람을 잡아먹는 포악한 계집, 바지를 입고 우산을 휘두르는 모습을 연상케 한다. 루시를 사랑하던 사람은 결혼 승낙을 받아내는 데 오랜 시간이 걸렸다. 그리고 루시도 그 남자를 사랑했고 일생 그 사랑을 간직했지만, 루시는 자신의 성을 남편의 성으로 바꾸지 않았다. 루시 스톤을 낳고서 온화한 성격의 어머니는 눈물을 흘렸다. "오, 맙소사. 계집애라니, 여자의 일생은 고달프단다." 1818년 매사추세츠주 서부의 농장에서 아기를 낳기 몇 시간 전, 루시의 어머니는 여덟 마리 소의 젖을 짰다. 갑작스레 번개가 치고 비가 내려 다른 사람들은 들에 나가야 했기 때문이다. 출산이 임박한 산모를 보호하는 것보다 건초 수확이 더 중요했다. 온화하지만 지친 엄마는 농장의 끝없이 많은 일을 해나가면서도 아이를 아홉 명이나 낳았다. 루시 스톤은 자라면서 "우리 집에는 하나의 의지가 있을 뿐이다. 그것은 바로 아버지의 의지"라는 것을 알게 되었다.

루시는 성경에서 말하듯이 또는 어머니의 말처럼 비천한 의미의 여자로 태어난 것에 반항했다. 그녀는 교회 모임에서 거듭 손을 들어도 자신을 세지 않는 것에 반항했다. 신학대학의 젊은 남자를 돕기 위해 셔츠를 만들던 교회 바느질 모임에서, 루시는 메리 라이언Mary Lyon이 여성을 위한 교육에 관해 말하는 것을 들었다. 루시는 셔츠를 완성하지 않았고, 16세부터 한 주당 1달러씩 주는 학교에 들어가 가르치면서 9년 동안 벌이를 저축해서 대학에 갈 수 있는 돈을 모았다. 그녀는 "노예뿐만 아니라 어디에서든 고통을 겪고 있는 인류를 변호하고, 특히 여성의 지위 향상을 위해 일"할 수 있도록 훈련받고 싶어 했다. 루시는 여성으로서는 최초로 오벌린대학의 '정

여성성의 신화

규 과정' 졸업생이 되었다. 하지만 오벌린대학도 여성이 공적으로 이야기하는 것을 금지했기 때문에 대중 앞에서 할 연설을 숲속에서 비밀리에 연습해야 했다.

> 남자의 옷을 세탁하면서, 남자의 방을 돌보면서, 남자를 위한 식사를 준비하고 연설을 들으면서도, 여성들은 공적인 회합에서는 놀랄 정도로 침묵을 지켰고, 오벌린의 '남녀공학'은 지적인 어머니와 완전히 순종적인 부인이 될 수 있도록 여성을 준비시켰다.[5]

외견상 루시 스톤은 체격이 자그마했다. 하지만 품위가 있으며, 거친 폭도들을 조용하게 만들 수 있는 은방울 같은 목소리를 지녔다. 루시는 토요일과 일요일마다 반노예협회의 대리인으로서 노예제 폐지에 대해, 그리고 여성의 권리를 위해 강의했다. 그녀는 곤봉으로 자신을 위협하고 머리 위로 기도서와 달걀을 던지는 남성들에 맞섰다. 언젠가 한겨울에는 유리창으로 밀어 넣은 호스를 통해 차가운 물로 공격을 당하기도 했다.

한 마을에, 부츠를 신고 시가를 입에 문, 병사처럼 연설하는 기골장대한 여성이 강연을 하러 온다는 소문이 퍼졌다. 이런 진기한 구경거리를 놓칠세라 모여든 여자들은, 자그마한 체구에 품위가 있으며 목에 하얀 레이스가 달린 검정 공단 옷을 입은, "여성다운 우아함의 표본이며 …… 아침처럼 신선하고 맑은" 루시 스톤을 보고 놀라움을 금치 못했다.[6]

루시의 목소리가 노예제 찬성 세력을 압박하자,《보스턴 포스트》는 "루시 스톤의 입을 웨딩 키스로 막을" 남자에게 "우레 같은 찬사를 보낼 것"이라는 무례한 시를 실었다. 루시는 "결혼이란 여성에게 노예제도와 같은 것"이라고 생각했다. 헨리 블랙웰Henry Blackwell은 신시내티주에서 매사추세츠주까지 루시를 쫓아다닌 끝에(그는 "그녀는 기관차로 태어났다"고 불평했다), 그리고 "결혼해서 여성이든 남성이든 지배권을 가지는 것을 거부한다"고 서약한 뒤 그녀에게 이렇게 써 보냈다. "당신을 만난 나이아가라의 어두운 물속으로 떨어지는 소용돌이 곁에서, 당신 발 옆에 앉아서 느낀 그 열정과 주체할 수 없고 채워질 수 없는 내 마음의 열망을 당신은 알지도, 이해하지도 못할 것입니다." 그리고 여성의 권리를 옹호하는 연설을 했다. 루시는 자신도 헨리를 사랑하고 있음을 인정했다. 하지만 "당신은 내가 모르던 독신 생활의 공허감을 알게 해주었습니다"라고 쓰고 나서도, 그와 결혼하기로 결정한 것 때문에 눈이 멀 것 같은 편두통에 시달렸다.

두 사람의 결혼을 보고 토마스 히긴슨Thomas Higginson 목사는 "영웅적인 루시는 여느 마을의 신부처럼 울었다"고 말했다. 또한 이 목사는 "남편과 아내는 하나이며, 그 하나는 남편이 되는 제도의 부당성에 대한 새로운 인식이 없다면 나는 결혼 의식을 거행하지 않을 것"이라고 말했다. 루시 스톤과 헨리 블랙웰은 손을 맞잡고 행한 결혼 서약을 복사해서 여러 신문사에 보냈다.

여성성의 신화

우리는 우리의 애정이 공공연하게 남편과 부인의 관계로 받아들여짐을 인정하면서 …… 우리의 생각을 전달하는 것이 의무라고 생각합니다. 그러나 이것이 아내를 독립적이고 이성적인 존재로 인정하지 않고, 남편에게 부당하고 부자연스러운 우월성을 부여하는 현재의 결혼 관련 법률을 승인하거나 그것에 자발적으로 복종하겠다고 약속한다는 뜻은 아닙니다.[7]

루시 스톤과 루시의 친구인 레버런드 앙투와네트 브라운Reverend Antoinette Brown(나중에 헨리의 동생과 결혼했다), 마거릿 풀러, 안젤리나 그림케, 에비 켈리 포스터Abbey Kelly Foster가 모두 조혼을 반대했으며, 실제로 노예제도에 항거하고 여성의 권리를 옹호하는 투쟁에서 자신들의 어머니가 여성으로서 알지 못했던 정체성을 발견하기 시작한 다음에야 결혼했다. 수잔 앤서니와 엘리자베스 블랙웰 같은 이들은 끝까지 결혼하지 않았다. 루시 스톤은 아내가 되는 것을 한 사람의 인간으로서 죽음에 이르는 것이라는 상징적 두려움 이상으로 자신의 이름을 유지했다. 법에 기록된 기혼 여성, 즉 '베일을 쓴 여성'이라는 개념은 '여성의 존재 자체 또는 법적 실체'를 결혼에 결부시킨다. "결혼한 여성에게, 그 여성의 새로운 자아는 그 여성의 상급자, 그녀의 동반자, 그녀의 주인이다." [1632년의 「The Lawes Resolutions of Womens Rights」에 나오는 구절―옮긴이]

적대자들이 그때에도 말했듯 페미니스트들이 '좌절한 여성들'이었다면, 그것은 그런 조건 하에서 살고 있는 거의 모든 여성들이 좌절할만한 이유가 있었기 때문이다. 루시 스톤은 1855년, 그녀의 생애에서 가장 감동적인 연설 중 하나에서 이렇게 말했다.

내가 기억할 수 있는 가장 오래 전부터 나는 늘 좌절해있었습니다. 내가 남자 형제들과 더불어 지식의 원천을 찾아 나섰을 때, 나는 '그것은 네게 적절치 않아, 여자한테는 맞는 게 아니야'라고 비난받았습니다. …… 교육에서, 결혼에서, 종교에서, 모든 부분에서 많은 여성이 좌절했습니다. 어떤 여성들도 더 이상 그런 말들에 굴복하지 않을 때까지, 여성들로 하여금 이 좌절감을 더욱 깊게 마음에 새기게 하는 것이 내 일생의 임무가 될 것입니다. [8]

루시 스톤은 살아있는 동안, 거의 모든 주에서 여성 관련 법을 바꾸고 고등학교와 3분의 2에 이르는 대학이 여성에게 문호를 개방하는 것을 보았다. 루시가 1893년에 세상을 떠난 뒤 남편과 딸 앨리스 스톤 블랙웰은 자신들의 삶을 루시가 끝내지 못한 여성 선거권 쟁취 투쟁에 바쳤다. 열정적인 여행의 말미에 루시는 자신이 여성으로 태어나 기뻤다고 말했다. 그녀는 70번째 생일 전날에 딸에게 이렇게 썼다.

나는 우리 어머니를 믿었고 어머니가 내가 태어나서 기뻐하신다는 걸 알았어. 그리고 내가 도울 수 있는 일이 많이 필요한 시기에 태어났다는 것도. 아, 어머니! 어머니는 고달픈 생을 사셨지. 여성이 겪어

여성성의 신화

야 할 고단한 삶을 나누고 감내해야 할 여자애를 낳은 것에 미안해하셨어. …… 하지만 난 내가 태어난 게 무척이나 기쁘단다.[9]

누구에게나, 또 어떤 역사의 시간에서나, 자유에 대한 열정은 성적인 사랑이라는 친밀한 감정처럼 강렬했거나 그 이상이었다. 다른 열정의 힘이 어떻게 설명되든 간에, 여성의 자유를 위해 싸웠던 여성들 중 다수에게도 이는 사실인 것 같다. 남편들과 아버지들은 눈살을 찌푸리고 싫어하거나, 비록 노골적으로 욕하지는 않더라도 '여성답지 않은' 행동에 적의를 품고 있었다. 하지만 그럼에도 페미니스트들은 그들의 십자군전쟁을 이어갔다. 그리고 그 길의 걸음마다 자신들이 추구하는 것이 제대로 된 것인지 회의하며 자책했다. 메리 라이언의 친구들은 여자대학교를 설립할 자금을 모으기 위해 녹색 벨벳 가방을 들고 뉴잉글랜드주 전역을 돌아다니는 것은 숙녀답지 못한 일이라고 편지를 보냈다. "내가 하는 일이 잘못된 것인가?" 그녀는 물었다. "누구에게도 보호받을 필요 없이 역마차와 승용차를 탄다. …… 내 가슴은 병들었고, 내 영혼은 이런 공허한 우아함, 이런 아무것도 아닌 품위 때문에 고통받는다. 나는 위대한 일을 하고 있으며, 결코 좌절할 수 없다."

사랑스러운 안젤리나 그림케는 입법부 앞에 선 최초의 여성이 되었다. 그녀가 농담으로 여기던 역할을 받아들이고 매사추세츠 의회에서 노예제 반대 청원에 관해 연설하기 위해 연단에 섰을 때, 그녀는 졸도할 것 같은 기분을 느꼈다. 한 목회자의 서신은 그녀의 여성답지 못한 행동을 이렇게 비난했다.

우리는 오늘날 널리 퍼져있고 영구적으로 위해하며 여성의 특질을 위협하는 것처럼 보이는 위험들에 주의를 기울이라고 당부합니다. ······ 여성의 힘은 신이 여성을 보호하기 위해 부여해준 연약함을 인식하는 것에서 비롯합니다. ······ 그러나 여성이 공적 개혁자로서 남성과 같은 위치에서 발언하면, 그때 여성의 특질은 자연스럽지 못한 것이 됩니다. 지지대에 기대어 자라며 송이를 반쯤 감추고 있는 것이 힘이자 아름다움인 포도나무가 느릅나무의 곧음과 그것이 드리우는 그늘을 흉내 내려 한다면, 포도나무는 열매를 맺지 못할 뿐 아니라 먼지 속으로 떨어지는 굴욕과 불명예를 겪게 될 것입니다.[10]

불안과 불만 이상의 것이 그녀에게 '창피해서 침묵하는 것'을 거부하게 했을 뿐만 아니라 뉴잉글랜드 지방의 주부들이 그녀의 연설을 듣기 위해 겨울밤에 2마일, 4마일, 6마일, 8마일을 걸어오게 만들었다.

미국 여성들이 노예해방 투쟁과 여성해방을 정서적으로 동일시한 것은 그들 자신의 반란의 무의식적 촉발을 예증하는 것일 수도 있고 아닐 수도 있다. 그러나 노예해방을 위해 모임을 조직하고 청원하고 연설하면서 미국 여성들이 스스로를 자유롭게 하는 방법을 배웠다는 것은 부인할 수 없는 사실이다. 남부에서는 노예가 있어서 여성들이 집에 머물 수 있었고, 이로 인해 교육이나 진취적 활

여성성의 신화

동 또는 사회에서 벌어지는 학업 경쟁의 맛을 보지 못했다. 그래서 여성성의 낡은 이미지가 그대로 만연해있었으며 페미니스트들도 거의 없었다. 북부에서 지하철도 조직[노예제가 완전히 폐지되기 전에 남부의 노예들을 북부의 자유 주나 캐나다로 탈출하도록 도왔던 지하조직—옮긴이]에 참여하는 방식으로 노예해방을 위해 활동한 여성들은 남부의 여성들과 결코 같을 수 없었다. 페미니즘도 화물 열차와 더불어 서부로 갔고, 그곳 변경에서 여성은 초기부터 남성과 거의 동등한 존재로 여겨졌다.(와이오밍주는 여성에게 선거권이 주어진 최초의 주다.) 개인적으로 페미니스트들은 그들 시대의 모든 여성들보다 남성을 미워하거나 부러워할 이유가 그다지 없어 보인다. 오히려 그들은 자존심, 용기, 그리고 힘을 가지고 있었다. 남성을 사랑했든 미워했든 간에, 그들의 생애를 통해 남성이 가하는 굴욕을 피했든 감내했든 간에, 그들은 모든 여성들과 자신을 동일시했다. 그들을 격하시키는 조건에 맞닥뜨리면 그들은 거기에서 스스로와 모든 여성에 대한 경멸을 느꼈다. 이런 조건들에 맞서 싸운 페미니스트들은 그런 경멸에서 스스로 자유로워졌으며, 남성을 부러워할 이유도 적어졌다.

최초의 여성인권대회 소집을 요청하는 목소리는 한 교육받은 여성에게서 나왔다. 이 여성은 노예제 폐지론자로서 이미 협회 창립에 참여한 경험이 있으며, 작은 마을에서 힘들게 일하며 고립된 가정주부의 현실에 직면했다. 오늘날 교외에 살며 6명의 자녀를 가진 대학을 졸업한 여자들처럼, 엘리자베스 케디 스탠턴은 세네카 폴스라는 작은 마을로 남편을 따라 이사를 왔다. 그녀는 집에서 빵을 굽고, 요리하고, 바느질을 하고, 세탁을 하고, 아이들을 돌보는 생활이 편하지 않았다. 노예폐지운동 지도자인 남편은 일 때문에 자주 집을 비웠다. 엘리자베스는 이렇게 썼다.

> 삶의 많은 부분을 하인들과 아이들 곁에서 보내며, 나는 대부분의 여성들이 느끼는 실제적 어려움을 이제 이해했다. 여성은 자신의 능력을 최대한 발전시킬 수 없다는 불가능성과 고립된 주부의 생활과 싸운다는 것 말이다. …… 여성으로서 갖는 지위에 대해 나는 전체적으로 불만스러웠다. …… 그리고 대부분의 여성들이 지니고 있던 지치고 근심스러운 표정을 보고 나는 어떤 실질적인 조치가 취해져야 한다고 강렬하게 느꼈다. …… 무엇을 해야 할지, 어디서 시작해야 할지 알 수 없었다. 저항과 토론을 위한 공개적 회합만이 방법인 것 같았다.[11]

엘리자베스는 신문에 광고를 하나 실었을 뿐이었지만, 다른 방식의 삶에 관해 전혀 알지 못했던 가정주부와 딸들이 연설을 듣기 위해 반경 50마일 밖에서도 마차를 타고 모여들었다.

여성의 권리를 위한 투쟁으로 이끌려온 사람들은 모두 사회적이고 심리적인 다양한 이유를 가지고 있었다. 누구는 일찍 또 누구는 더 늦게 동참했더라도, 그들은 모두 평범한 지성 이상을 공유했고 당대의 평범한 교육 이상을 받았다. 그렇지 않았더라면 그들의 감정이 어떠했든 간에 여성 비하를 정당화하던 편견을 꿰뚫어 보고 거기에 반대하는 목소리를 낼 수 없었을 것이다. 메리 울스턴크래프트는 혼자 공부했고 그 다음에는 인간의 권리를 논하는 영국인 철학자 그룹에게서 교육을 받았다. 마거릿 풀러는 6개 국어로 고전을 읽을 수 있었고, 에머슨 주변의 초월주의 그룹에 속했다. 판사였던 엘리자베스 케디 스탠턴의 아버지는 당시 할 수 있는 한 최고의 교육을 딸에게 제공했고, 판례들을 들려주어 부족한 부분들을 보충했다. 여성은 남성보다 열등하다고 명하는 종교의 원칙에 대항한 율법박사의 딸인 어니스틴 로즈는 위대한 유토피아주의 철학자인 로버트 오웬Robert Owen에게서 '자유로운 사고'를 교육받았다. 또한 그녀는 종교적 관습에 얽매이지 않고 자신이 사랑한 남자와 결혼했다. 로즈는 여성의 권리 투쟁에서 가장 혹독하던 시절에 여성의 적은 남성이 아니라고 늘 주장했다. "우리는 남성과 싸우는 것이 아니라 단지 나쁜 원칙과 싸우는 것이다."

이 여성들은 남성을 잡아먹는 식인종이 아니었다. 뉴욕 상류사회 '400인'에 속하는 명석하고 아름다운 딸로 흥미로운 것이면 뭐든 연구했던 줄리아 워드 하우는 익명으로 『공화국을 위한 전승가 Battle Hymn of the Republic』를 썼는데, 남편이 그녀가 자신과 여섯 명의 아이들에게 충실한 삶을 살아야 한다고 생각했기 때문이었다. 줄리아는 루시 스톤을 만난 해인 1868년에야 비로소 보통선거권 운동에 참여했는데, 그녀는 루시 스톤이 "내가 상상하며 싫어하던 대상 중 한 명이었다. 그러나 그녀의 신선하고, 여성다운 얼굴을 보고, 진지한 목소리를 들었을 때, 그녀에 대한 나의 상상이 단순한 망상이었고, 어리석고 지각없는 오해로만 그려졌다는 것을 느꼈다. …… 나는 단지 '당신과 함께 하고 싶습니다'라고 말할 수 있었을 뿐이었다"라고 적었다.[12]

남성을 잡아먹는 식인종이라는 신화의 아이러니는 이른바 페미니스트들의 과도함이 그들의 무력감에서 비롯되었다는 점에 있다. 여성들이 권리도 없으며 가치가 없다고 느낄 때 자기 자신을 위해 대체 무엇을 할 수 있을까? 여성이 할 수 있는 것이라곤 회의밖에 없어 보였다. 1848년 이후 페미니스트들은 해마다 크고 작은 도시에서 전국 대회와 주 단위 회의를 거듭 조직하며, 오하이오, 펜실베이니아, 인디애나, 매사추세츠를 돌았다. 그들의 권리가 쟁취되는 운명의 날까지 이야기를 나누어야 했다. 하지만 선거권이 없는데 어떻게 의원들로 하여금 자신들의 수입이나 이혼 후에도 자녀들을 지키게 할 수 있겠는가? 돈은 물론 재산권조차 없는데, 어떻게 선거권을 얻기 위한 운동의 자금을 조달하고 운동을 조직할 수 있는가?

여론의 민감성에 극도로 의존할 수밖에 없는 여성들의 처지는 그들을 우아한 감옥으로부터 한걸음 한걸음을 고통스럽게 내딛도록 만들었다. 여성들이 변화시킬 수 있는, 그들의 힘 안에 있는 조건을 변화시키려고 노력할 때조차 그들은 비웃음과 직면했다. 당시의 놀라울 정도로 불편했던 '여성복'은 속박의 상징이었다. 숨을 쉴수 없을 만큼 꼭 죄며, 여섯 장이나 되는 치마와 페티코트는 무게만 10~12파운드[4.5kg~5.4kg—옮긴이]에 달했고, 길기도 너무 길어서 거리의 쓰레기를 쓸고 다닐 정도였다. 페미니즘에 씌워진, 남성의

여성성의 신화

바지를 벗겨버린다는 식의 혐의는 부분적으로 '블루머Bloomer' 의상에서 유래했다. 튜닉, 무릎길이의 치마, 복숭아 뼈까지 덮는 나팔바지였다. 엘리자베스 스탠턴은 처음으로 이 옷을 즐겨 입었는데, 오늘날 젊은 여성들이 짧은 옷이나 긴 양복바지를 입는 것처럼 편안하게 집안일을 하기 위해서였다. 그러나 페미니스트들이 해방의 상징으로 대중 앞에서 블루머를 입었을 때, 신문사 편집자, 거리 구석의 건달, 어린 소년들에게서 듣는 야비한 희롱을 그들의 민감한 감성으로는 참을 수가 없었다. 엘리자베스 스탠턴은 "우리는 더 큰 자유를 위해 옷을 입었지만, 신체적 자유보다 정신적 속박이 더욱 크다"고 말하며 블루머를 버렸다. 루시 스톤 같은 대부분의 이들은 여성적인 이유 때문에 블루머를 입는 것을 그만두었다. 블루머는 매우 아담하고 예쁜 블루머 부인Mrs. Bloomer 말고는 썩 어울리지 않았던 것이다.[여성운동가 아멜리아 블루머가 블루머 드레스를 옹호했기 때문에 그녀가 만든 것처럼 이름이 붙게 되었다—옮긴이]

남성의 마음에서, 다른 여성의 마음에서, 혹은 그들 스스로의 마음에서, 부질없는 우아함은 여전히 극복의 대상이었다. 그들이 기혼 여성이 재산권을 가질 수 있게 해달라고 청원하기로 했을 때, 당시의 여성들조차 절반은 자신들을 보호하기 위한 법이 필요하지 않다는 완곡한 표시로 페미니스트들의 면전에서 소리 내어 현관문을 닫았다. 수잔 앤서니와 동료 여성 활동가들이 10주 동안 6천 명의 서명을 받아서 그것을 뉴욕주 의회에 제출했을 때, 웃음소리가 터져 나왔다. 의회는 식탁에서, 마차의 상석에서, 침대에서 언제나 여성이 '가장 좋은 자리'를 선택할 수 있기 때문에, "어떤 불평등이나 억압이 있다면 손해 보는 것은 남자 쪽"이라며 충고랍시고 조롱했다. 그들은 남편과 부인이 모두 청원에 서명했던 것을 제외하고는 '시정redress'을 보류하려 했다. "그런 경우에 남편은 페티코트를 입고 부인은 바지를 입을 수 있게끔 옷을 바꿀 수 있는 권한을 부여하는 법을 채택하도록 정당들에게 주문하려 했다."[redress라는 단어를 옷을 바꿔 입는다는 의미로 조롱했다는 것―옮긴이]

어쨌든 페미니스트들이 성취한 것은 경이롭다. 이 열정적인 여성들은 자신들이 역사를 만들고 있다는 것을 알고 있었다. 40대에 아이를 갖게 된 엘리자베스 스탠턴에게는 씁쓸함 대신 활기가 넘쳤다. 그녀는 이 아이가 마지막이겠지만 즐거움은 이제 시작이라고 수잔 앤서니에게 편지를 보냈다, "힘내요, 수잔. 50세까지는 우리의 전성기잖아요." 19세기 페미니스트 지도자들 중 수잔 앤서니는 남자들의 태도 때문이 아니라(수잔은 구혼자가 있었다), 사팔뜨기 눈을 비극으로 간주한 그녀의 아름다운 언니와 어머니 때문에, 페미니스트가 자신의 외모에 자의식을 가졌다는 신화를 닮은 유일한 여성이다. 그녀는 다른 사람들이 결혼하고 아이를 가지기 시작할 때 배신감을 느꼈지만, 그녀는 이 도시에서 저 도시로 혼자 여행하면서 회의 알림을 붙이고, 조직자, 로비스트, 강연자로서 자신의 능력을 한껏 발휘하면서, 커다란 세계 속에서 자신의 길을 만들었다.

자신들의 생애를 통해 이들은 여성 비하를 정당화했던 여성의 이미지를 변화시켰다. 한 회합에서, 여성은 너무 무기력해서 진흙

　　　　　　　　　　　　　여성성의 신화

웅덩이 위로 들어 올려주고 마차에 실어줘야 할 것이라며 여성에게 투표권을 주는 것에 대해 야유하는 남성들을 향해, 소저너 트루스 Sojourner Truth라는 이름의 당찬 페미니스트는 검은 팔을 들어 올리며 말했다.

내 팔을 보세요! 난 쟁기질을 했고, 땅을 경작했으며, 헛간에 건초를 쌓았습니다. 그래도 내가 여성이 아닙니까? 난 남자와 똑같이 일하고 똑같이 먹을 수 있어요. 난 13명의 아이를 낳았고, 그들이 노예로 팔려 가는 것도 내 눈으로 봤습니다. 내가 엄마의 한숨과 함께 울고 있을 때, 오직 예수님만이 나를 도왔어요. 그래도 내가 여성이 아닙니까?

공허한 우아함에 대한 이미지는 빨간 벽돌로 지어진 공장에서 일하는 여성이 수천 명씩 늘어나면서 더욱 허물어졌다. 로웰 공장의 소녀들은 남성보다 불리하며 열악한 노동조건과 싸워야 했는데, 이것은 부분적으로는 여성이 열등하다는 선입견에서 기인한 것이었다. 하지만 공장에서 하루에 12~13시간 동안 일한 뒤에도 주부의 의무를 다해야 했던 여성들은 열정적인 여행에 지도자로 참여할 수 없었다. 페미니스트 운동을 이끈 대다수는 중산층 여성들이었으며, 이들은 스스로를 교육시키고 공허한 이미지를 무너뜨리고자 하는 복합적인 동기를 가지고 있었다.

무엇이 그들을 이끌었던가? 루이자 메이 올컷Lousia May Alcott은 독립전쟁에서 간호원으로 지원하기로 결정하면서 "어떤 새로운 방

법으로 감금되어 있던 나의 힘을 밖으로 밀어내야만 했다"고 잡지
에 썼다. "새로운 세계 속으로의 가장 흥미로운 여행, 굉장한 광경과
소리가 가득한 새로운 모험, 내가 떠맡은 위대한 임무에 대해 커지
는 생각들. 나는 전국을 가로질러, 텐트로 하얗게 덮인, 애국심으로
가득 찬, 그리고 이미 피로 붉어진 곳으로 뛰어 들어가며, 그 속에서
사는 것이 기쁘다고 기도한다."

무엇이 그들을 이끌었던가? 자아에 대한 회의로 홀로 괴로워하
던 엘리자베스 블랙웰은 의사가 되겠다는 엄청난 결심을 한 뒤 비
웃음을 뒤로 하고 해부학을 공부하기로 결정했다. 그녀는 생식기관
해부를 견학할 권리를 얻기 위해 싸웠지만, 졸업식 행렬에 참석하
는 것은 여성답지 않은 행사라는 이유로 거부당했다. 동료 의사들
에게도 따돌림당한 그녀는 이런 글을 썼다.

난 의사이며 동시에 여자다. …… 난 이전에 어느 누구도 이런 삶
을 결코 살아본 적이 없는 이유를 이제 알게 되었다. 아무런 지지도 없
이 고매한 목적만으로, 사회에서 반대하는 모든 것에 대항하며 산다는
것은 힘든 일이다. …… 나는 때때로 농담을 즐겨야만 했다. 삶은 너무
냉정한 것이다.[13]

한 세기 동안의 투쟁 과정 속에서 여성들이 그동안 지배를 받아
온 원한을 갚기 위해 자신들의 권리를 사용할 것이라는 신화는 거
짓임이 밝혀졌다. 여성이 동등한 교육을 받을 권리, 공중 앞에서 말

할 권리, 자신의 재산을 가질 권리, 직업을 갖고 전문직에서 일할 권리, 자기 자신의 수입을 통제할 권리를 얻었을 때, 페미니스트들은 남자들을 공격할 이유를 덜 느끼게 되었다. 그러나 싸워야 할 전장은 많았다. 브린모어대학의 초대 총장인 M. 케리 토마스M. Carey Thomas가 1908년에 말한 대로다.

여성은 세계의 절반을 차지하고 있지만 한 세기 전까지만 해도 눈에 보이지 않는 삶을 살았고, 절반의 인생만을 누렸으며, 남성을 따라다니는 그림자 같은 존재였습니다. 그것이 남성의 세계였습니다. 남성의 법, 남성의 정부, 남성의 나라만 존재했습니다. 지금 여성은 더 많이 교육받고 경제적으로 독립하기 위한 권리를 얻었습니다. 주의 시민이 될 수 있는 권리는 가정 바깥에서의 교육과 노동의 권리에 이은 피할 수 없는 결과입니다. 우리는 멀리 떠나왔습니다. 그리고 더욱더 멀리 가야 합니다. 우리는 되돌아갈 수 없습니다.[14]

문제는 여권 운동의 위상이 크게 높아졌는데도, 여전히 투표권을 획득하지 못한 여성들은 여성 문제를 진지하게 다룰 어떤 정당도 가질 수 없었다는 데에 있었다. 엘리자베스 스탠턴의 딸인 해리엇 블래치Harriet Blatch는 1907년에 남편이 죽은 뒤 영국에서 돌아왔을 때, 엄마가 즐겨 사용한 방식의 운동을 발견했다. 그녀는 영국에서 이것과 비슷한 상황에서 문제를 극화시킬 때 사용한 전술들을 알고 있었다. 공적 회합에서 야유 퍼붓기, 경찰들을 의도적으로 자극하기, 감옥에서 단식투쟁 등. 말하자면 인도에서 간디가 사용한 극적인 비폭력 저항, 또는 지금 미국에서 법적인 조처가 인종차별을 막을 수 없을 때 사용되는 프리덤 라이더Freedom Riders 전술 같은 것들이었다. 미국 페미니스트들은 건너편 영국 투쟁의 극단성을 받아들일 필요는 없었다. 그러나 그들은 성적인 문제보다 더 강력한 반대를 일으킬 때까지 선거권 문제를 극화시켰다.

19세기에 여성의 자유를 위한 투쟁이 노예해방 투쟁을 통해 불붙었듯이, 20세기에는 제인 애덤스Jane Adams의 헐 하우스Hull House로 대표되는 사회개혁 투쟁, 노동조합 운동의 부상과 공장의 참을 수 없는 노동조건에 대항하는 거대한 파업의 물결 속에서 여성운동이 점화되었다. 밤 10시까지 일하면서, 이야기하거나 웃고 노래하면 벌금을 물어야 하는, 주당 6달러밖에 못 받던 트라이앵글 셔츠웨이스트 공장 소녀들의 문제는 교육과 선거권의 문제보다 더욱 심각했다. 그들은 피켓라인에 서서 혹독한 추위와 배고픔 속에 몇 달을 보냈다. 십수 명의 소녀들이 경찰에게 두드려 맞고 호송차에 실려갔다. 새로운 페미니스트들은 파업 가담자의 보석금과 음식을 마련하기 위해 자신들의 어머니가 지하철도 조직 운동을 도운 것처럼 돈을 조달했다.

'여성성을 보호하자', '가정을 구하자'라는 외침 뒤에서 이런 개혁적인 여성들이 투표권을 쟁취한 뒤 발휘하게 될 정치적 영향력을 대략 엿볼 수 있었다. 결국 여성들은 술집을 닫으려고 노력할 것이었다. 여성과 어린이들의 저임금에 특히 의존하고 있는 다른 사업들과 마찬가지로, 양조업은 워싱턴에서 여성에게 참정권을 부여하는 헌법 개정에 반대하는 로비를 공개적으로 펼쳤다. "지배 세력은 늘어날 유권자를 통제할 수 있을 것인지 확신할 수 없었다. 뇌물도 잘 통하지 않을 것 같았고, 오물 처리부터 아동노동 폐지까지 그리고 자신들에게는 최악인 정치 '정화'에 이르는 개혁 요구들이 빗발칠 것을 우려했던 것이다."[15] 그리고 남부의 의원들은 여성의 보통 선거권은 흑인 여성의 선거권도 의미한다는 점을 지적했다.

　선거권 쟁취를 위한 마지막 투쟁은 대학 교육을 받은 여성의 수가 증가한 아이오와주에서 교육받았으며 교사이자 기자로 일했던 아이오와 대초원의 딸, 케리 채프만 캣Carrie Chapman Catt이 이끌었다. 성공한 엔지니어인 그녀의 남편도 투쟁을 강력히 지지하고 있었다. 나중에 스스로를 여성당Woman's Party이라 부른 한 그룹은 백악관을 둘러싸는 농성 대열로 신문의 헤드라인을 연이어 장식했다. 1차 대전이 발발하자 백악관 담장에 몸을 묶은 여성 농성 대열에 대해 신경질적인 반응이 일었다. 경찰과 법원으로부터 학대받은 그들은 감옥에서 단식 농성에 돌입했고, 끝내는 강제적 음식 투입으로 순교하기도 했다. 이 여성들은 대부분 퀘이커 교도였거나 평화주의자였다. 그러나 대다수 페미니스트들은 여성의 권리를 위한 운동을 계속하면서도 전쟁을 지지했다. 그들은 오늘날에도 보편적인, 남성을 잡아먹는 페미니스트라는 신화, 루시 스톤 시대부터 누구든 가정에서 여성이 이탈하는 것을 반대하려고 할 때 언제든지 꺼내드는 신화에 책임이 있다고 보기 어렵다.

이 마지막 투쟁 과정에서, 50년에 걸쳐 미국 여성들은 보통선 거에 관하여 남성 유권자들에게 전개한 56개의 캠페인, 보통선거권 개정안을 의회에 제출하기 위한 480개의 캠페인, 여성 보통선거권 정강을 정당들의 주 지부가 채택하도록 요구하는 227개의 캠페인, 대통령 후보 지명 대회에서 여성 선거권을 정강으로 채택해줄 것을 요청하는 30개의 캠페인, 19번의 의회 개원 동안 19회의 캠페인을 전개했다.[16] 누군가가 이들의 모든 행진, 연설, 청원, 회합, 상하원 의원을 상대로 한 로비 활동을 조직해야만 했다. 새로운 페미니스 트들은 이미 헌신적인 몇몇 소수 여성들이 아니었다. 남편과 자녀, 가정을 가진 수천, 수백만의 여성들이 할 수 있는 만큼의 시간을 할 애했다. 오늘날 페미니스트에 대한 불쾌한 이미지는 페미니스트 자 신보다는 실은 여성 선거권을 저지하기 위해 로비를 벌이고, 사업 이나 정치적인 압력으로 의원을 위협하고, 매표 행위를 하고, 심지 어 표를 훔치기까지 했던 이들이 조장한 이미지와 더 가까운 것이 다. 하지만 결국 36개 주가 헌법 수정안을 통과시켰다.

그러나 전장에서 싸운 페미니스트들이 쟁취한 것은 단지 법조 문만이 아니었다. 그 여성들은 몇 세기 동안 여성을 비하하던 경멸 과 자기 멸시의 그림자를 떨쳐냈다. 영국의 페미니스트 이다 알렉 사 로스 와일리Ida Alexa Ross Wylie는 싸움의 결과 개인들이 얻은 보상의 기쁨과 흥분된 감정을 아름답게 묘사했다.

나는 여성들의 다리가 안짱다리에다 수백년 동안 관심과 존중도

여성성의 신화

받지 못했다는 사실에도 불구하고, 위기의 순간에는 평균적인 런던 순경을 앞지를 수 있다는 사실에 경탄했다. 그들의 팔은 조금만 연습해도 장관의 면전으로 잘 익은 농작물을 던질 만큼 충분히 강했고, 그들의 위트는 런던 경시청을 헷갈리게 만들고 바보처럼 보이게 할 수 있었다. 즉흥적으로 조직하는 능력이 있었고 비밀을 잘 유지하고 충실했으며, 계급과 기성 질서에 대한 우상을 가차 없이 타파하는 그들의 태도는 관련된 모든 이들, 특히 그들 자신에게 하나의 계시였다.

우리가 공격적인 회합을 개최하던 극장에서 내가 꽤 덩치가 큰 경찰청 형사의 턱에 왼손 스트레이트를 작렬시켜서 오케스트라석으로 날려 보낸 날은 마침 내가 성년이 되는 날이었다. …… 내가 기지가 없어서 이 에피소드는 이 정도로 끝났지만, 어쨌든 나는 한없이 자유로웠다.

거칠고 때로는 위험스러운 2년의 모험 동안, 나는 활달하고 행복해하며 수완 좋은 여성들과 함께 일하고 싸웠다. 그녀들은 키득거리는 대신 호방하게 웃었고, 종종걸음을 치는 대신 자유로이 걸었으며, 간디보다 더 오래 굶은 다음에도 싱긋 웃으며 농담을 던질 줄 알았다. 나는 나이 많은 공작부인, 듬직한 요리사, 어린 소녀 점원과 함께 딱딱한 마루바닥 위에서 잤다. 우리는 자주 지치고, 상처받고 또 놀라곤 했다. 그러나 우리는 그만큼 만족한 적이 없었다. 우리는 전에 알지 못하던 삶의 기쁨을 나눴다. 동료 투사들 대부분은 가정주부와 어머니였다. 그리고 그들의 가정생활에도 기묘한 일들이 일어났다. 남편은 새로운 열정을 품고 밤에 집으로 돌아왔다. …… 아이들의 태도로 말하자면,

불쌍한 어머니에 대한 애정 어린 관용이 괄목상대할 경이로 재빨리 바뀌었다. 그녀가 너무 바빠서 그들을 평소처럼 돌볼 수 없는 덕분에 모성애의 숨 막히는 굴레가 벗겨지자, 아이들은 자신들이 그녀를 사랑한다는 것을 새삼 발견하게 되었다. 그녀는 만능 운동선수였다. 그녀는 두둑한 배짱이 있었다. …… 이 싸움의 바깥에 서 있던 ― 유감스럽게도 대다수라고 말해야겠지만 ― 평범한 작은 아씨들 이상이었던 여성들은 이 투사들을 시샘어린 분노로 바라보았다.[17]

여성들은 정말 페미니즘에 대한 반격 때문에 다시 집으로 돌아갔을까? 사실 1920년 이후에 태어난 여성들에게 페미니즘은 죽은 역사다. 미국에서 페미니즘은 여성의 최종적인 권리를 쟁취한 핵심적 운동으로서 종결된 것이다. 1930년대와 40년대에 여권을 위해 싸워온 여성들은 계속해서 인간의 권리와 자유를 위해 싸웠다. 흑인을 위해, 억압받는 노동자들을 위해, 프랑코의 스페인과 히틀러의 독일에 희생당한 이들을 위해. 여성을 위한 권리를 크게 염려하는 사람은 아무도 없었다. 여성들은 모든 면에서 승리했지만 여전히 페미니스트는 남성을 잡아먹는다는 식인종 신화는 팽배했다. 어떤 것에 있어서 독립성이나 주도성을 주장하는 여성은 '루시 스톤너Lucy Stoner'라고 불렸다. '페미니스트'는 '직업을 가진 여성'처럼 더러운 단어가 되었다. 페미니스트들이 여성의 낡은 이미지를 파괴했지만, 여전히 존재하는 적개심, 편견, 차별을 완전히 없앨 수는 없었다. 또한 더 이상 여성이 남자보다 열등하지 않도록 하는, 의존적이

여성성의 신화

거나 수동적이거나 판단력이 부족하지 않도록 하는 조건 아래에서 여성이 자라날 때 만들어질 새로운 여성의 이미지를 그려내지도 못했다.

페미니스트들이 모욕적인 '우아한 공허함'의 원인을 제거하는 시절에 자라난 대부분의 소녀들은 여전히 그 공허함에 갇힌 어머니들로부터 여성에 대한 이미지를 취했다. 아마도 이 어머니들은 남성을 잡아먹는 식인종이라는 신화의 진짜 모델일 것이다. 온화한 주부를 잔소리꾼으로 만들 수 있었던 경멸과 자기 멸시의 그림자는 딸들 중 일부를 남성의 성난 복사판으로 바꿔놓았다. 최초로 사업에 뛰어들고 전문직을 가진 여성은 별종으로 취급받았다. 그들의 새로운 자유에 대한 불안감 때문에, 일부 여성들은 부드럽거나, 우아하거나, 사랑하거나, 아이를 갖는 것을 두려워했을 것이다. 그들은 귀중한 자유를 잃게 될까 봐, 어머니가 간 길을 되풀이할까 봐 염려하며, 오히려 여성성의 신화를 강화했다.

하지만 페미니스트들이 쟁취한 권리를 가지고 자란 딸들은, 우아한 공허함이라는 옛날의 이미지로 되돌아갈 수도 없었다. 그렇다고 아줌마나 어머니처럼 남성의 성난 복사판이 되어야 할 이유도, 또 그들을 사랑하기를 두려워해야 할 이유도 없었다. 그들은 스스로는 알지 못한 채 여성 정체성의 전환점에 다가갔다. 그들은 진정으로 낡은 이미지에서 벗어났다. 자유로운 선택을 할 수 있게 된 것이다. 그러나 이들에게 내려진 선택지는 무엇이었나? 한쪽에는 성미가 사나운, 남성을 잡아먹는 식인종이라 불리는 페미니스트, 다시 말하면 직업을 가진 여성들이 있다. 그들은 사랑을 하지도 않으며 외롭다. 페미니스트들의 반대편에는 온화한 부인과 어머니가 있다. 이들은 사랑받고 남편에 의해 보호받으며, 귀여운 아이들에게 둘러싸여 있다. 많은 딸들이 할머니가 시작했던 열정적인 여행을 계속하고 있다 하더라도, 다른 수천 명은 잘못된 선택의 희생자가 되고만 것이다.

물론 그들이 이런 선택을 한 이유들은 여성성의 신화보다 훨씬 복잡하다. 어떻게 중국 여성들은 여러 세대 동안 전족을 한 후에야 마침내 그들도 뛸 수 있다는 것을 알게 되었을까? 처음으로 발을 푼 여성은 걷거나 뛰는 것은 고사하고, 서 있는 것도 두려운 그런 고통을 겪었을 것이다. 하지만 걸으면 걸을수록 발의 통증은 줄어들었을 것이다. 전족을 하지 않고 자라는 여성들이 채 한 세대도 안 되어서, 그들을 고통과 불안에서 구하려 한 의사들이 여성들에게 다시 발을 묶자고 말했다면 무슨 일이 벌어졌을까? 그리고 선생님들이 그들에게 천으로 꽁꽁 싸맨 발로 걷는 것이 여성다운 것이며, 그것이 남성에게 사랑받기를 원하는 여성이 걸을 수 있는 유일한 방식이라고 말했다면? 그리고 학자들이 자녀들에게서 멀리, 너무 멀리 떨어지지 않아야 더 좋은 엄마가 될 것이라고 말했다면? 그리고 걸을 수 없는 여성이 더 많은 장신구를 사는 것을 알아차린 행상인들이 뛰는 것의 위험성과 발을 묶는 것의 즐거움에 대한 재미난 이야기를 퍼뜨렸다면? 그랬다면, 많은 중국 소녀들이 자라서 자신의 발이 안전하게 묶이기를 원하고, 결코 걷거나 뛰고 싶은 유혹을 느끼

여성성의 신화

지 않게 되지 않았을까?

　미국 여성들에게 역사가 보여준 진정한 농담은 값싼 프로이트 식 궤변을 이용해 사람들로 하여금 죽은 페미니스트들에게 낄낄대게 만든 것이 아니다. 그것은 프로이트주의 사상이 살아있는 여성에게 작용하여, 페미니스트들의 기억을 남성을 잡아먹는 여성성의 신화로 비틀고, 부인과 어머니 이상의 무언가가 되고자 하는 희망 자체를 쪼그라들게 한 농담이다. 정체성의 위기를 피하게 해주고 성적 성취라는 이름으로 모든 정체성에서 벗어날 수 있게 해주는 신화에 고무되어, 여성들은 다시 한 번 미화된 여성성이라는 낡은 이미지에 발이 묶인 채 살고 있다. 그것은 비록 빛나는 새 옷을 걸치긴 했지만, 여성을 수백 년 동안 덫에 걸리게 했으며 페미니스트들을 반란자로 만든 것과 동일한 낡은 이미지다.

05

프로이트가 여성에게 끼친 영향

이 생각이 지크문트 프로이트에서 시작했다고 말하는 것은 반쯤은 틀렸다. 프로이트의 이론은 1940년대까지는 미국에서도 시작되지 않았다. 그것은 시작이기보다는 종말에 대한 예방이었다. 여성이 인간이기보다는 동물이고 오직 애들이나 낳고 남자를 섬기는 사람이라는 생각, 그래서 여성을 남성과 동등하게 생각할 수 없다는 오랜 편견들은 개혁적인 페미니스트들의 활동이나 과학과 교육, 민주주의 정신에 의해서도 쉽게 지워지지 않았다. 이러한 생각은 1940년대 프로이트주의라는 가면을 쓰고 다시 등장했다. 여성성의 신화는 프로이트의 사상에서 그 힘을 얻어냈다. 여성들은 자신의 어머니가 느끼던 좌절감과 아버지, 남자 형제, 남편의 무능함과 분노, 자신들의 감정, 그리고 인생에서 선택할 수 있었던 것들을 잘못 이해했다. 이 여성들은 프로이트의 사상을 공부하고 이 사상을 이끈 장본인이었기 때문이다. 오늘날 그렇게 많은 미국 여성들을 함정에 빠뜨리고, 그런 사실을 명백한 진실로 굳어지게 한 것이 바로 프로이트의 사상이다.

이 새로운 여성성의 신화는 여성에 대한 오래된 편견보다 현대 여성들이 이의를 제기하기 더 어렵다. 부분적인 이유지만, 이 신화가 실은 편견의 반대편에 있는 교육이나 사회과학에 의해 알려졌고, 사실상 프로이트 사상의 특징이 이 문제를 반박하기 어렵게 만들기 때문이다. 어떻게 교육을 받은 여성들이 프로이트의 진실에 이의를 제기할 것이라 추측할 수 있을까? 이 여성들은 자신들이 분석가도 아니며, 무의식에 관한 프로이트의 연구가 인간의 지식 역사에 획기적인 성과 중 하나임을 안다. 또한 그런 발견에 기초한 과학이 괴로움에 시달리는 많은 남성과 여성을 도왔다는 것을 안다. 수 년 간 분석 교육을 받아야만 프로이트의 진실된 의미를 이해할 수 있다고 배웠는데, 어떻게 분석가들에게만 허용된 이 신성한 땅을 밟을 수 있겠는가?

프로이트의 발견이 지니는 근본적 창의성과, 이 발견이 미국 문화에 이룩한 공헌에 이의를 제기할 사람은 없다. 나 또한 프로이트 학파나 반프로이트 학파가 행한 정신분석의 효용성에 이의를 제기할 생각은 없다. 그러나 한 사람의 여성으로서, 또 다른 여성들에게 지식을 전달하는 기자로서, 경험상 여성성에 프로이트 이론을 적용하는 것에는 문제를 제기해야 한다고 본다. 프로이트 이론에 따른 치료법은 문제가 아니다. 진짜 문제는 이른바 전문가들의 판단이나 대중잡지를 통해 미국 여성의 생활에 파고드는 용법이다. 나는 여성에 대한 프로이트의 이론 중 많은 부분이 시대에 뒤처져있고, 오늘날 미국 여성들이 진실을 추구하는 데 장애가 되며, 알려지지 않은 많은 문제의 주요 원인이라고 생각한다.

여기에는 많은 역설이 있다. 프로이트의 초자아 개념은 어린이가 어른으로 자라는 것을 방해하는 '당위성shoulds'의 폭정에서 벗어나는 데 도움을 주었다. 그러나 이 프로이트의 사상은 교육받은 현대 미국 여성을 무기력하게 만드는 또 다른 초자아를 만들었다. 바로 여성들로 하여금 과거의 이미지에 사로잡히게 하고, 여성의 선택과 성장을 방해하고, 자신의 정체성을 부인하게 하는 새로운 '당위성'의 폭정이었다.

억압적 도덕에서 벗어나 성적 충족의 자유에 중점을 둔 프로이트 심리학은 과거 여성해방운동 이데올로기의 한 부분이었다. '해방된 여성'에 대한 미국인의 관념은 바로 20세기의 기수, 그것이었다. 귀찮은 머리는 짧게 자르고, 무릎을 시원하게 내놓고 그리니지 빌리지나 시카고 북부에 있는 스튜디오에서 생활하거나, 차를 운전하고, 술을 마시고, 담배를 피우고, 성적 모험을 즐기고, 그것에 관해 마음대로 이야기하는 자유를 자랑하는 것이다. 그리고 오늘날에도 프로이트 자신의 삶과는 멀리 떨어진 이유 때문에 프로이트의 사상은 성적 반혁명의 방벽이 되었다. 프로이트는 여성에 대한 고정관념에 새로운 권위를 부여하며 여성의 성적 본능이라는 개념을 만들어냈다. 이 개념을 빼놓고서는 여러 세대의 교육받고 활동적인 미국 여성들이 그들이 누구이고 무엇을 할 수 있는지에 대한 깨달음을 어떻게 그리 쉽게 잊었는지 알 수 없다고 생각한다.

프로이트는 빅토리아 시대에 빈에서 중산층의 여성 환자를 관찰한 이후, 이와 관련된 현상을 설명하기 위해 '남근 선망penis envy'이라는 개념을 만들어냈다. 그러나 이 개념은 1940년대 미국에 사는 여성에게는 적절하지 않다. 독립과 독자성을 요구하는 미국 여성운동에 반대하며 여성성이 위험에 빠졌다는 교의를 설교했던 많은 사람들은 프로이트가 주장했던 남근 선망의 이론적인 근원을 알지 못했다. 정신분석학자뿐만 아니라 많은 사회학자, 교육자, 광고 대행업자, 신문 제작자, 육아 전문가, 결혼 상담사, 성직자, 술집 주인까지도 프로이트가 말하는 남근 선망의 진정한 의미를 알지 못했다. 그렇기 때문에 여성에 대한 프로이트 이론이 현대 여성에게 사실상 적절하지 않다는 것을 알기 위하여, 프로이트가 빅토리아 시대의 여성에 대해 무엇을 설명하려 했는지 이해해야 한다. 프로이트 시대에는 알려지지 않았으나 그것이 오늘날 모든 사회과학자들이 알고 있는 일부 지식과는 모순되고 많은 부분이 시대에 뒤처져 있다는 것을 이해하기 위해, 우리는 프로이트가 왜 그렇게 설명했는지를 알아야 한다.

일반적으로 인정하는 것처럼 프로이트는 인격에 관한 문제들을 영민하고 정확하게 관찰한 사람이었다. 그러나 그런 문제들을 묘사하고 설명하는 데 있어 프로이트는 자신이 만들어낸 문화의 포로가 되었다. 문화에 새로운 틀을 만들었기 때문에 오히려 그 틀에서 벗어날 수 없었던 것이다. 그의 재능조차 천재가 아닌 사람들이 오늘날 성장하는 문화적 과정에 대한 지식을 제공하지 못했다.

최근 과학적 지식에 대한 우리의 접근 방식을 모조리 바꾼 물리학의 상대성 개념은 사회과학의 상대성보다 견고하여 이해하기 쉽다. 사회과학자는 스스로 만든 문화라는 테두리에서 완전히 벗어날 수 없다고 말하는데, 이것은 하나의 슬로건이 아니라 진리에 가까운 것이 되었다. 즉 사회과학자는 자신의 시대의 과학적인 틀 안에서 관찰한 것만을 설명할 수 있다는 것이다. 개혁자들도 예외는 아니다. 개혁자들은 그들이 사는 시대까지 진행된 과학의 진보가 결정해준 언어와 기준을 통해 자신의 혁명적인 발견을 번역해야 한다. 새로운 기준들을 만들어낸 발견들조차 그들의 창조자의 시점과 무관할 수 없다.

우리 시대 사회과학자들의 근거 중 일부인 다른 문화에 대한 지식, 문화 상대주의에 대한 이해는 프로이트에게는 낯선 것이었다. 현대적 연구에 의하면, 프로이트가 생물학적이고, 본능적이고, 변화하지 않는 것으로 여기던 많은 것들은 특정 문화에 근거를 둔 결과로 보인다.[1] 프로이트가 보편적인 인간성의 특질로 묘사했던 것들은 19세기 말 어느 유럽 중산층 남자와 여자의 특성일 뿐이었다.

예를 들면 프로이트의 노이로제의 성적 기원에 관한 이론은 그가 처음으로 관찰했던 많은 환자들이 히스테리로 고통받고 있었다는 사실에서 비롯된 것이다. 그는 성적 억압이 원인이라는 것을 알아차렸다. 정통 프로이트 학파는 모든 노이로제가 성적인 문제에서 기인한다는 이론을 신봉한다. 그들은 환자들에게서 무의식적인 성적 기억을 찾고 들은 것을 성적 상징으로 표현하기 때문에, 환자에게서 찾아내고자 하는 것을 용케 찾아낸다.

그러나 사실상 프로이트가 관찰한 히스테리 환자는 오늘날에는 무척 드물다. 프로이트의 시대에는 문화적 위선과 성욕의 억제를 강요했었다.(일부 사회이론가들은 몰락해가는 오스트리아 제국에서 다른 관심사들이 부재했기 때문에, 프로이트의 환자들이 성적 편견을 가지게 되었으리라고 생각한다.)[2] 프로이트를 둘러싼 문화가 성욕을 부정했다는 사실은 프로이트의 관심을 집중시켰다. 프로이트는 모든 단계의 성적 발달을 묘사하고, 자신이 관찰한 성적인 현상들을 끼워 맞춰서 자신의 이론을 발전시켰다.

모든 심리적 현상들을 성적으로 해석하고, 성인들의 성격상 문제점들을 모두 어린 시절의 성적 결정의 영향으로 본 것은 부분적으로 그 자신의 임상적 배경, 그리고 그 시대의 과학적 사고에 내재된 인과적 사고방식에서 비롯된 것이었다. 인간의 행위를 연구하는 과학자들이 종종 괴로워하듯이, 그 또한 자신만의 용어로 심리학적 현상을 다루는 것을 조심스러워했다. 그가 무의식이라는 미개척지에 들어섰을 때, 해부학 기관과 관련있는 생리학 용어로 설명하는 것이 더 안전하고, 확고하며, 현실적이면서 과학적으로 보였다. 프로이트의 전기를 쓴 작가 어니스트 존스Ernest Jones가 이야기했듯, 그는 "대뇌 해부학의 안전성에 필사적으로 매달렸다."[3] 실제로 그는 심리학적 현상들을 매우 생생하게 보고 묘사하는 능력이 있었고, 자신의 개념들에 생리학, 철학, 문학 등에서 차용한 이름을 붙였다. 덕분에 그 개념들은 구체적인 물리적 현실성을 가진 것처럼 보였다. 존스가 말하듯, 심리학적 사실들은 "금속 공학자에게 금속이 그러하듯 그에게는 구체적인 실체였다."[4] 이런 능력은 그의 개념들

여성성의 신화

이 소수의 사상가들에게 전해지면서 엄청난 혼란의 근원이 되었다.

프로이트 이론의 전체적인 상부 구조는 빅토리아 시대의 과학적 사고를 특징지은 엄격한 결정론을 기초로 한다. 오늘날에 결정론은 물리적 과정뿐만 아니라 심리 현상들에 있어서 보다 복잡한 인과관계 해석으로 대체되었다. 새로운 시각에서 행동과학자들은 심리 현상을 설명하기 위해 생리학의 언어를 빌려오거나 거기에 의사-현실성을 부여할 필요가 없다. 성적 현상은 더 이상 현실도 비현실도 아니다. 셰익스피어의 희곡 〈햄릿〉에 나오는 현상들이 성적인 용어로만 '설명'될 수 없는 것과 마찬가지다. 프로이트라는 인물조차 그 자신의 결정론적이고 심리학적인 청사진으로 설명할 수 없다. 비록 전기 작가는 프로이트가 세 살이 되기 이전, 침실에서 어머니와 아버지 사이에 일어나는 일에 대한 성적 호기심을 채우지 못한 것이 그의 천재성, "앎에 대한 신성한 열정"을 불러일으켰다고 추측하지만 말이다.[5]

오늘날 생물학자, 사회과학자, 그리고 점점 많은 심리분석가들은 원초적인 욕구로서 성장의 욕구나 충동을 성욕 못지않게 기본적인 욕구로 본다. 프로이트는 성 심리 발전을 설명하면서 '구강기'와 '항문기'를 언급했는데—아이는 처음에는 입을 통해 어머니의 가슴을 빨며 성적 쾌락을 얻고, 그 다음에는 대장 운동에서 얻는다—, 이 성장 단계들은 성 행동만큼이나 부모의 양육 태도와 문화적 환경의 영향을 받는다. 유치가 나기 시작하면 아이는 입으로 무엇인가를 빨기도 하지만 물기도 한다. 이때 근육과 뇌도 함께 자란다. 아동은 이것을 통제하고 정복하고 이해할 수 있게 된다. 그리고 5세, 25세, 50세가 되면서 성장하고 배우고자 하는 욕구는 성욕뿐만 아니라 문화에 의해 충족되고, 부인되고, 억압되고, 위축되고, 자극받기도 하며 억제되기도 한다.

아동 전문가들은 영아기에 어머니와 아동 사이에 나타나는 문제들이 먹는 것과 관련하여 벌어진다는 프로이트의 관찰을 인정한다. 하지만 최근 몇 년간 미국을 보면 '먹는 문제eating problem'는 눈에 띄게 감소했다. 그렇다면 아동의 내재적 발전이 변화한 것일까? 개념적으로, 구강기가 내재적이라면 그건 불가능한 이야기다. 아니면 문화가 아동 문제 중 먹는 것을 배제시켰을까? 미국인들이 양육에서 관용을 강조함에 따라, 아니면 사회가 풍요로워져서 어머니들이 음식에 대해 불안을 느끼지 않게 되었기 때문일까? 프로이트가 우리 문화에 미친 영향 때문에, 학식 있는 부모들은 배변 훈련을 할 때 갈등을 일으킬 만한 압력은 가하지 않으려 한다. 오늘날 그러한 갈등은 아동이 말하고 읽는 법을 배울 때 더 많이 일어나는 것 같다.[6]

1940년대에 미국의 사회학자들과 심리분석가들은 성장하는 문화적 인식에 비추어 프로이트주의 개념들을 재해석하기 시작했다. 하지만 기묘하게도, 미국 여성들에게 프로이트의 여성성 이론이 문자 그대로 적용되는 것은 막지 못했다.

프로이트뿐만 아니라 심지어 오늘날 메디슨가에 있는 신문 편집인들조차 여성은 이상하고, 열등하며, 인간이기에는 부족하다고 여기는 것이 사실이다. 프로이트는 여성을 남성을 사랑하고 남성의

여성성의 신화

욕구를 채워주며 남성에게 사랑받음으로써만 존재할 수 있는 어린 아이 같은 인형으로 봤다. 그것은 마치 여러 세기 동안 사람들이 태양은 지구 주위를 도는 빛나는 물체라고 생각했던 것과 같은 무의식적인 유아론이었다. 프로이트는 자기 시대의 문화에 의해 이런 입장을 발전시켜나갔다. 프로이트는 빅토리아 시대 문화뿐만 아니라 남자는 매일 "나를 여성으로 창조하지 않으신 하느님 당신께 감사드립니다", 그리고 여자는 공손하게 "나를 창조하신 하느님 당신께 감사드립니다"라고 말했던 유대인 문화 속에서 자랐다.

프로이트의 어머니는 아름답고, 자기 나이보다 두 배나 많은 남자의 온순한 부인이었다. 외부로 권위를 내세우지 않고 종교적인 박해가 이루어지는 동안에도, 그의 아버지는 유대 집안의 전통적이고 독재적인 권위로 가족을 다스렸다. 그의 어머니는 첫 아들 지크문트를 아주 좋아했고 그가 위대한 운명을 타고났다고 여겼다. 그녀는 오직 아들의 소망을 만족시켜주기 위해 존재하는 것처럼 보였다. 프로이트가 아버지에게 성적으로 질투했던 경험에 대한 기억은 오이디푸스 콤플렉스Oedipus Complex라는 이론에 근거하고 있다. 그의 부인, 어머니나 누이, 그의 욕망, 필요한 것 등은 모두 가정의 주위를 도는 태양이었다. 누이의 피아노 연습 소리가 그의 연구를 방해하자 "피아노는 치워졌다." 그리고 "음악가가 되기 위한 누이들의 기회는 모두 사라졌다"고 안나 프로이트는 회고했다.

프로이트는 이런 입장을 여성의 문제로, 또는 문제의 원인으로 보지 않았다. 남자의 지배를 받는 것은 여성의 본성이었고, 여성의 병은 남성에 대한 선망이었다. 4년의 약혼기간(1882~1886) 동안 부인이 될 마르타Martha에게 쓴 편지에서 프로이트는 〈인형의 집〉에서 토르발트가 노라의 허영을 꾸짖는 이야기를 다정하게 언급했다. 프로이트는 빈에 있는 연구실에서 인간 두뇌의 비밀을 증명하기 시작했다. 마르타는 프로이트가 데려갈 때까지 어머니의 보호 속에서 '사랑스러운 어린아이'로 살았다. 이런 편지들은 마르타가 더는 어린아이, 또 주부가 아니라고 해도 프로이트에게는 어린아이 같은 젊은 주부로 규정되었음을 보여 준다.

테이블, 의자, 침대, 거울, 행복한 부부에게 시간의 흐름을 상기시키는 시계, 한 시간의 즐거운 공상을 위한 안락의자, 주부들이 마루를 깨끗하게 유지할 수 있도록 돕는 카펫, 조화를 꽂은 모자, 최신 유행의 옷, 벽장을 아름다운 리본으로 매어놓은 린넨, 벽에 걸린 그림, 매일을 위한 술잔과 다른 사람들을 위한 와인과 행사, 식기, 접시들……. 그리고 바느질하는 탁자, 아늑한 램프, 이 모든 것을 질서 있게 정돈해야 하고, 가구의 세심한 부분들에도 마음을 써야 하는 주부는 조바심이 나겠지요. 그리고 이런 물건들이 가정을 유지하는 것은 힘든 일이라는 증거가 되어야 합니다. 아름다움에 대한 느낌, 사람들이 기억하기 좋아하는 친구들, 방문한 도시, 상기하고 싶어 하는 시간 같은 대상 …… 그런 것들을 우리 마음에 항상 간직하고 있을까요? 이런 물음에 대해 서슴지 않고 "예"라고 대답해 줘야 합니다. ……

나는 당신이 얼마나 귀엽고, 어떻게 집을 낙원으로 변하게 할 수

여성성의 신화

있으며, 나의 이익을 나누고, 어떻게 어려움을 즐겁게 만들 것인지를 알고 있습니다. 나는 당신이 바라는 대로 집을 다스리게 할 것입니다. 또한 당신은 여자들이 갖는 약점에도 불구하고 달콤한 사랑으로 나에게 보답할 것입니다. 나의 활동이 허락되는 한 우리는 배우고자 하는 것을 함께 읽을 수 있을 것이고, 여자가 미래의 반려자와 그 사람의 직업에 익숙해지지 않는 한, 소녀로서는 관심을 가질 수 없는 것을 당신에게 가르칠 것입니다. ……7

1885년 7월 5일 프로이트는 남자들에게 공손하지 못한 친구 엘리제를 마르타가 계속 만난다고 그녀를 꾸짖었다.

친구 관계가 당신에게 해가 되지 않을 정도로 당신이 성숙했다는 것을 당신이 어떻게 알 수 있나요? …… 당신은 너무 유순하고, 바로 이것이 내가 당신에게 바로잡아주어야 하는 것입니다. 한 사람의 행동은 상대방에게 영향을 끼치기 때문이지요. 아무리 실수를 해도 당신은 내 귀여운 작은 여인입니다. …… 당신은 이런 모든 것을 알고 있지 않나요. 내 귀여운 어린아이……8

프로이트의 여성에 대한 과학적 이론에서 그는 빅토리아 시대의 기사도 정신과 겸손을 혼합했다. 이것은 존 스튜어트 밀John Stuart Mill의 '여성해방과 여성 문제'에 대한 견해를 비웃으면서 1883년 11월 5일 그가 쓴 편지에 명백하게 나타나있다.

시종일관 그는 여성이 남성과는 다른 인간이라고는 주장하지 않았다. 우리보다 못한 게 아니라 차라리 그 반대라고 말할 것이다. 그는 흑인들에게서 보는 것과 같은 것을 여성에 대한 억압에서 발견했다. 선거권이나 법적 권한이 없더라도, 남자가 그 손에 키스하고 그녀의 사랑을 얻기 위해 감히 모든 것을 할 준비가 되어 있는 여자라면 누구든지 그를 바로잡을 수 있을 것이다. 남자로서 여성을 생존 경쟁 속으로 보내는 것은 실로 잘못된 생각이다. 예를 들어 만약 내가 내 귀여운 소녀를 경쟁자로 여긴다면, 내가 열일곱 달 전에 했던 것처럼 그녀를 좋아하고, 투쟁에서 벗어나 내 조용한 집, 즉 경쟁이 없는 활동으로 돌아올 것을 간청한다고 말함으로써 그 경쟁은 끝나버릴 것이다. 교육의 변화는 모든 여성의 부드러운 특성과 보호의 필요성을 억누를 수도 있지만, 그렇게 승리해서 남자처럼 생계 유지가 가능할지도 모른다. 그런 경우에는 이 세상이 남성에게 준 가장 즐거운 일인, 이상적인 여성이 사라져버리는 것을 비통해하는 게 합당할 것이다.

나는 남자가 사회에서 지위를 얻을 수 있는 나이가 되기 훨씬 이전에, 자연이 아름다움, 매력, 사랑스러움으로 여성의 운명을 결정했기 때문에 법과 교육에서의 모든 개혁을 허물 것이라고 믿는다. 법과 관습은 여성들에게 금지되었던 많은 것들을 줄 수 있지만, 여성들의 위치는 젊은 시절에는 사랑받는 애인, 더 자라서는 사랑받는 부인이 될 것이다.[9]

확실히 프로이트는 자신의 냉철하고 끊임없는 정신분석에 의존해 모든 이론을 내세웠고, 초점을 모두 성욕에 두었기 때문에 자신의 성욕에 대한 어떤 역설들은 꼭 들어맞는 것처럼 보였다. 많은 학자들이 말한 것처럼, 그의 저작은 어른으로 성장했을 때보다 유아기의 성욕에 더 많은 주의를 기울였다. 전기 작가 존스는 그가 유난히 순수했고, 청교도적이며, 도덕적이었다고 했다. 그 자신의 생활에 있어 그는 상대적으로 성에 무관심했다. 젊은 시절에는 오직 사랑하는 어머니가 있었고, 16세에 지젤이라는 소녀와 순수하고 환상적인 로맨스가 있었으며, 26세에 마르타와 약혼했다. 둘이 빈에서 살던 아홉 달 동안 그녀는 불안정했고, 그를 두려워했기 때문에 행복하지 못했다. 그러나 4년 동안 편안한 거리로 떨어져 있으면서 900여 통에 이르는 사랑의 편지를 쓰는 대단한 정열이 있었다. 그들이 결혼한 뒤, 존스는 프로이트는 너무 엄격한 도덕주의자여서 결혼 이외에는 성적 만족을 찾을 수 없었다고 했다. 그러나 그들의 열정은 빨리 식었다. 한 사람의 성인으로서 약혼 초기에 그가 사랑에 격렬한 열정을 가진 동시에, 미워할 수 있었던 여성은 오로지 마르타 뿐이었다. 그 뒤 그런 감정은 남성에게 집중되었다. 그의 경애하는 전기 작가 존스의 말대로, "이런 관점에서 평균에서 벗어난 프로이트의 일탈은 그의 뚜렷한 심리적 양성성과 마찬가지로, 프로이트의 이론적 견해에 일정 정도 영향을 끼쳤다."[10]

그다지 경건하지 않은 전기 작가들, 심지어 존스까지도 지적하듯이, 프로이트의 이론을 그 자신의 삶의 관점에서 바라볼 때, 어디에서나 성을 보는 금욕적인 노처녀를 연상하게 된다.[11] 자신의 온순한 아내에 대한 프로이트의 주된 불만은 그녀가 충분히 '온순'하지 않다는 것이었다. 그녀가 그를 '편안하게 하지' 못하고, 한 사람의 '친근한 동료'가 될 수 없었다고 불평하는 것은 흥미롭다.

그러나 프로이트가 힘들여 발견했듯이, 그녀의 속마음은 온순하지 않으며 쉽게 틀로 찍혀 나오지 않는 확고한 성격을 지녔다. 그녀는 완전한 인격을 갖추고 있었고 원만했다. 즉 정신분석학자들에게서 '정상'이라는 최고의 찬사를 받을 가치가 있었다.[12]

프로이트는 그녀가 자신이 추구하는 완전한 여성상을 갖추어야 한다고 주장했다. 항상 "젊고 귀여운 애인이어야 하며, 언제까지나 늙지 않고 한 주 정도만 늙은 것 같아야 하며, 모든 신랄함의 흔적을 재빨리 지울 수 있는 여인이어야 한다"고 주장했다. 하지만 그 바람은 "전혀 실현되지 못할 것"을 누구나 안다. 하지만 프로이트는 자기 자신을 책망한다.

사랑받는 사람은 장난감 인형이기보다는 엄격한 주인이 그의 지혜가 다해갈 때 분별 있는 말을 남기는 좋은 동료다. 그리고 나는 그녀가 나의 의견에 확신을 가질 때까지 자신의 의견을 보류하도록 그녀의 솔직함을 꺾으려고 노력하고 있다.[13]

존스의 지적대로 프로이트는 마르타가 자신이 던진 주된 시험

　　　　　　　　　　　　여성성의 신화

에 통과하지 못했을 때, 즉 자신의 견해, 느낌에 동의하고 자신의 의
도와 완전하게 동일해지지 못했을 때 괴로워했다. 그녀에게서 그의
'각인'을 느낄 수 없다면 그녀는 실제로 그의 것이 아니라는 것이다.
프로이트는 "사람은 다른 사람에게서 바로잡을 무언가를 발견하지
못하면 지루해질 수 있다는 것을 인정했다." 그리고 존스는 프로이
트의 사랑은 "자유로울 수 있고, 매우 유리한 조건에서만 전개될 수
있으며…… 마르타는 아마 그의 전능한 애인을 두려워했고, 대개
침묵 속에서 위안을 구했을 것"이라고 거듭 강조했다.[14]

그래서 그는 결국 그녀에게 이렇게 편지를 썼다. "나는 내가 요
구했던 것을 포기하겠소. 나는 홀로 견딜 정도로 충분히 강하오. 당
신은 나를 위해 귀하고, 귀여우며, 사랑받는 사람으로 남아 주오."[15]
이는 결국 "그의 생애에서 그런 [사랑과 미움의] 감정이 한 여성에게
집중된 유일한 순간"으로 남았다. [16]

이 결혼은 관습적인 것이었지만 열정은 존재하지 않았다. 존스
는 이렇게 썼다.

그들의 결혼처럼 성공적인 결혼은 거의 찾아볼 수 없었다. 마르타
는 확실히 최고의 부인이자 어머니였다. 그녀는 훌륭한 관리자였고 언
제나 하인을 부릴 수 있는 보기 드문 여자였다. 그러나 그녀는 사람들
앞에 일을 내놓는 가정주부 같은 부류는 결코 아니었다. 그녀는 남편
의 안전과 편의를 언제나 먼저 생각했다. …… 그녀가 세상 대부분 사
람들이 할 수 있는 것보다 더 비상한 그의 상상력을 따라갈 것이라고

는 기대하지 않았다.[17]

　　그녀는 '아버지der Papa'의 편의에 맞추어 엄격한 시간표에 따라 식사를 준비하며, 사랑스런 유대인 어머니가 그렇듯이 남성의 신체적 필요에 헌신했다. 그러나 그의 삶을 동등하게 공유하는 것은 꿈에도 생각하지 않았다. 프로이트도 자신이 죽을 경우 아이들을 위해, 특히 교육에 있어 그녀를 적합한 보호자로 여기지 않았다. 그는 극장에서 그녀를 불러내는 것을 잊어버렸던 꿈을 떠올렸다. 이런 그의 연상은 "중요하지 않은 문제에 망각이 허용될 수 있다는 것을 암시한다."[18]

　　프로이트의 문화로 여성이 남성에게 무한히 복종하는 것은 당연한 것으로 여겨졌고, 독립적인 행동을 하거나 개인적 정체성을 형성할 기회는 부족했다. 때문에 아내는 종종 불안해했고 억압받는다고 생각했으며 남편은 짜증을 냈다. 이것이 프로이트의 결혼 생활이었다. 존스가 요약한 대로 여성에 대한 프로이트의 태도는 "오히려 구식이라고 말할 수 있으며, 이것은 어떤 개인적 특질보다는 그가 자라난 사회적 환경과 시대의 탓으로 돌리는 게 편할 것이다."

　　그의 지적 견해가 무엇이든지 간에, 그의 글과 감정적인 태도가 일치하는 부분을 많이 지적할 수 있다. 그가 남자를 창조의 주체로 인정했다는 확실한 근거는 없다. 왜냐하면 그 자신이 남성으로서의 본성에 우월감이나 오만을 드러내지 않았기 때문이다. 그러나 아마도 그는 여성의 주된 기능은 남성의 필요에 부응하고 위안이 되는 구원의 천사가 되는 것이라는 견해를 가졌다고 할 수 있을 것이다. 그의 편지와 사랑은 그의 마음속에 있던 유일한 성적 대상이 온화한 여성성임을 명백히 보여준다. ……

프로이트가 여성의 심리는 남성의 심리보다 알기 어렵다고 생각한 것은 의심의 여지가 없다. 그는 언젠가 마리 보나파르트Marie Bonaparte에게 이렇게 말했다. "30년 동안 여성의 심리를 연구했음에도 불구하고, 그 답을 찾아본 적도 없고 여전히 찾지 못한 중요한 질문이 있습니다. 도대체 여성이 원하는 것은 무엇입니까?"[19]

또 존스는 이렇게 말했다.

프로이트는 다른 형태의 여성인 더욱 지적이고 남자다운 기질을 지닌 여성에게도 관심이 있었다. 그런 여성은 여러 번 프로이트의 삶에서 중요한 역할을 했다. 그러나 그런 여성들은 아무리 훌륭한 재간을 가졌다 해도 남자 친구의 보조 역할에 불과했다. 또한 프로이트는 그들에게서는 성적 매력을 느끼지 못했다.[20]

이런 여성들로는 마르타보다 더 지적이고 독립적이며, 후에 정신분석 운동의 지지자이자 여성분석가가 된 그의 처형 민나 버네이스Minna Bernays 외에도, 마리 보나파르트, 조앤 리비에르Joan Riviere, 루

안드리에스-살로메Lou Andreas-Salomé가 있었다. 하지만 그가 결혼 생활 바깥에서 성적 만족을 찾았다는 것에 대해서는 그를 옹호하는 사람이든 반대하는 사람이든 어떤 전기 작가도 의심하지 않았다. 따라서 섹스는 그의 인간적인 열정과 완전히 분리되었던 것으로 보인다. 그는 그의 사상이 생산적으로 움직이던 말년에 어느 정도는 자신과 동등하며 따라서 '남성적'이라고 간주한 여성들과 남성들하고 나눈 우정 속에서 그 열정을 드러냈다. 그는 언젠가 "나는 내 방식으로 누군가를 이해할 수 없을 때 섬뜩해진다"고 이야기했다.[21]

프로이트의 이론에 있어 섹스의 중요성에도 불구하고, 그의 말 속에서 성행위는 저속한 것으로 나타난다는 것을 알 수 있다. 만약 남성들의 눈에 여성들 자신이 그렇게 저속하다면, 섹스가 어떻게 다른 관점에서 보일 수 있을까? 물론 그것은 그의 이론이 아니었다. 프로이트는 남성으로 하여금 "신체를 더럽히고 오염시키는 것뿐 아니라 성행위를 저열한 것으로 간주하게 만드는 것"은 어머니나 누이와의 근친상간 개념이라고 보았다.[22] 여하튼 여성 비하는 프로이트의 이론에는 당연한 것이었으며, 여성성에 대한 그의 이론의 핵심이었다. 프로이트의 이론에서 여성의 성격 형성의 동기가 되는 힘은 남근에 대한 여성의 선망이었다. 여성이 자신을 "소년의 눈으로, 그리고 아마도 나중에는 남자의 눈으로" 보면서 남근을 갖지 않았기에 스스로가 매우 가치가 없다고 느끼게 된다는 것이다. 정상적인 여성에게는 남편의 성기에 대한 갈망이 있는데, 그 갈망은 아들을 낳아서 남근을 소유하기 전까지는 절대 채워지지 않는 갈망이다. 요컨대 여자는 무언가가 결여된 남성, 미완성 인간인 것이다. 저명한 정신분석가인 클라라 톰슨Clara Thompson이 지적한 대로, "프로이트는 여성에 대한 빅토리아 시대의 편견에서 결코 벗어나지 않았다. 그는 빅토리아 시대의 생활과 생활관의 한계에서 여성의 존재를 피할 수 없는 운명의 일부로 받아들였다. 거세 콤플렉스와 남근 선망, 그의 모든 사고에 있어 가장 기본이 되는 이 두 개념은 여성이 생물학적으로 남성보다 열등하다는 것을 가정한다."[23]

프로이트의 남근 선망이라는 개념이 의미하는 것은 무엇일까? 프로이트가 자신의 문화를 벗어날 수 없다는 것을 인정하는 이들조차 프로이트가 자신의 문화로 관찰한 것을 사실대로 전했다는 것을 의심하지 않는다. 프로이트는 빅토리아 시대에 빈에 사는 중산층의 여성들이 남근 선망이라고 부르는 현상에 모두 해당하는 것을 발견하고 이것을 여성에 대한 전체 이론의 기반으로 삼았다. 그는 "여성 심리"라는 강의에서 이렇게 말했다.

소년에게 거세 콤플렉스는, 그가 그렇게 높이 평가하는 성기가 여성의 육체에서 필수적인 부분이 아니라는 것을 여성의 생식기 모양을 알게 된 뒤에 형성됩니다. …… 그때부터 그는 거세 콤플렉스의 영향을 받습니다. 그것은 그 남자아이를 발전시키는 가장 강한 추동력이 됩니다. 마찬가지로 소녀에게 있어 거세 콤플렉스는 남성의 생식기를 봄으로써 시작됩니다. 소녀는 즉시 그 차이점과 그것의 중요성을 알아내고 인정합니다. 여자아이는 정말 불리하다고 생각하고, 가끔 그것을 가지고 싶어 하는 남근 선망의 희생양이 되고 싶다고 선언합니다. 그 것은 여성의 성장과 성격 형성에 뿌리 깊은 흔적을 남기며, 가장 좋은 조건 속에서도 대단한 정신력을 쏟지 않고는 그것을 극복하지 못하게 합니다. 소녀가 남근이 없다는 사실을 인정하는 것이 그것의 결핍을 가볍게 받아들인다는 것을 뜻하지는 않습니다. 반대로, 그녀는 오랜 시간 동안 그것을 얻기 위한 욕망에 집착하고 아주 오랜 동안 그것을 지닐 수 있다는 가능성을 믿습니다. 심지어 그녀가 현실을 이해하고 자신이 성취하기 어려운 욕망을 포기했을 때에도, 분석을 해보면 그 욕망은 여전히 무의식 속에 잠재하며 상당한 양의 에너지를 지니고 있 습니다. 결국 그녀가 그토록 오랫동안 갈구한 남근에 대한 욕망은 성 숙한 여성으로 하여금 분석을 받게 하는 데 기여할 수 있습니다. 그리 고 그녀가 분석을 통해 얻기를 합리적으로 기대하는 것, 예를 들어 지 적인 직업을 추구할 능력과 같은 것은 종종 이 억압된 소망을 바람직 하게 변화시키는 것으로 인식할 수 있습니다.[24]

"소녀의 생애에서 자신이 거세되었다는 것을 알아차리는 것은 일종의 전환점이 된다." 프로이트는 말을 이어간다. 소녀는 "더욱 잘 갖춰진 소년과 불리한 비교를 함으로써 자기애에 상처를 입는 다." 그녀는 남성의 눈에 보이는 것처럼 그녀의 어머니와 그 밖의 모 든 여성들을 비하해서 보게 된다. 이를 계기로 성적으로 철저하게 금욕하거나 노이로제 현상을 보이기도 하고, 남성 성기 활동, (다시

여성성의 신화

말해 "남성의 특성을 나타내는 것과 같은 활동"을 의미하는) '남근 숭배' 활동을 거부하는 '남성성 콤플렉스', 또는 활동에 대한 충동이 억압되는 '정상적 여성성'을 보이기도 하면서, 소녀는 남근에 대한 갈망 때문에 아버지에게 의지한다. "그러나 여성의 상황은 남성 성기에 대한 갈망이 아이에 대한 갈망으로 대체될 때만 해결될 수 있다. 남근의 자리를 아이가 차지하게 되는 것이다. 그녀가 인형과 함께 놀때, 이것은 수동성이 아니라 능동적 행위인 만큼 "진정으로 여성성을 표현한 것이 아니다." "가장 강력한 여성의 갈망"인 남근에 대한 욕구는, "오직 남근을 지닌 작은 소년을 가짐으로써만 실현될 수 있다. 어머니는 스스로 눌러야 하는 모든 욕망을 아들에게 옮길 수 있으며, 그녀의 남성성 콤플렉스에 대해 그녀가 갖고 있는 모든 것을 아들에게서 얻기를 바란다."[25]

그러나 본래의 결핍, 그리고 그 결과로 생기는 남근 선망을 극복하기는 너무 힘들기 때문에 여성의 초자아—그녀의 양식과 이상—는 결코 남성의 초자아만큼 완전하게 형성되지 않는다. "여성은 정의감이 약하며, 이것은 그들의 정신생활에서 시기심이 앞선다는 것과 연결되어 의심의 여지를 없앤다." 따라서 사회에 대한 여성의 이해는 남성의 이해보다 약하며, "그들의 본능을 승화시키는 능력도 더 약하다." 결국 프로이트는 "분석 연구를 통해 거듭 확인하게 되지만, 여성성에 내재한 결핍 때문에 정신분석이 여성들에게 해줄 수 있는 것은 거의 없다"고 이야기한다.

나이가 서른 살쯤 되는 남성은 청년이며, 어떤 의미에서는 불완전하게 발전한 개인이다. 우리는 그가 발전의 가능성을 충분히 살릴 수 있기를 기대하며, 분석은 이에 대해 열려있다. 하지만 같은 나이의 여성은 심리학적으로 고정되어 있으며 변화가 불가능하기 때문에 우리는 분석을 주저하게 된다. …… 그녀에게 미래의 발전으로 열린 길은 없다. 모든 과정을 이미 경험했고 그것은 미래에도 영향을 미치지 않을 것 같다. 실제로 여성성으로 이어지는 어려운 발전은 개인의 모든 가능성을 고갈시킨다. …… 우리가 그녀의 신경증적인 갈등을 해결함으로써 고통을 제거할 수 있다 하더라도 말이다.[26]

프로이트는 실제로 무엇을 이야기하고자 하는 것일까? 프로이트가 생물학적인 것으로 믿었던 것이 때로는 문화적 반응이었다는 우리의 새로운 지식에 비추어서 프로이트의 '남근 선망'을 다른 프로이트주의 개념들처럼 재해석한다면, 빅토리아 시대에는 여성이 남성을 선망할 이유가 많았다고 생각하면 그만이다. 사실 페미니스트들이 쟁취하고자 했던 조건들, 즉 남성들이 즐겼던 자유와 지위, 쾌락을 부인당했던 여성이 비밀스런 짧은 꿈속에서 이런 것들을 가지길 바랐다면 그녀는 남성이 되길 바랐을 수 있다. 그리고 그녀 자신을 남성과 다르게 만든 그것, 남근을 가지고 싶어 했을지도 모른다. 물론 그녀는 그런 선망과 분노를 감추는 법을 배워야 했을 것이다. 그녀는 어린아이, 인형, 장난감으로서 행동해야 하며, 그녀의 운명은 매력적인 남성에게 달려있었기 때문이다. 만약 그녀가 남모르

여성성의 신화

게 자신을 경멸하고 그녀에게 없는 것 때문에 남자를 시기했다면, 그녀가 비록 사랑의 순간을 경험하고 심지어는 노예 같은 경배심을 느낄 수 있었을지라도, 진실로 자유롭고 즐거운 사랑을 할 수 있었을까? 여성은 남성보다 선천적으로 열등하다고 생각하지 않는다면, 여성이 남성을 시기하고 스스로를 경멸하는 이유가 그녀의 성적 결함을 인정하려 하지 않아서라고 답할 수 없다. 그러나 여성이 열등하다고 생각한다면, 당연히 동등해지고 싶어 하는 여성의 희망은 신경증에 불과할 것이다.

이제는 프로이트가 심지어 남성에게조차 자아나 "자신의 성장을 주도하고 통제하거나 자아실현과 환경을 조화시키려는 충동"에 적절한 주의를 기울이지 않았다는 것이 알려지고 있다.[27] 프로이트의 편견에서 벗어나 인간이 성장하기 위해 필요한 것을 탐구하면서 다른 행동과학자들과 협력하는 연구자들은, 근본적으로 인간이 요구하는 것이 있고 어떤 형태로든 그 요구가 방해받으면 이것이 심리적인 문제의 근원이 된다고 생각하기 시작했다. 성적인 측면은 인간의 잠재 영역 중 한 가지 측면에 불과하다. 프로이트는 모든 노이로제의 근원은 성적인 것이라고 생각했다. 즉 남성과의 성적인 관계라는 측면에서만 여성을 본 것이다. 그러나 그가 성적인 문제가 있다고 본 모든 여성들에게는 미성숙하고 불완전한 자아 같은, 완전한 인간으로서의 정체성이 부족하여 성장을 가로막은 심각한 문제가 있었음이 틀림없다. 그 당시의 사회가 여성의 교육과 독립을 노골적으로 거부함으로써 여성들은 자신들의 잠재력을 완전히 깨닫지 못하거나 그들의 성장을 자극했을 수도 있는 관념과 이상을 가지지 못했다. 프로이트는 여성들의 이러한 결핍을 보고했지만, 이를 '남근 선망'의 결과로만 설명했다. 그는 남성에 대한 여성의 시기를 단지 성적 질병으로만 보았다. 그는 남몰래 남성처럼 동등해지기를 바라는 여성들은 그의 연구 대상이 되지 않으리라고 보았다. 그러나 그가 여성의 평등에 대한 갈망을 '남근 선망'으로 무시할 때, 그는 여성이 남근을 지닐 수 없을 뿐만 아니라 실제로도 남성과 동등할 수 없다는 견해를 나타냈던 것이 아닌가?

프로이트는 변화하는 사회에 관심이 없었지만, 남성과 여성이 변화에 적응하도록 도왔다. 그는 15년 동안 삶의 어떤 부분에서도 활동하지 못하게 했던 복잡한 증상에서 벗어난 어느 중년 미혼 여성의 사례를 언급했다. 그런 증세를 벗어나서 "그녀는 결코 작지 않은 그녀의 재능을 개발하고, 너무 늦기 전에 삶에서 소소한 즐거움과 성공을 이끌어내기 위해 넘치는 활기 속으로 뛰어들었다." 그러나 그 모든 시도는 그녀를 위한 자리가 없다는 것을 알았을 때 끝나고 말았다. 그녀는 더 이상 노이로제 증세를 되풀이할 수 없었기에 사고를 당하기 시작했다. 발목, 다리, 손을 삐었다. 이것 또한 치료되자 "그녀는 사고 대신에 가벼운 질병에 걸리기 시작했다. 감기로 인한 인후두염, 목구멍 통증, 류머티스 같은 것들이었다. 마침내 그녀가 활동하지 않기로 결심하자 모든 일이 해결되었다."[28]

프로이트나 동시대의 학자들이 여성은 신의 결정으로 어찌할 수 없이 열등하다고 생각했다 하더라도, 오늘날 과학은 그런 견해

여성성의 신화

를 입증하지 못한다. 우리가 지금 아는 대로 여성의 열등함은 교육의 결핍과 가정이라는 제약에 따른 것이었다. 오늘날 여성의 지능이 남성과 동등하다는 것이 과학적으로 입증되고, 완력을 제외한 모든 면에 있어 그 능력이 동일하다는 것으로 드러나자, 여성의 열등함에 근거한 이론은 위선적이고 우스꽝스러운 것이라는 점이 명백히 알려졌다. 하지만 프로이트의 여성 이론의 근간은 여전히 남아있다. 오늘날 정교함으로 위장한 그 이론은 시간을 초월한 성적 진실이라는 가면을 쓰고 있다.

프로이트의 후계자들은 프로이트가 정의한 대로 여성을 바라보았기에, 여성은 열등하고 어린아이 같으며 무력하므로 남성에게 수동적으로 순응하지 않으면 불행해진다고 생각했다. 따라서 여성들의 억제된 시기심, 동등한 인간이고자 하는 노이로제 같은 욕구를 제거하기 위해 많은 노력을 기울였다. 프로이트의 후계자들은 여성들이 자신의 열등성을 긍정하고, 여성으로서 성적 충족을 찾고 만족하기를 원했다.

그러나 그런 열등성을 규정하던 사회는 프로이트의 후계자들이 20세기 미국에서 프로이트가 남근 선망이라 불렀던 것의 해법뿐만 아니라 원인마저 바꾸어놓았을 때 철저하게 변화했다. 우리 문화의 변천 과정과 인간 성장에 관한 새로운 지식에 비추어보면, 빅토리아 시대의 여성들이 거부당했던 권리와 자유를 가지고 교육을 받은 여성들은 프로이트가 치유하려 했던 여성들과는 다르다는 것을 알 수 있다. 사람들은 여성들이 남성을 시기할 이유가 훨씬 적다는 것을 짐작할 것이다. 그러나 프로이트의 남근 선망 개념은 어떤 신비스러운 생명력을 가진 채, 그것을 관찰할 수 있었던 여성과는 완전히 독립되어 존재하는 미국 여성에게 문자 그대로 적용되고 해석되었다. 마치 프로이트가 살던 빅토리아 시대의 여성에 대한 관념이 그것이 적용된 20세기 여성보다 더 현실적이라는 듯이 말이다. 여성에게 프로이트의 이론을 적용하는 사람들은 미국에 사는 오늘날의 여성이 빅토리아 시대의 여성과 다르지 않다는 오해에 사로잡혀 있다. 한 세기 전, 남성과 비교했을 때 불공정했던 여성의 삶은 남근 선망을 합리화시키는 것으로 치부되었다. 그리고 그 시대의 여성과 비교해 지금의 여성에게 주어진, 실질적인 기회가 있는 삶은 남근 선망이라는 이름 아래 금지되었다.

프로이트주의 이론은 정신분석가 마리냐 판햄Marynia Farnham과 사회학자 페르디난트 룬드버그의 『현대 여성: 잃어버린 성』의 구절들에서 적용되었다. 이 이야기는 잡지와 결혼 예비학교에서 하도 많이 들먹이는 바람에, 우리 시대의 공인된 진실로 받아들여졌다. 그들은 페미니즘을 남근 선망과 같은 것으로 치부하면서 단정적으로 말했다.

페미니즘은 정치 프로그램과 (전부는 아니지만) 대다수 사회 프로그램처럼 겉으로는 적절해 보이지만, 내부에서는 심각한 병을 앓고 있다. …… 오늘날 여성 교육과 개발 훈련의 지배적 방향은 …… 성적 즐거움을 얻는 데 필수적인 것들을 경시하게 만든다. 수용성과 수동

여성성의 신화

성, 두려움이나 분노 없이 의존성을 기꺼이 받아들이는 미덕, 성생활의 마지막 목표인 수태를 위한 깊은 삽입과 준비…….

여성의 몸에는 남성이 성취감을 얻는 대로 완성감을 느낄 수 있는 능력이 없다. …… 페미니스트들이 원래 남성의 것인 길을 가도록 유도하고, 양육이라는 여성의 길을 거부하게 하는 것은 잘못이다.

여기서 생겨나기 시작하는 사회심리학적 규칙은 여성이 더 많이 교육받을수록, 성적으로 방종해질 여지가 더 많아진다는 것이다. 한 여성 집단에서 방종한 성문화가 만연할수록, 태어나는 아이들은 더 줄어든다. …… 맥베스 부인이 가져다 준 운명, 그것은 그들이 생명을 낳는 문제뿐만 아니라 즐거움을 느끼는 문제에 있어서도 무성無性의 생활을 하게 된다는 것이다.[29]

이렇게 해서 프로이트 이론을 대중화한 논자들은 여성에 대한 그의 무의식적인 전통적 편견을 유사과학의 시멘트로 더욱 굳게 다졌다. 프로이트는 한 가지 사실에서 전체를 추론하여 이론을 세우는 자신의 경향을 잘 알고 있었다. 이 방식은 생산적이고 창조적이지만, 한 가지 사실의 중요성이 잘못 해석된다면 양날의 칼이 된다. 프로이트는 1909년 융Carl Gustav Jung에게 이런 편지를 보냈다.

내가 떠난 뒤에 내 오류들이 신성한 것으로 추앙받게 될 것이라는 당신의 추측은 나를 무척 즐겁게 했습니다. 그러나 나는 그렇게 생각하지 않습니다. 도리어 내 후계자들은 안전하지 않은 모든 것들을

가능한 빨리 제거하고 내가 남겨놓은 것들을 세밀히 살펴볼 것이라고 생각합니다.[30]

하지만 여성이라는 주제에 관해, 프로이트의 후계자들은 그의 오류들을 증폭시켰을 뿐 아니라, 프로이트 자신조차 열어둔 문제, 즉 실제 여성들에 대한 그들의 관찰 내용을 프로이트의 이론적 틀에 끼워 맞추는 무서운 시도를 감행했다. 그래서 예컨대 헬레네 도이치가 1944년 두 권으로 출간한『여성의 심리—정신분석학적 해석』은 남근 선망만으로는 여성들이 겪는 모든 곤란을 다 해석할 수 없었다. 그래서 그녀는 성적 영역뿐 아니라 모든 생활 세계에 있어서도 '여성성'을 '수동성'으로, '남성성'을 '활동성'으로 등치했는데, 이것은 프로이트조차 현명하지 못하다고 본 것이었다.

여성의 지위가 외적 영향에 종속된다는 것을 충분히 알고 있지만, 나는 '여성적-수동적' 또는 '남성적-활동적' 같은 근본적 정체성들이 모든 문화와 종족에서 다양한 형태와 양적 사례를 통해 확인되고 있다고 감히 이야기하고자 한다.

여성은 자연이 부여한 이런 특질에 대해, 그것 덕분에 일정한 혜택을 보면서도 저항할 때도 많다. 그녀가 자신의 성격에 대해 충분히 만족하지 못함을 보여 주는 행동 양식들은 많다. …… 불만의 표출과 그것을 치유하려는 시도가 결합한 결과, 그것은 여성의 '남성성 콤플렉스'를 야기한다.[31]

여성성의 신화

도이치 박사가 말을 바꾸어 이야기한 '남성성 콤플렉스'는 '여성 거세 콤플렉스'에서 곧바로 도출된다. 따라서 해부학은 운명적인 것이며 여성은 여전히 '미숙한 인간'이다. 물론, 도이치 박사는 지나가는 말로 "하지만 소녀의 경우 환경이 그녀의 공격성과 그녀의 활동성을 모두 억제한다"고 이야기한다. 그래서 남근 선망, 여성의 결핍된 해부학적 특징, 그리고 사회가 "모두 여성성을 만들어내는 듯하다"는 것이다.[32]

'정상적인' 여성성은 결국 남편과 아들의 활동, 그들의 목적을 통해 자신을 실현하고 동일시함으로써 여성 자신의 창의력이나 활동 목적을 포기해야 가능해진다. 이런 과정은 남녀의 구별이 없는 방식으로 승화될 수 있다. 예를 들어 남성 상급자를 위해 기본적인 부분을 연구하는 여성들이 그렇다. 아버지에게 헌신적인 딸도 만족스러운 여성적 '승화'를 보여준다. 평등에 기반을 둔 여성의 활동이나 창조력은 '남성 콤플렉스'로 비난받는다. 이 프로이트의 명민한 여성 후계자는 1944년에 미국에서 다양한 방면에서 업적을 이룬 여성들은 그들의 여성적 성취를 희생하면서 그렇게 했다고 단정적으로 말한다. 그녀는 누구의 이름도 언급하지 않을 것이지만, 그들은 모두 '남성성 콤플렉스'로 고통받는다는 것이다.

40년대의 세련된 사고에서 갑자기 그런 불길한 선언들이 쏟아져나왔으니, 정신분석가가 아닌 소녀나 여성들이 그것을 어떻게 무시할 수 있었겠는가?

교육받은 여성들을 거의 2세대에 걸쳐 세뇌시킨 프로이트의 이론들이 정신분석학적 음모의 일부였다고 가정하는 것은 우스꽝스러운 일이리라. 이러한 일은 프로이트의 이론을 경솔하게 왜곡시켰거나 좋은 뜻에서 그것을 전파하려 했던 사람들 때문에 벌어졌다. 교조적인 개종자, 유행과 선전을 좇는 사람들, 고통을 겪은 사람들, 그것을 치유한 사람들, 고통으로 이윤을 얻는 사람들, 그리고 무엇보다도 특정한 시기에 미국인 특유의 힘과 필요가 일치했기 때문이었다. 사실상 여성성의 성취라는 프로이트 이론을 미국 문화가 문자 그대로 받아들인 것은 여성 환자들에게서 관찰한 것을 프로이트의·이론과 조화시키려는 많은 미국 정신분석가들의 개인적인 투쟁과 희비극적인 대조를 이루었다. 이 이론에 따르면 여성이 '남성성에 대한 갈망'이나 '남근 선망'으로 분석될 수 있다면, 여성들은 부인이나 어머니로서 자신을 성취할 수 있어야 한다. 그러나 그것은 그렇게 쉽지 않았다. 웨스터 체스터의 한 분석가는 말했다. "나는 왜 미국 여성이 불평하는지 모르겠어요." 그는 "남근 선망은 어째서인지 미국 여성들에게서 근절되기 어려운 것 같다"고 주장했다.

빈에 있는 프로이트 정신분석연구소에서 공부한 뉴욕의 한 정신과 의사는 내게 이렇게 말했다.

20년 동안 미국 여성을 분석하면서 나는 환자들의 심리 생활에 프로이트의 여성성 이론을 마지못해 덮어씌우는 자신을 거듭 발견하게 됐어요. 결국 남근 선망은 이제 더는 존재하지 않는다는 결론에 도달하게 됐죠. 난 표현력이 풍부하고 성적으로나 생식적으로 완전한 여

여성성의 신화

성들을 보았습니다. 하지만 그들은 성장하지 못하고, 통합적이지 않으며, 성취감을 느끼지 못했습니다. 나는 어떤 환자를 두 해 가까이나 봐오면서도 그 여성의 실제 문제를 보지 못했어요. 그녀는 자신이 단지 주부이자 어머니라는 것만으로는 부족했던 거죠. 어느 날은 환자가 교실에서 무언가를 가르치는 꿈을 꾸었습니다. 나는 이 주부의 꿈을 남근 선망으로 간주하고픈 강력한 열망을 떨쳐낼 수 없었지요. 하지만 그것은 성숙한 자아를 성취하고자 하는 욕구를 표현하는 것이었어요. 난 말했죠. "저는 이 꿈을 제대로 분석할 수 없습니다. 당신은 무언가를 해야만 해요."

이 사람은 이스턴대학 의과대학원에서 젊은 분석가들을 가르치고 있다. "만약 환자가 책과 들어맞지 않으면, 책을 던져버리고 환자의 이야기를 들으세요."

하지만 많은 분석가들은 책을 환자에게 던져버렸다. 그리고 분석가의 진찰대에 누워본 적은 없지만 어디에선가 읽거나 들은 여성들에게도 프로이트 이론은 사실로 받아들여지게 되었다. 오늘날 자꾸만 늘어가는 미국 여성들의 불만이 여성성의 섹슈얼리티 문제가 아니라는 점은 대중문화에까지 미치지 못했다. 그러나 사실 어떤 분석가는 이 이론을 철저하게 수정했으며, 심지어 그 이론을 완전히 기각하기도 했다. 하지만 이런 사실을 일반인들은 알지 못한다. 프로이트가 1940년대 말에 너무 빠르고 전면적으로 수용된 나머지, 교육받은 미국 여성들이 가정으로 돌아가야 한다는 것을 문제 삼은 사람이 지난 10여 년 동안 아무도 없을 정도였다. 무언가 잘못되어 간다는 문제가 제기될 때면 그들은 프로이트의 틀 속에서 오직 한 가지 대답만 할 수 있었다. 즉 교육, 자유, 권리가 여성에게 적합하지 않다는 것이었다.

미국에서 프로이트 이론이 무비판적으로 받아들여진 것은 프로이트 이론이 객관적인 현실에 나타나는 문제들을 해결했기 때문이다. 전쟁 이후 불경기가 지난 다음 프로이트 심리학은 인간의 행동과학 이상의 것이 되었다. 고통에 대한 치유법이 되었고, 모든 것을 포함하는 미국의 이데올로기와 새로운 종교가 되었다. 그것은 신이나 국기 또는 은행 계좌로 채울 수 없는 공허함을 느끼는 사람들이나 인도나 아프리카의 굶주린 어린아이들과 포로수용소에서 벌어지는 폭력에 책임감을 느끼고 괴로워하는 사람들에게 사상과 목적의 공백을 채워줬다. 그것은 스테이크의 맛, 자동차, 컬러 TV, 수영장들을 망쳐버린 원자폭탄과 매카시즘 같은 모든 골치 아픈 문제들로부터 안전한 도피 통로를 제공했다. 그것은 좀 더 넓은 세상에서 나타나는 문제들을 억누르고 우리 자신의 쾌락을 추구해도 된다고 해주었다. 이 새로운 심리학은 성을 미덕으로 만들었고, 개인의 악으로부터 모든 죄를 사했으며, 마음과 정신의 고상한 포부에 의문을 던졌다. 그리하여 남성보다 여성에게 개인적으로 파괴적인 영향을 미쳤지만, 아무도 그렇게 되도록 계획하지는 않았다.

심리학은 오랫동안 과학적으로 열등감에 사로잡혀 있었다. 깔끔하고 작은 실험실에서 실험을 통해 인간의 복잡성을 미로 속에

여성성의 신화

있는 쥐의 행동처럼 간단히 측정할 수 있게 만들 수 있다는 환상에도 오랫동안 집착했다. 이랬던 심리학이 메마른 미국 사상을 휩쓰는 구원의 십자군으로 탈바꿈했다. 프로이트는 정신적 지도자였으며, 프로이트의 이론은 성서였다. 그리고 그 이론에 나타나는 모든 것은 흥미롭고 실제로 중요한 것이었다. 프로이트 이론의 불가사의한 복잡성은 지루했던 미국인에게 매력으로 다가왔다. 그리고 그 이론의 일부가 여전히 혼란스러울 정도로 파악하기 어렵다면, 그것을 이해할 수 없다는 것을 누가 인정하겠는가? 미국은 심리분석 운동의 중심지가 되었다. 프로이트, 융, 그리고 알프레드 아들러 학파의 분석가들이 빈이나 베를린에서 옮겨오면서 새로운 학파들이 생겨났고, 미국인들의 폭증하는 노이로제와 달리 위에서 번성했다.

그러나 정신분석 치료법이 여성성의 신화에 주된 책임이 있는 것은 아니었다. 여성성의 신화는 대중매체 작가나 편집자, 광고대행사, 그들의 뒤를 이은 대학과 대학교에 있는 프로이트 사상의 번역자와 보급자들의 창조물이었다. 프로이트 이론이나 유사 프로이트 이론은 가루가 고운 화산재처럼 어디에나 산재했다. 여성성의 신화의 가장 열광적인 전도사들은 '결혼과 가정생활 교육'이라는 새로운 학과를 만들기 위해 프로이트 이론을 급하게 붙잡은 기능주의자들이었다. 결혼에 관한 기능주의적 교과 과정은 미국 여대생들에게 '여성의 역할을 담당하는' 방법을 가르쳤다. 즉 과거의 여성 역할이 새로운 학문이 된 것이다. 대학 과정 바깥에서는 관련된 운동들—부모 교육, 아동 연구 집단들, 출산 전 모성애 연구 집단 그리고 정신 건강 교육 등—이 새로운 심리적 초자아를 보급했고, 이것은 교육받은 젊은 여성을 위한 오락이 되어 브리지나 카나스타 게임을 대체했다. 그리고 프로이트가 과거를 영속시키기 위해 초자아가 작용한다고 말했던 것처럼, 이런 프로이트적 초자아는 숫자가 점점 늘어나는 젊고 감수성이 예민한 미국 여성들에게 작용하게 되었다.

인류는 현재만을 사는 것이 아니다. 초자아의 이데올로기는 과거와 인종과 민중의 전통을 영속시키며, 이는 비록 느리더라도 현재에 영향을 미치며 새로운 발전을 낳는다. 그것들이 초자아를 통해 작동하는 한, 경제적 조건과 독립적으로 인간의 삶에서 중요한 역할을 담당한다.[33]

프로이트 이론에 의해 과학적인 종교로 격상된 '여성성의 신화'는 여성들에게 단일하고, 과잉 보호되며, 삶이 제한되어 있고, 미래를 부인하는 존재라는 인상을 부여했다. 야구를 하고, 아기를 돌보고, 기하학을 공부하면서 자란, 핵분열과 융합 시대의 문제를 해결할 정도로 비상하고 독립적인 소녀들이 우리 시대의 가장 진보적인 사상가들에 의해 빅토리아 시대의 편견에 따라 인형의 집의 노라처럼 우리 시대를 거슬러 살라는 이야기를 들었던 것이다. 그리고 이제 인류학, 사회학, 심리학 등도 공유하는 과학적 권위에 대한 존중과 경외심은 여성성의 신화에 대해 의문을 품는 것을 막았다.

06

기능주의의 함정, 여성성 주장
그리고 마거릿 미드

미국의 사회과학은 여성의 생활에 제약을 가했던 오랜 편견을 없애는 대신 오히려 그 편견에 새로운 권위를 부여했다. 이런 기묘한 순환 과정에 의해, 여성을 자유롭게 하기 위한 강력한 무기였던 심리학, 인류학, 사회학의 통찰력은 여성을 한 가운데 가두고 서로를 상쇄시켰다.

지난 20년 동안 프로이트 사상이라는 촉매 현상의 충격 아래 정신분석가, 인류학자, 사회학자, 사회심리학자, 행동과학 분야의 다른 전문가들이 여러 대학에서 전문적인 세미나를 개최하거나 연구재단의 재정 지원을 받아 회의를 열었다. 이종교배로 모든 식물이 꽃을 피울 수 있게 된 것 같지만, 일부는 이상한 변종을 낳았다. 빈에 있는 프로이트의 연구소에서 진행된 것이 틀림없는 문화적 과정에 따라, 정신분석가들은 항문기적 성격과 구강기적 성격 같은 프로이트의 개념을 인류학에서 차용한 의식의 관점에서 재해석하기 시작했고, 인류학자들은 글자 그대로 '구강'과 '항문'의 교차표에 따라 부족의 성격을 도표로 작성하기 위해 남태평양으로 떠났다. 인류학자들은 '민속학 분야의 전문가들을 위한 심리학적 힌트'를 갖춘 덕분에 그들이 찾고자 하는 것을 이따금 발견했다. 문화와 인격의 상관관계 연구 분야를 개척한 마거릿 미드와 그 동료들은 프로이트 이론에서 문화적인 편견을 가려내고 해석하는 대신, 인류학적인 관찰을 프로이트 이론의 틀에 끼워 맞추려는 과오를 되풀이했다. 그러나 미국 사회과학자들이 때맞추어 기능주의functionalism라 불리는 일탈을 하지 않았더라면, 이중 어느 것도 여성에게 동결 효과를 가져오지는 않았을 것이다.

기능주의는 주로 문화인류학과 사회학을 중심으로 하고 가족 교육 응용 분야에까지 미치지만, 기본적으로는 생물학에서 인간의 뼈와 근육에 대한 분석을 빌려와 사회집단의 '구조'와 '기능'에 적용함으로써 사회과학을 더욱 '과학적'으로 만들려는 시도에서 비롯되었다. 한 사회 안에서 기능의 관점으로 기관을 연구함으로써 사회과학자들은 비과학적인 가치 판단을 피하려 했다. 사실 기능주의는 과학적인 단어 놀이 이상의 과학 운동이 아니었다. 이따금 '기능은 ……이다'는 '기능은 ……이어야 한다'로 해석되었다. 즉 정신분석가들이 자신들의 편견을 프로이트 이론으로 가장한 것처럼, 사회과학자들 또한 그 이상으로 그들의 편견을 기능주의로 가장했지만, 그것을 인식하지 못하고 있었다. '여성의 역할'이라는 일반적인 용어에 절대적인 의미와 신성한 가치를 부여함으로써, 기능주의는 미국 여성들을 매력적인 왕자를 기다리는 잠자는 공주처럼 깊은 동결 상태에 빠지게 했고, 세계는 마법의 원 안에서 움직였다.

사회과학자들은 성별을 불문하고 기능주의라는 이름으로 미

여성성의 신화

국 여성 주위에 괴로울 정도로 좁은 원을 그렸다. 그들은 또한 내가 '여성성 주장feminine protest'이라고 부르는 어떤 태도를 공유하는 듯했다. 기능주의자들은 여성이 남성을 시기하고 남성이 되기를 원하며, 그 결과 여성인 것을 부인하면서 어떤 남자보다도 더욱 남성다워지기를 바란다는 것을 정신분석학적 개념으로 '남성성 주장masculine protest'이라는 용어로 묘사했다. 이와 상대되는 개념으로 진정한 여성이 무엇인지에 상관없이 과거 어느 때보다도 더욱 '여성다워지려고 하는' 것을 여성성 주장이라고 할 수 있을 것이다. 이 여성성 주장은 단적으로 표현하면 남성과 동등해지려 할 때 발생하는 위험으로부터 여성을 보호하는 수단이다. 그런데 왜 그렇게 탁월한 사회과학자가 여성을 성장의 고통에서 보호하려는 것일까?

보호는 종종 여성들에게 문이 닫히는 소리를 막아주기도 했고, 그 보호가 과학이라는 이름으로 나타날 때는 실제 편견을 은폐해주기도 했다. 물리학자가 되려고 미적분을 공부하는 노라에게 시대에 뒤떨어진 할아버지가 눈살을 찌푸리면서 "여성의 위치는 가정에 있는 것인데"라고 불평하면, 그녀는 "할아버지, 지금은 1963년이에요"하고 금세 웃을 것이다. 그러나 파이프 담배를 피우는 점잖은 사회학 교수의 입이나 마거릿 미드의 책, 또는 여성의 성에 관한 두 권의 참고서에 이 같은 말이 나온다면 그녀는 더 이상 그 말을 비웃을 수 없다. 기능주의라는 복잡하고 신비한 언어, 프로이트 심리학, 그리고 문화 인류학은 자신들이 지니고 있는 근거가 할아버지의 말과 별반 다르지 않다는 사실을 여성들에게 숨기고 있었다.

따라서 우리의 노라는 1870년에 쓰인 빅토리아 여왕의 편지를 보고 웃을 것이다. "여성다운 감정이나 예의를 망각한 채 불쌍하고 나약한 성에 따르는 공포에도 불구하고 이루어지는 '여권 옹호'라는 어리석고 간악한 짓거리를 조사하기 위해, 말할 수 있고 쓸 수 있는 사람은 모두 자진해 참가하기를 여왕은 바란다. …… 이것이 여왕으로 하여금 자제할 수 없을 정도로 화를 내게 한 문제다. 신은 여성과 남성을 다르게 창조했다. 그리고 여성과 남성들로 하여금 각자가 자신들의 지위를 갖게 했다."

그러나 그녀는 『현대인을 위한 결혼Marriage for Moderns』을 읽을 때는 웃지 않는다.

여성과 남성의 구분은 서로 보조적인 것이다. 시계 바늘을 움직여서 시간을 알리는 것이 내 시계의 일이다. 그렇다면 그 작업이 가장 중요하지 않겠는가? …… 이 일에는 더 나은 것도 못한 것도 없다. 각자는 자신의 기능에 의해 판단되어야 한다. 그리고 각자의 기능이 단위를 형성하고 있다. 그래서 여성과 남성에게도 그런 기능 단위가 있다. 혼자서는 어떤 의미에서 불완전하다. 여성과 남성은 서로 보완적이다. …… 여성과 남성이 같은 직업에 종사하고 똑같은 기능을 행사하려 하면, 이 보완적인 관계는 깨질지도 모른다.[1]

이 책은 1942년에 발간되었다. 지난 20년 동안 여대생들은 이 책을 대학 교재로 사용했다. 이 책은 사회학이라는 가면 아래, 또는

'결혼과 가정생활', '생활 적응' 등의 모습으로 이런 식의 조언을 내놓았다.

하지만 우리가 현실의 세계, 현재의 세계 그리고 가까운 미래의 세계에 살고 있다는 것은 사실이다. 이런 세계는 전통이 지배하고, 관습이 이론가들보다 더 강한 영향을 미치고, 남성과 여성이 결혼하며, 결혼한 여성이 대부분 주부가 되는 그런 과거에 의존하고 있다. 전통이나 관습이 급속히 변하여 이루어질 일 또는 2000년경에 올 일에 대해 언급한다는 것은 정신 훈련 측면에서 관심을 끌지 모른다. 그러나 오늘날의 젊은 사람들로 하여금 결혼에 커다란 만족감을 느끼게 하고 삶의 필연성에 적응하게 하는 데는 도움이 되지 않는다.[2]

물론 '삶의 필연성에 대한 적응'은 생활 조건이 변화하는 속도를 인정하지 않는다. 20대에 그렇게 적응한 소녀들이 2000년에도 살아있을 것이라는 사실조차 인정하지 않는다. 특히 기능주의자들은 현재 나타나는 차이에 대한 '조정'을 제외하고 '남성과 여성의 차이'에 대한 모든 접근에 경고한다. 그리고 우리의 노라처럼 여성이 직업을 가지려 생각하면 남성은 경고의 의미로 손을 흔든다.

역사상 처음으로 미국의 상당수 젊은 여성들이 이런 의문에 직면하고 있다. 나는 자진해서 일생 동안 독신으로 살면서 직업을 선택할 각오를 할 것인가? 아니면 결혼해서 집안일을 하거나 어머니의 역할을 맡을 때가 되면 직장을 포기하고 일시적인 휴가를 가질 것인가? 아니면 직장 생활을 하면서 집안을 돌볼 것인가? …… 결혼한 여성들 대다수는 전업주부가 된다.

　여성이 결혼보다 직업을 통해서 좀 더 적절하게 자신을 표현할 수 있다면 그건 좋은 일이다. 그렇지만 많은 젊은 여성들이 간과하는 것은, 자신을 표현할 수 있는 기회가 있으며 절반이라도 만족할 만한 직업이 많지 않다는 것이다. 게다가 여성들은 소수의 남성들처럼 소수의 여성들만이 무언가를 각별히 표현할 수 있는 역량을 지녔다는 사실을 알지 못한다.[3]

그래서 노라는 그녀가 직업을 가지기로 선택하는 것은 독신으로 살아간다는 것을 선택하는 것이라는 인상을 강하게 받는다. 만약 그녀가 직업을 가지고 있으면서도 결혼 생활을 하겠다는 환상을 갖고 있다면 기능주의자는 그녀에게 이렇게 경고한다.

　얼마나 많은 사람들이 두 가지 역할을 동시에 성공적으로 잘 해낼 수 있을까? 결코 많지 않다. 특별한 사람은 할 수 있다. 그러나 평범한 사람은 할 수 없다. 다른 직업을 가진 채 결혼하고 가정을 돌보는 문제는 어려운 일이다. 왜냐하면 두 가지 일을 추구하는 것은 다른 형태의 재능을 요구하기 때문이다. 하나는 자기 부정을 요구할 것이고, 다른 하나는 자기 향상을 요구한다. 하나는 경쟁을 요구하고, 다른 하나는 협동을 요구한다. …… 남편과 부인의 기능이 중복되는 것보다 서

　　　　　　　　　　　　　　　여성성의 신화

로 다르게 기능해 보완한다면 행복해질 기회는 더욱 많아질 것이다.[4]

노라가 직업적 열망을 포기하는 것에 대해 회의할 경우를 대비해서 그녀의 선택을 합리화할 수 있게 해주는 내용도 제공한다.

능률 있는 주부로서 여성들은 교육, 인테리어 장식, 요리, 식이요법, 소비심리학, 생리학, 사회관계, 공동체 자원, 의복, 가전제품, 주택, 위생 등등에 대한 지식이 있어야 한다. …… 그녀는 전문가라기보다는 오히려 일반적인 실천가다. 가정주부를 직업으로 여기는 젊은 여성은 열등감을 느낄 필요가 없다. 남자는 여자가 가정을 지키기 때문에 직업을 가질 수 있다. 또한 여성은 임금노동에서 해방되었고, 남성은 돈벌이를 하기 때문에 가정의 극히 중요한 문제에 시간을 자유롭게 쓸 수 있다고 할 수 있다. 또는 돈 버는 이와 가정주부는 누구보다 좋은 조합을 이룬다고 말할 수도 있다.[5]

이 결혼에 관한 교재가 그 학파에서 가장 교묘한 것은 아니다. 그것의 기능주의적 주장이 어떠한 과학적인 사실에 근거하지 않고 있다는 것은 너무 쉽게 알 수 있다.("원래 그렇기 때문에 그렇게 되어야 한다"고 말하는 것을 과학적이라고 말하기는 어렵다.) 그러나 이 시기에는 이러한 방식이 미국의 사회과학의 모든 분야에 팽배해 있었다. 사회학자들이 자신을 '기능주의자'라고 부르든 말든 말이다. 그리고 바로 이것이 기능주의의 본질이 되었다. 대학들의 이른바 기능주의적 가족 과정의 '역할 행동 학습'을 통해 젊은 여성들은 탈코트 파슨스Talcott Parsons의 유명한 '미국의 사회구조에 있어서의 성 역할 분석'을 배웠다. 여성에게 '주부'라는 역할 이외의 다른 역할은 고려하지 않으며, '가정성', '매력', '훌륭한 반려자'만을 강조하는 내용이었다.

> 예외적인 경우를 제외하면 성인 남성은 직업으로 '생계를 세워야' 타인에게 존경받고, 진심으로 자존감을 지닐 수 있다. …… 여성의 경우는 상황이 아주 다르다. …… 여성의 기본적인 지위는 남편의 부인이며, 아이들의 어머니라는 것이다.[6]

매우 존경받는 사회학자이자 지도적인 기능주의 이론가인 파슨스는 이런 '성 역할 분리'에서 오는 긴장의 근원을 정확하고 통찰력 있게 설명한다. 그는 주부의 역할에서 '가정성'은 "활기 찬 사람의 정규직에 거의 접근하지 못할 정도로 그 중요도가 줄어들었다." 또 '매력'은 "필연적으로 어느 정도 젊은 연령과 연관되며, 나이를 먹어가면서 적응하는 문제로 인해 긴장이 발생한다." 또 '훌륭한 반려자'는 (지역사회의 복지를 향상시키고 예술적인 활동을 개발하는 것을 포함하여) "완전히 제도화되지 못해 고통받는다. 이러한 방향으로 완전히 만족스럽게 적응할 수 있는 사람은 굉장히 진취적이고 지식을 갖춘 사람들뿐이다." 그리고 "성인 여성의 역할에서 생기는 고민과 불안이 신경성 노이로제의 형태로 나타나는 것이 분명하다"고

여성성의 신화

말했다. 그러나 파슨스는 경고한다.

　　물론 성인 여성이 남성다운 패턴을 따르고, 자기와 같은 계급의 남성과 직접 경쟁을 하며, 직업적인 성취를 추구하는 일을 찾을 수는 있다. 하지만 전통적인 가정성 측면에서 여성해방이 상당히 진전했음에도 불구하고 아주 작은 부분만이 이러한 방향으로 나아갔다는 것은 뚜렷한 사실이다. 이것이 일반화되려면 가족의 구조를 근본적으로 바꾸어야만 가능할 것이라는 점 또한 분명하다.

　남성과 여성의 진정한 평등은 '기능적'이 아닐 것이다. 현재의 상황은 아내와 어머니가 전업주부일 때만, 또는 여성의 지위를 남편의 지위와 동등하게 하는 어떤 '전문직career'이 아닌 단순한 '일job'만을 가질 때 유지될 수 있다. 그래서 파슨스는 성 역할의 분리가 현재의 사회 구조를 유지하는 데 있어 '기능적'이라는 것을 발견했고, 그것이 결국 기능주의자들의 근본적인 관심이었던 듯하다.

　　기회에 대한 절대적 평등은 명백히 가족의 긍정적 연대와 양립할 수 없다. …… 가정 밖에 고용된 기혼 여성들 대다수는 같은 계급 남성의 지위와 직접적으로 경쟁하지 않는 직업에 종사한다. 우리 사회에서 여성의 이익과 그들에게 적용된 판단 기준은 개인적 꾸밈의 방향으로 훨씬 많이 나아간다. …… 이러한 차이는 우리의 계급 구조 내에서 가족의 결속을 유지하는 것과 기능적으로 연관된 것이라 할 수 있다.[7]

우리 사회에서 소녀들이 '여성으로서의 역할 수행'을 배우는 방법에 대해 기능주의적 분석을 한 유명한 여성 사회학자 미라 코마로프스키Mirra Komarovsky의 분석은 실로 날카롭지만, 기능주의가 형성한 견고한 틀, 즉 현 상태에 대한 적응에서 벗어나지는 못했다. 어떤 사회체제 내에서 다른 대안을 제시하지 않은 채 하나의 제도의 기능에 대해서만 의문을 제기하는 것은 결국 그 체제의 모든 불평등과 부정의를 합리화하도록 돕기 때문이다. 사회과학자들이 자신의 역할은 사람들로 하여금 체제에서의 '역할'에 개인적으로 '적응'할 수 있도록 돕는 것이라 오해하기 시작한 것도 놀랄 일은 아니다.

한 사회의 질서는 대다수 구성원이 사회에서 어느 정도 자신의 위치를 적응시키고, 그들에게 기대했던 기능을 행사할 수 있을 때 유지할 수 있다. …… 성장 과정에서 드러나는 성별에 따른 차이는 명백히 성인이 되었을 때 개개인의 역할과 관련된다. 미래에 주부가 될 사람들은 가정에서 할 역할을 배운다. 그러나 소년들은 가정 밖에서 더 독립적인 활동, 신문 배달과 여름 아르바이트를 하며 자신의 역할을 준비한다. 이를 통해 독립성, 지배력, 공격성, 경쟁력을 얻게 된다.[8]

이 사회학자가 볼 때, 소녀들이 '전통적 양육' 방식으로 자랄 때의 위험은 그녀가 아내로서 역할을 하면서 "삶이 여성에게 요구하는 어느 정도의 자기주장과 독립성, 내적 자원을 개발하는 데 실패"할 가능성이 있다는 것이다. 기능주의자들은 이렇게 경고한다.

여성성의 신화

어떤 부모가 정확하게 여성의 역할에 대한 어떤 전통적 속성을 가치가 없다 생각한다 하더라도, 그들의 행동은 딸에게 시대적 관습에서 너무 멀리 벗어나도록 강요하면서 위험을 초래한다. …… 딸이 현대 생활의 경제적 위기와 가족으로서의 책임을 충족시킬 수 있도록 부모가 취해야 할 조치들이 있다. 이것은 오늘날 정의되는 여성적 역할의 특정한 성질들과 충돌하는 습관을 만들고 그러한 열망을 깨울지도 모른다. 대학의 주부를 그녀의 가족과 지역사회의 문화적 효모로 작용하게 만들어주는 바로 그 교육이 주부가 갖는 속성의 다른 측면들에 의해 좌절된 그녀의 관심사를 발전시킬지도 모른다. …… 우리는 여성들이 흥미를 느끼는 것을 찾게 하고 자신의 능력을 일깨우게 하기 위해 위험을 무릅쓰는데, 다시 말하지만 그것은 여성성에 대한 현재의 정의와 어긋난다.[9]

코마로프스키는 사회학자가 되기를 원하는 최근의 한 소녀의 사례를 인용한다. 그 소녀는 아내가 직업을 갖지 않기를 원하는 군인과 약혼했다. 소녀 자신도 사회학과 관련된 좋은 일자리가 나타나지 않기를 바랐다.

그녀는 자신에게 만족스럽지 않은 일자리가 미래의 남편의 희망에 부합하는 방향으로 일이 흘러가게 만들어줄 것이라고 느꼈다. 국가에서 훈련받은 사람을 필요로 했고 그녀의 미래가 불확실했으며 당장의 이해관계가 있었지만, 그녀는 평범한 일자리를 택했다. 오직 미래에 가봐야만 그녀의 결정이 신중했는지를 알게 될 것이다. 만약 애인이 전선에서 돌아온다면, 결혼을 하게 된다면, 그녀의 보조 없이도 그가 가족을 부양할 수 있다면, 그리고 그녀의 좌절된 욕망이 다시 일어나지 않으면, 그렇다면 그녀는 그 결정을 후회하지 않을 것이다.

현재의 역사적 순간에 가장 적절한 소녀는 아마도 학교에서 잘해나갈 수 있을 정도로 충분히 지적이지만 전 과목을 모두 A학점을 받을 만큼 명석하지는 않은 학생일 것이다. …… 유능하지만 상대적으로 새로운 영역에서는 그렇게 발군은 아닌, 스스로 자립하고 생계를 책임질 수 있지만 남성들과 경쟁할 만큼 그렇게 생활력이 강하지는 않은, (결혼하지 않았거나 또는 일을 해야만 할 경우) 일부 직무를 잘 수행할 수 있지만 행복 때문에 직업이 필요한 것은 아닌 여성 말이다.[10]

그리하여 여성성의 문화적 정의에 적응한다는 명목으로—이 명민한 사회학자는 명백히 스스로를 믿지 않는다—그녀는 사실상 미국 여성의 계속되는 유아화를 지지하게 되었다. "딸의 역할에서 배우자의 역할로 전환하는 것이 아들의 경우보다 더 어려워"지는 의도하지 않은 결과가 나타나는 것을 제외하고 말이다.

본질적으로 여성은 자라서도 어느 정도 '유아적'이어서 스스로 결정할 수 있는 능력이 부족하다고 여겨진다. 또 행동을 하거나 태도를 취하고 방향을 바꿀 때에도 부모에게 더 의존하고, 부모를 떠나거나 그들의 반대에 직면하는 게 어려울 정도로 부모에게 더욱 애착을 가지는 것으로 추정된다. 또는 정서적으로 해방의 결여에 대한 다른 지표들을 보여 준다. 그만큼 결혼 후 생긴 가족에게 충성해야 한다는 문화적 규범을 따르는 것이 남성보다 여성에게 더 어렵다는 것을 알 수 있다. 물론 보다 큰 보호의 유일한 효과는 남편에게 인계될 보편적인 의존성을 만드는 것일 수 있다. 그리하여 여전히 가부장적인 많은 가족 내에서 아내의 역할을 더욱 쉽게 받아들일 수 있게 해줄 것이다.[11]

코마로프스키는 상당히 많은 연구에서 실제로 여학생들이 남학생들보다 더 유아적이고, 부모에게 의지하고 유대감을 가지며, 남학생들처럼 성숙하고 자립하는 것을 배우지 못한다는 증거들을 발견했다. 그러나 20가지의 정신분석 자료에서는 시부모보다는 친정부모와 관련된 가족 문제가 더 많다는 증거를 찾을 수 없었다. 기능주의자들은 그런 증거라도 있어야 미국 소녀들의 고의적인 유아화에 대해 편안히 문제제기 할 수 있었을 것이다!

기능주의는 미국 사회학자들에게 용이한 출구가 되었다. 그들이 세상을 '당시의 상태대로' 묘사했다는 것에는 의심의 여지가 없다. 하지만 그들은 그렇게 함으로써 사실에 기초해 이론을 만들 책임, 보다 깊은 진실을 탐구할 책임에서 벗어났다. 또한 (미국 전체가 그랬듯이 학술 동아리 내에서도 논쟁이 환영받지 못하던 시기에) 불가피하게 논쟁을 유발할 질문과 답변을 제시할 필요에서도 벗어났다. 그들은 현재가 무한히 지속될 것이라 가정했고, 과거와 다를 수도 있는 미래의 가능성을 부인하며 추론을 전개했다. 물론, 그들의 추론은 미래가 변하지 않는 한에서만 지속될 것이다. 스노우C. P. Snow가 지적했듯이 과학과 과학자는 미래지향적인 속성을 갖는다. 기능주의의 깃발 아래에 있던 사회과학자들은 미래를 부인했으며 그만큼 엄격하게 현재지향적이었다. 그들의 이론들은 과거에 대한 편견을 강화했고, 실제로 변화를 가로막았다.

최근 사회학자들은 스스로 기능주의가 실제로 아무것도 말하지 않기 때문에 오히려 '당황스럽다'는 결론에 도달했다. 킹슬리 데이비스Kingsley Davis가 1959년 미국 사회학회의 회장으로서 행한 '사회학과 인류학의 특수한 방법론으로서의 기능주의 분석의 신화'라는 연설에서 지적했던 것처럼,

사회학자와 인류학자들은 30년 이상 '기능주의 분석'에 대해 논쟁했습니다. …… 그것이 과거에 얼마나 전략적이었던 간에, 지금은 과학 발전에 이롭기보다는 장애물이 되었습니다. …… 기능주의가 통합된 정지 상태의 사회를 전제하기 때문에 사회 변화를 다룰 수 없다는 주장은 정의상으로 사실입니다.[12]

그러나 불행히도 여성은 기능주의 분석의 대상이 되어 깊은 영향을 받았다. 여성에게 큰 변화가 와서 교육, 과학, 사회과학이 여성의 변화에 다리 역할을 할 때, 기능주의는 여성의 '현재 상태what is'나 '과거 상태what was'를 '당위적인 상태what should be'로 바꾸어버렸다.

여성성의 신화

개인적인 열등감에서든 지적인 이유에서든, 기능주의라는 이름 아래 여성이 되라는 주장을 했던 사람들은 이제 더는 여성적일 수 없을 만큼 여성들을 여성적으로 만듦으로써 여성들의 미래를 막았다. 이런 조정에 대한 우려 속에 한 가지 진실이 잊혀졌다. 여성이 자신들의 완전한 능력을 펼치지 못하게 하향 조정되고 있었다는 것이다. 기능주의자들은 "해부학이 모든 운명을 결정한다"는 프로이트의 학설을 전적으로 받아들이지는 않았다. 하지만 그들은 여성은 사회가 말하는 대로 존재한다는 한정된 규정을 전적으로 받아들였다. 그리고 대다수 기능주의 인류학자들은 여성의 운명이 해부학에 의해 규정되는 사회에 대해서만 연구했다.

기능주의와 여성성 주장 모두의 관점에서 현대 여성에게 가장 강력한 영향을 준 사람은 마거릿 미드였다. 문화와 인격을 다룬 그녀의 책들과 연구들은 하나 하나가 내 세대, 지금 자라나고 있는 세대, 내 전 세대의 여성들에게 깊은 영향을 미쳤다. 그녀는 과거에는 물론 현재까지도 미국 여성 사상가의 상징이다. 1928년에 쓴 『사모아의 청소년Coming of Age』부터 《뉴욕타임스 매거진》이나 《레드북》에 미국 여성들에 대해 쓴 기사에 이르기까지 그녀는 거의 30년 동안 수많은 글을 썼다. 그녀의 글은 인류학, 사회학, 심리학, 교육 그리고 결혼과 가족생활을 공부하는 여대생들에게, 대학원 과정에서 장차 여학생들을 가르치고 여성을 상담하게 될 이들에게, 의과대학에서는 장차 소아과 의사나 정신과 의사가 될 사람들에게, 심지어 신학대학에서 진보적인 목사가 될 사람들에게도 읽혔다. 그녀 때문에 모든 연령층의 여성들은 여성 잡지와 일요판 신문의 부록을 탐독했다. 마거릿 미드는 최고의 인기를 누렸고, 미국의 거의 모든 계층의 사상에 영향력을 미쳤다.

그러나 여성에 대한 그녀의 영향력은 하나의 역설이었다. 하나의 신화는 당대의 어느 사상가에게서든 필요한 것을 얻어낸다. 여성성의 신화는 마거릿 미드에게서 무한한 성적 패턴의 다양성, 인간 본성의 대단한 적응성에 대한 시각을 얻어냈는지도 모른다. 이런 관찰은 그녀가 세 종류의 원시사회에서 발견한 기질, 성의 차이점에 근거한다. 이 세 지역에 사는 남녀 기질의 차이는 다음과 같다. 아라페쉬Arapesh에서 남성과 여성은 모두 '여성적'이고 '모성적'인 성격을 가지고 있으며 성적인 면에 있어서 수동적인데, 다른 사람의 요구와 필요에 협력적이고 비공격적으로 반응하도록 훈련을 받았기 때문이다. 문두구모Mundugumor는 남성과 여성이 모두 사납고 공격적이며 성적으로도 적극적인 '남성다운' 기질이 있다. 참블리Tchambli에서는 여성이 지배적이고 비인격적인 경영 파트너. 남성은 책임감이 덜 하고 정서적으로 의존적이다.

수동성, 민감성 그리고 어린이를 소중히 여기는 마음처럼 우리가 전통적으로 여성적인 것으로 여겼던 기질상의 태도가 어떤 부족에서는 남성적인 패턴으로 쉽게 자리매김되고, 또 다른 곳에서는 남성들뿐 아니라 여성들 다수에게도 금지되기도 한다면, 우리는 더 이상 그런 행동의 측면들을 성별과 연관된 것으로 간주할 근거를 잃게 된다.

······우리의 연구 결과는 전부는 아니라고 해도 어느 정도는 우리가 남성답다거나 여성답다고 하는 많은 특징이, 주어진 기간에 한 사회가 각 성별에 지정하는 머리 모양, 풍습, 옷차림처럼, 성별 차이와 그리 강하게 연결되어 있는 것은 아니라고 말할 수 있음을 보여준다.[13]

남녀 상관없이 나타날 수 있는 정말 개인적인 재능들을 인정하지 않고 그것을 임의적으로 성별에 따라 정의하는 사회에서, 그녀는 인류학적 관찰을 통해 여성들로 하여금 완전한 능력을 자유롭게 실현할 수 있게 하는, 진정으로 혁명적인 비전을 대중문화에 전달했는지도 모른다. 그녀는 여러 차례 그런 시각을 보였다.

글을 쓰는 것이 남성과 여성 모두에게 적절한 직업으로 받아들여지는 곳에서, 글을 쓸 수 있는 능력을 가진 사람들은 성별에 따라 금지될 필요도 없고 그들의 본질적인 남성성과 여성성을 따질 필요도 없다. ······ 그리고 여기서 우리는 자의적인 차이들을 실제 차이들로 대체할 수 있는 사회를 건설하기 위한 근거를 발견할 수 있다. 우리는 성과 인종이라는 피상적인 구분 아래에 동일한 잠재력이 존재한다는 것을 인정해야 한다. 그 잠재력들은 세대를 거듭하여 나타나지만 사회에 그것들을 위한 자리가 없기 때문에 사라진다.

이제는 사회가 예술 활동을 양성 모두에게 허용하는 만큼, 각각의 성별로 하여금 대조되는 기질들을 많이 발전시킬 수 있도록 허용할지도 모른다. 또한 소년들은 싸우게 하고 소녀들을 수동적으로 머무르게 만드는 다양한 시도들도 사라질 것이다. …… 각 개인에게 그의 재능에 가장 잘 맞는 행동 양식을 취하라고 배운 세계에서는, 어린이들이 한 가지 행동 양식만이 아니라 많은 양식을 취할 수 있을 것이다.[14]

그러나 이것은 여성성의 신화가 마거릿 미드를 통해 얻은 시각이 아니고, 그녀도 계속해서 이런 관점을 이어나가지 않았다. 점점 더 그녀의 저술에서 해석은 모호해졌고, 성별에 따른 생물학적 기능에 의해 정의된 대로의 여성 역할 속에서 여성을 찬미하는 것으로 내용이 미묘하게 바뀌어갔다. 때때로 그녀는 인류학적으로 인간성은 유연하다고 보는 견해를 포기하고, 성 생물학이 모든 것을 결정하고 해부학이 운명을 결정한다는 프로이트주의 관점에서 인류학적 데이터를 보려 했던 듯하다. 때때로 그녀는 여성의 잠재력은 무한한 인간의 잠재력처럼 다양하고 거대하지만, 문화에 의해 만들어진 성 생물학적인 한계를 유지하는 것이 낫다는 기능주의적 관점을 주장했던 듯하다. 어떤 때는 같은 지면에서 둘 다를 이야기하면서, 사회가 남성다운 것으로 규정한 인간으로서의 잠재력을 실현하고자 할 때 여성이 직면하는 위험에 대해 경고하기까지 했다.

여성과 남성의 차이는 인간에게 존엄과 지위를 부여하는 다양한 인간 문화를 이루는 중요한 조건 중 하나다. …… 가끔은 한 가지 특질만이 하나의 성에게, 또 어떨 때는 다른 성에게 부여되기도 했다. 어떤 때에는 많은 약점을 지니고 특별한 보호를 필요로 하는 것이 소년이고, 또 어떨 때는 소녀다. …… 어떤 사람들은 여성들이 너무 약해서 밖에서는 일할 수 없다고 생각하며, 또 다른 사람들은 "여성의 머리는 남성보다 튼튼하기 때문에" 무거운 짐을 지는 데에 적절하다고 여긴다. …… 유럽의 전통적인 종교를 포함한 일부 종교에서는 여성에게 종교적 위계 속에서 열등한 역할을 할당했지만, 다른 종교에서는 여성의 자연적 기능을 남성이 모방한 초자연적 세계를 가지고 상징적 관계 전체를 구축해왔다. …… 우리가 큰 문제를 다루든 작은 문제를 다루든, 장신구와 화장품 같은 소소한 것들이든 세계에서 남성의 지위가 갖는 위대함이든 간에, 우리는 표면적으로는 종종 서로 상충하는 것처럼 보임에도, 두 성의 역할이 형성되는 데 있어서 엄청나게 다양한 방식들이 존재함을 발견한다.

그러나 우리는 언제나 일정한 패턴을 발견한다. 우리는 다음 세대를 창조하는 방법을 제외하고는 여성과 남성에게 아무런 차이가 없다고 말하는 문화를 알지 못한다. 또는 모든 측면에서 사람들은 그저 다양한 재능을 가진 인간일 뿐이며, 그러한 재능들 중 어느 것도 한 가지 성에만 부여되는 것이 아니라고 말하는 문화를 알지 못한다.

우리는 생물학적으로 포유류의 본성에 너무 깊게 뿌리박혀 있어 그것을 업신여기는 것은 개인적이고 사회적인 병폐로 여기기 때문에, 감히 어기지 못하는 당위를 말하고 있는 것일까? 혹은 그렇게 깊이 뿌리박혀있지 않다 해도, 여전히 사회적으로 매우 편리하고 그것을 무시하는 것이 비경제적이기 때문에 그렇게 하는 게 마땅한 당위인 것일까? 예를 들어, 우리가 성별 행동을 매우 다르게 유형화한다면, 아이들을 낳아 기르면서 대조적인 방식으로 걷고 옷 입도록 하고 다른 종류의 일에 특화하도록 가르치는 것이 더 편리하다는 당위 말이다.[15]

또한 우리는 여성과 남성이 구별되게 가지고 있는 잠재력은 무엇이냐는 의문을 제기해야 한다. …… 아기를 낳는 것은 이론의 여지없이 확실한, 여성의 타고난 권리다. 어린 소년들이 자신은 절대 아기를 낳을 수 없다는 것에 충격을 받는다면, 이것은 어떻게 소년들로 하여금 성취에 더 많이 의존하는 동시에 창조적인 야망을 갖게 만드는가? 또 만약 어린 소녀들이 그들의 성을 자기 형제들보다 덜 확신하는 성장의 리듬을 가지고 있다면, 그래서 그것이 보상적 성취에 대한 약간의 잘못된 신호를 주어 모성을 확신하기 전에 그런 열망이 대부분 사그라든다면, 이것은 아마도 그들의 야망에 대한 한계를 의미하지 않을까? 하지만 거기에는 또 어떤 긍정적인 잠재력이 있을까?[16]

여성성의 신화의 초석이 된 책『남성과 여성』의 이 구절들에서, 마거릿 미드는 분명한 과학적 사실에 대한 각각의 진술을 '만약if'이라는 작은 단어로 조심스레 운을 떼지만, 프로이트주의를 지향하고 있다는 것을 드러낸다. 그러나 이것은 매우 의미 있는 '만약'이다. 성별의 차이가 문화나 성격에 대해 접근하는 기초가 되고, 성욕을 인간성의 추동력으로 전제(프로이트로부터 취한 전제)하며, 더군다나 인류학자로서 생식 행위와 관련된 것을 제외하고는 모든 문화에서 타당한 성별 차이가 없다는 것을 알게 되었을 때, 여성의 성격을 결

여성성의 신화

정하는 것에 있어 생물학적인 차이, 출산 역할에서의 차이에 점점 더 중요성을 둘 수밖에 없기 때문이다.

마거릿 미드는 1931년 이래로, 그녀가 인류학적 현장 연구를 할 때 구비했던 장비 중 하나가 신체 구조에 근거한 프로이트주의 이론이었음을 숨기지 않았다.[17] 그래서 그녀는 "문명의 상부구조가 의지하는 생활의 적극적인, 창조적, 생산적인 측면"을 남근과 등치하고, 여성적 창조력은 자궁의 '수동적 수용성'이라는 관점에서 규정하기 시작했다.

나는 남성과 여성에 대해 논의하면서, 주로 남성과 여성의 차이들, 재생산에서 그들의 역할 차이에 대해 주의를 기울일 것이다. 종족을 잇는 보완적 역할에 맞추어진 그들의 신체로부터, 기능, 역량, 감수성, 취약성 등에서 어떤 차이가 발생하는가? 남성은 그들의 재생산 역할이 단 한 번의 행동에서 끝난다는 사실과 여성은 9개월간의 임신과 젖을 먹여 키우는 여러 달 동안까지 역할이 이어진다는 사실을 어떻게 연관시킬 것인가? 각각의 성이 단지 서로의 불완전한 판본으로서가 아니라, 그 자체로 기여하는 바는 무엇인가?

현대 세계에서 옷을 입고 감싸고 살기 때문에, 우리 신체의 감각을 지팡이나 우산 또는 핸드백처럼 멀리 떨어진 상징으로 전달하므로, 인간 신체 구성의 직접성을 망각하기 쉽다. 그러나 원시인 사이에서 산다면, 그곳 여성은 작은 풀잎으로만 몸을 가리고 심지어 서로 싸우거나 함께 목욕할 때는 그것조차 벗어던지며, 남자들은 얇게 편 가벼운 나무껍질을 묶어 겨우 음부를 가리고, 어린아이들은 아무것도 입지 않으며…… 신체들 사이에 이루어지는 소통은 매우 실질적이다. 우리 사회에서는, 신체가 처음부터 끝까지 어떻게 세계에 대한 개인의 시각을 형성하는지를 파악하고, 신경증 환자의 기억력이나 정신병에 대한 치료법을 발명할 정도로 복잡해졌다.[18]

실제로 '해부학이 운명을 결정한다'는 시각은 사모아, 마누스, 아라페쉬, 만두구모, 참블리, 이아트물, 발리 사람들의 문화나 인격을 설명하는 데 특히 적절했던 것 같지만, 아마도 19세기 말의 빈이나 20세기의 미국에서도 전에 없이 들어맞지는 않았을 것이다.

남태평양 섬들의 원시 문명에서, 마거릿 미드가 처음 그들을 방문했을 때 해부학은 여전히 운명이었다. 신체의 원초적 본능이 성인의 인성을 결정한다는 프로이트의 이론은 확신을 줄 수 있는 증거를 발견한 것 같았다. 본능이나 환경이 점점 더 인간의 정신에 의해 통제되고 변형되는, 좀 더 진보된 문명사회의 보다 복잡한 목표들은 모든 인간 생활의 불가역적 토대를 형성하지 않았다. 틀림없이 그런 벌거벗은 원시인들의 생활에서 여성과 남성의 생물학적 차이를 인간 생활의 가장 영향력 있는 추동력으로 보는 것이 훨씬 용이했을 것이다. 그러나 만약 당신이 출발하기 전에 불경한 인류학자들이 화장실 휴지조각이라고 부르는 역사 이론을 받아들이고 프로이트주의의 렌즈를 낀 채 섬에 간다면, 원시 문명에서 벌거벗은 남성과 여성의 역할을 관찰한 뒤, 복잡한 현대 문명에서도 벌거벗은 신체가 인간의 삶과 성격을 같은 방식으로 결정한다고 가정하여 현대의 여성을 위한 교훈을 이끌어낼 것이다.

이전에는 원시사회를 우리 자신의 문명을 관찰하기 위한 실험실이자 부적절한 것들이 모두 제거된 축소 모형이라고 보았으나 오늘날 인류학자들은 그렇게 보는 경향이 덜하다. 문명은 그렇게 무관하지 않다는 것이다.

인간의 몸은 남태평양 원시 부족이나 현대 도시인이나 똑같기 때문에, 인간성과 문명을 신체적 비유로 환원하는 심리학 이론에서 출발하는 인류학자들은 현대 여성에게 남태평양 여성처럼 그들의 몸을 통해 살라고 충고할 수 있었다. 문제는 마거릿 미드가 우리가 살 수 있는 남태평양을 재현할 수 없었다는 것이다. 아기를 갖는 것이 인간 성취의 절정인 세계 말이다.(만약 생식이 인간 생활의 중요하고 유일한 일이라면 오늘날 모든 남성은 '자궁 선망'에 시달릴까?).

발리에서는 두세 살 사이의 어린 소녀들이 일부러 작은 배를 쭉 내밀고 걸으면 나이 든 여자들은 소녀들을 지날 때마다 장난스럽게 배를 두드리면서 "임신했구나"라고 놀린다. 그렇게 어린 소녀들은 친지들 사이에서 그녀의 성적 비중이 대단치 않고, 그녀의 가슴은 오빠들보다 크지 않은 그저 작은 단추 같고, 생식기는 두드러지지 않고 우묵하다 하더라도, 언젠가는 임신을 하고 아기를 갖게 될 것이라는 것을 배운다. 아기를 갖는다는 사실은 겨우 15피트 높이의 건물과 20피트 길이의 보트가 전부인 단순한 세계에서 작은 소녀들에게 가장 흥분되고 자랑할 만한 성취가 된다. 게다가 이 작은 소녀들은 자신이 아이를 갖는 것이 강하고 정력적이고 진취적이기 때문도 아니고, 일하고 투쟁하고 노력해서 결국엔 성공하기 때문도 아니며, 단지 소년이 아니라 소녀이기 때문이란 것을 배운다. 그리고 소녀는 여인이 되고, 결국에는—그녀가 여성성을 지킨다면—아기를 갖게 되는 것이다.[19]

남성들이 여성의 성공에 분개하고 진취성과 에너지, 전문 역량을 요구하는 분야에서 경쟁하는 20세기의 미국 여성에게, 또 마거릿 미드보다 경쟁할 의지와 능력이 부족한 여성에게, 여성이 단지 여성이라는 이유만으로 선망을 받는 남태평양의 이야기는 정말 매력적이지 않은가.

삶에 대한 서구의 시각에서는 남성의 갈비뼈로 만들어진 여성은 아무리 분투하더라도 남성만큼 우월하지 않으며 남성보다 더 좋은 직업을 따라갈 수 없다. 하지만 여성에 대한 초기 숭배의 기본 테마는 여성들이 아이를 갖는 능력 덕분에 삶의 비밀을 간직한다는 것이다. 남성의 역할은 불확실하고 규정되어 있지 않으며, 아마도 불필요할 것이다. 남성은 대단한 노력을 통해 그의 근본적 열등함을 보충하는 수단을 발견했다. 소리를 내는 여러 신비로운 악기들의 잠재력은 그 소리를 듣는 이들에게는 알려져 있지 않은 그들의 실제 형태에 달려있다. 말하자면, 여성과 아이들은 그들이 실제로 대나무 플루트인지 속이 빈 통나무인지 결코 알지 못한다. …… 그들은 사내아이들을 여성들로부

여성성의 신화

터 떨어뜨려 놓고, 여성들을 불완전한 존재로 간주하면서 소년을 남자로 변화시킬 수 있다. 여성이 인간을 만들지만, 남자만이 남자를 만들 수 있다는 것은 진실이다.[20]

원시사회가 "무수한 터부와 엄중한 경계들—여성들의 수치심, 과도한 두려움, 남성적 허영에 대한 몰입 등—에 의해 보호되는 위태로운 구조"이며, 모든 사람이 규율을 지키는 한에서만 존속할 수 있었다는 것은 사실이다. "여성들에게 플루트를 보여준 선교사들은 그 문화를 성공적으로 붕괴시킬 수 있었다."[21] 미드는 미국의 여성과 남성들에게 그들 자신의 자의적이고 불확실한 터부, 예방책, 수치심, 두려움, 남성 허영심에 대한 관대함이라는 "플루트들"을 보여주었을지도 모르지만, 선교사들처럼 그녀의 지식을 이용하지 않았다. 모든 남성이 여성을 선망하던 사모아나 발리의 방식에서 벗어나서, 미드는 성적 편견의 위태로운 구조에 여성성의 신화라는 새로운 현실성을 부여하는 미국 여성의 이상을 만들어냈다.

그 언어는 인류학적이고 사실로서 진술된 이론은 프로이트주의였지만, 동경하는 것은 에덴동산으로의 귀환이었다. 남성의 성취가 그저 아이를 갖는 것에 대한 빈약한 대용품이 되는 세계로 돌아가기 위해 여성들은 교육에서 비롯된 "신성한 불만"을 잊기만 하면 된다는 것이었다.

문명사회에서 되풀이되는 문제는 남성이 어린 시절부터 알고 있던 출산의 만족감이 그에게 시사하는 대로, 삶의 과정에서 돌이킬 수 없는 확고한 성취감을 느낄 수 있게 남성의 역할을 만족스럽게 정의하는 것이다. 정원을 만들든 가축을 기르든, 사냥감을 죽이든 적을 죽이든 혹은 다리를 놓든 아니면 은행 계좌를 다루든 간에 말이다. 여성의 경우에는 주어진 사회 질서에 따라, 그들의 생물학적 역할을 실현하여 확고한 성취감을 획득할 수 있다. 심지어 출산에 직면해서도 여성이 불안해하고 의문을 제기한다면, 교육을 통해 그렇게 할 수 있도록 해야 한다.[22]

여성성의 신화가 마거릿 미드에게서 가져온 것은 여성의 거대하고 검증되지 않은 인간적 잠재력에 대한 그녀의 비전이 아니었다. 모든 문화에서 실제로 증명된 여성의 기능을 미화하는 것이었다. 발달된 모든 문명에서 이것은 주로 남성들이 보여주던 인간 창조력의 무한한 잠재력만큼 높이 평가되는 경우가 드물었다. 신화는 마거릿 미드로부터 여성들이 단지 여성이 되고 아이를 낳음으로써 남성이 창조적인 성취를 했을 때 받은 것과 동일한 존경을 받을 수 있는 세상에 대한 비전을 가져온 것이다. 남성들이 생활을 창조하기 위한 노고에도 불구하고 자궁과 젖가슴은 남성들이 결코 알지 못하는 영광을 여성에게 부여한다. 그런 세계에서 여성이 할 수 있거나 될 수 있는 것은 아이를 낳기 위한 창백한 대리인일 뿐이다. 여성성은 사회에서 규정하는 의미 이상의 것이 되었고, 사회가 사라져가는 물소를 보호하듯 문명사회의 파괴로부터 보호해야 하는 가

여성성의 신화

치가 되었다.

마거릿 미드의 재치 있는 구절들은 많은 미국 여성들로 하여금 가슴을 드러낸 사모아의 평화스러운 여성을 시기하게 만들었고, 게으른 야만인이 되게 만들었다. 또 가슴을 문명사회의 브래지어에서 해방되게 했으며, 인간 진보의 목표에 대해 남성이 만든 지식으로 두뇌를 괴롭히지 않아도 되게 만들었다.

여성의 생물학적 이력은 보이지 않고, 들리지 않고, 공적으로 부인되는 자연스러운 절정의 구조를 가지고 있다. 하지만 이것은 양쪽의 성 모두의 관점에 필수적인 요소로 남는다. …… 젊은 발리 소녀들에게 사람들이 "네 이름이 이태와 Tewa냐?"라고 물으면, 그녀는 꼿꼿이 서서 "나는 바와 Bawa의 엄마입니다"라고 단호하게 말한다. 그녀는 바와의 엄마다. 바와가 내일 죽을 수 있어도 그녀는 바와의 엄마로 남는다. 바와가 이름 없이 죽을 때에만 이웃들은 그녀를 "빼앗긴 엄마"라고 부를 것이다. 여성 생활사의 범위는 매 단계마다 변경될 수 없고, 명백하며, 완료돼 있다. 이것은 작은 소녀들이 행동하는 것보다는 존재함에 자연스러운 근거를 두게 한다. 어린 소년은 사내아이처럼 행동하고 일하며 자신이 사내아이임을 거듭해서 증명해야 한다고 배운다. 반면 어린 소녀는 그녀가 소녀이며, 사내아이처럼 행동하지 않기 위해 해야 할 모든 것을 배운다.[23]

그리고 사람들은 마침내 이야기한다. 그래서 어쨌단 말인가?

당신은 태어나서 자라고, 임신하고, 아이를 가지며, 또 그 아이들이 자란다. 이것은 기록되었든 안되었든 생활에서 얻어지는 것이며, 멀리 여행한 인류학자만이 아는 심오한 것들을 포함한 모든 문화에 해당하는 것이다. 그러나 오늘날 여성의 삶에서 이것이 전부일까?

남자와의 생물학적 차이에만 근거하여 정의 내려진 여성의 본성에 대해 의문을 제기하는 것은 생물학의 중요성을 부인하는 게 아니다. 여성 생물학, 여성의 '생물학적 이력'은 바꿀 수 없을지도 모른다. 2만 년 전의 석기시대 여성이나, 멀리 떨어진 섬에 사는 사모아의 여성이나, 20세기 미국 여성이나 마찬가지다. 그러나 생물학과 인간관계의 본질은 바뀌었다. 지식이 발전하고 지능의 잠재력이 증가하면서, 우리는 단순히 배고픔, 목마름, 성욕 같은 생물학적 욕구를 충족시키는 것 이상의 목적과 목표를 인식하게 되었다. 심지어 오늘날 여성이나 남성에게 이런 단순한 본능조차 석기시대나 남태평양 문화와 동일하지는 않다. 이것들은 이제 인간 생활의 더 복잡한 패턴의 일부이기 때문이다.

물론 인류학자로서 마거릿 미드는 이를 알고 있었다. 마거릿 미드가 여성의 역할을 찬미하기는 했지만, 미드의 이야기 중에는 여성이 자신의 완전한 능력을 깨달을 수 있는 경이로운 세계에 대한 것도 있었다. 그러나 이런 묘사는 한결같이 처방전처럼 보이는 경고로, 교묘하게 포장된 우월감으로 가려졌다. 많은 미국 사회과학자들이 사용하던 전형적인 방식이었다. 이런 경고가 단지 문화와 성격을 설명하는 것이 아니라 우리 생활에 질서를 부여하고자 하는

여성성의 신화

사회과학의 힘에 대한 과대평가와 결합될 때, 그것은 마거릿 미드가 말한 것처럼 정의로운 십자군의 아우라, 즉 변화에 저항하는 십자군의 아우라를 획득한다. 그녀는 남성과 여성의 역할에 대해 문화적으로 전통적인 규범틀을 만들어 그 속에 우리를 살게 했고, 사회에 대한 적응을 강조하는 기능주의 사회과학자의 대열에 합류했다. 이런 입장은 『남성과 여성』의 후반부에서 분명하게 드러난다.

> 소년과 소녀들은 어린 시절에는 각자의 성에 적응하는 문제들을 제쳐두고 배우기를 열망하며 같은 것들을 배울 수 있는 것처럼 보인다. 하지만 각각의 성별에 정당한 의무를 부여하고, 특수한 취약성과 보호의 필요성을 인식함으로써 어린 시절의 피상적인 유사성에서 벗어난다. …… 남성이나 여성 중 어느 한 성의 취약성이나 차이점, 다른 성의 차별적 힘을 줄이려는 모든 조정은 양성이 서로 보완할 수 있는 가능성을 줄인다. 그리고 상징적으로 여성의 구조적인 수용성과 남성의 정력적인 활동성을 부인하게 됨으로써 결국에는 인간 생활의 목표를 불분명하게 만들고, 남성이나 여성이 응당 지녀야 하는 풍부한 인간성을 부인하게 된다.[24]

> 어떤 인간의 재능도 성적 소속감을 상실하는 것을 두려워하지 않을 정도로 강하지 못하다. …… 아무리 어떤 선의가 남성과 여성을 완전하게 만들고 실제로 모든 문명의 복잡한 과정(의학과 법률, 교육과 종교, 예술과 철학)에 특별한 기여를 하도록 계획한다 하더라도, 그런 일은 아주 어려울 것이다. 남성의 분야로 규정된 곳으로 여성을 끌어

들이는 것이 남성을 직업에서 물러나게 하거나 또는 남성의 자질을 변화시킴으로써, 남성을 위협하며 여성다움을 잃게 하고 여성이 할 수 있는 기여를 곡해하고 가린다면, 여성의 재능은 아주 의심스러운 가치를 가질 것이다. …… 여성이 소년과 동일한 교육 체제 하에서 발전한 호기심과 추동력에 유혹되고 있는 것에 대한 현재의 경고를 무시하는 것은 어리석은 일이다. …… 이것은 남성과 여성 모두에게 좋지 않다.[25]

만약 미국 여성들이 미드가 책에서 한 이야기를 경청하는 대신 그녀의 삶을 살펴봤다면, 여성성에 대한 전문적 대변인으로서의 마거릿 미드의 역할은 그렇게 중요하지 않았을 것이다. 마거릿 미드는 한 사람의 여성으로서 때로는 자의식적으로, 도전에 응전하는 인생을 자랑스럽게 살았다. 그녀는 사상의 개척자였고, 우리 지식에 중요한 골격을 쌓았다. 그녀는 확실히 출산하는 것 이상의 여성의 능력을 보여줬다. 그녀는 자신이 한 사람의 여성이라는 사실을 부인하지 않았고, 아직 '남성의 세계'에 속했던 길을 개척했다. 그녀는 연구 분야에서 어떠한 남성 인류학자도 필적할 수 없는 유일한 여성 지성인임을 선언했다. 남성성의 권위가 여러 세기 동안 의문시되지 않았던 끝에, 누군가 여성성의 권위를 주장하는 것은 얼마나 자연스러운 일인가. 그러나 전쟁을 멈추게 하고 병을 치유하며, 다른 인종들을 같이 살게 하고, 사람들이 살기 위해 새롭고 아름다운 건축물을 지으려는 인류의 위대한 비전은 "아이를 갖는 다른 길" 이

여성성의 신화

상의 것이다.

오랜 편견에 대항하는 것은 쉽지 않다. 한 사람의 사회과학자로서, 여성으로서 그녀는 오랜 생활 속에서 보아온 여성에 대한 편견을 없애려고 했다. 여성은 무언가를 결여한 남자가 아닌, 특별한 인간이라고 주장한 그녀는 프로이트보다 한 단계 올라섰다. 그럼에도 불구하고 그녀의 연구는 프로이트의 신체적 비유에 근거를 두었기 때문에, 가슴을 자라게 하고 매달 월경을 하게 하며 어린아이들에게 부풀어 오른 가슴에서 젖을 빨게 하여 자신이 여성임을 깨닫게 하는 신비로운 여성성의 기적을 찬미함으로써 여성에 대한 자신의 비전을 쓰러뜨렸다. 그녀는 생물학적인 역할을 넘어선 성취를 추구하는 여성은 거세된 마녀가 될 위험에 처했다고 경고함으로써 다시 불필요한 선택을 했다. 그녀는 젊은 여성들에게 여성성을 잃기보다는 그들이 어렵사리 얻은 인간성의 일부를 포기하라고 설득했다. 결국 그녀는 자신의 삶 속에서 끊어냈던 악순환을 자신의 저작에서 재창조함으로써, 자신이 경고했던 바로 그 일을 했다.

우리는 단순히 신체적 차이를 넘어 성별에 따른 역할을 과도하게 강조하는 보완적 구별로 그 규모를 키울 수 있다. 그리고 이것을 삶의 다른 측면들, 즉 예술, 정치, 종교에서 지성을 공식적으로 사용하는 것과 관련된 복잡한 고정관념에 부적절하게 확장시킬 수 있다.

문명사회가 거둔 이 모든 복잡한 성취, 인류의 영광인 그 모든 행위들, 우리가 만든 이 세계에서 살아남는다는 우리의 희망이 의존하고 있는 그 행위들 속에는, 하나의 행위를 하나의 성에만 제한하고, 또 인류의 실질적인 잠재력을 부정함으로써 남녀를 모두 제한할 뿐만 아니라 행위 자체의 발전을 똑같이 제한하는 부자연스러운 정의가 도출되는 경향이 있었다. ……

여기에 처음이나 끝을 찾기 어려운 악순환의 과정이 있다. 이 과정에서 남성과 여성이 서로의 역할을 과대평가하거나 반대로 과소평가하면, 다른 성의 인간성을 무시하는 결과를 가져온다. 이런 순환의 고리를 깨뜨리려는 사람들은 스스로가 이런 순환의 결과물이다. 그들은 모든 태도에서 결점을 드러내며, 도전하기에 충분히 강할 수 있지만 실제로 그것을 깨뜨릴 수는 없다. 하지만 일단 확인되고 분석된다면, 다음의 사람들은 앞뒤에서 비출 수 있는 빛을 손에 가지고 있기 때문에, 어두운 과거의 산물이 되기보다는 다음 걸음을 디딜 수 있을 것이다.[26]

아마도 여성성 주장은 일부 페미니스트들이 이루어놓은 남성성 주장에 뒤이은 필수적 단계였을 것이다. 마거릿 미드는 여성이 권리를 획득한 뒤 미국 생활에서 두각을 보인 최초의 여성 중 한 사람이다. 그녀의 어머니는 사회과학자였고, 할머니는 교사였다. 그녀는 완전한 인간인 여성에 대해 개인적인 이미지를 갖고 있었고, 남자와 동등한 교육을 받았다. 그녀는 어떤 남자와도 자신감을 가지고 말할 수 있었으며, 한 사람의 여성으로서 자긍심을 가질 수 있었다. 그녀는 생활과 연구에서 여성다움을 찬양하고 주장했다. 또한 그녀는 진보를 향한 첫 단계로써 해방된 현대 여성들이 자유롭게 선택해 아기를 가지고, 고통스럽지 않은 생각으로 아이를 낳을 수 있으며, 아이에게 직접 젖을 먹이고, 정신과 마음을 다해 아기를 돌보는 데 헌신적일 수 있도록 영향을 끼쳤다. 교육받은 여성이 신체에 의해 부과된 것으로서가 아니라 의식적인 인간의 목적으로서 모성에 대해 '예스'라고 말하게 된 것은 열정적인 여행의 첫걸음이었다. 물론 마거릿 미드가 영감을 준 모유 수유 운동은 결코 대지 같은 원초적 모성으로 돌아가자고 하지 않았다. 그것은 독립적이고 교육받은, 적극적인 미국 여성들 뿐 아니라 서부 유럽과 러시아의 여성들에게서도 호소력을 지녔다. 왜냐하면 여성으로 하여금 영혼이 없는 동물이나 산부인과 의사가 다루는 물건으로서가 아니라, 총체적인 인간으로서 의식을 가지고 자신의 몸을 통제할 수 있는 것처럼 출산을 경험하게 해주었기 때문이다. 여성과 남성을 동등하게 만든 다른 권리나 산아제한보다 중요성이 덜했을지 몰라도, 마거릿 미드는 성을 인간화하는 데 기여했다. 과학적인 슈퍼 세일즈우먼은 원시 부족 남성이 모성을 질투하며 스스로 피를 흘리던 것과 비슷한 조건을 현대 미국 생활에서 재창조하기까지 했다.(현대의 남편은 부인의 자연 분만에 대비해 부인과 함께 호흡 연습을 한다.) 그렇다면 그녀는 여성을 너무 많이 팔아먹은 것일까?

아이를 낳는 것 말고 무언가를 창조하는 법을 몰랐기 때문에, 출산이 일종의 숭배 대상이 되고 직업이 되는 세태에서 그녀가 문자 그대로 활용된 것이 그녀의 잘못은 아닐 것이다. 그녀는 가끔은 후대의 기능주의자들이나 여성 잡지들에 의해서 맥락 없이 인용되기도 했다. 그녀의 작품에서 그들 자신의 받아들여지지 않는 편견과 두려움을 발견한 사람들은 그녀의 작업의 복잡성 뿐 아니라 그녀의 복잡한 삶의 예도 무시했다. 남성의 영역이던 추상적인 사고의 영역에서 한 명의 여성으로 솔선함으로써 그녀가 직면한 모든 어려움에도 불구하고, 그녀는 후대의 여성들도 시도하지 못한 자아실현의 어려운 길을 계속해서 나아갔다.(『성과 기질』에 대한 한 줄 서평은 그녀가 종종 만났던 분노를 드러낸다, "마거릿, 당신은 남성이 아이를 갖는 문화를 아직 찾지 못했나요?"). 그녀는 여성들이 그 길에 머무를 수 있을 만큼 충분히 말했다. 만약 그들이 그녀가 했던 경고의 말만 듣고 여성성의 찬미를 따른다면, 아마도 그것은 그 여성들이 그녀만큼의 인간적인 능력과 자신이 없기 때문일 것이다.

마거릿 미드나 후대의 기능주의자들은 오래된 사회구조의 붕괴가 가져올 고통과 위험을 알았다.[27] 그들은 이러한 인식에서 여성에게 남성과 경쟁하지 말고 여성으로서 유일성을 존중하라고 충고했는데, 이것은 여성의 잠재력을 제한하는 하나의 정당화가 되었다. 그것은 좀체 혁명적인 충고가 아니었다. 그것은 프로이트주의 사상이 전복시킨 것만큼 여성에 대한 전통적인 이미지를 전복시키지 않았다. 아마도 그들의 의도는 오래된 이미지를 뒤엎는 것이었다. 그러나 그 대신에 그들은 새로운 신화에 과학적인 권위를 부여했다.

아이러니컬하게도 1960년대에 마거릿 미드는 "야만인으로의 복귀", 즉 세계는 기술적 대파괴의 목전에서 떨고 있는데 미국 여성은 좁은 가정생활로 퇴각하고 있는 상황에 대해 경고의 목소리를 내기 시작했다. 『미국의 여성: 변모하는 이미지』라는 책의 일부를 《새터데이 이브닝 포스트》(1962년 3월 3일자)에서 발췌했는데, 여기서 미드는 이렇게 묻고 있다.

왜 우리는 기술이 발달했는데도 석기시대의 모습으로 돌아갔는가? …… 여성들은 각자의 외딴 동굴로 돌아가 남편과 아이들이 돌아오기를 기다리고, 다른 여성들에게서 남편을 지키며 집 밖에서 무슨 일이 일어나는지는 거의 모르고 있다. …… 생식력으로의 후퇴, 이는 여성 개인들의 책임이 아니다. 이 나라에서 발전해온 여론 풍토 때문이다.

분명히 마거릿 미드는 자신이 '여론 풍토'의 선구자 구실을 했다고 인정하거나 인식하지 않았다. 분명히 그녀는 여러 세대의 능력 있는 미국 여성들을 "절망적인 동굴 속 여성의 모양새로, 그들의 모든 삶을 협소한 집안일에 몰두하도록, 먼저 여학생으로 하여금 자신의 꿈과 그녀를 매력적으로 만들 역할을 찾는 노력에 무지하게 하고, 그리고 어머니와 할머니로서 …… 그들의 활동을 자신의 사적인, 종종 지루한 존재의 보존에 머무르게" 설득하도록 도왔던 그녀 자신의 저작을 떠올리지 못했던 것이다.

그녀가 이제 여성을 집 밖으로 나가게 하려고 노력하는 것처럼 보일 때도, 미드는 여성이 행하는 모든 일을 여성의 특수성에 결부시켰다. '교사-어린 과학자들의 어머니'로서 그들을 현대 과학 세계로 끌어들이기 위해 노력하면서도, 그녀는 여전히 여성에게 개방된 새로운 가능성과 인류의 일원으로서 그들이 직면한 새로운 문제들을 성적 관점에서 해석하려 했다. 그러나 이제 "역사적으로 여성에게 속했던 역할들"은 핵무기 감축 같은 정치적 책임으로까지 확대되며, "자신의 아이들 뿐 아니라 적의 아이들까지 소중히 여기도록" 했다. 그녀가 같은 전제에서 시작하여 같은 인류학적인 증거들을 검토한 뒤, 이제는 조금은 다른 여성의 성적 역할에 도달한 만큼, 누군가는 여성의 역할을 규정하는 그녀의 기준에 대해 심각하게 의문을 제기할 수도 있다. 그리고 게임의 규칙을 10년 내지 20년에 걸쳐 쉽게 바꿀 수 있다는 것을 알게 된다.

다른 사회과학자들은 "여성이 된다는 것은 인간이 된다는 것 이상도 이하도 아니다"라는 놀라운 결론에 도달했다.[28] 하지만 문화 지체는 '여성성의 신화'를 강화했다. 몇몇 사회과학자들이 "여성의 역할"이라는 관념에서 결함을 발견했을 때, 미국의 교육자들은 그것을 마법의 주문으로 받아들였다. 여성을 사회의 참여자로서 더 크게 성숙하도록 교육하는 대신, 현대 사회에서 여성뿐 아니라 교육자들이 직면하는 그 모든 문제와 갈등, 어려운 일들에도 불구하고, "여성의 역할을 다하라"고 가르치기 시작했던 것이다.

07

여성성을 주입하다

교육자들이 스스로를 구식 교육자라고 의심하기까지는 확실히 10년에서 15년이라는 세월이 흘러야 했다. 새로운 여성 지향적sex-directed 교육자들은 이 당연한 사실에 오히려 그들 자신이 놀라 충격받았고 이런 자신들의 모습에 또 한 번 놀랐다.

여성이 고등교육을 더 많이 받아야 한다고 희망하던 순진한 사람들에게 충격 내지 신화가 되었던 것은 미국 여성이 그 어느 때보다도 많이 대학에 진학하지만 대학에서 물리학자, 철학자, 시인, 의사, 법률가, 정치가 또는 대학교수가 되려고 하는 사람은 거의 없다는 사실이었다. 최근 대학교를 졸업한 여성은, 전체적으로 볼 때 제2차 세계대전에 졸업했던 여성들보다도 전문직이나 직업 자체를 가지려는 생각이 없는 것으로 나타났다. 대학 교육을 받은 여성들 가운데 직업을 가지거나 다른 일보다 많은 교육을 필요로 하는 전문적인 일을 하기 위해 준비하는 사람들은 점점 더 줄어들고 있다. 대학에 들어간 소녀들은 3명 중 2명꼴로 졸업 전에 학교를 그만두었다. 1950년대에, 마지막까지 학교에 남았던 여성들도 교외에 살고 있는 주부와 어머니 이상의 무엇이 되고자 원하지 않았다. 바사대학, 스미스대학, 바나드대학처럼 유명 대학의 교수들이 학생들에게 어떤 것이든 흥미를 불러일으키도록 필사적으로 노력했음에도, 여학생들은 결혼 말고는 어떤 야망이나 비전도 꿈꾸지 않았으며 정열도 없는 것 같았다. 이미 1학년 때부터 이것들을 포기한 것이다.

점점 헛된 환상이 되고 있던 여성 고등 교육의 중요성에 대한 충성심에서, 순수주의 교수들은 처음에는 침묵을 지켰다. 그러나 미국 여성들의 고등 교육에 대한 거부와 저항은 마침내 통계에서 나타나기 시작했다.[1] 여자 대학에서 남성 총장과 교수들이 떠났고, 남아 있던 사람들은 환멸과 혼란스러운 좌절, 냉소를 보였다. 그리고 마침내 대학들은 아무리 가능성 많고 야심이 있는 여성이라 하더라도 전문적인 투자의 가치가 있는지에 대해 회의적인 태도를 보였다. 일부 여자 대학은 파산했다. 남녀공학 대학의 몇몇 교수들은 대학의 3분의 1 이상이 여성들에게 낭비되어서는 안 된다고 이야기했다. 수준 높은 여자대학인 사라로렌스의 총장은 남자에게 문호를 개방할 것이라 말했다. 바사대학의 총장은 여성의 고등 교육에 앞장섰던 위대한 미국 여자 대학들이 모두 종말을 맞이할 것이라 예언했다.

1956년 바사대학의 학생들을 대상으로 한 멜론 재단Mellon Foundation의 심리학 · 사회학 · 인류학적 연구 예비 보고서에서 무엇인가 일어날 것이라고 암시하는 첫 번째 경고를 읽었을 때, 난 '바사대학이 이렇게 질이 낮아져야만 하나'라고 생각했다.

여성성의 신화

가정주부가 되기보다 일을 하거나 전문직을 가지려는 사람은 드물었다. 학생들의 3분의 1은 아마 졸업 후 대학원 진학에 관심을 가졌으며 가령 교사가 되고 싶어 하는 학생들도 있었다. 이마저도 매우 드물었지만, 계속해서 자신의 경력을 쌓기를 바랐더라도 가족의 요구와 충돌하면 …… 예를 들어 '페미니스트의 시대'였다고 불리는 이전과 비교해 볼 때, 지금 학생들은 개인적으로나 사회적으로 받는 압박에 상관없이 법학이나 의학처럼 경력을 요구하는 직업을 가지는 데는 거의 흥미가 없다. 마찬가지로 자신에게 간섭하려는 시도에 저항하며 청소년기에 완전히 재능을 꽃피운 에드나 세인트 빈센트 밀레이Edna St. Vincent Millay 같은 사람도 거의 찾아 볼 수 없다…….[2]

이런 내용도 있다.

대체로 바사여자대학 학생들은 일부 학생들만 나서거나 아무도 나서지 않아도 사회의 잘못된 점들은 점차 바로잡아질 것이라 확신한다. 대부분의 학생들은 자신들이 명성을 얻을 것이라고 기대하지 않는다. 지속적으로 사회에 기여하는 일을 하거나 자신들이 미개척 분야를 개척하고, 또는 잔잔한 세상의 질서에 파문을 일으킬 것이라고도 기대하지 않는다. …… 홀로 살아가는 여성들의 삶은 비극으로 여겨질 뿐만 아니라 자식은 삶 전체에 있어서 필수적인 것으로 여겨진다. 그래서 학생들은 가정을 꾸리는 데 필요하다면 스스럼없이 입양을 할 것이라고 믿는다. 요컨대, 여성의 미래에 관한 정체성은 아내와 주부라는 계획된 역할에 드넓게 둘러싸여 있다. 이상적인 남편의 조건으로 바사 학생들 대다수는 중요한 역할을 떠맡을 남자, 즉 자신의 일을 지휘하고 가정 밖의 사건에 영향을 주는 대부분의 결정권을 행하는 남자를 뚜렷하게 선호했다. 여성이 남성의 특권을 강탈하려는 시도는 가정에서 남편의 협력자와 충실한 보조자로서 여성들 스스로가 계획한 역할을 깨뜨려야 하는 것이므로 결코 유쾌한 일이 아니라고 학생들은 생각한다.[3]

1959년에 학교로 돌아갔을 때, 스미스대학 기숙사에 있는 학생과 일주일 동안 생활하면서 난 어떤 변화를 봤다. 그리고 나는 미국 전역에 있는 대학에서 소녀들과 인터뷰를 계속했다.

나와 친분이 있으며 은퇴할 예정이었던 심리학 교수가 이렇게 불평했다.

학생들은 충분히 똑똑해요. 그들은 지금 이곳에 있어야 하고, 얻어야 하는 것이 있습니다. 하지만 학생들은 젊은 행정가와 결혼을 해 교외에 살면서 자녀를 기르는 것만이 자신들의 길이라고 생각하는 것 같아요. 졸업반 우등생을 위한 마지막 세미나를 계획하는 것조차 할 수 없었습니다. 결혼 준비 모임이 너무 많아 방해가 되었거든요. 학생들은 세미나가 결혼 준비 모임을 연기할 정도로 중요하다고 생각하지 않습니다.

여성성의 신화

나는 그가 과장한다고 생각했다.

나는 내가 한때 편집에 참여했던 대학신문을 펴들었다. 지금 편집자로 있는 학생은 정치학개론 시간을, 여대생 20명 중 15명이 드파지 부인[찰스 디킨즈의 소설 『두 도시 이야기』에 나오는 인물로 소녀 시절부터 뜨개질을 손에서 놓지 않았다―옮긴이]처럼 굳은 표정으로 뜨개질에 집중하고 있는 교실이라고 묘사했다. "교수는 진지하다기보다는 도전적으로 서구 문명의 종말이 다가오고 있다고 이야기한다. 학생들은 노트를 펴고 '서구 문명의 종말이 오고 있다'고 토씨도 빠뜨리지 않고 쓰면서도 뜨개질감은 놓지 않는다."

왜 그런 것이 필요할까? 예전에는 수업이 끝난 뒤에 무엇을 했던가? 교수가 말한 것 즉 경제이론, 정치철학, 서구 문명의 역사, 사회학 그리고 과학과 공상, 초서Chaucer[캔터베리 이야기의 작가로 영국 시의 아버지로 불린다―옮긴이]까지 이야기하지 않았던가. 나는 모자를 쓰고 긴 옷을 입은 갈색 머리의 졸업반 학생에게 "학생들은 지금 어떤 과에 흥미를 느끼나요?"라고 물었다. 핵물리학? 현대문학? 아프리카 문명? 그녀는 나를 선사시대의 공룡처럼 바라보면서 말했다.

학생들은 이제 그런 것들에 흥미가 없어요. 부모님은 우리가 대학에 가기를 바라지요. 누구나 다 대학에 갑니다. 대학에 가지 않으면 가정에서 사회적 폐물로 취급되니까요. 그러나 공부를 계속해 연구를 하려 하고 자신의 공부에 진지한 소녀는 이상한 존재로, 여성적이지 못한 사람으로 여겨져요. 나는 여성이라면 누구나 손가락에 다이아몬드

반지를 긴 채 졸업하기를 원한다고 생각해요. 그게 중요한 거죠.

나는 몇몇 대학 기숙사에서 불문율을 발견했는데, 그것은 바로 학과에 관한 '전문적인 이야기'를 금하는 것이었다. 학교에서 학생들은 매우 급하고 바빠 보인다. 강사 몇을 제외하면 아무도 커피를 파는 식당이나 구석진 커피숍에서 대화하는 사람의 주변에 앉지 않는다. 내가 대학에 다닐 때에는 무엇이 진실인지에 대해, 예술을 위한 예술, 종교, 성, 전쟁과 평화, 프로이트와 마르크스, 그리고 세상의 잘못된 모든 것들에 관해 논쟁하면서 몇 시간 동안 앉아있곤 했었는데 말이다. 쾌활한 3학년생이 와서 말했다.

우리는 결코 그렇게 시간을 낭비하지 않아요. 추상적인 것에 관한 토론은 하지 않지요. 대부분의 이야기는 데이트에 관한 거예요. 어쨌든, 저는 일주일 중 사흘은 학교가 아닌 데서 시간을 보내요. 거기에는 제가 좋아하는 남자 친구가 있고, 저는 그와 함께 있고 싶으니까요.

우비를 입은 검은 눈의 졸업반 학생은 나에게 도서관 서가 주위를 배회하면서 '흥미로운 책들을 골라내기'를 좋아한다고, 그것이 마치 비밀스러운 중독증인양 털어놓았다.

우리는 1학년 때 도서관을 경멸하라고 배워요. 하지만 뒤늦게 다음 해에 우리가 대학을 계속 다니지 않을 것이라는 사실을 깨닫게 되

여성성의 신화

죠. 갑자기 우리는 더 읽고, 더 이야기하고, 우리가 빼먹은 어려운 과목들을 듣고 싶어 해요. 자신이 어디에 진정으로 관심이 있는지 알게 되는 거죠. 그러나 저는 이런 일들은 우리가 결혼하면 중요하지 않다고 생각해요. 가정에 관심을 가지고, 자녀에게 수영하는 법과 스케이트 타는 법을 가르치는 데 흥미가 생기는 거죠. 그리고 밤에는 남편과 이야기를 하고요. 대학에 다닐 때보다 더 행복할 것 같아요.

이 학생들은 대학을 단순히 '진정한' 인생이 시작되기 전에 통과해야 하는 유용하고 효율적이지만 지루하고 초조한 중간 과정처럼 생각한다. 이들에게 있어 진정한 삶이란 결혼해서 남편과 자녀와 함께 교외 주택에서 사는 것이다. 그렇다면 대학 생활에서 느껴지는 지루함과 신속하게 흐르는 과정들이 어떻게 자연스럽겠는가? "내가 결혼할 때"라는 말로 학업에 대해 진지한 관심을 보이지 않는 소녀들은 종종 어떤 남자에게도 관심이 없었다. 일주일에 3일을 캠퍼스 밖에서 보내기 위해 서둘러 대학 공부를 마치려는 사람들 중에는 때때로 관계를 계속 이어가고자 하는 진정한 데이트 상대도 없었다.

내가 대학생이던 시절에는 예일대학에서 주말을 보낸 인기 있는 여학생들의 대부분이 '똑똑한 사람들' 만큼이나 자신들의 학업을 중요시했다. 가끔씩 또는 매우 진지하게 연애에 빠져있더라도, 평일에 학교 수업을 들을 때에는 정신적인 하루를 보냈다. 그리고 우리는 그러한 삶을 요구하고 거기에 빠져들어 그것이 때때로 흥미롭고 언제나 진실하다는 것을 알았다. 이제 훨씬 더 열심히 공부하고, 심화되는 경쟁에 맞서서 대학에 진학할 수 있는 능력을 갖고 있는 지금의 여학생들이, 그러한 정신적인 삶을 정말 지루해할까?

나는 점차 소녀들의 냉랭한 표정 뒤에 숨겨진 의도적인 노력—또는 의도적으로 회피하려는 노력—과 긴장, 침울한 항의 같은 것들을 느낄 수 있었다. 그들의 지루함은 생각했던 것과는 달랐다. 그것은 방어였고 참여를 거부하는 것이었다. 성관계를 하면서도 무의식적으로 성을 죄악시하는 여성이 어딘가에 있는 것처럼, 이 소녀들도 다른 곳에 있다. 그들은 시늉을 하지만, 대학이 그들에게 주입할지 모르는 마음과 정신의 비인격적인 열정, 지성에 대한 위험스럽고 무성적nonsexual인 열정으로부터 스스로를 방어하는 것이다.

한 2학년 학생은 나에게 다음과 같이 말했다.

공부든 다른 어느 것이든 너무 열심히 하면 안 된다는 생각은 매우 세련되고 교양 있는 것이에요. 학업에 너무 진심을 다하는 사람들은 다소 동정받거나 비웃음을 사요. 노래를 부르고 싶어 하는 것처럼, 그런 의향이 있다는 것 때문에 다른 사람들을 불안하게 만들 수 있는 거지요. 괴짜로 취급받는 거예요.

다른 학생이 덧붙였다.

당신을 안쓰럽게 생각할지도 몰라요. 때때로 멈춰서 이건 너무 신

여성성의 신화

경질적이지 않나 하고 생각한다면, 자신의 일에 진지해질 수 있고 완전한 지식인이라고 얕보이지 않을 수 있다고 생각합니다. 우스개로 하는 거니까 괜찮은 거죠.

분홍 스웨터를 입고 어떤 협회의 브로치를 꽂은 소녀가 말했다.

아마도 공부를 더 진지하게 생각해야 할지도 몰라요. 하지만 졸업해서 공부한 것을 활용할 수 없는 직장을 갖기를 바랄 사람은 없어요. 남편이 높은 직책에 오르려면, 여자는 너무 높은 교육을 받아서는 안 돼요. 남편의 직업에 있어서 부인의 역할은 몹시 중요하거든요. 예술이나 그런 것에 지나친 흥미를 가져도 곤란하지요.

역사학에서 우등상 수상을 포기한 소녀가 내게 말했다.

역사를 좋아해요. 역사에 관심이 많아서 아침 8시에 도서관에 가서 밤 10시까지 공부하곤 했지요. 여전히 대학원이나 로스쿨에 진학하고 싶어요. 건실하게 제가 가진 지식을 활용하겠다는 생각까지 했어요. 그런데 갑자기 저에게 일어날 일들이 두려워졌어요. 저는 제 삶을 충실하게 살아가고 싶었어요. 결혼해서 아이를 낳고 멋있는 집을 갖고 싶었거든요. 갑자기 저는 제가 무엇 때문에 머리를 쥐어짜고 있는 것인지 의문이 들었어요. 그래서 올해에는 균형 잡힌 생활을 하려고 노력하고 있어요. 수업을 듣고는 있지만, 여덟 권의 책을 읽지 않고 아홉 번째 책을 읽는 것 같아요. 전 그만두고 영화를 보러 가지요. 다른 길은 더 어렵고, 더욱 흥미로웠어요. 지금도 제가 왜 그만두었는지 모르겠어요. 그냥 용기를 잃은 것 같아요.

이런 현상이 특수한 몇몇 대학에 한정되어 있는 것은 아니다. 누구나, 어떤 대학이나, 어느 학과의 여학생들 사이에서도 여전히 학생들은 지적인 삶을 접하고 있다. 남부에 있는 한 대학의 3학년 학생은 이렇게 말했다.

전 아주 어릴 때 과학에 매혹되었어요. 세균학을 전공해 암을 연구하려고 했어요. 그런데 지금은 가정학으로 전과했어요. 무엇인가에 깊이 몰두하기를 원치 않는다는 것을 깨달았거든요. 원래 하던 공부를 계속 이어갔다면, 일생 동안 그 일에 모든 것을 바쳤을 거예요. 처음 2년은 일생을 바치고 싶다고 생각했지만 결국에는 실험실을 떠났어요. 그 일을 좋아했지만 많은 것들을 놓쳐버렸거든요. 오후에 다른 학생들이 수영을 할 때 저는 시약과 슬라이드를 갖고 연구를 했어요. 실험실에는 60명의 남학생을 제외하고는 세균학을 전공하는 여학생이 저밖에 없었어요. 전 과학을 이해하지 못하는 여학생들과는 더 이상 친해질 수 없었어요. 세균학만큼 가정학에 관심이 있는 건 아니었지만, 저를 위해서라도 달라지는 것이 더 낫다는 것을 알게 되었어요. 그리곤 사람들과 어울렸어요. 제가 그렇게 진지해지면 안 된다는 것을 알아요. 이제는 집으로 가서 결혼할 때까지 백화점에서 일하려고 해요.

여성성의 신화

내가 이상하다고 생각한 것은 여학생들이 정신적인 삶과 관련해 스스로 멀리 떨어지려 하는 것이 아니다. 교수들이 이들의 방어심리에 대해 어리둥절해하고, 어떤 교수가 한 것처럼 '학생 문화'를 탓하는 것이다. 한 소녀가 1945년에서 1960년 사이에 대학에 갔다면 필수적으로 배우게 되는 교훈은 학업에 진지한 관심을 가지지 말라는 것이었다. 정상적으로 살아가고 행복하길 원하며, 순응하고 여성적이며 성공적인 성생활을 원한다면 결혼 뒤 자녀를 갖는 것 이외에 다른 일에 흥미를 가지면 안 된다는 것이었다. 그녀는 가정에서 이런 교육을 받았을 것이며, 대학에서 다른 학생들에게서도 이것을 배웠을 것이다. 또한 학생들의 비판적이며 창조적인 지성을 개발하도록 위임받은 대학교수에게서도 의심의 여지없이 그런 교육을 받았다.

지난 15년 동안 교수들이 새로운 여성성을 지향하면서 일어난 변화는 미묘해서 거의 간과되었다. 여성성의 신화의 영향 아래, 여성 교육을 담당하는 일부 대학의 총장과 교수들은 학생들이 훈련받은 지능을 사용하는 미래보다 성적인 오르가슴을 더 잘 느낄 수 있는 능력에 더 많은 관심을 가지게 되었다. 실제로 일부 주요 교육자들은 비판적이고 창의적인 지능을 이용하려는 유혹으로부터 학생들을 보호하는 데 관심을 가지기 시작했다. 그래서 비판적이거나 창의적이 되지 않도록 독창적인 교육 방법을 이용했다. 따라서 고등교육은 이 기간 동안 미국 여성이 개인적 능력을 달성하는 것을 점차 감소시키고, 점점 더 생물학적 기능에 의해 형성되도록 하는 과정에 무게를 두었다. 대학에 진학한 학생들은 프로이트와 마거릿 미드의 족쇄를 거의 피할 수 없었고, "여성의 역할을 수행하는 방법"에 관한 기능적인 가르침과 함께 "결혼과 가정생활" 같은 강의를 들어야만 했다.

그러나 여성 교육에 대한 이 새로운 여성적 지향성은 특정 과정이나 학과에만 국한되지 않았다. 이것은 모든 사회과학에 내재되어 있었지만, 그 이상으로 교육 그 자체의 일부가 되었다. 대학교수, 학생 지도 상담사, 학장들이 프로이트와 미드를 읽었을 뿐만 아니라, 미국의 소년 소녀에 대한 교육이 새로운 신화의 최우선적인 목표가 되었기 때문이었다. 프로이트주의자와 기능주의자들이 옳다면, 교수들은 미국 여성을 비여성화시킨, 가정주부와 어머니들로 하여금 운명적으로 좌절을 느끼게 한, 여성들로 하여금 경력을 쌓고 독신으로 살게 하며, 오르가슴이 부재한 채 살아가게 만든 데에 책임이 있었다. 많은 대학 학장들과 교육이론가들은 군소리 없이 자신들의 잘못을 시인하고 여성성을 지향하는 대열에 동참했다. 아직도 개인의 영혼이 부부의 침실보다 중요하다고 믿고 있는 구식 교수들은 분노에 찬 비난을 퍼부었지만, 그들은 거의 은퇴할 때가 되었고 좀 더 제대로 성을 가르치는 젊은 교사가 그 자리를 대체할 예정이었다. 게다가 구식 교수들은 자신들의 특별한 주장에 열중하느라 학교 정책 전반에 대해서는 거의 말하지 않았다.

교육계의 분위기는 전반적으로 여성성을 지향하는 교육을 적용시키는 것을 강조함으로써 여성 지향적인 노선에 대한 준비를 거

여성성의 신화

의 마친 상태였다. 주요 교과목을 적극적으로 익혀 지성의 발전을 꾀한다는 구식 교육의 목표는 이미 아동 교육 전문가들 사이에서 인기를 잃고 있었다. 콜롬비아 사범대학은 교육 기능주의의 토양이 되었다. 심리학과 인류학, 사회학이 학문 영역 전체에 침투함에 따라, 여성성을 위한 교육은 밀스와 스테판, 예비 신부 학교(이 학교는 이론적이기보다 전통적인 것에 기반을 두고 있다)에서부터 여성 고등교육에서 선구적이며 독보적인 지적 수준을 보여줬던 여성 명문 대학의 가장 자랑할 만한 요새에까지 침투했다.

유능한 여성에게 새로운 영역과 넓은 세계를 열어주는 대신, 여성성을 지향하는 교육자는 가정과 자녀의 세계에 여성들이 적응하도록 가르쳤다. 과거의 편견에 대항할 수 있는 진리, 또는 편견에 맞설 수 있는 비판적 사고방식을 가르치는 대신, 교육자들은 전통적인 모든 행동과 금기보다 더 마음을 구속하고 미래에 해로울 수 있는 무비판적인 처방과 불길한 예감을 정교하게 섞어 소녀들에게 넘겨주었다. 이 교사들은 사회과학자들이 그들에게 넘겨준 여성성의 신화를 진실로 믿었고, 그것이 최선의 도움이라는 이유로 의식적으로 그런 교육을 했다. 남자 교수나 남자 총장들은 여성성의 신화에서 편안함을 발견했고, 이 신화가 그들의 편견을 용인했으므로 그것을 믿지 못할 이유가 전혀 없었다.

소수였던 여성 총장들과 여자 교수들은 같은 대열에 끼거나 아니면 교사와 여성으로서 그 권위가 의문시되었다. 만약 그들이 독신이거나 아이가 없으면, 그들은 신화에 의해 여성으로서 말하는 것이 가로막혔다.(『현대의 여성: 잃어버린 성』 같은 책은 그들이 뭔가를 가르치는 것조차 금지할 것이었다.) 결혼은 하지 않았지만 여러 세대에 걸쳐 여학생들이 진실을 추구할 수 있도록 고무했던 한 훌륭한 학자는 여성 교육자로서의 명예를 무시당했다. 그 여자대학의 지적 전통을 최고 수준으로 끌어올렸음에도 이 학자는 총장으로 임명되지 못했다. 소녀들의 교육은 잘생기고 남편으로 알맞은 남성에게, 소녀들에게 여성다운 역할을 가르치는 데 더 적합한 이에게 맡겨졌다. 여자대학의 몫이 사라지지는 않았지만, 앞으로 박사가 될 이들은 필시 남자들이었고, 학문과 진리를 추구하는 것은 여성적인 성취로 취급받지 못했다.

새로운 신화라는 관점에서, 여성학자는 단순한 이유 때문에 의심받았다. 여성학자는 단지 가정을 부양하기 위해 일하는 것이 아니었다. 그녀는 자신의 분야에서 박사학위를 받기 위해 힘들고 뼈를 깎는 고통을 겪으며 낮은 봉급으로 일한 것, 즉 비여성적인 헌신을 한 것에 죄의식을 느껴야 했다. 그녀는 자기방어로 때때로 주름 장식이 있는 블라우스를 입고서 무해한 방식으로 자신의 여성성을 드러냈다.(어느 정신분석학자 모임에서 한 참관인은 여성 분석가들이 예쁘고 화려하며 깔끔한 여성용 모자를 쓰고 위장했지만, 그 모자는 교외에 사는 평범한 가정주부들이 쓰면 확실히 남성적으로 보일 것이라 지적하기도 했다.) 석사학위나 박사학위, 화려한 모자와 주름장식이 있는 블라우스는 누구라도 그들의 여성성에 문제를 제기하지 못하게 했다. 그럼에도 그들의 여성성은 의심받았다. 한 유명한 여자대학은 방어

여성성의 신화

책으로 "우리는 여대생을 학자가 되도록 교육시키지 않는다. 다만 부인과 어머니가 되도록 교육시킨다"는 슬로건을 채택했다.(그 여대생들은 이 슬로건을 반복하는 데 지쳐서 그 슬로건을 "WAM" Wives and Mothers이라고 줄여서 말했다.)

여성성을 지향하는 교과 과정을 편성하는 데 있어, 모든 사람들이 밀즈대학의 전 총장 린 화이트Lynn White 정도까지 나간 것은 아니었다. 하지만 여성이 더 이상 남성처럼 교육받으면 안 되고 여성으로서의 역할을 위해 교육받아야 한다고 전제한다면, 당신은 대학의 화학 강의를 고급 요리 강의로 대체하는 그의 커리큘럼대로 해야 했다.

여성 지향적인 교육자들은 미국 여성의 일반적인 좌절 및 성적인 좌절에 교육이 책임이 있음을 받아들이면서 시작한다.

내 책상 위에는 대학을 졸업한 지 몇 년 되지 않은 젊은 엄마가 보낸 편지가 놓여 있다.

"성공적인 인간이 되도록 교육받았지만 지금은 스스로 성공적인 여성이 되기 위해 배워야 한다는 것을 깨달았습니다." 미국의 여성 교육의 지나치게 많은 부분이 근본적으로 적절하지 않다는 말을 이보다 더 잘 표현할 수도 없을 것이다. 우리의 교육제도는 평범한 남성과 여성의 생활양식 사이에 단순하면서도 근본적인 차이가 있음을 참작하고 있지 않고, 그것은 수백만 여성에게 깊은 불만과 불안을 낳고 있다.

여성이 자존심을 스스로 되찾으려면 여성과 남성의 지적 · 정서적인 경향이 근본적으로 다르다는 것을 부정하는 낡은 페미니즘의 전술을 역전시켜야 할 것이다. 여성과 남성의 차이의 중요성을 인식시키고 이 차이를 주장해야만 여성 자신의 눈으로 여성이 열등하다는 신념에서 스스로를 구할 수 있다.[4]

여성 지향적인 교육자는 우리의 "매우 과대평가된 문화적 창조성", "'진보' 자체를 좋은 것으로 무비판적으로 수용하는 태도", "이기적 개인주의", "혁신", "추상적인 건설", "양적인 사고"를 남자다운 것과 등치시킨다. 물론 그것들의 가장 무서운 상징은 공산주의나 원자탄이다. 이런 것과 반대되는 개념으로 여성다움과 동등하게 여겨지는 '인간의 지각, 직감, 뭐라 꼬집어 말할 수는 없지만 질적으로 우수한 관계를 맺는 능력, 그리고 통계와 수량에 대한 혐오', '직관', '감정' 그리고 '선하고 진실하며 아름답고 유용하며, 성스러운' 것을 '소중히 하고', '보존하는' 모든 힘이다.

여성다워진 고등교육에는 사회학, 인류학, 심리학이 포함될 수 있었다.(여성성 교육을 옹호하는 한 학자는 "이것들은 월계관을 쓴 강한 남자의 천재성과 거의 관련이 없는 연구다"라며 찬미했다. "그런 학문들은 사회와 정신의 조용하고 화려하지 않은 힘을 조사하는 데 열중했다. …… 여성에 대한 편견을 소중히 여기고 기꺼이 받아들였다.") 거대하고 화려하고 추상적인 순수과학(추상적 이론과 양적인 사고가 비여성적이기 때문에)이나, 거대하고 "화려하고 추상적"인 예술은 거의 포함되지 않

여성성의 신화

왔다. 하지만 공예나 장식예술은 여성적이다. 도자기, 직물 등 머리를 쓰기보다는 손으로 하는 작업들이었다. "여성은 남성이 아름다움을 좋아하는 것만큼 좋아한다. 그러나 여성은 살아가는 과정에서 연관되는 아름다움을 원하고 …… 손은 두뇌만큼 훌륭한 것이고 존경할만한 가치가 있다."

여성 지향적 교육자는 티서란트Tisserant 추기경의 말을 만족스럽게 인용하고 있다. "여성이 교육받아야 하는 이유는 오로지 남성과 토론하기 위해서다." 그는 우리가 여성을 위해 행하는 전문적인 훈련을 모두 그만두고 그들이 모두 가정주부가 되도록 교육해야 한다고 주장했다. 여성이 지금 대학에서 배우는 가정학까지도 "전문적인 훈련이기 때문에" 남자다운 것이라고 말했다.[5]

여기에 진정으로 여성적인 교육이 있다.

혹자는 여성들이 교과 과목에 여성의 희망을 반영하기 시작해야 한다고 확신을 가질 수도 있다. 모든 여성대학과 교육기관들이 가족에 관한 핵심 과정을 제공할 것이라는 이야기 정도가 아니라, 식품영양, 섬유와 의복, 보건, 주택 계획 및 집과 정원 꾸미기, 원예, 아동 발달 등 일련의 교과 과정이 나오게 될 것이다. …… 식품 기초과정을 후기 칸트주의 철학 과정처럼, 대학 이후에는 따라갈 수 없을 만큼 흥미롭고 어려운 과정으로 만들 수는 없을까? …… 영국식 양배추 찜이 맛과 질감에서뿐만 아니라 영양에 있어서도 뒤떨어진다는 이야기를 하면서 단백질, 탄수화물 따위를 이야기하는 것은 제쳐두자. 바스크식 냄비요리, 잘 절인 케밥, 화이트와인을 넣은 양 뒷다리 요리, 권위 있는 카레 요리, 허브 사용법, 신선한 우유를 곁들인 아티초크 같은 간단한 요리법들에 대한 이론과 음식 준비를 연구할 수는 없을까.[6]

고등학교 수준에서도 충분히 가르칠 수 있는 요리나 수작업 같은 과목들로 대학 교과가 오염되거나 희석되어서는 안 된다는 주장에 대해 여성 지향적 교육자는 별로 개의치 않았다. 고등학교에서 여학생들에게 가르친 다음, 대학에서 "더욱 집중적으로 창의력을 가지고" 다시 가르치면 된다는 것이다. 소년들 역시 일정하게 "가정적인 마인드"를 가진 교육을 받아야 하지만, 귀중한 대학 시절까지 그러지는 않아도 된다. 고등학교 저학년 때 받은 훈련으로 그들은 "장래에 충분히 아이들의 경탄 어린 시선을 받으며 차고나 정원 의자에서 행복하게 일할 수 있고 바비큐 파티를 열어줄 수 있다."[7]

생활적응life-adjustment이라는 이름을 붙인 이런 종류의 교육이 여러 대학뿐 아니라 고등학교에서도 실제로 이루어지기 시작했다. 여성이 성장하는 것을 되돌리려는 의도 하에 이루어진 것은 아니지만, 확실히 여성들이 퇴화하는 데에 이 교육이 조력했음은 분명하다. 미국의 교육자들이 마침내 국가의 창조적 지적 자원이 어디에서 낭비되고 있는지 조사하기 시작했을 때, 그들은 잃어버린 아인슈타인, 슈바이처, 에디슨, 포드, 페르미, 프루스트들이 모두 여성일 수 있음을 발견했다. 미국 고등학교 졸업생 중 가장 뛰어난 40퍼센

여성성의 신화

트 중 절반만이 대학에 가지만, 나머지 절반은 학업을 그만두며, 그 중 3분의 2가 여성이었다.[8] 제임스 B. 코넌트James B. Conant 박사가 미국 고등학교에서 무엇이 잘못되었는지를 파악하기 위해 전국을 다니며 조사하는 동안, 그는 많은 학생들이 실제로는 그들의 흥미를 끌지 못하는 쉬운 강의를 듣고 있다는 것을 알게 되었다. 그리고 물리학과 고등 대수학, 분석 기하학, 4개 국어를 공부했어야 할 이들 대부분이 소녀들이어야 했지만 그렇지 않았다는 것을 발견했다. 그들은 성별과 무관한 특별한 재능이 있었고 높은 지성을 가지고 있었지만, 그들 또한 그런 공부가 '비여성적'이라는 여성 지향적 태도를 갖고 있었다.

때때로 소녀들은 어려운 과목을 전공하기를 원했지만 그럴 때면 명문 동부 고등학교에서 설계사가 되려했다가 시간을 낭비했던 학생 지도 상담사나 선생님에게 충고를 받았다. 상담사는 여성이 전문 직업을 갖는 것은 드문 일이며, 어떻게든 전문직을 갖지 못하게 하려고 건축과에 입학하는 것을 강경하게 반대했다. 게다가 상담사는 학생들이 건축과를 택하더라도, 여성에게는 건축가로서의 장래가 거의 없다고 말했다. 그녀는 삶의 대부분을 제도실에서 보내게 될 것이다. 그래서 건축학보다 더 쉬우며 결혼했을 때 알아야 하는 모든 것을 배울 수 있는 2년제 대학을 가도록 권유했다.[9]

여성 지향적인 교육은 아마도 고등학교 수준에서 더욱 광범위하게 영향을 미쳤고, 이를 따르는 많은 소녀들은 대학에 가려 하지도 않았다. 나는 우리 주의 교외에 있는 한 중학교에서 현재 가르치는 생활 적응 교과목의 수업 계획서를 우연히 입수했다. "멋진 아가씨"라는 제목이 붙은 이 계획서는 성 기능에 관한 일종의 초기 인식이나 강제된 인식으로, 11~13세의 소녀들에게 "데이트를 위해 할 것과 해서는 안 될 것"을 가르치고 있다. 많은 소녀들은 아직 가슴이 빈약하지만 브래지어 없이 스웨터를 입으면 안 되며, 남자아이들이 치마 속을 들여다보지 못하도록 슬립을 덧입어야 한다는 것을 배웠다. 이런 상황이니 고등학교에 다니는 많은 영리한 소녀들이 2학년 때쯤 되면 자신들의 성적 기능을 상당히 인식하고, 학교의 모든 과목에 싫증을 내며, 결혼해서 아이를 갖는 것 외에 다른 야망을 가지지 않는다는 것은 놀랄 일이 아니다. 그 아이들의 다른 능력은 인정받지 못하는 반면, 그들이 성적 기능만 너무 빨리 배운 것은 아닌지 (특히 그 소녀들 중의 몇 명이 고등학교 2학년 때 임신하고 15세나 16세에 결혼할 때) 궁금해질 수밖에 없다.

전국적으로 능력 있는 학생들이 정신적으로 성장하지 못한다는 것은 놀랄만하다. 1955년 인디애나 고등학교 졸업생 중 성적이 10퍼센트 안에 드는 학생들 중에 상급학교에 진학하지 않은 비율은 남학생이 15퍼센트, 여학생이 36퍼센트였다.[10] 발전하는 사회에서 중요한 기능을 수행하기를 원하는 많은 사람을 위해 고등교육이 필요한 바로 그 즈음에 대학에서 여학생의 비율은 해마다 줄었다. 50년대에 들어서서 여성의 대학 중퇴 비율은 남성보다 훨씬 급증했다. 남자는 55퍼센트가 졸업하는 데 반해 여자는 37퍼센트만이 졸업했다.[11] 1960년대에 남자들은 여자와 똑같은 비율로 학교를 그만두었다.[12] 그러나 대학 입시 경쟁이 치열한 이 시대에, 남자 두 명 당 한 명꼴로 대학에 들어가는 소녀는 "더 많이 선택"되었고, 학업상의 실패 때문에 대학에서 떨어질 가능성도 적었다. 데이비드 리즈먼David Riesman의 말대로 여성은 지나치게 교육받은 것이 '결혼의 장애'가 된다는 두려움 때문에 학교를 그만둔다. 지난 15년 간 평균 결혼 연령은 미국 역사상 가장 낮았고, 과거에 저개발국으로 불리던 나라의 결혼 연령과 거의 비슷하게 낮아져 서방국가 중에서 가장 어린 나이에 결혼했다. 과학과 교육이 보급되고 있는 아시아와 아프리카의 신생국에서 여성의 평균 결혼 연령은 지금 올라가고 있다. 오늘날 여성교육의 기능적인 여성 지향성에 힘입어 미국 인구의 연간 증가 비율은 세계에서 가장 높다. 이것은 서구 유럽 국가의 거의 세 배이며, 일본의 거의 두 배이고, 아프리카와 인도를 바짝 뒤따르고 있다.[13]

여성 지향적 교육가들은 소녀에게 성적 기능에 대해 적극적으로 가르치면서 (아마도 그들은 그런 교육이 없다면 다른 방면에서 소녀들의 성장을 막을 것 같지 않은 방법으로 이것을 해냈을 것이다), 또한 엄격한 지적 의미에서 여성 교육에 대한 그들의 책임을 포기함으로써, 이중적인 역할을 해냈다. 교육이 있거나 없거나 여성은 그들의 생리적인 역할을 이행하고 이성 간의 사랑과 모성애를 경험한다. 그러나 교육 없이는 여성이나 남성이 생물학 이상의 보다 고차원적이고 심오한 흥미를 개발하지는 못할 것 같다.

교육이란 사람에게 "시야를 넓히고, 새로운 경험을 하게 하고,

독립성을 열어주고, 사고를 훈련시키며, 좀 더 생산적인 활동에 매진하게 하며, 세상사의 이해와 자기 자신의 인격의 통합을 기초로 하여 확신을 갖게" 해야 하며 또 할 수 있어야 한다.[14] 소녀에게 이런 성장을 막는 주된 장벽은 그들이 갖고 있는 여성에 대한 고정관념이다. 여성 지향적 교육자들은 이런 고정관념을 무너뜨리기 위한 그들 자신의 능력과 책임을 회피함으로써 오히려 이를 강화했다.

이러한 여성 지향성이 교착상태에 빠졌음은 천여 페이지에 달하는 연구에서 드러났다. 『미국의 대학』에는 1045명의 소년과 1925명의 소녀를 대상으로 한 "대학 입학을 자극하는 요인들"에 대한 연구가 실렸다. 이 연구는 주로 성 역할을 통해서가 아니라 대학에서의 성장을 통해 소년들이 독립적이 되고 정체성을 찾아야 한다는 것을 인정한다. 소녀들이 대학에서의 성장을 기피하는 것은 그들의 정체성이 오로지 성적인 것에만 국한되기 때문이다. 학자들이 보기에도 소녀들에게 대학 자체는 더 큰 정체성의 열쇠가 아니라 '성적 충동의 배출구'로 위장된다.

여자아이들이 자기 인식을 결혼에 직접적으로 의존하는 반면, 남자아이들은 정체성에 대한 문제가 주로 직업에 대한 물음으로 결정된다. 여성과 남성의 차이는 대부분 이런 구별에서 비롯된다. 여자아이들은 자신이 아내가 될 것이며, 장차 어떤 가정을 꾸밀까 하는, 오로지 성 역할에 정체성이 집중되어 있다. 반면 남자아이들은 자신에 대한 정의를 두 가지를 토대로 형성시키는데, 그는 남편이자 아버지(그의

여성성의 신화

성 역할 정체성)가 되는 한편, 확실히 직업을 가진다는 사실이다. 이런 차이는 청년기의 교육과 관계가 있다. 직업적 정체성은 대체로 개인의 선택 문제다. 합리적이고 사려 깊은 계획을 세워 자신이 가진 자원을 모두 쏟을 수 있는지 이른 시기에 내릴 수 있는 선택인 것이다. 남자아이들은 일찍부터 이런 정체성의 일면을 생각하고 계획을 세우기 시작할 수 있다. …… 여성적 발전에 결정적인 성적 정체성은 그런 의식적이고 질서정연한 노력을 허용하지 않는다. 그것은 공상과 신비, 환상으로 이끌어진 신비롭고 낭만적인 이슈다. 여자아이들은 여성다운 역할을 수행하는 데에 필요한 표면적인 기술과 활동을 확실히 배우겠지만, 여성다워지려는 자신의 노력이 너무 의식적이라고 느껴지면 그것이 시시하고 스스로가 비여성적이라 생각할 것이다. 사랑스러운 남성과 다정하게 살고 있는 여성의 정착지, 그것의 진짜 핵심은 예행 연습을 할 수 없다는 것이다. 우리는 청년기의 여성과 남성이 장래에 대해 각자 다른 방법으로 접근하는 것을 발견한다. 소년들은 특수한 기술과 흥미, 신경질적인 성격과 욕구를 가장 안락하게 맞춰줄 역할을 발견하려는 노력에서 확실한 선택을 행하며, 장래에 대한 정체성을 계획하고 시행하는 데 적극적이다. 반대로 소녀들은 소년과 유행, 결혼과 사랑에 미친 듯이 몰두한다.

대학 진학의 꿈은 결론과 관련된 보다 직접적인 선입견을 보충하는 게 분명하다. 대학에 갈 계획이 없는 소녀들은 결혼하고자 하는 욕망을 보다 뚜렷이 표출하며, 자신의 성 역할에 대한 지각을 발달시킨다. 그들은 섹슈얼리티와 관련하여 보다 잘 알고 있고 더 솔직히 이야기한다. …… 성적 충동의 배출구로서의 판타지라는 관점은 직접적 표출이 가로막힌 충동들이 일종의 가장된 희열을 추구한다는 일반적인 심리분석적 결론으로 이어진다.[15]

때문에 중서부의 대학에 다니는 1학년 여학생의 70퍼센트가 "당신은 대학에서 무엇을 얻기를 바라는가?"라는 질문에 "나를 위한 남자를 찾는 것"이라고 대답한 것은 놀라운 일이 아니었다. 그들은 또한 "집을 떠나고", "여행"하기를 소망하는 것으로 해석되는 답변을 했으며, "성적인 신비에 대한 호기심"을 상징함으로써 소녀들의 절반에게 주어진 잠재적 직업에 관련된 답변을 했다.

대학과 여행은 섹슈얼리티에 관한 더 개방적인 대안이 된다. 고등학교를 졸업한 여학생들은 일찍 결혼해 성인으로서 성적 역할에 접근하려 하며, 성적 충동과 성 역할에 관해 보다 발전된 개념을 갖는다. 반면 대학에 진학할 여학생들은 성적 정체성을 직접적으로 인식하는 것을 잠시 동안 지연시킬 것이다. 그동안 성에 관한 관심은 대학과 대학 생활의 매력, 일반적이고 감각적인 경험에 대한 승화 작용에 초점을 맞추는 환상적인 제도를 통해 변환되고 만족될 것이다.[16]

교육자들은 왜 여자아이들만 완전히 성적인 존재로 보는가? 청년기의 남자아이들 또한 대학에 진학하면서 성적 충동이 지연된다. 하지만 교육자들은 남자아이들의 성적인 '환상'에는 관심을 갖지

여성성의 신화

않는다. 그들은 남자들의 '현실'에 관심을 갖는다. 또한 "그들이 인정받을 수 있는 업적과 잠재력을 가진 사람이 되고, 이들이 우리 문화에서 인정받는 직업의 세계를 갖기를, 가장 도덕적인 가치가 있는 인간으로서 자율성과 정체성을 달성하려고 노력하기를 더욱 기대한다." 간혹 소년들이 직업에 대한 생각과 목적이 처음에 현실적이지 못할 경우가 있지만, 그렇다 할지라도 이 연구에서 여성 지향적 교육자들은 소년들의 동기와 목적, 흥미, 어린애다운 선입관이 변화할 수 있음을 인정한다. 또한 교육자들 대부분은 변화할 수 있는 마지막 결정적인 기회가 대학에 있다는 것을 인정한다. 그러나 확실히 소녀들에게는 변화하는 것을 기대하지도 않았으며, 그런 기회를 주지도 않았다. 심지어 남녀공학 대학에서도 여학생들은 남학생들과 똑같이 교육을 받지 않았다. 심리학자들이 제안한, 여성들의 자율성을 위한 '잠재적'인 욕구를 자극하는 대신, 여성 지향적인 교사들은 남성들을 통해 성취, 지위, 그리고 정체성을 실현하는 성적인 판타지를 자극했다. 여성의 역할에 관한 유치하고, 고정되고, 편협한 선입관에 도전하는 대신, 그들은 교양 과목과 아내로서의 허식을 위한 적당한 다이어트 계획, 그리고 단지 대학을 졸업하고 결혼하기 전까지 갖는 임시 직업을 얻는 데 적당한 과목을 잡동사니처럼 섞어서 가르쳤다.

교육자들 스스로 인정하듯이 여자대학의 교육은 대학원이나 그 이상 수준의 사업, 혹은 전문적인 세계에 들어갈 수 있는 준비를 시키지 못하고 있다. 여성이 고도의 전문적인 훈련이 필요한 직업을 갖게 될 가능성을 고려하지 않은 것이다. 여성 지향적인 교육자들은 여성에게 대학은 남성을 발견하는 곳이라고 시인했다. 어쩌면 어느 교사의 말대로 대학교가 "세계에서 가장 좋은 결혼 시장"이라면, 그건 양성 모두에게 해당하는 말이다. 오늘날 대학교 캠퍼스의 교수와 학생들은 여학생들이 결혼 사냥에 있어서는 공격자라는 데 동의했다. 결혼을 했든 안했든 남학생들은 정신을 확장시키고, 정체성을 찾으며, 스스로의 삶의 계획을 채우기 위해 존재한다. 반면 여학생들은 단지 그들의 성적인 기능을 수행하기 위해 그곳에 있다.

어떤 연구 결과는 학생 주부의 90퍼센트 이상이 "결혼에 대한 환상과 남성에게 순응해야 할 필요"를 느껴 결혼을 자극받았다고, 말 그대로 남편을 통해 대학 생활을 한다는 것을 보여주었다.[17] 결혼 후 아이를 갖기 위해, 혹은 대학에 다니는 남편을 돕기 위해 직업을 가지려고 학교를 그만두는 여성은, 마치 아동노동이 아이들의 성장을 방해하는 것처럼, 고등교육이 제공하는 정신적인 성장과 이해를 얻는 데 방해받았다. 현실적으로 그녀는 자신의 능력을 개발하고, 개인적으로나 사회적으로 좀 더 중요한 직업을 갖기 위해 노력하거나 준비하는 것을 금지당했다.

여성 지향적 교육자가 여성의 성적인 순응과 여성다움에 몰두하고 있는 동안, 경제학자는 미국의 고용 정책에 혁명적인 변화를 계획했다. 호황과 불황의 반복 속에 경제학자들은 무교육자와 미숙련공의 고용 가능성이 절대적으로, 나선형으로 쇠퇴하는 것을 발견했다. 그러나 '여성 인력'을 연구하는 정부의 경제학자들이 대학 캠퍼스를 방문했을 때, 그들은 여성들이 집 밖에서 일하는 데 25년 이상을 쓸 것이라는 통계적 확률에 그다지 영향을 받지 않는다는 것을 발견했다. 모든 여성이 일생의 전부를 가정주부로서만 보내지 않게 되리라는 것이 이미 확실해졌을 때까지도, 여성 지향적 교육자들은 여성의 성적인 적응을 방해할까 봐 두려워 직업을 갖지 말라고 했다.

몇 년 전 드디어 여성 지향적인 교육자들이 유명한 여자대학에까지 침투했다. 교육학과 법학 그리고 의학, 예술, 과학, 정부와 사회복지 분야에서 지도적인 역할을 하고 있는 졸업생들이 예전에 그곳에서 커다란 몫을 했음을 자랑하는 곳이었다. 이 대학에는 여성 모두가 남성과 똑같이 교육받아야 한다는 생각을 가진 탓에 어쩌면 가벼운 죄의식을 가지기 시작했을 수도 있는 왕년의 페미니스트 총장이 있었다. 모든 연령의 동문들에게 보내는 질문지에서 대다수는 그들의 비여성 지향적non-sex-directed 교육에 만족한다고 답변했다. 그러나 몇몇 사람들은 그들의 교육이 지나치게 여성과 남성의 평등권을 의식하도록 하고, 여성이 지역사회에서 무엇인가 해야 하며, 자신의 능력과 흥미를 개발시키는 것은 물론 공부하고 책 읽는 것을 계속해야 한다는 성가신 느낌을 갖도록 한다고 불평했다. 그렇다면 그들은 왜 행복한 가정주부와 엄마가 되도록 교육받지 못했을까?

총장은 자녀가 여럿 있었고 남편도 출세했으며 게다가 총장까지 된 개인적인 죄, 그녀의 시대에 열렬한 페미니스트였던 죄, 결혼하기 전에 가졌던 직업에서 좋은 길로 나아간 죄, 불가능하고 비현실적인 비여성적 이미지로 어린 소녀들을 설득하려 한다는 죄 등으로, 결과적으로 심리치료 사회과학자들에게 집중포화를 당했다. 그리고 그들은 모든 2학년생에게 결혼과 가정에 관한 기능주의 과정을 도입했다.

2년 뒤, 대학이 그런 기능주의적 과정을 제외하도록 만들었던 외부 환경은 조용히 사그라들었다. 대학과 관련된 이들 중 아무도 공식적으로 그 이야기를 하지 않았다. 하지만 자기 자신을 기능주의의 전도사로 간주하는 이웃의 한 교육자는, 기능주의적 과정을 수강하는 소녀들이 그렇게 빨리 결혼한다는 것에 대해 대학 관계자들이 충격받고 있음에 분명하다며, 그들의 순진한 사고에 일종의 경멸을 갖고 이야기했다.(이 대학의 1959년 학급에는 75명이나 되는 주부 학생이 포함돼 있었는데, 소녀들의 4분의 1 가까이가 여전히 학급에 잔류해 있었다.) 그는 조용히 말했다.

여자아이들이 조금 일찍 결혼한다는 게 그곳에 있는 사람들에게 그렇게 불편한 일일까요? 준비를 완벽하게 갖추고 일찍 결혼할 수 있으면 나쁘지 않죠. 나는 여자들이 스스로 지적 능력을 개발하기 위해 교육받아야 한다는 식의 낡은 사고를 택할 수는 없다고 생각해요. 그들이 그것을 부정하기는 했지만, 아직 여성을 위한 직업을 믿고 있다는 것은 분명합니다. 불운하게도, 여성이 남편을 찾기 위해 대학에 간다는 생각은 일부 교사에게는 질색할 만한 것이죠.

여성성의 신화

그 대학에서는 '결혼과 가정'이라는 과목을 사회학의 한 교과
목으로 다시 가르치고 있었다. 하지만 그것은 이러한 변화하는 사
회 제도들에 대해 비판적으로 분석하는 것이지 기능주의적 활동이
나 집단 치유법을 배우는 것은 아니었다. 하지만 내게 제보해준 이
웃 기관에 있는 교수는 인기 있는 '가정생활 교육' 학과의 부학장
이며, 이 학과는 현재 백여 명의 대학원생들에게 미국 전역의 단과
대학, 주립 교육대학, 초급대학, 전문학교, 고등학교 등에서 기능주
의적 결혼 과정을 가르칠 준비를 시키고 있다. 이런 새로운 여성 지
향적 교육자들은 실제로 스스로를 십자군이라고 생각한다. 즉 낡고
비치료적이며 기능주의적이지 않은 지성의 가치에 반대하고, 정신
적인 삶과 진리 추구에 갇혀서 소녀들이 남자를 구하거나 오르가슴
을 갖거나 그것에 적응하는 것을 전혀 돕지 않는 교육에 저항하는
것이다. 나의 제보자는 덧붙였다.

데이트와 성관계, 남자와 함께 있는 방법에 관심을 쏟는 이 소녀
들이 혼전 관계를 가지는 게 괜찮을까요? 아마 어떤 여학생은 전공을
결정하려고 고민하고, 직업에 대해 생각하고 결혼에 대해서도 생각하
겠지요. 당신이 그녀에게 그것을 해결하는 데 도움을 주기 위해 그런
역할을 맡는 상황을 상상해보세요. 그리고 그 효과가 그녀의 자녀에게
까지 미치는 것을요. 그녀가 그냥 주부가 되고 마는 것에 대해 죄책감
을 느낄 필요는 없는 거지요.

여성 지향적 교육자가 초심자들에게 '기능주의적 접근'의 정의에 대해 답할 때는 종종 방어적인 분위기가 엿보인다. 어떤 사람은 기자에게 이렇게 이야기했다.

지성의 일반화, 추상적 개념들, UN 같은 커다란 주제에 관해 이야기하는 것은 매우 좋은 일입니다. 그러나 어디서부터인가 우리는 좀 겸손한 태도로 상호 인간관계에서 생기는 문제에 직면하기 시작합니다. 우리는 교사 중심의 교육에서 학생 중심으로 바꾸어야 합니다. 당신이 필요하다고 생각하는 것이 아니라 그들이 필요로 한다고 생각하는 것 말이죠. 이것이 기능주의적 접근입니다. 그러니까 교실로 들어가서 어떤 교수 계획에 따라 목차에 맞춰 강의를 하는 것이 아니라, 허세와 과장으로 일반화를 하는 대신 기본적인 용어들을 이용해 인간관계에 대해 편안하게 느끼고 자유롭게 이야기할 수 있게 하는 겁니다.

학생들은 청년기에 이상주의적인 경향이 있습니다. 그들은 나름대로 다른 일련의 가치관을 가질 수 있고, 환경이 다른 소년과 결혼할 수 있으며, 그것이 후에 문제가 되지 않는다고 생각할 수 있죠. 따라서 우리는 여학생들에게 그것이 문제가 된다는 것을 알려주고, 쉽사리 그런 결혼을 하거나 덫에 걸리는 우를 범하지 않도록 해야 합니다.[18]

기자는 교사가 가르치고 싶어 하지 않는다면, 배우거나 탐구할 자료들이 없다면, 대학의 유일한 목적이 학생들의 인간적인 문제와 정서를 이해하도록 돕는 것이라면, 왜 '배우자 선택', '결혼 적응',

여성성의 신화

'가정생활을 위한 교육'을 대학에서 가르쳐야 하느냐고 물었다. 아가씨들을 위한 여러 결혼 과목을 조사한 뒤 그 기자는 이렇게 결론을 내렸다. "학부생들이 정말 천진난만한 표정으로 '오늘 네가 이 수업을 들었어야 했는데. 우리는 남성 역할 놀이를 하고 한 커플이 진정으로 마음을 열고 개성을 갖는 것에 대해 이야기했거든' 하며 나누는 이야기를 엿듣는 일은 미국에서나 있을 법한 일이다."

집단 치유법에서 차용한 테크닉인 역할 놀이의 요점은 학생들에게 '감각 수준'의 문제를 이해하도록 하는 것이다. 교수가 그들에게 "신혼 첫날밤에 여성과 남성"이 느끼는 감정들을 "역할 놀이"하도록 할 때 여느 대학 강의실의 그것보다 더 민감한 감정들이 고조되는 것이다.

"집단적 통찰력"을 점화시키고자 개인적 느낌에 대한 학생들의 끊임없는 자의식적 발언('발화')을 교수가 끈기 있게 들어주면서, 유사-치유법적 분위기가 연출된다. 기능주의적 교과가 집단 치유법은 아니지만, 학생들의 감정 조작을 통해 의견과 가치를 주입하는 것은 분명하다. 그리고 이런 조작된 위장 속에서, 다른 학문 과목에서 요구되는 비판적 사고는 무관한 것이 된다.

학생들은 프로이트를 설명하거나 마거릿 미드를 인용하는 교과서에서 여성에 관해 지적해놓은 것을 복음으로 여겼다. 그들은 심리학이나 인류학의 실제 연구에서 기준이 되는 틀을 가져오지는 않았다. 사실 대학교에서 행하고 있는 연구는 일상적으로 비판적인 태도를 금지하고 있기 때문에, 이들 유사과학적 결혼 교과가 대중적인 의견과 다를 바 없게 되며 과학적 법칙의 명령이 되었다. 그런 의견이 정신의학 동아리에서 지금 유행할 수도 있고 이미 유행이 지났을 수도 있지만, 그것은 편견에 지나지 않는다. 심리학이나 사회학적인 전문 용어를 사용하고, 선별된 통계를 이용해서 의문을 제기할 수 없게 하는 과학적 진리라는 형태를 지니고 있을 뿐이다.

혼전 관계에 관한 토론은 대체로 그것은 잘못되었다는 과학적 결론으로 귀결된다. 한 교수는 혼전 관계의 경험이 결혼 생활에 적응하는 것을 어렵게 한다는 자료를 통해, 결혼 전의 교제를 반대하는 논거를 세운다. 학생들은 이런 견해와 반대되는 다른 통계에 대해서는 잘 모를 것이다. 교수가 그런 통계에 대해 알고 있다면, 교수는 기능주의적인 결혼 과목에서 그것들을 비기능적인 것으로 손쉽게 무시할 수 있을 것이다.("우리 사회는 병들었습니다. 학생들에게는 좀 더 정확하고 명확한 종류의 '지식'이 필요하죠.") "예외적인 여성들만이 직업과 자신의 삶을 조화시킬 수 있다"는 것은 기능주의적 '지식'이다. 대부분의 여성이 과거에 직업을 갖지 않았기 때문에, 직업을 갖는 여성은 모두 '예외적'이다. 다른 인종 사이의 결혼이 '예외적'이듯이, 소녀에게 혼전 관계도 예외적이다. 모두 51퍼센트 이하의 현상인 것이다. 기능적 교육은 전체적으로 현재 국민의 51퍼센트가 하는 일이면, 내일은 100퍼센트가 해야 한다고 보는 것 같다.

그래서 여성 지향적인 교육자는 여성이 결혼과 가정에 '정상적'으로 헌신하도록 함으로써 적응하도록 한다. 이런 교육자 중에는 상상적인 역할 놀이 이상까지 나아가는 경우도 있다. 그 교육자

여성성의 신화

는 정말 과거에 직장을 가졌던 엄마를 학급에 초빙하여, 아침에 자녀들을 집에 남겨놓고 직장에 나온 것에 대한 죄책감을 이야기하게끔 한다. 여하튼 학생들은 여동생의 도움으로 아이를 낳는 젊은 여의사라든지, 작업 스케줄에 맞춰 아무런 문제없이 아기를 재우는 엄마, 구교도와 결혼한 행복한 신교도 소녀, 혼전 관계의 경험이 결혼 생활에 성적으로 문제를 일으키지 않는 부인 같은, 관습을 성공적으로 깨뜨리는 예를 보지 못했다. 남성들이 예외적인 경우도 있다고 양심적으로 고백한다 해도 기능주의자들은 그런 '예외적인' 경우에는 실제로 관심이 없다.('예외적인 아이'는 교육학 용어로는 뭔가 모자라는 아이라는 의미를 함축한다. 장님이든, 절름발이든, 지능이 모자라든, 천재적이거나 반항적이건 간에 어떤 식으로든 다른 사람과 다른 그런 부끄러운 경우일 때, 그를 '예외적'이라고 하는 것이다.) 어쨌거나 여학생들은 '예외적 여성'이 되고 싶지 않다고 생각하게 된다.

순응성은 여러 방법으로 생활에 적응하는 것에서부터 만들어진다. 단지 적응하는 것을 배우는 데에는 지적 도전이나 훈육은 필요하지 않다. 아무리 교수가 결혼 과목을 강의할 때 읽을거리를 많이 던져주고 숙제를 주어 어렵게 가르치려 해도, 그것은 모든 과목 중에서 가장 쉽다. 그런 교과목에서 역사적인 사례, 역할 놀이, 수업 중의 성에 관한 이야기, 개인 보고서를 통해서 그것이 비판적인 사고를 유발할 것이라고 기대하는 사람은 없다. 그런 것들은 결혼을 위한 기능적인 준비의 요점이 아니다.

그런 사회과학 연구가 여성이나 남성의 순응성을 만들어낸다고 말하는 것은 아니다. 일반적인 지적 원칙의 목표에 의해 비판적으로 연구되고 자극받았거나 교수적으로 제대로 활용된다면 그런 효과가 나타날 리는 없다. 그러나 새로운 신화에 의해 전문적이고 지적인 직업을 거부당한 소녀들에게, 사회학과 인류학, 심리학의 연구는 단순히 '기능적'일 뿐이다. 기능적인 과정 그 자체에서 소녀들은 프로이트와 미드의 구절들, 성적 통계, 역할 놀이의 통찰력을 단어나 맥락과 무관하게 받아들일 뿐 아니라, 그것을 삶의 근거로 하여 행동하려고 한다. 결국 이것이 생활 적응 교육의 핵심이다. 이는 기본적인 감정적 내용을 포함한 거의 모든 교과 과정에서 청년들 사이에 일어날 수 있는 일이다. 그러한 자료를 비판적 지식을 쌓기 위해서가 아니라 개인적 감정을 자극하기 위해 의식적으로 활용할 때 확실히 그런 일이 벌어진다. 전통적인 정신분석에서 정신요법은 적절한 감정이 분출되고 처리될 수 있도록 비판적 사고(지적인 저항)를 억제할 것을 요구한다. 정신요법에서는 이것이 효과를 볼지 모르겠지만, 교육이 정신요법과 섞일 때에도 제대로 효과를 볼 수 있을까? 어떤 남성이나 여성의 생애에 한 교과과정이 결정적이라 하기는 어렵겠지만, 여성 교육의 목적 자체가 지적인 성장이 아니라 성적인 적응이 될 때, 어떤 질문들은 매우 중요할 수 있다.

누군가는 인간 정신을 성장하게 만드는 교육이 여성성을 약하게 만들 수 있다면, 여성성을 고취하는 교육은 정신의 성장을 약화시키는지 물을지도 모른다. 인간 정신을 성장시키는 교육에 의해 파괴될 수도 있고, 인간 정신의 성장을 막음으로써 여성성을 유도

할 수도 있다면, 여성성이란 도대체 무엇일까?

누군가는 프로이트적인 용어로 질문할 수도 있다. 성이 여성에게 이드id뿐만 아니라 자아나 초자아가 된다면, 그리고 교육이 자아를 발전시키는 대신 성적 기능을 발전시키는 데 집중된다면 어떤 일이 일어날 것인가? 교육이 여성들에게 비판적 사고의 능력, 맹목적 권위에 질문을 제기하는 자율성과 독립심을 제공하는 대신 여성의 '당위'—이미 전통, 관습, 편견, 여론이라는 권위를 갖고 있는 —에 새로운 권위를 부여한다면 어떻게 될 것인가? 최근에 프로비던스에 소재한 브라운대학의 여자 단과대학인 펨부로크에서 한 정신분석가를 초빙해 "여성이 된다는 것은 무엇을 뜻하는가"라는 소집단 토론 강연을 맡아달라고 요청했다. 초빙된 분석가 마거릿 로렌스Margaret Lawrence 박사가 프로이트적이지 않은 간단한 영어로, 여성이 해온 일들 중 대부분이 지금은 집 밖에서 이루어지고 있으며 다른 식구들이 집 밖에서 시간을 보낼 때 여성의 중요한 곳은 가정이라고 이야기하는 것은 좀 어리석다고 말하자 여학생들은 어리둥절해했다. 바깥세상보다는, 다른 가족들과 함께 하도록 교육받는 게 더 나은 게 아니었나?

어쨌든 여학생들은 여자 정신분석가에게서 그런 이야기를 들으리라고는 기대하지 않았다. 일상적으로 생각하던 기능주의적이고 여성 지향적인 교육과는 달리, 이 말은 전통적인 여성성 자체의 '당위'를 전복시켰다. 또한 이는 여학생들이 무엇을 배울지 뿐만 아니라 자신들의 미래까지 스스로 결정해야 한다는 것을 의미했다.

기능주의 교육은 아직 어린 시절과 완전히 단절하지 못한, 불완전한 2학년생들에게 더욱 위안이 된다. 그것은 편안하고 안전한 전통을 부인하지 않는다. 이런 교육은 그녀가 스스로 관점을 만들어낼 필요 없이, 부모의 견해, 대중적인 견해를 받아들일 수 있게 정교한 논리를 제공해준다. 또한 여성이 대학에서 공부할 필요가 없다는 것을 재확인해준다. 여성은 게을러도 좋고, 충동을 따라도 좋다. 장래의 목적을 위해 현재의 즐거움을 미룰 필요도 없다. 역사학 보고서를 쓰기 위해 책을 여덟 권이나 읽지 않아도 되고, 어려운 물리학 과목을 이수할 필요도 없다. 그런 공부를 하면 여성은 남성성 콤플렉스에 걸릴 지도 모른다고 책에서 말하지 않았는가.

여성은 중요한 여성적 특징을 상실하는 큰 비용을 치러야만 지성을 얻을 수 있다. …… 여성을 관찰한 의견들은 모두 여성이 자신의 따뜻하고 직관적인 지식이 냉철하고 비생산적인 사고에 의해 희생됨으로써 지적인 여성이 남성화된다는 사실을 지적한다.[19]

여자아이들은 상황을 파악하기 위해 너무 게으를 필요가 없으나 그렇다고 아주 확신할 필요도 없다. 결국 생각하는 일은 어려운 과업이다. 실제로, 여성이 이 권위적인 진술에 도전하기 위해서는 그녀 자신의 따뜻하고 직관적인 지식에 대해 매우 냉철하고 어려운 사고를 해야만 한다.

예민하고 열렬한 정신을 지닌 몇 세대의 미국 여대생이 여성 지향적인 교육의 메시지를 접하고, 그들이 너무 '지적'이어서 '여성적 방식'으로 성을 향유하지 못하게 되기 전에 학교와 직장을 그만두고 아이를 갖게 되는 것은 놀랍지 않다.

여성 지향적 교육의 도움 없이도, 미국에서 두뇌와 마음이 성장하고 있는 소녀들은 자신만의 독특한 세계를 갖는 대신 '다른 사람같이 되기 위해' 자신의 위치를 주의하도록 배운다. 여성은 열심히 일하지 않도록, 생각을 너무 많이 하지 않도록, 너무 많은 질문을 던지지 않도록 배운다. 고등학교에서, 대학에서, 여성들은 '수재'로 낙인찍힐까 봐 수업 중에 말하기를 꺼린다. 이는 많은 연구에서 밝혀진 현상이다.[20] 어떤 총명한 소녀나 부인이라도 이런 경험이 있을 것이다. 브린모어여자대학의 학생들에게는 주변에 남자들이 있을 때 말하는 방식에 대한 특별한 용어가 있는데, 이는 자신의 지성을 드러내는 것을 두려워하지 않을 때 그들이 나누는 실제 대화와 비교된다. 공학 대학에서 여학생들은 데이트 상대나 장래의 부인 같이 성적인 관점에서 인식되는데, 여학생들 스스로도 그렇게 생각한다. 그들은 자기 자신을 찾는 대신 '남자에게서 자신의 안정성을 추구'한다. 결국 스스로를 배반하는 각각의 행위 때문에 정체성을 찾는 대신 수동적으로 자신을 경멸하게 된다.

물론 예외는 있다. 멜론연구소의 연구는 바사대학에서 1학년과 비교해서 졸업반 학생들이 4년 동안 상당히 성장했음을 밝혀냈다. 이 성장은 지금 과학자들이 인지하는 대로, 육체적인 성장이 끝난 지 오래 지난 20대, 30대, 40대, 50대 혹은 생이 끝날 때까지 계속되는 정체성과 자아 인식에 이르는 것이다. 그러나 많은 소녀들은 아무런 성장의 표시도 보여주지 않았다. 소녀들은 사상과의 만남, 대학의 학구적 연구, 지적인 훈련, 보다 큰 가치에 대해 완강히 거부하고 있었다. 소녀들은 두뇌 개발과 자아 발전에 저항했고, 너무 머리가 좋지 않고, 너무 흥미를 쏟지 않으며, 다른 소녀들과 너무 다르지 않도록, '여성적'인 사람이 되기를 바랐다. 그들의 실제적인 성적 흥미가 개입되었다는 것이 아니다. 실제로, 심리학자들은 이런 대부분의 소녀들에게서 "남성과 결혼에 관한 흥미는 지적 발전에 대항하는 일종의 방어"라는 인상을 받았다. 그런 소녀들에게는 섹스조차도 현실이 아니라 일종의 순응일 뿐이다. 여성 지향적 교육가는 이런 식의 적응이 잘못이 아니라고 생각할 것이다. 그러나 혹자는 다른 증거들을 갖고 물을 수 있겠다. 그러한 적응은 결국 인간을 기형이 되게 하는, 성장의 실패를 의미하는 것 아니겠느냐고.

몇 해 전 140명의 영리한 학생들의 발전을 연구하는 캘리포니아 심리학자 팀은 10대에 관한 데이터에서 갑작스럽게 IQ 곡선이 급강하하는 것을 발견했다. 소년의 곡선 대부분은 여전히 똑같은 수준에 머물러있는 반면, 소녀들의 곡선은 해마다 급강하했다. 이 현상은 청년기의 생리학적 변화와는 관계가 없으며, 모든 소녀에게서 발견되지도 않았다. 하지만 지능이 떨어진 소녀들의 기록에서 "여자가 똑똑해지는 건 그다지 똑똑한 일이 아니다"라는 취지의 진술이 반복적으로 나타났다. 아주 현실적인 의미에서, 14세나 15세인 이 소녀들이 여성다운 이미지를 따라가기 위해 정신적인 성장을

여성성의 신화

억제하고 있었다.[21]

진실은, 요즈음 소녀들과 그들의 교육을 책임질 사람들이 선택을 앞에 두고 있다는 것이다. 그들은 적응, 순응, 갈등의 회피, 치유법을 택할 것인지, 아니면 개인성, 인간 주체성, 성장의 모든 고통을 수반하는 가장 순수한 의미에서의 교육을 택할 것인지 결정해야 한다. 그러나 그중 여성 지향적 교육가들이 여성성의 상실과 성적 좌절에 대해 무서운 경고를 하면서 만들어낸 잘못된 선택은 고를 필요가 없다. 바사대학 여학생을 대상으로 연구했던 심리학자는 그들의 교육에 몰두하고자 하는 학생들에 대해 놀랄만한 새로운 증거를 발견했다. 큰 성장의 징후를 보이는 졸업반 학생들은 수동적이거나 관습적인 태도가 좀 더 적다는 의미에서 더욱 '남성적'인 것 같았다. 그러나 이들은 정서적인 내면 생활과 그것을 즐기는 면을 보면 더욱 '여성적'이었다. 또한 졸업반 학생들은 통상 노이로제를 측정하는 척도들로 보면 그 수치가 1학년 학생보다 훨씬 높게 나타난다. 이 심리학자는 "우리는 교육이 이루어지고 있다는 증거로 그러한 척도의 상승을 고려하게 되었다"고 이야기했다.[22] 그는 독립을 원하지 않도록 잘 적응된 소녀보다는, 정신적으로 성숙한 이들에게서 갈등이 나타난다는 것을 발견했다. 가장 적응이 덜 된 사람은 또한 "보다 심한 변화와 좀 더 많은 독립성에 이미 준비가 되어 있는" 보다 발전된 사람이다. 바사대학에 관한 연구를 요약해보면, 연구 책임자는 심리학적 역설을 피할 수 없었다. 즉 여성을 위한 고등교육은 그들을 덜 여성적이고 덜 적응하게 하지만, 그들을 성장시킨다는 것이다.

덜 '여성적'이게 되는 것은 더 많은 교육을 받고 더 성숙해지는 것과 긴밀하게 관련이 있다. …… 그러나 생리학과 초기 정체성 형성의 원천이 될 수 있는 여성적 감수성이 4년 동안 감소하지 않았다는 점은 흥미롭다. '여성적' 관심사와 여성적 역할 행동, 즉 관습과 수동성은 좀 더 나중에 습득되는 피상적인 속성으로 이해될 수 있으며, 따라서 이것은 개개인이 좀 더 성숙하고 교육받을수록 더 감소하기 쉽다. …… 우리가 단지 안정성에만 관심을 쏟는다면, 그들의 교육과 성숙 그리고 성 역할의 행태와 관련된 유동성을 증가시키려고 노력하기보다는, 현재대로 1학년다운 상태를 유지하도록 계획을 세우는 편이 나을지도 모른다. 졸업반 학생들은 안정되기 더욱 어려우며, 보다 많은 가능성이 열려있기 때문에 정체성도 좀 더 불확실하다.[23]

그러나 졸업의 시점에서 그런 여성들은 자율성 성장의 오직 '중간 지점'에 있을 뿐이다. 여성들의 운명은 "계속해서 성숙할 수 있는 상황에 들어가느냐, 아니면 스트레스를 줄이기 위한 유일한 퇴행 수단을 좀 빠르게 찾느냐"하는 것에 달려있다. 결혼으로의 도피는 스트레스를 줄이는 가장 쉽고 빠른 방법이다. 여성의 자율성 신장에 몰두하는 교육자들에게는 결혼이 퇴행적이겠지만, 여성 지향적인 교사에게는 결혼이 여성다움을 성취하는 것이 된다.

다른 대학의 치료사들은 학업이든 대학의 다른 활동이든 아무

것에도 열중해본 적이 없고, 그들이 '안정감'을 찾는 대상인 남자와 결혼하기 위해 대학을 떠나려할 때 그들 부모가 반대하자 '혼란에 빠져버린' 여학생들의 이야기를 해주었다. 이들 학생들이 마침내 공부를 하려고 자원했을 때, 또는 학생회나 학교 신문 같은 데에서 활동하는 것만으로도 자아의식을 느끼기 시작했을 때, 그들은 '안정성'을 찾기 위해 필사적일 필요가 없게 되었다. 그들은 대학교를 졸업하고, 일을 하고, 보다 성숙한 젊은 남자와 함께 하게 되었으며, 이제는 아주 다른 감정적 기반 위에서 결혼하고 있다.

여성 지향적인 교육자들과는 달리, 이들 전문적인 치료사들은 졸업반 때에 거의 좌절감을 느낄 정도로 미래에 대해 고민하는—교육을 통해 가치 및 흥미, 능력과 가정주부라는 전통적인 역할 사이의 화해할 수 없는 갈등에 직면하는—이들이 적응되고 안정된 소녀들보다 더욱 '건강'하다고 보았다. 교육이 전혀 '효과'를 내지 않은 이 소녀들은 앞의 여성들과 달리 개인적 정체성을 고통스럽게 자각하는 일이 없으며, 부모님의 아이에서 남편의 아내라는 전통적인 여성의 역할로 부드럽게 이행한다.

사실 오늘날 대부분의 소녀들은 교육이 '효과'를 내도록 허용하지 않는다. 그 소녀들은 이런 정체성으로 근접하기 전에 스스로 중단한다. 나는 이런 현상을 스미스대학의 여학생에게서 보았으며, 인터뷰했던 다른 대학의 여학생에게서도 볼 수 있었다. 이는 바사대학이 진행한 연구에서도 뚜렷이 나타난다. 이 연구는 갈등을 느끼기 시작하며 정체성의 고통이 커짐에 따라, 소녀들이 성장을 멈추었다는 사실을 보여준다. 그들은 여성적인 역할을 수행하기 위해 정신적인 성숙을 다소간 의식적으로 중지하는 것이다. 다시 말해, 그들은 성장에 기여할 수 있는 더 깊은 경험들을 회피한다. 지금까지 이런 정신적인 성장의 중지나 회피는 정상적인 여성적 적응으로 간주되었다. 그러나 개인적 성장의 고통스럽고 결정적인 단계의 문턱에 해당하는 졸업반 시기를 지나, 그들 대부분이 전통적 여성의 역할을 하는 인생 여정에 접어든 여성들을 추적해서 조사한 바사대학의 연구 결과는 다음과 같은 사실들을 보여준다.

1. 대학을 자퇴한 20세에서 25세 사이의 여성들은 정신적, 감정적, 개인적인 성숙의 전 범위를 포함하는 '발전 척도'가 졸업반 학생들보다 낮았다. 대학에서 성취한 성장 전부를 잃어버린 것은 아니지만 (신입생보다 동창생들의 점수가 더 높았다), 21세에 미래의 성장을 위한 심리적 준비를 갖추었음에도 불구하고, 더 이상 성장하지 않았다.

2. 이 여성들 대부분은 사회에서 교외의 가정주부, 사려 깊은 어머니의 역할에 적응했다. 그러나 전문적인 직업을 가진 여성을 제외하면, 여성들은 자신의 흥미를 더 깊이 탐구하지 않았다. 성장의 중단이 개인적인 깊은 흥미 부족 및 개인적 책무의 부족과 관련이 있다고 볼 이유가 존재하는 것 같다.

3. 20년이 지난 후 심리학자들에게 가장 문제가 되었던 여성은 전통적으로 가장 여성스러운 여성이었다. 그런 여성은 남편을 구하는 것을 제외하고는 어떤 것에도, 심지어 대학에도 관심이 없었다.[24]

여성성의 신화

바사대학의 연구에서는 졸업하는 해에 거의 좌절에 가까운 갈등도 겪지 않으며, 결혼으로 도피해서 성장을 중지하지도 않은 학생 그룹이 있었다. 그들은 직업에 대비하는 학생들이었다. 그들은 대학에서 직업에 전념할 수 있을 만큼 깊이 있는 흥미를 얻었다. 그 연구는 직업적 야망을 가진 학생들이 모두 결혼을 계획하지만, 그들에게 결혼은 개인적 정체성을 형성하기 위해 필요한 것이 아니라 자발적으로 참여하기로 선택한 것이라는 점을 보여준다. 학생들은 다른 대다수 학생보다 목표의식이 더 뚜렷했으며, 독립심과 자아에 대한 확신이 더 강했다. 그들은 사랑에 깊게 빠질지도 모르지만, 결혼을 원한다고 해서 자신의 개성과 직업을 희생시켜야 한다고 느끼지 않는다. 이런 소녀들의 존재로 인해, 심리학자들은 대부분의 소녀들이 그런 것처럼 남성과 결혼에 대한 흥미가 지적 발전에 대항하는 방어라는 인상을 갖지 않았다. 약간 특별한 남성에 대해 관심이 있는 것은 사실이나, 그것이 교육을 방해하지는 않았다.

그러나 바사 연구의 책임자가 동료 패널에게 "우수한 성적을 가졌을 뿐 아니라, 학자나 전문적인 직업을 추구할 가능성이 높은" 한 소녀를 설명한 부분에서 여성성의 신화가 교사들을 얼마나 세뇌했는지 드러난다.

줄리 B의 엄마는 선생님이자 학자이며, 가정의 원동력이다……
엄마는 아버지가 너무 태평하다고 나무란다. 아버지는 그의 부인과 딸
이 고상한 취향과 생각을 가지고 있어도 신경 쓰지 않았다. 줄리는 바

같으로 나돌고 비타협적이며 오빠를 휘두르지만, 필독서를 읽지 않거나 성적이 떨어지면 양심의 가책을 느낀다. 그녀의 의도는 대학원을 마치고 교사가 되는 것이다. 오빠는 현재 대학 강사이며, 대학원생인 줄리는 자연과학을 전공하는 대학원생과 결혼했다.

줄리가 1학년이었을 때, 우리는 그녀에 대한 아무런 설명도 하지 않고 정신과 의사와 심리학자, 사회과학자로 구성된 그룹에게 줄리와 가졌던 면담 데이터를 제시했다. 우리가 생각하기에 줄리는 정말 전도유망한 소녀였다. "그녀에게 잘못된 것이 무엇이냐"라는 질문에 그들은 줄리에게 정신적인 치료가 필요하다는 답을 제시했다. 실제로 그녀는 2학년 때 신출내기 과학자와 약혼했고, 자신이 지식인과 아웃사이더라는 것을 점차 의식하기 시작했다. 그러나 공부를 소홀히 할 수는 없었다. "단지 내가 어떤 과목에서 낙제라도 할 수 있었으면"하고 생각한다고 그녀는 말했다.

오늘날 여성 지향적인 노선을 공격하다는 것은 전통적 여성성의 핵심 이미지에 도전하는 것이기 때문에 쉽지 않은 일이다. 여성성의 이미지란 여성은 수동적이고 의존적이며 순응적이어서 비판적인 생각을 하거나 사회에 독창적인 공헌을 할 수 없다는 것이다. 그리고 자기 실현적 예언이라는 최고의 전통 속에서 여성 지향적인 교육은 초창기와 마찬가지로 여성들로 하여금 변화하지 못하게 만드는 교육을 계속한다. 원시 마을에서든 현대의 교외에서든, 여성스럽고 수동적이며 단순하고 의존적인 여성이 실제로 대학이나 가정

여성성의 신화

밖에서 자신의 진정한 흥미를 느끼는 여성보다 더 큰 행복과 성적 만족을 즐길 것인가를 묻는 사람은 없다. 러시아인들이 달 주위를 돌고 사람들이 우주에서 활동하는 최근까지도, 적응이 교육의 목적인지 묻는 사람은 없다. 실제로 여성의 여성적 적응에 너무 몰두한 여성 지향적 교육자들은 미국의 가정주부에 관한 가장 나쁜 사실들, 즉 그들의 성적인 기능이 충족된 이후 공허감, 게으름, 권태, 알코올 중독, 마약중독, 비만, 질병, 40대 이후의 절망감 등의 사례들을 즐거이 인용할 수 있다. 모든 여성을 오직 한 가지 목표로 교육하려는 십자군의 정신에서 조금도 벗어나지 않고 말이다.

그래서 여성 지향적 교육자는 30대의 여성들에게 40세 이후의 삶을 위해 태평스러운 세 가지 제안을 내놓는다.

1. 여성이 과부로서 보험, 세금, 유언, 투자를 다룰 수 있도록 해줄 '가정주부를 위한 법률' 과목.

2. 남성은 부인의 곁에 있어 주기 위해 더 일찍 은퇴해야 할지도 모른다.

3. '지역사회나 정치, 예술 등에 대한 자원봉사 활동'에 참여해보기 ― 여성이 제대로 훈련을 받지 못한다 하더라도 핵심적인 가치는 개인을 치료할 수 있을 것이다. 사례를 든다면, 약간의 진실하고 신기한 경험을 원하는 여성은 동네에서 현대사회의 골칫거리인 광고 게시판 제거 운동을 시작할 수도 있다.

"광고 게시판은 풍경을 해치는 박테리아와 같이 증식할 것이다. 그러나 적어도 그녀는 지역 정치에서 성인 교육을 활발하게 받을 것이다. 그러면 그녀는 긴장을 풀고 졸업한 학교의 동문 활동에 몰두할 수 있다. 중년에 가까워지는 많은 부인들이 자녀가 자라서 다니는 학교의 학생들 및 새로운 세대와 더불어 계속되는 학창 생활과 스스로를 동일시하고, 어머니다운 본능을 확장시킴으로써 새로운 정열을 발견한다."[25]

물론 그녀는 시간제로 일을 할 수도 있겠지만, 그렇다고 가족을 먹여 살려야 하는 남자의 역할을 빼앗아서는 안 되며, 실제로 매우 "흥미를 느끼는" 직업을 얻기 위해 기술을 배우거나 경험을 해서는 안 될 것이다.

…… 평일이나 오후에 젊은 여성들의 가족 돌보기를 도와줄 수 있는 경험 있고 믿을 만한 여성들에 대한 수요가 많다. 그럼으로써 지역사회의 이익을 증진시키거나 자신만의 시간제 직업을 가질 수 있을 것이다. …… 수년 동안 집안일 대부분을 해온 교양 있고 아이를 낳은 적 있는 여성들이 그런 일을 하지 못할 이유가 없다.[26]

여성성의 신화가 유머 감각을 망가뜨리지 않았다면, 어떤 여성은 값비싼 여성 지향적 교육이 그녀에게 맞는 삶을 솔직하게 묘사한 것을 보고 웃을지도 모른다. 때로는 동문회 모임에 나가고 다른

여성성의 신화

사람의 집안일을 한다니 말이다. 슬픈 사실은 프로이트와 기능주의 그리고 여성성의 신화의 시대에, 여성들의 가치에 대해 성적으로 왜곡된 관점을 벗어던진 교육자가 드물다는 것이다. 막스 러너Max Lerner[27]나, 심지어 『고독한 군중』의 리즈먼조차 여성이 사회에 생산적인 공헌을 함으로써 자율성을 찾을 필요가 없으며, 오히려 여성의 역할을 수행하면서 남편의 일이 계속 잘 되도록 돕는 편이 낫다고 시사했다. 유능한 미국 흑인들에게 자신의 충만한 능력을 깨달을 수 있는 기회를 주지 않고 그들을 차별한 것과 마찬가지로, 여성 지향적 교육은 요즘 세대의 유능한 미국 여성을 차별했다.

이런 순응의 시대에 대학이 누구도 진실로 교육하지 않았다고 이야기하는 것은 아무런 설명도 되지 않는다. 미국 대학 전반에 비난의 화살을 돌린 제이콥Jacob 보고서[28]나 샌퍼드Sanford가 주도한 그룹의 좀 더 정교한 고발조차, 대학이 여성들에게 성적 역할을 넘어서는 정체성을 교육하지 못한 것은, 지금 교육자들이 반대하는 순응성을 만들어내지는 않았더라도, 그것을 지속시키는 데 결정적인 요인이었음을 인정하지 않았다. 남성들을 똑같이 안락한 덫으로 끌어들이지 않으면서 여성에게 그들의 성적 역할에 대해 그렇게 일찍부터 완전히 전념하도록 교육하는 것은 불가능하기 때문이다. 프로이트가 말했듯이, 여성은 수동적 목표를 달성하는 데는 실제로 매우 적극적일 수 있다. 실제로 여성 지향적 교육은 여성의 정체성 결핍을 조기 결혼으로 가장 쉽게 해결할 수 있었다. 결혼이든 직업이든, 어떤 역할에 성급하게 몰입하는 것은 개인이 완전히 성숙하고 정체성을 얻기 위해 필요한 다양한 활동 영역에서의 경험, 시험, 실패, 성공을 막는다.

여성 지향적 교육자들은 이른 가정생활이 소년의 성장을 방해할 위험이 있다고 인식했다. 마거릿 미드는 최근에 이렇게 말했다.

> 이른 가정생활은 언제나 대부분의 원시인과 농민, 도시 빈민들에게 전형적으로 드러났던 것들이다. …… 아기가 있다면, 그건 아버지의 학기 논문과 아기의 젖병이 뒤섞이는 광경이라는 것을 알고 있을 것이다. …… 학생의 조혼은 남학생들을 일찍이 가정에 애착을 가지게 해서 그들로 하여금 완전한 지적 발전의 기회를 갖지 못하게 한다. 도서관에 밤늦게까지 있는지 마는지 하는 의미에서가 아니다. 결혼한 학생들은 개인으로서 발전하기 위해 경험하고 생각하고 밤을 새울 기회를 갖지 못한다는 점에서 자신만의 완전한 시간을 갖지 못한다. 그것은 지성인을 위해서 뿐만 아니라, 장래에 의원과 변호사, 의사, 모든 종류의 전문인이 되려고 하는 소년에게 중요한 것이다.[29]

그러나 아기 우유병 때문에 학기 논문조차 쓰지 않을 소녀는 어떠한가? 여성성의 신화 때문에 여성들이 한 가지 열정, 한 가지 직업, 인생의 한 가지 역할에 자신을 가두게 되는 것이 비극이라고 보는 이들은 드물었다. 1960년대 초기의 고등교육자들은 여성들이 아기를 낳은 후까지 여성의 교육을 연기하는 것에 관해 나름의 즐거운 환상을 가지고 있었다. 그래서 여전히 줄어들지 않는 여성들의 조혼에 대해 거의 만장일치로 체념했음을 인정한다.

그러나 완전한 정체성을 향한 고통스런 성장은 환상을 통해서가 아니라 진실을 직면함으로써 달성될 수 있다. 그렇지 않고서는 자아의 핵심에 이르지 못하며, 소녀들은 아노미, 정체성의 상실이라고 불리는 목적 상실, 비존재, 배제라는 고통스럽고 혼란한 감정, 혹은 그냥 이름 붙일 수 없는 문제라는 느낌을 겪게 될 것이다.

여전히 교육을 희생양으로 삼는 것은 너무도 쉽다. 여성 지향적 교육자들의 잘못이 무엇이든 간에, 다른 교육자들은 유능한 여성들에게 "새로운 목적을 심어주고 거기에 도달하도록 성장"시키기 위해 힘들고 쓸모없는 후방 전투를 치렀다. 요컨대 능력 있는 수백만의 여성들은 이 자유로운 땅에서 스스로 이용할 수도 있었던 교육의 문을 열고 나가지 않았다. 가정으로 돌아간 그 선택, 그리고 그 책임은 결국 자신의 몫이었다.

08

잘못된 선택의 결과

신화는 강제로 수용되지 않는다. 여성성의 신화는 15년 넘게 미국 여성에게 성적이지 않은 인간적 목적을 '세뇌'시키기 위해, 다른 이들을 위해 신화를 붙잡았던 사람들과 자신들을 위해 신화를 받아들인 사람들의 진정한 요구를 채워준 게 틀림없다. 여성들이나 신화의 조달업자들이 모두 같은 요구를 가지고 있었던 것은 아닐 수도 있다. 하지만 미국의 이 특정한 시기에는 신화를 신봉해야 할 필요성이 많았다. 직관적인 진리 앞에서 그러듯이, 비판적 사고를 중단할 정도로 설득력 있는 필요성이었다. 하지만 문제는 필요성이 충분히 강할 때는 직관도 거짓말을 할 수 있다는 것이다.

미국에서 여성성의 신화를 신봉하기 시작한 시기는 공황에 이어 전쟁이 일어난 뒤였다. 전쟁은 원자폭탄 폭파로 종결되었지만, 전쟁 후에 느끼는 고독감과 원자폭탄의 무서운 위력을 겪은 뒤, 사람들은 냉전 체제의 불안감에서 벗어나기 위해 가정과 자녀에게서 위안을 찾으려 했다. 전쟁의 참호 속에서 군인들은 베티 그레이블 Betty Grable[영화 〈핀업걸〉의 주인공─옮긴이]의 사진을 들고 다녔지만 실제로는 자장가를 더 그리워했다. 그리고 이들이 제대했을 때는 어머니의 품으로 돌아가기에는 이미 나이가 너무 많았다. 어른, 아이 할 것 없이 모두가 성과 사랑을 갈망했다. 그러나 왜 성과 사랑만이 이 시기 이들이 필요로 했던 유일한 욕구였을까?

우리 모두가 연약하고 집을 그리워했으며, 외로웠고, 두려움에 떨었다. 여러 세대가 결혼과 가정, 자녀를 애타게 원했으며, 전후의 풍요한 미국 사회에서 이런 욕망들은 재빨리 충족될 수 있었다. 전쟁으로 제 나이보다 늙은 군인들은 사랑과 어머니를 그리워하는 욕구를 유년 시절의 가정을 재창조함으로써 충족시켰다. 대학교와 일자리 문제가 해결될 때까지 많은 여성들과 데이트하는 대신, GI빌G. I. Bill [부대에서 학교 다니는 군인에게 주는 장학금—옮긴이]로 빨리 결혼해 자식에게 어머니의 부드러운 사랑을 줄 수 있었으며, 자기의 욕망을 충족시킬 수 있게 된 것이다. 이들보다 나이가 많은 사람들, 전쟁 때문에 결혼을 미루어야 했던 25세의 남자들은 잃어버린 시간을 보상해야 한다고 생각했다. 불경기와 전쟁으로 결혼을 못했거나 결혼했어도 가정의 안락을 즐기지 못한 30대 남자들도 많았다.

여자아이들도 외로운 세월을 보냈고, 이러한 상황은 여성들로 하여금 다급하게 사랑을 찾도록 부추겼다. 30년대에 결혼한 여성들은 남편을 전쟁터에 보냈고, 40년대에 성인이 된 여자들은 거의 모든 여자가 경험하는 사랑, 가정, 자녀들을 얻지 못할까 봐 두려워했다. 남자들이 전쟁터에서 돌아왔을 때, 사람들은 서둘러서 결혼했다. 장래의 남편감이나 남편들이 전쟁에 나가 있고, 원자폭탄으로 죽을지도 몰랐기 때문에 여성들은 쉽게 여성성의 신화에 빠진 것이다. 여성들은 직장을 가지거나 가정 밖에 관심을 가지면, 전쟁 동안에 겪은 처절한 고독감을 다시 맛보아야 한다고 생각했다. 이 신화는 사랑, 가정, 자녀와 그 외의 다른 인생의 목표 중 어느 하나를 선택하게 강요했다. 그런 선택지가 주어졌을 때, 미국 여성들이 사랑을 인생의 목표로 삼았다는 것이 이상할 게 있을까?

어느 나라에서든지 전쟁이 막 끝난 뒤에는 베이비붐이 불었다. 그렇다고 여성성의 신화 때문에 그런 현상이 일어난 것은 아니다. 다른 나라에서는 미국처럼 베이비붐이 오랫동안 이어지지도 않았고, 10대에 결혼하거나 임신하는 현상이 발생하거나 가족의 수가 증가하는 일도 크게 없었다. 반면 미국에서는 아이를 서너 명 가진 사람이 20년 동안에 배로 늘었다. 전후에 교육을 받은 여성들은 아기를 더 많이 가지라고 다른 여성들에게 권했다.[1] (나의 전 세대인 1910년과 1919년 사이에 태어난 여성들은 급격한 변화를 보여주고 있다. 20대에는 출산율이 매우 저조해서 교육이 인간을 소멸시킬지 모른다는 경고를 받았으나, 30대에 들어서자 생물학적으로는 임신 능력이 줄어들었음에도 출산율이 급격하게 증가했다.)

전후에는 항상 아기들이 많이 태어난다. 그러나 오늘날 미국의 인구 폭발은 주로 10대의 결혼 때문이다. 메트로폴리탄 생명보험의 통계에 따르면 1940년에서 1957년 사이에 10대가 낳은 아이들은 165퍼센트 증가했다고 한다. 대학에 갈 나이가 된 소녀들이 결혼을 하는 것도 여성성의 신화를 믿기 때문이다.(오늘날은 미국 여성들의 결혼 적령기가 18, 19세이고, 20세까지 절반이 결혼을 한다.) 그들은 서

습없이 교육을 포기하고 아내와 어머니의 역할에서 '성취'를 맛보리라 믿는다. 현대의 여성들은 대학을 졸업하거나 직업 훈련을 받은 뒤에 결혼을 하면 남자들이 다른 여성과 결혼할 것이라는 것을 통계를 통해 또는 간단한 관찰을 통해 알고 있는 만큼, 마치 40년대 전쟁 중의 소녀들이 그러했듯이, 그들이 여성적인 성취를 갈구하는 것은 당연하다. 하지만 그렇다고 해서 위의 사실들이 남자들은 계속 교육을 받는데 여자들만 남편들을 뒷바라지하기 위해 대학을 다니지 않아야 하는 이유를 충분히 설명해주지는 않는다.

다른 나라에서는 이런 현상이 일어나지 않았다. 미국보다 더 많은 남자들이 전쟁에서 죽었고, 더 많은 여자들이 영원히 결혼을 못할까 봐 두려워했지만, 공포 때문에 가정을 영위하지는 않았다. 그리고 오늘날 다른 국가에서는 여자들이 교육을 받으면 미래가 보장된다고 생각하므로 남자들과 마찬가지로 교육열이 높다.

특히 전쟁이 여성들로 하여금 신화를 신봉하게 했지만, 전쟁이 아무리 좌절을 가져다주었다 하더라도 그것이 여성을 가정에 파묻히게 한 유일한 이유가 될 수는 없다. 또한 교육받은 많은 여성들이 곧잘 변명으로 들이대는 '하인 문제' 때문도 아니다. 전쟁 중에는 요리사와 하녀들이 군수품 공장에서 일해야 했으므로, 오늘날보다 하인들의 문제가 더 심각했던 것이다. 그러나 그 당시에도 집안일을 적절히 돌보면서 직장을 다닌 영리한 여성들이 있었다.(나는 남편이 전쟁터에 가 있는 동안 서로 힘을 합친 두 명의 젊은 부인들을 알고 있다. 한 명은 배우였고, 한 명은 대학원에 다녔는데, 대학원에 다니는 사람이 공

　　　　　　　　　　　여성성의 신화

부하러 가는 오전에는 배우가 아이들을 돌보았고, 배우가 연습이나 촬영이 있을 때는 대학원생이 애들을 돌보았다. 또 대학원생은 자기 아이의 낮과 밤을 바꾸어서 자신이 공부하러 학교에 가 있는 동안, 아이가 이웃인 배우의 집에서 낮 동안에 자게 만들었다.) 그리고 도시에서는 직업을 가진 어머니를 둔 아이들을 위하여 탁아소가 필요했고, 그 필요는 충족되었다.

그러나 전쟁이 끝난 뒤에 유모나 가정부를 둘 여유가 있어도 여자들은 집에 머물며 자녀들을 돌보았다. 50년대에 들어서 도시에서는 직업을 가진 여성들을 위한 탁아소가 거의 없어졌고, 탁아소의 필요성에 대한 제안에 교육받은 여성이나 신화를 추종하는 사람 모두가 신경질적인 반응을 보였다.[2]

전쟁이 끝나고 돌아온 군인들은 그동안 여자들이 다니고 있던 직장이나 대학교로 다시 복귀했다. 그래서 얼마동안은 여성과 남성 사이에 경쟁이 늘었고, 케케묵은 여성에 대한 반감이 되살아나 여자들이 직장을 구하거나 승진하는 것이 어려워졌다. 확실히 이런 점이 여성들을 다시 결혼과 가정으로 돌아가게 했다. 임금 차별은 물론이고, 여자들에 대한 미묘한 차별은 오늘날 명문화되지는 않았지만 틀림없이 지켜지는 불문법 같은 것이다. 그것이 미치는 효과는 페미니스트들이 직면하게 되는 반대처럼 파괴적이며 대항하기도 힘들다. 예를 들어 《타임》에서 일하는 여성 조사원은 아무리 능력이 좋아도 기자가 될 수 없었다. 이 불문율로 기자와 편집자는 남자, 조사원은 여자로 규정되는 것이다. 그렇다고 그 여자가 분개하는 것도 아니며, 그녀는 자신의 직업과 상관을 좋아한다. 그녀는 여권 옹호를 위한 십자군이 아니다. 그러나 그것이 사기를 떨어뜨리는 일임은 분명하다. 만약 그녀가 승진을 할 생각이 없다면 왜 일을 계속하는 것일까?

여자들이 능력이 있어서 더 나은 일을 할 수 있고 남자들을 앞지르려고 하면, 여성들은 자신들에게 주어진 한정된 분야에서 가혹한 취급을 받는다. 직장에서 남자들은 명예를 얻지만, 여성들은 일하는 것 자체에만 만족해야 할 때도 있다. 더 좋은 직장을 얻는다고 해도 남자들이 보내는 적대감 섞인 빈정거림에 대항해야 한다. 미국에서는 커다란 조직에서나 어떤 직업에서든지 남자들끼리의 승진 경쟁이 치열하다. 하지만 남자들이 여자들과 경쟁하게 되면, 명문화되지 않은 법률을 들먹임으로써 쉽게 싸울 수 있다. 전시에는 여성들의 능력, 남성들과의 경쟁이 환영을 받았다. 그러나 전후에 여성들은 정중하지만 철옹성 같은 적대감에 직면해야 했다. 그러므로 여자들에게는 사랑을 하거나 사랑받는 것이 더 쉬웠고, 그러기 위해서 남자들과 경쟁하지 않겠다는 변명도 쉽게 할 수 있었다.

그러나 여전히 능력 있고 영리한 여성들은 불경기일 때는 경쟁할 수 있는 일이 줄어들었음에도 불구하고 직업을 찾기 위해 용감히 경쟁에 뛰어들었고, 편견에 대항하여 온몸을 바쳐 싸웠다. 직장과 사랑 사이에서 갈등을 느끼는 사람도 별로 많지 않았다. 전후의 풍요로운 시기에는 일자리가 많았기 때문이다. 그래서 결혼과 사랑을 위해 모든 것을 포기하라는 실제적인 요구가 없었다. 교육을 덜

여성성의 신화

받은 소녀들은 공장을 그만두고 식모나 가정부가 되려고 하지는 않았다. 전후에도 산업에 종사하는 여성들의 비율은 꾸준히 증가했다.[3] 그러나 훈련과 노력, 개인적인 임무 수행을 요하는 전문직에 종사하는 여성은 증가하지 않았다. 나와 나이가 비슷한 어떤 주부는 "나는 남편과 애들을 통해서 살아요. 그렇게 사는 것이 훨씬 편하죠. 이 세상에서 혜택을 받고 싶다면 여자가 되는 것이 훨씬 쉽지요"라고 말했다.

이런 점에서 보면 여성에게 일어난 일이 전후에 우리 모두에게 일어난 일의 한 부분이었다고 할 수 있다. 여기에서 우리는 전에 우리가 감히 직면하려고 했던 문제를 회피할 충분한 변명을 찾았다. 미국인의 정신은 남자건 여자건 간에, 겁먹은 자유주의자, 환멸뿐인 급진주의자, 변화에 어리둥절하고 좌절한 보수주의자로서 괴상한 잠에 취해 있어 국가 전체가 발전을 멈추었다. 우리 모두는 어린 시절 부모님이 책을 읽는 동안 위층에서 평화롭게 자거나, 거실에서 카드놀이를 하거나, 아니면 여름날 저녁 고향집의 현관에서 흔들의자에 앉아있을 때 느꼈던 가정의 따뜻함으로 다시 돌아갔다.

남자들이 원자폭탄과 포로수용소에 대해 잊어버리고 부패를 묵인하면서 무력하게 순응했듯이, 여자들은 가정으로 돌아갔다. 마치 사상가가 전후의 세계가 안고 있는 복잡한 문제를 피하려는 것처럼, 공산주의나 매카시즘, 통제 불능의 폭탄에 대해 생각하기보다는 사랑과 성에 대해 생각하는 편이 훨씬 편하고 안전했다. 사회를 비판적으로 바라보거나 사회에 퍼져있는 악을 시정하려고 행동하는 것보다는 자기가 겪었던 전쟁이나 생각 또는 인간의 행동에서 프로이트가 말하는 성적 본능을 찾는 게 더욱 쉬웠다. 가장 식견이 높고 영리한 사람들까지도 퇴행했다. 우리는 시야를 아주 낮추어 우리가 당면한 문제를 심각하게 생각하려 하지 않았다.

우리는 지금 이 모든 것을 회상할 수 있다. 인생의 궁극적인 목적으로 사랑과 성을 생각하는 것이 쉬웠고, 진리보다는 '가정'과 '가족'을 찾았다. 사회사업가나 심리학자, 수많은 '가족' 문제 상담자들에게 있어서도 그들에게 찾아오는 환자들에게 인간이 당하는 고통에 대한 공통적인 이유를 조사하는 것보다는, 성이나 성격, 인간관계에서 문제점을 찾아 치료하는 것이 더 안전하고 돈도 더 잘 벌었다. 인류 전체에 대해 생각하기 싫다면, 적어도 개인들만이라도 커다란 문제에 부딪히지 않게 '도움'을 줄 수 있는 것이다. 어윈 쇼 Irwin Shaw[방송에 종사하다 극작을 시작해, 반전극 〈시체를 묻어라〉 등 강한 사회의식으로 일관된 작품을 발표했다─옮긴이]도 한때는 전쟁과 평화, 인종차별문제에 대해 미국인의 양심에 경종을 울렸지만, 지금은 성과 전통에 대해서 쓰고 있다. 노먼 메일러Norman Mailer[미국의 소설가로 『벌거벗은 자와 죽은 자』, 퓰리처상을 수상한 『밤의 군대들』과 같은 책들을 출간해 권력의 허상을 고발하고 반전 무드를 전 세계로 확산시켰다. 1950년대 후반부터는 이른바 '비트 제너레이션'에 접근해 현대사회를 지배하는 획일주의를 부정하는 한편 성의 신비를 추구했다─옮긴이]와 젊은 비트족 작가들도 그들의 혁명적인 정신을 성과 반항, 마약이나 사랑이라는 단어에 국한시켰다. 작가들은 정치보다는 심리학을,

여성성의 신화

공공의 목표보다는 개인의 사사로운 동기에 대해 생각하는 편이 더 쉬웠고, 그것이 유행이었다. 화가들 역시 규율을 무시하고, 의미를 노출시키지 않으며, 추상적인 표현을 사용해 그림을 그렸다. 극작가들은 의미 없는 말들을 허세 부리듯 늘어놓으며 인간의 목적을 씁쓸한 것, 다르게 말하면 '부조리의 극장'으로 만들었다. 프로이트적인 사고는 끝없이 자신들을 초조하게 하는 이 지적인 미스테리의 모든 과정에서 벗어날 수 있게 해주었다. 과정 속에 과정이 있고 의미 안에 숨겨진 의미가 있으며, 의미 그 자체가 사라지고 희망이 없어질 때까지, 따분한 외부 세계는 거의 존재하지 않는다. 한 연극 평론가가 테네시 윌리엄스Tennessee Williams의 작품 세계를 논할 때 "인간에게서 성욕과 어머니에 대한 애증을 빼면 남는 것이 하나도 없다"고 말한 것과 매한가지다.

심리치료법을 제쳐놓고라도 미국의 문화권 안에서 프로이트에 대한 열광은 40, 50년대에 이념의 필요성, 국가의 목적, 사람들의 문제에 대한 마음의 적용이라는 욕구를 충족시켜줬다. 분석가들은 최근 많은 사람들이 개인적인 공허함 때문에 심리치료법에 의존하는데, 이데올로기나 국가적 목적의 결핍이 여기에 부분적으로 책임이 있다고 밝혔다. 사람들은 사실 심리치료만으로는 얻을 수 없는 정체성을 찾고 있다. 미국에서 종교가 다시 부상하는 이유는 심리분석이 성행하는 것과 같은 맥락이며, 목적을 상실하고 정체성과 피난처를 추구하는 이면에는 같은 이유가 존재할 것이다. 오늘날 목사들이 교회에 오는 교인들에게 심리치료를 많이 한다는 사실은 의미심장하다. 그렇다면 그들은 더 중대한 문제나 진정한 탐구를 회피하는 것일까?

내가 50년대 후반에 대학교에서 인터뷰한 바에 따르면, 목사나 사회학자 모두 젊은 세대의 '개인주의'를 지적한다. 그들은 젊은이들이 조혼하는 것도 현재 사회에서 진정한 가치를 발견하지 못했기 때문이라고 분석한다. 전문적인 사회비평가들이 젊은 세대가 자신의 향락이나 물질적인 부 또는 공허하고 소극적인 비트족 같은 행위에 집착한다고 비난하기는 쉽다. 그러나 부모나 선생, 목사 등 기성세대들이 개인적이고 감정적으로 적응하고자 했고 물질적인 성공이나 확실성만을 추구했다면, 젊은이들이 어떻게 그것 이상의 숭고한 목적을 배울 수 있단 말인가?

아이를 다섯 갖는 것, 교외로의 이사 물결, DIY와 집 꾸미기들이 평범한 욕구를 만족시켰다. 또 그것은 가장 지적인 사람들이 한때 관심을 두었던 숭고한 목표조차도 대신했다. "나는 정치에 싫증이 났다. …… 어쨌든 정치에 대해 당신이 할 수 있는 것은 아무것도 없다." 화폐 가치가 어떻든 간에 사람들은 가족, 사랑과 같은 사소한 일에 관심을 가졌다. 또 그렇게 하는 것이 옳은 일로 간주되었다. 사람들은 프로이트의 학설을 그대로 받아들이는 것이 더 중요하다는 환상을 가졌다. 프로이트의 말을 문자 그대로 인용하는 것은 고통받는 사람들을 속여 그들로 하여금 치유되었다고 믿게 만들었다. 하지만 그 아래에 있는 진짜 문제는 대면하지 않았다.

프로이트의 현미경으로 바라보자 가족에 대한 개념이 새로이

여성성의 신화

등장했다. 오이디푸스 콤플렉스와 형제간의 경쟁이라는 개념이 유행한 것이다. 어린이에게 좌절은 성홍열만큼이나 위험했다. '어머니'의 역할에 관심이 집중되었다. 이제 모든 것은 어머니 책임이 되었다. 문제아, 알코올 중독자, 자살자, 조현병 환자, 정신병자, 노이로제에 걸린 어른, 발기부전, 동성애자, 불감증인 여성, 위궤양 환자, 천식 환자 등 비정상적인 사람이 있으면 이제는 전부 어머니에게서 그 원인을 찾으려고 했다. 좌절하고 신경증이 있고, 불만족스럽고 불행한 여자, 잔소리가 많고 바가지를 긁는 부인, 자식을 과잉보호하고 지배적인 어머니 등 모든 문제를 여자의 탓으로 돌렸다. 2차 대전을 통해서 4백만 미국 남자들이 전쟁의 쇼크를 감당할 수 없었으며, '엄마' 없는 삶은 견디기가 어렵다는 사실을 느꼈다. 확실히 미국 여성들의 뭔가가 '잘못'되어 있었다.

　게다가 불행히도 어머니에 대한 공격은, 미국 여성들이 여성해방의 권리를 향유하고, 대학이나 전문학교에 가려는 여자들이 증가하고, 직장에서 남자들과 경쟁하려고 할 때와 같은 시기에 대두되었다. 여성들은 이제 막 성별이 아닌 능력에 따라 미국 사회에서 역할을 수행하려 하고 있었다. 이런 여성들은 돌아온 군인들에게 뿐만 아니라 누구에게든 독립심이 강하고 주장이 확고하며 의지가 강한 것으로 보였다. 또 군인들이 자랑했듯이 '그들의 등을 닦아준' 독일이나 일본 여성들보다 덜 수동적이고 덜 여성적으로 보였다. 그러나 그 소녀들이 그들의 수동적이었던 어머니와 얼마나 차이가 있는지는 불확실했다. 따라서 미묘한 논리학상의 왜곡을 통해 과거나 현재나 신경성 증세가 있는 어린이들에 대한 책임을, 새로운 세대의 여성들의 독립성과 개성에 전가했다. 이런 독립성과 개성은 그 전 세대의 주부나 어머니들은 가지지도 못한 것이었다.

전시에 정신병 때문에 제대한 군인과 그들의 어머니에 대한 통계, 미국 여성 중 특히 고학력 여성 중에 성적 오르가슴을 느끼지 못하는 사례가 많다고 보고한 초기의 킨제이 보고서에 나타난 많은 여성들이 좌절감에 빠져있었다. 또한 그것을 남편과 자녀에게 발산한다는 사실 등도 피할 수 없는 사실이었다. 무력해지며 발기부전에 걸린 미국 남자들의 수는 점점 더 늘어났다. 초기의 직업을 가진 많은 여성들이 사랑을 하고 자녀들을 갖기를 원했으며, 경쟁 상대인 남자들에 대해 화를 냈다. 남녀노소 할 것 없이 정신병원, 상담소, 정신과 의사를 찾는 사람이 늘어갔다. 이 모든 것이 좌절에 빠져있는 어머니들, 교육을 받아 남성화되어 가는 여성들이 성적 만족 대신 독립성과 평등을 추구하기 때문이라고 여겨졌다.

위와 같은 착상은 프로이트의 이론과도 흡사한 점이 많았기 때문에, 전쟁 전의 어머니들의 실태가 어떠했는지 알아보려는 사람은 하나도 없었다. 그들은 정말 좌절하고 있었다. 그러나 사회에 적응하지 못하는 군인들이나, 불확실하고 성 불능인 남자들의 어머니들이 모두 독립심이 강하고, 교육을 받았거나, 직업을 가진 여성은 아니었다. 그들 대부분은 헌신적이고, 의존적인 면이 있으며, 희생적인 '엄마'들이었다.

1940년대에 4분의 1이 조금 못되는 미국 여성이 직장을 가졌으며, 대부분 미혼이었다. '직업을 가진 여성'인 어머니들은 2.5퍼센트였다. 1940년에 18세에서 30세 사이의 군인 아들을 둔 어머니들은 19세기 또는 1900년대 초에 태어났고, 그들은 미국 여성이 선거권을 획득하고 독립, 성의 자유, 1920년대 교육과 직장의 기회를 얻기 훨씬 이전에 성인이 되었다. 대체로 이 시기의 '엄마'들은 페미니스트도 아니고 남녀평등을 주장하지도 않는, 주부와 어머니로서의 전통적인 역할을 수행한 미국 여성들이었다. 그렇다면 엄마들이 좌절하고 남편과 자식이 그로 인해 해를 입는 것이 여성들이 받은 교육이나 직장에 대한 갈망, 독립심 때문이라고 할 수 있을까? 새로운 신화를 형성하는 데 한 몫을 한 에드워드 스트레커Edward Strecker의 작품 『그 어머니들의 아들들』에서도, 엄마들은 직업을 가진 여성도, 페미니스트들도 아니다. 혹 교육을 받았다 해도 이를 활용하지 않고 자녀들만을 위해 살고, 가정, 자녀, 가족이나 미용에 관해서만 관심이 있었다. 사실 그들은 여성성의 신화가 제공하는 이미지에 꼭 부합했다.

여기에 스트레커가 육해군 의무감의 고문으로서 정신질환 때문에 군인 임무를 다하지 못한 182만 5천명, 신경질환으로 제대한 60만 명, 병역기피자 50만 명을 대상으로 한 사례연구 끝에 제시한 문제 있는 '엄마'가 있다. 즉 입영한지 얼마 되지도 않아 미숙하기 때문에, "삶을 마주하고 타인과 함께 생활하고 스스로 생각하거나 자립할 능력이 없어서" 신경질환에 걸린 군인이 전체 1억 5천만 명 중 거의 3백만 명이나 된다는 것이다.

인생에서 받은 타격에 대한 감정적인 보상을 찾는 데서 어머니로서의 행동이 시작된다. 아이들을 대할 때도 숨 쉬는 것 등 행동 하나하나가 애들을 자신에게 묶어두려는 의도에서 이루어진다. 이 목적을 이루기 위해 엄마들은 아이에게 미성숙한 행동양식을 규정한다. …… 인생을 성숙하게 마주하는 사람의 어머니들은 이런 전통적인 유형이 아니었다. 그러나 대부분은 온화하고, 자식에게 사랑을 많이 쏟고 헌신적이며 …… 수고를 아끼지 않고 아이들이 다 자라서도 입을 옷을 골라준다. 심지어는 자녀들의 머리 모양, 친구, 운동, 사회적인 태도와 의견까지도 관리한다. 말하자면 아이들을 위해서 그들의 생각까지 다 대신하는 것이다. …… (이런 지배 형태는) 까다롭고 자의적이며, 때로는 부드럽고 설득력이 있고 갈팡질팡하기도 한다. …… 어머니는 자신의 마음이 상했고 그것을 숨기려 열심히 애쓰고 있다는 것을 자녀들이 느끼도록 더 빈번하게 간접적인 방법을 쓰기도 한다. 그러나 이렇게 부드러운 방법은 젊은이들이 독자적인 사고와 행동을 하는 것을 더 철저하게 방해한다. …… '자기희생적'인 엄마는 돈이 쪼들리거나 피곤하더라도 "괜찮아"하고 '가볍게 넘긴다.' 이 말은 그녀가 그녀의 기분이나 상태는 상관하지 않고, 단지 자녀에게 봉사함으로써 느껴지는 기쁨만을 생각한다는 것을 의미한다. 가정은 그들의 소유이며 그것이 당연한 것이다. 식사는 제 시간에 따뜻하고 맛있게 해야 하며, 언제라도 음식을 먹을 수 있게 준비되어 있다. …… 이렇게 정돈이 잘 된 집에는 단추 하나라도 떨어진 옷이 없다. 모든 것이 다 제자리에 있다. 어머니는 물건들이 어디에 있는지 다 알고 있으며, 아이들이 물건을 아무데나 막 어질러놓아도 불평 한마디 없이 기꺼이 제자리에 정돈해 놓는다. …… 아이들이 무엇을 원하

여성성의 신화

든 어머니는 그것들을 가져다주는, 나무랄 데 없는 완벽한 가정이다. ……
그러나 이들은 가정 밖에서 마음에 드는 피난처를 찾지 못했으므로, 한 아
이라도 행복한 집으로 돌아오기를 원하고, 영원히 감싸려고 하는 게 당연
할지도 모른다.[4]

또한 '엄마'는 특히 '예쁘지만 머리가 텅 빈 여자'고, 아름다운
옷, 화장품, 향수, 헤어스타일과 날씬한 몸매를 유지하기 위한 미용
체조 등에만 관심이 있기 마련이다. "지적인 체 하려고 매달 마음 다
스리기, 경제학, 그리스 건축, 보육 강의 등을 들으러 다니지만 실제
로 어느 하나도 제대로 공부하는 법이 거의 없다." 이런 '엄마'들을
둔 아들들은 항상 어린아이의 상태에 머물기를 원하기 때문에 전선
에서나 가정에서나, 자고 있을 때나 깨어 있을 때나 성숙한 어른이
될 수 없다. 이런 엄마들은 한 가지 공통점을 가지고 있다.

…… 즉 그런 여자들은 아이들이 감정적이고 정서적인 자궁에서
독립하여 씩씩하고 결단성 있는 성인이 되는 것보다, 언제나 그녀의
심리적인 양수 상태에 존재하게 함으로써 감정적으로 만족함과 충만
감을 맛본다. 엄마들이 미성숙하므로 자녀들도 성장하지 못하고, 그렇
게 되도록 만든다. 따라서 점진적으로 그들은 개인적으로, 사회적으로
부족감과 불행을 느끼면서 삶을 영위하기 마련이다.[5]

나는 스트레커의 글을 장황하게 인용했다. 전후에 홍수처럼 쏟

아져나온 많은 기사들이 여성들이 여성다움을 상실했다고 비판하면서, 그들에게 가정으로 되돌아가 자녀들을 위해 생을 희생하라고 충고했는데, 바로 그런 이야기의 대부분이 권위 있는 정신질환 의사인 스트레커가 외친 것이었기 때문이다. 그러나 현실은 스트레커가 주는 교훈과는 정반대다. 미성숙한 아이들의 어머니들은 자녀에게 자기의 일생을 다 바쳤고, 자녀들을 정신적인 유아 상태에 머무르게 했으며, 어머니 자신들도 "성숙한 상태, 완숙, 사고와 행동의 독립성이 특징인 성숙한 정도, 즉 충분한 인간의 자질"에 도달하려고 생각하지 않았다. 이것은 여성다움과는 전혀 별개의 것이다.

개가 먹은 햄버거는 개가 되고, 사람이 먹은 햄버거는 사람이 되는 기묘한 현상처럼, 사실이 신화에 의해 잡아먹혔던 것이다. 1940년대에 군인들이 가진 신경증에 대한 사실은 미국 여성들이 직업에 맞춘 교육, 독립심, 남성과의 평등, "어떤 대가를 치르더라도 자아실현하는 것" 때문에 여성적 성취에 현혹된 '증거'가 되었다. 하지만 좌절하고 있는 대부분의 미국 여성들은 단순히 가정주부였다. 그리고 아주 독선적이게도, 일생을 자녀들의 요구에 바친 좌절에 빠진 어머니를 둔 사람들이 피해를 많이 받았다는 증거는 여성성의 신화라는 아름답게 장식된 논리가 되었다. 그리고 다음 세대의 소녀들에게 가정으로 되돌아가 자녀들의 요구에 일생을 헌신하라는 뜻으로 변질되어 전달되었다.

교육 수준이 높은 여성들이 성적 좌절감이 높았다는 초기 킨제이 보고서처럼 상황을 변화시킨 것도 드물었다. 질문에 응한 대학

여성성의 신화

교육을 받은 여성 중 50~85퍼센트가 성관계 시 오르가슴을 경험하지 못한 데 비해, 고등학교만 나온 여성은 5분의 1 이하만이 문제가 있다고 대답했다. 『현대의 여성—잃어버린 성』이라는 책은 초기의 킨제이 보고서를 다음과 같이 해석하고 있다.

> 초등학교나 그 이하의 교육을 받은 여성 중 성관계 시 오르가슴을 느끼지 못한 사람이 거의 없다. 킨제이 박사와 연구팀은 교육받지 못한 흑인 여성의 100퍼센트가 오르가슴을 완전히 느껴보았다고 보고했다. …… 그러므로 교육을 받을수록 성적으로 문제가 많고 심하다는 성 심리학적 규칙이 나타난다.[6]

거의 10년이 지나서야 완전한 킨제이 보고서가 출판되었고, 초기의 보고서가 찾아낸 사실과 모순됨이 밝혀졌다. 지금은 많은 여성들이 미국 여성을 대상으로 한 5940건의 사례 연구에서 결혼 생활 동안 오르가슴을 경험한 사람 중 성관계 시 항상 오르가슴을 느끼는 사람의 숫자가 교육 수준과 밀접하게 연관되어 있으며, 교육을 많이 받을수록 성적 쾌감도 크다는 것을 알게 되었다. 초등학교 교육만 받은 여성은 오르가슴을 경험하기가 거의 불가능한 반면, 대학을 다녔거나 대학원, 전문 교육을 받은 여성은 관계를 가질 때 성적 쾌감을 100퍼센트로 느끼는 경우가 훨씬 많다. 킨제이의 말을 빌리면 다음과 같다.

결혼한 지 5년 안에 오르가슴을 느끼는 여성의 수는 확실히 교육 수준이 높을수록 증가한다는 사실을 발견했다. 결혼 초기부터 그 뒤 15년까지 부부간의 성관계 시 오르가슴을 못 느낀 사람은 교육을 덜 받은 여성들이 더 많았고, 교육 수준이 높으면서 완전히 성적 쾌감을 못 느낀 여성은 소수에 불과했다. ……

이런 조사 자료는 우리가 몇 년 전에 예비로 한 조사와 일치하지 않는다. 적은 표본과 부정확한 산출 방법을 기초로 교육 수준이 낮은 여성이 부부 간의 성교에서 더 만족감을 얻는다고 추정한 것 같다. 이런 자료는 이제 수정할 필요가 있다.[7]

그러나 처음에 잘못된 통계를 근거로 사람들이 믿게 된 신화가 쉽사리 정정될 것 같지는 않다.

그리고 어머니가 직업을 가졌기 때문에 무관심 속에 길러진 아이들의 수는 엄청나게 많다. 하지만 이제까지의 발표에서 볼 수 있듯이, 교육을 받고 중산층에 속하는 여성들이 전문 교육을 받거나 시를 쓴다든지 정치에 참여하느라고 애들을 다른 사람의 손에 맡겨 놓아 어머니로서의 사랑을 쏟지 못하여 문제아를 만들 것이라고는 생각하지 않는다. 그러나 확실히 많은 수의 어린이들이 버림받고 있으며, 미혼모와 주정뱅이 아버지를 둔 탓에 태어날 때부터 무관심 속에 자랐거나, 가정의 안락함과 사랑이 넘치는 보호를 받지 못했다. 최근에 스탠포드대학의 심리학자인 로이스 미크 스톨즈 Lois Meek Stolz 박사는 여러 조사에서 나타난 증거들을 분석했다. 그 결과, 어느 사람이나 직장에 다니는 여성의 아이들에 관해 한마디쯤은 했고, 좋은 말이든 나쁜 말이든 그것을 얼마 안 되는 조사 결과로 뒷받침했다는 것을 발견했다. 그러나 어머니가 직장에 나간다고 해서 자녀들이 덜 행복하다든가, 아니면 건강하고 적응을 더 잘 한다는 명백한 근거는 아직 없다.[8]

직업을 가진 여성이 더 행복하고, 성숙하고 좋은 엄마가 될 수 있음을 보여주는 조사가 그렇게 많이 발표되지는 않았다. 그러나 어떤 사람은 소년 범죄가 증가하는 이유를 더 많은 여성들이 일을 하고 지적 교육을 받는 것으로 든다. 그러면서 이 둘 사이에 확실한 인과관계가 성립한다고 말한다. 몇 년 전에 비행 소년과 정상 소년을 비교한 연구가 꽤 인정을 받은 적이 있다. 이 연구에서는 특히 평범한 가정주부보다는 정기적으로 직장에 다니는 엄마를 둔 소년들이 범죄도 덜 저지르고, 학교를 무단결석하는 예가 적다는 사실을 발견했다. 그러나 부정기적으로 일을 하는 엄마를 둔 소년은 비행을 저지르는 비율이 높다고 의미심장하게 경고하고 있다. 이 결과는 완전한 직업은 포기하고 시간제나 자유계약제로 일하거나, 일시적으로 직업을 갖는 교육 수준이 높은 엄마에게 책임이 있음을 알려준다. 어떤 어머니는 《뉴욕타임스》에서 "나는 수년 동안 임시직이든 시간제든 직장에 다니면서 나의 생활에 아이들이 좋은 관심을 가지게 하려고 노력했다. 그러나 지금은 내가 한 일이 가장 나쁜 결과를 가져온 것으로 보인다!"고 말했다.[9]

확실히 전문 교육을 받고 평안한 중산층에서 살아온 이 어머니는 경제적, 사회적으로 가난한 환경에서 살고, 그들 자신도 한때 비행 소녀였던 다른 어머니들과 하나도 다를 게 없다. 그리고 남편도 정서적으로 불건전한 경우가 많았다.

이 연구의 조사자들은 어머니가 "생계를 돕기 위해서가 아니라 단지 가정과 모성의 책임감에서 탈피하려고" 직장을 불규칙하게 다닐 때, 자녀가 정신적으로 갈등을 느낀다고 생각한다. 그러나 다른 전문가는 똑같은 결과를 분석하면서, 어머니가 잠정적으로 직업을 갖거나 아들이 범죄를 저지르는 근본 원인은 부모의 정서적 불안정에 있다고 진단한다. 이유야 어떻든, 교육받은 여성들의 상황하고는 들어맞지 않는다. 스톨즈 박사가 보여주듯이, 여성이 직장과 가정을 병행할 수 없는 '증거'로 잘못 해석한 자료들은 실제로 다른 조건이 모두 같으면 가정주부로만 사는 여성의 자녀들보다 직업을 가진 여성의 자녀들이 덜 불안하고, 학교에서 문제도 적게 일으키며, "개인적 가치에 대한 인식 결핍"도 적을 수 있음을 지적한다.

직업을 가진 여성의 자녀에 대한 초기 조사는 직장에 나가는 기혼 여성의 수가 극히 적고, 또 사망, 이혼, 도주로 남편이 없기 때문에 직장에 나가는 여성들을 위해 탁아소가 있던 시절에 실시된 것이다. 이 조사는 사회사업가나 경제학자들이 어머니에 대한 연금을 시행할 수 있도록 압력을 넣기 위해 실시한 것이었다. 그러나 수백만의 기혼 여성이 직장에 나가고 단지 8명 중 1명이 남편과 같이 살지 않을 때 이루어진 조사에서는, 그 전처럼 아이들의 높은 사망률이나 신경증 증세

여성성의 신화

가 보이지 않는다.

최근 어머니 2천 명을 대상으로 한 조사에서 드러난 중요한 한 가지 차이점은 일하는 어머니들보다 주부인 어머니들이 "아이들이 나의 신경을 건드린다"고 말하는 사례가 더 많다는 점이다. 그리고 주부들이 아이들을 "더 많이" 가진다. 시카고에서 이루어진 신뢰할만한 유명한 조사는 비행 소년의 어머니들이 직장에서 일하는 경우가 많음을 보여주었다. 그러나 이 조사는 사실 비행 소년 중에 이혼 가정인 경우가 많음을 증명했을 뿐이다. (1만 6천명의 학령 아동 중) 심한 신경질환 증세가 있는 4백명의 어린이들을 대상으로 한 조사는, 이혼 가정이 아니라면 직업을 가진 여성보다 평범한 가정주부를 어머니로 둔 아이들이 신경질환 증세를 가진 경우가 세 배나 더 많다는 것을 보여준다.

다른 조사에 따르면, 직업을 가진 여성의 자녀가 가정주부들의 자녀보다 공격성이 적고, 학교 성적도 좋으며, "개인적 가치에 대한 인식 결핍"도 더 적다. 어머니들의 경우도, 직업을 가진 여성들이 주부들보다 임신했을 때 더 "즐거워하고", "어머니의 역할"에 대한 갈등도 적은 것으로 나타났다.

그리고 가정주부나 직장 일을 좋아하지 않는 엄마들보다 직업에 만족하는 엄마들이 아이들과도 친밀하고 적극적인 것 같다. 또한 대학 교육을 받고 좋아하는 직장을 선택할 수 있는 어머니들의 경우, 직업이 부부관계나 정서적인 적응, 문제아의 수나 그 심각도에 미치는 역효과가 적음을 30년대의 한 조사에서 알 수 있다. 일반적으로 직업을 가진 여성들이 공유하는 속성은 두 가지다. 교육 수준이 더 높고 도시

에서 살기를 좋아한다는 것이다.[10]

하지만 우리 세대에서는 많은 수의 교육받은 여성이 교외의 가정주부가 된다. 그들은 어린이의 야뇨증, 손가락 빨기, 과식, 식사 거부, 친구가 부족한 것, 혼자 있지 못하는 것, 공격성, 소심함, 책 읽는 속도가 느린 것, 너무 많이 읽는 것, 버릇이 나쁜 것, 엄격함, 방해, 노출증, 성적 조숙, 성적 흥미 부족 등이 신경증의 초기 증세라고는 걱정하지 않는다. 그러나 실제로 아이가 비정상이 아니며 비행을 저지르지 않는다 해도, 적어도 이런 현상들은 부모가 잘못하고 있으며, 앞으로 노이로제에 걸릴 가능성이 있다는 신호다. 때때로 실제로도 그렇다. 프로이트의 해석에 따르면 부모의 임무, 특히 어머니의 임무는 종교적인 헌신에는 못 미쳐도 전 시간을 바쳐야 하는 것이다. 한 번만 잘못해도 파멸을 의미한다. 직장도 없고 가정 밖에서는 아무 임무도 없을 때에만 아이들에게 모든 것을 전념할 수 있고, 어린이의 노이로제 증상을 초기에 찾는 데 전력을 다할 수 있다. 그러나 이것은 아마 그런 증상을 만드는 데에도 큰 힘이 될 것이다.

모든 신상 조사에서, 태어나서 가장 중요한 5년 동안 일어난 주요한 사실과 기록들을 찾으려고 한다면 얼마든지 어머니에 대한 의미심장한 사실들을 발견할 수 있을 것이다. 미국에서는 그 시기에 항상 어머니가 아이 곁에 있었고, 그것이 당연했다. 그러면 어머니들이 항상 곁에 있었다는 것이 아이들의 신경질환 증세와 어떻게든 연결되어 있을까? 많은 문화에서 어머니를 통해 그 문화가 안고 있는 갈등을 후손에게 전하지만, 문명화된 현대 문화에서는 능력 있고 강인한 여성들에게 그들의 아이들에 대한 경력을 쌓으라고 교육하는 일은 많지 않다.

얼마 전 스포크 박사가 조심스럽게 말하기를, "모든 시간을 자식에게 바치면서 걱정만 하는 미국 여성의 자녀들보다는, 의학이나 과학, 교육, 산업 분야, 정부, 예술에 종사하는 어머니를 둔 러시아의 아이들이 더 안정되고 적응력이 강하고 성숙한 것 같다"고 했다. 그러면 러시아 여성들이 인생에서 진지한 목적이 있다고 해서 더 좋은 어머니가 될 수 있을까? 스포크 박사는 적어도 이들은 어머니로서 자신에게 더 확신이 있다고 생각한다. 그들은 미국 여성들처럼 새로운 유행인 아기 돌보기에 매달리지는 않는다.[11] 1350만 명이나 되는 자신감 없는 어머니들이 스포크 박사의 책에 따라 애들을 키우고, 책의 내용과 달라 도움을 요청하는 것은, 확실히 스포크 박사에게 있어 큰 부담이 아닐 수 없다.

미국 어린이들과 청소년들에게 점점 더 많아지는 '의존성' 문제에 대한 정신분석학자들의 관심은 신문의 헤드라인을 수도 없이 장식했다. 정신분석학자인 데이비드 레비David Levy는 "모성의 과잉 보호"에 관한 매우 유명한 연구에서, "어머니의 과잉 보호, 유아화와 응석받이"로 아이들을 망쳐놓은 20명의 어머니들을 아주 세밀하게 살펴보았다.[12] 열두 살 남자아이의 사례는 전형적이다. "열한 살 때 어머니가 자기 빵에 버터를 바르지 않았다고 어린애같이 불끈 화를 낸 일이 있었다. 그 아이는 여전히 어머니에게 버터를 발라

달라고 요구한다. …… 아이는 어머니가 자기가 결혼할 때까지 버터를 발라줘야 하고, 결혼 뒤에는 부인이 그렇게 해야 한다고 말함으로써 자기의 요구를 간단히 표현했다."

이런 유형의 어머니들은 월경, 모유, 그리고 "어머니에게 나타나는 특정한 행동 양태" 같은 생리적인 지표에 따르면, 여성으로서 그리고 어머니로서의 본능적인 행동이 강하다. 20명 중 2명을 제외하고 모두가 다 책임감이 있고, 안정적이며, 공격적이었다. "책임 있는 행동의 능동적 또는 공격적 특징은 전형적인 모성의 유형으로 간주되었고, 어린 시절 이후 줄곧 과잉보호를 하는 18명의 어머니들의 삶을 특징지었다"고 레비 박사는 적고 있다. 어린아이나 어머니의 역할을 무의식적으로라도 거부한 사람은 하나도 없었다.

그러면 왜 이렇게 강인한 20명의 어머니들이 자식들을 병적으로 약하게 만들었을까? (정신분석학자들이 힘, 심지어 공격성을 모성의 본능으로 간주할 때, 이는 결코 남성의 특징이 아니게 된다.) 한 가지 이유는 "어린아이가 어머니의 비정상적인 사랑에 대한 요구를 만족시키는 수단으로 사용되기 때문"이다. 이런 어머니들은 아이 외에는 다른 생활이 없다. 그래서 마치 남편을 기다리는 부인, 데이트하러 나가는 소녀처럼 아들이 학교에서 집에 돌아올 시간이면 립스틱을 발라 새로워진 기분을 느끼는 것이다. 데이비드 레비는 이런 엄마들은 대부분 직업적인 야망이 차단되었다고 말한다. 그리고 어머니들의 힘, 그들이 기본적으로 갖고 있는 여성적인 힘—책임감 있고, 안정되고, 활동적이고, 공격적인—이 "모성의 과잉보호"를 일으키며,

그것들에 대한 "다른 표현 통로"가 없을 때 아이를 병적인 상태로 끌고 가게 된다는 것이다.

이 어머니들의 대부분은 자신의 어머니 역시 자애롭고 아버지에게 순종했으며, 그들의 남편도 순종하는 아들 노릇을 했다. 프로이트의 용어에 의하면, 거세가 극도에 달한 것이다. 아들과 어머니는 수년 동안 철저한 심리분석 치료를 받았으며, 병적인 순환 과정을 중지할 것이라고 기대되었다. 그러나 수년 후 연구자들이 조사한 결과는 기대했던 것과 다르게 나타났다. 대부분의 사례는 심리치료가 효과적이지 못했다. 몇몇 아이들은 병적인 성인으로 성장하지 않았지만 그런 경우는 드물었다. 그것은 심리치료 때문이 아니라, 어머니가 자신의 생활에서 관심사를 발견하거나 활동을 함으로써 아이를 위해 맹목적으로 사는 방식을 벗어났기 때문이었다. 몇몇의 사례에서는 아이가 자신의 능력으로 어머니가 침범할 수 없는 독립적인 영역을 설정함으로써 정상적이 된 경우도 있다.

미국에서는 사회학자들이 신화와 관계없이, 어머니와 자식과의 관계에서 생기는 실제 문제에 대한 다른 실마리를 발견했다. 아놀드 그린Arnold Green이라는 사회학자는 우연히 모성의 풍부한 사랑이나 결핍과 노이로제 사이에 존재하는 다른 차원을 알아냈다.

아놀드 그린이 성장한 매사추세츠의 산업 도시에서는 한 세대 전체가 비정상적인 심리적 환경에서 자랐다. 그들은 불안하고, 수심이 많고, 심지어 잔인한 아버지의 권위 밑에서 부모와 자식 간에 '사랑'이 없는 상황이었다. 폴란드에서 이민 온 부모들은 미국에서 태어난 자기들의 2세로서는 받아들이기 어려운 옛날 식의 엄격한 규율을 강행하려고 했다. 그렇지만 아이들에게서 조롱, 분노, 경멸을 받자 당황한 부모들은 "장래에 아이들에게서 지지를 받을 희망과 의욕을 상실했고, 복수심에 차서 개인적이고 비합리적인 권위에 의존했다."

미국화된 젊은이들을 통제할 수 없게 되어 두렵고 화가 난 부모들은 아이들을 분별없이 주먹으로, 채찍으로 때렸다. 때리고, 화내고, 울부짖고, 고통과 증오에 가득 찬 시끄러운 소리들이 황폐한 빈민가에서 자주 흘러나오지만 통행인들은 별 주의를 기울이지 않았다.[13]

프로이트를 믿는 인자한 부모들이 모두 이해하듯이, 여기에 미래의 신경증의 싹이 엿보인다. 그러나 놀랍게도 아놀드 그린이 사회학자로서 노이로제에 대한 조사를 하기 위해 고향에 돌아갔을 때, 이론적으로는 그곳에 신경증 증세를 가진 애들이 많아야 함에도 불구하고 폴란드인 사회에서 노이로제 때문에 군대에서 거절당했다든가 하는 경우는 없었다. 아이들의 행동에서도 "노이로제의 특징인 불안, 좌절감, 적의, 응답의 경직성 등은 찾을 수가 없었다". 아놀드 그린은 의아해했다. 왜 이 아이들은 신경질적이지 않으며, 아버지가 잔인하고 불합리한데도 정서적으로 불안하지 않을까?

그 아이들은 아동심리학자들이 중산층의 어머니에게 강요하는 사랑을 많이, 또 지속적으로 받지도 않았다. 아버지와 마찬가지로

여성성의 신화

엄마들도 공장에서 일했다. 그들은 언니와 오빠들 밑에서 자랐고, 자유롭게 산과 들을 뛰어다녔으며, 가능한 한 부모들을 피했다. 이런 가정에서는 개인적인 감상보다는 노동에서 스트레스를 해소했다. "가족 간의 유대를 이어주는 것은 사랑이 아니라 존경이었다." 아놀드 그린에 의하면 물론 부모들은 자식들에게 충분히 애정 표시를 하지만, "중산층 여성이 보는 잡지가 정의하는 부모 자식 간의 사랑하고는 개념이 다르다"고 한다.

이 사실을 통해 사회학자들은 왜 어머니의 풍부한 사랑을 받지 못한 어린이들이 중산층 여성의 아이들처럼 노이로제 증상을 보이지 않는지 설명한다. 아놀드 그린은 폴란드 부모들이 아무리 잔인하고 불합리적인 권위를 내세우더라도 그것이 "자아의 핵심 바깥"에 있다고 말한다. 폴란드 부모들은 "아이들의 개성을 흡수할" 기회도, 기술도 없다. 아마 "애정의 결핍"과 "불합리한 권위"는 아이들의 내부에서가 아니라 "개성의 흡수"라는 특정한 맥락에서만 노이로제를 유발시킬 뿐이다. "개성의 흡수"는 중산층에 속하고 대학 교육을 받은 백인종 미국인 아이들에게서 발견되는데, 육체적·정신적으로 칭칭 감싸인 아이들은 부모에게 지나치게 의존하게 된다.

"애정의 결핍"이 노이로제의 원인일까, 아니면 아이의 독립적인 자아를 지나치게 "흡수"해 아이로 하여금 지나친 사랑의 기대를 갖게 하는 중산층 부모의 과잉보호가 그 원인일까? 정신분석학자들은 항상 노이로제의 원인에 관심을 가진다. 아놀드 그린은 "개인이 노이로제의 원인을 내포하고 있다 해도, 무엇이 중산층 부모로 하여금 아이들이 노이로제에 걸릴 수 있는 배경을 제공하는지" 규명하려고 했다.

보통 화살은 어머니에게 잘못 날아간다. 아놀드 그린은 현대 미국 여성들이 어머니라는 역할에 적응하는 것을 돕는 데에는 관심이 없었다. 반면에 그는 어머니들에게 현대 사회에서 여성으로서의 진정한 '역할'이 부족하다는 것을 알았다.

여자는 결혼을 하고 아기를 갖게 되며, 예전처럼 일정한 역할이나 기능도 하지 않는다. 옛날이나 지금이나 항상 제한을 당해서 남자보다 열등하다고 느낀다. 여성해방의 실제 범위는 지나치게 과장되었다.

'훌륭한' 결혼을 통해서 중산층의 소녀들은 직장을 다님으로써 얻을 수 있던 것보다 훨씬 더 높은 지위를 획득한다. 그러나 직장을 쉬는 동안, 또는 새로운 직장을 얻으면서 여자들은 자신이 집 안 청소나 기저귀 갈기, 식사 준비 같은 집안일에는 적합하지 않다고 느낀다. 어머니는 가정에서나 가정 밖에서나 할 일이 거의 없다. 그녀는 자기 아이의 유일한 동무이다. 현대의 '과학적 육아법' 때문에 아이들을 항상 감독하고 아이의 건강이나 시금치를 먹는 것, 자아 발달을 걱정했다. 그리고 이런 상황은 중산층 부모들이 태어날 때부터 이웃집과 끊임없이 아이의 양육을 비교하면서 빨리 걸음마를 시키고, 대소변을 가리게 하고, 말을 연습시키기 때문에 더 복잡해진다.

아놀드 그린은 중산층 어머니들을 이렇게 생각하는 것 같다.

여성성의 신화

…… 그들이 아이에게 준 희생과 보상으로 중산층에서 나타나는 사랑에 대한 열등의식 때문에 부모와 자식 관계에서 '사랑'을 최고로 중요하게 만들었다. 아이의 사랑에 대한 욕구는 그가 사랑을 요구하도록 …… 정서적인 의존심이 필요하도록 조건화되었기 때문이다. …… 부모의 사랑이 필요해서가 아니고, 아이 자신이 조건화된 후에 사랑이 없어지면 어떻게 하나 하는 두려움이, 현대에 나타나는 노이로제의 기본을 이룬다. 엄마는 내가 시금치를 먹지 않거나, 우유를 흘리는 걸 멈추지 않거나, 소파에서 내려오지 않으면 더는 귀여워하지 않을 것이라고 생각하는 것이다. 아이의 개성이 어머니에게 흡수되면 아이는 그런 대접을 받을까 두려워한다. …… 이런 아이는 텔레비전에 나오는 무서운 장면보다 엄마가 자기를 인정하지 않는 눈초리를 하는 것을 훨씬 무서워한다.

아놀드 그린은 아들에게 영향을 미치는 어머니에게만 관심이 있었다. 그러나 그린은 '개성 흡수' 현상만이 노이로제의 유일한 이유가 되지 않는다는 것을 알았다. 그럴 경우 이전 세대의 어머니들이 모두 노이로제로 고생했을 법도 한데, 어디에도 그런 기록이 없기 때문이었다. 확실히 19세기 후반의 중산층 소녀들의 개성도 부모나 '사랑'의 요구와 복종 때문에 흡수되어 독자성이 없었다. 그러나 "그들의 신경증 발생률이 그렇게 높지 않았던 것"은 여자의 고유한 개성이 흡수되었어도 "자기의 역할이 유아에서 사춘기로, 구혼기간, 마침내 결혼으로 변하면서" 흡수되었기 때문이다. 그녀는 절대로 자기 자신이 될 수 없었다.

반면 요즘의 중산층 소년들은 타인과 경쟁해서 무엇인가 성취하라는 압력을 받고, 그러기 위해서는 독립심, 확고한 목표, 공격성, 자아 확인을 필요로 한다. 그래서 소녀들과 달리 소년들은 어머니가 그랬듯이, 모든 사람이 자기를 사랑해주기를 바라고 자신의 가치와 목적을 세우지 못하면 신경증을 앓는 것이다.

1946년에 한 사회학자가 주장한 내용은 상당히 설득력 있지만 사회 이론 내부를 넘어 꿰뚫어 보지는 못했다. 미국 여성들에게 무엇인가 잘못된 점이 있다는 것은 전반적으로 인식하면서도 여성성의 신화의 보루를 타개하지도 못했다. 여성성의 신화 뒤에 숨어, 어머니의 사랑을 더 많이 요구하는 욕구가 아닌 다른 관점으로 아이들을 바라보았던 이 사회학자도 단지 아들의 문제에만 관심이 있었을 뿐이다. 그러나 중산층 미국 주부의 역할이 많은 어머니로 하여금 자기의 아들, 딸들의 개성을 흡수하고 질식시키도록 강요한다는 것은 진정한 암시가 아닐까? 많은 사람들이 미국인의 아들들이 성취감이 없고, 개인에 대한 가치관을 상실하고, 독자적인 행동이 결핍된 것을 보았다. 그러나 사람들은 딸들이나 이전 세대에 그 딸들의 어머니들에게 그런 일이 생기는 건 비극이라 생각하지 않았다. 만약 어떤 문화가 여자가 인간적으로 성숙하기를 기대하지 않는다면, 여자가 미숙하다고 해서 손실로 생각하거나 그것이 노이로제와 갈등의 원인이 될지도 모른다고 보지는 않을 것이다. 모욕적인 것은 우리가 국가적으로 여성들이 그들의 아들에게 미치는 영향을 보고 나서야, 여성들에게 무언가 문제가 있다는 것을 알아차렸다는 것이다. 여기에는 여성의 역할에 대한 우리 문화의 정의가 진정으로 반영되어 있다.

무엇이 정말 잘못되었는지 우리가 제대로 이해하지 못한다는 것이 놀랍지 않은가? 기능주의와 적응이라는 정적인 용어에서 우리가 이를 어떻게 올바로 이해할 수 있단 말인가? 교육자와 사회학자들은 중산층의 소녀들이 유아기부터 청년기까지의 여성의 역할을 '일관되게' 받아들이는 것에 찬사를 보내고 있다. 적응만 된다면 그 역할이 오래 존속하기를 기원할 것이다. 자아의 소모라는 과제는 여성과 관계없는 문제였다. 저명한 사회학자 루스 베네딕트Ruth Benedict가 미국 여성의 난제로 정의한 것처럼, 여성에게서 연구해야 할 과제는 "역할 조건의 문화적인 비일관성" 때문에 생기는 좌절뿐이었다. 비참하고 자아 개념을 상실하여 무력하다고 느끼는 여성들도 자신들의 감정을 이해하지 않았으며, 이름을 모르는 이 병만이 문제가 되었다. 이들은 죄책감 속에서, 문제에서 벗어나려고 자녀들에게로 다시 돌아갔다. 그래서 어머니에게서 아들과 딸들에게로, 한 세대에서 다음 세대로 문제는 계속해서 이어졌다.

최근 몇 년간 미국인들은 끊임없이 여성을 공격하는 데 열을 올렸다. 이는 가정이라는 안전한 피난처로 남녀를 돌려보낸 현실도피적 동기와 동일한 동기에서 비롯된 것인지도 모른다. 미국에서 모성은 신성하다고들 하지만, 어머니들이 받는 모든 존경과 입에 발린 찬사에도 불구하고, 어머니의 실패가 올바르게 해석되든 되지 않든, 어머니들은 완전한 피난처였다. '미국 여성'을 비판했다고 해고되거나 블랙리스트에 오른 사람은 아무도 없었다. 어머니와 아내의 심리적 압박과는 별개로, 지난 10년 간 미국에서 상당한 양의 무성적 압력이 있었다. 큰 조직 내에서 타협적으로, 끊임없이 경쟁을 벌이며, 종종 목적이 없고 이름이 없는 일을 하면서 남자들은 자신을 남자로 느끼지 못했다. 자신의 실패를 신성한 미국식 생활 방식이나 자기 탓으로 돌리기보다는, 부인과 어머니 탓으로 하는 것이 훨씬 안전했다. 남자들이 자기 부인들은 하루 종일 집에 있을 수 있어서 참 좋겠다고 하는 말이 농담만은 아닌 것이다. 그것은 또한 남자들이 부인과 자식을 위해 직장에 나간다고 말함으로써 어리석은 노력을 합리화하는 것이었다. 그래서 남자들은 자기의 유년시절을 교외에서 재현하고 부인으로 하여금 자기의 어머니 역할을 하게 한다. 남자들은 여성성의 신화에 아무런 이의를 제기하지 않고 빠져들었다. 이 신화 덕분에 남자들은 자신의 존재 이유와 실패에 대한 변명으로 어머니의 존재를 일생 동안 댈 수 있다. 어머니의 지나친 사랑을 받은 소년이 어른이 되어 충분한 사랑을 얻을 수 없다는 사실이 그렇게 이상한 일은 아니지 않은가?

하지만 여성들 자신은 왜 빗발치는 비난에 가만히 있었을까? 문화가 여성을 독립적인 자아로 성장하는 것을 막고, 법적, 정치적, 사회적, 경제적 그리고 교육적으로 여성이 성숙되는 것을 차단했다면, 이런 장벽들이 무너진 후에도 여성이 집이라는 피난처를 찾기가 여전히 더 쉬웠다. 여자가 독자적으로 세상에서 살아가기보다 남편과 자식을 통해서 사는 것도 훨씬 쉬워졌다. 왜냐하면 그녀 자신도 남자아이와 마찬가지로 여자아이도 성숙하게 하지 못하는 똑같은 어머니 밑에서 자라난 그 어머니의 딸이기 때문이다. 그리고 자유는 무서운 것이다. 마침내 어른이 되어 수동적인 의존에서 벗어나는 것도 역시 마찬가지였다. 여자가 성숙하지 않으면 더 잘 될 것이고, 그럴 필요가 없다고 강요하는 문화 속에서 애써 주부나 엄마 이상의 존재가 되려고 노력할 필요가 있을까?

그래서 미국 여성은 잘못된 선택을 하게 되었다. 여자들은 개성과 안전을 교환하고, 단지 섹스만을 위해서 가정으로 다시 돌아갔다. 남편도 부인을 따라 가정으로 돌아갔고, 가정의 문은 외부에 대해 닫혀있었다. 그들은 여성성의 신화라는 거짓말을 믿으며 살기 시작했다. 하지만 어느 한 쪽이든 진실로 그것을 믿었을까? 그런 여성은 결국 미국 여성이고, 여자에게 독립적인 정체성을 부여하는 것을 잠시 거절한 문화의 어쩔 수 없는 산물이다. 남자도 결국 개성을 존중하고, 선택의 자유를 긍지로 갖는 나라의 국민인 미국인인 것이다. 그들은 학교를 같이 다녔고, 여자들이 어떤지 잘 알고 있다. 남자들이 마루를 닦고 6시 55분에 피곤에 지쳐 집에 돌아온 뒤에 온순하게 접시를 닦아준다고 해서 여성성의 신화라는 허울 좋은 거짓말에서 죄책감을 면할 수 있을까? 교외 지역에서 나타나는 위험 신호에도 불구하고 그 신화를 계속 믿게 하는 것은 무얼까? 무엇이 여성을 가정에 머무르게 할까? 우리의 문화 속에 있는 어떤 힘이 직업란에 "전업주부"라고 또렷이 적어놓도록 하며 여성의 다른 모든 가능성을 침식시키는 걸까?

이 나라 어디에서나 눈에 띄는 예쁘고 가정적인 그림들이 여성으로 하여금 능력을 발휘하는 것을 금지하는 것에 강력한 영향을 끼치고 있다. 이런 뜻으로 여성성의 신화를 해석하는 것은 절대 성적인 것에 머무르지 않는다. 그 신화에 대해 생각할수록 미국 사람들은 여성의 수동적인 의존성에 더 치우친다. 여성성은, 여전히 그렇게 부르고자 한다면, 미국 여성을 성적 상술의 희생자로, 과녁으로 만드는 것이다.

09

여성을 노리는 상술

몇 달 전, 여성들이 가정으로 돌아가는 과정의 퍼즐 조각을 맞추다 보니 무언가를 놓치고 있다는 느낌이 들었다. 나는 여성다움에 관한 진부한 이미지를 영속시키기 위해 어떤 정교한 사상이 다시 되돌아왔는지 그 경로를 찾아낼 수 있었다. 그리고 어떻게 해서 그 이미지가 잘못 해석된 좌절감, 편견과 맞물리는지 알 수 있었다. 또한 그것이 "직업: 주부"라고 써넣을 때 느끼는 공허감을 어떻게 감추는지도 볼 수 있었다.

도대체 무슨 힘이 작용한 것일까? 미국의 많은 주부들이 느끼는 이름 붙일 수 없는 좌절감과, 현재 여성들에게 개방되어 있는 많은 기회에도 불구하고, 여성들이 주부와 어머니가 되는 것 이외의 다른 어떤 목적도 가지고 있지 않다면, 아주 강력한 힘을 가진 누군가가 배후에 있음이 틀림없다. 페미니즘 운동의 이면에 있는 에너지는 너무 역동적이어서 어디선가 조금씩 새어나갔고, 여성들의 과소평가된 힘보다 더 강력한 힘을 지닌 무언가가 관심을 다른 데로 돌린 게 분명하다.

세상에서 일어나고 있는 일 가운데는 일상생활에서 너무도 분명하기 때문에 구태여 따로 언급할 필요가 없는 것들이 있다. 오로지 아이들만 "왜 책에 나오는 사람들은 화장실에 안 가요?"라는 질문을 던질 뿐이다. 정말로 중요한 기능, 그러니까 주부로서 여성이 가정에 기여하는 중요한 역할은 가정을 위해서 물건을 더 많이 사는 것이라는 것을 어째서 이야기하지 않는 것일까? 여성성과 여성의 역할에 대해 이야기할 때, 사람들은 미국 내에서의 실질적인 비즈니스가 바로 여성들에 대한 비즈니스라는 사실을 잊고 있다. 그러나 가사 노동의 영구화와 여성성의 신화의 부상은 여성이 미국 비즈니스의 중요한 고객이라는 사실을 깨닫게 한다. 어쨌든, 어딘가에서, 누군가는 여성들이 계속해서 이름 모르는 것들을 동경하고, 자신이 지닌 능력을 충분히 활용하지 못한 채 가정주부에 머물면서 에너지를 소진한다면 그들이 더 많이 소비할 것이라는 것을 알아낸 것이 틀림없다.

그런 일이 어떻게 일어난 것인지는 모르겠다. 산업에서 의사 결정은 역사에서 제기되는 음모론을 믿는 사람들처럼 그렇게 단순하고 합리적으로 이루어지지 않는다. 나는 제너럴 푸드, 제너럴 일렉트릭, 제너럴 모터스, 메이시 백화점, 김벨의 경영자나 청정제, 전기 믹서, 가장자리를 둥글게 처리한 빨간 스토브, 인조 모피, 밀랍, 염색약, 재봉틀이나 목공 기구, 핸드크림, 수건 표백제를 만드는 회사의 책임자들이 매디슨가나 월스트리트가에 위치한 중역실에서 마호가니 책상 앞에 가만히 앉아있지는 않는다고 확신한다. 필경 그들은 "여러분, 이익을 증진하기 위해 우리는 모두 협력해야 합니다. 미

여성성의 신화

국 여성들로 하여금 집을 뛰쳐나오게 만드는 이 위험한 운동을 중단시키기 위해 5백억 달러를 들여 선전운동을 전개해야 합니다. 여성들을 주부로 머물러있게 해야 한다는 사실을 명심하세요"라고 제안할 것이다.

좀 의식 있는 중역은 이렇게 말할 것이다. "교육받은 많은 여성들이 가정에만 머물러있기를 기대하는 것은 바람직하지 못합니다. 여성들이 과학자나 다른 무엇이 된다면 쇼핑할 시간도 줄어들겠지요. 그러나 어떻게 그들을 가정에만 붙어있게 한다는 말입니까? 그들은 지금 직업을 갖고 싶어 합니다."

뿔테 안경을 쓴 심리학 박사 출신의 한 간부는 이렇게 말할 것이다. "우리는 여성들이 집에서 일을 하도록 해방시킬 것입니다. 우리는 집안일을 창조적으로 만들 것입니다."

물론 일이 이런 식으로 일어나지는 않았다. 여성을 겨냥하여 경제적인 음모가 꾸며진 것도 아니다. 이것은 단지 최근에 빚어진 총체적인 혼란의 부산물일 뿐이다. 사업에서 이윤을 내기 위해 물건을 생산하고 판매하고 투자하는 것은 인류의 요구를 효율적으로 충족시키기 위해 우리 경제가 조직된 방식이다. 이러한 사업이 국가의 목적, 삶의 목표 그 자체와 혼동되기 시작했을 때, 여성들에게 어떤 일이 일어난 것뿐이다. 여성들이 진정으로 필요로 하는 것들을 착각하게 만드는 사업을 위해 인간의 행동을 연구하는 과학이 전복된 것이 아니라, 미국에서 살아가는 여성들의 삶이 갖가지 사업에 의해 파괴된다는 것은 더 이상 놀랍지도 않다. 가정주부를 상대로 한 시장이 무너지기 시작한다면 이 부유한 경제를 무엇이 지탱할 것인지 알아내는 현명한 경제학자가 필요할 것이다. 마치 전쟁의 위협이 없다면 경제학자들이 무엇을 해야 할지 판단해야 하는 것처럼 말이다.

그런 일이 벌어진 이유는 쉽게 알 수 있다. 나는 1년에 백만 달러나 받으면서 회사의 요구대로 미국 여성의 감정을 조작하는 사람을 만났을 때 그 원인을 알 수 있었다.

이 특별한 사람은 1945년부터 배후에서 여성들을 설득하는 일을 하고 있었다. 그가 소속된 단체의 본부는 웨스트체스터 북부에 있는 굉장히 호화로운 주택이었다. 2층으로 된 커다란 무도회장의 벽에 있는 강철 선반은 천여 종류의 사업 및 산업 조사서와 대부분 미국 여성을 대상으로 한 30만 개의 '심층 인터뷰'로 꽉 채워져 있었다.[1]

그는 내가 원하는 것을 마음대로 볼 수 있게 허락하면서, 특정 회사에 가치가 없는 것이라면 어떤 것이든 사용해도 좋다고 말했다. 그에게는 숨길 필요도, 죄책감을 느낄 이유도 없었다. 그 방대한 조사서에는 대부분의 미국 가정주부들이 영위하고 있는 공허하고, 아무런 목적도 없고, 창조적이지 못하고, 성적 희열마저 느끼지 못하는 생활들이 기록되어 있을 뿐이었다. 배후에서 여성들을 설득하는 이 사람은 여성을 집에 머무르게 하는 기능을 무덤덤하게 설명해줬다. 구매 시점에 달러로 조작하여 여성들의 정체성 결여, 목적의 상실을 만들어내는 것이다.

여성성의 신화

적당히 조작된 (그는 "당신이 이 용어를 꺼리지 않는다면"이라고 말했다) 미국 주부들은 물건을 구매함으로써 정체성과 목표를 찾고, 창조력을 느끼며, 자아를 실현한다고 느낀다고 한다. 심지어 부족한 성적 희열까지 느끼기도 한다. 그가 여성들이 미국 전체 구매력의 75퍼센트를 차지한다고 자랑할 때 나는 갑자기 그 사실이 지니는 중요한 의미를 깨달았다. 또 미국 여성들이 상품을 구입하는 데 있어 위력적이라는 것과, 수많은 상품들의 희생양이라는 것도 알게 되었다. 그가 나에게 보여준 통찰 덕에 나는 많은 것을 깨달았다.

1945년에 잘 알려진 여성지에서 전자 제품에 대한 여성들의 태도를 조사한 결과는 이 산업이 안고 있는 딜레마를 보여준다. 전쟁이 끝나감에 따라 군수품 계약을 소비재 판매로 대체해야 할 모든 회사가 그 보고서에 큰 관심을 보였다. 바로 "가사의 심리학"에 관한 조사였다. 이 연구는 "집 꾸미기에 필요한 제품에 대한 여성의 태도는 일반적으로 집 꾸미기에 관한 취향과 분리시킬 수 없다"고 경고하고 있다.

(중산층에 속하며 고등학교를 졸업했거나 대학 교육을 받은 여성으로) 전국적으로 4500명의 주부 표본에 기초한 이 조사는 미국 여성을 크게 세 가지 부류, 즉 '진정한 가정주부형', '직장을 다니는 여성형', 그리고 '양자를 잘 조화시키는 형'으로 분류했다. 51퍼센트에 해당하는 여성이 '진정한 가정주부형'에 속했으나("심리적인 견지에서 집안일을 돌보는 것이 이런 여자들의 주요 관심사다. 그런 여자는 가족

| 여성을 노리는 상술

을 위해 안락하고 좋은 가정을 유지하는 것에 최대의 긍지와 만족감을 느낀다. 의식적으로나 무의식적으로나 그 여자는 자기가 없어서는 안 될 존재이고, 자신의 일을 대신할 사람이 없다고 느낀다. 그런 여자는 가정 밖에서 직장을 얻을 의사가 없으며, 만약 있다면 강제적이거나 그럴 수밖에 없는 상황이기 때문일 것이다"), 이런 종류의 여자들은 점점 줄어들고 있고, 여성에게 새로운 분야와 취미나 교육이 개방됨에 따라 계속 줄어들 것이다.

새로운 제품이 출시되었다는 것을 인지하고 이 제품에 압도되어야 해서 제품을 받아들이기까지 어느 정도 '주저하는' 경향이 있기는 하지만, 판매 시장이 가장 큰 곳은 '진정한 가정주부형'이다. ("여자들은 제품들이 항상 자신들에게 적합했던 예전 방식의 일들을 필요 없게 만들까 봐 심하면 두려워하기까지 할 것이다.") 여하튼 집안일은 여자의 존재 이유를 정당화한다. 진정한 가정주부형인 한 여성은 "나는 기계가 인간이 하는 힘든 일을 대체할 수 없다고 믿는다. 그렇기 때문에 집안일을 쉽게 할 수 있다고는 생각하지 않는다"고 말하기도 한다.

두 번째 유형인 직장을 다니는 여성형 또는 직장을 가지기를 원하는 여자의 유형은 소수이나, 판매자의 관점에서 보면 지극히 '건강하지 못한' 사람들이다. 광고 종사자들은 이런 종류의 여성들이 더 늘어나지 않게 하는 것이 유리하다고 경고한다. 이런 여성들은 고정적인 직장을 가지지는 않았더라도 "자신에게 적합한 장소가 가정만이라고는 믿지 않기" 때문이다.("이 그룹 중 많은 사람들이 현재는

여성성의 신화

직장이 없지만 '집안일은 많은 시간을 낭비하는 일이며 자녀들이 성장한 후 여유가 생기면 좀 더 유익한 일에 시간을 쓰고 싶어 한다. 가족들의 식사나 세탁 문제가 해결된다면, 기꺼이 밖에 나가 직장을 얻을 것이다' 하는 식의 태도를 갖는다.") 이 보고서가 밝히는 바에 따르면 직장을 다니는 여성에 대해 알아두어야 할 요점은 이들이 현대적인 기기들을 사더라도 이상적인 소비자는 아니라는 것이다. 그들은 너무 비판적이다.

양자를 잘 조화시키는 세 번째 유형은 "시장의 관점으로 보면 이상적인 유형"이다. 그들은 바깥일에 관심이 있고, 집안일에 파묻히기 전에는 직업을 가졌다. 그들은 기계의 도움을 '진실로 받아들인다.' 그러나 기계가 불가능한 일을 하리라고는 기대하지 않는다. 집을 잘 운영하기 위해서는 자신의 능력이 필요하기 때문이다.

이 조사가 주는 교훈은 분명하다. "양자를 잘 조화시키는 형은 구매 가능성이 앞으로 가장 무한하므로, 제품 제조업자들은 더 많은 여성을 이 그룹에 속하게 만드는 것이 유리할 것이다. 그러므로 집 밖의 일도 관심 있게 지켜보며, (직업을 가지지 않고도) 더 풍부한 지적인 영향력에 민감해질 수 있다고 선전하여 여성들을 교육해야 한다. 훌륭한 가정을 만드는 것이 모든 정상적인 여성의 목표가 되어야 한다"고 주장한다.

문제는 "새로운 세대의 여성들은 모두 집 밖에서 일을 가지라고 교육받고 있다. 옛날에는 가전제품 산업을 위해 숨어서 여성들을 설득하는 일을 하는 사람만이 이 문제를 알아보았으나 최근에는 이 산업에 종사하는 다른 사람들까지도 그것을 알아차렸다. 거기다 여성해방의 욕구마저 현저히 증가하고 있다." 해결책은 간단하다. 여성들에게 '현대적인' 주부가 되라고 권장하면 된다. 이미 직장을 다니거나 직장을 찾으려 하는 여성들은 솔직히 말하면 청소, 먼지 털기, 다리미질, 빨래를 싫어하고 새로 나온 왁스나 가루비누 따위에 관심이 별로 없다. '진정한 가정주부형'이나 '양자를 잘 조화시키는 형'이 많은 살림 도구를 원하고 집안일을 직접 하려는 것과 달리, 직장을 다니는 여성은 "집안일은 시간과 에너지를 너무 많이 소비한다고 생각하므로 가정부를 두고 싶어 한다." 직장을 다니는 여성들은 가정부가 있건 없건 "가전제품을 사들이고 제품에 대해 불평할 때가 더 많지만 그렇다고 그것들을 되팔기도 어렵다."

1945년에 와서 직장을 다니려는 여성들을 진정한 주부로 만들기에는 이미 너무 늦었지만—어쩌면 불가능할지도 모른다—양자를 잘 조화시키는 유형은 진정한 가정주부로 만들 수 있을지 모른다고 조사자는 보고하고 있다. 여성들이 시간도 절약하면서 마음을 편안하게 먹고, 더러운 것과 무질서한 것을 피하고, 제품에 일을 맡기지만 집안일을 잘 처리하고 자기가 한 것이나 다름없는 성취감과 긍지를 갖게 교육시키는 것이 좋다는 것이다. 한 젊은 여성은 이렇게 말한다. "현대화된다는 건 참 좋은 것 같아요. 모든 최신 기기를 갖춘 공장을 운영하는 것 같아요."

그러나 이런 일은 광고업자나 기업가에게 그렇게 쉬운 일이 아니었다. 거의 모든 가사 노동을 할 수 있는 새로운 제품들이 이미 시장을 가득 메웠기 때문이다. 그렇기 때문에 미국 여성들에게 가사

노동이 인생의 주된 목적이라는 생각을 계속해서 유지시키고, 그들에게 성취감을 안겨주기 위해서는 끊임없이 독창적인 생각을 해야 했다. 배움, 독립심, 자아 성장 등 여성에게 집안일 이외에 다른 삶의 목적을 심어줄 가능성이 있는 것들에 모두 지속적으로 대응해 여성들을 집으로 돌려보내야 했다.

그 결과 여성들을 조종하는 사람의 역할이 더 중요해졌다. 나중에는 직장에 다니는 여성들이 낮에 집에 없었으므로 그들과는 더 이상 인터뷰를 진행하지 않았다. 조작된 조사는 완전히 주부거나 직장 일과 가사를 균형 있게 맡는 여성들, 그리고 새로 교외로 이주해온 주부들만을 표본으로 삼았다. 어쨌든 가전제품과 소비재는 여성들에게 맞추어진다. 전체 제품 광고 예산의 75퍼센트가 가정주부나 낮에 집에 있어서 인터뷰에 응할 수 있는 여성들, 또는 쇼핑할 시간이 있는 여성들의 관심을 끄는 데 쓰였다. 자연스럽게 심층면접이나 시범 조사, '리빙랩living lavoratories' 따위가 고객들을 감동시키기 위해 고안되었다. 하지만 그런 조사들에는 숙련된 사회학자의 날카로운 통찰력이 아니라 이익을 내는 데 사용할 수 있는 통찰력이 들어가 있었다.

광고주들은 창조적인 활동을 하려는 미국 여성들의 요구에 부응하기 위하여 무엇이든 해야 한다는 이야기를 듣게 된다. 바로 "현대 가정주부의 무한하며 중요한 욕구"다. 예를 들어 한 보고서는 다음과 같이 쓰고 있다.

X믹스(케이크 재료)가 여성이 창조적인 노력을 할 수 있는 기초
가 된다고 광고하면서 해당 상품을 판매할 수 있도록 모든 노력을 쏟
아부어야 한다. 그리고 X믹스가 단조로운 일들을 없애주어 창조성을
발휘할 수 있도록 도와준다는 사실을 특히 강조해서 구매자에게 호소
해야 한다. 동시에 X믹스로 만드는 케이크가 진짜 케이크라는 생각이
들게 하면서 요리할 때 느끼는 즐거움을 강조해야 한다.

그러나 또 다른 딜레마가 있다. 어떻게 하면 여자들에게 "정말
중요한 곳에 에너지를 쓸 수 있다"고 말하면서, 다른 한편으로 빵
을 구울 때 해야 하는 잡스러운 일을 믹스가 덜어주니 믹스를 사용
하여 빵을 구우라고 할 수 있을까? ("나는 빵을 굽지 않기 때문에 믹스
를 사용하지 않아요. 그건 너무 수고가 드는 일이거든요. 나는 지저분한 아
파트에서 살기 때문에 아파트를 청소하고, 애들을 돌보고, 시간제로 일을
해야 해요. 빵을 구울 시간이 없어요.") 오븐이 완성된 비스킷을 만들어
주면 주부들은 빵 구울 일이 없기 때문에 창조적인 성취감을 느끼
지 못할 것이다. 그렇다면 여자들이 느끼는 '실망감'을 어떻게 할 것
인가? ("시장에서 파는 비스킷을 사서 데우기만 하면 되는데 왜 내가 직접
비스킷을 구워야 하지? 공연히 힘들여 여러 재료를 섞고 기름을 발라 구울
필요가 없잖아?") 또 어머니가 케이크를 처음 만들어줄 때 느꼈던 그
런 만족감을 느끼지 못한다면 어떻게 할 것인가? ("예전에 엄마가 했
던 것처럼 밀가루와 계란, 버터를 체에 쳐서 케이크를 만들고 나면 정말 무
언가를 해냈다는 느낌에 뿌듯해질 텐데.")

여성성의 신화

그런 문제들을 해결할 수 있다고 보고서는 확신에 차 말한다.

X믹스를 사용하면 빵을 굽는 시간에 가족들과 더 많은 시간을 보낼 수 있어서 어머니와 부인의 역할을 충분히 할 수 있게 된다. …… 물론 집에서 구운 빵이 빵집에서 산 것보다 훨씬 맛있다는 사실을 명시해야 한다.

특히 쉬운 요리법을 아래에 함께 지시하면서 "빵 굽는 데 소모되는 자극" 덕분에 X믹스가 "치료법적 가치"도 갖고 있다고 한다. 이는 광고를 할 때 "집에 X믹스를 사두면 당신은 다른 여성보다 더 행복해질 것이다"라고 강조하는 것을 의미한다.

나아가 광고주들에게는 "당신은 게으름을 실컷 피우면서도 케이크를 만들 수 있다"는 식으로 광고하면 미국 주부들이 거부반응을 일으킨다고 조언한다. 그런 문구는 주부들 마음속에 "내재해있는 죄책감"을 너무 적나라하게 불러일으키기 때문이다. ("주부들이 노력을 다 하지 않는다는 것을 알기 때문에, X믹스로 빵을 굽는 것이 게으른 방법이라고 말하는 것은 좋지 않습니다.") 그리고 또 "남편과 아이들을 위해 케이크나 파이를 준비하면서 난로 곁에서 열심히 일하는 어머니나 주부들은 이따금 자신의 식욕을 채울 수도 있다"고 말한다. 빵 굽는 일이 주부의 일이라는 사실은 그녀가 자신의 진짜 동기에 대해 가지고 있을지 모르는 의심을 떨쳐버리도록 도와준다.

하지만 이런 측면에서도 주부들의 죄책감을 덜어주는 방법이 있다고 보고서는 주장한다.

X믹스의 12가지 요리법을 이용하는 것이 가족에게 기쁨을 주려는 당신의 노력을 감소시키는 것이 아니라고 설득할 수 있다. X믹스로 후식을 만들었다고 해서 미안한 감정을 갖는 게 아니라, 오히려 가족들에게 12가지의 각각 다르고 맛있는 음식을 만들어줄 수 있는 기회를 이용하지 않는 것이 잘못이라는 생각을 하게 만들면 된다. '당신의 솜씨를 낭비하지 마세요. 당신의 솜씨를 제한하지도 마세요.'

1950년대 중반에 들어서자 ("생활의 모든 영역에서 정체성을 주장하고 가정에 대한 봉사를 격렬히 반대하며 평등을 주장하는") 직업을 가진 여성이 사라진 반면, 학부모 모임에 참가하면서 "집 밖의 세계와 넓게 접촉"하지만 "집안일을 하면서 여성다움과 개성을 표현"하는, "덜 세속적이고 덜 세련된" 여성들이 등장했다. 이런 여성들은 이전의 헌신적인 주부들과 달리 자신을 남성과 동등하다고 생각한다. 그렇지만 할 일이 별로 없기 때문에 여전히 "자기가 게으르고 태만하다는 걱정을 하며 죄책감에 사로잡혀" 있다. 그러므로 광고 담당자는 회사의 물건을 사게 함으로써 "창조적 느낌"에 대한 여성들의 욕구를 조종해야 한다.

처음에는 반대하겠지만 결국에는 인스턴트 커피, 냉동식품, 조리음식 같이 노동을 덜어주는 상품들을 자연스럽게 받아들이게 된다. 그

여성성의 신화

러나 "냉동식품을 사용함으로써 보다 자유로워지고 그럼으로써 현대의 어머니와 아내가 수행해야 할 더 중요한 임무를 할 수 있다"고 정당화시켜야 한다.

집에서 여성의 위치가 변화하면서 생기는 문제에 대한 현대 여성들의 변증법적 해답은 창조적이다. "나는 주부다"가 정正이라면, "나는 단조로운 일을 싫어한다"가 반反이고, "나는 창조적이다"라는 것이 합合이 된다. 이것은 예를 들어 주부가 깡통에 든 음식을 사서 시간과 노력을 절약한다 하더라도 그걸 그냥 하는 게 아니라는 것을 의미한다. 주부는 깡통을 세밀히 살펴봄으로써 개인적으로 일하고 있고, 가족에게 만족을 주는 데 주의를 기울인다는 것을 증명한다.

창의력은 또 다른 목적에도 쓰이는데, 그것은 현대 여성의 독창성, 자유로운 상상력, 고상한 취미, 해방된 재능의 배출구가 된다. 또한 여성들이 직장에서 발휘할 수 있는 능력을 모두 가정에서 사용할 수 있게 해준다.

창의적인 기회와 창의력을 발휘하는 순간에 대한 갈망은 물건을 사게 하는 중요한 동기다.

문제는 "여성들이 스스로 결정하고 판단하려 하는 것"이라고 보고서는 경고한다. "그들은 집합적이거나 다수의 기준으로 판단하는 데서 재빨리 탈피하고 있으며, 독자적인 판단 기준을 개발하고 있다." ("이웃에 절대 신경 쓰지 마세요. 더 이상 남의 뜻대로 살거나, 행동할 때마다 남과 비교할 필요는 없습니다.") 항상 "존스 가족에게 뒤지지 않으려고" 할 수는 없다. 이제 광고 담당자는 개인의 고유한 삶의 욕구에 호소해야만 한다.

이런 욕구에 호소하라. …… 자신의 생을 더욱 즐기고 열심히 살고 있으며, 어렵지 않게 새로운 경험을 할 수 있고 느낄 권리가 있다고 말해주어라. 아니면 보다 적극적으로, 우리 회사는 여성에게 "생활 속에서 교훈"을 주고 있다고 전해야 한다.

청소기 제조업자는 "집 청소는 재미있어야 한다"는 조언을 듣는다. 어떤 회사의 청소기가 진공청소기보다 효율은 더 적더라도, 주부가 일하는 데 자신의 에너지를 더 많이 쏟게 해준다고 이야기하는 것이다. 더구나 그것은 주부로 하여금 "어떤 일에 어떤 청소기를 쓸 것인지 잘 결정하는 사람이 노련하다"는 느낌을 갖게 한다.

이런 전문화는 전반적인 노동자 해방의 시대 속에서 평범한 청소부나 하루 종일 가족에게 봉사하는 하인이라는 느낌을 갖지 않도록 여성들을 심리적으로 방어해준다.

전문가라는 역할은 감정적으로 두 가지 기능을 한다. (1) 주부가 자신의 지위를 성취하도록 도와주며, (2) 사물을 새롭고 훌륭하게 처리하는 방식을 추구함으로써 가정주부의 일상적 틀에서 벗어나 현대의 과학 세계와 접촉할 수 있게 한다.

결과적으로 가정 용품은 각각에 필요한 최상의 심리적인 기반을

　　　　　　　　여성성의 신화

획득했다. 현대의 주부는 …… 전문적인 의견을 가지고 자신의 욕구에 부합하는 가정 용품을 적극적으로 찾아 나선다. 집에 있는 물건에 각각 필요한 여러 종류의 왁스, 마루를 광내는 각종 물품들, 여러 종류의 대걸레와 마루나 벽을 닦는 도구들이 점점 더 다양하게 판매되는 것은 이런 경향을 설명해준다.

어려운 점은 실제로 "시간을 잡아먹는 일은 끝이 없을 뿐만 아니라 그런 집안일을 하는 직업들은 사회적 지위가 가장 낮고, 전문적인 훈련이 필요 없으며, 사회가 최하층 집단을 고용하여 그런 일을 시킨다"는 것이다. 이때 가정주부가 되고 싶도록 설득당한 여성들의 "자존감을 향상"시킴으로서 "성취감"을 느끼게 해주어야 한다. "허리가 튼튼하다면 (그리고 어느 정도의 머리가 있다면) 누구나 이런 하찮은 집안일을 할 수 있다." 하지만 이런 점조차 여성에게 더 많은 물건을 구입하게 함으로써 해결할 수 있다.

주부가 집안을 청소하면서 위신을 높일 수 있는 방법 중 하나가 특정한 일에 합당한 전문화된 기구를 사용하는 것이다. ……
다용도 청소기를 쓰는 것보다는 빨래를 하거나 접시를 닦거나 벽이나 마루, 블라인드를 닦을 때마다 매번 다른 청소 도구를 사용하면서 주부는 자신이 숙련된 노동자이며, 기술자이자 전문가라는 느낌을 갖게 된다.
주부의 성장을 돕는 또 다른 방법은 '자기 방식대로' 일하는 것이다. 다시 말하면 주부가 독특하게 일을 처리하는 자신의 요령을 만들어냄으로써 스스로 숙련자의 역할을 쌓는 것이다. 예를 들면 "빨래할 때마다 표백제를 약간씩 섞을 수도 있다. 색깔 있는 것마저도, 굉장히 깨끗이 만들 수 있다!"

이 보고서에 따르면 "여성이 하는 하찮은 일을, 수백만 개의 미생물과 병균을 죽이는 일과 같이 가족을 보호하는 역할이라고 고무함으로써 정당화시키라"고 충고한다. "가정에서 그녀의 역할이 중요하다고 강조하라. …… 천한 노동자보다는 숙련자가 되도록 도와주고 집안일이 지식과 기술을 요하는 일이지, 힘만 가지고 끊임없는 수고를 감내하는 일이 아니라는 것을 인식시켜라." 이것을 효과적으로 인식시키는 것이 바로 새로운 상품을 생산하는 것이다. 가전제품들이 주부의 일일 노동량을 줄여주고, 가정 밖에서 일어나고 있는 과학의 발달에 지적으로, 감정적으로 흥미를 느끼게 하므로, 새로운 제품을 고대하는 주부들이 늘어나고 있는 것처럼 여겨지기 때문이다.

사람들은 새로운 상품이 지닌 독창성에 놀란다. 주부는 새 물건이나 성능이 보완된 상품을 구입함으로써 과학과 관계를 맺는다.

새로 나온 상품이나 청소기는 마치 남자가 자동차를 새로 샀을 때의 느낌처럼 여자에게 전문적인 지위에 있다는 느낌을 주면서, 동시에 자신이 경제적으로 안정되고 사치할 수 있을 만큼 여유가 있다는

여성성의 신화

느낌을 준다. 이런 사실은 응답자의 28퍼센트가 비슷한 감정을 느꼈다고 대답한 결과에서도 확인된다. "난 신상품 사는 걸 좋아해요. 새로 나온 액체 세제를 사용하면 내가 마치 여왕이라도 된 것 같은 기분이 들거든요."

여자들 마음대로 하게 내버려두고 집안일을 통해서 그들을 과학에 참여시키는 것에도 결함이 없지는 않다. 과학 역시도 주부들이 단조로운 일을 전혀 못하게 할 수는 없으므로 대신 주부가 요구하는 성취감이라는 환상을 창조해야만 한다.

이것을 입증하기 위해 주부 250명을 대상으로 심층 조사를 실시했다. 그들에게 네 종류의 가상 청소 방법 중 하나를 선택하라고 했다. 첫 번째는 가정용 난방기기처럼 계속 작동하며 먼지와 더러운 것들을 제거하는 자동 청소기였고, 두 번째는 단추를 눌러서 작동시키는 제품이었고, 세 번째는 갖고 다니면서 더러운 곳이 있으면 먼지를 제거할 수 있는 휴대용 청소기였으며, 네 번째는 주부들이 직접 먼지를 제거해야 하는 제품이었다. 이 네 가지 중 주부들의 선호도가 가장 높은 것은 바로 네 번째 제품이었다. 만약 청소기가 "새로 나온 최신식" 제품이라면, 주부들은 직접 일할 수 있는 제품을 선택할 것이라는 결과였다. "설득력 있는 이유 중 하나는 주부들이 단지 단추를 누르는 사람이 되기보다는 일에 직접 참여하기를 원한다는 것이다." 한 주부는 이렇게 말했다. "마치 마술에 의해 움직이는 것 같은 자동 청소기로는 성취감을 느낄 수 없고 운동도 할 수 없을 거예요. 아침에도 할 일이 없어지지 않겠어요?"

또한 이 흥미로운 조사는 전기 청소 도구가 인간의 노동력을 가장 많이 절약시켜준다고 여겼지만, 실은 '집안일을 필요 이상으로 어렵게 만든다'는 것을 밝혀냈다. 응답자의 80퍼센트에 해당하는 주부들의 답변에 따르면, 계속해서 기구를 사용하면 "실제로는 청소할 필요가 없는데도 해야 한다는 압박감을 느끼게" 된다는 것이다. 전기 청소기기가 청소의 분량과 종류를 지시하는 것이다.

그렇다면 주부에게 필요할 때만 청소하면 되는 값싸고 간단한 재래식 청소기를 다시 사용하도록 권장해야 할까? 물론 보고서는 그렇지 않다고 답한다. 현대의 주부를 위해서 "노력을 절약해주는" 전기 도구의 "지위"를 재래식 도구에게 넘겨주면 간단히 해결된다. 그리고 "현대 주부라면 이 두 가지를 다 갖고 있어야 한다고 알려주면 된다."

심층 조사까지 포함하여 보더라도, 반복적이면서 끝없이 많은 집안일이 만족감도 별로 주지 않으며 숙달된 지식을 자랑할 필요도 없다는 것을 부인하는 사람은 아무도 없다. 그러나 판매자의 입장에서 보면 집안일이 많다는 것이 무척 유리하다. 문제는 수십 가지의 청소기를 팔기 위해서 행한 심층 보고서에 내포되어 있는 위험스러운 기본 인식을 바로잡는 것이다. 그 인식이란, 한 주부의 "그건 나쁜 일이에요. 나는 해야만 하기 때문에 하는 거죠. 필요악이지, 그이상은 없어요"라는 말 같은 것들이다. 무엇을 해야 할 것인가? 그 가운데 하나는 점점 더 많은 물건을 생산해내고, 더 복잡하게 지시

여성성의 신화

하고, 주부가 '전문가'가 되어야 할 필요가 있다고 강조하는 것이다. (보고서에 따르면 빨래는 그냥 옷을 세탁기에 넣고 세제를 푸는 것 이상의 일이 되어야 한다고 충고한다. 옷을 세심하게 분류해서 어떤 옷은 A 방식으로, 어떤 옷들은 B 방식으로 또는 손으로 세탁해야 한다. 그러므로 주부는 "경우에 따라 사용하는 도구가 다르다는 것을 알고 있다는 점에서 높은 긍지를 가질 수 있어야 한다"는 것이다.)

보고서는 계속해서 주장한다. "눈에 띄지 않는 더러운 곳이 있을지도 모른다는 주부들의 죄책감"을 이용해서, 청소기로 집안 구석구석을 "완전 대청소"해, 몇 주 동안 집 안이 "완전히 깨끗하다는 느낌"을 갖게 하라. ("완전히 깨끗해질 때까지 주부들은 새로운 상품을 쓰고 싶어 하며, 구석구석까지 청결하게 해준다는 광고는 집을 완벽하게 청소할 수 있다고 약속합니다.")

판매자는 "거의 모든 주부들이, 심지어는 집안일을 싫어하는 주부들까지도 일을 받아들이고 '자신을 몰두시킴으로써' 도피할 수 있다"는 한 주부의 말을 환기하면서, 여러 가지 일을 완수했을 때 느끼는 기쁨을 강조해야 한다.

일에 몰두하고 있으면―여러 가지 도구들, 크림형 세제, 가루형 세제, 비누가 주위에 있으면―주부는 곧 다시 일해야 한다는 것을 한 동안은 잊을 수 있다. 다시 말하면, 주부는 개수대가 설거지해야 할 그릇으로 금방 가득 찰 것이고, 마루가 금방 더러워질 것이라는 생각을 얼마동안 잊어버린다. 그리고 일을 마쳤을 때는 마치 영원히 기억될

걸작을 만들었을 때처럼 순수한 기쁨을 느낀다.

이것이 바로 판매자가 주부에게 줄 수 있는 창조적인 경험이다. 한 주부의 말을 빌리면 이렇다.

난 집에서 일하기를 싫어합니다. 난 일을 게을리 하지만, 때로는 기운을 내서 시내로 나가죠. …… 새로 출시된 청소기를 샀을 때는 가구를 닦는 합성 제품이 새로 나왔을 때처럼 정말 청소하는 게 재미있어요. 난 집에 있는 모든 물건에 광을 내면서 돌아다닙니다. 물건에서 윤이 나는 모습을 보는 게 좋거든요. 목욕탕이 반짝이는 걸 보면 정말 기분이 좋지요.

그러므로 조종자들은 이렇게 충고한다.

당신 회사의 상품이 주부에게 육체적, 정신적으로 종교적이고 확실한 감정을 보상해준다고 이야기하라. 그녀가 느끼는 '밝고 행복하며 평온한 감정'에 대해서 이야기하라. 또 '충만한 성취감'에 대해서도……. 그러나 여자들은 겉치레의 칭찬은 원하지 않으며, 기분도 그렇게 그냥 '즐거운' 것은 아니라는 점을 기억하라. 여자들은 피곤하고 약간 엄숙하다. 피상적으로 즐거운 수식어나 색깔은 여자의 감정을 잘 나타내지 못할 것이다. 간단하고 따스하며 진실한 메시지에 더 좋은 반응을 보일 것이다.

여성성의 신화

1950년대에는 10대 시장에 대한 혁명적인 발견이 이루어졌고 10대와 젊은 부부들이 눈에 띄는 조사 대상이 되었다. 고등학교 교육만 받고 직업을 가진 경험이 없는 젊은 주부들은 독립심이 부족하며 '불안정'하고, 상품을 팔기도 그만큼 더 쉽다는 것이 드러났다. 이런 젊은 주부들에게는 좋은 물건을 사면 일하거나 공부하지 않아도 중산층의 지위에 도달할 수 있다고 말했다. 이웃에게 뒤지지 않는다는 논리가 다시 등장한 것이다. 교육을 통해, 그리고 직장을 다니면서 개성을 찾고 독립심을 기른 미국 여성들의 모습은 10대의 신부들에게는 그다지 해당되는 것이 아니었다. 실제로 젊은 나이에 소비를 행복으로 받아들이는 데 익숙해지면 이들은 남편의 지불 능력을 돕기 위해 가정 밖에서 시간제 일을 할 수 있다고 응답했다. 중요한 점은 10대의 주부들에게, "소비의 행복감"이 이제 더는 부자나 재능 있는 자들의 특권이 아니라는 것을 확신시키는 일이다. 남과 다르면 곤란하다는 것을 알고 다른 사람들이 하는 것 같은 "올바른 방식"을 배우기만 하면, 누구나 다 행복을 즐길 수 있다고 확신시켜야 한다.

이 보고서에 따르면 다음과 같다.

새로 결혼한 신부의 49퍼센트가 10대이며, 특히 18세에 많이 결혼한다. 이렇게 일찍 가정을 꾸미면 많은 사람들이 어린 나이부터 책임감을 느끼고 물건을 구입하는 결정을 내려야 한다.

그러나 사실 중요한 것은 심리적인 것이다. 결혼이 절대로 낭만적인 것이 아니며, 과거에 비해 더 명백한 것은 결혼이 이상적인 상품으로 장식된 안락한 가정을 함께 꾸민다는 사실이다.

수십 명의 젊은 부부와 미래의 신붓감들과 이야기하면서, 우리는 대개 그들의 이야깃거리와 관심사가 주로 앞으로 갖게 될 집과 가구, 쇼핑 등이며, 어떤 물건을 사야 이득일까 하는 것들임을 알게 되었다.

오늘날의 신부는 결혼이 갖는 특별한 가치를 믿으며 결혼에서 진실한 행복을 맛볼 수 있고 개인적인 운명을 성취할 수 있다고 굳게 확신하고 있다. 오늘날에는 약혼 기간이 낭만적이거나 꿈같은 시간이라는 인식은 드문 편이다. 아마도 약혼 기간은 결혼이 갖는 책임감과 물질적인 가치를 연습하는 기간이라는 것이 더 타당할 듯하다. 결혼식을 기다리면서 연인들은 열심히 일하고 살림 장만을 위해 돈을 비축하며, 할부로 상품을 사기 시작한다.

결혼의 중요성과 아름다움에 대한 종교적인 믿음과 물질 지향적인 인생관이 결합하면 어떤 깊은 의미를 가져오게 될까? ……

현대의 신부들은 자신들의 할머니 세대에는 운명으로, 그리고 어머니 세대에 와서는 노예의 지위로 인식되었던 생활을 목표로 삼아 의식적으로 추구한다. 즉 남편에게 속해 자신의 가정과 자녀를 갖고, 자신들에게 가능한 여러 직업 중에서 아내-어머니-가사 종사자라는 직업을 택한다.

어린 신부들이 결혼에서 완전한 "성취감"을 추구하고, "자신의 가치를 증명"하고 가정에서 "근본적인 의미"를 찾고, 가정을 통하

　　　　　　　　　　여성성의 신화

여 "현재와 미래의 흥미 있는 사상"에 참여하고자 하는 욕구를 갖는다는 사실이 광고주들에게는 "실제적 유용성"을 갖는다. 그들이 결혼에서 추구하는 이 모든 의미와 "시대에 뒤쳐질지 모른다"는 두려움을 이용하여 상품을 사게 할 수 있기 때문이다. 예를 들면 팔기 어려운 순은 제품을 만드는 사람은 이런 조언을 듣는다.

> 순은 제품을 가져야만 자신의 새로운 역할에 충실할 수 있다고 확신시켜야 합니다. …… 그것은 현대 여성에게는 성공을 상징합니다. 특히 은제품을 닦을 때 느끼는 긍지와 즐거움을 강조해야 합니다. 성취감에서 오는 긍지를 자각시키는 것입니다. "재미있고 간단한 일에서 얼마나 큰 자부심을 갖게 될지……."

10대의 어린 여자아이들에게 집중하면서 이 보고서는 이어서 충고한다. 여자아이들은 어머니와는 달리 남들이 원하는 것을 원한다.("한 10대 소녀는 다른 아이들이 다 은제품 세트를 가지고 있다는 사실에 매우 신경 쓴다. 광고들을 훑어보고는 비교해보는 것이다. 우리 집은 은제품이 없고 내가 그것들을 사는 데 돈을 쓴다면, 과시욕이라고 생각할 것이다. 그들은 도금한 것도 그런 대로 좋다고 생각하지만 아이들은 우리가 가난하다고 여길 것이다.") 그들을 학교와 교회, 여성클럽, 사교 모임에 나가게 하라. 그들에게 가사선생이나 그룹 지도자, 10대를 위한 텔레비전 프로그램과 광고를 접하게 하라. "그것은 미래에 큰 거래가 될 것이며, 모임에서 주고받는 압력과 더불어 입소문은 가장 효과적으로 영향을 미치고, 선례가 없을 경우 가장 필요한 수단이 됩니다."

신경 쓸 필요가 거의 없는 물건─스테인리스나 플라스틱 접시, 종이 냅킨─을 쓰는 경향이 있고 나이가 많고 독립성이 있는 주부들에게는 애들에게 미치는 효과들을 강조하여 특별한 감정을 갖도록 만들면 된다.(한 젊은 주부는 이렇게 말한다. "나는 하루 종일 바깥에 나가 있어서 내가 원하는 식으로 식사를 준비하거나 대접할 수가 없어요. 나도 그러고 싶지는 않지요. 남편과 애들은 좀 더 좋은 대접을 받을 필요가 있어요. 이따금씩 나는 '한 사람만 벌고 대신 진정한 가정생활을 하는 게 더 낫지 않을까' 하고 생각하지만, 우리가 필요로 하는 것들이 많으니까요.") 그런 죄책감을 이용하여 광고는 제품이 가족을 결합시키는 수단이라고 인식시킨다. 그것의 "심리적 가치를 증대시키는" 것이다. 게다가 상품은 주부의 정체성에 대한 욕구를 충족시켜줄 수도 있다. "상품이 당신의 일부이며 당신을 드러낸다고 주장하는 겁니다. 주저하지 말고 말하세요. 순은 제품은 어느 집에나, 누구에게든 다 잘 어울린다고."

다른 보고서는 고등학교 여학생과 여대생들이 모피 코트를 첩과 같이 "불필요한 것"으로 보기 때문에 모피 산업이 타격을 받고 있다고 주장한다. 이런 일이 벌어지기 전에 광고주는 젊은 여성들에게 충고한다.("전국적으로 젊은이들에게 모피를 소개하여 10대들이 쉽게 옷을 살 수 있도록 만들어야 합니다.") "모피 코트를 입으면 여성다움과 성적 매력이 확실히 눈에 띈다"고 지적하라고.("그것은 소녀들

여성성의 신화

이 기대하는 종류의 이야기입니다. 그것은 "상당한 인물이라는 것을 의미하며, 또한 여성답다는 것을 의미합니다." "나는 딸을 올바르게 키우고 있다. 그 아이는 항상 엄마의 코트를 입고 싶어 하지만, 자기의 코트를 원하게 될 때 비로소 여자가 되는 것이다.") 그러나 "전체 모피 수요에서 밍크 코트는 부정적인 것의 상징이라는 점"을 염두에 두어야 한다. 불행히도 3분의 2에 해당하는 여성들이 밍크를 입은 여성이 "약탈적이고, 이기적이며, 의존적이고, 사회적으로 비생산적"이라고 느낀다.

오늘날 여성적이라는 것은 남을 이용하고 착취한다는 의미가 될 수 없으며, 또 "일반 사람들과는 다르며 자기중심적이라는 구시대적 의미"와는 완전히 다른 것이라고 보고서는 기술한다. 그러므로 모피가 주는 의미는 "자아 지향"에서 주부의 여성다움 지향으로 바뀌어야 하고, 공존 내지 가족 지향으로 자리매김해야 한다.

모피 코트는 필요한 것, 즉 즐거움을 주는 필수품이라는 느낌을 창조하는 데서 시작하여, 소비자가 느끼기에 자아 지향적인 상품을 도덕적인 거리낌 없이 구매하게 해야 한다. …… 모피가 갖고 있는 여성다움이 더 넓은 의미로써 지위와 특권을 상징한다고 믿게 해야 한다. 자신의 성품과 수행하는 역할 때문에 남편의 애정과 아이들의 존경을 받아야 행복한 여성, 부인, 어머니가 될 수 있다…….

모피 코트는 가정 용품 속에 자리를 같이 하게 해야 한다. 남편, 아이들, 그리고 다른 가족들이 모피 코트에 찬사와 만족을 표시한다. 엄마의 모습과 모피 코트를 갖고 있다는 사실에서 느끼는 자부심은 모피 코트를 '가족' 선물로 발전시킨다. 전 가족이 크리스마스 때 모피 코트를 즐기게 함으로써 자아 지향성을 감소시키고 방종하다는 느낌에서 벗어나게 한다.

그러므로 젊은 주부가 자신을 표현하면서 죄책감을 느끼지 않게 할 유일한 방법은 가족과 가정을 위해 상품을 구매하는 것이다. 가정용 재봉틀 산업에 대한 보고서에서도 알 수 있듯이, 상품을 새로 사고 싶어 하는 주부의 욕구는 가족을 위한 일이라는 등식이 성립한다.

바느질과 같은 활동들은 새로운 의미와 새로운 지위를 갖게 한다. 바느질이 절대적으로 필요한 것은 아니지만 말이다. …… 더욱이 가정 지향적인 활동의 도덕적인 의미가 높아지면서 요리, 정원 가꾸기, 실내 장식과 더불어 재봉도 여성의 창조성과 개성을 표현하는 수단이며, 새로운 취향의 '특질'을 성취하는 수단으로 간주된다.

바느질하는 여성은 활동적이고 정력적이며 지적인 현대 주부들이고, 새로이 가정 지향적 태도를 갖게 된 미국 여성들은 독창성과 성취 욕구, 자아실현의 욕구를 갖고 있으므로 이것을 다른 활동으로 충족시켜야 한다는 것을 이 보고서는 지적한다. 재봉틀 산업이 당면한 문제점은 바느질이라는 이미지가 '따분한' 느낌을 주며 중요한 일을 한다는 성취감도 주지 않는다는 데 있다. 그러므로 상품을 팔려면 재봉이 주는 '끊임없는 창의성'을 강조해야 한다.

하지만 한 패턴 제조업자에게 제공된 조언에 따르면 바느질 자체가 너무 독창적이고 개성적이 될 수는 없다. 그의 패턴은 약간의 지성을 요구하고 개인적인 표현의 여지를 남겨놓는데, 제조업자는 바로 그 때문에 곤란을 겪을 수 있다. 그의 패턴은 여성이 "자신의 취향을 알고 동시에 명확한 개념을 가져야 한다는 것"을 의미한다. 그렇다면 그는 "지나치게 제한된 패션 개성"을 넓혀서 여성이 "유행에 순응"하게 하는 편이 더 낫다. "패션에 자신이 없는 여성"에게 "유행이 갖는 순응적 요소"를 호소하여 "다른 사람과 너무 다르게 옷을 입는 것은 영리하지 못하다고 느끼게" 하는 것이다. 왜냐하면 생산자의 관심은 여성의 개성과 표현력, 독창성에 대한 욕구를 충족시키는 것이라기보다 더 많은 상품을 파는 것에 있기 때문이다. 물론 유행을 따르게 함으로써 물건을 파는 것은 더 수월해진다.

이 보고서에는 미국 주부들의 욕구뿐만 아니라 내재적인 좌절감까지 분석하고 있다. 그래서 만약 이런 욕구들이 매번 적당히 조작되기만 하면 여성에게 더 많은 '물건'을 팔 수 있다. 1957년도의 한 조사서는 백화점의 역할이 단지 주부에게 상품을 '파는' 것뿐만 아니라 '교육'에 대한 요구까지 만족시켜주는 데 있다고 이야기했다. 집에 있어도 변화하는 세계를 느낄 수 있도록 여성이 바라는 바를 충족시켜줘야 하는 것이다. 판매자들이 여성이 쇼핑할 때 진실로 원하는 것은 상품 자체가 아니라는 것을 이해한다면 더 많은 물건을 팔 수 있다.

대개의 여성들에게는 물질적 욕구뿐만 아니라 백화점을 구경하려는 심리적 강박이 존재한다. 그들은 비교적 고립되어 살고 있으며, 그들의 추억과 경험은 한정되어 있다. 여성들은 수평선 너머에 더 광대한 인생이 있다는 것을 알고 있고, 그런 인생을 그들이 지나쳐버릴까 봐 두려워한다.

백화점은 그런 고립감을 없애준다. 백화점에 들어서자마자 세상이 어떻게 돌아가는지 알 것만 같다. 잡지나 또 다른 어떤 대중전달 매체보다도 백화점은 여성에게 다양한 생활 정보를 제공해주는 주요 원천이다.

백화점이 충족시켜주어야 할 욕구는 다양하다고 보고서는 말한다. 그중 하나가 "주부의 학습 욕구와 양질의 삶을 향한 욕구"다.

그 사람이 지닌 물건이 그 사람의 사회적 지위를 상징한다. 남편이 얼마 전까지 6천 달러를 벌다가 지금은 1만 달러를 번다면 주부는 새로운 상징물을 달아야 한다. 그런 물건을 가장 잘 가르쳐주는 곳이 백화점이다.

또 다른 예를 들자면, 현대 주부들이 성취감의 욕구를 실현하는 '할인 판매'다.

미국의 풍족한 경제 구조에서 대다수 여성들이 싼 가격에 마음을 뺏기는 것은 경제적 필요에서라기보다는 심리적인 욕구 때문임을 알 수 있다. …… 이제 갈수록 '할인 판매'가 주는 의미는 "값이 비싸서 살 수 없던 상품을 살 수 있다"는 것이 아니다. 그것은 오히려 "나는 주부로서 좋은 일을 하고 있으며, 남편이 봉급을 가져오는 것처럼 나도 가정경제에 이바지하고 있다"는 의미가 강하다.

보고서는 가격은 거의 문제가 되지 않는다고 쓰고 있다.

구매 행위는 매력적인 여성, 훌륭한 주부, 최고의 엄마가 되는 비결을 알려는 여러 가지 욕심에 근거한 관계의 극치이므로 이런 동기를 사업을 촉진시키고 선전하는 데 이용하라. 모든 기회를 이용해 당신 가게가 여성이 인생에서 가장 좋아하는 역할을 수행하게 해준다고 설명하라. ……

상점이 여성에게 인생을 가르쳐주는 학교라면, 광고는 교과서라고 할 수 있다. 여성들은 세상이 돌아가는 형편을 알게 해주는 광고를 무한히 바라보면서 상품을 통해 그런 욕망을 표현한다.

다시 한 번, 1957년의 한 보고서는 "새로운 가족 중심 시대"가 보여주는 "여러 가지 긍정적인 양상들"에도 불구하고 너무도 많은 욕구가 가족에게 집중되어 있어서 그 욕구를 충족시키기 힘들다고 한다. 그렇다면 그것을 경계할 이유가 있을까? 실은 그렇지 않다. 이런 욕구들까지도 조작자들의 몫이다.

가족은 예전에 생각된 것처럼 현대 생활의 약속의 무지개의 끝에 나타나는 심리적인 황금 냄비가 아니다. 사실 심리적인 요구들은 현대의 가족에게는 충족될 수 없는 것이다. ……

미국의 생산업자와 광고주들에게 다행스럽게도 (또한 가족과 시민들의 복지를 위해서) 소비자는 상품을 구매함으로써 그 간극을 메우고 있다.

수백 가지의 상품은 생산업자와 광고업자가 효과적인 판매 방법을 개발하기 위한 일련의 심리학적 기능을 수행하고 있다. 생산이 사회의 긴장을 해소하는 데 기여했던 것처럼 이제 소비자가 같은 목적에 기여하고 있다.

상품을 구매하는 행위는 가정과 가족이 해결해줄 수 없는 욕구를 충족해준다. 주부가 갖는 "자기 이외에서 일체감의 대상을 찾으려는 욕구", "삶에 의미와 목적을 부여하는 목표를 타인과 더불어 추구하려는 움직임", "개개인이 자기의 노력을 헌신할 수 있는 확실한 사회 목적" 등.

인간의 본성에는 의미 있는 사회적 목표를 추구하는 집단 속에서 중요한 위치를 차지하고픈 욕구가 깊숙이 자리 잡고 있다. 이것이 부족할 때 인간은 불안해진다. 우리가 전국의 사람들과 이야기할 때 반복해서 다음과 같은 질문을 받게 되는 것과 같다. "그게 무슨 뜻이지?" "내가 어디로 가고 있지?" "우리 모두가 열심히 일하고 그렇게 많은

여성성의 신화

것을 가지고 노는데 그것들이 왜 가치 있는 것처럼 보이지 않을까?"

여기서 의문점은 "이 간극을 상품이 메워줄 수 있을까" 하는 것이다.

이런 '공존의 시대'에 "가정생활에서도 사생활에 대한 좌절된 욕구"는 심층 조사가 드러낸 또 하나의 비밀스러운 희망이었다. 하지만 이런 욕구마저 차를 한 대 더 사게 하는 데 이용된다.

가족이 같이 사용하는 차 이외에 남편과 부인이 각각 따로 사용하는 차가 필요하다. "차 안에 혼자 있으면서 자신이 갈망하는 자유로운 시간을 가질 수 있고, 차가 자신의 궁전 같으며, 사생활을 되찾게 해주는 느낌을 가질 수 있다." 또는 '개인용' 치약, 비누, 상품의 경우처럼 이야기하는 것이다.

다른 보고서에 따르면 결혼, 가족, 성에 대한 지나친 강조에도 불구하고 "결혼 생활의 탈脫성화" 현상이 나타나고 있다. 문제는 보고서가 진단한 "성에 대한 열정의 상실"이 어디서 나타나는가 하는 것이다. 해결책은 광고주들이 "리비도를 다시 광고에 넣는 것"이라고 보고서는 조언한다. 생산업자들이 성을 이용하여 상품을 팔아먹으려 한다는 느낌에도 불구하고, 텔레비전 광고나 잡지에 나오는 성은 너무 점잖고 협소하다고 보고서는 말한다. '소비주의'는 성별을 불문하고 "성별 사이의 관계를 훨씬 넘어서는 모든 개인의 강력한 삶의 힘을 반영하지 못했기"때문에 미국인에게서 리비도를 거세하고 있다. 판매자들은 성을 탈성화시킨 것이다.

대부분의 현대 광고는 인간의 삶의 열광적이고 격동적인 측면을 단순화하고 효과를 약화시키며 격하시키려는 현재의 국가적 경향을 반영하고 이를 극도로 과장하고 있다. …… 광고가 음란하거나 외설적이어야 한다고 제안하는 사람은 없다. 문제는 광고가 상상력의 결핍과 소심증으로 성욕을 약하게 하고, 따라서 비현실적이며 지루해질 위험을 안고 있다는 사실이다.

어떻게 해서 리비도를 회복시키고, 또 자발성의 상실, 욕망, 성에 대한 애착, 개성을 회복시킬 것인가? 다른 곳에 정신이 팔린 순간에 "이성에 대한 사랑과 생에 대한 사랑도 외적인 동기에 의해 손상되어서는 안 되며 아내가 주부 이상의, 한 여성 이상의 존재가 될 수 있도록 해야 한다"고 그 보고서는 결론짓는다.

지난 15년 동안 이 보고서들이 미국의 광고주들에게 제공한 통찰력에 몰두하던 어느 날, 나는 이러한 동기조사연구소를 운영해온 사람과의 점심식사 자리에 초대를 받았다. 그 사람은 여성성의 신화 배후에 존재하는 상업적인 힘을 보여주는 데 매우 도움이 되었고, 나도 그에게 어느 정도는 도움을 줬을 것이다. 그는 가사노동에서는 진정한 독창성과 성취감을 획득하기 어렵다는 것을 깨닫고,

소비 행위를 자극함으로써 죄책감과 환멸감과 좌절을 완화시키려고 했다. 나는 그에게 왜 여성들에게 가치 있는 물건을 사서 집 밖으로 나와 진실로 창조적인 목표를 추구할 시간을 가지라고 고무하지 않느냐고 순진하게 물었다.

그 사람은 말했다. "하지만 우리는 가정은 창의성을 표현하는 장소임을 여성이 다시 발견하도록 도왔습니다." 그리고 아무렇지도 않은 듯 말을 이어갔다. "우리는 여성이 가정을 예술가의 작업장, 과학자의 실험실 같은 곳으로 인식하도록 했습니다. 게다가 우리와 관계가 있는 제조업자들은 대부분 집 꾸미기와 관련된 물건을 생산하지요."

그리고 이어서 말했다. "자유로운 기업 경제에서, 우리는 새로운 상품에 대한 욕구를 계속 발달시켜야 하고, 그러기 위해서는 이런 새로운 상품을 원하게끔 여성들을 해방시켜야 합니다. 또한 여성이 집 안을 꾸미는 것이 밖에서 남자와 경쟁하는 것보다 훨씬 창조적이라 생각해야 합니다. 이것은 조작이 가능하지요. 우리는 여성이 해야만 하는 것을 팔고, 무의식을 가속화시켜 같이 움직이게 합니다. 가장 큰 문제점은, 만약 요리나 청소 시간이 줄었을 때, 여성이 가질지도 모르는 두려움을 갖지 않게 하는 것입니다."

나는 물었다. "그게 제가 하기 싫은 말이에요. 왜 파이 믹스 광고는 여성에게 시간을 절약해서 천문학자가 될 수 있다고 말하지 않지요?"

대답은 이랬다. "그건 어렵지 않죠. 남자를 얻는 천문학자, 여주인공으로서의 천문학자, 여자가 천문학자인 것을 매력적으로 만드는 몇 가지 이미지를 떠올릴 수 있습니다. 하지만 그렇게는 안 합니다. 그렇게 되면 내 고객은 두려워할 겁니다. 그는 파이 믹스를 팔고 싶어 하니까요. 여성은 부엌에 머물고 싶어 해야 합니다. 제조업자는 여성을 부엌으로 끌어들이고 싶어 합니다. 그리고 우리는 적절한 방법을 가르쳐줍니다. 만약 제조업자가 여성에게 당신은 고작 아내나 어머니밖에 될 수 없을 것이라고 말한다면, 여성은 그 사람에게 침을 뱉을 겁니다. 그러니까 우리들은 제조업자에게 부엌에 있는 것은 창조적인 일이라고 말하는 방법을 가르쳐줍니다. 우리는 부엌에서 창조적이기를 원하는 여성의 욕구를 만족시켜주는 거지요. 여성에게 천문학자가 되라고 권유한다면, 여성은 부엌에서 아주 멀리 떨어져 있으려 할 것입니다." 또 이렇게 덧붙였다. "게다가 만약 당신이 여성에게 천문학자가 되라는 해방운동을 벌인다면, 그 운동을 재정적으로 뒷받침할 전국교육연합회 같은 기관을 찾아야 할 걸요."

이 동기조사연구자들은 주부의 삶과 욕구의 실체에 대한 통찰력을 가지고 있었다. 사회학자나 심리학자들이 여성을 프로이트적 기능주의의 시각으로 보는 탓에 종종 간과하는 실체를 정확히 파악한 것이다. 자신의 이익과 그들 고객의 이익을 위해, 조작자들은 외견상 행복해 보이는 수백만의 미국 주부들이 가족과 가정, 애정과 자녀로는 충족시킬 수 없는 복잡한 욕구를 갖고 있다는 것을 발견

여성성의 신화

했다. 하지만 돈보다 중요한 도덕성의 관점에서, 조작자들은 아무리 기발하다 할지라도 점점 더 절박해지는 욕구를 결코 충족시키지 못할 물건을 여성에게 팔기 위해 그들의 통찰력을 사용한 죄가 있다. 그들은 텔레비전 수상기로 여성들의 정신을 뺏고, 성적 상술을 통해 소비 행위를 자극함으로써 인간으로서 추구해야 할 욕구의 이름을 없애고 그것을 억제시켜 주부로서 집에 머물러 있도록 한 것에 죄가 있다.

조작자와 미국 산업체에서 활동하는 그들의 고객들이 여성성의 신화를 창조했다고 비난받을 수는 없다. 하지만 그들은 가장 강력하게 여성성의 신화를 영속시킨 장본인들이다. 그들은 수백만 달러를 써서 설득력 있는 이미지로 전국을 뒤덮고, 미국 주부들에게 아첨하면서 그들의 죄책감을 돌리고, 커져 가는 공허감을 숨겼다. 그들은 현대 사회과학이 가지고 있는 기술과 개념을 교묘하게 상업 광고로 이용했고 성공을 거두었다.

따라서 오늘날 미국에서 벌어지고 있는 현상을 관찰하는 사람은 대다수의 미국 여성들이 주부가 되는 것 이상의 야망을 갖고 있지 않다는 것을 당연한 사실로 받아들인다. 그들이 여성을 가정으로 복귀시킨 데 전적인 책임은 없다 하더라도, 여성들을 가정에 머무르게 하는 데는 역할을 했음에 분명하다.

오늘날과 같은 매스미디어 시대에는 계속 뿜어대는 열변을 비껴갈 재간이 없다. 그들은 모든 여성들의 마음속에, 그리고 남편과 자식, 이웃 사람들의 마음속 깊은 곳에도 여성성의 신화를 심어놓왔다. 그들은 여성이 현모양처가 되지 못하고 가족을 사랑하지 않은 채 늙어가고 있다고 조롱하면서, 그것이 여성들의 일상생활의 구조 중 일부가 되도록 만들었다.

더러운 가스레인지에서 요리하면서 기분이 좋을 리가 있을까요? 이제까지는 실제로 깨끗이 유지되는 가스레인지가 없었습니다. 새로 나온 RCA 월풀 레인지는 싱크대에 놓고 깨끗이 씻을 수 있는 브로일러와 쉽게 빠지는 드립 팬이 있어서 어느 여성이라도 완전히 깨끗하게 유지할 수 있고 음식을 더 맛있게 만들 수 있는 최초의 레인지입니다.

사랑은 여러 가지로 표현됩니다. 그것은 주고받기입니다. 그것은 보호하고 선택하는 것이며 …… 당신이 사랑하는 사람을 위해 가장 안전한 것을 알게 하는 것입니다. …… 그들이 욕실에서 사용하는 휴지는 항상 스카트입니다. …… 4가지 색상과 흰색이 있습니다.

그들은 여성의 성취 욕구를 성적인 환상으로 전환시켜서 영원한 젊음을 약속하고, 시간이 지나간다는 느낌을 가지지 못하게 한다. 심지어 그들은 여성이 시간을 정지시킬 수 있다고까지 말한다.

그녀 자신일까? 아니면 다른 사람인가? 그녀는 아이들처럼 흥미로 가득합니다. 싱그러워 보입니다. 그녀의 자연스러운 아름다움, 빛나는 머릿결. 그녀는 자신의 방법으로 시간을 정지시키는 비밀을 알고

여성성의 신화

있는 것 같습니다.

광고 수법은 더 기발해져서, 이제 광고는 주부로서의 여성의 '역할'을 찬미한다. 그 역할로 여성의 정체성이 결핍됨으로써 그들이 파는 상품에 매혹될 것을 알면서 말이다.

그녀는 누구인가? 그녀는 여섯 살 때 처음 학교에 갔던 날처럼 흥분된다. 그녀는 기차 칸에서 보냈던 날들, 점심식사, 붕대가 감겼던 손, 수천 가지의 일들을 생각한다. 그녀는 바쁘고 보람 있는 생활에 알맞은 특별한 옷이 필요한 당신일 수도 있다.

당신이 이 여자인가? 당신의 아이들에게 당신이 원하는 즐거움과 유익함을 주는가? 아이들을 어떤 장소로 데리고 가고 아이들이 공부하는 것을 도와주는가? 교회와 지역사회가 당신에게 기대하는 역할을 하고 있는가? 당신의 자질을 개발시켜서 재미있는 생활을 하고 있는가? 당신은 플리머스 자동차로 당신이 원하는 타입의 여성이 될 수 있다. …… 다른 사람이 아닌 바로 당신 자신이 예쁜 플리머스를 원할 때, 당신이 가고 싶은 곳으로 가라…….

그러나 여성이 더 훌륭한 엄마나 아내가 되길 원한다 하더라도, 새로운 스토브나 부드러운 화장지가 여성을 그렇게 만들지는 못한다. 머리를 물들인다고 해서 시간이 정지될 수도 없고, 플리머스 자동차를 사도 일체감이 새로이 생기지는 않는다. 말보로 담배를 피운다고 해서 자고 싶을 때 잘 수 있는 것이 아니다. 도리어 실현 불가능한 약속들을 해서 여성으로 하여금 물건을 끊임없이 갈망하게 만들고, 또 여성 자신이 정말로 원하거나 필요한 것이 무엇인지를 알지 못하게 한다.

1962년 6월 10일자《뉴욕타임스》에 실린 전면 광고는 "일생을 자신의 가능성에 따라 살아온 여성에게 바친다"는 것이었다. 이브닝드레스와 보석으로 치장하고 두 아이와 함께 있는 아름다운 여성의 사진 밑에는, "영양이 풍부한 화장과 피부를 보호해주는 단 하나의 프로그램. 여성의 외면을 가장 예쁘게 가꾸어드리는 계획, 얼티마 화장품을 사용하는 여성은 커다란 성취감을 느낍니다. 전혀 새로운 느낌의 자신감. 궁극의 제품인 고급 화장품 컬렉션 외에 어떤 것도 당신에게 적당치 않습니다"라고 적혀있었다.

만약 당신이 그것들의 원재료가 무엇인지 안다면 그것이 얼마나 쓸모없는 것인지 알 것이다. 주부가 제조업자들의 위협이나 꼬임에 빠져 자신을 포함한 가족들 누구의 욕구도 만족시키지 못하는 상품을 샀다 해도 그녀 자신 외에는 비난할 사람이 없을 것이다. 그러나 상업광고가 구매자에게 주의를 요하는 명백한 경우라면, 잡지나 텔레비전 프로그램에 위장된 성적 상술은 덜 우스꽝스럽고 더 교활하다. 이 점에서 보면, 주부는 알지 못하는 사이에 희생양이 된다. 나는 편집 내용과 성적 상술이 불가분하게 연결되는 몇몇 잡지에 글을 썼다. 의식적으로든 무의식적으로든 편집자는 광고주가 무

　　　　　　　　　여성성의 신화

엇을 원하는지 알고 있다.

　X잡지의 본질은 봉사이며 미국의 모든 여성에게 완전히 봉사한다. 광고업자, 사업가들에게 다방면의 관심거리를 제공한다. 진지하고, 양심적이고, 헌신적인 가사 노동자들의 의견을 집약하여 광고업자에게 전달한다. 여성은 가정과 가정용 기구에 더 많은 관심을 쏟는다. 여성은 더욱 기꺼이 지불할 생각을 갖게 된다.

　편집회의에서는 메모할 필요도 특별한 말을 할 필요도 없다. 편집 결정을 내리는 사람들은 광고업자가 내는 돈을 고려하여 편집 기준을 타협한다. 《맥콜》의 전 편집자가 실토했듯이,[2] 때때로 광고업자는 공공연한 영향력을 행사한다. '봉사' 페이지에 그려진 가정의 그림 같은 것은 광고를 지배하는 사람들이 명시적으로 지시하는 것이다.

　그럼에도 불구하고 회사는 자기 회사의 생산품에서 이윤을 얻어야 한다. 잡지사나 방송국을 유지해나가기 위해서는 광고가 필요하다. 그러나 이익만이 유일한 동기이고 성공의 척도라 하더라도, 나는 매스미디어가 고객이 원하는 것이라 생각하는 것을 제공할 때 실수를 하는 게 아닌지 궁금하다. 나는 미국 경제와 비즈니스 그 자체에 대한 도전과 기회가 여성들을 아무 생각이 없게 만들고 물건에 굶주리게 하는 대신, 장기적으로 여성의 성장을 가로막고 있지 않은지 궁금하다.

미국 경제에 얼마나 이익이 되든 간에, 진짜 범죄는 "여성을 더어리게 만들자"는 조작자들의 충고를 냉담하게 점점 더 받아들이고 있다는 점이다. 아이들이 읽는 법도 배우기 전에 노래하고 외우는 텔레비전 상업광고, "여길 봐, 샐리"만큼이나 쉬운 커다랗고 예쁜 광고, 10대의 소녀들이 채 어른으로 성장하기도 전에 그들을 주부 구매자로 만들기 위해 의도적으로 디자인된 잡지들이 그것이다.

그녀는 X잡지를 처음부터 끝까지 읽는다. …… 그녀는 장보는 법, 요리하고 바느질하는 법과 젊은 여성이라면 알아야 할 모든 것을 배운다. 그녀는 X잡지에 실린 옷을 바탕으로 자신을 스타일링하고, 아름다움과 애인에 대한 잡지의 충고에 의지하고, 최신 10대 유행에 관한 이야기를 참조한다. 그리고 X잡지의 광고를 보고 물건을 산다. 상품 구매 습관을 X잡지에서부터 시작한다. 습관을 없애는 것보다 습관을 만드는 것이 훨씬 쉽다! (X잡지의 독특한 편집 양식 덕분에 학교에서 보는 X잡지가 당신의 광고를 고등학교 가사 교실로 파고들게 한다.)

원시사회에서 부족들이 처녀를 신에게 바치는 것처럼, 우리는 소녀들을 여성성의 신화에 희생시키고, 우리나라의 이윤을 창출할 수 있는 소비자가 되도록 성적 상술을 통해 그들을 더욱 효율적으로 손질한다. 최근에 전국적으로 팔리고 있는 잡지에 두 개의 광고가 등장했는데, 광고 대상은 10대 소녀보다는 상품을 생산하고 판매하는 간부들에게 적당한 것이었다. 그 중 하나에는 소년의 사진

여성성의 신화

이 실려있었다.

나는 달에 가고 싶다……. 그러나 너는 여자이니까 갈 수가 없다. 오늘날 어린이들은 급성장하고 있고 그들의 관심은 매우 넓다. 롤러스케이트에서 로켓까지, X 회사도 전 세계적으로 산업적이고 공간적으로 이용할 수 있는 다양한 전자 제품과 함께 성장하고 있다.

다른 광고에는 어떤 소녀의 얼굴이 실려있다.

재능 있는 아이가 커서 주부가 되어야 할까? 교육전문가들은 우리나라에서 50명 중 한 명 꼴로 고도의 지능을 갖고 태어난다고 추산한다. 그런데 이런 천부적인 재능을 부여받은 아이가 여자아이라면 이런 질문들이 필연적으로 생겨난다. "이 아이의 특별한 재능이 주부가 됨으로써 낭비될까요?" 재능 있는 소녀 스스로 답하게 하자. 그들 중 90퍼센트 이상이 결혼하고, 대다수가 주부라는 직업이 지능과 시간, 에너지를 충분히 이용할 정도로 도전적이고 보람 있다는 것을 깨닫는다. …… 간호사, 교육자, 경제학자, 그리고 평범한 주부로서 매일매일 하는 역할에서, 그녀는 자기 가족의 삶을 향상시키는 방안을 항상 추구한다. …… 수백만의 여성들이 가족을 위해 저축하면서 X스탬프[자기 회사 상품을 많이 사게 하기 위해 주는 상품권—옮긴이]를 모음으로써 그렇게 하고 있다.

만약 재능 있는 소녀가 커서 주부가 된다면, 남자들은 달에 가는 세상에 살고 있으면서도 단지 여성이기 때문에 재능과 에너지를 슈퍼마켓의 스탬프를 위해 쏟으라고 할 수 있을까?

다른 광고는 여성의 힘을 결코 과소평가하지 말라고 이야기한다. 그러나 미국에서는 그 힘이 과소평가되어 왔고 지금도 여전히 그렇다. 아니, 오히려 판매라는 관점에서 조작될 수 있을 때만 올바르게 평가되었다. 여성이 지니고 있는 지능과 에너지는 실제로는 고려되지 않았다. 여성의 지능과 에너지는 가사나 물건 구입보다 더 높은 목적에 사용되기 위해 존재한다. 사회가 지닌 문제점들을 직면하려 하지 않고 사회를 구성하는 사람들의 능력과 지식에 적절한 목표를 생각하지 못하는 사회, 여성의 강인함을 무시하는 사회는 병든 사회일 것이다. 또한 여성을 인간이 아니라 '주부'로 만들도록 선택한 사회는 병들거나 아니면 미성숙한 사회일 것이다. 사회의 큰 도전에 직면하는 것을 꺼리고, 참을 수 없는 고통 없이 오랫동안 후퇴할 수 있으며, 물건으로 가득 찬 집에 들어가서 스스로 삶의 종말을 맞는 이들은 아프거나 성숙하지 못한 사람들일 것이다.

10

집안일은 왜 끝이 나지 않을까?

잡지나 텔레비전, 기능주의 사회학자들, 여성 지향적 교육자들, 그리고 내 눈앞에서 춤추는 조작자들이 그려놓은 행복한 현대 주부상, 나는 그런 신비스러운 인물들을 찾아 나섰다. 등불을 든 디오게네스처럼, 나는 리포터의 신분으로 이 교외에서 저 교외로, 완벽한 주부로서 자신의 능력을 발휘하고 교육을 성취한 여성들을 찾아다녔다. 가장 먼저 교외에 위치한 정신건강센터와 의료 진료소, 지방의 저명한 정신분석가, 평판 있는 지방 유지들을 방문하여 나의 목적을 밝힌 후, 신경증적이거나 좌절한 주부들이 아니라 유능하고 이성적이며 교양 있는 여성으로서 주부와 어머니의 역할에 전 시간을 할애하고 있는 여성들을 만나게 해달라고 부탁했다.

"여성으로서 성취감을 갖고 있는 주부들을 많이 알고 있지요"라고 한 정신분석학자가 말했고, 나는 네 사람을 만났다.

한 여자는 5년 간 치료를 받은 끝에 이제는 불안감에서 벗어났지만, 전업주부는 아니었다. 그녀는 컴퓨터 프로그래머가 되었다. 두 번째 여자는 성공한 남편과 재능 있고 활기 넘치는 세 자녀를 둔 무척이나 활발한 여자였다. 결혼 생활 내내 전문적인 심리 분석 일을 했다. 세 번째 여자는 임신했을 때를 빼놓고는 무용가로서의 경력을 계속 쌓아나갔다. 네 번째 여자는 심리 치료 이후 활발하게 정치 활동에 참여하고 있었다.

내게 이 네 명을 소개해준 사람에게 그들이 '성취한' 여성일지는 몰라도 전업주부는 아니었고, 결국 한 사람은 당신과 같은 직업을 가진 사람이 아니냐고 되물었다. "네 사람이 우연히 일치한 것일 뿐입니다"라고 그는 말했지만, 그것이 과연 우연의 일치였는지 의문스러웠다.

다른 지역에서 정말 완벽하게 주부 역할을 하는 여성을 소개받았다.("그녀는 빵도 자신이 직접 굽는다.") 아이들은 여섯 살이 채 안 되었고, 인구 조사 칸에 "직업: 주부"라고 기록했던 시기에 새로 외국어를 배우고 있었다.(교사자격증을 따기도 했다.) 또한 그 전에 쌓은 음악 실력을 이용해서 처음에는 교회의 피아노 연주를 자원했고 나중에는 그것으로 급여도 받았다. 내가 그녀와 인터뷰를 끝낸 지 얼마 안 되어서 그녀는 교사 자리를 하나 얻었다.

내가 면담했던 여성들은 많은 점에서 여성적 성취라는 새로운 이미지에 부합되었다. 아이들은 4~6명쯤 되고, 빵을 직접 굽고, 집을 지을 때도 손수 거드는가 하면, 아이들의 옷도 직접 만들었다. 이런 여성들은 직업을 가질 꿈도 꾸지 않았고, 가정보다 더 큰 세계는 바라보지도 않았다. 그들의 모든 에너지는 주부와 어머니로서의 삶에 집중되어 있었고, 그들의 유일한 야망과 꿈은 이미 실현되었다. 그러나 이 여성들은 실제로 성취한 여성이었을까?

　　　　　　　　　여성성의 신화

내가 인터뷰한 고소득 주택단지에는 28명의 주부들이 살고 있었다. 30대나 40대 초반의 몇몇 여자들은 대학을 졸업한 사람들이었고, 더 어린 부인들은 대개 결혼 때문에 대학을 중퇴한 사람들이었다. 남편들은 상당히 전문적이고 도전적인 일에 몰두한 사람들이었다. 부인들 중 직업을 갖고 있는 사람은 한 명뿐이었고, 대부분은 사회 활동에 참가하면서 어머니라는 역할을 직업으로 삼고 있었다. 28명 중 19명이 자연분만으로 아이를 낳았다.(몇 년 전만 해도 디너파티에서 부부는 함께 바닥에 앉아 적당한 이완운동을 하기도 했다.) 28명 중 20명은 모유로 아이들을 키웠다. 이들 중 많은 부인들이 40대나 40대 가까운 나이에도 아이를 가졌다. 이 지역 사람들은 문자 그대로 여성적 성취의 신화에 충실하고 있었다. 한 소녀가 "나는 커서 의사가 될 테야"하고 말한다면 어머니는 "안 돼. 너는 여자니까 엄마처럼 현모양처가 되어야 한단다"라고 고쳐줬을 것이다.

그러나 엄마처럼 된다는 것은 과연 무엇일까? 28명 중 정신분석 치료를 받고 있는 사람은 16명이나 되었다. 8명은 신경안정제를 복용하고 있었고 그중에는 자살을 기도했던 사람도 몇 명 있었다. 우울증이나 불확실한 정신병 증상 때문에 여러 번 입원을 한 사람도 있었다.("행복한 부인들 중 얼마나 많은 이들이 어느 날 밤 갑자기 광폭해져서 발가벗고 소리치며 온 거리를 뛰어다니는지 당신이 아신다면 놀라실 겁니다"라고 그런 다급한 상황에 불려온 의사가 말했다.) 아이에게 모유를 먹였던 한 여자는 아이가 영양부족이 되어 의사가 강제로 모유 수유를 금지할 때까지도 필사적으로 모유를 먹여댔다. 12명이 사실상 다른 남성과 관계를 맺고 있거나 환상 속에서 그것을 꿈꾸고 있었다.

이 부인들은 훌륭하고 지적인 미국 여성들로서 그들의 천부적인 재능, 가정, 남편, 자녀들은 선망의 대상이 되기에 충분했다. 그런데 왜 이들의 신경이 불안정한 것일까? 그 후 이와 같은 유형을 비슷한 지역에서 계속 발견하고는 이것이 결코 우연의 일치라 할 수 없다고 생각했다. 이들은 대체로 한 가지 공통점이 있었다. 그들은 고등학교 교육을 받으면서 비범한 재능과 능력을 개발시켰다. 그런데 교외에서 지금 누리고 있는 가정주부로서의 삶은 자신들의 재능을 부정하고 있었던 것이다.

내가 이름 붙일 수 없는 문제를 보여주는 징조를 처음 발견한 것은 이런 여성들 사이에서였다. 그들의 목소리는 또렷하지 못했고 단조롭거나 신경질적이고 민감했다. 그들은 무관심하고 따분해했으며 집과 지역사회 주변에서 미친 듯이 '바빴다'. 그들은 여성성의 신화에 부합하는 현모양처로서 느끼게 되는 '성취감'에 대해서 이야기했으나, 반면에 그들에게 매우 친숙한 이 다른 '문제'에 대해서도 무척 이야기하고 싶어 했다.

한 여성은 그 지역사회의 낙후된 학교 제도에서 필요한 좋은 교사들을 발굴하기로 결심하고, 학교 이사회에서 이사로 봉사했다. 자녀들이 모두 학교에 입학하자, 다시 대학에 들어가 학위를 취득하여 전문 교사가 될까 하고 39세에 자신의 미래에 대해 심각하게 생각하기도 했지만, 갑자기 생각을 바꾸었다. 그녀는 다섯 번째의 늦

자식을 보았고, '다시 가정을 전공'하기 위해 사회의 지도자 자리에서 물러났다고 무감각하고 힘이 없는 목소리로 말했다.

나는 그런 슬프고 단조로운 어조로 좀 더 나이 많은 여성이 말하는 것을 들었다.

저는 저를 만족시켜줄 일을 찾고 있습니다. 이 세상에서 가장 근사한 일을 하면서 필요한 사람이 되고 싶은 거예요. 하지만 무슨 일을 어떻게 할지 모르겠어요. 남편은 부인이 밖에 나가서 일하는 것을 좋다고 생각하지 않아요. 애들이 어려서 다시 집에 있어만 준다면 두 팔을 자르기라도 하겠어요. 남편은 직장을 갖는 대신 즐겁게 몰두할 수 있는 취미를 찾아보라고 말해요. 그래서 저는 혼자서 거의 매일 골프를 친답니다. 하루에 서너 시간 걸어 다니면 적어도 밤에 잠을 잘 수는 있거든요.

나는 집을 지을 때 직접 참여했던 여성과 함께, 그 집의 넓은 부엌에서 인터뷰를 했다. 그녀는 집에서 손수 빵을 만드는 걸로 유명했는데, 인터뷰를 하러 갔을 때 마침 빵을 만들기 위해서 분주하게 밀가루 덩어리를 반죽하고 있었다. 딸을 위해 만들고 있던 드레스는 반쯤 완성된 채 재봉틀 위에 있었고 한쪽 구석에 손베틀이 있었다. 아이들의 미술 재료와 장난감들이 정문에서 난로까지, 집안의 온 마루 위에 흩어져있었다. 이런 고급 현대식 주택에는 요즘의 개방식 주택 구조처럼 부엌과 거실 사이에 문이 없었다. 어머니도 아이들과 자신을 분리시키려는 생각이 전혀 없었다. 그녀는 지금 일곱 번째 아이를 임신하고 있었고 그녀의 말처럼 인생을 아이들과 함께 지냄으로써 그녀의 행복은 완벽했다. 그녀는 정말 행복해 보였다.

하지만 그곳을 떠나기 직전에 내가 "당신이 세 아이의 어머니이며 직업 디자이너인 이웃 여성을 부러워한다고 말한 건 농담이겠죠"라고 말하자 그녀는 "아니에요. 농담이 아니에요"라고 대답했다. 그리고 항상 손수 구울 빵을 반죽하던, 평화로워 보이던 주부는 울면서 이야기했다. "저는 그녀가 몹시 부러워요. 그녀는 자신이 원하는 것이 무엇인지 아는데 저는 전혀 모르고, 알았던 적도 없어요. 임신했을 때와 아이들이 어릴 때는 그래도 중요한 존재가 될 수 있지만, 아이들은 자라고 있고 또 저도 계속해서 임신할 수도 없잖아요"

'행복한 주부'의 이미지에 걸맞은 여성을 실제로 발견하지는 못했지만, 나는 여성성의 신화가 제공한 방어적인 그늘 속에서 자신의 인생을 영위하고 있는 유능한 여성들에게서 어떤 사실을 발견했다. 그들은 무척 분주했다. 쇼핑, 운전, 정원 가꾸기, 왁스칠, 윤내기, 애들의 숙제 도와주기, 정신 건강을 위한 물건 수집, 그리고 그밖의 수천 가지 허드렛일을 하느라고 바빴다. 나는 이들과 면담하면서 가사노동에 부여하는 시간이 특별한 의미를 갖고 있다는 것을 알았다.

어느 교외의 도로변에 식민지 시대 양식의 집 두 채가 있었다.

여성성의 신화

두 집 다 한 개의 넓고 안락한 거실과 작은 서재, 잘 꾸며진 식당, 넓고 쾌적한 부엌, 침실 네 개, 1에이커의 정원과 잔디밭이 있었다. 두 집은 똑같이 세 아이들이 학교에 다녔고 남편은 직장에 다녔다. 두 집은 모두 잘 정돈되어 있었고 일주일에 이틀씩 가정부가 왔다. 그 외에 음식과 나머지 집안일은 부인이 도맡았고, 둘 다 30대 후반으로 지적이고, 건강하고, 매력적이며, 교육을 잘 받은 사람들이었다.

첫 번째 집에 사는 W부인은 하루 종일 요리, 세탁, 운전을 하고 애들을 시중드느라 거의 매일 분주했다. 미생물학자인 이웃집의 D부인은 9시에 연구소로 떠나기 전과 5시 30분에 집에 돌아와 이 모든 집안일을 해치웠다. D부인의 애들이 약간 더 독립적이었으나 어느 가정의 어린이도 소홀히 취급되지는 않았다. 두 여성 모두 많은 수의 손님 접대도 했다. 주부인 W부인은 지역사회에서 일상적인 일을 많이 했고, 똑똑하고 유능해서 정책 연구소를 맡으라는 제안을 종종 받았지만 '시간'이 없어서 거절했다.

W부인은 기껏해야 무도회나 학부모 모임의 다과회를 개최하기 위한 위원회를 주선하는 정도였다. 과학자인 D부인은 일상적인 지역사회 일을 맡지는 않았으나 자기 일과 집안일 외에 현악 5중주단에서 열성적인 연주자로 참여하고 있고(음악은 과학 다음으로 관심을 가지고 있는 것이었다), 대학 시절부터 관심사였던 국제 조직의 정책 결정에도 참여했다.

집 크기도, 가족 수도 같고 수입도 거의 동일하고 외부의 도움도 동일하게 받고 있고 생활 방식도 같은데, 왜 D부인보다 W부인이 집안일을 하는 데 시간이 더 많이 걸릴까? 결코 W부인이 게으른 것도 아니었고 그녀의 말처럼 저녁에 '독서'할 시간도 없을 정도였는데 말이다.

동부의 대도시에 방이 6개 있는 넓은 현대식 아파트 두 채가 있다. 두 집은 모두 청소부가 떠난 직후나 파티 직전 외에는 다소 지저분했다. G씨 네와 R씨 네는 다 열 살이 채 안 된 아이들 셋이 있었고 막내는 갓난아기였다. 남편들은 30대 초반으로 전문직에 종사하고 있었다. G씨는 부인이 늘 집에 있음에도 불구하고, 토요일이나 저녁에 귀가해서는 부인의 일을 많이 도와줘야 했다. 반면 R씨 부인은 프리랜서로 일하는 삽화가였는데, 그녀는 작업 중에 틈을 내서 같은 양의 집안일을 했고 남편에게도 일을 덜 부탁했다. 어쨌든 G씨 부인은 자기 남편이 집에 돌아올 때까지도 집안일을 다 끝내지 못했고 몹시 피곤해했으므로 남편이 대신 일을 해야 했다. 집안일을 자기의 주요 직업으로 생각하지 않는 R씨 부인이 왜 훨씬 더 빠른 시간에 일을 끝마칠 수 있을까?

나는 '주부'를 자처하는 여성들을 인터뷰할 때, 소수의 직업을 가진 여성들과 그들을 비교하면서 위의 유형을 재차 확인하게 되었다. 이 유형은 주부나 직업을 가진 여성에게 하루 종일 집안일을 도와주는 사람들이 있을 때에도 똑같이 나타난다. 물론 주부들은 두 명쯤 하인을 둘 수 있는 형편일지라도 집안일을 자기 스스로 하려는 편이다. 그러나 나는 또한 하루 종일 미친 듯이 바쁘게 집안일을 하는 주부들이—또는 저녁식사 시간까지도 끝내지 못한다—공부

여성성의 신화

나 일 또는 가정 밖에서 관심거리를 가지게 되자마자 6시간을 소비하던 집안일을 한 시간 안에 할 수 있었다는 놀라운 사실도 발견하게 되었다.

한 시간이면 하는 일이 어떻게 6시간이나 걸리도록(똑같은 집에서 똑같은 일을 똑같은 부인이 하는데도) 오래 걸렸을까를 생각하면서, 여성성의 신화가 갖는 근본적인 모순을 다시 숙고해 보았다. 여성의 사회참여에 대한 장벽이 약해지고, 과학과 교육과 재능 덕분에 여성이 아내와 어머니의 역할을 하는 동시에 가정 밖의 외부 세계에 활발히 참여할 수 있게 된 순간부터, 주부로서의 역할을 찬미하기 위해 여성성의 신화가 대두했다. 결국 사회가 완전한 인간으로서의 여성이 등장하는 것을 꺼려할수록 그와 비례하여 '여성의 역할'에 대해 찬미하게 되는 것 같다. 그 역할이 갖는 실제적인 기능이 적을수록, 여성성의 신화는 공허함을 감추기 위해 무의미한 갖가지 말들로 역할을 장식해왔다. 이런 현상은 사회과학의 연대기나 역사에서 개략적으로 언급되어왔다. 예를 들면 중세의 기사도나 빅토리아 시대에 있었던 여성에 대한 인위적인 찬사 등이다. 그러나 그것이 구체적이고 극단적으로 되어 오늘날 미국 주부들의 상황에 적용된다는 것을 안다면 해방된 미국 여성들은 놀랄 것이 분명하다.

여성의 열등성을 강조하는 오래된 신화가 더는 성숙한 미국 여성들을 억압할 수 없기 때문에, 차이는 있지만 평등할 것을 주장하는 여성성이 새로이 등장한 것일까? 집에서 하는 여성의 역할을 남성이 사회에서 수행하는 역할과 동등하다고 인식시킨다고 해서, 여성이 자신의 충분한 능력을 깨닫지 못하게 할 수 있을까? "여성이 있을 곳은 가정이다"라는 표현은 이제 멸시의 표현이 아니다. 새로운 신화 덕분에 집안일, 접시 닦기, 기저귀 가는 일 등은 원자를 쪼개거나, 외계를 탐험하고, 인류의 운명을 밝혀주는 기술을 발전시키고, 사회의 미개척지를 발견하는 것과 동등한 것으로 치장되었다. 이것이 바로 시작일 뿐이라는 명백한 사실을 감추기 위해 그것은 삶의 끝 그 자체가 되어야만 했다.

이런 관점에서 바라보면 여성성의 신화가 내포한 이중적 기만이 명백하게 드러난다.

1. 여성이 사회에서 자신의 능력에 알맞은 역할을 박탈당할수록, 집안일과 어머니로서 해야 할 일, 아내로서 해야 할 일은 늘어난다. 그리고 더욱더 집안일이나 어머니로서의 일을 끝내려 하지 않고 할 일을 남겨두려 할 것이다.(여성도 분명히 인간의 본성대로 진공상태를 혐오한다.)

2. 집안일을 하는 데 필요한 시간은 그녀가 하고 있는 다른 일이 해볼만한 가치가 있느냐에 따라 반비례해서 다양하게 나타난다. 가사 외에 특별한 흥밋거리가 없는 여성은 순간순간을 사소한 집안일에 바칠 수밖에 없게 된다.

"시간을 때우기 위해 일을 연장시키는" 단순한 원리는 영국 사람인 노스코트 파킨슨C. Northcote Pakinson이 2차 대전 중에 경험했던 행정관료제도를 기초로 하여 처음 공식화되었다. 파킨슨의 법칙은 미국 주부들에게도 적용할 수 있다. 쓸 수 있는 시간을 때우기 위해 집 안일을 연장시키고, 시간을 때우기 위해 어머니의 역할을 연장시키고, 시간을 때우기 위해 성관계를 연장시키는 것이다. 현대의 미국 주부들이 노동을 줄여주는 도구가 새로 나왔음에도 불구하고 할머니들보다도 집안일에 시간을 더 뺏기는 것은 위의 사실로 확실하게 설명할 수 있다. 또한 사람들이 성과 사랑에 열중하고, 베이비붐이 계속해서 일어나는 것도 다 이것으로 설명할 수 있다.

성이 함축하는 여러 가지 성격을 도식화하기 위해서, 그 법칙이 가지는 동태적인 성격을 살펴 미국에서 여성의 에너지가 어떻게 쓰이고 있는지 생각해보자. 몇 세대 전으로 돌아가 보자는 것이다. 나는 페미니즘 운동이 불어난 이유와 여성의 좌절이 생기는 실제 원인, 두 가지 모두가 주부의 역할에서 오는 공허감 때문이라고 여겼다. 사회의 중요한 역할과 그 결정은 집 밖에서 일어나고 있고 여성은 이 역할에 참여하고 싶은 욕구를 느꼈으며, 그 권리를 찾기 위해 투쟁했다. 여성이 계속해서 새로이 받은 교육을 활용하고, 가정 밖의 일에서 새로운 정체성을 찾았다면, 여성의 삶에서 집안일이 차지하는 비중은 자동차나 작업대가 남자들의 생활에서 차지하고 있는 비중과 다르지 않았을 것이다. 어머니의 역할, 주부, 애정, 가족에 대한 의무감 등은 남자가 느끼는 것과 동일하게 감정적으로 중요했을 것이다.(상당히 많은 관찰자들은, 여성들이 아이들을 돌보는 일에서 분노를 느낄 수 있는 데 반해, 미국 남성들은 노동시간이 단축됨에 따라 아이들로부터 새로운 즐거움을 느낀다는 것을 발견했다.)

그러나 여성적 성취의 신화가 여성들을 다시 가정으로 되돌려보냈을 때, 집안일은 하루 종일 시간이 걸리는 일로 늘어나야만 했다. 남편과의 사랑과 어머니로서의 역할이 생활의 전부가 되어야 했고, 거기에 여성의 창조적인 에너지를 소비하고 처리해야 했다. 가족에 대한 책임감이 사회에 대한 책임감을 대체해야 했다. 이런 일이 일어나기 시작하자, 노동력을 절약해주는 각각의 도구들은 집안일을 더 세심하게 처리하도록 만들었다. 요리나 청소, 빨래 등의 잡일에서 여성을 해방시켜서 다른 목적에 시간을 투자할 수 있게 해준 과학의 진보는, 대신 새로운 잡일을 부과해 집안일을 연장시켜 시간을 쓰게 했을 뿐 아니라 그 시간 내에 집안일을 다 할 수 없게끔 만들었다.

건조기가 생겼지만 그것은 이전에 세탁기를 사용할 때 걸렸던 시간을 단축시켜주지도 않았다. 결국은 아직도 여성이 기계에 빨래감을 마구 넣거나 빼야 하고 옷을 분류해야 하고 처리해야 한다. 한 젊은 부인이 말한 대로다. "지금은 일주일에 두 번씩 깨끗한 시트로 갈아 낄 수 있어요. 지난주 건조기가 망가졌을 때는 8일 동안이나 시트를 갈지 않았어요. 모두 불평했고 우리는 시트가 더럽다고 생각했어요. 그래서 나는 죄책감을 느꼈어요. 바보 같죠?"[1]

현대의 미국 주부들은 빨래하고 말리고 다리미질하는 데 어머니들보다도 더 많은 시간을 소비하고 있다. 냉동기나 믹서가 있다 해도 그런 노동을 줄여주는 도구가 없었던 여성보다도 더 많은 시간을 요리하는 데 쓴다. 냉장고는 그 존재만으로 더 많은 시간을 빼앗는다. 정원에서 기른 콩을 냉동시켜야만 하고, 믹서기가 있으면 그것을 사용해야 한다. 삶은 밤과 냉이, 아몬드를 섞어서 만드는 조리법은 양고기를 굽는 것보다 시간이 더 오래 걸린다.

전쟁 직후 브린모어대학의 연구에 따르면, 전형적인 미국 농가에서 집안일을 하는 데는 1주일에 60.55시간이 소요되고, 인구 10만 명 이하의 도시에서는 78.35시간이, 10만 명 이상의 도시에서는 80.57시간이 소요된다고 한다.[2] 편리한 도구들을 보유한 도시와 교외 지역의 주부들이 바쁜 농부의 아내들보다 더 많은 시간을 가사노동에 소비한다. 농부의 아내들이 할 일이 더 많은 것은 물론이다.

1950년대에 사회학자들과 가정학자들은 미국 여성들이 집안일에 소비하는 시간이 상당히 문제가 있고 일치된 점이 없다고 보고했다. 수차에 걸친 조사에 의하면 현대의 미국 주부들은 30년 전의 주부들에 비해서 편리한 가정용 도구를 몇 배나 많이 갖고 있고 집의 크기도 작아서 일이 쉬워졌는데도 집안일에 소비하는 시간이 그들과 같거나 때로는 그 이상을 소비한다는 것이다. 물론 예외는 있다. 돈을 받고 일하든 지역사회에서 일을 하든, 가정 밖에서 많은 시간을 보내는 여성들은 전업주부가 주당 60시간을 집안일을 하는 데 시간을 보낸다면 그들은 그 시간을 반으로 줄여서 집안일을 처리한다. 그들은 식사 준비, 장보기, 청소, 자녀 돌보기 등 주부가 하는 집안일을 거의 다 한다. 그러나 주당 35시간 일하면서도 그들이 일하는 시간은 주부들보다 하루에 한 시간 반 정도만 더 걸릴 뿐이다. 그런데도 이런 이상한 현상에 대해서 언급이 없는 것은 그런 여성들이 상대적으로 적기 때문이다. 더욱 이상한 것은, 그런 현상이야말로 여성성의 신화가 내포하는 실질적인 의미일 터인데, 미국의 인구가 증가하고 미국 내 산업의 발달과 전문화로 인해서 농촌에서 도시로 인구가 이동하는데도 지난 20세기 초반의 50년 동안 직장에 다니는 미국 여성의 수는 별로 늘어나지도 않았고 오히려 감소했다는 것이다.[3] 1930년에서 1960년 사이에 여자대학 졸업생은 3배나 증가했는데 그들의 취업률은 50퍼센트에서 35퍼센트로 감소했다. 교육받은 여성 중 평범한 주부가 되기를 자처한 사람이 급격히 증가한 것이다.

그러나 도시와 교외에 거주하는 주부들이 여태까지 집에서 하던 일을 점점 줄이고 있는 것은 사실이다. 통조림을 만들고, 빵을 굽고, 옷을 만들고, 자녀를 교육시키고, 병자를 간호하거나 노인들을 보살피는 일들 말이다. 여성들이 손수 빵을 구움으로써 역사를 뒤바꿀 수 있을지 모른다. 혹은 뒤바꿀 수 있다고 농담을 한다. 그러나 법률은 여성들이 자녀들을 집에서 교육시키는 것을 허락하지 않는다. 자신들이 알고 있는 의료 기술을 병원이나 의사의 전문적인 기술처럼 생각하여 편도선염이나 폐렴을 앓고 있는 어린애를 집에서 치료하려는 여성은 거의 없다.

많은 주부들이 "제가 존재하지 않는 것처럼, 스스로가 쓸모없다고 느끼고 공허해져요"라든지 "때때로 그냥 앉아서 방관하는 사이에 세상이 지나가는 것처럼 느껴져요"라고 불평한다. 그런데 그

여성성의 신화

것에 대한 근거가 실제로 있다. 공허감을 느끼고 가정 밖의 세계를 불안하게 부정하는 주부들은 미래를 외면하기 위해 더 노력하고 미친 듯이 집안일에 몰두한다. 비록 주부들이 논리적이고 필연적인 이유에서 그런 일들을 하는 것처럼 보이지만, 공허함을 채우기 위해 하는 선택들은 사소한 가정생활 속에 그들을 더 가둔다.

예를 들어 도시의 아파트에서 따분하고 불안정한 생활을 하는 여성은 무력감과 공허감 때문에 '아이들을 위해서'라는 핑계를 대면서 교외에 있는 넓은 집으로 이주하고 싶어 한다. 그 집을 치우려면 시간이 더 오래 걸리고, 장을 보고 화단을 가꾸고 운전하고 집안일을 스스로 하려면 시간이 많이 들기 때문에 당분간 공허감은 해소되는 것 같다. 그러나 내가 인터뷰한 여성의 말처럼, 집에 가구가 다 정돈되고 아이들은 학교에 가고 지역사회 내에서 가족의 위치가 굳어지면 더 이상 '기대할 것이 없어진다.' 공허감은 다시 생기므로, 여성은 다시 거실을 장식하고 필요 이상으로 마룻바닥을 닦든지 아니면 다시 아이를 갖고 싶어 한다. 집안일도 하고 아기의 기저귀를 갈아주려니 바빠져서 정말로 밤에는 남편이 부엌일을 도와주기를 바라게 된다. 그러나 어느 것도 그렇게 필요하고 실제적인 일은 아니다.

2차 세계대전 뒤 미국에서 일어난 한 가지 커다란 변화로 전국적인 문제가 되고 있는 것 중 하나가 교외로 이주하려는 추하고 끝없는 행렬이다. 사회학자들은 교외 지역의 현저한 특징으로, 그 지역에 사는 여성들이 도시 여성보다 훨씬 교육 수준이 높고 대다수

가 모든 시간을 가사 노동에 바친다는 것을 지적했다.[4]

교외 지역에 사는 사람들이 증가한다는 사실을 보면 교육받은 미국 여성들이 전업주부가 되었음을 대번에 알 수 있다. 아니면 전후의 이런 폭발적인 교외 지역으로의 이주 현상은 미국 여성들의 '가정에서 성취감을 찾으려는 시도'와 일치해서 일어난 것인가? 내가 면담한 여성들은 '아이들을 위해서' 교외로 이주하기로 하고, 곧 자신도 여성성의 신화에 따라서 애를 하나 둘 가진 뒤, 직업을 포기하고 주부가 되기로 결정했다. 젊은 주부들은 매우 일찍 여성성의 신화를 받아들여서 결혼하고, 어머니가 되기 위해 전문 교육을 포기하며, 결혼하자마자 또는 남편이 대학교나 법학 대학원을 다니는 것을 돕지 않아도 되면 곧 교외 지역으로 이주해버린다.

부인이 직업적인 목표를 분명하게 갖고 있는 가족이 교외로 이주하는 일은 드물다. 물론 도시에는 직장을 다니려는 여성들에게 좋은 일자리가 더 많다. 많은 대학교들이 낮에 직장에서 일하는 사람들을 위해 무료로 야간학과를 개설하기도 하는데 이는 대학을 마치기를 원하는 젊은 부인들에게 전통적인 주간 프로그램보다 더 편리할 때도 있다. 또한 시간제 유모와 가정부도 제공해주고 보육원, 탁아소, 방과 후의 놀이 계획도 있다. 그러나 이런 고려들은 가정 밖에서 일하는 여성에게만 중요하다.

그리고 도시에서는 남는 시간을 때우기 위해 집안일이 연장될 여지가 적다. 끊임없는 '시간 때우기marking time'라는 느낌은 여성들이 자녀가 아직 어려서—공원에서 유모차를 밀고, 아기가 밖에서 혼자 놀 수 없기 때문에 벤치에서 애들을 주시하느라고—바쁘다고 해도, 교육을 받은 능력 있는 도시의 주부들에게 일찍 찾아온다. 그러나 도시의 아파트에는 냉장고를 들여놓을 자리도, 콩을 기를 정원도 없다. 모든 도시의 조직들은 매우 방대하다. 도서관은 이미 있고 전문직 종사자들이 보육원과 레크리에이션 계획을 전담한다.

그러므로 많은 젊은 주부들이 가능한 한 교외로 이주하는 것도 놀랍지 않다. 불안한 이민자들을 유혹하는 공허한 캔자스의 평야처럼, 교외 지역은 새로우며 체계적인 서비스가 부족하기 때문에 교육받은 미국 여성들이 이 무한한 도전에 에너지를 쏟을 수 있다. 유능하고 매우 독립적인 여성들은 기회를 잡아서 이 새로운 사회에서 지도자나 혁신자가 되었다. 그러나 대부분의 경우 이들은 여성적 성취를 가르치던 시기 이전에 교육을 받은 여성들이다. 교외 생활이 교육받은 유능한 미국 여성의 잠재력을 발휘시키고 만족시켜줄 수 있는가는 여성 자신의 자아실현이나 이전의 자율성에 달려있는 것 같다. 즉 순응하라는 압력과, 교외에 있는 집과 사회가 주는 바쁜 일에 저항할 수 있는 힘, 그리고 도시에서와 마찬가지로 가정 밖에서도 중요한 역할을 할 수 있는 능력에 달려있다. 적어도 처음에는 교외 지역에서의 그러한 헌신이 자원 봉사를 기반으로 한 것이었지만, 그것은 도전적이면서 필요한 것이었다.

여성성의 신화가 널리 퍼졌을 때, 새로운 유형의 여성들이 교외로 이주해왔다. 그들은 피난처를 찾고 있었다. 그들은 그들이 찾은 교외 지역을 기꺼이 받아들이려 했고, (문제는 단지 '어떻게 적응하느냐'였다) 또 사소한 집안일을 하면서 하루를 보내려고 했다. 내가 면담한 여성들은 1950년대 후반에 대학을 졸업한 사람들이었는데 이들은 지역사회 조직에서 정책을 결정하는 위치에 있기를 거부했다. 그들은 고작해야 적십자, 소년단 등의 모임에나 가든지 아니면 집에 처박혀있거나 학부모 모임 일 정도에 약간 관여할 뿐이었다. 그들은 흔히 "나는 집안일 이외에 시간을 낼 수가 없어요"라고 설명하면서 지역사회에서 중요한 일을 하는 것을 거절했다. 하지만 그들은 대부분의 시간을 하찮은 일로 바쁘게 보낸다. 그들이 하는 사회활동은 지능을 요구하지도 않을 뿐더러 때로는 실질적인 기능을 하지도 못한다. 그들은 거기에서 개인적인 만족감도 얻지 못하고 단지 시간을 채울 뿐이다.

그래서 새로운 베드타운이 된 교외에서 흥미로운 자원봉사직들, 가령 협동 탁아소 운영자, 도서관, 학교 이사회 요직, 행정위원, 심지어는 학부모 모임 의장까지도 점점 남자들이 맡게 되었다.[5] 사회에서 책임감 있는 일을 맡기에는 '시간이 없는' 여성이나, 직업을 가질 '시간이 없는' 여성은 모두 자신을 찾을 기회를 준 진지한 역할을 회피한다. 그런 여성들은 일상적인 집안일을 하면서 책임감 있는 일을 피하므로 결국에는 정말로 그 올가미에 얽매이게 된다.

하루 종일 일하다 보면 필연적으로 바쁘기 마련이고 육체적으로도 구속당한다. 그러면 여성이 집에 얽매여있는 것은 그 냉엄한 현실에도 불구하고 여성성의 신화가 창조해낸 환상에 불과할까? 예를 들어, 로즐린 하이츠에서부터 퍼시픽 팔리세이즈까지

여성성의 신화

1만 4,990달러에서 5만 4,990달러를 들여서 지은 수백만 개의 현대식 연립주택이나 층별 분리형 개방주택 시스템을 생각해보자. 이런 곳들은 돈을 적게 들이고도 더 넓은 공간에 사는 것 같은 환상을 준다. 그러나 이런 집에서 사는 여성들은 거의 다 여성성의 신화를 믿고 살아야 한다. 거기에는 벽도 문도 없다. 여성은 전자 제품으로 장식된 아름다운 부엌에 있으면서도 아이들과 떨어져 있는 법이 없다. 그런 여자는 잠시라도 혼자라는 것을 느낄 필요가 없고 혼자 있을 필요도 없으며 벽이나 문이 없는 시끄러운 '개방된 집'에서 자신의 정체성을 잊을 수 있다. 또한 이런 곳은 집안일을 많아지게 해서 쓸 수 있는 시간을 채울 수 있게 해준다. 기본적으로 벽이나 계단으로 분리된 많은 방 대신 크고 유동적인 방에서 끊임없이 나오는 쓰레기를 끊임없이 치워야 한다. 남자는 물론 하루의 대부분을 집 밖에서 보내지만 여성성의 신화는 여성에게 이것을 금하고 있다.

한때 유능한 작가였던 내 친구는 지금은 평범한 주부다. 자기를 위해 건축가가 특별히 설계한 집을 교외에 갖는 게 그녀의 꿈이었다. 거의 5만 달러나 들여서 지은 그 집은 문자 그대로 하나의 커다란 부엌이었다. 사진작가인 남편을 위해 따로 작업실이 있었고 아늑한 침실도 있었다. 그러나 그녀가 일하는 시간에 아이들과 떨어져 있거나 부엌에서 나와서 있을 장소는 없었다. 특별히 주문하여 만든 화려한 마호가니 가구와 스테인리스로 된 찬장과 전자제품들을 보면 정말 꿈이 실현되었다고 할 수 있었다. 그러나 그 집을 보았을 때 의아했던 것은 다시 그녀가 글쓰기를 원한다면 타자기를 어디에 두어야 할까 하는 점이었다.

그렇게 넓고 자유로운 교외에 위치한 집에 혼자 있을 장소가 거의 없다는 것은 이상한 일이다. 상류층 부인들 가운데 젊어서 결혼했다가 15년쯤 애를 기른 뒤, 학부모 모임에 참석하고, 직접 일하고, 채소도 가꿔 보았다가, 그들 스스로 뭔가 해보고 싶어 한 여성들을 상대로 조사한 사회학자의 연구는 이런 종류의 일을 한 사람들이 자주 도시로 되돌아간다는 것을 밝혀냈다.[6] 그러나 나와 이야기한 여자들 중에는 개인적인 진리를 깨달은 순간 그들의 '개방된 집'에 문을 달아서 방을 하나 더 만든다든가 아니면 이미 있던 방에 문을 달아서 "나 혼자만의 장소, 내가 생각하고, 일하고, 공부하거나, 혼자 있고 싶을 때 아이들과 나 사이에 문을 닫을 수 있도록" 하는 경우가 더 많았다.

그러나 대부분의 미국 주부들은 그런 종류의 문을 만들려고 하지 않는다. 아마도 궁극적으로는 혼자 있기가 두렵기 때문일 것이다. 한 사회과학자가 말했듯이, 미국의 주부들이 갖고 있는 딜레마는 자신이 정말로 관심이 있는 것을 추구할 자신이 없고, 설령 혼자만의 시간과 장소가 있다 하더라도 어떻게 해야 할지 모른다는 것이다.[7] 만약 여자들이 여성성의 신화가 말하는 것처럼 결혼과 어머니의 역할을 자기 직업으로 삼는다면, 만약 집의 감독자가 되어 아이들을 돌보고 여성성의 신화가 다른 곳에 사용하기를 금지하고 있는 인간의 힘을 집을 완벽하게 가꾸고 애들을 감독하고 남편 일을 자세하게 돌봐주는 데 쏟으며 사회활동에 관심을 쏟을 시간이 없다

여성성의 신화

면, 바로 이런 삶이 생을 의미 있게 보내는 방법이 아닌가? 원자와 별의 신비를 밝히고, 교향곡을 작곡하고, 사회와 정부에 필요한 새로운 개념을 창안하는 것만큼 중요하고 가치 있는 생활임을 부인할 사람이 있겠느냐는 것이다.

생물학적으로뿐만 아니라 문화적으로도 창조력이 있는 유능한 여성에게 있어 유일하게 가능한 합리화는 자기 자신을 설득하는 것이다. 여성성의 신화가 여자들에게 확신을 주려고 무척 애썼던 것처럼, 아이를 돌볼 때 생기는 사소한 신체적 문제들이 정말 신비할 정도로 창조적이고, 엄마가 한시라도 없으면 아이는 곤란해할 것이며, 남편의 상사 부인에게 저녁을 대접하는 것은 남편이 실험실에서 문제를 해결하거나 법정에서 싸우는 것만큼 중요하다는 식이다. 그리고 남편과 아이들은 하루의 대부분을 집 밖에서 보내므로, 여자는 계속해서 아이를 갖거나, 자신의 존재를 정당화시키기 위해 어떻게 해서든지 자질구레한 집안일에 중요하고 창조적인 의미를 부여해야 한다.

여성의 존재 전체가 이런 식으로 정당화되어야 하고, 또 주부가 하는 일이 정말로 그렇게 중요하고 필요하다면, 왜 말년의 아인슈타인의 부인이 남편에게 쓸데없는 상대성 이론 연구는 제쳐두고 집안일이나 도와주라고 했을 때, 아기 기저귀를 채우고 더러운 기저귀를 깨끗이 헹군 뒤에 물통에 넣고 그러고 나서 부엌 바닥을 닦으라고 했을 때, 누구나 그러는 것처럼 아인슈타인은 눈썹을 치켜 올리며 의아해했을까?

'주부라는 직업'이 아무리 고되다고 해도 그것이 정말로 해볼 만한 일이거나 사회가 돈을 지불할 정도로 중요한 일이 아니라는 가장 명백한 증거는 〈공존〉이라는 희극에서 나타난다. 이 작은 도덕극에서 여성들은 주연을 맡은 남편이 가정 밖에서 하는 역할만큼, 또는 그 이상으로 더 중요하다는 말을 듣는다. 그런데 여성들이 그렇게 필수적인 일을 하고 있다면, 어째서 남편에게 함께 집안일을 하자고 강요하는 것이 부자연스러운 일일까? 확실히 남자들이 다양하게 친절을 베풀면서 부인의 요구에 응하는 것은, 그들의 말 못하는 죄책감과 부인이 가족이라는 올가미에 걸린 것을 속으로는 알고 있기 때문이다. 그러나 남편이 부인의 집안일을 도와준다고 해서 여성들이 외부의 더 넓은 세계와 단절된 상황을 보상해주지는 못한다. 주부에게 가사 노동의 감소는 오히려 여성들의 개인적인 공허감을 증가시키기 때문이다. 그들은 대신 아이들과 남편의 생활을 공유할 필요가 있다. 공존은 평등을 충분히 대체하지 못한다. 여성의 역할에 대한 찬사는 단지 개인으로서 세상일에 자유로이 참가하는 것을 대체한 것에 불과하다.

미국 주부들의 일상생활 이면에 있는 진정한 공허감은 여러 가지 방법으로 나타나고 있다. 최근 미네아폴리스에 사는 모리스 K. 엥거슨이라는 학교 선생은 지루한 노동으로 일상을 보내는 현대 주부들에 관한 지방지 기사를 읽었다. 36세의 이 노총각은 편집자에게 보내는 편지에서 "그렇게 많은 시간을 소비하는 여성은 지독한 느림뱅이고, 시간을 적절하게 쓰지 못하는 비효율적인 사람"이라고 말하면서 자기가 집안일을 얼마나 빨리 할 수 있는지 보여주겠다고 제안했다.

수십 명의 화가 난 주부들이 그에게 어디 한 번 증명해보라고 했다. 그래서 그는 두 살에서 일곱 살 사이의 네 자녀를 가진 로버트 달튼 부부의 집안일을 사흘 동안 떠맡았다. 단 하루 동안, 그는 1층 마루를 청소하고 세 꾸러미의 옷을 빨아서 말렸고, 내복과 시트 등 모든 세탁물을 다리고, 점심과 저녁을 차렸으며, 케이크 두 개를 굽고, 다음날을 위해 샐러드도 만들어놓았고, 아이들을 목욕시키고, 목제품을 닦고, 부엌 바닥을 닦았다. 달튼 부인은 그가 자신보다 더 훌륭한 요리사였다고 말했다. "청소 같으면 내가 훨씬 더 깨끗하게 했겠지만 그럴 필요는 없는 것 같아요"라고 말했다.

그는 7년 동안 혼자서 집을 유지했고, 집안일을 하고 돈을 벌면서 대학에 다녔다고 지적하면서, "나는 지금도 115명의 학생들을 가르치는 것이 네 아이들을 기르고 집안일을 하는 것처럼 쉬웠으면 한다. …… 나는 집안일이 여성이 주장하는 것처럼 그렇게 끝없이 많은 일이라고는 생각하지 않는다"고 말했다.[8]

남자들이 사적으로 또는 공적으로 표현하곤 하는 이 주장은 최근의 시간과 행동에 대한 어떤 조사에서 증명되었다. 한 그룹의 주부들이 하는 모든 행동을 기술하고 분석하면서, 이 조사는 집안일에 쓰는 대부분의 에너지는 남아도는 것이라고 결론을 내렸다. 웨인대학교의 미시건 심장협회가 후원을 한 일련의 심층 조사는, 여성은 습관적으로 또 전통적으로 쓸데없는 행동과 불필요한 단계에서 에너지를 낭비하면서 "실제로 필요한 것보다 두 배 정도 더 열심히 일한다"고 발표했다.

'주부 피로'라는 까다로운 문제가 부수적으로 각광을 받게 되었다. 최근의 의학협회에 모인 의사들은 그 원인을 발견하지도 못했고, 치료도 할 수 없었다고 보고하고 있다. 대학의 산부인과 의사와 부인병 학자가 모인 회합에서, 클리블랜드의 한 여의사는 '피곤하다는 느낌'에서 벗어날 수 없고 의사도 도움이 안 된다고 불평하는 어머니들은 아파서도 아니고 적응을 잘 못해서도 아니며 실제로 피곤하기 때문에 그런 것이라고 말했다. 클리블랜드 진료소의 레너드 롭신Leonard Lovshin 박사는 다음과 같이 말한다. "여자들은 하루에 16시간, 일주일 내내 일한다. 양심에 거리끼지 않기 위해 스카우트, 브라우니, 학부모 모임, 시내 운전, 교회 일에 참여하고 아이들에게 음악과 무용을 가르친다." 그러나 희한하게도 주부가 하는 일의 양이나 피곤함은 자녀 수와는 관계가 없다고 그는 말했다. 이런 환자는 대부분 자녀가 하나나 둘이다. "아이 하나뿐인 부인이 네 명의 자녀를 둔 부인보다 네 배나 걱정하며 지낸다"고 롭신 박사는 말했다.

어떤 의사들은 이렇게 만성적으로 피곤해하는 어머니들이 신체에 아무 이상이 없음을 발견하고는, 그들에게 "모든 것은 당신의 마음에 달렸다"고 충고했다. 다른 의사들은 그들에게 알약과 비타민, 빈혈 예방 주사액을 주고, 혈압과 신진대사를 낮추고, 다이어트를 시키고(주부들은 보통 12~15파운드까지 더 살이 쪘다), 술은 못 마시게 하고(미국에서는 약 백만 명의 주부가 알코올 중독자라고 알려져 있

여성성의 신화

다), 신경안정제를 줬다. 그러나 이런 어머니들은 실제로 피곤한 상태이므로 위의 치료 방법이 소용없다고 롭신 박사는 말했다.[9]

또 다른 의사들은 이런 어머니들은 필요 이상으로 잠을 많이 잔다는 것을 알아내고는, 근본 원인은 피로가 아니라 권태에 있다고 주장했다. 이 문제는 매우 심각했고, 여성 잡지들이 이 문제를 집요하게 다루었다. 여성성의 신화라는 아주 낙천적인 용어로, 1950년대 후반에 홍수처럼 쏟아진 이런 종류의 기사에서, 의사들은 그 원인이 "주부와 어머니로서의" 역할에 있다고 지적했다. 그럼에도 불구하고 제시된 '치료법'은 남편들이 아내에게 더 많이 칭찬하고 감사해할 필요가 있다는 것이었다. 그러나 여성잡지들은 일반적인 결론을 내렸다. 그것이 여성의 운명이고 앞으로도 항상 그럴 것이다. 그러므로 여자는 그것을 최대로 활용해야 한다. 그래서 《레드북》은 (「왜 젊은 엄마들은 항상 피곤한가」, 1959년 9월호) 만성피로 환자에 대해 바루크 프로젝트가 발견한 사실을 이렇게 기술하고 있다.

어떤 종류의 피곤이든지, 피곤을 느낀다는 것은 무엇인가 잘못되었다는 신호다. 육체적인 피로는 신체의 어떤 부분에서 너무 큰 활동을 함으로써 유기체를 부상에서 보호한다. 반면에 정신적인 피로는 보통 사람에 대한 위험 경고다. 바루크 프로젝트의 공동책임자인 할리 C. 샌즈Harley C. Sands 박사의 설명에 따르면, 이런 사실은 자기가 단지 평범한 주부이며 재능과 교육을 자질구레한 집안일에 낭비하고, 매력과 지성을 잃어버리고, 개인으로서의 정체성도 상실했다고 심하게 불평하는 여성 환자들에게서 명백히 나타난다. 산업 분야에서 가장 피로한 직업은 부분적으로만 노동자의 관심을 끄는 일이면서 동시에 그가 다른 어떤 것에도 집중할 수 없게 하는 일이다. 수많은 젊은 주부들은 이런 정신적인 피곤이 가정과 아이들을 돌볼 때 그들을 가장 괴롭히는 것이라고 말한다. '조금만 있으면 당신의 정신은 텅 빈 것 같고, 어떤 일에도 마음을 쏟을 수가 없게 된다. 그것은 마치 몽유병 같다'고 그들은 말한다.

그 잡지는 또한 환자들이 만성피로를 느끼는 주원인은 "어떤 중요한 승리나 재난이 끼어들지 않는 단조로움" 때문이고, 이것이 "많은 젊은 어머니들의 상태를 압축적으로 설명한다"고 언급한 존스홉킨스대학 정신분석학자의 말을 인용했다. 그 잡지는 또 미시건대학의 한 연구 결과도 인용했는데, 524명의 여성에게 "당신을 중요하고 쓸모 있는 사람이라고 느끼게 하는 것이 무엇입니까?"라고 묻자 "집안일"이라고 대답한 사람은 아무도 없었다. 직장에 다니는 여성들은 "결혼을 했건 독신이건, 압도적 대다수가 집안일보다는 직장에서 훨씬 더 만족감을 느낀다"고 나타났다. 이 점에 대해 잡지는 편집자의 글에 다음과 같은 말을 끼워 넣었다. "물론 직업을 가지는 것이 젊은 어머니들의 피로를 대체할 수 있다는 것을 의미하지는 않는다. 문제가 있다면, 직장을 가진 엄마들이 집에 얽매여있는 엄마들보다 문제가 더 많다." 잡지가 내린 행복한 결론은 다음과 같다. "집안일과 아이 양육에 대한 요구에는 융통성이 있지 않으므로, 만성피로에 대한 완전한 해결책은 없다. 그러나 여성들이 자신에 대해 끊임없이 의문을 제시하기를 중지한다면 피로를 줄일 수 있다. 현실적으로 자신이 할 수 있는 것을—자신이 할 수 없는 것을 아는 것이 더 중요하다—이해하려고 노력하면, 여성은 아무리 피곤하더라도 결국 더 훌륭한 아내, 어머니가 될 수 있다."

이런 종류의 또 다른 기사(「권태는 당신에게 해로운가?」, 《맥콜》 1957년 4월호)에는 "주부의 만성적인 피로는 실제로 권태 때문인가?"라는 물음과 함께 그 대답을 제시하고 있다. "그렇다. 주부들의 만성피로는 반복되는 일과 단조로운 환경, 고립감과 자극의 결핍에서 비롯된다. 고된 집안일은 피로의 원인을 설명하지 못한다. 일이 요구하는 것보다 더 높은 지능을 가지고 있을수록 싫증도 더 커진다. 유능한 고용자들이 단조로운 직업에 고도의 지능을 가진 사람을 고용하지 않는 것은 이런 이유 때문이다. 이런 싫증에 매일의 좌절감이 겹쳐서 일상적인 주부의 일을 남편의 직업보다 정서적으로 피곤하게 만든다." 그 치료법은 이렇다. "요리 같은 일을 하면서 즐거움을 만끽하고, 파티를 열어서 자극을 준다. 특히 남편의 칭찬은 집안일에서 느끼는 싫증을 덜어줄 수 있는 좋은 수단이다."

나는 인터뷰한 여성들에게 너무 심각하지 않은 사소한 질문을 던져보았다. 한 여자는 "밖에서 집에 돌아오면 일종의 마비감이 나를 사로잡는다. 집에는 할 일이 산더미처럼 많은데도 내가 해야 할 일이 하나도 없는 것처럼 보인다. 그래서 나는 냉장고에 마티니 술병을 넣어두고 필요하면 일할 마음이 다시 생기게 하기 위해서, 아니면 남편이 집에 올 때까지 일을 마치기 위해서 몇 잔 들이킨다"고 이야기했다.

다른 주부들은 집안일을 하지 않을 때 남는 시간을 때우기 위해 음식을 먹는다. 신경쇠약처럼 비만증과 알코올 중독도 어린 시절 형성된 성격 패턴과 관련되어 있다. 그러나 이것이 40대의 많은 미국 주부들이 한결같이 활기 없고 둔한 모습을 보이는 이유를 설명해줄 수 있을까? 이것이 활동력의 결핍, 반복적인 일상, 식사를 하는 도중에 몰래 먹는 술, 신경안정제와 수면제 복용 등을 설명해줄 수 있을까? 이런 여자들이 다양한 개성을 가지고 있다 해도, 이런 방식으로 도피하게끔 만든 그 무엇이 그들의 생활과 일에 숨어있을 것이다.

이런 현상은 미국 주부가 하는 일과 함께, 주식회사나 대기업에서 제품 생산 과정의 일부분에 지나지 않는 일을 하는 다수의 미국 남성들의 일에도 해당된다. 인간의 능력을 충분히 활용하지 않는 일은 사람들에게 텔레비전, 신경안정제, 술, 성관계 같은 공허하고 허무한 도피 욕구를 생기게 한다. 그러나 내가 인터뷰한 여성의 남편들 중에는 능력, 책임감, 결단력을 요구하는 직종에 종사하는 사람들도 있었다. 나는 이런 남자들이 집안일을 맡았을 때 자기 부인보다 훨씬 짧은 시간에 그 일을 마치는 점에 주목했다. 하지만 물론 그들에게 이것은 그들의 삶을 정당화시키는 일이 아니었다. 그들이 단지 그 일을 빨리 끝내기 위해 에너지를 더 많이 쏟아서인지, 아니면 집안일이 그들의 에너지를 많이 소비하지 않아서인지 간에, 그

여성성의 신화

들은 훨씬 빨리 일했고 어떤 때는 그 일에서 즐거움을 느끼는 것처럼 보였다.

공존이 강조되는 시대에, 사회비평가들은 남자의 직업 활동이 이런 집안일 때문에 지장을 받는다고 불평한다. 그러나 나와 인터뷰한 여성의 남편들은 집안일이 자신의 일을 방해하게 내버려두지는 않았다. 부인이 직장을 다니거나, 부인 혼자서 집안일을 할 수 없고, 또는 부인이 수동적이고 의존성이 강하며, 무력하다거나, 부인이 남편에게 앙갚음을 하려고 집안일을 남겨놓았든, 어느 경우로든 저녁과 주말에 남편이 집안일을 할 때에는 일이 늘어나지 않았다.

반면 그들 자신의 경력에 도전하지 않기 위한 변명으로 집안일을 도와주는 남편의 경우에는 가용 시간을 채우기 위해 집안일이 늘어나는 경향이 있다는 것을 알 수 있었다. "나는 그이가 화요일 저녁 온 집안을 청소하겠다고 큰소리치지 말았으면 좋겠다. 그럴 필요가 없다. 그이는 그럴 시간에 대신 공부할 수 있다"고 어느 대학교수의 부인이 내게 말했다. 그 여자는 유능한 사회사업가였는데, 직업을 갖고 있으면서 하녀도 두지 않고 가정과 아이들을 돌보았다. 딸의 도움을 받아가면서 그녀는 토요일에 깨끗하게 집 청소를 끝냈기 때문에 남편이 화요일에 청소를 할 필요가 없었다.

당신의 능력으로 할 수 있는 일을 하는 것은 성숙했다는 표시다. 대부분의 미국 여성들이 성숙해졌는데도 그들이 할 수 있는 일을 하지 못하는 것은 하인이 없다든가, 집안일과 아이들 때문은 아니다. 그전에 하녀가 많았을 때에도, 하녀들을 두고 사는 중산층 여성들의 대부분은 자유로운 시간을 이용해서 사회 활동을 적극적으로 하지 않았다. 그들은 '여성의 역할'을 여가에 한정시켰다. 그러나 이스라엘이나 러시아처럼 하녀가 거의 없고 여성에게 주부 이상의 역할을 기대하는 나라도 가정과 자녀, 사랑을 소홀하게 생각하지 않았다.

여성이 능력에 맞는 일을 하는 것을 금하는 것은 여성적 성취의 신화 때문이며, 미성숙의 결과다. 10년이나 20년 이상 여성성의 신화를 믿고 살아왔으며, 어렸을 때 그 신화에 적응해 주체성을 경험하지 못한 여성들이 세상에서 실제로 일할 때 맞닥뜨릴 수 있는 시련을 두려워하고, 주부라는 역할과 정체성을 고수하려 하는 것은 전혀 이상한 일이 아니다. 그들이 "나 자신이 존재하지 않는 것처럼 공허하고 쓸모없다"는 느낌을 숙명적으로 갖는다 하더라도, 특정한 인생의 목표가 없을 때 남는 시간을 메우기 위해 집안일을 늘리는 것은 너무나도 당연하다. 결국 집안일이 한 시간 안에 끝나고 아이들은 학교에 가고 인생에 다른 목표가 없을 때에는, 영리하고 정력적인 주부는 하루가 참을 수 없을 정도로 공허하다고 느낄 것이다.

그래서 스카스데일의 한 여성은 하녀를 내보내고 모든 집안일을 자기가 하면서 일상적인 지역공동체의 일을 했음에도 자신의 에너지를 다 쓸 수가 없었다. 그는 자기 자신과, 자살을 기도했었던 한 친구에 대해 말하면서, "우리는 문제를 해결했어요. 일주일에 3일씩 아침마다 볼링을 쳤지요. 아마 그러지 않았다면 미쳤을 거예요. 지금은 적어도 밤에 잠을 잘 수는 있거든요" 하고 이야기했다. 또 어떤

여성성의 신화

부인이 슈라프 식당에서 친구와 식사하면서 "공허감을 없애줄 방법은 언제나 있잖아"라고 말하며 '집안일이 없는 오후'에 무엇을 할 것인지 끝도 없이 이야기하는 것을 들었다. 그것들은 의사가 지시한 것이었다. 미국 주부들이 자신들이 지니고 있는 에너지를 살을 빼는 데에 쓴다고 극성을 떨고 있는 관계로, 식이요법을 위한 음식과 미용 교실은 많은 돈을 벌어들이는 사업 가운데 하나가 되었다. 지적이고 교육받은 미국 여성들이 그들의 창조적인 에너지를 '제거'하기 위해서 가루 식품을 먹고, 미용 기계와 씨름을 해야 한다는 것은 충격적인 이야기다. 그러나 여성의 창조적인 에너지를 사회가 추구하는 목표에 사용하지 않고 단지 없애버리는 것이 주부의 본질이라고 할 때는 아무도 놀라지 않는다.

여성성의 신화에 따라 산다는 것은 역사의 되돌림이고, 인간의 진보에 대한 가치를 저하시키는 것이다. 나치가 여성들에게 명령한 것과는 달리, "실제의 혹은 잠재적 어머니로서, 또는 여성으로서 삶에 대한 체면과 자부심을 회복시키기 위한 선전"에 의해서 여성을 가정으로 되돌려 보내는 것은 여성이 자신의 "기술적 실업" 상태에 저항해야 한다는 것을 의미했다. 통조림 공장과 빵집은 폐쇄되지 않았으나 여성성의 신화를 만드는 사람들조차도 "우리가 여성에게 요리, 집 안 가꾸기, 장식 등의 작업으로 가정에서 그들의 기능을 되찾으라고 제안하는 것이 혹시 진보의 흐름을 되돌려놓는 것이 아닌가"라는 질문에 대해 스스로를 방어할 필요를 느꼈다.[10]

그들은 진보가 꼭 진보는 아니라고 주장한다. 이론적으로는 여성들을 단조로운 집안일에서 자유롭게 만드는 것이 여성들로 하여금 좀 더 고상한 목적을 개발할 수 있게 그들을 해방시키는 것이다. 그러나 "그런 목적을 이해할 수는 있지만, 그중 선택되는 이들은 극소수에 불과하며 그중에서 여성은 더욱 적기 마련이다." 그러므로 모든 여성이 쉽게 할 수 있는 집안일을 모든 여성이 다시 할 수 있게 하자. 그리고 사회가 여성에 대한 위신을 "여성으로서 사회에 가장 충실한 것으로 인정되는 여성에게 강조하도록" 감독하자.

지난 15년 동안 여성에게 주부로서의 권위를 갖게 하려는 운동이 민주주의 국가보다 독재국가에서 더 활발하게 일어났다. 그러나 한때 가정에서 필요한 일과 업적에 의존했던 여성의 자아 개념이, 더 이상 필요성도 없고 많은 능력을 사용하지 않는 가사에 의해 재창조될 수 있을까? 여성이 궁극적으로 더 가치 있는 일을 할 수 있는 시간을 가진 나라에서 말이다. 어떠한 이유에서건, 창조적인 에너지를 요구하지 않는 일이나 변화하는 세계에 뒤떨어진 융통성도 없는 일에 여성이 시간을 소비해야 한다는 것은 잘못된 일임에 틀림이 없다. 여성들은 "창조적인 에너지를 소모할 수 있는 방법"이 있음에도 불구하고, 자신의 능력을 사용할 수 있게 되기 전까지는 어떤 평화도 얻지 못할 것이다.

확실히 미국 여성 중에는 주부로서 어느 순간에 만족을 느끼고 집안일에 자기 능력을 다 사용하는 사람도 더러는 있다. 그러나 행복하다는 것과 모든 능력을 활발히 다 사용한다는 것은 같지 않다. 인간의 재능이나 능력은 정적인 성질의 것이 아니다. 아무리 남는

여성성의 신화

시간을 메워준다 하더라도 가사 노동은, 유아 때 지능이 보통 사람 이상이었던 여성들의 50퍼센트에 해당하는 여성들은 물론이고 보통 지능을 가진 여성의 능력조차 다 사용하게 하지는 못한다.

몇십 년 전, 정신적으로 저능한 사람을 연구한 보고서는 집안일이 정신박약 소녀들의 능력에나 적합하다고 기록했다. 많은 도시에서 가사 노동자로서 정신박약 환자들을 많이 요구했는데, 그때는 지금보다 집안일이 훨씬 어려웠다.

자녀 교육, 실내 장식, 식단 짜기, 가계 예산, 오락에 관한 기본적 결정을 내리려면 물론 교육이 필요하다. 그러나 여성성의 신화가 갖는 부조리함을 목격한 몇 안 되는 가족 및 가정 전문가들 중 한 사람에 따르면, 아직도 많은 시간이 필요한 집안일은 대부분 "여덟 살 난 아이라도 할 수 있다."

그러므로 여성의 역할은, 회사의 중요한 정책 결정을 내리고, 회사의 전체 계획도 하며, 또 공장을 청소하고 기계에 기름칠을 하는 회사 사장에 비유된다. 물론 산업 분야에서는 회사 직원들의 능력을 너무 절약해서 그런 식으로 낭비할 수 없다.

'가정을 창조'하는 데서 오는 진정한 만족감, 남편과 아이들과의 개인적인 관계, 친절하고 조용하며 교양 있는 따뜻한 가족 분위기, 여성이 갖고 있는 안정감 등은 빗자루, 스토브, 개수통에서가 아니라 여성의 인격에서 오는 것이다. 매일매일 단조로운 집안일을 하는 것을 운명으로 삼고 거기에서 창의력을 보상받으려고 하는 여성은 마치 부품 회사에서 일하는 노동자가 자동차의 볼트를 죄어 놓고 차를 만들기라도 한 듯 기뻐하는 노동자처럼 불안하게 될 것이다. 언제나 하루에 3번의 식사 후에 설거지를 하고 시장 볼 것을 계획하고(레몬 3개, 가루비누 2통, 스프 1통), 진공청소기로 라디에이터의 먼지를 털어내고, 휴지통을 비우고, 목욕탕을 닦으면서, 결국 사소한 일 말고는 아무 것도 한 일이 없음을 안다는 것은 어려운 일이다.[11]

이 시대의 여성에게서 볼 수 있는 더 유쾌하지 못한 현상은 여덟 살 난 아이라도 할 수 있는 시시한 일에 수백만 여성이 그들의 인생을 바쳐야 하는 데서 나타나는 필연적인 결과다. "가정과 가족을 돌보는 직업"에 낭비되는 여성의 능력을 합리적으로 정당화시키고, 조작자들이 '윤활자lubriator' 같은 과학적인 신조어를 그럴듯하게 만들고, 세탁기에 옷을 쏟아넣는 행동이 유전인자를 해독하는 것과 같은 종류의 일이라는 환상을 심고, 남는 시간을 메꾸기 위해 집안 일을 늘리더라도, 성인들에게는 그런 것이 과연 해볼 만한 가치가 있는 일이라고는 생각되지 않는다. 그래서 이런 정신적인 진공상태에 있는 여자들을 위해 요리책, 자녀 양육에 관한 과학적인 글, 특히 결혼한 후 남자와 관계할 때 필요한 기교를 충고한 책들이 홍수같이 쏟아져 나오고 있다. 이런 것들도 역시 성인들에게는 아무런 도전도 제공하지 못한다. 결과는 거의 뻔한 것이었다. 남편들이 놀랄 정도로 부인은 어느새 '전문가'가 되었고, 무엇이든지 알며, 남편과 부인의 공유물인 가정에서 부인이 우위를 차지해서, 그들과 경쟁하거나 같이 살아가기가 불가능해졌다. 러셀 린즈Russel Lynes가 지적한 대로, 부인들은 남편들을 시간제 가정부 아니면 최근에 새로 나온 가정용 도구로 취급한다.[12] 결혼과 가족, 또는 가정학 등 학점 따기 쉬운 과목을 듣거나, 스포크 박사와 반데 벨데Vande Velde 박사의 책을 선반 위에 꽂아두거나, 남편과 자녀와 가정에 시간과 에너지와 지능을 전부 바치면서, 미국의 젊은 주부들은 쉽게, 필연적으로, 그리고 무서울 정도로 그들의 '엄마' 보다 더 완전하게 가족을 지배하기 시작했다.

11

성관계에 집착하는 사람들

나는 킨제이 연구를 한 것이 아니었다. 하지만 내가 이름을 붙일 수 없는 문제를 연구하기 위해 인터뷰했던 교외에 사는 주부들은 성적 문제가 아닌 질문에 대해서도 성적인 답변을 내놓았다. 나는 그들의 관심이나 야망에 대해 물었다. 즉 부인이나 어머니로서가 아니라 남편과 아이들, 가사를 돌보지 않을 때의 관심사에 관한 질문으로 그들이 받은 교육을 어떻게 활용하느냐에 관한 것이었다. 그러나 몇몇 여성들은 내가 섹스에 관해 물었다고 단정했다. 그렇다면 결국 이 이름을 붙일 수 없는 문제는 성적인 문제가 아니었을까? 섹스에 관해 말할 때 그들의 말이 이상할 정도로 비현실적이었던 것을 제외하면 나는 그렇게 생각했어야 했다. 그들은 이해할 수 없는 말을 던졌고 내게 폭넓은 암시를 줬다. 즉 내가 묻지 않았음에도 섹스에 관해 말하려고 애썼다. 그들은 성적인 경험에 관해 상세히 말하는 것을 자랑으로 여겼다. 때로 그들은 그것을 감추려 하지 않았다. 이런 경험은 충분히 현실적인 것이었다. 그러나 그런 경험들을 성적인 것이 아니라 비현실적인 것으로 들리게 한 이유는 무엇이었을까?

아이를 네 명 가진 38세 어머니는 성관계란 자기에게 유일하게 '살아있음을 느끼게' 하는 것이라고 말했다. 그러나 그것은 잘못된 생각이었다. 그녀의 남편은 더는 그런 느낌을 주지 않았다. 그들은 성관계를 가지지만 남편은 사실 여기에 관심이 없었다. 그녀는 침대에서 그에게 환멸을 느끼기 시작했다. "나는 살아있다는 것을 느끼기 위해서 성관계를 해야 한다고 생각하지만, 그를 실제로 느낄 수는 없어요"라고 그녀는 말했다.

아이가 다섯 명 있는 30세 된 주부가 조용히 스웨터를 짜면서 비현실적일 정도로 솔직하고 평범한 어조로 말하기를, 그녀는 연애를 했던 남자와 멕시코로 도망가려고 생각했었다고 했다. 그녀는 그를 사랑하지 않았지만 만약 그에게 '완전히' 모든 것을 줬다면 '일생에서 가장 중요한 것'을 가졌다고 느낄 수 있었으리라고 생각했다. 그렇다면 아이들은 어떻게 할 것인가? 막연하게 그녀는 아이들을 데리고 가리라고 생각했고, 그는 그 문제에 그렇게 신경 쓰지 않았을 것이다. 그런데 그녀가 원했던 감정은 어떤 것이었을까? 그녀는 우선 남편에게서 그런 감정을 얻으려 했었다고 했다. 그녀가 결혼했던 18세 때에는 자신이 기억하는 한 '죽어도 한이 없을 정도로' 행복했다고 했다. 그러나 남편은 '그녀에게 모든 것을 주지' 않았고 대부분의 시간을 일하는 데 바쳤다.

잠시 동안 그녀는 그런 감정을 아이를 통해서 느꼈다. 다섯 번째 아이가 젖을 떼기 시작하고 그 아이가 세 살이 되자 그녀는 처음으로 다른 남자와 성관계를 가졌다. "다른 누군가에게 나의 모든 것

여성성의 신화

을 준다는 것은 나에게 살아있다는 기막힌 느낌을 갖게 했죠"라고
그녀는 말했다. 그러나 그런 관계는 지속될 수 없었다. 그 사람이나
그녀 역시 아이들이 너무 많았다. 그들의 관계가 멀어졌을 때 남자
는 그녀에게 말했다. "당신은 나에게 정체성을 갖게 해줬소." 그 이
야기를 들은 그녀는 "그렇다면 도대체 내 자신의 정체성은 어떻게
된 걸까" 하고 의아한 생각이 들었다. 그래서 그녀는 아이들을 남편
에게 맡기고 그 해 여름 한 달 동안 떠나있었다. "나는 무엇인지도
모르는 것을 추구하고 있다. 그러나 내가 누군가와 사랑을 할 때만
그런 감정이 느껴진다."

그녀는 또 다른 사람과 성관계를 가졌다. 그러나 이전에 느꼈던
그런 감정은 더 이상 느껴지지 않았다. 그래서 그녀는 이런 감정이
자신에게서 완전히 떠나기를 원했다. 그리고 조용히 뜨개질을 하면
서 말했다. "이제는 어떻게 해야 그런 감정을 느끼게 되는지 알아요.
다시 그런 감정을 느낄 때까지 계속 노력하며 찾고 있죠."

그녀는 다섯 아이들을 데리고 얼굴을 모르는 남자와 함께 멕시
코로 떠났다. 분명히 그녀는 환상적인 '느낌'을 받지 못했다. 어떤
일이 일어나든 그것은 결혼에 영향을 미칠 만큼 그렇게 현실적이지
못했다. 그것은 전과 같았다. 그녀가 성관계를 통해 느끼고자 하는
감정은 어떤 것인가? 그리고 그것은 왜 이루어지지 못하는가? 여성
들이 '살아있다'는 느낌과 '자신만의 정체성'을 가졌다는 느낌을 느
끼기 위해 성관계를 맺으려 할 때, 성은 비현실적이고 환상적인 것
이 되는가?

다른 교외에서 나는 조금은 모호하고 멍하지만 '문화적'인 관심을 가진 30대 후반의 매력적인 여성과 이야기를 했다. 그녀는 끝내지 않은 그림을 그리기 시작했고, 자신은 듣지도 않는 음악회를 위해 모금을 했으며, 아직도 "자기에게 맞는 것을 발견하지 못했다"고 말했다. 나는 그녀가 일종의 성적인 추구 상태에 사로잡혀 있다는 것을 알았다. 모호하고 초점이 맞지 않는 허세를 지닌 그녀의 문화적 장난은 사실상 그것의 일부였다. 그녀는 자기와 잠자리를 원했던 남자들의 직업적 특성이나 지적인 재능을 자랑했다. "어떤 성과를 이룬 듯이 자랑스러운 느낌이 들죠. 그걸 숨기고 싶지 않아요. 능력 있는 사람을 만나는 걸 누구나 알아주었으면 하는 거죠"라고 그녀는 나에게 말했다. 실제로 전문적인 능력이 있는지의 여부와 그녀가 이런 사람들과 얼마나 많이 잠자리를 같이 하기를 원했는가는 별개의 문제이다. 후에 나는 그녀가 그 지역 사람들의 웃음거리였다는 것을 이웃 사람에게서 들었다. 모든 사람들이 '알고' 있었지만, 그녀의 성관계는 너무 비인격적이고 예측할 수 있어서 오직 새로 만나는 상대만이 진지하게 그녀를 상대할 수 있었다.

그러나 같은 지역에 사는 네 아이를 가진 젊은 어머니의 탐욕스러운 성욕은 웃음거리가 되지 않았다. 어쨌든 여러 번의 애정 관계를 거듭하며, 킨제이가 말한 것처럼, 난잡한 혼외 관계가 뒤섞인 성 추구는 적어도 두 번이 넘는 다른 결혼 생활에서 현실적으로 비참한 결과를 낳았다. 그들과 같은 여성들, 교외 주택가에 사는 성관계에 집착하는 여자들은 실제로 여성성의 신화의 좁은 범위 내에서 살았다. 그들은 지적임에도 불구하고 이상하게도 '불완전'했다. 그들은 지역사회 활동이나 집안일을 늘림으로써 시간을 유용하게 쓸 수 있는 기회를 포기하고 대신에 성관계에 의지했다. 그러나 그들은 만족하지 못했고 남편들도 그들을 만족시키지 못했다. 그들은 혼외정사는 좋지 않다고 말한다. 여성성의 신화라는 관점에서, 한 여성이 개인적으로 '공허감'을 느끼고 불만스러워한다면 그 원인은 성적인 것임에 틀림이 없다. 그런데 왜 성관계가 그녀를 만족시키지 못하는 걸까?

마치 여대생들이 과학이나 예술, 사회에 관한 개인적인 일이나 고통과 갈등에서 벗어나기 위해 결혼에 성적 환상을 갖는 것처럼, 결혼한 여성들이 여성성의 신화가 금하고 있는 보다 큰 인간적 목적을 추구하는 대신 정력적인 에너지를 탐욕스런 성 추구에 쏟고 있는 것이 아닐까? 그들은 실은 성적이지 않은 욕구를 채우기 위해 성관계나 성적 환상을 사용하는 것은 아닐까? 왜 그들의 성이 현실적일 때에도 환상처럼 여겨지는가? 그렇기 때문에 성적 쾌감의 절정을 느낄 때에도 만족하지 못한다고 여기는 것은 아닐까? 결혼한 뒤에도 여성성의 신화가 약속하는 성적인 만족감을 얻을 수 없기 때문에 결코 만족되지 않는 그런 성적 추구를 하고 있는 게 아닐까? 아니면 개인적인 만족감이나 성취감 같이 성에서 얻을 수 없는 것을 성으로부터 찾고자 하는 것은 아닐까?

성은 여성성의 신화 안에서만 살아왔던 여성들에게 열려있는 유일한 영역이었다. 지난 15년 동안 미국 여성의 더 큰 목적이자 목표를 부정함으로써 생기는 공허감과 시간을 메우기 위해, 성의 경계는 어쩌면 가능한 한 확장되도록 강요되었다. 미국 여성들의 성적 갈망은 킨제이나 교외 지역의 소설가나 사회학자의 저서와 대중 매체, 텔레비전, 영화, 성적 환상에 대한 탐욕스런 욕구를 방조하는 여성 잡지 등에 의해 수도 없이 증명되었다. 여러 세대를 통해 능력 있는 미국 여성들이 성의 노예나 성 추구자들로 치환되고 말았다는 것은 과장이 아니다.

그런데 무한한 신체적 쾌감의 약속 대신 여성성의 신화가 충만한 미국에서 성은 조롱거리는 아니더라도 즐겁지도 않은, 일종의 의무감 같이 되고 있다. 성욕을 자극하는 소설들이 점점 노골적이면서 지루해졌고, 여성 잡지들의 성에 관한 기사는 역겨울 정도였다. 새로운 섹스 테크닉을 기술하고 있는 매뉴얼들이 쏟아져 나오는 것은 흥분이 고갈되었음을 암시하는 것이었다. 이런 성적인 권태는 할리우드 신인 여배우들의 점점 커지는 가슴이나 광고에 남성의 음경이 나타남으로써 점점 더해갔다. 성은 비인간적이고 과장된 상징의 관점에서 보였다. 그러나 여성성의 신화가 생긴 시대에 나타난 성적인 현상 가운데 가장 우스운 것은 여성들이 독립된 활동을 하는 게 아니라 가정에서 여성의 역할을 실현하는 것으로 회귀하자 여성들의 좌절된 성에 대한 갈망이 증가했고, 여성에 대한 갈등도 격렬해졌다는 것이다. 그리고 미국 여성들이 그들의 관심을 성적인 만족에 한정하여 그것을 노골적으로 추구하면서 성적 환상에서 벗어난 행동, 남성들의 성적 무관심 그리고 여성에 대한 여성

　　　　　　　　　　　　　　　　　　여성성의 신화

들의 적개심 역시 증가했다.

나는 어디에서나 이런 현상을 발견했다. 대중소설의 음란한 페이지의 솔직한 묘사에서 혹은 패션 사진 속의 거의 성별을 구별할 수 없는 여성의 육체에서 오늘날 성에 대한 과장되고 비현실적인 면을 볼 수 있다. 킨제이는 최근 10년 동안 성적인 '분출구'가 증가하지 않았다고 말했다. 그러나 지난 10년 동안 미국인들은 부쩍 섹스와 성적인 환상에 몰두해왔다.[1]

한 심리학자가 1950년 1월과 1960년 1월 두 차례에 걸쳐 미국의 신문, 잡지, 텔레비전과 라디오 프로그램, 연극, 대중가요, 베스트셀러 소설 그리고 비소설 분야의 책 속에서 성에 관해 언급한 것을 연구하면서, 성에 대한 욕구나 성적인 표현이 대단히 증가했다는 것을 발견했다. (노출, 생식기관, 외설, 음탕, 성교 등을 포함하여) 성욕을 다룬 이야기 중 50퍼센트 이상이 혼외 관계에 관한 것이다.(여기에는 간음, 간통, 난혼, 매춘, 그리고 성병 등이 포함된다.) 미국의 보도기관에서는 1950년보다 1960년에 거의 2.5배 이상이나 성에 대해 언급했고 2백여 종의 대중 매체에 관한 연구에서 성에 대한 '관대한' 언급이 509회에서 1341회로 증가했다. 이른바 남성 잡지들은 여성의 성기를 과장하여 다룰 뿐 아니라 동성애도 조장하고 있었다. 성에 관한 가장 뚜렷한 표현은 '만족을 모르는' 음탕한 베스트셀러 소설이나 정기적인 연재소설에서 나타났고, 이런 책들의 독자는 대부분 여성이었다.

이전의 위선적인 거부와 비교하여 성에 대해 '관대한' 입장을 취했음에도 불구하고 심리학자는 다음과 같이 추측했다.

> 성기에 관한 묘사가 …… 현대 소설에 너무 빈번하게 나타나므로
> 사람들은 그런 묘사가 베스트셀러를 만드는 필수 요건이 아니냐는 생
> 각을 갖게 되었다. 성교에 관한 지루하고 미지근한 묘사는 흥분시키는
> 능력을 잃게 했고 현대 소설에서 성적 탈선 행위는 평범한 것이 되었
> 기 때문에 현 단계에서는 필수적으로 성기 자체를 묘사하는 것 같다.
> 외설적인 것에 있어 다음 단계에는 어떤 것을 묘사하게 될지 상상하기
> 어려울 정도다.[2]

1950년부터 1960년까지 성교를 묘사하는 데에 대한 남성의 관심은 미디어에 묘사된 것으로든, 그 독자로서든 간에 여성의 욕구보다는 못했다. 성행위에 대한 외설적인 묘사는 이미 1950년경 남성 잡지에 나타난 것보다 주로 여성들이 구독한 베스트셀러 소설에서 수적으로 더 많았다.

같은 시기에 여성 잡지들은 성에 대한 집착을 다소 병적으로 위장한 관련 기사가 증가하는 것을 보여주었다.[3] 「결혼 생활을 잘하는 법」, 「이런 결혼도 지속될 수 있을까?」, 「전문가와 상담하세요」 같은 '건강'을 표제로 한 기사들은 도덕주의로 가장하여 시시콜콜한 성적 이야기를 '문제'로 다루었다. 여성들은 마치 교과서에 나오는 사례를 읽는 듯한 기분으로 그것을 읽었다. 영화나 연극도 타락한 성에 대해 다루기 시작했고 이런 시도는 최근의 어떤 충격과 흥

여성성의 신화

밋거리보다 선풍적으로 인기가 있었다.

교외 주택가에서 실시된 사회학자들의 성에 관한 수많은 연구와 킨제이 보고서에서는 인간의 성욕을 가장 좁은 생리학적 범위로 한정했다는 것을 알 수 있다. 1948년과 1953년 두 번에 걸쳐 발표된 킨제이 보고서는 인간의 성욕을 가능한 많은 '분출'이 목표인 지위를 추구하는 게임status-seeking game으로써 다루었다. 결혼 전이나 결혼한 뒤 또는 혼외에서의 정사, 여러 가지 체위, 동물과의 성교, 몽정, 수음에 의해서도 똑같이 다다르는 오르가슴이 그것이었다. 킨제이의 연구자들이 보고한 내용과 그 방식은 성적 욕망을 자극하는 소설이나 잡지, 연극과 마찬가지로 증가하는 자아 상실감, 미성숙함, 쓸쓸함, 성에 과하게 몰두하는 비논리적인 무분별함의 모든 증상들이었다.

이런 '성에 대한 갈망, 두려움, 음란함'의 악순환이 성교에 대한 건강한 확신이 아니라는 것은 여성을 갈망하는 남성들의 이미지가 남성을 갈망하는 여성들이라는 새로운 이미지로 변함으로써 명백해졌다. 성적인 상황을 극단적으로 악용하거나 과장하는 것은 극중 인물이나 청중을 똑같이 흥분시키는 데 필요한 것 같다. 이와 같이 잘못된 반전 현상의 가장 좋은 예로 이탈리아 영화 〈달콤한 인생La Dolce Vita〉을 들 수 있다. 이 영화는 예술적으로나 상징적으로 과장되어 있음에도 불구하고 성욕을 자극하는 것처럼 광고되어 인기를 얻었다. 이탈리아의 성이나 사회에 대해 비판한 특수한 이 영화는 성적인 편견이라는 면에 있어서 미국의 무대에도 어울리는 것이었다.

미국 소설이나 연극, 영화에서 점점 더 많은 사람들이 그러하듯이, 성적인 것을 추구하는 사람들은 주로 생각 없이 너무 차려입었거나 지나치게 간소하게 입은 성적 생물(할리우드 배우), 히스테릭한 기생충 같은 인간(저널리스트의 여자친구)으로 보이는 여성들이었다. 게다가 빌려온 매춘부의 침대에서 나타나는 비뚤어진 자극을 필요로 하는 난잡하고 부유한 소녀, 촛불 속에서 숨바꼭질하며 난교하는 성에 굶주린 여성들, 쓸쓸하고 따분하고 무관심한 청중들에게 옷을 벗어 보이면서 애태우는 이혼녀도 있었다.

사실 남자들은 너무 지루했거나 너무 바빠서 모든 것이 귀찮았다. 이 무심하면서 소극적인 영웅은 섹스를 찾는 한 여자에게서 다른 여자에게로 표류했다. 마치 물 건너편에 있는 무성애자인 어린 소녀의 환상 속에 그려진 암시적인 동성애자 돈 후안처럼. 이것은 극단적으로 성적인 상황을 과장해 비인격화시킴으로써 주인공에게나 청중에게 똑같이 권태감을 느끼게 했다. 이와 같이 성을 비인격화시킴으로서 느껴지는 권태감 때문에 청중들은 브로드웨이 연극, 헐리웃 영화, 미국 소설을 도외시했다. 〈달콤한 인생〉이 결말로 치달아갈 때 사람들은 모두 커다랗게 부풀어 오른 죽은 고기를 보러 나가고, 스크린에는 영화의 메시지를 함축하는 자막이 뜬다. '달콤한 인생'은 지루하다는 것이다.

정력적으로 성을 추구하는 여성의 이미지는 『페이튼 플레이스 Payton place』나 『채프맨 리포트The Chapman Report』 같은 소설에서도 나타난다. 그 소설은 의식적으로 성적 환상에 굶주린 여성들에게 만족

여성성의 신화

을 준다. 이것이 지나치게 성욕을 추구하는 여성에 대해 꾸며낸 이야기든 아니든 간에, 미국 여성들은 실제 생활에서 탐욕스럽게 성욕을 추구하는 사람들이 되었고 적어도 성행위를 다룬 책을 갈망했다. 소설에서나 실제 생활에서나 남성들은 이런 욕구를 채워주지 못했다. 소설에서나 현실에서나 미국 여성과 남성의 성적인 편견의 차이점은 간단하게 설명할 수 있다. 특히 교외 지역에 사는 주부들은 아이들이 학교에서 집으로 돌아올 때 발생하는 문제, 시간을 초과해서 차도에 주차된 자동차 문제, 그리고 잡담하는 고용인들 문제뿐 아니라, 간단히 말하면 남성들은 가능한 전부가 아니기 때문에 성욕을 더 많이 추구한다. 일반적으로 남성은 대부분의 시간을 성적이지 않은 취미와 열정에 소비하며, 괜히 남는 시간이 없으므로 성관계를 늘려야 할 필요가 없다. 그래서 10대에서부터 중년까지 미국 여성들은 대부분의 삶을 성적 환상에 소비해야 할 운명에 처한다. 심지어 킨제이 보고서에서 보이듯 점점 늘어나고 있는 '혼외 애무'나 성행위가 진짜일지라도, 신화가 여성들로 하여금 믿게 한 것만큼 현실적이지는 않다.

『교외 주민들The Exurbanites』을 쓴 남성 작가는 이렇게 말했다.

애인이 그녀에게 정반대되는 것을 설득하기 위해 꾸며낸 감언이설로 그에게는 아주 일상적인 일을 하는 동안, 그녀는 그것이 일생 중 가장 진실한 사랑이라고 생각하여 거기에 휩쓸리게 된다. 잘 맞지 않는 결혼과 남편의 행동으로 당황하고 화가 나거나 종종 굴욕감마저 느끼는 그녀는 심리적으로 능숙하고 현명하며, 매력과 재치가 있고 유혹적인 행동을 하는 남자를 기다리게 된다. …… 해변의 파티에서, 토요일 밤 파티에서, 이곳저곳을 드라이브하면서 커플마다 자연스레 흩어져 처음 말을 나누고, 처음 은밀한 장소를 준비하고, 처음 어떤 상상을 하게 되고, 최초의 의미 있는 눈길을 나누고 최초로 강렬한 키스를 하게 된다. 그리고 얼마 후, 그녀에게는 중요했던 것이 그 남자에게는 그다지 뜻하지 않았던 것이라는 것을 깨달았을 때, 그녀는 울음을 터뜨리고, 눈물을 훔치고는 다시 주변을 둘러보게 되는 것이다.[4]

그러나 한 여성이 자기의 모든 정체성을 성적 역할에만 두거나, 또는 성이라는 것이 자신이 '살아있음을 느끼게' 하기 위해서만 필요한 것이라고 말하면 무슨 일이 일어날까? 간단히 말하자면 그녀는 남편의 육체와 '남성성'에 그리고 자신의 육체와 '여성성'에 불가능한 요구를 하게 될 것이다. 한 결혼 상담자는 그가 만났던 교외의 젊은 주부들은 "사랑과 결혼에 그런 지나친 요구를 하고 있으나, 거기에는 아무런 흥분도 신비도 없으며 때론 거의 아무것도 일어나지 않는다"고 말했다.

이것은 바로 여성이 성에 관한 지식과 편견에 대해서 훈련받고 교육받았던 것이며, 그녀는 한 사람의 부인과 어머니가 되는 것에 전력을 다해야 한다는 행동 양식을 뚜렷하게 펼쳐놓는다. 서로를 찾으려는 두 이방인인 남자와 여자, 분리된 존재들에게 그것은 조금도 이상

여성성의 신화

하지 않다. 그것은 예정 시간보다 빨리 펼쳐진 것으로 생활에 대한 두려움이나 아름다움 그리고 투쟁 없이 따라야만 하는 하나의 각본인 것이다. 그래서 여성들은 남자 친구나 남편에게 자신이 무언가를 느낄 수 있게 해주기를 요구한다. 여성은 스스로 이것을 끌어낼 힘이 없기 때문이다.

한 정신과 의사는 여성 또는 남성들이 "더 넓은 사회에서 목표와 만족을 이루지 못한 것에 대한 친밀감과 애정을 채우기 위해" 가족을 이용할 때 그들의 성이 "천천히 시들어 죽는" 것을 보았다고 말한다.[5] 때때로 "젊은 사람들 중에서 성욕이 감소하고 결국 사라져버려서 어떤 성욕도 느끼지 못하고 몇 달을 지낼 수 있는 경우도 있다"는 것이다. 또한 성행위는 "기계화되고 비인간화되는 경향이 있으며, 성행위 후 상대방을 전보다 더 고독하게 만드는 육체적 해방이 되었다. 부드러운 감정 표현은 줄었다. 섹스는 지배와 통제를 위한 투쟁의 장이 되거나 계획대로 수행하는 단조롭고 속이 빈 절차가 되어버렸다."

비록 성적으로 만족하지는 못할지라도 이런 여성들은 계속 성을 추구할 것이다. 여성성의 신화에 따라 사는 여성들에게는 성적인 것, 즉 성적 정복의 성취와 바람직한 성적 대상의 지위를 얻는 것, 성적으로 성공한 부인과 어머니의 정체성을 얻는 것을 제외하면 정체성, 지위 또는 성취감을 얻을 길이 없기 때문이다. 그러나 성은 이러한 욕구를 정말로 충족시키지 못하기 때문에, 여성은 성적인 정체성이 있는 아이들과 남편의 물건이나 소유물이 된다. 그리고 종종 성 자체를 통해 자신의 공허함을 지탱하려 한다. 성적인 대상에 불과한 여성은 결국 사물의 세계에서 살게 되고, 개인적 정체성이 결여되어 있어 다른 사람과 접촉하지 못한다.

교외에 살고 있는 주부들이 아주 열렬히 낯선 사람들과 이웃에게서 성을 추구하고 남편을 가정에서 '가구'로 만드는 것이 과연 정체성을 확립하거나 성취감을 느끼기 위한 필요에서 나오는 것일까? 교외에서 벌어지는 간통에 관한 최근의 소설에서 한 남성 작가는 이웃의 외로운 주부들을 유혹한 한 푸줏간 주인을 통해 이렇게 말했다.

"미국이 어떤 곳인지 알아? 그곳은 크고도 미끈미끈한 지루함이라는 설거지통이지. …… 어떤 남편도 그 미끈미끈한 설거지통을 이해할 수 없다고. 그리고 그들도 똑같은 미끈미끈한 설거지통에 자기 손을 넣고 있기 때문에 다른 여성에게 그것을 설명할 수도 없어. 남자가 해야 할 일은 오로지 이해뿐이야. 그래, 이쁜아, 난 안다. 난 알아. 네 생활이 불행하다는 걸. 여기 꽃과 향수를 받으렴. 그리고 '아이 러브 유'가 있지, 이제 옷을 벗어. …… 너와 나. 우리는 모두 가정에 존재하는 도구들이야. 그러나 만약 우리가 이웃집으로 간다면, 아, 그 집에서 우리는 영웅이지! 그것을 책과 영화에서 배웠기 때문에 모두 낭만을 찾고 있거든. 너를 차지하기 위해 기꺼이 네 남편의 엽총 앞에서 위험을 감행하는 것보다 더 로맨틱한 것도 없지. …… 이런 치들을 흥분하게 만드는 것은 그가 낯선 사람이라는 것뿐이야. …… 그녀는 그를 소유하지 않아. 일주일에 한 번 그녀를 만족시키는 이 낯선 사람과 함께 있기 위해 스스로 사랑에 빠져서 자신의 가정과 행복, 긍지가 위험에 빠질 것을 무릅쓰고 이런 일을 하는 거지. …… 주부를 만날 때마다, 당신은 낯선 사람을 위한 강한 여주인을 얻게 되는 거야."[6]

5490명의 여성들과 인터뷰를 하면서 킨제이는 결혼 10년 또는 15년차가 지난 미국 주부들, 특히 중산층 주부들이 남편이 자신의 성욕을 다 해소해주지 못하며, 40대의 주부들 네 명 중 하나 꼴로 혼외 관계를 맺고 있다는 사실을 발견했다. 또 몇몇은 그칠 줄 모르는 '멀티 오르가슴'을 느낄 수 있으며, 사춘기 때의 특징인 '혼외 애무'를 즐기는 여성이 점점 늘어났다. 또한 킨제이는 미국의 남편들, 특히 중산층의 교육받은 그룹인 남편들의 성욕은 부인들과는 반대로 줄어들고 있다는 것을 발견했다.[7]

그러나 여성성의 신화가 활개를 치는 이 시대에, 미국 주부들 가운데서 만족스럽지 못한 성적 굶주림보다 더 불안한 것은 자신의 여성성에 대해 갈등하는 사람들이 점점 늘어나고 있다는 것이었다. 여성들이 너무나 빨리 배타적으로 성적 성취를 이루고자 해온 이 시대에, 흔히 '여성 문제'라는 완곡한 문구로 언급되는 여성의 성적 갈등에 대한 징후가 그 어느 때보다 일찍, 더욱 심화되어 나타난다는 증거가 있다.

한 유명한 산부인과 병원장은 다음과 같이 나에게 완경기의 여성들에게만 나타나는 난소 순환의 손상, 즉 냉증, 주기 연장, 생리혈 양의 변화 혹은 생리 불순, 불면증, 피로, 신체 장애가 젊은 어머니들에게 여러 번 나타났다고 했다. 또 그는 이렇게 말했다.

문제는 이런 젊은 여성들이 그들의 생식 기능을 잃었을 때 병적으로 고통받지 않을까 하는 것이다. 나는 삶의 공허함으로 완경기 증세가 빨리 나타나는 많은 여성들을 알고 있다. 그리고 이런 여성들은 끝까지 필사적으로 마지막 아이에게 매달리면서 마지막 28년을 보냈다. 반대로 아이가 있으면서 성관계를 갖고, 훨씬 더 충실한 인격을 가진 여성들은 아이를 하나 더 갖고 그것에 매달림으로써 그들 자신의 여성성을 합리화시키려고 하지 않으며, 심한 발작이나 불면증, 소심증이나 신경과민 현상도 별로 나타나지 않는다.

여성 문제를 갖고 있는 여성들은 그들이 여성이라는 것을 부정했던 여성들이거나 병적인 여성들이었다. 그러나 우리는 이런 증세들이 아이들에게 숙명적으로 모든 것을 다 바쳤고 아이들 이외의 다른 수단을 갖고 있지 않은 20대의 젊은 주부들에게 점점 늘어나는 것을 볼 수 있다. 이런 증세들은 완경에 특징적인 월경 불순, 난소 순환의 손상을 유발한다. 3명의 아이를 가졌던 22세의 한 여성은 아주 자주 이런 증세를 나타냈고 완경기 현상을 보였다. 나는 그녀에게 "문제는 당신이 단기간에 너무 많은 아기를 가진 것"이라고 말했다. 그리고 "당신의 인격은 아직 충분히 개발되지 않았다"고 말해줬다.

같은 병원에서 자궁을 적출한 뒤 회복된 여성들, 생리 불순이 있는 여성들, 불임 여성들에 대한 연구가 진행되었다. 메스꺼움을 느끼고 구토를 하면서 육체적으로 많은 고통을 겪고, 억압이나 무관심, 불안증처럼 감정적으로 괴로워하는 여성들은 "재생산 기능과 어머니 역할에서의 만족감에 거의 모든 것을 쏟아부으며 살아온" 여성들이었다. 이런 전형적인 태도는 "내가 여성이 되기 위해서는 아이를 가질 수 있어야 한다"고 말한 여성에게서도 나타난다.[8] 가장 적게 고생한 여성들은 "가장 일관된 자아"와 지적 자원을 가지고 있으며, 병원 안에서도 고통에 몰두하기보다는 외부 세계에 관심을 갖는 여성들이었다. 산부인과 의사들 역시 이것을 알았다. 한 사람은 내게 말했다.

재미있는 일이에요. 허리가 아프거나 출혈, 불임증, 난산 증세를 가진 여성들은 인생의 모든 목적을 아기를 갖는 것이라고 생각한 이들이에요. 출산 이외의 다른 데에 관심을 가진 여성들은 아기를 갖는 데 별로 고생하지 않아요. 내게 그것을 설명하라고 하지는 마세요. 난 정신과 의사가 아니니까. 그러나 우리는 모두 그것을 알게 되었죠.

또 다른 산부인과 의사는 아이를 갖는 것도, 성관계도 '충족'을 안겨주지 못하는, '충족된 여성성'의 시대의 여러 환자들에 대해 이야기해줬다. 그 의사의 말은 이렇다.

그들은 여성이라는 것을 증명하기 위해 거듭 아이를 가져야 하고 성적으로 불안감을 느끼는 여성들이다. 또 다른 것을 하리라곤 생각할 수 없기 때문에 네댓 명의 아이를 가진 여성들이며, 그 외에 무엇인가를 지배하고 싶어 하는 여성들이다. 나에게는 무엇을 해야 할지도 모르고 그들의 어머니들이 피임 기구를 가져다주는 여대생 환자 수백 명이 있다. 그들은 성숙하지 못했으므로 동침한다는 것은 아무것도 아니다. 즉 그것은 약을 먹는 것과 다를 게 없다. 오르가슴도 아무 것도 아니다. 그들에게 있어 결혼이라는 것은 하나의 탈출구인 것이다.

심한 생리통, 메스꺼움과 임신 중의 구역질, 출산 시의 우울증, 완경기 때의 생리적이고 심리적인 고통 등의 부담은 여성 생물학에서 '정상적'인 부분으로 받아들여지고 있다.[9] 월경, 임신, 완경 같은 여성의 성 순환 단계를 나타내는 이런 증후들이 과연 변하지 않는 여성의 천성으로 간주되어야 하는 걸까? '여성성'과 인간 성장, 혹은 성과 자아 사이의 불가피한 선택과 어떻게든 연결되는 것일까? 여성이 '성적 존재'라면 그녀는 여성의 성적 순환의 매 단계를 일종의 포기나 죽음으로 무의식 중에 생각하게 되는 것일까? 병원을 찾아오는 이런 여성들은 여성성의 신화의 표본이다. 오르가슴의 결핍이나 점점 증가하는 '여성 문제', 난잡하고 탐욕스런 성 추구, 어머니가 되는 순간의 압박, 의학적인 이유 없이 자궁 적출로 여성 생식 기관을 제거한 여성들의 이상한 욕구, 모든 것들은 이 신화가 크게 잘못되고 있다는 것을 드러내고 있다. 사마라Samarra에서 죽음에 대

　　　　　　　　　　　　　여성성의 신화

한 자기 실현적 예언처럼, 여성성의 상실에 대해서 부르짖는 여성성의 신화는 여성들이 자신의 여성성을 긍정하고 남자들이 정말로 남자답게 되는 것을, 그리고 여자나 남자 모두 인간의 성적 사랑을 즐기는 것을 점점 어렵게 만들고 있다.

성적인 것을 추구하는 교외 주부와의 인터뷰에서 느꼈던 비현실적인 분위기, 성적인 부분에서 편견으로 가득한 소설이나 연극, 영화들에 드러나는 비현실적 느낌들, 교외의 파티에서 마치 의례와도 같이 성적인 이야기를 떠벌이는 것처럼, 나는 그것이 무엇인지를 갑작스레 알게 되었다. 표면상으로는 교외에서 멀리 떨어진 한 섬을 상상하게 되면서였다. 주중에 이 섬은 과장된 모습을 한 교외였다. 그곳은 일체의 자극이나 사업, 정치의 세계로부터 떨어져 있었다. 남자들은 밤에도 집으로 오지 않았다. 그곳에서 여름을 지내고 있던 여성들은 아주 매력적인 젊은 주부였다. 일찍 결혼했고, 남편이나 아이들의 삶을 통해 존재하고, 집 밖의 세상일에 관심이 없었다. 도시의 주변 같지 않은 이 섬에서 이런 여성들은 남는 시간을 채우기 위한 어떤 일이나 집안일을 확장해서 할 방법이 없었다.

그러나 그 주부들은 일석이조의 새로운 전환을 발견했다. 이런 전환은 그들에게 성적 지위에 대한 그럴싸한 느낌을 주었지만 따로 증명할 필요가 없는 것이었다. 이 섬에는 테네시 윌리엄즈의 세상에서 벗어난 '소년' 집단이 있었다. 남편이 도시에서 일하고 있는 한 주 동안, 젊은 주부들은 성생활을 하지 않는 소년들과 밤새우며 굉장히 '거친' 주연을 벌였다. 지루해하는 외로운 아내를 위로하기 위해 예기치 않게 주중에 보트를 타고 돌아온 남편은 어리둥절하며 생각한다. "저들이 뭘 하고 있는 거지? 이곳을 모계 사회 같은 곳으로 만들려고 하는 것인가."

지루함을 없애기 위한 것인지도 모르겠지만, 그 밖에 할 만한 게 있는 것도 아니었다. 성적 접촉이 조금도 없었다 할지라도 그것은 아주 흥미로운 성관계처럼 보였다. 주부들과 소년들은 서로 인정하고 있는 것 같았다. 트루먼 커포티의 〈티파니에서 아침을〉에 나오는, 소극적인 동성애로 성관계 없는 밤을 보낸 콜걸처럼 그들은 생활에서 손을 뗀 똑같은 어린애 같았고, 각자 성적이지 않은 것에 대한 확신을 찾으려고 했다.

그러나 하루 중 대부분의 시간을 섹스를 제공해줄 남자가 존재하지 않고, 성적인 존재라는 것 이외의 다른 어떤 정체성도 갖고 있지 못한 교외의 여성들은 '대상'을 소유함으로써 확신을 찾아야 했다. 이러한 점에서 사기꾼들이 왜 그다지 성적이지 않은 물건을 팔 때에도 그 물건이 성욕을 해소해준다고 말하는지 갑자기 알게 된다. 성취감을 얻고 정체성을 찾으려는 여성들의 욕구가 단지 성적인 지위를 찾으려는 데에 있는 한, 여성 스스로가 노력해서 달성할 수 없는 지위를 약속해주는 모든 행위에 여성들은 쉽게 희생되는 것이다. 그리고 바람직한 성적 대상으로서의 지위를 끊임없이 추구하더라도 (기껏해야 엘리자베스 테일러와 같아지려고 애쓰는) 미국의 주부 대다수에게는 현실적으로 그것이 힘들기 때문에, 대상물을 소유함으로써 그런 지위를 가지려 하게 되었다.

여성성의 신화

결국 여성들은 교외에서 공격적으로 지위를 추구하는 존재들이 되며, 성에 대한 추구처럼 그들의 추구는 비현실적이 되고 오류를 갖게 된다. 결국 지위란 남자들이 사회에서 하는 일에서 획득되고 찾아지는 것이다. 여성이 하는 일, 즉 가사는 그녀에게 어떤 지위도 줄 수 없다. 그것은 사회의 어떤 일보다 지위가 가장 낮다. 이런 의미에서 여성이란 주부에 불과하다고 정의될 때 집과 물건들은 그녀와 동일한 것이라고 할 수 있다. 따라서 남편과 심지어 아이들까지도 지위의 상징이 되는 것이다. 그녀는 자신의 공허감을 지탱시키고 어떤 존재가 된 것 같이 느끼게 만들어주는 영구적인 장식물을 필요로 한다. 그 결과 여성들은 지위를 얻는 데 필요한 것들이 모두 남편의 일에서만 얻어지기 때문만이 아니라, 자신에게 결여된 정체성을 찾기 위해 남편을 소유하고 지배해야 하기 때문에, 여성은 기생적 존재가 되고 만다. 만약 남편이 그녀가 지위를 얻는 데 필요한 것들을 제공할 수 없다면, 남편이 그녀의 성욕을 채워주지 못할 때 그녀가 남편을 멸시하게 되는 것처럼 멸시의 대상이 될 것이다. 여성은 자기의 불만을 남편에 대한 그리고 성관계에 있어서의 불만으로 느끼게 되는 것이다. 한 정신과 의사가 말했듯이 "여성은 부부관계에 있어서 너무나 많은 만족을 요구한다. 남편은 이것에 억울해하며 결국 자신의 성 기능을 전혀 발휘할 수 없게 된다."

이것이 단지 그들의 부인이 되고자 하는 야망을 가진 소녀들에 대해 젊은 남편들이 분개하는 이유가 될 수 있을까? 지배하려 드는 '엄마'와 활동적인 직업을 가진 여성에 대한 오랜 적대감은, 결국 가정을 '직업'으로 삼기 위해 적극 나서는 것이 새로운 종류의 지배와 침략이라고 느끼는 남성들의 적대감 앞에서 빛을 잃을 것이다. 가정에서 성욕을 위한 도구나 연장이 되는 것은 남성이 이루고자 하는 꿈이 아닐 것이다.

1962년 3월, 《레드북》의 한 기자는 교외에 나타난 새로운 현상에 대해 "젊은 아버지들은 함정에 빠지고 있다"고 썼다.

> 많은 남편들은 부인들이 자신의 권위나 견해를 무시한 채 가정생활에 대해 철저하게 계획을 세우고 있다고 느낀다.(한 남편이 말했다. "결혼하고 나서 나는 결단력을 잃었으며 더 이상 내가 남자답다고 느끼지 않는다. 아직 젊지만 삶에서 많은 것을 얻지 못하고 있다. 나는 어떤 충고도 원치 않으나 때때로 가슴속에서 무엇인가 치미는 것 같다.") 남편들은 욕구불만의 주된 원인으로 기어오르는 아이들, 고용주, 금융가, 친지들, 지역사회, 친구들 앞에 선 부인들을 지목한다. …… 젊은 아버지는 가정의 위기에서 마음대로 어떤 권력을 휘두르지도 못하고 실수를 해서도 안 된다. 앞서 말했듯이 그의 부인은 무엇을 해야 하는지 정확히 알고 있다.

그 기사는 계속해서 사업가의 말을 인용하고 있다.

> 성욕을 직접 만족시키고자 하는 현대 부인의 고집은 남편에게 중대한 문제를 제기할지도 모른다. 남편은 노련한 애인이 되도록 감언이

설로 속고 추켜지며 들볶이게 된다. 그러나 남편이 다락방의 계단으로 트렁크를 운반할 수 없다고 할 때 부인이 그것을 나무라고 꾸짖는다면 곤란하다. …… 결혼 뒤 5년째에 적지 않은 수의 미국 남편들이 간통을 저질렀으며, 많은 숫자가 그런 생각을 하게 된다는 것은 중요한 일이다. 가끔 부정이란 즐거움의 추구라기보다는 자기주장의 수단이 되는 것이다.

4년 전 나는 상류사회의 많은 부인들을 만나 이야기할 기회를 가졌는데, 그들은 행복한 가정, 아이들, 자상한 남편 등 원하는 모든 것을 가지고 있었다. 그러나 오늘날 같은 길에서 의사, 변호사, 은행장 같은 직책을 갖고 있는 남편이 도시로 전근할 때 그 부인들이 여러 가지 알고 모를 이유들로 아이들과 함께 따로 사는 꿈의 집이 늘어나고 있었다. 사회학자들에 의하면 미국에서는 부인이 표면상 이혼하려 하기 전에 거의 매일 남편에게 이혼을 청구당하고 있다.[10] 물론 이혼 사유에는 여러 가지가 있겠지만, 가장 중요한 것은 남자들이 여성에게 어떤 무거운 짐을 목에 걸고 있는 것 같은 적개심을 지니고 있기 때문이다. 그것은 항상 부인을 향한 것만이 아니라 어머니, 함께 일하는 여성들, 그러니까 사실상 일반적인 여성에게 품은 적개심이다.

킨제이에 의하면 결혼 후 15년이 지난 다수의 중산층 미국 남성들은 부인과의 성관계를 통해 성욕을 해소하지 않았다. 55세가 되면 미국인 두 명 중 한 명꼴로 혼외 관계를 가지고 있다.[11] 이런 남성의 성적 추구는 사무실의 로맨스나 뜻하지 않은 강렬한 사건, 심지어는 영화 〈아파트 열쇠를 빌려드립니다〉에서 풍자된 비인격적인 섹스까지도 포함된다. 그런 성 추구를 자극하는 것은 게걸스러운 부인을 피해야 할 필요에서다. 때때로 남성은 자신이 부인의 적극적인 '가사 직업'의 부속물이 되면서 잃어버린 인간관계를 추구하기도 한다. 때로는 부인에 대한 혐오 때문에 인간관계와 완전히 분리된 무언가를 성관계에서 찾기도 한다. 또 때로는 그를 통해 살아가기 위해 성적인 에너지 뿐 아니라 자신의 공격적인 에너지를 모두 쏟으려 하는 성인 여성을 피하려고 어린 소녀, 롤리타를 성적 대상으로 삼기도 한다. 여성에 대한, 정확하게 말하면 성에 대한 남성의 분노가 여성성의 신화의 시대에 훨씬 더 증가했다는 것은 의심할 여지가 없다.[12] 1962년 2월, 뉴욕의 그리니지 빌리지 신문인《빌리지 보이스》에 한 남성이 기고한 바에 따르면, "백인이 흑인과 결혼하기에는 적절한지 아니면 그 반대인지는 더 이상 문제가 되지 않지만, 여자들이 남성과 결혼할 정도로 훌륭한지는 문제가 된다. 여성들이 막 나가고 있기 때문이다."

남자들의 적개심은 미국의 극작가와 소설가들이 세상의 문제를 다루는 것에서 후퇴하여 무시무시하게 탐욕스러운 여성 이미지, 소극적으로 괴롭힘당하는 (동성애 또는 이성애의 외피를 쓴) 남성 영웅, 문란한 어린아이 같은 여주인공, 그리고 성적 발달이 지체된 신체 따위를 다루게 된 것에서 상징적으로 드러난다. 그것은 특별한 세상이긴 하지만, 수백만의 남성과 여성, 소년과 소녀들이 동일시할

여성성의 신화

수 있을 만큼 그렇게 특별한 것은 아니다. 테네시 윌리엄스의 〈지난 여름밤 갑자기〉는 이런 세상을 보여주는 대표적인 작품이다.

조그만 바다거북을 먹어치우는 괴물 같은 새의 환영에 시달리는, 전통 있는 남부 가정 출신의 동성애자인 남자 주인공은 잃어버린 황금 같은 청춘을 되찾기 위해 인생을 낭비해왔다. 결국 그가 한 떼의 젊은 소년들에게 말 그대로 먹힌 것처럼, 그는 유혹적이며 여성적인 어머니에 의해서 '먹혀'버렸다. 중요한 것은 이 연극의 주인공은 결코 나타나지 않는다는 것이다. 그는 얼굴도 없고 형체도 없다. 따라서 명백하게 '현실적으로' 존재하는 인물은 남자를 먹은 어머니다. 그녀는 윌리엄스의 연극에서 그리고 그 당시의 연극이나 소설에서 동성애자인 아들과 색정광인 딸들, 그리고 복수심에 불타는 남자 돈 후안과 함께 여러 번 등장한다. 이런 연극들은 여성들에 대한 집착어린 애증의 외침이었다. 특히 그런 연극들은 신화 속에 간직된 '여성성'이 손상되지 않은 채 남아있는 남부의 작가들에 의해서 많이 쓰였다.

이런 남성들의 분노는 남편과 아들을 성적 환상으로 빠뜨리는 기생적인 여성들을 지독하게 미워함으로써 나타난 결과다. 남성들은 지금 광범한 현실 세계에서 그들의 딸과 부인, 어머니가 '충족'을 찾도록 강요받았던 왜소한 성적 환상의 세계로 끌려가고 있다. 그리고 남성들에게도 성 자체는 비인격적이고 불만을 품게 하며 마침내 비인간적인 것이 된 비현실적인 환상이 되고 있다.

요컨대, 미국 여성들에게 일어나고 있는 것과 점점 공공연해져가는 남성들의 동성애 사이에 어떠한 연관이 있는 것일까? 여성성의 신화에 의하면, 해방과 교육, 동등한 권리와 직업에 의해 야기된 미국 여성들의 '남성화' 현상이 일종의 '여성스러운' 남성들을 낳고 있다고 한다. 그러나 이것이 사실일까? 실제로 킨제이의 통계 수치들은 여성들이 해방을 깨달은 시대에는 동성애가 증가하지 않았다는 것을 나타낸다. 1948년 킨제이의 보고에 따르면, 미국 남자들의 37퍼센트가 적어도 일정한 동성애 경험이 있으며, 13퍼센트는 확실한 동성애자(16세부터 55세 사이에서 적어도 3년간)이며, 4퍼센트는 완전한 동성애자다. 대략 2백만 명의 남성들이 여기에 해당된다. 그러나 "이전 세대와 비교할 때 오늘날 동성애자 집단에 남성들이 더 많거나 적다는 증거는 없다."[13]

지금까지 미국에서 동성애가 증가했든 안 했든 간에, 최근 몇 년 동안에 외부로 동성애를 표현하는 것은 분명하게 증가했다.[14] 나는 이것이 여성성의 신화가 전국적으로 받아들여진 것과 관계가 있다고 생각한다. 여성성의 신화가 여성성이라는 이름으로 미화되고 지속되었기 때문이다. 여성성은 어머니에게서 딸과 아들에게 전해지는 아이 같은 미성숙함이다. 남성의 동성애—돈후안 같은 남성들로, 무의식적인 동성애에 의해 종종 자신들의 성 능력을 시험하려는 충동을 느낀다—는 항상 어린애 같아 보이려 하고, 나이 먹는 것을 두려워하고, 성적 매력을 지니면서 젊음을 유지하려는 피터팬 같은 성욕을 추구한다는 점에서 여성과 다르지 않다.

프로이트나 정신분석학자들은 동성애에 있어서 어머니의 역할을 정확히 지적했다. 그러나 아이가 동성애자인 어머니는 이 세상에서 남성과 경쟁하는 해방된 여성이 아니라 여성성의 신화의 모범이다. 이런 여성은 아들과 함께 살고 싶어 하며 자신의 여성성으로 실제적으로 아들을 매혹시키고, 한 성인으로서 자신의 생활에 대처해나가지 못하고 한 여성을 사랑할 만큼 성숙하지도 않은 아들을 그녀 곁에 붙들어 맨둔다. 남성들의 사랑은 어머니에 대한 자신의 금지되어 있는 지나친 사랑을 가린다. 즉 모든 여성에 대한 남성의 증오나 감정의 변화는 남성이 한 남자가 되는 것을 막는, 한 여성에 대한 반응에서 나타나는 것이다. 이런 아들에 대한 어머니의 지나친 사랑의 조건은 복합적이다. 프로이트는 이렇게 썼다.

조사된 사례에 의하면, 성도착 증세를 나타낸 사람들이 어린 시절에 심한 현상을 겪었고 일시적으로 한 여성(대개는 어머니)에게 집착했으며 그것을 극복한 후에는 자신과 그 여성을 동일시하고 스스로를 성적인 대상으로 여긴다는 것을 확인했다. 다시 말해 자기도취적인 성향을 가지고 자신의 어머니가 그들을 사랑한 것처럼 그들이 사랑하고자 하는 사람과 닮은 젊은 남자를 찾는다는 것이다.[15]

아내와 어머니라는 배타적인 역할과 집으로의 강등은 여성에게 그녀의 아들을 통해 인생을 살라고 강요한다. 프로이트의 통찰에서 보건대, 이런 지나친 애증은 어머니와 아들의 관계에 거의 내재되어 있는 것이라 말할 수 있다. 남성의 동성애는 여성의 동성애보다 훨씬 더 흔하다. 사회는 아버지로 하여금 자기 딸을 통해서 존재하도록 강요하지도, 유혹하지도 않는다. 많은 남자들이 명백한 동성애자가 되지 않지만, 아주 많은 이들이 동성애에 대한 혐오감 뿐 아니라 여성에 대한 일반적이고 승화된 혐오감을 느끼게 하는 애증을 억누르고 있다.

오늘날 직업뿐만 아니라 집 밖에서 어떤 중대한 일을 하는 것까지도 주부이면서 어머니인 여성들의 '여성성'의 경계를 벗어나는 것으로 간주된다. 그래서 어머니는 아들에게 헌신하는 데 자신의 시간을 충분히 쏟아넣을 수 있고, 이런 종류의 헌신은 잠재적이거나 확실한 동성애를 낳을 수 있다. 이런 기생적인 어머니의 사랑에 질식되어 있는 소년은 성적으로나 모든 면에 있어서 성장하지 못했다. 동성애자들은 학교를 마치고 어떤 직업적인 일에 종사하기에 충분히 발달되지 않았다.(킨제이는 동성애 경향이 고등학교를 나온 사람들에게 많으며 대학 교육을 받은 사람들에게는 적다는 것을 발견했다.)[16] 동성애를 하는 사람들의 성생활의 특징인 비현실성, 미숙함, 난잡함, 계속적인 만족감의 결여 등은 그들의 생활과 일, 모든 것에 특징적이다. 성 이외의 생활, 교육, 일에 있어서 개인적인 사명 의식의 결여는 '여성적'으로 여겨진다. '여성성의 신화'에 의해 사는 딸들처럼, 그 아들들은 생애 대부분을 성적 공상 속에서 지낸다. 이렇게 슬픈 '게이' 동성애자들은 자신들이 성적인 것을 추구하는 젊은 주부와 유사하다고 느낄지도 모른다.

그러나 미국 주변에 짙은 안개처럼 퍼져있는 동성애는 예외가

여성성의 신화

아니라 규칙이 된 조혼 속에서 공격자가 된 젊은 여성들이 끊임없이 찾고 있는 성과 마찬가지로 불길한 것이다. 또한 혼자서 이 세상에 대항하기보다는 결혼을 감수하는 젊은 남성들의 수동적인 태도와 마찬가지로 놀랄만한 것이다. 이런 여성성의 신화의 희생양들은 아주 어린 나이에 성적인 위안을 찾기 시작한다. 최근 몇 년 동안 나는 임신으로 인해 10대에 결혼한 소녀들(이 수는 점점 증가하고 있다)[17]을 포함해, 행복한 교외의 가정 출신으로 난잡한 성생활을 하고 있는 많은 소녀들을 인터뷰했다. 이런 소녀들과 이들을 돕고자 하는 직업적인 사회사업가의 말에 의하면, 그들에게 있어 성이란 전혀 성적인 것이 아니다. 그들은 성적 반응을 경험하지 않았으며, 더구나 '만족'을 느껴보지 못했다. 그들은 자기들에게 정체성이 결여되어 있다는 것을 잊어버리기 위해 성행위(유사 성행위)를 하는 것이다. 상대가 누구인지는 중요하지 않으며, 소녀는 지금까지는 어떠한 감정도 없었으므로 실제로 그를 '알지' 못하고 있었다. 만약 그녀가 정체성을 확립하려는 노력을 피하기 위해 여성성의 신화가 제공하는 쉬운 합리화를 이용한다면, 그녀는 자신에 대한 어떠한 감각도 가지지 못할 것이다.

이른 나이부터 성관계를 가지고 결혼하는 것은 언제나 미개발 문명의 특징이었으며, 미국의 시골이나 도시 빈민가에 두드러진 현상이었다. 그러나 킨제이가 발견한 것 중 가장 인상적인 것은, 성행위를 뒤로 미루는 것이 사회 경제적인 원인이라기보다는 교육에 의해 판단되는 어떤 궁극적인 목적 때문이라는 것이다. 빈민가에서 태어나 혼자 힘으로 대학에 들어가 과학자나 판사가 된 한 소년은 똑같이 빈민가에서 태어난 사람들과는 달리, 후에 과학자나 판사가 된 다른 사람들과 마찬가지로 사춘기 시절의 성 경험이 뒤로 미루어졌다. 그러나 똑같은 환경에서 태어나 대학을 마치지 못하거나 과학자나 판사가 되지 않은 소년들은 빈민가의 특징이었던 이른 나이에 성 경험을 하는 경우가 많았다.[18] 이것이 성과 지성 간의 관계에 대해 이야기하는 바가 무엇이든, 성행위를 뒤로 미루는 것은 고등교육에서 필요로 하며 그 결과물인 정신적 행위의 성장과 사회에서 가장 가치 있는 직업의 성취를 동반하는 듯했다.

킨제이의 조사에서 언급된 소녀들의 사례를 보면, 교육에 의해서 평가된 최고 수준의 정신적인 혹은 지적인 성장과 성적 만족 사이에도 어떤 관계가 있는 듯하다. 10대에 결혼한 여성들은 (킨제이의 경우에 의하면 고등학교를 졸업한 소녀들) 대학을 가거나 전문적인 일에 종사하는 여성들보다 성관계를 시작하는 나이가 5~6년 빨랐다. 그러나 이와 같이 빠른 성교는 대개 오르가슴으로 이어지지 못했다. 이런 소녀들은 계속해서 교육을 받고 5~10년 또는 15년 뒤에 결혼한 소녀보다 오르가슴을 덜 느꼈고 성적 만족도도 덜했다.[19] 교외의 날라리 소녀들처럼, 이른 성 경험의 편견은 연약한 자아를 나타내며 결혼으로도 자아는 강화되지 않았다.

이런 것들이 빠르게 또는 늦게, 동성애든 이성애든, 난잡하게 보이는 성을 충동적으로 추구하는 실제 이유가 될까? 자아 없는 성, 자아가 결여된 성과 같은 비인격화된 성의 여러 현상들이 미국 여

여성성의 신화

성들이 성적으로만 살고 있다고 이야기되는 시기에 크게 유행했다는 것은 우연일까? 아들과 딸들이 점점 어린 나이에 비인격적이고 정체불명의 성을 찾을 정도로 약한 자아를 가지고 있다는 것이 우연의 일치란 말인가? 정신과 의사들은 난잡한 성관계는 대개 '열등의식'에서 비롯되었으며, 그것은 어머니와 아들의 지나친 유착과 관련되어 있다고 말했다. 여기서 성 추구의 유형은 비교적 부적절하다. 클라라 톰슨Clara Thompson은 동성애에 대해 이렇게 말했다.

> 공공연한 동성애는 이성에 대한 공포와 성인으로서의 책임감에 대한 두려움의 표현일 수 있다. …… 또한 동성애는 조현병 환자들의 자기 발정적인 행위와 비슷하게 흥분을 육체적으로 느끼면서 현실로부터 도피하는 것이거나, 자기 자신이나 다른 사람들을 파괴하는 징후일지 모른다. …… 열등의식을 가진 사람들은 자신의 성에 매달리는 경향이 있는데, 성이란 놀랄만한 것이 아니기 때문이다. …… 그러나 위와 같은 생각들이 항상 동성애를 초래하지는 않는다. 왜냐하면 바로 이런 사람들이 그 문화에서 인정받지 못할 것이라는 두려움과 순응의 필요로 인해 결혼하기 마련이기 때문이다. …… 결혼한 사람이 결코 성숙한 사람을 의미하지는 않는다. …… 어머니와 아이 사이의 유착은 때로는 전체 그림에 있어서 중요한 부분이 되는 것으로 알려지고 있다. …… 난잡한 성행위는 이성 간의 사랑보다는 동성 간의 사랑에 더 많다. 그러나 그 성격 구조에 있어서 중요한 것은 동성 간이든 이성 간이든 비슷하다는 것이며, 양자에 있어서 주된 관심은 생식기와 육체적

인 흥분에 있다. 경험을 같이 하도록 선택된 사람이 누구인지는 중요치 않다. 성행위는 어쩔 수 없는 것이며 유일한 관심인 것이다.[20]

이성 간 또는 동성 간의 의무적인 성행위는 다른 생활 영역에서 역량이 부족하다는 것을 은폐시키곤 한다. 여성성의 신화와는 반대로, 성적 만족이 여성이나 남성들에게 있어서 성취감의 필수적 표상은 아니다. 에리히 프롬Erich Fromm은 이렇게 말한다.

> 정신분석학자들은 환자들 중 사랑하는 능력과 다른 사람에게 접근하는 능력은 손상되었지만 성적 기능은 잘 작동해 성적 만족이 사랑의 대용품이 되는 경우를 알고 있다. 성적 능력이 그들이 확신할 수 있는 유일한 힘인 것이다. 생활의 다른 모든 영역에서 생산적 능력이 없다는 것과 여기에서 야기되는 불행이 성행위에 의해 보충되고 은폐되는 것이다.[21]

'생활의 다른 모든 영역에서 생산적'인 능력이 높다 할지라도, 대학에서 나타나는 성 추구에 대해서는 표 나지는 않지만 이와 유사한 성질이 있다. 하버드-래드클리프 학생들의 한 심리상담원은 여대생들은 생애에서 처음으로 열심히 공부하고, 경쟁하거나, 적극적으로 생각해야 할 때 자신이 제대로 하지 못할 것이라는 느낌을 갖기 때문에, 강력한 성관계에서 '안정감'을 찾곤 한다고 지적했다. 그것은 "낯선 경험일 뿐만 아니라 육체적인 고통에 가까운 것이다."

여성성의 신화

중요한 사실은 이들이 열등의식을 가지고 있다는 것과 창조적으로 발산할 열정이나 정력, 생산적 능력이 감소되고 있다는 것이다. 이런 기능 저하는 어딘가에 의지하겠다는 일종의 무력함의 증거이며, 더구나 도움을 청하는 소리 없는 외침인 것처럼 보였다. 실제로 이것은 대학생이라는 직업을 가진 모든 소녀들에게 강력하게 그리고 여러 번 일어난다.[22]

이 모든 것은 "새롭고도 복잡한 환경에 대해 예민하고도 순진한 젊은이들이 느낀 최초의 반응"이라고 그 정신분석가는 말했다. 그러나 그 젊은이가 소녀라면, 소년처럼 도전에 응하며 고통스러운 일을 겪고 경쟁하리라고 기대되지 않을 것이다. 정신분석가는 소년이 "의존적이고 사춘기적이고 미성숙한, 즉 소녀의 기준으로 보아서도 갈대처럼 연약한" 경우라 할지라도, 소녀가 '사랑'에서 '안정감'을 추구하는 것은 '정상적'이라고 간주했다. 이른 시기에 성관계에 집착하는 것은 그것이 제공하는 것 이상을 찾지 않는 소년, 소녀에게는 충분히 무해할 수 있다. 하지만 그것은 젊은 여성들이 필요로 하는 자긍심과 "만족스럽고 창의적인 삶을 이끌어갈 활력", "스스로에 대한 뚜렷한 이미지"를 줄 수 없으며, 여성성의 신화는 소녀들에게 이 사실을 감추고 있다. 그러나 이 신화는 소녀가 소년에게 의존하는 것이 꼭 성적인 것은 아니며, 그것이 소년의 성장을 억제할 수 있다는 사실을 소년에게는 언제나 감추지는 않는다. 여기에서 소년의 적개심이 생겨난다. 심지어 그가 성적 매력에 굴복하더라도 말이다.

최근 래드클리프에 다니는 한 학생이 남자 친구 없이는 공부도 할 수 없는 여학생 때문에 괴로워하는 남학생에 대해서 썼다. 그 괴로움은 밤에 함께 공부를 빼먹고 성관계를 해도 달랠 수 없는 것이었다.

그녀는 책 페이지 구석을 접고 있었고, 그는 그녀에게 그만두라고 말하고 싶었다. 이렇게 작은 무의식적인 행위에도 그는 짜증이 났고, 나흘간 섹스를 하지 않아 거북하지 않을까 생각했다. …… 그녀는 지금 섹스를 요구하고 있는 거야, 그는 생각했다. 그것이 그녀가 눈물을 감춘 채 떨고 있는 이유이며, 그가 시험을 망친 이유라고 생각했다. 그러나 그는 이것이 변명이 되지 않는다는 것을 알고 있었다. 왜 복습을 하지 않았나 하고 생각했을 때 화가 났다. …… 그러나 시계는 결코 그가 낭비한 많은 시간을 망각하게 하지 않을 것이다. …… 그는 책을 소리 나게 덮고는 책들을 쌓아 올리기 시작했다. 엘레나가 쳐다보았을 때, 그녀의 눈에는 두려움이 깃들어 있었다. ……

'자, 지금 데려다줄게'라고 그가 말했다. '나는 오늘밤 해야 할 일이 있거든.' …… 그가 한참을 걸은 다음 그녀에게 키스하려고 급히 몸을 숙였을 때 그녀는 자기 팔을 그에게 내밀었고, 그는 그것을 모면하기 위해 뒤로 물러서야만 했다. 결국 그녀는 그가 하는 대로 내버려두었고, 그녀는 이제 웃지 않고 속삭였다. '가지 마.' 그는 머뭇거렸다. '제발, 가지 마, 제발……' 그녀는 키스하려고 그를 껴안았고, 입을 벌

여성성의 신화

렸을 때 그는 속은 것을 느꼈다. 왜냐하면 만약 그가 자기의 혀를 그녀의 입술 사이로 넣는다면, 그는 돌아갈 수 없을 것이기 때문이었다. 그는 그녀에게 키스했고 거의 의식적으로 가야만 한다는 것을 잊어버리기 시작했다. 그는 그녀를 떼어놓고, 고통과 흥분으로 신음하는 소리를 들었다. 그러고 나서 그는 물러서서 말했다. '우리가 갈 수 있는 곳이 없을까.' …… 그녀는 열심히 이곳저곳을 둘러보았고, 그는 그녀의 열정이 얼마나 큰지 다시 생각해보았다. 소녀들이 그를 잡아두기 위해 섹스를 이용한다는 것을 그는 알고 있었다. 사실 그들이 흥분한 척하는 것은 아주 쉬운 일이었다.[23]

물론 여성성의 신화 아래에서 자라난 최초의 아이들이 있고, 이 젊은이들은 처음으로 어려운 장애물을 만났을 때 하나의 위안으로써 성을 사용했다. 불편함을 참고, 노력하며, 앞으로의 목표를 위해 현재의 즐거움을 연기하는 것이 이 젊은이들에게는 왜 그토록 어려울까? 섹스와 조혼은 탈출을 하는 가장 빠른 방법이다. 19세에 집에서 노는 것은 혼자 성장해야 하는 부담을 피하는 방법이다. 그리고 아버지는 아들을 '남자답게', 독립적이고 적극적이며 강하게 하기 위해 애쓰면서도, 아버지와 어머니는 딸이 혼자 살리라곤 결코 생각하지 않는다. 부모는 딸이 어떤 소년에게서 '안정감'을 찾기를 기대하면서, '여성성'을 위해 수동적이고 나약하게 만드는가 하면 누군가를 붙잡고 의지하도록 딸들을 고무시켰다.

그리하여 그 고리는 더욱 견고해진다. 여성성의 신화에 의해 고

취된 자아 없는 성은 남성이 여성에 대해 갖고 있는 상과 여성이 자신에 대해 갖고 있는 상 모두에 더욱 어두운 그림자를 드리운다. 딸과 아들이 모두 인간적으로 교류하면서 세계 속의 자신을 발견하고 다른 사람을 사랑하는 것은 더욱 어려워졌다. 19세가 되기 전에 결혼한 수백만 명의 사람들이 점점 일찍, 우스꽝스럽게 성을 추구하게 되면서, 수동적인 태도와 감정적인 의존, 미성숙함을 드러내는 여성성의 신화의 새로운 희생양이 된 것이다. 자아 없는 성의 그림자는 태양이 비치는 교외에 있는 꿈의 집에서 잠깐은 사라질지도 모른다. 그러나 즐거움과 어떤 대상을 추구함으로써 현실의 복잡한 줄을 감추는 환상적인 낙원에 안주하는 어린애 같은 어머니와 아버지들은 아이들을 위해 과연 무엇을 해줄 수 있을까? 현실에 부딪치기 전에 어머니가 되거나, 현실과의 줄을 끊기 위해 어머니가 된 이들이 키우는 아들과 딸은 어떤 존재가 될까?

우리가 여성성의 신화를 견고하게 수용한 결과, 새로운 세대의 아이들이 물려받을 우리나라의 미래에 관한 조짐은 무섭다. 주부-어머니들의 성적 환상을 행동으로 옮기는 아이들의 비극은 현재 점진적으로 진행되고 있는 비인간화를 보여주는 하나의 징후일 뿐이다. 그리고 아이들의 이런 '행동' 속에서, 마침내 여성성의 신화는 그것이 병들었으며 위험할 만큼 진부하다는 것을 모두 드러낸다.

여성성의 신화

12

가정이라는 이름의
안락한 포로수용소

미국 여성들이 가정으로 퇴행하는 현상을 개탄하는 최근의 목소리들은 시계추가 반대 방향으로 움직이기 시작했다는 믿음을 심어주고 있다. 그러나 과연 그러했을까? 주부의 이미지대로 살기 위해 집으로 돌아왔던 능력 있고 정력적인 여성들의 딸들은 자신의 세계를 발전시키는 것이 어머니 때보다 더 어렵다는 것을 알게 되었다. 지난 15년에 걸쳐 미국 어린이들의 성격에 미세하지만 엄청난 변화가 일어나고 있는 것 같다. 많은 의학자, 정신분석가, 사회과학자들은 가정주부에게서 나타나는 이름 붙일 수 없는 병과 비슷한 증세가 자녀들에게서도 나타난다는 증거를 발견했다. 어린이들이 새롭고도 놀랄만한 수동성, 우유부단함, 지루함을 보이고 있다는 것이다. 여기서 위험신호는 어린이 야구나 입시에서 경쟁하는 것이 아니라, 주부인 어머니들이 아이들에게 노력과 고통이나 좌절에 대한 인내, 야구장에서의 경쟁에 필요한 규율, 또는 입시에 필요한 훈련을 불가능하게 하는, 성인이면서도 체구가 작고 지능 따위가 낮은 증상이 나타나고 있다는 것이다. 또한 공허하면서 몽유병 같은 증세가 나타났는데, 아이들은 그들이 해야 하는 것, 다른 아이들이 하는 것을 하지만 그것을 하면서 살아있다고 느끼거나 그것이 진짜라고 느끼지 못하는 것처럼 보였다.

1960년 동부 교외에서 나는 한 고등학교 2학년생이 상담을 끝낸 정신과 의사에게, "공부하지 않고도 자고 일어나면 시험에 필요한 모든 것을 알게 해주는 최면을 거는 알약의 이름"을 묻는 것을 들었다. 그해 겨울 중간고사 시험 기간에 뉴욕행 기차에서 두 명의 여대생은 시험 공부를 하는 대신에 그들의 "정신을 깨끗하게 하기 위해" 파티에 갈 것이라고 나에게 말했다. 그중 한 학생은 "심리학은 인간이 이미 동기부여가 되기만 하면 즉시 배우게 된다는 것을 증명했다"고 말했다. "만약 교수가 공부하지 않고도 그것을 알 정도로 충분히 흥미 있게 해줄 수 없다면, 그것은 학생 잘못이 아니라 그 교수의 잘못입니다." 중도에 학업을 그만둔 한 총명한 소년은 그것이 시간 낭비였다고 나에게 말했다. 중요한 것은 '직관'인데 대학에서는 그것을 가르치지 않는다는 것이다. 그는 주유소에서 일주일, 서점에서 한 달 동안 일했다. 그러고 나서 일을 그만두었고, 일어나서 먹고 자는 것 외에 말 그대로 아무것도 하지 않고, 책조차 읽지 않으면서 시간을 허비했다.

10대의 난잡한 성교를 조사하면서 나는 웨스트체스터 교외에서 인터뷰했던 13세 소녀에게서 이와 동일한, 공허한 몽유병 증세를 보았다. 그녀는 총명했지만 학교에서 통과한 과목이 거의 없었다. 지도 교사가 평가한 것처럼 그녀는 '전념'할 수 없었다. 그녀는 항상 지루해했고, 흥미를 느끼지 못했으며, 멍한 상태에 있는 것처

여성성의 신화

럼 보였다. 또 매일 오후, '신나는 것'을 찾기 위해 학교를 '때려치운'듯한 나이 든 소년들과 시간을 보냈고, 이들과 드라이브를 할 때도 누군가가 뒤에서 조종하는 꼭두각시처럼 덜 깬 사람 같았다.

여러 관찰자들은 이런 아이들이 어떤 이유에서건 '현실'을 키우지 못하고 있다는 의견을 나타냈다. 남자 대학생들이 좋은 직업을 보장하기 위한 과정에 흥미가 없음을 걱정하던 한 텍사스 교육자는 그들이 학교 밖에서 행하는 어떤 것에도 실제로 흥미를 느끼지 않는다는 것을 발견했다. 대부분은 그냥 '시간을 죽이고' 있을 뿐이었다. 한 설문조사에 따르면 이런 아이들은 그들이 실제로 살아 있는 것을 느꼈을 때에 행한 것이 없었던 것처럼 죽음에 대해서 느낀 것도 없었다. 인간에게만 유일한 개념적 사고인 사상이 그들의 정신이나 삶에서 완전히 결여되어 있었다.[1]

몇몇 지각 있는 정신분석학자나 사회비평가는 젊은 세대들의 이런 증세를 미국인의 성격에 일어나는 기본적인 변화 중 하나로 설명하고자 했다. 좋건 나쁘건 간에, 강하고 안정된 자아를 통해 인지할 수 있던 인성이 흐릿하고 무정형적인 '타율적인 인성'으로 대체되고 있었다.[2] 1950년대에 데이비드 리스먼도 "여러 공립학교와 사립학교에서 자주적인 젊은이들을 찾았지만" 성인으로 성장하고 있음을 나타내는 자아의식을 지닌 젊은이들을 발견할 수 없었다.[3]

교육이나 자치 활동 면에서 학생들에게 강한 책임감을 부여했던 사라로렌스대학에서도, 새로운 세대의 학생들이 그런 자유를 활용하는 데 무력하고 냉담하며 무능하다는 것을 알게 되었다. 학생들에게 스스로 활동을 계획하게 한다면 어떠한 활동도 계획하지 않을 것이다. 학생들 자신의 흥미에 맞추어진 교과 과정은 학생들이 강한 관심을 갖지 않았기 때문에 더는 행해지지 않았다. 사라로렌스대학 총장인 해럴드 테일러Harold Taylor는 그러한 변화에 대해 이렇게 이야기했다.

초기에는 학생들이 직접 일을 하거나 새로운 단체를 조직하고, 사회복지나 지적 분야 어느 하나에 새로운 계획을 짜는 데 학생들의 솔선과 강한 자극을 믿었다. 많은 학생들에게 자치에 대한 책임감은 유지되어야 할 권리라기보다는 젊어져야 할 하나의 의무였다. 자신의 삶을 스스로 유지하고 결정하는 데 완전한 자유를 부여받았던 학생들은 이제 그렇게 하기를 바라지 않게 되었다. 대학에서 학생들은 그들의 역할이 단순히 이미 준비된 것에 참가하는 것에, 이런 준비된 오락에 의존하는 데 익숙해져서 스스로 결정하고 참여하는 즐거움을 느끼는 게 점차 어려워졌다는 것을 알았다. 그 학생들은 그들이 참가할 만큼 충분히 흥미를 가지고 있는 어떠한 것도 스스로 계획할 수 없었다.[4]

처음에 교육자들은 이것을 원자폭탄에 의해서 발생한 무력함, 매카시 시대의 경고와 보수주의의 탓으로 돌렸다. 우주 경쟁에서 소련이 앞서나가는 것을 본 다음, 정치가들과 여론은 교육자들의 일반적인 '유약함'을 비난했다. 하지만 그 자신의 약점이 무엇이든 간에, 최고의 교육자들은 자신들이 다루고 있는 문제가 아이들이

여성성의 신화

학교에 가져온 놀랄만한 "근본적인 수동성 …… 학교 안팎에서 그들이 매일 매일 대처해야만 하는 요구에 대한" 태도라는 점을 너무나 잘 알고 있었다.[5] 젊은 세대의 신체적 수동성은 근육의 퇴보에서 나타났으며, 백악관에서조차 이에 놀라기 시작했다. 그들의 감정적 수동성은 수염을 기르고 말을 듣지 않는 비트족의 모양새로 드러났고, 열정도 없고 목적도 없는 청년의 반항이라는 형태를 띠었다. 성공하고 교육받은, 존경받는 그리고 자존심 있는 사람들의 자녀들, 모든 '기회'와 '유리한 조건'을 가진 중산층 자녀들 중에서도 특히 도시 근교에서 도시 빈민가만큼이나 높은 소년 범죄 비율이 나타나기 시작했다. 〈난 10대 프랑켄슈타인이었다 Was a Teenage Frankenstein〉라는 영화는 1960년대에 어린 자식들이 소나무 널을 끼운 서로의 놀이방에서 상대에게 마약을 주고 있는 장면을 목격한 웨스트체스터와 코네티컷에 사는 부모들에게 우스운 영화로 보이지 않았다. 또 교외 공동묘지에서 벌인 집단 폭동 때문에 1962년에 체포되었던 아이들을 가진 버겐 카운티에 사는 부모들, 또 13살 난 딸들이 사실상 '콜걸' 행위를 하고 있던 롱아일랜드 교외의 부모들에게도 마찬가지였다. 몰상식한 파괴 행동valdalism, 봄방학 중 플로리다에서 일어난 폭동, 난잡한 성행위, 성병에 걸리거나 임신한 10대가 증가하는 현상, 심상치 않은 고등학교와 대학 중퇴 경향 등의 배후에 이런 새로운 수동성이 있었다. 이 지루하고, 태만하고, 재미없는 애송이들에게 있어 기존 질서에 반항하는 것은 빈 시간의 지루함을 메우는 유일한 방법이었다.

1950년대의 한국전쟁 당시 포로였던 미국 사병의 행위를 연구한 사람들은 이런 수동적인 태도가 지루함 이상의 문제, 즉 인간성 퇴행의 전조라고 느꼈다. 포로들을 치료하기 위해 수용소에 자유롭게 출입할 수 있었던 군의관 클래런스 앤더슨Clarence Anderson 소령이 관찰한 바는 이렇다.

행군 중에, 임시 수용소와 상설 수용소에서, 강한 이들은 약한 이들의 음식을 수시로 빼앗았다. 그것을 막기 위한 어떠한 징벌도 없었다. 많은 사람들이 병들어 갔고, 다른 사람들에게 간호받거나 도움을 받는 대신에 무시당했으며 최악의 상태가 되었다. 이질이 창궐했고 몇몇 사람들은 너무나 약해서 걸을 수조차 없었다. 겨울밤에 이질에 걸린 사람들이 동료들에 의해서 막사 밖으로 끌려나갔고, 추위에 얼어 죽게 방치되었다.[6]

포로의 38퍼센트가 죽어갔는데, 이는 독립전쟁을 포함한 이전의 어떤 미국 전쟁에서보다 더 높은 포로 치사율이었다. 대부분의 포로들이 현실에 반하여 세워놓은 작은 은거지에 웅크리면서 둔해졌고 활동적이지도 않게 되었다. 그들은 음식이나 땔감을 얻으려 하거나 청소를 하지도 않았고 서로 대화조차 하지 않았다. 장교는 미국 병사들이 전반적으로 새롭고 근본적인 상황에 대항하는 능력, 즉 "미국 군인의 오랜 임기응변 능력"을 결여했다는 사실에 부딪혔다. 그는 다음과 같이 결론을 내렸다. "이것의 일부는, 단지 일부분이라고 믿는다, 포로가 되었을 때 심리적으로 받은 충격의 결과로 보인다. 또 젊은 사람들의 어린 시절과 청년기 훈련 실패의 결과로 나타난 일종의 무력감이라고 생각한다." 군대의 선전을 평가절하하면서 한 교육 심리학자는 다음과 같이 논평했다. "확실히 이런 젊은 이들은 무엇인가 잘못되었다. 그것은 무력함이 아니라 난처하고 교묘하며 파괴되기 쉬운 것이다. 나는 그것을 자아의 실패, 정체성의 파괴라고 부른다. …… 청년기의 성장은 인간의 완전한 성장으로 귀결될 수 있고 또 귀결되어야만 하며, 그것은 자신의 안정된 감정을 발달시키는 것으로 정의할 수 있다……"[7]

한국전쟁 포로들은 이런 의미에서 새로운 종류의 미국인 모델이었다. "자신의 배신을 허락하기에는 너무 명백한 성격과 정신"을 발달시키기 위해, 이들은 분명히 "명확함과 성장에 해로운" 방식으로, "충분한 개성을 갖추지 못한" 개인의 손에 양육되었다.

이렇게 소년들이 수동적이며 주체의식을 갖지 않는 현상은 "역사적으로 새로운 것"이었고 이들은 충격적으로 받아들여졌다. 그러나 이 새로운 미국인의 특성이 너무나 비인간적으로 보이는 무감각하고, 의존적이고, 어린애 같은, 목적 없는 인간이라는 것은 여성성의 신화에서 흔히 말하는 '여성성'을 암시한다. 프로이트가 성 생물학과 잘못 결부시켰던 여성성의 주요 특징이 바로 수동적인 태도, 약한 자아 또는 이기심, 약한 초자아 또는 인간의 양심, 다른 사람을 통해 살아가기 위해 적극적인 목적이나 야망, 이익을 포기하는 것, 추상적인 사고에 대한 무력함, 바깥 세상을 향한 활동에서 후퇴하는 것 등이 아니던가?

현재 미국의 아이들에게 나타난 수동적인 태도와 어린애 같은 환상 수준 정도에서 머물러있는 성격은 무엇을 의미하는가? 내가 본 소년, 소녀들은 여성성의 신화의 범주 내에서 살고 있는 여성들의 자녀들이었다. 그들은 정상적이라고 묵인된 여성으로서의 역할을 수행하고 있었다. 또한 보통 이상의 능력을 가지고 있었고, 또 몇몇은 보통 교육 이상을 받았으나 그들의 중요한 관심 대상인 아이들에게 강한 편견을 가지고 있다는 점은 모두 같았다.

아들이 읽는 것을 배우지 못해 몹시 걱정했던 한 어머니는 아들이 유치원에서 처음 통지표를 가지고 집으로 왔을 때 어린애처럼 흥분한 채 토요일 밤 데이트 신청을 기다리던 소녀 시절의 심정 같았다고 말했다. 그녀는 아들이 망상에 빠져 방을 이리저리 돌아다니고, 읽기 학습 테스트를 하는 데 충분히 오래 주의를 집중하지 못했다고 선생님들이 말했을 때 그들이 틀렸다고 확신했다. 또 다른 어머니는 아들이 어떤 문제나 압박에서 고통스러워할 때 그것을 참을 수 없었다고 말했다. 아들은 그녀 자신이나 다름없었다. 그녀는 나에게 말했다.

나는 아이들이 며칠 동안 가구를 다 뒤집어서 거실에 집을 짓도록 내버려두곤 했어요. 그래서 심지어는 앉아서 책을 읽을 곳도 없었지요. 나는 아이들이 원하지 않는 것을 하게 하는 것도, 아이들이 아플 때 약을 먹이는 것까지도 참을 수 없었어요. 아이들이 속상해하고, 싸

여성성의 신화

우고 또는 나를 화나게 하는 것도 참을 수 없었고요. 나는 아이들을 나와 분리시킬 수 없었던 거죠. 나는 항상 이해하고 참았습니다. 심지어 오후에 아이들 곁을 떠날 때 죄책감 같은 것을 느꼈어요. 아이들이 숙제를 한 모든 장들이 걱정되었어요. 나는 항상 좋은 어머니가 되는 데에 집중했고, 스티브가 이웃에 있는 다른 아이들과의 싸움에 끼지 않았다는 것을 자랑스럽게 여겼지요. 아이가 학교에서 아주 나쁜 일을 하기 시작하고, 악몽에 시달리고, 다른 아이들이 두려워서 학교에 가는 것을 원하지 않았을 때까지도 무엇이 잘못되었는지 몰랐습니다.

또 다른 여성은 이렇게 말했다.

나는 아이들이 학교에서 집으로 오는 오후에는 매일 집에 있어야 한다고 생각했어요. 학교 공부를 돕기 위해 지정된 책들을 모두 다 읽었고, 메리가 대학에서 입을 옷을 준비하는 것을 도와줬을 때처럼 행복하고 흥분된 적은 없었죠. 그러다 메리가 미술을 전공하지 않겠다고 했을 때 화가 났습니다. 미술은 결혼하기 전 나의 꿈이었거든요. 하지만 아무래도 자기 자신의 꿈에 따라 사는 것이 더 좋을 것 같아요.

오늘날의 어린이들에게 점점 늘어나는 수동성과 꿈같은 비현실성이 그해에 널리 퍼진 것과, 여성성의 신화가 능력 있고 교육받은 많은 미국 여성들에게 그들의 꿈과 심지어는 교육까지 포기하고 아이들을 통해 살게끔 부추긴 것이 우연의 일치는 아닐 것이다.

중산층 어머니가 자신과 아이의 성격을 '병합'시키는 현상—
1940년대에 한 명민한 사회학자에 의해 명백히 밝혀진 바지만—이
최근 몇 해 동안 불가피하게 증가했다. 여성들은 집 밖의 어떤 것에
도 관심을 가지지 않고 가전 제품을 이용해 틀에 박힌 집안일을 하
면서, 요람에서 유치원까지 거의 전적으로 아이를 예찬하는 것에
온 힘을 기울일 수 있었다. 심지어 아이들이 학교를 떠날 때 어머니
들은 때로는 대리로 정말로 그들의 삶을 같이 할 수 있었다. 많은 사
람들에게 아이들과의 관계는 하나의 연애 관계 같은 것이었고 또는
일종의 공생이었다.

'공생'이란 하나의 생물학적 형태다. 간단히 말하면 두 유기체
가 하나가 되어 사는 과정이라고 설명할 수 있다. 태아가 자궁 내에
있을 때 어머니의 피는 태아의 생명을 지탱하며, 어머니가 먹는 음
식은 태아를 자라게 하고, 태아는 어머니의 호흡을 통해 산소를 공
급받는다. 그리고 어머니는 아이의 찌꺼기를 배설한다. 어머니와 아
이의 관계는 처음부터 생물학적으로 결합되어 있으며, 그것은 놀랍
고도 복잡한 과정이다. 그러나 이런 관계는 하나의 분리된 인간으
로서 아이가 세상으로 나와 그 탯줄을 끊으면 끝나게 된다.

이런 점에서 아동심리학자들은 어머니와 아이 간의 심리학적
인 또는 감정적인 '공생'에 대해, 어머니의 사랑이 끊임없이 자궁 내
에서 태아의 몸을 뒤덮고 태아에게 먹이를 주는 양막이라는 유동체
에서 생겨나는 것이라고 해석하고 있다. 이런 감정적인 공생은 심
리적으로 태어날 준비가 될 때까지 그 아이의 정신에 영양을 공급

여성성의 신화

한다. 따라서 어머니의 사랑에 대해 문학적으로나 종교적으로 찬미하는 사람들처럼 심리학적인 극작가들은 어머니와 아이가 여전히 동일체로 있는 상태를 묘사하고 있다. 그들은 실제로 분리된 존재가 아니다. 심리학을 대중화한 이들에 의하면 '공생'이란 어머니의 끊임없는 사랑스러운 보살핌이 일정 기간 동안 아이의 성장에 절대적으로 필요하다는 것을 내포하고 있다.

그러나 최근 몇 해에 걸쳐 '공생'이란 개념은 정서장애가 있는 아이들의 숫자가 점점 늘어나는 현상을 포괄하게 되었다. 점점 더 많은 새로운 아동병리 증세들이 어머니와의 공생적인 관계에서 생겨났는데, 이것이 아이들이 분리된 존재가 되는 것을 막았다는 것이다. 정서장애가 있는 아이들은, 포기하지 못한 어머니의 어린 시절의 꿈, 즉 어머니가 무의식적으로 바라는 꿈과의 투쟁을 '실행'하는 것처럼 보였다. 그러나 여전히 자식으로서 어머니를 만족시키려고 애쓰는 것 같다.

'실행'한다는 말은 심리치료법에서 주어진 현실 상황에 조화되지 못한 채 무의식적으로 어린애 같은 공상이나 소망을 나타내는 환자의 행동을 묘사하기 위해 쓰이는 것이다. 정서장애로 불안한 아이가 무의식적으로 '실행'하고 있는 소망들이 자신의 것이 아니라 어머니의 것이라고 말하는 것은 이상하게 들릴 것이다. 하지만 치료사들은 자신의 어릴 때의 꿈을 만족시키기 위해 자식을 이용한 어머니가 성장을 파괴하는 행동으로 아이를 밀어넣는 방법을 찾아낼 수 있었다. 자기의 열세 살 난 딸을 성적으로 난잡하게 만들었던 웨스트체스터에 사는 부인은 딸에게 성적 매력을 발달시키려고 했을 뿐만 아니라 완전히 딸의 인격을 무시하며 양육했다. 심지어 그녀의 가슴이 발달되기 전에 일종의 훈계로써 또는 호기심으로써, 어머니가 상상하는 매음을 실제로 하고 싶어 하게끔 그녀에게 주입했던 것이다.

부모가 자식을 통해 자기의 꿈을 실행하는 것이 결코 병적인 것만은 아니다. 그러나 그 꿈이 아이의 존재를 무시하거나 곡해할 때는 예외다. 훌륭한 바이올리니스트가 되고 싶었지만 아버지가 바라는 꿈이 나쁜 일이었기 때문에 나쁜 짓을 하게 된 소년, 또는 아들을 훌륭한 바이올리니스트로 키우고자 하는 어머니의 꿈은 좌절되고 결국 정신병원으로 가게 된 소년을 소재로 많은 역사 이야기와 소설이 쓰였다. 최근 몇 년 동안 성장 과정이 병적인 것으로 보이기 시작했다면, 그것은 자식들이 행하고 있는 어머니의 꿈이 점점 어린애같이 되었기 때문이다. 이런 어머니들은 점점 어린애가 되었으며, 자식을 통해 만족감을 찾으려고 했기 때문에 결국 자식에게서 떨어질 수 없었다. 따라서 자식들은 '공생하는' 관계 속에서 어머니와의 생활을 이어갔고 성장 과정에서 파괴되었다.

이런 파괴적인 공생은 말 그대로 여성성의 신화 속에서 구축되었으며, 그 과정은 점진적으로 진행되었다. 또한 이 공생은 다음과 같이 한 세대에서 시작되어 다음 세대로 계속되었다.

1. 학교에서 그리고 이 세상에서, 현실에서 치러야 하는 시험을

기피하려는 소녀들을 용인하고, 그들에게 결혼을 하면 만족감을 얻을 수 있다고 약속함으로써, 여성성의 신화는 여자아이들을 어린애 수준에 멈추게 해 더 이상 성장하지 못하게 하고, 개인 정체성을 결핍되게 하며, 자신감을 사라지게 했다.

2. 유아 증세가 심하게 나타날수록 여성들은 자신감을 잃어가며, 누군가의 아내가 되고 어머니가 됨으로써 만족하고자 하는 것이 빠르면 빠를수록 점점 남편과 아이들을 통해 살고자 한다. 그 결과 자기 자신의 감정이나 현실 세계와 맺는 연결은 점점 약해진다.

3. 인간이라는 생물은 성장하려는 충동을 내재하고 있기 때문에, 주부라는 역할로 인하여 어린애 같이 보호받고 있어서 성장을 꺼리는 여성은 주부라는 역할이 성장을 허용하지 않는 한 생리적이고 감정적인 질병 상태로 고통받을 것이다. 그녀의 모성은 자신과 아이들에 대해 점점 병적이 될 것이다. 어머니에게 어린애 같은 성질이 많으면 많을수록 아이는 현실 세계에서 자신의 개성을 얻을 수 없을 것이다. 자아가 어린아이 같은 어머니들은 더욱 어린애 같은 아이를 가지며, 그 아이들은 어려운 현실에서 환상 속으로 후퇴할 것이다.

4. 이렇게 병적인 후퇴의 징조는 남자아이들에게 더 심하게 나타날 것이다. 어린 시절에도 남자아이들은 여성성의 신화가 여자아이들에게 성적 환상 속으로 도피하는 것을 용인하는 현실에 스스로 참여할 것이라 예상되기 때문이다. 그러나 이러한 기대들은 궁극적으로 남자아이들을 강한 자아를 향해 성장하게 만들고 결국 여자아

이들을 최악의 희생자로 만들며, 그들 자녀들의 인간성을 점진적으로 말살시켜 장티푸스에 걸린 환자같이 만든다.

정신과 의사들과 도시 주변의 임상가들 덕분에 이런 과정이 어떻게 작용하는지 알게 되었다. 정신과 의사인 안드레아 안쥐알Andrea Angyal은 그것을 여성과 관련된 것이 아니라, "성장에 대한 신경질적 회피"로 묘사한다. 성장을 피하는 주된 방법은 두 가지가 있다. 하나는 "일에 몰입하지 않는 것"이다. 즉 어떤 남성은 학교, 일, 결혼과 같은 자신의 생활에 대해 "진심으로 행동하지 않고 가장하면서 살아간다." 그 남성은 자신이 하나의 배역을 맡고 있다고 생각한다. 표면상으로는 생활에서 정상적으로 활동하는 것으로 보일 것이다. 그러나 그가 실제로 하고 있는 것은 "움직임으로 가장하는 것"이다.

성장을 피하는 다른 방법을 안쥐알은 "대리 생활vicarious living"이라고 지칭한다. 그것은 개인의 인격에 대한 체계적인 부정과 억압, 다른 성격을 대체하려는 시도 그리고 "이상화된 개념, 절대적으로 선한 삶의 기준, 과장되고 비현실적인 기준에 부합하지 않는 모든 충동을 억누르는 것", 또는 단순히 "상투적인 인기 품목" 같은 성격을 취하는 것이다.

대리 생활에서 가장 흔하게 나타나는 징후는 특히 다른 사람에게 구조적으로 의존하는 것인데, 이것은 자주 사랑이라는 형태로 오인된다. 그러나 그렇게 강하고 집요한 애착은 헌신, 직관적 이해, 자기 자신의 권리와 방식으로 상대방의 존재를 즐기는 것과 같은 진정한 사랑의 본질을 모두 결여하고 있다. 이러한 애착은 극도로 소유욕이 강하고, 상대방에게서 '그 자신만의 삶'을 빼앗는 경향이 있다. …… 상대방은 자신과 관계를 맺는 사람이 아니라 내면의 공허함과 무無를 채우기 위해 필요한 존재다. 이러한 무無는 원래 단순한 환상에 불과하지만, 지속적인 자기 억압을 통해 실제의 상태가 된다.

대리 생활을 통해 대체 인격을 얻으려는 이런 모든 시도는 그 사람을 막연한 공허함에서 벗어나지 못하게 한다. 또한 순수하고도 자발적인 충동을 억제하는 것은 그 사람에게 고통스러운 감정적 무의미함(공허함)을 느끼게 하며, 거의 존재감이 없다는 느낌을 준다. [8]

"일에 몰입하는 것을 거부"하는 것과 "대리 생활"은 "성장하려는 충동과 새로운 상황에 처했을 때의 두려움 사이의 갈등을 해소하기 위해 시도된 것이라고 이해할 수 있다." 그러나 그것들이 일시적으로는 압박을 줄일 수 있지만 문제를 궁극적으로 해결하지는 못한다. "비록 의도한 게 아닐지라도 그들의 결과는 항상 개인적인 성장을 회피하는 것"이다.

그러나 일에 몰입하기를 거부하는 것과 대리 생활은 기실 우리가 여성성이라고 전통적으로 정의를 내린 바다. 이것은 여성성의 신화가 여성으로서의 만족감을 추구하라고 소녀들에게 가르친 방법이며, 오늘날 대부분의 미국 여성들이 사는 방법이다. 그러나 인간이라는 동물이 될 수 있는 모든 것이 되고, 마음을 넓게 하고, 성장하고자 하는 타고난 충동을 가지고 있다면, 여성들이 성장을 허용하지 않는 역할에 적응하려고 할 때 이런 건강한 여성들의 몸과 마음은 순종하려 하지 않는다. 의사들과 정신분석학자들을 당황하게 하는 그들의 증상들은 아무런 투쟁도 없이 자신의 성장을 피할 수 없으며 자신의 존재를 몰수당할 수 없다는 경고 신호다.

나는 내가 인터뷰했던 여성들 그리고 나와 공통점이 있는 여성들이 이런 투쟁을 하고 있는 것을 보았으나, 불행히도 그것은 이길 가능성이 없는 투쟁이었다. 처음에는 고등학교에서, 나중에는 대학교에서 한 어린 소녀는 '인기'를 위해 자기의 모든 관심과 야망을 포기했다. 일찍 결혼을 함으로써 그녀는 인기 있는 여대생으로서의 역할을 담당한 것과 같은 방법으로, 틀에 박힌 주부로서의 역할을 담당했다. 나는 그녀가 어느 순간에 무엇이 진실이며 무엇이 겉보기인지를 놓쳤는지 모르겠다. 그러나 그녀가 어머니가 되었을 때, 그녀는 가끔 바닥에 누워 세 살 난 딸을 감당하지 못하는 것에 화를 내면서 발을 차곤 했다. 38세에 그녀는 자살하려고 손목을 그었다.

주부가 되기 위해 암 연구원이라는 직업을 포기했던 또 다른 매우 지적인 여성은 아이가 태어나기 바로 전에 심한 저혈압으로 고생했다. 회복된 후 그녀는 넉 달 동안 아침마다 보육학교에서 아이와 함께 지낼 정도로 그 아이와 '가까이' 있었다. 그렇지 않으면 아이가 화를 내거나 울거나 짜증을 냈기 때문이었다. 아이는 1학년 때 엄마 곁을 떠나야 하는 아침에 종종 입에 담을 수 없는 더러운 말을 내뱉었다. 그 아이가 운동장에서 보인 난폭한 행동은 그 자신과 다른 사람들을 놀라게 했다. 아이가 야구방망이로 어느 아이의 머리를 때리려고 해서 한 이웃 사람이 그것을 빼앗아버리자 아이의 어머니는 그러면 아이가 '좌절'한다며 격렬하게 반대했다. 그녀는 아이를 훈육시키는 것이 극도로 어렵다는 것을 알고 있었다.

10년에 걸쳐, 아이들을 잘 다루지 못한 것을 제외하고는 교외에서 어머니로서의 역할을 모두 마쳤을 때, 그녀는 사는 것 같지 않았으며, 자신이 가치 있게 느껴지지도 않았다. 먼지 한 점 없는 3층집 지하실에서 목매어 죽기 전날, 그녀는 소아과 의사에게 건강진단을 받기 위해 세 아이를 데리고 갔고, 딸의 생일파티를 열어줬다.

교외 주부들의 자살율은 낮으나 여성들이 성장을 피하기 위해 정서적으로나 육체적으로 높은 대가를 치른다는 증거가 있다. 우리가 알고 있는 것처럼 그들은 생리적으로 약하지 않았다. 나이 든 층에서는 여성보다 남성의 사망 숫자가 높았다. 여자들이 더 오래 살았다. 그러나 미국에서는 여성들이 주부라는 여성의 역할을 맡을 때부터 흥미나 즐거움을 갖지 못했고 건강하지도 못했다.

1950년대에 모든 분야의 의사와 정신분석가, 정신과 의사들은 주부의 이런 증세가 점점 더 병적으로 되는 것 같다고 지적했다. 젊은 주부들의 가볍고 그다지 특수하지 않은 증세인 피로나 신경과민, 불안, 출혈성 물집 등이 심장마비, 출혈성 궤양, 고혈압, 기관지 폐렴이 되었다. 이루 말할 수 없이 감정적인 저혈압은 신경쇠약이 되었다. 햇볕이 드는 교외에서 사는 주부이자 아이를 둔 사람들 중에서 10년 간 혼자 산 사람들에게, 분만할 때 나타나는 가벼우면서도 자멸적인 우울증이나 망상, '어머니로서의 정신병'이 점점 늘어났다. 1950년대 뉴저지의 버겐 카운티 근교에서 리처드 고든 박사와 그의 부인 캐서린(대표적인 사회심리학자이자 정신과 의사)이 편집한 기록에 의하면, 세 명의 어머니 중 한 명이 출산을 할 때 우울증과 신경쇠약으로 고생했다. 4백 명의 임산부 중 한 명꼴로 신경쇠약에 걸리고 80명의 임산부 중 한 명꼴로 그다지 심각하지 않은 우울증세를 보인다는 이전 의사들의 평가와는 대조적인 결과였다.

1953년에서 57년 사이 버겐 카운티에서는 성인 정신병 환자 746명 중에서 10명당 1명이 분만 시 병증을 얻은 젊은 여성이었다. 사실 18세에서 44세까지의 젊은 주부들은 출산 우울증 뿐 아니라 모든 정신의학적, 심리적 질병이 점점 심각하게 증가하고 있다. 이들은 50대에 접어들어 성인 정신과 환자 중에 두드러진 집단이 되었다. 병증을 얻은 젊은 부인들 수는 젊은 남편보다 반 이상 많았고 다른 집단들보다 세 배 이상이었다.(교외에 있는 민간 및 공공 병원의 환자를 대상으로 한 다른 조사에서도 유사한 결과가 나왔다.) 50년대 초반에서 후반까지 젊은 주부들은 남자들을 제치고 관상 동맥 질환, 궤양, 고혈압, 기관지 폐렴의 주요 환자가 되었다. 교외 지역의 병원에서는 궤양 환자의 40퍼센트를 여성이 차지했다.[9]

나는 젊은 주부들에게서 이런 병리 상태가 증가하는 것(비교할 수 있는 시골 지역이나 오래된 교외 및 도시에서는 발견되지 않았다)은 새로운 교외 인구의 '이동성'에서 기인한다고 말하는 고든 부부를 만나러 갔다. 그러나 이리저리 '이동'하는 남편들은 자기 부인이나 아이들만큼 쇠약하지는 않았다. 출산 우울증에 관한 이전의 연구 보고서에는 직업을 얻는 데 성공한 여성들이 주부이자 어머니가 되었을 때 역할 갈등을 겪었다는 것을 보여주었다. 그러나 출산 우울증이나 신경쇠약 증세로 고통받는 비율이 이전의 모든 예상치보다 높은 이 새로운 희생자들은 가정주부이자 어머니 그 이외의 어떤 것이 되기를 바라지 않았으며, 그것이 그들에게 기대되는 전부였다. 고든 부부는 그들의 발견이 젊은 주부들이 반드시 남편보다 더 많은 스트레스를 받고 있다는 것을 나타내지는 않는다고 지적했다. 몇 가지 이유로 여성들이 점점 스트레스에 굴복하는 경향이 늘어가고 있다. 주부이면서 어머니라는 역할이 너무 부담스럽다는 의미일까? 아니면 그것으로는 충분하지 않다는 것일까?

이 여성들은 신경증의 싹이 될 수 있는 유년기의 모습이 모두 같지는 않았다. 사실 몇몇은 아무런 증상도 보이지 않았다. 그러나 그들의 사례에서 두드러지게 나타난 유사점이 있었는데, 능력이 있음에도 불구하고 교육받는 것을 포기했다는 사실이다. 고통을 받는 사람들은 대부분 고등학교나 대학교를 중퇴한 여성들이거나 그 나이 또래 여성들로, 대학에 들어간 지 1년 만에 학교를 그만둔 사람들이었다.[10] 또한 많은 여성들이 (이탈리아나계나 유대인 계통 같은) "더 엄격한 민족 집단" 출신이었거나 여성들이 보호를 받고 남에게 의존하는 경향이 있는 남부 지방의 작은 도시 출신이었다. 대부분이 공부를 계속 이어가거나 직업을 가지는 것 중 어느 것도 하려 하지 않았으며, 자신의 능력으로 세상을 살아가려고도 하지 않았다. 몇몇 사람들은 비교적 특별한 기술이 필요하지 않은 직업을 가졌거나, 그들이 교외의 가정주부이자 어머니가 되었을 때 자신의 관심사를 포기한 적이 있었다. 그러나 대부분은 유망한 남자와 결혼하고자 하는 것 이외에는 어떤 야망도 가지지 않았다. 많은 여성들이 능력 있는 사람과의 결혼으로 자신의 꿈뿐만 아니라 어머니의 좌절된 꿈까지도 채우려고 한 것이었다. 고든 박사가 나에게만 말한 것처럼 "그들은 유능한 여성들이 아니었다. 그들은 아무 것도 하지 않았다. 심지어 이런 지역에서 조직될 필요가 있는 위원회도 조직할 수 없었다. 그들은 스스로 지원해서 어떻게 일을 하는지 배우고, 그 다음에 그 일을 하도록 요구받은 적이 없었다. 그들 중 많은 사람들이 학교를 그만두었다. A학점을 받는 것보다 아기를 갖는 것이 더 쉬웠다. 그들은 스트레스와 고통을 받고 힘든 일을 하는 것을 배운 적이 없었다. 삶이 힘들어지자 그들은 곧 허물어졌다."

아마도 이런 소녀들은 다른 여성들보다 더 의존적이고 수동적이고 교외에 갇혀있기 때문에, 자식들처럼 어린애가 되는 것 같았다. 그리고 그들의 아이들은 병적인 것처럼 보이는 수동성과 유아성을 보였는데, 아들에게서는 이것이 매우 일찍 나타났다. 오늘날 교외의 정신건강 클리닉을 찾는 아동 환자의 압도적 대다수는 남자 아이들이다. 그런데 이것은 오늘날 모든 개인 병원에 있는 성인 환자들의 대다수가 여성, 즉 주부라는 사실에 대한 극적이고 설명할 수 없는 반전이다. 많은 여성 환자들을 돌보는 보스턴의 한 정신분석가는 직업상의 이론적인 용어는 제쳐놓고 이렇게 말했다.

남자보다 여자 환자들이 훨씬 더 많다는 것은 사실입니다. 그들의 불평은 다양하지만, 당신이 그 속을 살펴본다면 공허함에 대한 근본적인 느낌을 발견할 겁니다. 그것은 열등감이 아닙니다. 거의 아무것도 아닌 것 같은 것입니다. 그런 상태는 여성들이 그들 자신의 어떤 목표도 추구하지 않기 때문에 나타난 것입니다.

교외의 정신병원에 있는 또 다른 의사는, 7년 전에 교외로 이사 와서 지역사회에 좋은 일을 하는 것 외에 아이들을 돌보는 일에만 몰두해온 16세의 딸을 가진 어머니에 대해서 나에게 말했다. 자기 딸에 대해 끊임없이 걱정함에도 불구하고("나는 하루 종일 그 애만 생각한다. 그 애는 친구가 하나도 없는데, 그 애가 대학에 들어갈 수 있을까?") 정작 딸의 대학 입학 시험 날짜는 잊어버렸다.

딸에 대한 걱정은 그녀가 하지 않은 일과 자기 자신에 대한 불안감이었습니다. 이런 여성들이 자신이 하지 않은 일에 대한 집착으로 고통받을 때, 아이들은 실제로 어머니와 거의 접촉하지 못했습니다. 다른 사례로 두 살 난 아이가 있는데, 아이는 어머니와 거의 실질적으로 접촉하지 않아 심각한 증세를 보입니다. 어머니는 매일 하루 종일 집에 있습니다. 나는 심지어 그녀에게 아이와 신체적 접촉도 하도록 가르쳐야 합니다. 하지만 이것은 그녀가 자기계발에 대한 자신의 욕구에 직면하기 전까지는 해결되지 않을 것입니다. 아이들을 대하는 것은 시간의 양과 관계가 없습니다. 아이가 필요로 하는 것의 측면에서, 아이들을 위한 시간은 순식간일 수 있습니다. 어머니는 하루 종일 집에 있을 수 있지만 자기 자신에 대한 집착 때문에 아이들을 위해 있을 수는 없습니다. 그래서 아이는 화를 내면서 숨을 참고, 화가 나서 싸우며, 유치원에 가지 않으려 하고, 심지어 9시에 여전히 어머니에게 함께 화장실에 가달라고 요구하며, 어머니가 자신과 함께 눕지 않으면 잠을 자지 못합니다. 그렇지 않으면 그는 조현병이라 할 만큼 내성적이 됩니다. 그녀는 아이의 필요와 요구에 응하기 위해 필사적으로 노력하고 있습니다. 하지만 만약 그녀가 정말로 자신을 만족시킬 수 있다면, 그녀는 진정으로 아이들을 위해 있을 수 있게 될 것입니다. 아이의 성장을 돕고, 현실을 다루는 법을 배우게 하고, 심지어 아이가 진정으로 무엇을 느끼는지 알기 위해서 그녀는 완전한 자신이 되어야 합니다.

또 다른 병원의 한 의사는, 아이가 지능은 높지만 학교에서 읽기 능력을 익히지 못해 안절부절못하는 어머니에 대해서 이야기했다. 그 어머니는 주부가 되기 위해 학교를 중퇴했고, 아들이 학교에 들어갈 날만 기다리며 살았으며, 아들을 통해 스스로 만족스러워했다. 치료를 통해 어머니를 아이와 분리시키자 아이는 비로소 자신을 하나의 '분리된' 존재로 느끼기 시작했다. 그러기 전에는 누군가가 시키지 않는 한 놀 때조차도 아무것도 하지 않았고 하지도 못했다. 읽는 법조차도 배우지 못한 것처럼 말이다.

이상한 것은 그녀가 많은 다른 '여성 역할'의 시대의 여성들처럼 진짜 여성, 좋은 어머니와 부인이 되기 위해 노력했지만 "실제로는 남성의 역할을 하고 있었다는 사실"이라고 그 의사는 말했다. "그녀는 주위에 있는 모든 사람을 들볶았다. 즉 아이들의 생활을 지배하고, 냉혹하게 가사를 돌보고, 아직 끝내지 못한 남은 일을 빨리 하라고 남편에게 잔소리하면서, 재정을 관리하고 교육을 관리하고 오락을 통제했다. 남편은 단지 돈을 내주는 사람에 불과했다."

학교 조직이 세계적으로 유명한 웨스트체스트 지역에서, 최근에 고등학교를 우수한 성적으로 졸업한 학생들이 겨우 대학에 들어가서는, 자신의 미래를 결정하지 못한다는 사실이 드러났다. 조사 결과 이것은 단순히 심리적인 원인 때문이라고 밝혀졌다. 어머니들은 고등학교에 다니는 아이들의 숙제를 대신 해주거나 학기 논문까지 써주었고, 아들과 딸들이 정신적으로 성장하는 것을 방해했다.

또 다른 정신분석학자는 어머니의 성장이 방해받고 있는 상황에서, 아이가 어머니의 필요에 따라 행동하는 것이 청소년 범죄의 원인이 되고 있다고 설명한다.

일반적으로 좀 더 중요한 부모 중 한 사람—어느 면에서는 아버지도 포함되지만 보통 어머니—이 무의식적으로 아이에게 비도덕적이거나 반사회적인 행동을 하게 하는 것을 보았다. 부모의 욕구는 …… 아이의 행위에 의해 대신 만족되고 있었다. 그러한 부모의 신경질적인 욕구는 어른들의 세계에서 그들을 만족시킬 수 없는 현재의 무능력 때문이거나 부모 자신이 어렸을 때 자신의 성장을 방해하는 경험을 겪었기 때문에, 혹은 일반적으로 이 두 가지의 조합 때문에 존재한다.[11]

청소년 범죄자들을 관찰하고 돕기 위해 노력해온 사람들은 이렇듯 인간성이 점점 말살되는 과정을 목격했고, 사랑만으로는 그것을 저지할 수 없다는 것을 발견했다. 여성성의 신화의 시대 동안 어머니의 사랑은 공생적 사랑이나 관대함으로 여겨졌으나, 이것은 아이에게 사회적 양심과 강한 개성을 길러주기에는 충분하지 않았다. 이를 위해서는 성적이고 본능적인 욕구가 사회적 양심과 통합된 확고한 자아를 가진 성숙한 어머니가 필요하다. "어떤 창의적인 행동 과정을 통해 어떻게 주요한 목표들에 도달할 수 있는지 배워온 부모가 견실함을 보여준다……"[12]

한 심리치료사는 도둑질을 한 아홉 살 소녀의 사례를 이야기했다. 이 여자아이는 방어적인 자신의 엄마에게 자신은 "대리만족하기 위한 것이며, 어머니의 관대함은 어머니 자신의 욕구에서 빚어진 것이므로, 여기에서" 벗어날 것이라고 말했다. 그 아홉 살 난 소녀는 심리치료사에게 "어머니는 언제쯤 직접 훔치려고 할까요?"라고 물었다.

아주 극단적으로 인간성이 말살되는 형태는 조현병을 앓는 아이들에게서 볼 수 있다. 즉 그들은 환상에 지배되는 '제멋대로인' 또는 '비정상적인' 아이들로 불리고 있다. 나는 약 20년 동안 이런 아이들에 대해서 연구한 유명한 진료소를 방문했다. 이 기간 동안 아주 원시적이고 어린애 같은 수준에 멈춘 아이들이 점점 늘어나고 있었다. 이런 이상 상태의 원인에 대해서, 그리고 그것이 실제로 증가하고 있는지 또는 그것이 현재 자주 진단되고 있기 때문에 그러는 것처럼 보이는 것인지 권위자들의 견해가 서로 달랐다. 아주 최근까지, 아이들은 대부분 정신적으로 지체되었다고 여겨졌다. 그러나 현재 의사들과 정신과 의사들은 이러한 상태들을 더 자주 발견하고 있다. 그런데 이것은 되돌릴 수 없는 원래 형태의 정신 지체와 같지 않다. 이것은 치료될 수 있다.

이런 아이들은 자신을 생명이 없는 것, 즉 차, 라디오 등과 같거나 아니면 돼지, 개, 고양이 같은 동물들과 동일하다고 생각했다. 문제의 핵심은 이 아이들이 현실에 대처할 수 있을 정도로 충분히 강한 자아를 조직하거나 발달시키지 않았다는 데 있다. 즉 이 아이들은 자신을 외부 세계와 분리시켜 구별할 수 없었다. 또 인간의 틀에 맞게 조직되지 않은 사물의 수준이나 본능적으로 생리적인 충동에 따라 살고 있었다. 이런 이유로 관계자들은 "어린애를 사회화된 인간으로 변형시키는 매개체인 어머니의 성격을 조사해야 한다"고 생각했다.[13]

내가 방문했던 진료소(보스턴에 있는 제임스 잭슨 퍼트넘 아동센터)에서 일하는 사람들은 이와 같은 정서장애 아동들에 대해 조심스런 결론을 내리고 있다. 하지만 의사 중 한 명이 자신이 만났던 "잃어버린 자아, 약한 자아, 덜 발달된 자아"의 행렬이 점점 늘어나는 것에 대해 약간 조바심 내며 말했다. "그건 우리가 언제나 알고 있던 것입니다. 만약 부모가 연약한 자아를 가지고 있다면 그 아이도 마찬가지일 것입니다."

인간으로서의 자아가 전혀 발달되지 않은 아이들을 가진 어머니들은 대부분 "표면상 완전히 갖추어진 인상"을 준다 해도 "아주 미성숙한 개인들"이었다. 그들은 어머니에게 의존했고, 이런 의존은 일찍 결혼함으로써 사라졌으며, "그들이 훌륭한 여성, 부인, 그리고 어머니로서 만들어낸 이미지를 건설하고 유지하고자 영웅적으로 투쟁했다."

어머니가 되고자 하는 욕구와 경험을 통해 순수한 감정을 가진 진실한 인간이 되고자 하는 생각이나 소망은 너무나 필사적이어서 이것이 좌절되면 두려움이 나타나며, 서로 모순되는 이중 감정을 갖게 되고 불안해질 것이다. 어머니로서의 감정이 자발적으로 생기지 않기 때문에, 그녀는 주의 깊게 모든 새로운 교육 방법을 공부했고, 육체적으로나 정신적으로 건강해지는 방법에 대한 논문을 읽는다.[14]

어머니가 자식을 어디에서나 돌보려 하는 것은 자발성에서 기인하는 것이 아니라 "훌륭한 어머니가 되어야 한다"는 관념을 따르는 것이다. 즉 "자신의 피와 살을 통해 아이와 동일시되고, 실제 삶의 기쁨과 진정한 느낌을 대리하여 경험할 수 있을 것"이라는 바람에서 나타난 것이다.

여성성의 신화

그 결과 아이는 "수동적인 타성"에서 "한밤의 절규"로 변화한다. "수동적인 태도를 가진 아이는 어머니에게 지나친 요구를 하지 않기 때문에 위협적인 존재가 되진 않는다. 그리고 어머니가 감정적으로 줄 것이 별로 없거나 아무 것도 없다고, 어머니는 거짓말쟁이라는 사실을 드러내는 것에 계속해서 위험을 느낀다." 실제로 어머니가 아이를 통해 성취감을 찾을 수 없다는 것을 알게 되었을 때,

그녀는 자신이 아니라 아이를 지배하려고 필사적으로 투쟁한다. 화장실에 혼자 가게 하는 훈련은 일반적으로 그녀가 자기 자신을 구제하려는 투쟁이다. 무력감은 어머니를 파멸로 치닫게 하는 공격성을 만들어내며, 아이는 어머니의 무력감의 진정한 희생자가 된다. 아이가 살아남을 수 있는 유일한 방법은 위험한 어머니뿐만 아니라 세계 자체에서 물러나고 도망가는 것이다.[15]

그 결과 아이는 하나의 '물건'이나 동물, 또는 "무언가를 찾기 위해 방에서 이리저리 움직이고, 앞뒤로 흔들고, 마치 빠져나가야 할 장벽인 것처럼 벽 주위를 빙글빙글 도는 침착하지 못한 방랑자"가 되는 것이다.

진료소에 있는 의사들은 뒤의 몇몇 세대에서 이것과 비슷한 형태를 찾을 수 있었다. 비인간화는 확실히 점점 증가하는 추세였다.

이러한 임상 관찰과 치료를 통해 이러한 행태가 중단되거나 남자

아이가 남성적인 아버지에 의해 구조되거나 하지 않는 한, 우리가 두 세대 동안 발견한 갈등이 이전에 여러 세대에 걸쳐 존재했을 것이며 앞으로도 계속될 것이라고 추정할 수 있다.[16]

그러나 어머니가 계속해서 아이를 통해 간접적으로 살아간다면, 치료도 사랑도 아이들에게는 별 도움이 되지 않을 것이다. 내가 만나보았던 여성들, 즉 딸을 지배하고 딸을 수동적으로 의존하게 하고 자기와 일치시키려 하고 무의식적으로 성행위로 이끌었던 여성들에게서 이와 같은 형태의 갈등이 있는 것을 보았다. 내가 만난 가장 비참한 여성들 중 한 사람은 '몽유병'을 가진 열세 살 난 소녀의 어머니였다. 삶이 온통 과시할 만한 것들로 가득 찬 이 부유한 중역의 부인은 그것이 단지 껍데기에 불과하다는 것을 제외하고는 교외에서 '단란한' 모습 그대로 살았다. 그녀의 남편은 자기의 일에만 몰두해있었다. 즉 그는 자신의 삶을 부인과 공유할 수도 없었으며 공유하지도 않으려 했다. 그녀는 무의식적으로 13세의 딸을 난잡하게 만듦으로써 자신의 삶의 감각을 되찾으려고 했다. 그녀는 딸의 유사 성행위를 보고 살았으며, 그 소녀는 그런 생활에서 자신이 단순한 하나의 '물건'에 불과하다고 생각하게 되었다.

몇몇 의사들은 어머니와 아버지를 '돕기' 위한 조건으로, 만약 어머니가 성적이고 감정적으로 요구하는 것이 남편과의 결혼에서 채워졌다면, 그녀는 이것을 자기의 딸을 통해 해결하려고 하지도 않았을 것이며, 딸이 '물건'으로서가 아니라 여성으로서 자랄 수 있을 것이라고 생각했다. 남편이 자신만의 문제를 너무 많이 가지고 있었고 어머니는 남편에게서 충분한 사랑을 받을 가능성이 희미해 보였기 때문에, 상담가들은 어머니가 그녀 자신의 삶에서 진정한 관심사를 발전시키도록 노력하고 있었다.

그러나 내가 만난 다른 여성들, 대리 생활과 개인적 목적의 결여로 성장을 회피한 이들은 남편의 사랑이 아무리 지극하다 해도 그들 자신의 삶과 아이들의 삶이 점점 손상을 입는 것을 막지 못했다. 나는 여성들이 무의식적으로 딸들에게 너무 이르게 성을 강요할 때 어떤 일이 일어나는지 보았다. 성적 모험은 그들 자신의 삶에서 유일하게 진정한 모험이거나 지위나 정체성을 성취하는 수단이었기 때문이다. 오늘날 '정상적인' 여성의 방식으로 어머니의 꿈이나 좌절되었던 야망을 실현하고 능력 있는 남자들과 결혼한 딸들은 많은 경우 그들의 어머니처럼 좌절하고 성취감을 느끼지 못했다. 그들이 생각하기에, 그들을 집에 가둔 남편이나 아기를 살해할까 봐 그들이 모두 경찰서까지 맨발로 달려가지는 않을 것이다. 그들의 아들들은 모두 이웃이나 학교에 폭력적인 위협이 되지 않을 것이다. 그들의 딸들이 모두 어머니가 상상하고 있는 성적 환상을 실천하고 14세에 임신하지는 않을 것이다. 또한 그들은 아이들이 차례차례로 학교에 간 뒤에 빈집에서 유일하게 들리는 식기세척기, 세탁기, 건조기에서 들려오는 소리를 듣지 않기 위해 아침 11시부터 술을 마시기 시작하지도 않을 것이다.

그러나 버겐 카운티 같은 교외에서는, 능력 있고 야망 있는 남자들이 도시에서 점점 성장하고 있는 반면에 부인들은 일을 하지 않거나 대리 생활을 하며 성장을 기피했다. 여성으로서의 역할을 집에서만 발휘함으로써 1950년대 동안 '분리' 비율이 100퍼센트로 증가했다. 아이들과 남편이 집에 있는 동안, 부인들은 점점 심한 병으로 고생했으나 결국 회복되었다. 그러나 버겐 카운티에서는 10년 동안 40대 여성의 자살율이 증가했으며, 아이들을 집에서만 자라게 내버려 두었던 여성 정신병 환자들이 입원하는 경향이 많아졌다.[17] 병원에 입원해야 했고 빨리 회복되지 않았던 주부들은 결국 가정 밖에서는 어떠한 일도 할 수 없었다.[18]

여성성의 신화의 산물인 40대의 주부이자 어머니인 여성들에게 점점 많이 발생하고 있는 신경쇠약 증세는 생각해봐야 할 문제다. 그러나 조혼 증가에 반영된 것처럼, 아들과 딸들의 유아적 증세는 그냥 넘겨서는 안 되는 사실이 되었다. 1962년 3월 아동연구학회의 국제회의에서, 이전에 젊은 세대에서 "정서적 성숙의 향상"의 징후로 여겨졌던 결혼과 부모가 되는 것이 마침내 "유아화"의 징후로 인식되었다. 1960년대에 20세가 채 못 되어 결혼한 수백만의 미국 젊은이들은 결혼을 성인이라는 지위를 얻는 마법의 지름길이자 자신이 다룰 수 없는 문제들에 대한 마법의 해결책으로 여기며 미성숙함과 감정적 의존을 드러냈고, 가족과 아동 전문가들도 이에 동의했다. 이런 어린애 같은 신랑과 신부는 이들 세대에 "자기 아이들과의 병적이고 슬픈 연애"의 희생자로 진단되었다.

많은 소녀들은 더 이상 일하기 싫기 때문에 결혼하고 싶어 한다는 것을 인정할 것이다. 그들은 충분한 가구를 가지고, 집안일을 하고, 유쾌하게 쇼핑을 하고, 좋은 이웃과 아이들과 더불어 걱정 없이 남은 생애를 살고자 하는 꿈을 가졌다. 남편에 대한 꿈은 별로 중요해 보이지 않으나, 결혼에 대한 환상 속에선 남편에 대한 꿈은 파괴할 수 없는 믿음직하고 강력한 아버지로서의 힘을 가진, 부드러움과 모든 것을 다 주려고 하는 마음, 훌륭한 어머니에 대한 자기희생적 사랑을 가지고 있는 남자를 만나는 것이다. 젊은 남자들이 결혼하고 싶어 하는 이유로는, 요구할 때 어떤 문제나 귀찮아하지 않고 섹스를 제공해주는 어머니 같은 여성을 소유하고자 하는 욕망을 들 수 있다. …… 사실 성장과 독립을 보장해야 하는 것은 어린이라는 특권을 가지고 가능한 어떤 제한 없이 아이와 부모 간의 관계를 연장하고 의존성을 확보하기 위해 숨겨진 희망이다.[19]

수동적인 의존에 갇힌 젊은 부모들과 아이들 사이에 통제할 수 없는 폭력이 증가하고 있다는 불길한 징조가 있었다. 한 정신과 의사는 그러한 아내들이 말 그대로 스스로 한 걸음도 내딛지 못하거나 움직일 수 없게 될 때까지 더욱 더 의존적이고 수동적이 됨으로써 남편들의 적대감에 반응하고 있었다고 보고했다. 이것은 그들의 남편으로 하여금 전보다 더 많은 사랑을 베풀게 하는 것이 아니라 더 많은 분노로 그들을 대하게 하는 것이었다. 그렇다면 부인들이 그들의 남편들에게 감히 나타내지 않았던 이런 분노로 인해 무슨 일이 벌어졌을까?「아이들을 때리는 증세」에 관하여 1962년 7월 20일자《타임》에 실린 기사를 생각해 보자.

많은 의사들에게 그런 사건은 아주 흔히 있는 일이었다. 보통 세 살 미만의 한 아이가 몸의 많은 부분이 다쳐서—깨진 머리도 포함하여—진료실에 들어왔다. 부모들은 적당한 관심을 표하며, 아이가 침대에서 떨어졌거나 계단에서 굴렀거나 친구들 때문에 상처를 입었다고 말했다. 그러나 의사들은 엑스레이나 자신의 경험을 통해 다른 진단을 내렸다. 즉 부모가 아이를 구타한 것이었다.

71개 병원의 기록을 수집한 콜로라도대학 연구팀은 1년에 가정폭력을 당한 어린이의 사례를 302건 발견했다. 이 중 33명은 죽었고, 85명이 영구적으로 뇌에 손상을 입어 고통을 받았다. 아이들을 "때리고 발로 차고, 팔을 비틀고, 망치나 허리띠 고리 끝으로 때리고, 담뱃불이나 다리미로 지진" 부모들은 대개 교외의 떨어진 주택에 살았다. 미국의료협회는 구타당한 아이 증후군에 대한 통계가 완성된다면 "백혈병이나 방광염, 영양실조와 같은 잘 알려진 병보다 더 많은 사망 원인이 될 것"이라고 예견했다.
'부모' 중에 아이를 때릴 기회가 더 많은 사람은 물론 어머니였다. 젊은 어머니 4명 중 1명이 의사에게 이렇게 말하며 죽고 싶다고 고백했다.

저에게는 계속 살아야 할 이유도, 미래도 없습니다. 짐과 나는 집에 필요한 물건이나 돈에 대한 것 외에는 서로 아무것도 이야기하지 않습니다. 나이가 들면서 젊었을 때 구속받았던 것을 원망하고 있고, 그 당시 결혼을 원한 것은 나였기 때문에 그가 저를 원망하고 있다는 것을 압니다. 그러나 가장 나쁜 것은 제가 제 배로 낳은 아이들을 질투한다는 겁니다. 전 아이들을 미워합니다. 아이들에겐 앞으로 자기들의 삶이 있지만, 전 이미 끝나버렸기 때문입니다.

우연의 일치인지 몰라도, 같은 주의 가족 전문가와 아동 전문가는 조혼 경향에서 생겨나는 문제의 중요성을 인정했고, 《뉴욕타임스 북 리뷰》(1962. 3. 18. 일요일자)는 인간과 동물의 연애에 관한 책이 미국 지성인들 사이에서 전례 없이 인기를 끌고 있다고 기록했다. 지난 반세기를 돌아보아도, 1959-1962년 3년 동안 미국 베스트셀러 목록에는 동물에 관한 책들이 유례없이 많이 쏟아져나왔다. 동물들이 항상 아동문학을 지배해온 반면, 성숙한 인간은 다른 인간에게 더 많은 관심을 가지게 된다.(비록 하나의 상징에 불과하지만, 로르샤하 테스트[로흐샤하, 또는 로샤하 검사로 불리는 심리 테스트로 스위스의 정신과 의사 헤르만 로흐샤흐Hermann Rorschach가 만든 것. 잉크를 떨어뜨린 종이를 반으로 접어 좌우 대칭으로 번지게 만든 카드 10장을 한 장씩 보여 주고 그 그림이 무엇으로 보이는지 물어 피검자의 심리적 경향을 판정하는 테스트—옮긴이]는 인간보다 동물의 이미지가 우세하게 나타나는 것을 일종의 신호로 본다.) 따라서 점점 진행되고 있는 비인간화는 지난 15년 동안 미국인의 정신을 젊은이를 숭배하는 것에서 어린 애들과의 병든 연애로 옮겨가게 했다. 즉 선입견을 가지고 인간이라는 조직에서 분리시킨 성을 육체적으로 묘사하는 것에서 인간과 동물의 연애 사건으로 옮겨가게 했던 것이다. 비인간화는 어디에서 끝날 것인가?

나는 소녀들로 하여금 대리 생활을 하게 하고, 일에 대한 사명감을 느끼지 않게 성장을 방해했던 여성성의 신화가 주부라는 역할의 허무함을 감추는 한, 여성성의 신화는 계속될 것이라고 생각한다. 우리는 완전한 인격을 갖추었던 적이 없기 때문에 점점 비인간화의 씨앗을 뿌리고 자신의 아이들을 집어삼킨 어머니들을 너무 오랫동안 비난하거나 동정해왔다. 만일 어머니가 잘못했다면, 이런 잠자는 숲속의 공주들에게 그들 자신의 삶을 살고 성장하라고 재촉함으로써 지금의 삶의 형식을 깨뜨릴 때가 아닐까? 현재로서는 공주를 잠에서 깨게 할 정신과 의사도, 매력적인 왕자도 결코 나타나지 않을 것이다. 그것은 사회의 과제이며, 결국 여성 각자가 혼자 해결해야 할 일이다. 잘못된 것은 어머니들의 힘이 아니라 그들의 나약함, 수동적인 아이 같은 의존성, 그리고 '여성스러움'으로 오해되는 미성숙함이다. 우리 사회는 할 수 있는 한 소년들을 성장시키고, 자랄 때의 고통을 견디게 하며, 스스로 일하고 계속 나아가게 한다. 그런데 왜 소녀들이 자라는 것은 거부할까. 왜 소녀들은 여성성의 신화에 내재된 여성성과 인간다움 사이의 잘못된 선택과 불필요한 딜레마를 끝낼 자아의 핵심을 얻기 위하여 성장하라고 강요받지 않을

여성성의 신화

까?

이제는 어머니들에게 아이들을 더 '사랑'하라고 촉구하는 것을 멈춰야 한다. 그리고 여성들로 하여금 가정과 아이들에게 완전히 자기 자신을 헌신해야 한다고 요구하는 여성성의 신화의 역설을 직시하게 해야 한다. 현재 소아과 병원에서 다루고 있는 많은 문제들은 오직 어머니가 자신의 자발적인 관심사를 개발하는 것을 도울 때에만 해결될 수 있다. 더 이상 아이들을 통해 그들의 정서적 욕구를 채울 필요는 없다. 또한 여성들이 더 '여성적'이 되도록 촉구하는 것을 멈춰야 한다. 그것이 성을 비인간화하고, 남편들에게 불가능한 짐을 지우고, 아들들을 더 수동적으로 성장시키는 의존감과 수동성을 만들어내기 때문이다.

우리의 변화하는 환경은 무섭고 예측할 수 없는 압력이며, 현대 대중문화의 비인간적인 측면은 우리로 하여금 이러한 압력 속에서도 인간의 개성을 유지할 수 있을 만큼 강한 자아의 중심을 가질 필요가 있게 만든다. 그러니 수백만 미국 주부들의 침체된 상태를 점진적으로 인간의 중심부를 약화시키는 형태의 병, 그것을 아들과 딸들에게 전염시키는 질병이라고 부르는 것은 과장이 아니다. 여성들이 가진 힘은 병의 원인이 아니라 이 병의 치료법이다. 여성들이 자기의 힘을 완전히 사용할 수 있도록 사회적으로 용인될 때, 또 여성이 완전한 능력을 갖춘 사람으로 성장하는 것이 허용될 때에만 여성성의 신화는 일소될 것이며, 아이들이 인간성을 상실하는 현상이 멈출 것이다. 그리고 대부분의 여성들은 주부로서는 그들의 완전한 힘을 사용할 수 없고, 인간의 역량을 충분히 성장시킬 수 없을 것이다.

한 사람의 주부가 되기 위한 조건 자체가 여성에게 있어 무의미하고 무가치한 것으로 이해될 필요가 있다. 주부의 역할은 성인의 지능을 가진 여성으로 하여금 남성이든 여성이든 그것 없이는 진정으로 살아있다고 할 수 없는 '나'라는 자아 혹은 인간적인 정체성을 유지하는 것을 거의 불가능하게 만드는 측면이 있다. 오늘날 미국의 능력 있는 여성들을 보면 나는 주부라는 위치 자체가 불안하다고 확신한다. 어떤 의미에서 이 말은 억지가 아니다. 주부로서 "적응"하려는 여성, 자라서 "단지 한 사람의 주부"가 되고자 하는 여성 등 이런 사람들은 수용소가 있다는 사실조차 믿으려 하지 않지만, 수용소 안에서 죽음을 기다리는 사람처럼 위험하다.

사실 나치 포로수용소에 있는 수감자들의 행동을 조사한 심리 관찰에서 여성이 주부가 되어 자아의식을 쉽게 잃어버리는 이유를 설명한다는 것은 위험한 일이다. 비인간화에 관한 연구 속에서 말 그대로 수감자들은 "걸어 다니는 시체"가 되었다. 수용소의 환경에 "적응한" 사람은 자신의 정체성을 포기했고 자신의 죽음에 대해서도 거의 관심을 가지지 않게 되었다. 수감자들의 인간적인 정체성을 상실시켰던 조건 자체가 고통스럽거나 무자비한 것은 아니었다. 그러나 이 조건들은 미국 주부들의 정체성을 상실시키는 조건과 비슷했다. 포로수용소에 있는 수감자들은 어린아이처럼 행동하도록 강요받았고 자신의 개성을 포기하고 특성이 없는 대중으로 점점 변

여성성의 신화

하도록 강요당했다. 스스로 결정할 수 있는 능력이나 미래를 예측하고 대비할 수 있는 능력 자체를 사실상 잃은 것이다. 이것은 알아차릴 수 없는 단계에서 벌어져 점진적으로 진행되었다. 그러나 결국 성인의 기준에서, 자존심을 파괴함으로써 비인간화가 되는 과정은 그 끝에 이르렀다. 이것은 정신분석가이자 교육심리학자인 브루노 베텔하임Bruno Bettelheim이 1939년 다하우 집단 수용소와 부겐발트 집단 수용소에서 죄수로 수감되어 있을 때 연구했던 과정이었다.[20]

수감자들이 수용소에 들어갔을 때, 그들은 과거 자신의 관심사로부터 거의 끔찍하게 단절되었다. 본래 이것은 수감자들을 육체적으로 제한하는 것 외에도 정체성을 상실시키기 위한 것이었다. 오직 몇 사람만이 그들이 과거에 관심을 가졌던 방법으로 일할 수 있었다. 그러나 혼자서 이런 일을 한다는 것은 어렵다. 다시 말해 성인들의 관심사에 대한 토론이라든가, 이와 같은 것을 추구하는 데 앞장선다는 것조차도 다른 수감자들에게 적대감을 갖게 하는 것이었다. 새로 온 수감자들은 수용소에서 지내면서 자신의 오랜 관심을 잃지 않으려고 했다. 그러나 오래된 수감자들은 수용소 내에서 살아가는 문제 자체에만 관심을 가졌다.

오래된 수감자에게는 수용소의 세계가 유일한 현실이었다.[21] 그들은 아이처럼 음식에 대해 집착하고, 배설하는 것과 같은 원초적인 육체적 욕구를 충족시키는 존재로 전락했다. 다시 말해서 그들은 사적인 자유도 없이 외부 세계로부터 어떠한 자극도 받지 못했다. 그러나 무엇보다도 그들은 매일매일 매우 고된 노동을 하도록 강요당했다. 육체적으로 기진맥진하게 만드는 것이 아니라 그보다는 단조롭고, 끝이 없으며, 집중을 요하는 일도 아니면서 발전한다거나 인정받는다는 희망이 없어 정신적으로 고된 일이었다. 수감자들은 때때로 다른 사람들의 필요나 기계의 속도에 의해 통제받아야 했다. 이것은 인격을 드러내는 일이 아니었다. 그것은 어떠한 실질적인 계획도, 자아의 표현도 허락하지 않았으며, 심지어 시간의 한계도 정해주지 않았다.

그리고 더 많은 수감자들이 성인으로서 정체성을 포기할수록, 그들은 성적 능력을 잃는 것에 대한 두려움에 사로잡혔고, 스스로가 단순한 동물이 되어버렸다고 생각했다. 그들은 자신의 개성을 포기하고 대중이라는 익명성 속에서 스스로를 잃었지만 "모두 같은 처지에 있다"는 것을 느끼며 위안을 가졌다. 그러나 이상하게도 이런 조건 하에서는 진실한 우정이 자라지 못했다.[22] 오직 대화만이 수감자들의 최고의 오락이었고 수용소 생활을 견딜 수 있게 했으나 이것조차 중단되고 말았다.[23] 그리하여 수감자들은 격분했다. 그러나 철조망 울타리와 총탄을 무너뜨릴 수 있었던 그들의 분노는 결국 자신들에게 돌아왔다. 심지어 그 분노는 자신들보다 더 약한 수감자들에게 향했다. 그때 그들은 과거보다 더 힘이 약해졌다는 것을 느꼈고 나치 친위대의 총탄이나 울타리는 더욱 무너뜨릴 수 없게 되었다.

결국 가장 해로운 적은 나치 친위대가 아니라 수감자들 자신이 되었다. 그들은 자신들이 처한 상황을 견딜 수 없었기 때문에 자

　　　　　　　　　　　　여성성의 신화

신들의 문제에 대한 현실성을 부인하고, 결국 수용소 자체가 유일한 현실인 것처럼 '적응'하여 자신의 마음의 감옥에 갇혔다. 나치 친위대의 총은 모든 수감자들을 충분히 진압할 만큼 강력하지 않았다. 하지만 그들은 스스로를 함정에 빠뜨렸다. 수용소를 온 세상으로 여김으로써, 과거의 더 큰 세계와 현재에 대한 그들의 책임, 미래를 위한 가능성에 눈멀게 하면서 스스로를 감금했다. 그중에서 죽지 않고, 제거되지 않고 살아남은 사람들은 과거에 가졌던 정체성의 본질인 성인으로서의 가치나 관심사를 어느 정도 유지했던 사람들이었다.

이 모든 것은 미국의 도시 주변에 사는 주부들의 편한 생활과는 상당히 거리가 멀다. 그러나 실제로 주부들이 살고 있는 집은 일종의 안전한 포로수용소가 아닌가? 여성성의 신화라는 관념 속에 사는 여성들은 자신을 가정이라는 좁은 벽 속에 가두어놓지 않았는가? 그들은 생물학적인 역할에 '적응'하도록 배웠다. 그들은 의존적이며 수동적이게 되었고 어린아이가 되었다. 즉 그들은 음식을 먹거나 물건을 사는 것과 같은 낮은 수준의 삶을 살기 위해서 인간으로서의 삶의 틀을 포기한 것이다. 그들이 하는 일은 성인으로서의 능력을 필요로 하지 않는다. 그것은 끊임없고 지루한 것이며 보상도 없다. 물론 미국 여성들은 대량 학살을 각오하고 있지는 않지만, 그들의 마음과 정신은 서서히 죽어가고 있다. 포로수용소의 수감자들처럼 그런 소멸에 저항하고, 자아의 중심을 유지하고, 외부 세계와 접촉하고, 그들의 능력을 어느 정도 생산적인 목적에 사용하는 여성들도 있다. 그들은 주부로서 '적응'하는 것을 거부한 지성 있고 활동적인 여성들이다.

교육이 미국 여성들로 하여금 주부로서의 역할에 '적응'하는 것을 막아왔다는 말은 수도 없이 나왔다. 그러나 교육이 인간의 성장을 돕고, 과거에 인간의 정신이 발견하고 창조했던 것의 정수를 뽑아내고, 인간에게 자신의 미래를 창조할 수 있는 능력을 준다면, 이러한 교육이 점점 더 많은 미국 여성들로 하여금 주부로서 갇혀 있다고 여기고, 좌절하며 죄책감을 느끼게 만들었다면, 이것은 여성들이 가정주부 역할에서 벗어나고 싶어 한다는 분명한 신호로 보일 것이다.

그 자체로 파괴적인 이 틀에 어느 정도 순응함으로써 자신의 정체성을 유지하는 것은 불가능하다. 인간이 겉으로는 현실을 따르지만 내부로는 가치를 유지하면서 현실을 부인하는 '내적' 분리를 유지하는 것은 매우 어려운 일이다. 미국 여성들이 생활하고 타인들과 이야기한 안전한 포로수용소는 바로 현실이었고, 여성들로 하여금 성인으로서의 정체성을 거부하게 하는 틀이었다. 그것에 순응함으로써 여성은 자신의 지적인 성장을 막아 어린이와 같이 되었고, 개인의 정체성을 포기함으로써 온순하고 특징 없고 생물학적인 로봇이 되었다. 여성은 인간 이하가 되어 외부의 압력에 괴로워하고 또 남편과 자식들을 괴롭혔다. 그리고 여성들이 더욱 오래 순응하면 할수록 여성들은 자신의 존재를 믿지 않게 되었다. 그들은 풍요 속에서 안정을 추구하고, 성적 능력을 시험함으로써 인간으로서

여성성의 신화

의 능력을 잃는 것에 대한 두려움을 숨기며, 많은 공상 또는 남편과 아이를 통해 대리 인생을 살아간다. 여성은 외부 세계를 알고 싶어 하지 않는다. 그녀는 자신의 삶이나 세상을 변화시킬 수 있는 어떠한 것도 할 수 없다고 확신하게 된다. 그러나 그녀가 자신의 정체성을 포기하는 것이 아이들이나 남편을 위해 필요한 희생이라고 스스로에게 되새기며 말한다 해도, 그것은 전혀 쓸모가 없다. 그래서 그녀가 이 세상에서 사용해야 하는 공격적인 에너지는 끔찍한 분노가 된다. 남편에게 감히 등을 돌리지 못하고, 자식에게 등 돌리는 것을 부끄러워하며, 마침내 스스로에게 등을 돌려 자신이 마치 존재하지 않는 것처럼 느낄 때까지. 그럼에도 불구하고 현실과 마찬가지로 안전한 포로수용소에서 한 여성이 가장 크게 여기는 것은 여성이라는 정체성의 상실이다.

베텔하임은 실제로 포로수용소에서 겪은 잊을 수 없는 경험을 서술하면서 인간이 아닌 온순한 로봇으로서 가스실에 들어가기 위해 줄을 선 한 그룹의 수감자에 대해 언급했다. 여성 수감자 중 한 사람이 댄서라는 것을 안 수용소의 감독관은 그녀에게 자신을 위해 춤을 출 것을 명령했다. 그녀는 춤을 추었다. 그리고 춤을 추면서 감독관에게 접근해 총을 빼앗아 그를 쏘아 죽였다. 그리고 곧이어 본인도 자살했다. 그러나 베텔하임은 이것에 대해 다음과 같이 질문했다.

그녀가 춤을 추게 되었던 이상한 상황에서도 춤은 그녀를 다시

한 번 하나의 인간으로 만들었다. 춤 때문에 그녀는 한 개인으로 발탁되었고 그녀의 타고난 재능을 행하도록 요구받았다. 그녀는 더 이상 한 사람의 죄수도 아니고 이름 없는 비인간적인 죄수도 아니다. 그러나 순간적으로 과거의 자신, 댄서로 돌아간 순간, 그녀는 죽어야 할지도 모르는 자신의 파괴를 무릅쓰고 적을 죽였다.

수많은 사람들이 살아있음에도 불구하고 조용히 자신의 무덤을 향해갔다. 하지만 이 예시가 보여주듯이, 우리가 한 체제 내에서 구성 단위가 되는 것을 그만두고자 하고 스스로 결정을 내린다면, 순식간에 과거의 개성이 회복되며 파괴는 이루어지지 않는다는 것을 알 수 있다. 포로수용소 내에서도 제거될 수 없었던, 잃어버렸던 자유를 행사함으로써 댄서는 실제로 자신과 감옥의 관계를 끊었다. 이것은 그녀가 목숨을 걸고 기꺼이 단 한 번 자율적으로 행동했기 때문일 것이다.[24]

도시 근교의 집은 독일의 포로수용소도 아니고 미국 주부들은 가스실로 들어가는 길목에 있지도 않다. 그러나 미국의 주부들은 올가미 속에 갇혀있고 거기에서 벗어나야 한다. 이야기 속 댄서처럼 결국에는 인간적인 자유를 행사해 자아의식을 회복해야 한다. 미국의 주부들은 자신의 선택에 따라 다시 새로운 삶을 살아야 하며 이름 없는, 비인간화된, 조종당하는 존재에서 벗어나야 한다. 그리고 성장하기 시작해야만 한다.

13

박탈당한 자아

사람의 행동을 연구하는 과학자들은 인간이 성장해야 하는 기본적인 욕구와 되고자 한다면 모두 될 수 있는 인간의 의지에 흥미를 느끼기 시작했다. 베르그송에서 시작해 쿠르트 골드슈타인, 하인츠 하르트만, 올포트, 로저스, 융, 아들러, 랭크, 호나이, 안줴알, 프롬, 메이, 매슬로, 베텔하임, 리스먼, 틸리히 그리고 실존주의자들에 이르기까지, 다양한 분야의 사상가가 신체 내에서부터 자아실현에 이르기까지 충분한 발전을 지지하는 입장에 서 있다. '권력에의 의지', '자기주장', '지배' 혹은 '자율성' 등 이 사상가들의 다양한 개념들은 일상적인 의미에서 공격이나 경쟁적인 노력을 의미하는 것이 아니다. 그것은 그 자신의 권리가 있는 존재로서 자신의 존재와 가능성을 개인적으로 확인하는 것이며, "한 사람의 개인이 되려는 용기"다.[1] 더욱이 이런 사상가들의 대다수는 심리적으로 건전한 사람, 정상인과 병적인 사람들에 대한 새로운 관념을 발전시켰다. 정상성이란 "우리가 할 수 있는 중에서 가장 탁월하게 되는 것"이다. 여기에서 대전제는 인간이 자신감으로 충만하고 무언가를 할 수 있을 때, 아무런 죄도 없고 행복하고 자신을 수용하며 건강하다는 것이다.

이 새로운 심리학적 사고는 무엇이 인간을 인간답게 만들어주는지 이해하려 한다. 그리고 신경증에 대해서는 자신의 존재를 성취하게 하는 인간의 능력을 파괴하는 것이라는 관점에서 바라본다. 이러한 사고에서 중요한 시제는 미래다. 개인이 타인에게 사랑받고 인정받기 위해서 자신의 문화에 '적응'하는 것만으로는 충분하지 않다. 인간은 삶과 미래를 제대로 살 수 있도록 자신의 존재를 진지하게 받아들여야 한다. 인간은 완전한 존재로서 스스로를 성취하지 못할 때 자신의 존재를 박탈당한다.

몇 년 동안 정신과 의사들은 환자들을 문화에 적응하게 함으로써 그들이 겪는 갈등을 '치료'해왔다. 그러나 새로운 사상가들에 의하면 자신을 완전한 존재로 실현하지 못하게 하는 문화에 적응하는 것은 전혀 치료법이 될 수 없다.

환자의 세상은 이제 현재 문화와 일치하기 때문에 어떤 갈등도 겪지 않고 제한된 세상을 받아들인다. 그리고 근심은 오로지 자유로움에서만 오기 때문에, 환자들은 자연스럽게 근심을 극복한다. 환자는 자신의 근심을 유발시켰던 가능성이 있는 것들에 굴복함으로써 이런 증상에서 벗어난다. …… 포기를 통해 얻어지는 구원이 개인과 집단을 절망의 나락에 빠뜨리지 않고 얼마나 지속될 수 있는지는 의문이다. 실망과 후회는 나중에 자기 파괴를 유발하고, 역사는 머지않아 인간에게 자유의지가 필요하다는 사실을 거듭 증명해왔기 때문이다.[2]

여성성의 신화

이와 같은 사상을 가진 사람들은 자신들이 주부들에게 가해온 어떤 종류의 적응을 얼마나 정확하게 설명하고 있는지는 모를 수도 있다. 보이지 않는 자기 파괴란 내가 생각하기에 여성성의 신화에 적응해 다른 사람들에게 단지 사랑받거나 안전을 보장받기를 원하고, 자신이 살고 있는 사회나 장래에 책임을 갖지 않으며, 자신의 가능성을 결코 깨닫지 못하는 여성에게는 그렇게 파괴적인 게 아니다. 가정이라는 한정된 세계에서 갈등이나 근심 없이 살아가며 적응하고 정신과 치료를 받은 사람들은 자신의 존재를 박탈당했다. 나머지 불쌍하고 좌절된 사람들에게는 아직 어떤 희망이 있다. 이름을 붙일 수 없는 문제들 때문에 오늘날 미국의 많은 여성들이 고통받고 있는 이유는 여성들이 지금 될 수 있는 존재가 되는 것을 허락하지 않는 이미지에 그들을 적응시켰기 때문이다. 그렇게 함으로써 자유에 항상 함께 따라오는 외로움과 두려움을 피할 수 있었음에도, 자아를 박탈당한 여성들의 절망은 커져가고 있다.

불안은 개개인이 일부 떠오르는 잠재력이나 가능성에 직면했을 때, 자신의 존재를 실현할 어떤 가능성이 있을 때 생겨난다. 그러나 이런 가능성이야말로 현재의 안정을 파괴한다는 것을 의미하며, 이에 따라 새로운 가능성을 부인하는 경향이 생기게 된다.[3]

결코 실존주의자들에게만 국한된 것이 아닌 이 새로운 생각은 한 사람의 존재에서 지적이고 정신적인 가능성을 받아들이지 않는 것에 대해 그 사람이 느끼는 죄책감을 '배제한' 채 분석하지 않을 것이다. 죄책감을 느끼는 것이 전부 근거가 없는 것은 아니다. 다른 사람을 살해한 죄에서 죄책감을 배제하여 분석할 수 없듯이, 스스로를 살해한 죄도 마찬가지다. 누군가 말했듯이 "환자는 자신에게 내재되어 있는 잠재성을 가두고 있기 때문에 죄가 있는 것이다."[4]

그들 존재의 모든 가능성을 깨닫지 못하는 것은 여성의 병리학으로 연구되지 않았다. 왜냐하면 미국을 비롯한 대부분의 국가에서 그것이 정상적인 여성의 적응이라고 간주했기 때문이다. 그러나 뇌가 손상된 환자와 다른 이유로 현실 세계와 관련되는 능력을 박탈당한 조현병 환자를 연구했던 신경학자, 정신과 의사의 통찰력은 가정주부의 역할에 적응한 수백만 명의 여성들에게도 적용될 수 있었다. 그런 환자들은 현재를 초월하고 가능성에 비추어 미래를 구체화하기 위해 행동하는, 인간만이 지니고 있는 독특한 특징을 잃은 것으로 보인다.[5]

현재를 초월하고 미래를 설계하려 자신의 삶을 살아가는, 다시 말해 세상에 좌우되지 않고 자신의 세상을 기획하고 설계하면서 살아가는 능력은 확실히 인간만이 지니고 있는 능력이다. 이런 능력은 동물과 인간의 행태를 구분하고 인간과 기계를 구별한다. 뇌를 다친 군인에 관한 연구에서, 쿠르트 골드슈타인 박사는 그들이 잃은 것은 추상적인 사고 능력이라는 사실을 발견했다. 즉 '가능한 것'에 관해 생각하고, 구체적인 세부 사항이 혼란스러울 때 이를 생각으로 정리하고, 목적에 따라 움직이는 것 말이다. 이런 사람들은 그

여성성의 신화

들이 발견한 즉각적인 상황에 묶여있었다. 그들은 시간과 공간에 대한 감각을 심하게 상실했으며, 인간적인 자유마저 잃었다.[6]

　반복되는 일상은 "과거도 없고 미래도 없는 외딴 섬"에서 살고 있는 우울한 조현병 환자의 세계를 움츠러들게 한다. 조현병 환자가 자신의 사형 집행이 임박했다는 무서운 망상을 할 때, 이것은 "미래에 대한 왜곡된 태도의 결과이지, 원인이 아니다."

　　날마다 비슷하게 아둔한 생활을 보내면서 현재로부터 빠져나와 미래에 닿고자 하는 바람도 없었으며 그렇게 행동하지도 않았다. 결과적으로 하루는 날마다 따로따로 존재했다. 생의 연속이라는 인식에 몰두하는 데 실패했고, 나날의 삶이 과거의 회색 바다에서 고독한 섬처럼 늘 새롭게 시작했다. 전진하려는 욕망도 존재하지 않는 것 같았다. 똑같은 말로 똑같이 불평하며 매일을 지루하고 단조롭게 보냈다. 사람에게 필요한 연속성의 모든 감각을 상실했다고 느끼기 전까지는 말이다. …… 그의 관심은 오래가지 못했고 그는 가장 진부한 질문들을 벗어나지 못하는 것 같았다.[7]

　여러 심리학자들이 진행한 최근의 실험에서, 염소는 과거와 미래와 결부한 현재를 15분 정도 인식하며, 개는 30분 정도로 인식한다고 한다. 그러나 인간은 자신의 행동을 이끄는 지침으로서 수천 년 전의 과거를 현재로 가져올 수 있다. 그리고 상상 속에서 자신을 30분 동안뿐만 아니라 몇 주와 몇 년 동안의 미래에도 투영할 수 있다. "시간의 직접적인 범주를 초월하고" 행동하며 반응하고, 과거와 현재라는 양쪽의 차원에서 인간의 경험을 알아보는 이런 능력은 인간이라는 존재만이 지니고 있는 특징이다.[8] 그리하여 두뇌에 상처를 입은 군인은 영원히 '반복되는 일상'이라는 비인간적 지옥으로 가게 되므로 불운한 것이다.

이름을 붙일 수 없는 문제의 공포를 겪고 있는 가정주부들은 이와 똑같은 치명적인 '반복되는 일상'의 희생양이다. 어떤 가정주부가 나에게 말했듯이, "나는 진정한 문제를 알 수 있어요. 그것은 나를 자포자기하게 하는 미칠듯이 지루한 나날들이 반복된다는 것이죠." 여성성의 신화에 따라서 살고 있는 가정주부는 미래에 대한 개인적인 목표가 없으며 자신의 삶을 설계하지 않는다. 그러나 완전한 능력을 불러일으키는 목표가 부재한 상태에서는 자아실현을 이룰 수 없다. 그런 목적이 없다면 그들은 자신이 누구인지에 대한 감각을 상실한다. 그 목적은 사람의 생활에 일정한 형태를 부여하는 것이기 때문이다.[9]

미국의 가정주부는 뇌를 다친 것도 아니고, 조현병에 걸린 것도 아니다. 하지만 만약 이 새로운 생각이 옳고, 인간의 기본적인 욕구가 쾌락이나 생물학적 욕구를 충족시키는 게 아니라 성장하고 잠재력을 최대한 실현하는 것이라면, 편안하면서 공허하고 목적 없는 나날들은 정말로 이름 없는 테러의 원인이 된다. 여성성이라는 명목 하에, 여성들은 개인적인 목표와 자신들의 존재에 대한 감각을 부여해줄 수 있는 선택들을 피해왔다. 실존주의자들이 말한 것처

여성성의 신화

럼 삶의 가치는 결코 저절로 생기는 것이 아니다. "인간은 나무나 돌이 할 수 없는 것처럼 자신의 선택에 의해 자신의 존재를 잃을 수 있다."[10]

초기에 심리학 이론가들이 여성은 성적인 부분에만 국한되어 잠재력을 지니고 있으며 이것만이 진실이라고 생각했던 것은 여성이 인간으로서 지니는 잠재력을 가지고 있다는 것만큼이나 분명한 사실이다. 성욕뿐만 아니라 개인적인 능력의 좌절은 결과적으로 신경증을 일으킬 수 있다. 여성의 갈망은 치료를 통해 진정시킬 수 있고, 알약을 복용함으로써 진정시킬 수 있으며, 바쁘게 일함으로써 피할 수도 있다. 그럼에도 불구하고 여성이 불안과 절망을 느낀다는 사실은 아내와 엄마로서 여성성의 신화의 교리에 따라 여성성을 성취하게 되더라도 여성의 인간적인 존재가 위험에 처해있다고 경고하는 것이다.

최근에 우리는 인간이 동물과 공유하고 있기 때문에 본능이라 불렸던 욕구부터 나중에 인류 발전을 가져올 욕구에 이르기까지, 남성(그리고 여성)의 욕구에는 단계적인 범주나 위계가 있다는 사실을 받아들이게 되었다. 인류를 발전시키는 욕구, 즉 지식에 대한 욕구와 자아실현의 욕구는 다른 동물들의 식욕과 성욕 그리고 생존 욕구만큼이나 인간의 본능적인 감각이다. 이때 지식에 대한 욕구와 자아실현의 욕구는 생리적인 욕구가 얼마나 충족되었는가에 따라 좌우되는데, 배가 몹시 고픈 사람은 음식물 외에는 아무런 관심도 없다. 배고픔을 만족시키기 위해 쓸모없는 재능은 뒤로 밀려난다.

그러나 "먹을 것이 충분하고 배가 늘 부를 때 인간에게는 어떤 욕구가 일어나는가? 당장에 다른 (고차원적인) 욕구가 생겨나며 생리적인 배고픔보다는 이런 고차원적인 욕구가 신체를 지배한다."[11]

어떤 의미에서, 욕구의 발전 순서는 비교적 환경에 독립적이고 점점 스스로 결정되는 경향이 있어서, 물질적 환경에 의존하는 생리학적인 수준과 점점 멀어진다. 하지만 사람은 저차원적인 욕구에 집착할 수 있다. 고차원적인 욕구를 느낀다면 혼란스러워지거나 낡은 길로 흘러들어가게 되어 이 욕구 자체가 들지 않을 수도 있기 때문이다. 그렇게 되면 마침내 인간을 가장 높은 차원으로 이끄는 진보는 쉽게 가로막힌다. 성욕이나 식욕 같이 저차원적 욕구가 박탈되어서 뿐만 아니라 모든 존재를 저차원적 욕구로 향하게 하고 고차원적 욕구가 존재한다는 것을 인정하지 않음으로써 말이다.

우리의 문화에서, 많은 경우 여성의 발전은 사랑이나 성적 만족을 위한 욕구로서 고차원적인 욕구가 없는 생리적인 욕구 수준에서 차단되었다. 자존심과 자아 존중과 다른 사람을 존중하기 위한 욕구조차도, 다시 말해 "세상사에서 힘과 성취, 적절함과 숙련, 능력과 신용을 얻는 것에 대한 욕구"는 여성에게 분명 제대로 인정되지 않는다. 그리고 자아 존중의 욕구가 훼손되면 남성들은 열등감과 허약함, 무기력을 느낄 수 있으며, 여성 또한 같은 영향을 받을 수 있다. 자아 존중은 남성뿐만 아니라 여성에게도 오직 실제 재능과 능력, 성취에만 근거할 수 있다. 부당한 칭찬을 받는 게 아니라 다른 사람에게 응당한 존경을 받는 데 근거하는 것이다. 직업란에 "가정주부"라고 표기했을 때 받는 찬사에도 불구하고, 만약 가정주부라는 직업이 여성의 완전한 능력의 실현을 요구하거나 허용하지 않는다면, 그것은 적절한 자아 존중을 제공할 수 없을 뿐 아니라 더 높은 수준의 자아실현을 위한 길을 닦을 수도 없다.

우리는 고차원적인 많은 욕구가 성욕의 상징으로 보이거나 그것으로 환원되는 시대에 살고 있다. 대다수의 진보적 사상가들은 '환원론적 설명'에 대해서 진지하게 의문을 제기한다. 성적 상징주의와 감정 병리학은 모두 이런 목표를 가지고 탐구하는 사람들에게서 발견할 수 있는데, 바로 셰익스피어, 다빈치, 링컨, 아인슈타인, 프로이트 혹은 톨스토이의 저작과 생애를 연구한 사람들이다. 이런 환원은 인간의 생명을 넘어 살아남는 작품, 비슷한 병증을 앓고 있는 사람의 것이 아닌 독특한 창조물에 대해 설명하지 못한다. 그러나 성적 상징은 상징으로서의 성 자체보다 쉽게 볼 수 있다. 자아 정체성에 대한 욕구, 자아 존중에 대한 욕구, 성취하고픈 욕구, 마침내 독특한 개성을 표현하고자 하는 욕구까지, 여성의 욕구가 그녀 자신이나 우리 문화 속 다른 사람들에게 인정되지 않는다면, 여성은 그녀에게 열려있는 유일한 통로에서 정체성과 자아 존중을 찾도록 강요받는다. 성적 충족, 모성애, 물질 소유를 추구하는 것 말이다. 여기에 얽매여서 여성은 낮은 수준의 삶에서 성장이 멈추었고, 더 높은 인간의 욕구를 실현하는 것을 가로막혔다.

물론 임상 의학의 전통에서 중요하지 않은 것으로 치부되는 탓에, 지식과 이해에 대한 욕구 그리고 지식과 진리와 지혜의 추구, 우주의 신비를 풀려고 하는 충동 등의 고차원적인 욕구에 대한 병리나 동태에 관한 정보들은 거의 알려져 있지 않다. 프로이트처럼 성욕의 억압으로부터 나온다고 보는 고전적인 신경증의 징조와 비교해서, 이런 종류의 정신 병리는 그 증상이 심각하지 않고 미묘하여 그냥 넘어가거나 아니면 정상이라고 판단된다.

그러나 역사적으로도 증명되었듯 임상이나 실험실에서는 아니지만, 인간은 심각한 위험에 직면했을 때에도 지식과 진리를 늘 추구해오고 있다는 것이 역사에 의해서도 증명되었고 그것은 사실이다. 더욱이 정서적으로 건강한 사람들을 연구한 최근의 보고서를 보면 중대한 의문과 관련된 이 조사가 인간의 건강을 정의하고 있는 것 중에 하나임을 알 수 있다. 사상에 대한 몰입을 결코 알지 못하고, 미지의 탐험을 감행하지 않으며, 남성과 여성이 잠재적으로 할 수 있는 창조적인 일을 결코 시도해보지 않았던 사람들에게는 완전한 사람들이 지니고 있는 것이 결여되었다. A. H. 매슬로는 이렇게 언급한다.

능력이란 사용되고자 아우성을 치며, 제대로 이용될 때 비로소 그 아우성을 그친다. 결국 능력은 요구이기도 하다. 능력을 발휘한다는 것은 즐거움을 줄 뿐만 아니라 필수적인 것이기도 한 것이다. 사용되지 않은 능력이나 기관은 질병의 환부가 되거나 위축되어 인간을 퇴화시킨다.[12]

여성성의 신화

그러나 미국 여성은 자신들이 지니고 있는 훌륭한 능력을 사용하도록 고무받거나 기대받지도 않는다. 오히려 여성이라는 이름으로, 인간으로서 성장하는 것을 피하도록 만들어졌다.

성장은 보상을 주고 기쁨을 느끼게 해줄 뿐만 아니라, 많은 본질적인 고통을 지니고 있으며 앞으로도 그럴 것이다. 전진하는 모든 발자국은 익숙하지 않은 것을 향해 있고 아마도 위험스러운 것으로 여겨진다. 그것은 또한 종종 익숙하고 좋고 만족스러운 것을 포기하는 것을 의미하기도 한다. 흔히 친숙했던 것과 이별하는 것, 그리고 외로움과 탄식과의 결별을 의미한다. 단순하고 손쉬운, 덜 힘든 생활을 포기하고 대신 더 수고스럽고 어려운 생활을 요구하는 것이기도 하다. 하지만 이러한 손실에도 불구하고 성장은 특히 아이들에게 용기, 개인의 역량, 환경으로부터의 보호, 허가, 격려를 요구한다.[13]

주위 환경이 용기를 내고 강인함을 지니는 것에 대해 눈살을 찌푸린다거나 때때로 도덕적으로 금지하며, 소녀가 성장하는 것을 거의 장려하지 않는다면 어떤 일이 일어날까? 여성의 성장이 여성다움과 여성으로서의 의무 수행과 여성의 성적 차별에 반한다면 어떤 일이 일어날 것인가? 여성성의 신화는 '여성이 되는 것'과 성장에 따르는 고통을 감내해야 하는 것 중에 하나를 선택한다는 것을 의미한다. 주위 환경 탓에 자기만의 방식대로 살지 못했으며, 안락한 집단 캠프에서 자율적인 안전이라는 거짓된 의미에 기만당해왔던 수천 명의 여성들은 잘못된 선택을 했다. 그 아이러니는 다음과 같다. 여성성의 신화는 아내와 엄마로서만 존재하는 상품으로써 '여성적 성취'를 제공했다. 그러나 교외에 살고 있는 가정주부 수천 명이 그런 가치를 발견하지 못했던 것은 우연이 아니다. 한 인간으로서 자신이 지니고 있는 힘을 최대한 성장시키고 그것이 용인되며 격려를 받기 전까지, 여성들은 결코 성적 성취를 얻지 못하고 사람들이 사랑할 때 느끼는 신비로운 경험을 해보지 못할 것이라는 것은 아마도 단순한 진리일 것이다. 새로운 심리학 이론가들에 따르면 최고의 성적 성취를 막고 있는 인간의 의식은 불가피하게 성적 성취 자체와 얽혀있다. 그리고 이것이 남성만큼 여성에게도 진실한 것이라고 믿는 데에는 이론적인 이유 이상의 근거가 있다.

1930년대 후반에 매슬로 교수는 대학 교육을 받았거나 그 정도의 지적 능력을 갖추었고 20세에서 28세 사이이며, 대부분이 기혼인 신교도로서 도시 중산층에 속하는 130명을 조사하며, 섹슈얼리티와 '우월감' 또는 '자아 존중' 또는 '자아 단계'라고 부르는 것과의 관계를 연구하기 시작했다.[14] 매슬로는 정신분석 이론과 여성에 대한 전통적인 생각과는 반대로, '우월감'이 더 높은 여성일수록 성적 만족감을 더 크게 느낀다는 사실을 발견했다. 그리고 그런 여성은 심리적 의미에서 '복종'하는 능력, 사랑에 쉽게 빠지는 능력, 오르가슴을 느끼는 능력도 더 컸다. '우월감'이 높은 여성들이 '성욕이 더 강하다'는 것이 아니다. 이들은 남들보다 자기 자신이 되는 것에 더 자유로우며 더 완전했다. 이러한 모습은 상대방에게 자신의 사랑을 줄 때 더 크게, 더 자유롭게 주는 것과 불가분의 관계에 있는 것 같았다. 이 여성들은 통상적 의미에서 '여성적'이지는 않았지만, 동일한 연구에서 전통적으로 여성적인 여성들보다 훨씬 더 성적으로 만족했다.

나는 여성이나 여성의 성적 차별에 관해 쓴 대중적인 심리학 서적 중에서 위의 연구에서 다뤘던 주장들을 발견하지 못했다. 이 연구는 주요한 이정표로써 당시의 이론가들조차도 알지 못했다. 그러나 이 발견은 여성성의 신화가 지시하는 것에 따라서 자신의 삶을 영위하고 있는 오늘날의 미국 여성들에게 모종의 생각을 불러일으켰다. 여성성의 신화가 영향력을 행사하기 이전인 1930년대 후반에 이 연구가 이루어졌다는 것을 상기해야 한다. 강하고 정신적이며 고등교육을 받은 여성들에게는 확실히 그들 자신이 존재하도록 하는 힘과 사랑을 이끌어내는 힘 사이에 아무런 갈등도 없었다. 매슬로 교수는 그들 자신과 성에 있어서 좀 더 '여성다운' 자매들과 이 여성들을 비교했다.

우월감이 강한 여성은 자기에 대한 확신이 강하며, 자아에 대해 높은 평가를 내린다. 전반적으로 자기 스스로와 자신이 지닌 능력에 대해 우월감을 지니고 있고 부끄러워하거나 주저하지 않는다. 자의식이 약해지거나 당황하는 일도 많지 않다. 우월감이 낮은 여성은 자신에 대한 확신이 없으며 자긍심도 부재한다. 대신 열등감이 있고 수줍음이 많으며 주저하고 두려움이 많다. "일반적인 의미에서 자신감"이라고 말하는 것이 자신에게는 완전히 부재한다고 스스로에 대해 이야기하는 사람은 집 안에서, 요리나 바느질을 할 때 또는 어머니가 되는 것에서 얻는 자신감으로 자기 자신을 묘사할 것이다. 하지만 거의 언제나 자신이 지니고 있는 특별한 능력과 재능을 과대평가하거나 과소평가한다. 우월감이 높은 사람은 자신의 능력을 대개 정확하고 현실적으로 측정한다.[15]

우월감이 높은 여성들은 전통적 의미에서는 '여성적'이지 않았다. 그것은 그들이 전통에 속박되기보다는 자유로이 선택하고자 했기 때문이기도 하고, 대다수 여성들보다 개인으로서 좀 더 강인했기 때문이기도 하다.

이런 여성들은 '여성이 아니라 사람처럼' 대접받고자 한다. 그들은 두 발로 서서, 독립적인 사람이 되는 것을 더 반긴다. 그리고 일반적으로 열등감과 약함을 의미하는 양보를 좋아하지 않으며, 특별한 주의를 필요로 하거나 그들 스스로 돌볼 수 없어서 하는 양보도 좋아하지 않는다. 이것은 그들이 전통적인 생각대로 행동할 수 없다는 것을 뜻하지는 않는다. 그런 여성들은 어떤 이유로든 행동이 필요하며 바람직하다고 느낄 때 행동을 했다. 그러나 그들은 평범한 전통을 진지하게 받아들이지 않았다. '나는 다른 사람처럼 착하고 달콤하며 붙임성 있게 굴 수도 있지만, 그건 닭살 돋는 일이다'라는 문구가 있다. 규율은 일반적으로 이런 여성들에게 가치가 없다는 것을 의미한다. 그들이 규

여성성의 신화

율을 준수하는 것은 규율 배후에 있는 목적을 볼 수 있고 그것을 승인할 때뿐이다. 그들은 강인하며 목적의식이 있고 규율에 따라 살아가지만, 이런 규율들은 자율적이며 개인적으로 도달하는 것이다.

우월감이 낮은 여성들은 이런 여성들과는 무척 다르다. 그들은 규율을 받아들일 수 없더라도 감히 그 법규를 깨뜨리지 못한다. …… 그들의 도덕률과 윤리는 항상 전통적인 것을 따랐다. 다시 말해 부모와 선생님 또는 종교에서 가르친 대로 행동했다. 그들은 권위가 늘 공공연하게 잘못된 것은 아니며 생활과 종교와 경제와 교육과 정치적인 분야에서 모두 현상을 유지해야 한다는 데 찬성한다.[16]

매슬로는 여성이 지배적 위치에 있고 자기의 힘이 높으면 높을수록 덜 자기중심적이 되며, 다른 사람에게 시선을 돌리고 외부의 문제들에 향하게 된다는 사실을 알아냈다. 반면에 좀 더 전통적인 우월감이 낮은 여성들은 자기 자신과 열등감을 가장 중요하게 생각한다. 심리학적인 관점에서 보면 우월감이 높은 여성은 우월감이 낮은 여성보다 우월감이 더 높은 남성처럼 보였다. 그리하여 매슬로는 우월감이 높은 남성과 여성 모두를 '남성적'이라고 설명하든지 아니면 그들에 대해 '오해'했기 때문에 '남성적'과 '여성적'이라는 말을 모두 없애버려야 한다고 제안했다.

우월감이 높은 여성은 일반적으로 기호와 태도와 편견과 적성과 철학과 인품이 여성보다도 남성과 더욱 유사하다고 느껴진다. …… 우리의 문화에서 '남성적'이라고 여겨지는 특성들은 대개 높은 수준으로 여겨진다. 예를 들어 지도력과 인품과 사회적 목적의 뚜렷함, 그리고 하찮은 일로부터의 해방, 두려움과 수줍음은 없는 것 등이다. 그들은 보통 가정주부가 되거나 혼자 요리하는 것을 걱정하지 않으며 결혼을 해도 직업을 계속 가지기를 원한다. …… 월급은 가정부의 봉급밖에 안 될지 모르지만, 그들은 바느질과 요리보다 더 중요한 다른 일을 한다고 느낀다.[17]

무엇보다도 우월감이 높은 여성은 심리적으로 더욱 자유로우며 자율적이다. 우월감이 낮은 여성은 자기답게 사는 데 자유롭지 못하며 다른 사람들의 지배를 받고 산다. 여성이 자기 비하와 자기 불신이 심하면 심할수록, 타인의 의견을 자신의 의견보다 더 맞을 것이라고 받아들이며 다른 사람과 똑같아지기를 원하는 것 같다. 그런 여성들은 "늘 그들이 한 것보다 더 다른 사람을 칭찬하고 존경한다." 그리고 그런 여성들은 이런 권위에 큰 존경심을 느끼며 다른 사람들을 우상시하고 모방한다. 또한 다른 사람들에게 자발적으로 복종하고 "미워하고 분노하며, 부러워하고 시기하며, 의심하면서 불신한다."

우월감이 높은 여성이 마음대로 화를 낼 때, 우월감이 낮은 여성은 필요할 때 화를 내고, 생각하고, 격려하는 것을 말할 정도로 충분한 '용기'를 갖지 못했다. 그리하여 그들의 여성적인 얌전함은 "수줍음, 열등감, 그리고 그들이 말할 수 있는 것은 어리석고 웃음거리가 될 것이라는 일반적인 감정"을 수반한다. 그런 여성들은 "자기 환상 속에서만 지도자가 되기를 원한다. 앞에 서기를 두려워하고, 책임감을 두려워하며, 자신이 무능하다고 느끼기 때문이다."

그리고 다시 매슬로는 자신이 갖고 있는 능력과 성차별, 자기 자신이 되려는 자유와 복종하는 자유가 명백하게 관련되어 있다는 사실을 알아냈다. 그는 겁이 많고 부끄러워하며, 단정하고 재치 있으며, 조용하고 내성적이고 사양심이 많으며, 더욱 여성적이고 더욱 전통적인 여성은 우월감이 높은 여성과 자아 존중적인 여성들이 마음대로 즐기는 성적 성취감을 즐길 수 없다는 것을 알아냈다.

> 이제까지 논의된 모든 성적 충동이나 성욕이 이런 여성들에게 금지되지 않고 자유롭게 나타난 것처럼 보였다. …… 일반적으로 성행위는 무서운 면이 있는 진지한 의식이 아니라 다른 모든 행위와 근본적으로 질이 다른 게임이자 장난, 매우 즐거운 동물의 행동으로 받아들여지는 것 같다.[18]

더욱이 매슬로는 우월감이 낮은 여성에게는 성적인 꿈이 늘 "낭만적이고 불안하고 왜곡되고 상징화되고 감추어져있는 반면", 평균 이상의 우월감을 지닌 여성들은 꿈과 환상에서까지도 성적인 것을 즐긴다는 것을 알아냈다.

여성성의 신화를 창조한 사람들이 세상에서 개인적으로 성취하고 활동하는 것을 포기하는 것이야말로 여성이 성적으로 성취하는 것의 대가라고 정의 내렸을 때, 그렇게 강인하며 성적으로 즐거운 여성들을 왜 간과했을까? 프로이트와 그 추종자들이 수동적인 여성의 이미지를 만들어낼 때 행한 임상 실험에서 그렇게 강인하고 성적으로 즐거운 여성들을 발견하지 못했기 때문일 것이다.

여성성의 신화는 행동주의 과학자로 하여금 후세의 여성들이 성과 자신들의 관계를 연구하지 못하도록 했다. 그러나 여성 문제는 제쳐두고라도, 최근 몇 년 간 행동주의 과학자들은 병들고 발육이 저해된 임상환자들에 관한 연구에서 인간 본성에 대한 자신들의 기본적인 생각을 근거로 하는 것에 점점 불안해하고 있다. 이런 상황에서 매슬로는 나중에 신경증과 정신질환의 증거를 보여주지 않은 죽은 사람과 살아있는 사람들을 연구하기 시작했다. 스스로 "재능과 능력과 잠재성의 완전한 이용과 개발"이라고 정의한 자아 인식이나 자아실현의 긍정적인 증거를 보여준 사람들에 대한 연구였다. "그런 사람들은 자신들이 가장 잘할 수 있는 것을 하며 자아를 찾아나가는 것 같다. 그런 사람들은 이미 성숙했거나, 자신들이 해낼 수 있는 충분한 능력을 성숙시키고 있는 사람들이다."[19]

오늘날 미국 여성의 문제와 직접적으로 관계가 있는 이 연구에는 많은 문제점이 있다. 첫째 이 연구에서 대상으로 하고 있는 공적인 인물 가운데서, 매슬로는 실제적으로 자아를 성취했던 여성으로 엘리너 루스벨트와 제인 애덤스Jane Addams 두 여성만을 들고 있다.(남성으로는 링컨, 제퍼슨, 아인슈타인, 괴테, 소로, 윌리엄 제임스, 스피노자, 휘트먼, 프랭클린 루스벨트, 베토벤을 포함하고 있다.) 공적이고 역사적인 인물을 제외하면, 매슬로는 자신의 기준에 포함되는 50대와 60대의 이름 없는 소수의 대상자로 좁혀진 범위에서 연구했다. 그리고 그는 3천 명이나 되는 대학생을 심사했는데, 자아실현이라는 방향으로 발전하는 듯이 보이는 학생은 단지 20명에 불과했다. 이 속에도 여성은 역시 극소수였다. 실제로 그의 발견은 자아실현 혹은 잠재력의 완전한 실현이 우리 사회의 여성에게는 거의 불가능하다는 것을 암시한다.

매슬로 교수는 자신의 연구에서 자아실현에 성공한 사람들이 항상 삶에 사명감을 느끼고 헌신한다는 것을 알아냈다. 그리고 이 사명감은 거대한 세계 속에서 그들을 살아가게 하며, 매일매일 살아가는 매우 소소한 것들에 대한 개인적 느낌과 선입견을 넘어선다는 것을 알아냈다.

이 사람들은 습관적으로 삶에서 어떤 임무를 가지고 있고, 성취해야 할 과업이 있으며, 외부에는 자신들의 에너지를 대부분 쏟는 어떤 문제들이 존재한다. 일반적으로 이러한 과업들은 개인적이거나 이기적이지 않으며 일반적인 인류의 이익이나 일반적인 국가의 이익에 관심을 가진다. 보통 기본적인 문제와 영속적인 문제에 관심이 있는 사람들은 관습적으로 가능한 한 광범위한 참조의 틀에서 살아간다. …… 그들은 넓고 작지 않으며, 일반적이고 지엽적이지 않으며, 순간적이기보다는 지속적인 가치관의 틀 안에서 일한다.[20]

더욱이 매슬로는 더 큰 세상에 살며 자아실현을 달성하는 사람들은 어찌된 일인지 그날그날의 삶을 즐기는 것과, 그들만이 유일한 세계인 사람들에게는 참을 수 없을 정도로 짜증이 날 수 있는 사소한 일에 결코 지루해하지 않는 것을 보았다. "그들은 이런 경험들이 다른 사람들에게는 아무리 진부한 경험이 된다 해도 경외, 즐거움, 경이, 심지어 황홀감을 가지고 새롭고 소박하게 삶의 기본적인 것들을 계속해서 감상할 수 있는 놀라운 능력을 지니고 있다."[21]

그는 또한 "성적 쾌락은 자아를 실현하려는 사람의 가장 격렬하고 황홀한 완벽함에서 찾을 수 있으며 이는 강한 인상을 준다"고 보고했다. 더욱 넓은 세계에서 개인의 능력을 성취하는 것이 성적 환희의 새로운 전망마저 열어주는 것으로 보인다. 하지만 섹스나 사랑도 인생을 추동시키는 힘은 아니다.

자아를 실현한 사람들에게 오르가슴은 평범한 사람들보다 더 중요하거나 덜 중요하다는 의식이 동시에 존재한다. 그것은 종종 심오하고 거의 신비로운 경험이었다. 그러나 아직도 섹슈얼리티의 부재는 이런 사람들에게 더욱 쉽게 인정되었다. …… 고차원적인 욕구 수준에서 산다는 것은 기본적인 욕구의 좌절과 만족을 별로 중요하지 않게 받아들이며, 이런 욕구를 충족시키는 데에 쉽게 소홀해진다는 것이다. 그러나 그것은 또한 그들이 기쁠 때 진심으로 즐기도록 한다. …… 그들은 먹는 행위를 즐기기는 하나 삶의 전반적인 구조 속에서 상대적으로 중요하지 않다고 여긴다. 또한 성관계를 진심으로 즐길 수 있으며, 일

여성성의 신화

반적인 사람의 가능성을 훨씬 능가하여 즐길 수 있지만 그런 때조차 성관계는 생의 철학에서 중심적인 역할을 하지 못한다. …… 성관계란 즐겨야 되는 것이며, 주어진 것만큼 취해지는 것이며, 형성되는 것이고, 물이나 밥처럼 근본적으로 매우 중요한 것이며, 물과 밥만큼이나 즐길 수 있는 것이다. 만족은 만족되는 만큼 취해져야 한다.[22]

그런 사람들에게 오르가슴은 늘 '신비한 경험'이 아니다. 오르가슴은 또한 즐거움과 환희와 왕성한 의기와 기분 좋게 존재하고 있다는 느낌과 유쾌함으로 보다 가볍게 취해지는 것일지도 모른다. 오르가슴은 즐겁고 유머러스하며 명랑한 것이지만 주로 노력으로 얻어지는 것은 아니다. 성적 오르가슴은 근본적으로 즐거움과 환희이다. 매슬로는 전통적인 관점과 난해한 성 이론가들 모두를 반박하면서 자아를 실현한 사람들은 관계를 맺고 시간이 흐를수록 더 사랑하게 되고 성적 만족도도 증가한다는 것을 알아냈다.("성관계는 예전보다 더 나아졌으며 항상 더 나아지는 것처럼 보인다. 이것은 이런 사람들에게서 밝혀진 매우 평범한 보고다.") 이런 사람은 시간이 흐를수록 자기 자신이 되고 스스로에게 진실해지기 때문에, 다른 사람들과 더 깊고 심오한 관계를 맺고, 더 포용하고 더 큰 사랑을 할 수 있다. 다른 사람들 사이에서 자신을 더 완벽하게 식별할 수 있고, 자신의 경계를 더 많이 초월하며, 자신의 개성을 포기하지 않는다.

사랑을 할 때 위대한 능력을 발휘하여 포용하며 동시에 다른 사람에 대한 존경과 자신에 대한 존경이 결합하는 것을 우리는 본다. 가장 위대하고 강하며 황홀한 사랑을 통해서, 이런 사람들은 다른 사람들과 즐기는 때조차도 자신의 기준에 따라서 살기 때문에 궁극적으로 자신의 주인으로 남는다.[23]

우리 사회에서, 적어도 여성들에게 사랑은 자아의 완전한 용해와 독립성의 상실, 다시 말하면 '공존'으로 정의되었고, 그것은 개인성을 뚜렷하게 하는 것보다는 포기하는 것이었다. 그러나 매슬로는 자아실현의 욕구가 강한 사람들의 경우 개성이 강해지며, "자아는 다른 사람들과 더불어 나타나는 감정이지만 아직도 다른 감정과는 항상 강하게 분리되어 남아있다"는 것을 알아냈다. 개성을 초월하고 구체화시키며 강하게 하는 두 가지 길은 상호보완적이지 상충적이어서는 안 된다.

그는 또한 자아를 실현한 사람들이 사랑을 할 때 더욱더 완전하게 자발적으로 되고 상대에 대한 방어를 줄이며, 친밀감과 솔직함이 늘어나고 자신에 대해 더 많이 표현한다는 것을 발견했다. 이런 사람들은 자기 자신이 되고 자연스러운 감정을 느끼는 게 가능하다는 것을 발견한 것이다. 그들은 (육체적으로 뿐 아니라) 심리적으로 완전히 모든 것을 드러내 보일 수 있었으며 여전히 자신은 사랑받고 있으며 원하는 것이 있고 안전하다고 느낀다. 그들은 결점과 약점, 정신적·육체적 단점을 자유롭게 내놓을 수 있었다. 또한 틀니와 흰머리 같은 노화의 징조를 감추기 위해 최선을 다해야 한다

여성성의 신화

고 생각하지도 않았다. 관계를 이어나가려 '일/노력/노동'을 해야 할 필요가 없었다. 미스터리하고 매력적인 것도, 내성적이고 상대에게 비밀을 지켜가며 이를 숨기는 것도 다른 사람들보다 훨씬 더 적었다. 그런 사람들에게는 여성과 남성 간의 적대감은 존재하지 않는 것 같았다. 사실상 매슬로는 그런 사람들이 '여성과 남성의 역할과 인격 사이에 심각한 차별을 두지 않는다'는 것을 발견했다.

다시 말해 그들은 성이나 사랑, 혹은 다른 면에서 여성은 수동적이며 남성은 적극적이라고 생각하지 않는다는 것이다. 이런 사람들은 상대의 성별에 따라 고정적인 역할에 있어 문화적인 면을 받아들이는 데 마음을 쓰지 않는 게 확실하다. 그들이 적극적으로나 수동적으로 사랑할 수 있다는 것은 특히 주목할 만한데, 이것은 성행위와 육체적인 사랑에서 가장 분명하게 드러난다. 키스하는 것과 키스 받는 것, 성관계를 가질 때 위에 있거나 밑에 있는 것, 주도권을 잡는 것, 침묵을 지키는 것과 사랑을 받는 것, 괴롭히는 것과 괴롭힘을 당하는 것, 이런 사실이 양 성에서 모두 발견되었다.[24]

반면에 전통적인 관점에서는 심지어 정교하게 치장된 관점에서는 "남성적인 사랑과 여성적인 사랑 그리고 적극적인 사랑과 수동적인 사랑을 대립시키며", 이기심과 이타심 또는 남성다움과 여성다움은 대립선의 반대편에 있는 것처럼 보인다.

자아를 실현한 사람들의 사랑은 이제 다른 방법으로 전통적인 사랑의 정의와 구별된다. 그런 사랑은 자신의 부족함을 보충하려는 필요에 의해서 자극받지 않는다. 그것은 더 순수한 '선물'의 사랑이며, 일종의 '자발적 찬사'다.[25]

이해를 초월한 찬사와 사랑은 인간 이상의 능력이라고 여겨져 왔다. 그러나 매슬로가 말한 대로 "완전히 성장한 상태에서 인간이 지닌 여러 가지 특성은 선사시대에도 초자연적인 인간이 지니고 있는 특권이라고 생각되었다."

그리고 '완전한 성장'이라는 말은 이름을 붙일 수 없는 문제인 여성성의 신화에 대한 실마리가 된다. 남성이든 여성이든 자신의 정체성을 깨달은 사람이나, 자신이 누구인지 알게 된 사람만이 창조적인 경험으로써, 그리고 성적 오르가슴을 느낌으로써 자아를 완전하게 초월할 수 있다. 이론가들은 여성까지 포함해서 생각해보지도 않았으면서, 자아의 초월이 남자에게만 해당된다고 알고 있다. 교외에서 살고 있는 산부인과 의사와 소아과 의사, 결혼 상담사들 그리고 여성 문제를 다루는 관료들은 그것에 이름을 붙이지 않은 채, 혹은 일종의 현상이라고 보고하지도 않은 채로 그것을 보아 왔다. 그들은 남성뿐 아니라 여성에게도 자기 성취, 즉 자율성과 자기 인식 그리고 독립성, 개성, 자아실현을 위한 욕구가 성적인 욕구만큼이나 중요하다는 것을 보았다. 이런 의미에서 여성의 성적 문제들은 여성의 잠재력을 향상시키고 이 잠재력을 실현시키려는 기본적인 욕구를 억압함으로써 생기는 부산물이다.

정신과 의사들은 여성들이 여성의 성적 본능을 부정하면 여성의 지성은 완전해질 수 없다고 오랫동안 생각해왔다. 하지만 같은 이유로, 여성이 지닌 지성과 고도의 잠재력을 부정해야만 여성의 성적 본능이 완전히 꽃 피울 수 있을까? 자신의 남편과 아들을 거세하려고 하며, 자녀를 지배하려 하고, 물질에 탐욕을 보이며, 성적 불감증이나 여성다움을 부정하려고 한다는 이유로 비난을 받는 미국 여성에 대해 사용했던 모든 말은 한 가지 근본적인 사실을 숨기고 있는지도 모른다. 여성은 남성보다 더 성에 의해서만 살 수 없다는 것이다. 그리고 정체성을 찾고 자율성을 얻기 위한 여성의 투쟁, 즉 "창의적인 일에 능동적으로 참여하려는 인간의 욕구에 기초한 개인적으로 생산적인 성향"은 여성이 성장하는 데 필수적인 조건이지만 이는 여성의 성적 성취와 불가분의 관계에 있다. 성에 의해서만 살아가려는 시도에서, 여성성의 신화라는 이미지에서, 궁극적으로 여성은 부족한 자신감을 보상할 수 있을 정도로 충분히 만족시켜주지 못하는 남편과 아들을 '거세'해야만 하며, 딸에게 자신이 비밀로 했던 실망과 자기 비하와 불만을 말해야 한다.

매슬로는 오늘날 미국에서 여성에게 유일하게 가능한 것은 다른 사람을 통해 성장하는 것, 다시 말해 남편과 자녀들을 통해 자신의 잠재력을 실현하는 의미로서의 자아실현이라 생각했다고 나에게 말했다. "그게 가능한지 아닌지 우리는 알지 못한다"고 그는 말했다.

자아에 관해 새로운 의견을 내놓은 이론가들은 모두 남성들로, 그들은 언제나 여성의 자아실현 문제를 회피해왔다. 여성성의 신화에 현혹된 남성 이론가들은 남성은 자신을 성장시켜야 하는 반면, 여성은 남편과 자녀들을 통해 자아를 실현하는 법을 발견해야 하므로, 여성과 남성 간에는 기묘한 '차이'가 있다고 생각한다. 가장 진보적인 심리학자들조차 여성을 독립된 자아로 간주하고, 성장에 대한 욕구에 있어서 여성을 남성과 차이가 없는 인간으로 보는 것은 아직도 매우 어려운 일이다. 여성성의 신화뿐만 아니라 여성에 대한 전통적인 이론은 대부분 이런 '차이'에 기초를 두고 있다. 그러나 이런 '차이'에 대한 실제 기반은 진실로 자아실현을 위한 가능성이 지금까지 여성을 위해 존재하지 않았다는 사실이다.

프로이트를 포함한 많은 심리학자들은 모든 분야에서 역할을 수행할 수 있는 자유와 교육의 기회가 없었던 여성들을 관찰함으로써 잘못된 가정을 세웠다. 자신의 시대와 문화 속에서 생각했던 아리스토텔레스가 어떤 사람이 노예인 것은 그 사람의 본성이며 고로 '그 사람은 노예가 되는 것을 좋아하기' 때문이라고 간주했던 것처럼, 여성은 수동적이고 순응적이며 의존적이고 두려움이 많으며 어린애같이 되려는 본성이 있다고 간주한 것이다.

가장 위대한 인간의 미개척 분야에서 활동할 권리와 교육과 자유, 즉 남성이 자아를 실현해온 모든 길이 여성에게 열렸다. 여성적 성취라는 신화 속에 안주하던 과거의 그림자만이 여성으로 하여금 그들의 길을 찾지 못하게 할 뿐이다. 여성성의 신화는 여성으로 하여금 자아를 포기시킴으로써 여성의 성적 성취를 약속한다. 그러나 사회에서 여성의 정체성을 향한 길을 미국 여성에게 열어준 것이

여성성의 신화

여성의 성적 성취를 위한 능력, 즉 오르가슴의 극적인 증가를 가져왔다는 통계적 증거가 다수 존재한다. 페미니스트들이 쟁취한 '여성해방'과 여성성의 신화가 강제하는 성적 반혁명 사이의 시기 동안, 미국 여성이 향유하는 성적 오르가슴은 꾸준히 증가했다. 그리고 오르가슴을 온전히 즐기는 여성들은 특히 자아실현을 위해 가장 많이 노력하는 여성이며, 집 밖의 세상일에 적극 참여하도록 교육받은 여성이었다.

이런 사실들은 전반적으로 이 목적을 위해 인용된 것은 아니지만, 두 개의 유명한 연구를 통해 드러났다. 두 연구 중 처음 것은 킨제이의 연구로, 여성해방을 쟁취하는 기간이었으며 여성성의 신화가 퍼져있던 시대 이전인 20세기 초반에 성장한 5490명의 여성과 진행한 면담을 기본 자료로 삼았다. 성적 성취, 오르가슴에 대한 킨제이의 척도(많은 심리학자들, 사회학자들, 분석가들이 오르가슴을 협소하고 기계적이며 물리학적으로 과잉 강조한 반면, 기본적인 심리학적 뉘앙스를 무시했다고 비판했지만)를 따르더라도, 당시 몇십 년 동안 성적 성취는 극적으로 증가했다. 이런 현상은 1900년과 1909년 사이에 태어나 선거권을 획득하고 여성의 권리를 강조했으며, 독립성과 남성과의 동등성을 얻고 성적 성취의 권리를 포함하는 페미니즘의 시대였던 1920년대에 성인이 되고 결혼한 세대들에서 시작되었다. 오르가슴을 느낀 여성들이 증가하고 불감증에 걸린 여성들이 감소하는 추세는 킨제이 표본 중 1940년대에 결혼했던 가장 젊은 세대들에게까지 이어졌다.[26]

그리고 가장 '해방된' 여성과 전문직을 위하여 학사 이상까지 교육받은 여성은 다른 여성들보다 훨씬 더 완전한 성의 환희에 도달했으며 오르가슴을 많이 느꼈다. 여성성의 신화와는 반대로, 킨제이 연구는 교육받은 여성일수록 오르가슴을 온전하게 즐길 수 있으며 불감증도 덜 겪는다는 것을 보여준다. 대학을 졸업한 여성들이 더 크게 누리는 성적 즐거움은 중학교 밖에 나오지 못한 여성과 비교된다. 또 킨제이 연구는 20세 이전에 결혼한 여성들이 대학이나 대학원을 졸업한 여성보다 5~6년 먼저 성관계를 갖기 시작했음에도 불구하고, 결혼 이후 오르가슴을 덜 느낀다는 것을 발견했다.

킨제이 자료가 몇 년 동안 "중학교와 고등학교를 나온 여성과 달리 교육을 많이 받은 여성들이 남편과 성관계를 가질 때 월등히 더 많이 오르가슴을 느낀다는 것"을 보여줬지만, 성의 향유 증가가 대부분 여성의 생활에서 오르가슴의 범위의 증가를 뜻하지는 않는다. 또한 반대의 경향도 존재하며, 혼외 관계는 전문 교육을 받은 여성에게는 적게 나타났다.[27]

아마도 직업 경력을 위해 교육받은 여성이 "여성스럽지 않은" 강인함을 지니고 있거나 자아실현에 도달한 것이 다른 여성들보다 결혼 생활에서 성적으로 더 큰 만족을 누릴 수 있게 해주었으며, 결혼 생활 밖에서 오르가슴을 덜 찾게 해주었던 것 같다. 아니면 단순히 성관계를 가짐으로써 자신의 지위를 찾고 성취감을 느끼거나, 정체성을 찾을 필요가 없어서 그랬을지도 모른다. 킨제이의 연구 결과에 나타난 여성의 성적 성취와 자아실현의 관계는 여러 비판자

여성성의 신화

들의 지적대로, 킨제이의 표본이 전문직 여성과 대학 졸업생들 그리고 우월감이 높은 여성들을 과대 대표한다는 단점이 있었다. 킨제이 표본은 자신의 삶을 남편과 가정 그리고 자식들에게 바치는 '전형적인' 미국 여성을 대표하지 못했으며 교육을 받지 못한 여성도 대표하지 못했다. 지원자들을 표본으로 이용했기 때문에 킨제이의 표본은 매슬로가 성을 향유할 수 없다고 했던 수동적이며 복종적이고 순응적인 여성들도 대표하지 못했다.[28] 여성해방 이후 몇십 년 동안 킨제이가 발견했던 성적 성취의 증가와 불감증의 감소를 '평균적인' 미국의 가정주부가 전문적인 교육과 참여를 통해 여성해방을 직접 경험한 소수의 여성들만큼 '느끼지는 않았을 것이다. 그럼에도 불구하고 불감증의 감소는, 거의 6천여 명에 가까운 표본은 대표성이 부족하다 하더라도, 너무 극적이어서 킨제이에 대한 비판자들조차 그것이 중요하다고 인정했다.

이런 여성의 성적 성취 증가가 미국 사회의 권리와 교육과 노동 그리고 정책 결정에 평등하게 참여하려는 여성의 지위 향상을 동반한 것은 우연이 아니었다. 미국 남성의 우연한 성적 해방, 즉 성교에서 경멸과 비하의 장막을 걷어낸 것은 단순한 성적 대상이 아닌 자신과 동등한 인간으로서 여성을 바라보게 된 남성의 새로운 관심과 관련 있었다. 그런 상태에서 여성이 전진할수록 섹스는 남성들에게 지저분한 농담이라기보다는 인간과 인간의 교류 행위가 되었고, 여성은 수동적인 혐오 속에서 그들의 성적 욕구에 복종하기보다 남성을 사랑할 수 있었다. 여성이 성행위의 객체가 아니라 주체이며, 여성의 적극적이며 거리낌 없는 참여가 남성의 즐거움의 근본이라는 여성성의 신화의 가정은 실은 인간 평등에 이르는 여성해방 없이는 달성될 수 없는 것이었다. 초기 페미니스트들의 예견대로 여성 권리 향상은 남성과 여성을 위해 좀 더 큰 성적 성취를 촉진시켰다.

다른 연구에서는 교육과 독립성이 남성과 성적 관계를 즐기는 여성의 능력을 증가시켰고, 따라서 여성으로서 그녀 자신의 성적 본능을 더욱 확고히 하는 것을 보여주었다. 킨제이 연구 전후의 여러 보고서들은 대학 교육을 받은 여성의 이혼율이 평균 이혼율보다 낮다는 것을 보여줬다. 특히 어니스트 W. 버지스Ernest W. Burgess와 레너드 S. 코트렐Leonard S. Cottrell이 진행한 사회학 연구는 교사, 간호사, 의사, 변호사 등 직업에 대한 준비를 많이 하는 여성들은 결혼 후 행복해질 가능성이 증가하여 다른 여성들보다 결혼 생활이 덜 불행하다는 것을 보여주었다. 전문직을 준비한 여성들은 단순 사무직 여성보다, 결혼 전에 직업을 갖지 않았던 여성보다, 직업에 대한 야망이 없거나 야망과 일치하지 않는 직업을 가진 여성보다, 가사와 비숙련적인 훈련이나 경험만을 가진 여성보다 더욱 행복한 결혼 생활을 할 공산이 컸다. 또 실제로 사회학자들이 말한 대로 결혼 당시 여성의 수입이 높으면 높을수록, 여성은 더욱 행복해질 것이다.

확실히 아내들의 경우, 보통 월급에 의해 측정되는 사업의 세계에서 성공하는 특징은 결혼에서 성공하기 위한 특징들이다. 물론 이 관점은 교육을 받은 정도가 수입에 영향을 주기 때문에 수입이 간접적으

여성성의 신화

로 교육을 평가하도록 만들지도 모른다.[29]

526쌍의 부부 중에서, 부인이 7년 혹은 그 이상 직장 생활을 했으며 대학이나 전문적인 훈련을 마쳤고 22세 이후 결혼한 이들 중 결혼 적응률이 낮은 경우는 10퍼센트 미만으로 나타났다. 부인이 대학 이상의 교육을 받은 부부 중에서는 '낮음' 비율이 5퍼센트 미만이었다. 다음 표는 결혼과 부인의 교육 정도의 관계를 보여준다.

교육 수준에 따른 결혼 적응률				
부인의 교육 수준	결혼 적응률			
	매우 낮음	낮음	높음	매우 높음
대학원	0.0	4.6	38.7	56.5
대학	9.2	18.9	22.9	48.9
고등학교	14.4	16.3	32.2	37.1
초등학교	33.3	25.9	25.9	14.8

그런 증거를 보더라도 여성성의 신화가 20세 이전에 결혼하도록 하고, 고등교육과 직업, 독립심 그리고 여성다움을 좋아하는 남성과의 평등권을 포기하게 하며, 여성이 결혼 생활의 행복이나 성적 성취 혹은 오르가슴을 얻는 것조차 상대적으로 불리하게 만들 것이라 예견할 수 있다. 그리고 실제로 킨제이가 조사한 가장 젊은 가정주부 그룹들, 즉 1920년과 1929년 사이에 태어나서 가정으로

되돌아가기 시작하는 경주가 시작된 1940년대에 최고조로 달했던 여성성의 신화를 경험했던 세대는 1920년대의 여성해방운동 이래로 결혼에서 꾸준히 증가했던 성적 성취의 추세가 뒤바뀌는 것을 확연히 보여줬다.

결혼 뒤 5년째의 성생활에서 오르가슴을 완전히 즐기는 여성의 비율은 1900년 전에 태어난 세대의 여성 중에서는 37퍼센트였는데 이로부터 그 다음 20년 동안에 태어난 세대에서는 42퍼센트까지 상승했다. 1940년대 후반에 결혼 생활 5년째인 가장 젊은 그룹은 1900년 전에 태어난 여성보다 훨씬 줄어들어서 36퍼센트만이 오르가슴을 완전하게 느꼈다.[30]

새로운 킨제이 연구는 더 해방되고, 더 독립적이며, 더 교육을 받았고 어른이 되어서 결혼했던 조상들보다 성적 성취를 덜 누리는 여성성의 신화의 산물인 젊은 아내를 발견하게 될까? 킨제이 연구 대상자 여성 중에서 14퍼센트만이 20세에 결혼했으며, 나머지 거의 대부분인 53퍼센트가 25세까지 결혼했다. 여성의 50퍼센트가 10대에 결혼했던 1960년대의 미국과는 꽤 다르다.

최근에 '외향적인 활동'과 '남성다운' 지성이 여성으로 하여금 오르가슴을 온전하게 느끼게 하는 것을 방해할 것이라고 여성에게 경고하고 여성성을 마조히즘적인 수동성과 동일시하여 프로이트보다도 한 발 더 나간 유명한 정신분석가인 헬레네 도이치Helene

Deutsch는 '오르가슴'을 지나치게 강조했다고 주장하여 정신분석학회를 격론에 싸이게 했다. 1960년대에 그녀는 갑자기 여성이 진짜 오르가슴을 가져야만 하는지 아니면 가질 수 있을지 확신하지 못했다. 아마도 기대할 수 있는 모든 것은 좀 더 '다각적으로 확산된' 만족감이었을 것이다.[헬렌 도이치는 클리토리스를 통해 오르가슴을 느끼는 것은 미성숙의 표시고 질 오르가슴을 느끼는 여성만이 성숙한 여성이라는 믿음을 신봉했다. 여기서 확산된 만족감이란 질 오르가슴을 의미하는 듯하다―옮긴이] 그녀는 오르가슴을 느낀 듯한 여성 정신병 환자를 돌보았다. 그녀가 지금 본 대부분의 여성들은 지금 전혀 오르가슴을 느낀 것 같지는 않았다.

이것은 무엇을 뜻하는가? 그러면 여성은 지금껏 오르가슴을 경험할 수 없었는가? 아니면 여성으로 하여금 성적 성취를 그토록 강조했던 이 시간 동안에 오르가슴을 경험하지 못하도록 만드는 무슨 일이 일어난 것일까? 전문가들은 모두 그 의견에 동의하지 않았다. 하지만 여성과 관련되지 않은 다른 맥락에서, 분석가들은 "심리적으로 공허감을 느끼는", "적절한 자아를 발전"시키지 못하고, "자신의 정체성에 대한 인식이 거의 부재한", 수동적인 사람들이 자신의 비존재성에 대한 두려움 때문에 성적 오르가슴의 경험을 수용하지 못한다고 보고했다.[31] 프로이트적 '여성성'을 추종하는 이들이 모든 성적 추구를 규정한 탓에, 많은 여성들은 실제로 무지개의 끝에 있을 것으로 여겨지는 오르가슴을 느끼기 위해 모든 것을 단념했다. 백보를 양보해서 말하더라도, 그들은 성행위를 향하여 많은 감정적 에너지와 욕구들을 집중시켰다. 누군가가 미국에서 정말 아름다운 여성에 대해 이야기한다면, 그녀의 이미지는 광고, 텔레비전, 영화에 너무도 과하게 노출되었기 때문에 당신이 실물을 보게 되면 실망하고 만다. 무의식의 어두운 깊이를 뚫어보지 않으면 과대광고된 주장에 부응할 뿐만 아니라, 섹스에서 A의 등가물, 임금 인상, 공연 첫날밤에 대한 좋은 평가, 동료 편집자나 조교의 칭찬, 기본적인 '자아 경험'은 말할 것도 없고 정체성에 대한 감각까지 구성하기 위해 아름다운 오르가슴을 많이 요구하고 있다고 생각할지도 모른다.[32] 어느 심리치료사는 이렇게 말한다.

오늘날 그렇게 많은 여성들이 완전한 섹슈얼리티를 얻지 못하는 가장 주된 이유 중 하나는 아이러니컬하게도 그들이 너무 그것을 얻도록 과잉 결정되어 있기 때문이다. 그들은 무척 지나친 수준의 관능성에 도달하지 못할까 봐 너무 부끄러워하기 때문에 자신의 욕망을 소홀히 하는 비극적 결과를 만들고 있다. 말하자면 가까이 있는 실제 문제에 명확한 초점을 맞추는 대신, 이 여성들은 전혀 다른 문제에 관심을 둔다. 즉 "쉽게 만족을 느끼지 못하는 나는 바보나 모자란 인간이 아닌가"하고 걱정하는 것이다. 오늘날 여성들은 부부 관계를 가지면서 자신이 무엇을 하느냐보다는 어떻게 하느냐는 관념에 너무 사로잡혀 있다. 그것은 치명적인 사실이다.

다른 정신과 의사들도 말한 것처럼, 성 그 자체가 미국에서도

'억압적' 성격을 갖기 시작한다면, 그것은 아마도 너무 많은 미국인들 특히 여성 성 추구자들이 자아실현을 위한 모든 좌절된 욕구를 성적 추구의 범위에 넣었기 때문이다. 미국 여성들은 아주 단순히 말하면, 자아 없는 성이라는 거대한 병을 앓고 있다. 아무도 여성들에게 성이 개인의 정체성을 결코 대체할 수 없다고 경고하지 못했다. 이런 성은 여성에게 정체성을 부여할 수 없었다. 성에서 자기 자신을 찾으려는 여성은 어떤 성적 성취도 얻지 못할지도 모른다.

사람이 자신의 능력을 가장 완전하게 깨닫고 그리하여 정체성을 가장 완전하게 깨달을 수 있는 방법에 대한 질문은 우리 시대에 훌륭한 지성을 가진 철학자와 사회학자, 심리학 사상가들의 주요한 관심사였다. 다른 시대의 사상가들은 사람은 어느 정도 그들이 행한 노동에 의해 규정된다고 주장했다. 사람이 먹고 살기 위해, 환경의 물리적 필요성을 충족시키기 위해 해야 했던 일은 그의 정체성을 왜곡시켰다. 이런 의미에서 노동이 단지 생존의 주된 수단으로만 여겨질 때, 인간의 정체성은 생물학에 의해 좌우된다.

그러나 오늘날 정체성의 문제는 변화했다. 사회에서 인간의 위치와 자신에 대한 감각을 규정했던 노동은 또한 세계를 변화시켰다. 노동과 지식의 진보는 인간이 환경에 의해 좌우되는 정도를 감소시켰다. 그리고 생물학적인 생존을 위한 노동과 생명 활동은 더 이상 인간의 정체성을 정의하기에 충분하지 않게 되었다. 이것은 우리의 풍요로운 사회에서 더욱 명백하게 보인다. 인간은 더 이상

먹기 위해서 하루 종일 일할 필요가 없다. 인간은 자신들이 할 일의 종류를 선택하는 데 전례 없이 자유롭다. 또한 실제로 생계를 유지하는 데 소비해야만 하는 시간과 일수를 제외하고는 전례 없는 시간을 가지고 있다. 그리고 갑자기 여성에게, 점점 더 남성에게 있어 오늘날 정체성 위기의 중요성을 깨닫게 된다. 생물적인 생존수단일 뿐만 아니라 인간의 정체성과 인간 진화의 창조자로서 자아를 부여하고 동시에 자아를 초월케 하는, 노동의 중요성을 알게 된다.

'자아실현'이나 '성취' 혹은 '정체성'은 자신의 이미지를 투영하고 있는 거울을 바라보는 것에서 비롯되는 게 아니다. 자아를 완전히 실현한 사람들은 자신을 위해서라기보다는 더 큰 인류의 목표를 위해서 활동했다. 자아의 인식에 이르는 이런 신비스러운 과정에 대해 다양한 분과 영역에서 각기 다른 단어를 사용했다. 종교적인 신화들, 철학자들, 마르크스, 프로이트 등 모두 다른 이름을 붙였다. 사람은 자기 자신을 잃음으로써 자기 자신을 발견한다. 인간은 생산수단과의 관계로 정의된다. 에고, 자아는 현실을 이해하고 정복함으로써, 노동과 사랑을 통하여 성장한다.

최근 몇 년 동안 이어진 미국인들의 정체성 위기는 에릭 에릭슨과 다른 사람들에 의해 알려졌다. 이 위기는 자기 자신의 창조력을 불러일으키는 노동, 원인, 목적이 결핍되어 생겨났으며, 그것들을 발견함으로써 치유될 수 있다는 것이다.[33] 어떤 이들은 그것을 절대 발견하지 못하는데, 그것은 바쁘게 일하거나 출근부 도장을 찍는 것에서는 찾을 수 없기 때문이다. 단지 생계를 이어가고, 공식에 따

여성성의 신화

라 일하고, 조직원으로서 안전한 자리를 찾는 것에서는 찾을 수 없다. 리스먼과 다른 이들이 주장하기를, 인간은 더 이상 급여를 받는 직업으로서 정의된 노동에서 정체성을 발견하지 못한다. 그들은 인간의 정체성은 인류 공동체에 기여하는 그 자신의 창조적인 과업을 통해 이루어진다고 가정한다. 자아의 핵심은 인간 사회를 발전시키는 활동을 통해 성장하고 현실이 되며 인식되는 것이다.

경제학자의 묵은 상품목록이던 노동은 이제 심리학의 새로운 전선이 되었다. 정신과 의사들은 정신병원에서 환자들에게 오랫동안 노동 요법을 사용했다. 최근에 정신과 의사들은 실제로 정신의학적 가치가 있는 것을 발견했는데, 그것은 단지 '치료법'이 아니라 지역사회에 봉사하는 진정한 노동이었다. 그리고 이 노동은 이름을 붙일 수 없는 문제들에 대한 열쇠로 여겨진다. 미국 여성들의 정체성 위기는 1세기 전에 시작되었는데, 점점 더 많은 일들이 세계에 중요해지면서, 인간의 능력을 사용하고 그 능력을 통해 자아실현을 할 수 있었던 일들을 점점 더 많이 빼앗겼기 때문이다.

지난 세기까지 우리의 새로운 땅을 개척하기 위해 강하고 유능한 여성들이 필요했다. 그들의 남편과 함께 농장과 개척지에서 일한 이런 여성들은 다른 사람들부터 존경을 받았으며 가정을 중심으로 개척을 이루는 자존심 있는 구성원이었다. 힘과 독립성, 책임감과 평등은 처음 모든 세대에서, 남성과 여성 모두를 위한 미국적 성격의 일부였다. 아일랜드, 이탈리아, 러시아와 폴란드로부터 3등 선실을 타고 온 여성들은 새로운 언어를 배우고, 노동력을 착취하는 공장과 세탁소에서 그들의 남편 곁에서 일했으며, 아들과 딸을 대학에 보내기 위해 돈을 모았다. 그들은 결코 '여성적'이지 않았으며 유럽에서처럼 미국에서의 많은 경멸도 참아냈다. 오랫동안 우리 세대 이전의 미국 여성은 유럽 여행객에게 프랑스나 독일이나 영국의 아내들보다 덜 수동적이고, 덜 어린애 같으며, 덜 여성적인 느낌을 줬다. 역사적 사건들을 통해 미국 여성들은 남성과 함께 오랫동안 중요한 사건들에 함께 했고 함께 성장했다. 남녀 학생 모두 똑같이 초등학교와 고등학교에서 교육시킨다는 것이 언제나 원칙이었다. 그리고 여성이 가장 오랫동안 개척 일을 함께 했던 서부 지방에서는 대학교까지도 처음부터 남녀공학이었다.

미국에서 여성의 정체성의 위기가 시작된 때는 개척이 끝나고 남성이 집 밖에서 산업사회와 전문 사회라는 새로운 사회를 이룩하기 시작할 때였다. 동부와 중서부 도시의 중류계급 가정에서는 개척시대의 정열과 힘과 능력이 이미 필요없게 되었으며 사용되지도 않았다. 그러나 개척시대 여성의 딸들은 자유와 일에 너무 익숙해져서 여가와 수동적 여성성에 만족하지 못했다.[34]

세기가 바뀌면서 사회라는 세계에서 여성의 기능의 질과 양이 문명이 발전함에 따라 퇴화하고 있다고 경고한 이는 미국인이 아니라 남아프리카 여성인 올리버 슈라이너Olive Schreiner였다. 그녀는 여성이 영예롭고 유용한 노동의 충분한 몫에 대한 자신들의 권리를 되찾지 못한다면, 여성의 마음과 몸은 기생 상태에서 약해질 것이며, 그들의 자녀, 남자와 여자는 점차 약해지고 문명 자체도 퇴행할 것

이라 지적했다.[35]

페미니스트들은 교육과 사회에서 좀 더 진보된 작업에 참여할 수 있는 권리가 여성의 가장 커다란 욕구라고 보았다. 그들은 여성을 위해 새롭고 완전한 인간의 정체성을 위해 싸웠고 이에 대한 권리를 얻었다. 그러나 그들의 딸과 손녀 중에서 사회의 비중있는 일을 위해, 어떠한 큰 창조적인 목적을 위해 그들의 교육과 능력을 사용하도록 선택한 사람은 얼마나 될까? 얼마나 많은 이들이 속았거나 스스로를 속여서 '직업 : 가정주부'라는, 성장하지 못하고 어린애 같은 여성스러움에 매달리고 있는가?

그들의 잘못된 선택은 결코 사소한 문제가 아니다. 잠재력은 남성과 마찬가지로 여성에게도 존재한다. 남성과 마찬가지로 여성도 자신들의 충분한 능력을 발휘할 수 있는 노동에서 자신들의 정체성을 발견할 수 있다. 정체성은 남편이나 자녀와 같은 다른 사람을 통해서는 발견할 수 없다. 여성의 정체성을 가사노동이라는 단조로운 틀에 박힌 일에서 찾을 수 없다. 모든 시대의 사상가들이 말했듯이 인간은 자신의 삶을 몰수당할 수 있다는 사실을 똑바로 직시할 때, 진정으로 자기 자신을 알게 되고 자신의 존재를 진지하게 받아들인다. 때때로 이러한 자각은 죽음의 순간에만 온다. 수동적 순응과 무의미한 일에 의한 자아의 죽음. 여성성의 신화는 사실 여성들에게 그런 살아있는 죽음을 요구한다. 자아의 느릿한 죽음에 직면한 미국 여성들은 자신의 삶을 진지하게 받아들이기 시작해야만 한다.

거의 백 년 전에 미국의 위대한 정신의학자 윌리엄 제임스는

"우리는 많은 기준을 가지고 우리 자신을 측정한다"고 말했다. "우리의 힘, 지성, 부와 행운은 가슴을 따뜻하게 해주며 우리로 하여금 생에 의욕을 느끼게 만드는 것이다. 그러나 이런 모든 것보다도 깊으며, 그런 것들 없이도 그 자체로 충분한 것은 우리가 쏟아낼 수 있는 노력의 양이라는 감각이다."[36]

여성이 그런 노력을 쏟아내려고 하지 않는다면, 여성은 자신의 인간성을 박탈당할 것이다. 미래를 위한 목표와 목적과 야망을 갖지 않은 여성, 신체가 생물학적인 기능을 다한 이후를 생각하지 않는 여성은 실은 자살을 범하고 있는 것이다. 자녀를 낳고 나서도 남아있는 50여 년의 시간은 미국 여성들에게 부정할 수 없는 현실이다. 여성이 가정주부로서 그저 앉아서 지켜보는 동안에도 세상은 여성의 문을 지나쳐 돌진한다는 것을 부인할 수 없다. 그런 세계에서 설 곳이 없을 때, 여성이 공포를 느낄 것은 뻔하다.

여성성의 신화는 살아있는 수백만의 미국 여성을 매장시키는 데 성공했다. 자신의 안락한 수용소를 부숴버리려는 이런 여성들에게는 미래를 실현하기 위해 생물학을 초월하고 가정이라는 벽을 극복하려 노력하는 것 외에는 다른 방법이 없다. 미국 여성들은 미래에 대한 그러한 개인적 책무를 통해, 독립된 인간으로서 자신만의 독특한 가능성을 실현함으로써 가정주부라는 함정에서 벗어나 아내와 어머니로서 진실한 성취를 발견할 수 있다.

14

여성들의 새로운 인생을
계획하기 위하여

"말이야 쉽죠." 가정주부라는 올가미에 갇혀있는 여성은 투덜댄다. "그렇지만 고함지르는 아이와 정리해야 할 빨래 더미 속에서 아이 봐줄 할머니도 없는데, 혼자 집에서 무얼 할 수 있겠어요?" 자신의 삶을 사는 것보다 다른 사람을 통하여 사는 것이 더 쉽다. 스스로의 삶을 계획하고 이끌어나가야 하는 자유를 누려본 적이 없는 사람에게는 이것이 두렵기만 하다. "나는 누구인가?"라는 질문에 대해 결국은 내면의 소리 외에는 아무도 답해줄 수 없다는 것을 깨달을 때 여성은 두려워진다. 그런 여성은 정신과 의사 앞에서 치료를 위해 몇 년을 낭비하게 될 테지만, 정신과 의사는 그녀에게 "여성다운 역할에 순응"하거나 "현모양처 노릇"을 하라고만 강조할 뿐이다. 그런데도 여전히 그녀 내면에서는 "그런 게 아니야"라고 누군가 속삭일 것이다. 아무리 훌륭한 정신과 의사라도 그녀에게 자신의 목소리를 들을 용기를 줄 수는 없다. 사회가 여성에게 묻는 것이 거의 없을 때, 여성들은 변화하는 세계 속에서 정체성을 찾기 위해 내면의 소리에 귀 기울여야 한다. 과거에 여성다움만을 강조하고 애정과 아이와 가정 속에서만 미래를 계획하던 것과는 달리, 여성은 그녀 자신의 욕구와 능력으로 새로운 삶을 창조해야 하며 보다 큰 목적을 이 새로운 계획과 조화시켜야 한다.

문제에 직면하기만 한다고 문제가 풀리는 것은 아니다. 그러나 오늘날 여성들이 일단 그 문제에 직면하면 미국 전역에서 이미 전문가의 많은 도움 없이도 해내고 있는 것처럼, 이들은 '내가 꼭 하고 싶은 일이 무엇인가?'라는 물음에 대해 스스로 해답을 찾기 시작한다. 여성이 한번 여성성의 신화라는 기만을 간파하기 시작하면, 그러니까 남편이나 아이들이, 그리고 집안일, 성관계, 다른 여성들을 닮는 것 중 그 어느 것도 자아를 찾아주지 못한다는 것을 깨달으면, 예상보다 훨씬 쉽게 그 해결책을 발견하기도 한다.

교외와 도시에 거주하면서 나와 대담을 나눈 많은 여성들 중에는 막 그 문제에 직면하기 시작한 사람들도 있었다. 어떤 여성들은 그 문제를 잘 풀어가는 중이었고, 다른 여성들에게는 그것이 더는 문제가 되지 않을 정도였다. 4월의 어느 날, 아이들을 모두 학교에 보낸 조용한 오후에 한 여성이 내게 말했다.

모든 에너지를 아이들에게 쏟았어요. 아이들 주위를 돌면서 걱정하고 이것저것 가르쳤죠. 그런데 갑자기 이 끔찍한 공허감이 오더군요. 내가 자원봉사 책임자로서 일했던 스카우트, 학부모 모임, 유권자 연맹 같은 일들이 갑자기 아무런 가치가 없는 것처럼 느껴졌어요. 결혼을 하기 전에는 배우가 되고 싶었죠. 이젠 그때로 돌아가기엔 너무 늦었어요. 몇 년 동안 청소하지 않았던 곳을 치우면서 하루 종일 집에

여성성의 신화

있었죠. 저는 많은 시간을 단지 울면서 보냈어요. 남편과 나는 이것이 미국 여성들이 직면해있는 문제이며, 어떻게 아이를 위해 직업을 포기하고 다시 돌아갈 수 없는 지점에 이르렀는지 이야기했습니다. 확실한 기술을 가지고 계속 일하는, 제가 아는 몇 안 되는 여자들이 매우 부러웠어요. 배우가 되고 싶다는 꿈은 이루지 못했어요. 배우가 되기 위해 노력하지 않았으니까요. 아이들을 돌보는 데 혼신을 다했어야 했나요? 저는 모든 생활을 다른 사람 속에 파묻혀 보내왔어요. 내 자신이 어떤 능력을 가진 사람인지 알지도 못했죠. 이제 아이를 하나 더 갖는다 해도 이 공허감을 오랫동안 해결할 수 없다고 생각해요. 돌이킬 수 없어요. 계속 전진해야 해요. 내가 나아갈 수 있는 어떤 현실적인 방법이 꼭 있을 거예요.

이 여성은 막 자신의 정체성을 찾으려 하고 있었다. 또 어떤 여성은 다른 측면에서 그런 작업을 시작했는데, 지금 돌이켜보면 문제를 선명하게 직시하고 있었다. 그 여성의 가정은 화사하고 평화로웠지만, 그녀는 실제로 이미 '그냥 가정주부'가 아니었다. 그 여성은 전문 화가로서 활동하고 있었다. 그녀는 여성성이라는 인습적인 이미지에 적응하기를 그만뒀을 때, 마침내 자신이 여성이라는 사실을 즐길 수 있게 되었다고 내게 말했다.

아내이며 어머니라는 아름다운 영상을 유지하려고 꽤 열심히 노력했어요. 아이들은 모두 자연분만으로 낳았어요. 모두 모유를 먹여 키웠고요. 언젠가 파티에서 출산은 동물적인 본능 중에 세상에서 가장 중요한 일이라고 말했다가 어떤 나이 든 여자가 "당신은 동물 이상의 존재가 되고 싶지 않나요?"라고 해서 몹시 화가 난 적이 있었어요.

그 이상의 무엇인가를 원해야 하지만, 그것이 어떤 것인지 몰랐던 거죠. 그래서 집안일에 더 집중했어요. 그리 도전할 만한 것은 아니었지만. 어린 딸의 옷이나 오래 다려야 하는 주름 잡힌 옷을 다림질하고, 빵을 구웠고, 식기 세척기 없이 설거지를 하고, 접시를 닦는 등 직접 손으로 하는 일을 했죠. 그런 일들에서 충분히 도전을 받는다고 생각한다면, 어쨌든 어느 정도 만족할 수 있을 거예요. 그렇지 않으니까 문제지요.

바람이 날 뻔했어요. 남편이 몹시 불만스럽게 느껴지곤 했거든요. 그가 집안일을 도와주지 않으면 폭발할 것 같았어요. 난 그가 접시를 닦고, 마룻바닥을 걸레질하고, 가사를 같이 해야 한다고 주장했어요. 우린 싸우지는 않았지만, 한밤중에는 가끔 자신을 속일 수 없을 때가 있답니다.

인생에서 무언가 더 얻고 싶다는 이 감정을 억제할 수 없었어요. 정신과 의사를 찾아갔죠. 그는 내게 여성임을 즐겨보라고 권유했지만 도움이 되지 않더군요. 그래서 난 여자다움이라는 아름다운 영상에 대해 잊어버릴 수 있고, 내가 누구인가를 발견하게 해줄 사람을 찾아갔어요. 그리고 제가 학교를 중퇴했기 때문에 저 자신과 남편에게 화를 낸다는 사실을 깨달았죠.

집에서 혼자 견딜 수가 없을 때면 아이들을 태우고 드라이브를 하곤 했어요. 줄곧 무언가 해보고는 싶었지만 시도하기가 두려웠어요. 어느 날 뒷길에서 그림을 그리는 화가를 보게 됐는데, "그림을 가르쳐 주시겠어요?"라는 말이 억제할 수 없이 튀어나오더군요.

하루 종일 집에 머물면서 아이들을 돌보고, 밤에 접시를 다 닦고 나면 그림을 그렸죠. 아이를 낳으면 사용하려고 했던 침실을 —다섯 아이가 내 아름다운 영상의 일부죠— 작업실로 사용했어요. 어떤 날 밤은 작업을 계속하다가 새벽 2시가 되어서 끝내기도 했어요. 제가 그린 그림을 그저 바라보았을 뿐이었는데 마치 저 자신을 발견한 것 같았어요.

이전에는 인생에서 무엇을 하려고 노력했는지 생각할 수가 없었 거든요. 구시대의 여성 선구자들이 제시한 어떤 초상에 맞추려고만 했 죠. 옷가지를 바느질함으로써 제가 여자임을 증명할 필요는 없어요. 저는 여자이고, 저 자신이며, 옷은 사서 입어도 좋아요. 더 이상 터무니 없이 인내하고 남편과 아이들에게 사랑을 쏟는 철저한 어머니만이 저 의 전부는 아니에요. 이제는 매일 아이들의 옷을 머리부터 발끝까지 갈아입히지도 않으며, 더 이상 짜증스럽지도 않아요. 오히려 그 일들 을 모두 전보다 훨씬 더 즐기게 된 것 같아요. 지금은 가사에 많은 시간 을 낭비하지 않지만 남편이 돌아오기 전까지 다 해치우죠. 우린 식기 세척기를 샀어요.

접시를 닦는 데 시간을 오래 끌면 다른 일을 할 시간이 줄어들잖 아요. 같은 일을 반복하여 되풀이하는 것은 창조적이지 않아요. 왜 여 성이 그 지루한 일을 해결하는 데 죄책감을 느껴야만 하나요. 접시나 바닥을 닦는 일에는 아무런 미덕이 없어요. 데이크론 옷, 식기 세척기, 구김 없이 마르는 옷, 이런 것들은 정말 좋죠. 이런 것이 바로 물질적인 생활에서 취해야 할 방법이에요. 지금은 우리의 시간이며, 지구상에서 우리에게 부여된 은밀한 시간이에요. 그것을 피할 수는 없죠. 내 시간이란 내가 얻어낸 것이며, 이것이야말로 내가 무언가 하고자 하는 것이에요.

결혼이 현실이라는 이유로 결혼 생활에서 그런 생산적인 것을 만들 필요는 이제 없어요. 어쨌거나 일단 제 자신에 대해 인식하게 되자, 남편에 대해서도 알게 되었죠. 전에는 그가 다른 인간이 아니라 나의 한 부분 같았어요. 여자다워지려는 노력을 멈추고 여성임을 즐기기 시작했을 때에야 그렇지 않다는 것을 생각하게 되었어요.

문제를 알고 있지만 아직도 어떻게 해야 할지 확신을 갖지 못해 앞뒤로 그네를 타듯 동요하는 여성들이 있다. 교외 지역 기금모금 위원회 의장은 말했다.

나는 집에서 하고 싶은 일만 하는 J씨가 부러워요. 나는 두 달간이나 내 화판을 열어보지도 못했답니다. 위원회 내에서도 하도 복잡하게 일이 얽혀서 신경을 쓸 수가 없어요. 이 모임의 참석 비율을 높이는 일인데, 그 일은 내가 그림을 그릴 때 느끼는 조용한 내면의 맛을 느끼게 하지 못한답니다. 도시의 어느 화가가 내게 말하기를, "더 진지하게 임해야 해요. 당신은 화가이며 주부이고 어머니로서 세 가지 역할을 모

　　　　　　　　　　　　　　여성성의 신화

두 할 수 있습니다"라고 말하더군요. 내 생각에 나를 중단시키는 것은 위원회의 힘든 일뿐인 듯해요.

오하이오에 사는 젊은 여성이 내게 말했다.

최근에야 나는 이 욕구를 느꼈어요. 우리는 단순히 더 큰 집을 가지거나, 집을 증축하려고 하거나 혹은 좋은 동네로 이사하고 싶어 한다고 느꼈죠. 나는 마음속에 품은 광적인 순환을 계속했지만 그것은 자신의 생을 중단하려는 것과 마찬가지였어요.

남편은 좋은 어머니가 되는 것이 가장 중요한 임무라고 생각한답니다. 하지만 전 대부분의 여성이 모두 어머니여야 한다고 생각하지 않아요. 제 아이들을 좋아하지만, 애들에게 시간을 몽땅 바치는 것은 싫어요. 제가 그 애들과 나이가 같은 것도 아니잖아요. 가사에 매달리는 시간을 더 늘릴 수 있었죠. 하지만 마룻바닥이야 진공청소기로 일주일에 두 번 이상 돌릴 필요는 없거든요. 내 어머니는 매일 닦아내긴 했지만 말이에요.

전 늘 바이올린을 켜고 싶었어요. 대학에 들렀을 때에 진지하게 음악을 연주하는 소녀들이 특별해 보였어요. 갑자기, 내면의 목소리가 들리는 것 같았어요. "지금이 해야 할 시간이야. 기회는 또 다시 오지 않아." 나이 40세에 악기 연주를 연습한다는 것이 당혹스럽기는 했어요. 바이올린 연습을 하면 기진맥진해지고 어깨도 좀 아팠죠. 그렇지만 평소의 제 모습보다 제가 더 큰 무엇을 가지고 있다는 느낌을 받았어요. 세상이 갑자기 실제적으로 다가오고 그 우주의 부분이 된 거죠. 당신도 당신이 정말로 존재한다고 느낄 거예요.

이런 문제가 어떤 여성에게라도 쉽게 대답을 제시하리라고 기대하는 것은 매우 그릇된 생각으로 보인다. 오늘날의 미국에서 손쉬운 해답은 없다. 그것은 어렵고 고통스럽기 때문에 여성 각자가 자기 스스로의 대답을 발견하는 데에는 오랜 시간이 걸릴 것이다. 자기만의 답을 찾기 위해서 우선 여성은 가정주부의 이미지에 대해 단호하게 "아니야"라고 말해야 한다. 이것은 물론 남편과 절연하고 아이들을 내버려두고 가정을 포기해야 한다는 것을 의미하지는 않는다. 결혼과 직장을 가지는 것 중에 어느 하나를 선택해야 하는 것도 아니다. 그것은 여성성이라는 환상에 빠져서 잘못된 선택을 하는 것이다. 사실상, 결혼과 어머니다움에 '직업'으로 불리는 평생의 개인 목표를 결합시키는 것은, 여성성의 신화가 암시하는 것만큼 어렵지는 않다. 그것은 새로운 인생 계획, 다시 말하면 여성으로서, 단지 한 인간의 전 생애라는 관점에서 새로운 삶의 설계를 하는 것일 뿐이다.

새로운 삶을 설계하는 첫 번째 단계는 집안일이 무엇인지 정확히 이해하는 것이다. 집안일은 직업이 될 수 없고, 가능한 빠르고 능률적으로 해내야 하는 일이다. 일단 여성이 요리, 청소, 세탁, 다림질하기를 멈추면 그녀는 말할 수 있다. "이걸로는 안 돼요. 저는 각이 둥그런 스토브를 원하는 게 아니에요. 비누를 네 종류씩이나 두고 싶지도 않아요." 그러면 백일몽을 꾸는 여성 잡지와 텔레비전에 "아니요"라고 말할 수 있으며, 자신의 인생을 좌우하려는 조작자들과 심층 연구자들에게 "아니요"라고 말할 수 있게 된다. 그때부터 진공청소기와 식기 세척기와 자동설비 도구를 사용할 것이며, 즉석 감자 요리도 식탁에 올릴 것이다. 이런 것이야말로 시간을 더 창조적으로 사용할 수 있는, 진정으로 가치 있는 것이다.

다음 단계로, 아마 여성 지향적 교육의 산물인 여성에게는 가장 힘든 일일 텐데, 여성다움의 환상적 틀이 결혼에 덮어씌운 과잉 찬미의 장막을 걷어버리고 진정한 실체를 보는 것이다. 내가 이야기를 나눈 많은 여성은 결혼과 모성이 자신들의 인생에서 최종적으로 수행해야 하는 임무라고 생각했을 때, 이상할 정도로 남편에게 불만을 느꼈으며, 아이들도 짜증스러워했다. 그러나 자신들이 지니고 있는 다양한 능력을 활용하는 것을 목적으로 사회에 적응하기 시작하자, '생동감'이니 '완벽함' 같은 신선한 감정을 느꼈을 뿐만 아니라, 뭐라고 정의하기는 어렵지만, 남편과 아이들에게 느끼는 감정도 새롭고 색다르게 변했다. 이 여성의 말에는 많은 것이 담겨있다.

정말로 신통한 일은 스스로 양보하게 되자 아이들을 더 사랑하게 되었다는 거예요. 이전에 아이들에게 제 전부를 쏟아부었을 적에는 언제나 아이들을 통해서 무언가 찾고 있는 것 같았죠. 그때는 지금 내가 하고 있는 것처럼 아이들을 좋아할 수 없었고, 아이들이 나의 외부에서 분리된 채로 존재하는 마지막 희망인 것 같았어요. 전에는 애들에게 너무 묶여있는 것 같아서 내 마음을 떨쳐버리려고 노력하곤 했지요. 진정으로 아이들과 함께 하려면 여성이 홀로 있을 수 있어야 한다고 생각해요.

뉴잉글랜드에 사는 변호사의 아내는 내게 이렇게 말했다.

저는 이제 다 끝났다고 생각했어요. 어린 시절이 끝나고서 결혼을 했고, 아이를 낳았고, 결혼 생활은 행복했죠. 그렇지만 이제 모든 게 끝났다는 생각이 들어서 마음을 둘 곳이 없었어요. 어떤 날은 주말에 가구를 수리하며 지냈고, 그 다음 일요일에는 페인트칠을 했죠. 집은 흠잡을 데 없이 매끈했답니다. 아이를 데리고 노는 데에도 많은 시간을 바쳤죠. 그런데 아이가 종일 어른과 놀 수는 없잖아요. 아이와 하루 종일 놀고 있는 다 큰 여자가 시간을 때우기 위해 오만 가지 방법으로 자신을 붕괴시켜가는 거예요. 아무도 먹고 싶어 하지 않는데 갑자기 요리를 만들어놓고는 먹지 않는다고 아이에게 성을 내죠. 어른으로서의 상식과 인간으로서의 지각을 온통 잃어버리게 되는 거예요.

요새는 일 년에 한 과목씩 역사 공부를 하고 있어요. 2년 반 동안 하룻밤도 빼놓지 않고 공부했어요. 곧 있으면 역사를 가르칠 거랍니다. 제가 아내이며 어머니라는 사실을 좋아하지만, 이제는 결혼이 그것 외의 다른 일이 없기 때문에 비참하고 절망적이고 겉만 번지르르한 인생의 종말이란 것을 알았어요. 여자는 행복하고 즐거워하며 기뻐해야 한다고 누가 말했나요? 여자는 일을 가져야 해요. 직업을 꼭 가질

여성성의 신화

필요는 없어요. 그렇지만 어떤 일이든 덤벼들어 그 일을 통해서 자신을 바라보고, 살아있다는 사실을 느껴보아야 해요.

하루에 한 시간, 주말 혹은 한 주를 어머니라는 임무에서 벗어나는 것이 이름 붙일 수 없는 그 문제에 대해 해답이 될 수는 없다. 아동 및 가족 전문가 의사들이 가정주부의 진저리와 피로를 풀어주기 위해서 "어머니의 휴가"[1]를 권하기도 하지만, 이는 여성들이 자동적으로 가정주부이면서 앞으로도 영원히 어머니일 것이라고 전제하는 것이다. 일을 함으로써 충분히 시간을 활용하는 사람은 시간을 온전하게 즐길 수 있다. 그러나 내가 이야기를 나눈 어머니들에게 '쉬는 시간'은 그녀들을 구원할 신통한 수단이 못 되었다. 실상 그들은 지루함이나 죄책감이라는 얄팍한 핑계를 대고 포기하곤 했다. 이 사회에서 자신의 목적을 갖지 못하는 여성이나, 사회 내에서 자신의 진정한 정체성을 찾기 위해서 하고 있는 게 없다는 이유로 자신의 미래를 생각하지 못하는 여성은 현대에서 자포자기적인 절망감만을 계속 느낄 것이다. 얼마나 많은 '쉬는 시간'을 쓰는지에 상관없이, 아무리 젊은 여성일지라도 오늘날에는 어머니로서의 책임에 시간을 모두 보낼 게 아니라 우선 자신을 한 인간으로 생각해야 한다. 그리고 어머니와 아내로서의 역할과 조화시킬 수 있는 사회인으로서의 역할이라는 관점에서 일생을 설계해야만 한다.

지금은 자신이 살고 있는 교외 지역에서 정신건강 교육가로 일하지만 과거에는 오랫동안 전업주부였던 여성과 인터뷰한 적이 있는데, 그 내용을 요약하면 이렇다. "저는 예전에 제 생활이 꽉 들어차지 않는 것 같다고 느꼈어요. 제 능력을 활용하지 못했죠. 가정을 꾸린다는 것만으로는 충분치 않았어요. 요정 지니를 도로 호리병 속에 넣을 수는 없는 거잖아요. 지적 욕구를 부정할 수는 없어요. 사회라는 체계의 부분이 되어야 한다고요."

그러고는 정원의 나무들 너머 한산하고 조용한 거리를 내다보며 그녀는 이야기를 이어갔다.

이 동네의 대문을 모두 두드려 보았을 때 자신의 능력을 활용하고 있는 여성이 몇이나 되겠어요? 그녀들은 혼자 있는 것이 견디기 어려워 술을 마시거나 다른 여자들과 둘러앉아 아이들 노는 것을 쳐다보거나 텔레비전을 보거나 책을 읽고 있겠죠. 사회는 아직 여성들을 수용하지 못하고 있어요. 아이를 기르는 일 외에 여성의 기술과 정열을 쏟을 방법을 모색하지 못했죠. 지난 15년 동안 여성들은 자아에서 멀어졌다고 생각해요. 젊은 여성들이 여성성이라는 것에 삼켜진 이유는, 가정에 돌아가 만족을 찾는 편이 보다 쉬울 거라고 생각했기 때문이죠. 하지만 그렇지는 않았어요. 여성이 자아라는 개념을 갖고자 한다면 그 길이 어디든지 사람다움으로서의 자기 자신을 찾아야만 해요.

남자와 마찬가지로 한 사람으로서 자신을 알고, 자아를 발견하는 유일한 길은 여성이 직접 창조적인 작업을 하는 것이다. 다른 길은 없다. 그러나 어떤 직업이든 다 해답이 되는 건 아니며, 오히려 자신을 옭아매는 또 다른 올가미가 될 수도 있다. 자기의 실질적인 능력에 상응하는 직업을 찾지 못하는 여성들, 본격적인 교육과 훈련이 필요한 목표와 관심을 발전시키지 못하는 여성들, 나이가 40세든 20세든 간에 집을 돕기 위해 혹은 임시로 시간을 보내기 위해 직업을 갖는 여성들은 집 안에서 가정주부라는 올가미에 갇힌 여성들같이 비전 없는 미래를 향해 걷고 있는 것이나 다름없다.

직업이 여성에게 올가미를 벗어날 수 있게 하는 방편이 되려면, 직업이 일생의 설계로써 진지하게 자리매김해야 하며 사회의 일부분으로 성장할 수 있어야 한다. 교외 지역사회, 특히 사회, 문화, 교육, 정치 및 레크리에이션 형태의 새로운 공동체들은 아직 확고히 자리 잡지 못했으므로, 유능하고 지적인 여성에게 풍부한 기회를 제공한다. 그러나 그런 일들은 필수적인 '직업'은 아니다. 웨스트체스터, 롱아일랜드, 필라델피아의 교외 지역에서 여성들은 정신건강 진료, 예술 센터, 주간 캠프 등의 일을 시작해왔다. 뉴잉글랜드에서 캘리포니아에 이르기까지 큰 도시와 작은 마을에서 여성들은 새로운 정치와 교육 운동에 선구적인 역할을 해왔다. 이런 일이 '직업'이나 '경력'이라고 여겨지지는 않더라도 여러 지역사회에서 아주 중요한 작업이므로, 현재는 그런 일에 종사하는 전문가들은 급여도 받고 있다.

교외 지역과 지역사회에서는 이제 비전문가를 요구하는 일이 거의 없다. 지적인 일을 하고, 자기 신뢰와 독립성이 충분한 여성들이 거의 없는 지위에는 소수의 지도층만이 자리를 잡고 있다. 만약 그 지역사회의 교육받은 여성의 비율이 높으면 그런 자리가 골고루 돌아가기에 충분치 않다. 그 결과 지역공동체 사업은 위원회 자체를 위하거나 관료적 형식주의에 빠져버리는 종류의 일을 늘려서, 마치 위원회의 실제 목적이 여자들을 바쁘게 만드는 데 있는 것처럼 되기도 한다. 그러나 그런 일들은 성숙한 여성을 만족시키지 못하며, 미성숙한 여성이 성장하는 데에도 도움이 되지 못한다. 물론 이 말이 보이스카우트의 어머니회에 참여한다든가, 학부모 모임에 봉사한다든가, 모금을 위한 저녁 모임을 조직하는 것이 유용하지 않다는 의미는 아니다. 지적이고 유능한 여성에게는 그 일이 충분하지 못하다는 뜻일 뿐이다.

내가 인터뷰한 한 여성은 지역사회에서 그럴듯한 활동에 끝없이 참여하고 있었지만, 그런 일들은 그녀의 미래에 아무런 방향도 제시하지 않았으며 정작 그녀의 뛰어난 지성을 활용하지 못했다. 오히려 그녀의 지성이 저하되는 것처럼 보였다. 그녀는 사회의 중요한 자리를 향해 첫발을 내딛을 때까지 괴로워했다. 이제 그녀는 '주임 선생'이며, 평온한 아내이자 어머니다.

처음에는 병원의 모금 후원회에서 무급으로 사무 책임직을 맡았어요. 아이들의 현장학습을 담당하는 역할을 맡기도 했지요. 자그마치 일주일에 30달러씩 지불하면서 피아노 교습을 받았고, 취미 생활을 위해 아이 보는 사람까지 구해가며 생활을 했어요. 우리는 듀이의 십진분류법을 이용해 책을 정리한 도서관을 세우기도 했어요. 나는 보통

여성성의 신화

여자들처럼 멋쟁이였고, 학부모 모임에도 참여하고 있었어요. 내 생활에 만족하기 위해 필요한 이 모든 일들의 재정 지출은 남편 수입으로 충당했어요. 그런데도 저는 여전히 생활에 뭔가가 비어있다고 느꼈죠. 까다로워지고 변덕스러워졌어요. 이유 없이 울음을 터뜨리고 추리소설을 끝까지 읽을 수도 없었죠.

아침부터 저녁까지 뛰어다니도록 바빴지만 진정으로 이 생활에 만족하지는 못했어요. 물론 아이를 키울 수는 있지만, 그것이 어떻게 자신의 삶을 정당화시킬 수 있겠어요? 궁극적인 목적, 장기간 전진할 수 있는 목표가 있어야 해요. 지역사회 활동은 단기적인 목표예요. 계획을 세우고 그 일이 끝나면 또 다른 계획을 찾아내야 하는 거죠. 지역사회 사업에서는 어린애가 있는 젊은 어머니를 괴롭혀서는 안 된다고 말을 하죠. 이것은 어린애들이 다 자란 중년 여자들이 할 일이라고요. 하지만 정말로 그 일을 해야 할 사람은 바로 어린애 때문에 집 안에 구속된 이들이랍니다. 아이들에게서 벗어나려면 잡다한 일은 그만두세요. 진짜 일을 해야 해요.

여성성의 신화 때문에 (성적 특권이나 변명 없이 경쟁할 때, 어쩌면 실패에 대한 인간적인 두려움 때문에) 아마추어에서 프로로 도약하는 것은 자신을 얽매고 있는 올가미에서 벗어나려는 여성에게 종종 어려운 일이다. 여성이 비록 생계를 위해 일을 하지 않더라도, 진정한 사회적 가치를 지닌 일을 통해 여성은 정체성을 찾을 수 있다.[2] 우리 사회에서는 일을 하면 대개 급여를 받는다. 물론 보수를 받는다는 것은 어떤 대가 이상의 의미를 지닌다. 그것은 명확한 임무를 갖는다는 뜻이다. 그런 임무에 대한 두려움 때문에 수백 명의 유능하고 교육받은 교외 지역 주부들이 오늘날 배우나 작가들에게 자신들을 우스운 소재로 제공함으로써 바보가 된다. 또 '자기 풍요'라는 예술 애호의 변두리쯤 되는 구실로 음악과 미술을 장난삼아 해보거나, 접수부 판매원 일자리를 신청하는 시도를 하기도 한다. 그런데 그런 직업은 여성들이 실제로 지니고 있는 능력보다 못한 일들이다. 또한 이런 것들은 성장을 방해하는 요소들이다.

자원봉사 책임자로서 일하는 미국 여성들 중 권태감을 느끼는 여성들이 갈수록 늘어나고 있으며, 수준이 얼마나 낮은가에 상관없이 보수를 받는 일을 선택하려는 성향이 늘고 있는데, 이는 전문가들이 지역사회에서 지성을 요하는 대부분의 자리를 차지했기 때문에 그런 것이다. 그러나 여성 스스로가 전문가가 되지 못하는 것과 보수가 있건 없건 간에 주도권과 지도력, 책임을 요구하는 일을 위임받기 꺼렸던 자기 저항은 결국 여성성의 신화의 잘못이다. 이런 태도는 웨스트체스터 지방에서 이루어진 최근의 연구에 의해 명백해졌다.[3] 소득이 높은 교외 지역에서는 1년에 남편 수입이 2만 5천 달러가 넘는 25세에서 30세 사이의 주부 집단 중 50퍼센트 이상이 일하기를 원했다. 그중 13퍼센트는 당장 일하기를 원했고, 나머지는 5년에서 15년 안에 일자리를 갖기를 원했다. 일하려고 계획을 세운 사람들 중에 4명 중 3명은 준비가 덜 된 것 같았다. 이 여성들 전부가 대학 교육을 얼마간 받았지만, 졸업을 한 사람은 한 명뿐이었

여성성의 신화

다. 3분의 1은 20세 혹은 20세가 되기 이전에 결혼했다. 이들은 경제적인 이유로 일하려고 한 것은 아니지만, 한 인류학자의 의견대로 "경제적으로 생산적이 되고자 하는 심리적인 욕구" 때문에 일하려 했다. 확실히, 무급 지도자로서의 일은 이런 욕구에 부응하지 못한다. 이런 여성들 중 62퍼센트가 무급 지도자로서 일하고 있지만, 그것은 하루치 또는 그보다 못한 잡동사니 일이다. 직업을 가지기를 원하는 여성들은 준비가 부족하다고 느낀다. 따라서 45퍼센트는 대학에서 학과 수업을 택해 듣고 있고, 소수의 여성들은 학위를 얻으려고 공부한다. 그들의 직업 계획 속에 있는 환상적인 측면은 "매우 부정기적으로 생기고 없어지곤 하는 작은 사업들"에 의해 입증된다. 대학 동창회가 교외 지역에서 "어떻게 하면 중년 여성들이 직장으로 돌아올 수 있는가"라는 주제로 두 종류의 공개 토론회를 후원했을 때 25명의 여성이 참석했다. 각 여성들에게 두 번째 모임에 포럼 내용의 개요를 가져오라고 요구했는데, 그것은 연구자가 '목적 성실성'이라 한 것으로 약간의 사고가 필요했다. 그런데 그 개요를 진지하게 써온 사람은 단 한 명뿐이었다.

상담소가 있어서 정신보건운동의 초창기부터 그 지역의 대학교육을 받은 여성들의 지성에 맞게 실질적인 전망을 제시한 교외 지역도 있다. 물론 그들은 결코 어떤 정신과 치료법도 사용하지 않았고, 초기에는 교육적인 부모 토론 그룹을 이끌고 나감으로써 그 기관을 운영했다. '가정생활을 위한 교육'은 전문화되었으며, 그 기관과 토론 그룹은 전문가가 운영해나갔고 때때로 석사나 박사학위를 가진 전문가들을 도시에서 초빙했다. 그 상담소의 사업에서 '자신을 발견한' 매우 소수의 여성들만이 직업을 가지는 것에 진지하게 임하여 열심히 공부를 계속해서 석사학위나 박사학위를 땄다. 전문직을 계속하기를 원하는 대부분은 가정주부의 역할을 넘어서서 직업에 진지하게 임하게 되었다는 사실을 의미한다.

역설적이게도 결혼과 모성을 아우르는 삶의 계획에서 유능한 여성이 자신의 능력을 완전히 깨닫고, 사회에서 정체성을 찾도록 하는 종류의 일은 여성성의 신화에 의해 금지된 것들이다. 즉 예술이나 과학, 정치나 직업에 일생동안 헌신하는 일 말이다. 그런 종류의 사회 참여는 특정한 직업이나 지역에 국한되지 않는다. 그런 것은 해마다 변동될 수 있다. 어느 지역사회에서는 정규직으로 있는가 하면 다른 지역에서는 시간제로 있을 수 있고, 지역사회에서 중요한 봉사 활동을 하며 전문기술을 습득하거나, 임신 중에 공부를 하고, 일찍 어머니가 된 경우에는 전일제로 일을 하지 않았다. 그것은 계속 실이 풀려 나오듯이, 어떤 지역에서도 일하고 연구하고 실제 분야에 접촉해갈 수 있다는 것을 뜻한다.

나는 그런 장기적인 차원의 계획을 작성하고 계속 그 일을 살려가는 여성들은 이름 붙일 수 없는 문제로 고통받지 않는다는 사실을 알게 되었다. 그들은 결코 가정주부라는 이미지만으로 살지 않았다. 그러나 음악이나 예술, 정치는 스스로에게 진지하게 헌신하지 않거나 그러지 못하는 여성에게는 신통한 해답을 주지 못한다. '예술'은 우선 생각하기에 여성에게 이상적인 해답을 주는 것처럼 보

여성성의 신화

인다. 그런 것들은 집에서 연습할 수 있다. 또 부담이 되는 전문성을 내포하지 않으며, 여성다움에 잘 들어맞고, 이 사회에서 경쟁을 할 필요도 없이 인격적인 성장과 주체 의식에 무한한 여지를 제공하는 것처럼 보인다. 그러나 나는 여성들이 전문가가 될 정도로 유화나 조각에 몰두하지 않으면, 즉 그들의 입에 들어올 보수가 있다거나, 남을 가르치기 위한 일이라든가, 다른 전문가로부터 동료로서 인정받을 만큼 열심히 하지 않으면, 장난삼아 하는 일에 그친다는 것을 알게 되었다. 일요일에 그리는 그림, 태평스러운 조각 작업 등은 그들이 다른 누구에게도 가치 있는 존재가 아니라고 여겨질 때에 필요로 하는 자아를 가져다주지 못한다. 자신의 작품을 다른 사람들이 듣고 보고 읽는 데에 돈을 내기 싫어하는 수준인 아마추어나 동호인들은 사회 내에서 실질적인 지위를 얻을 수 없으며, 실질적인 정체성도 갖지 못한다. 그런 지위나 정체성은 노력하고 지식을 얻고 전문가가 되려고 하며 전문적 지식을 쌓는 이들에게 돌아간다.

물론 진지하게 전문적인 작업에 몰입하는 데에는 실제로 많은 문제가 있다. 그러나 그런 문제들은 여성이 여성성의 신화라는 그릇된 곤혹스러움과 죄책감에 여전히 반쯤 잠긴 채로 있기 때문에 넘어설 수 없는 게 아닌가 한다. 또는 '무언가 좀 더'라는 희망이 공상으로 끝난다거나, 꼭 필요한 노력을 하기 싫어할 때에 그 문제들은 넘어설 수 없다. 여성들은 내게 되풀이해서 말했다. 그들에게 결정적인 단계는 동창생 직업소개소에 처음 찾아갔을 때, 혹은 교사 자격증을 보내서 구직을 신청할 때, 또는 도시에 있는 고용 계약인과 만날 약속을 할 때라고. 직업을 구하기 위해 외출을 하거나 편지를 쓸 용기를 가지는 데 여성성의 신화가 얼마나 많은 장애가 되며, 그것을 합리화시키는지는 실로 놀랄 만하다.

내가 아는 어느 교외 지역 가정주부는 한때 기자였지만, 그만둔 지 너무 오래되어 기자직에 결코 복귀할 수 없다고 믿었다. 그리고 물론 아이들을 떠날 수도 없었다.(아이들은 낮 동안에는 모두 학교에 간다.) 하지만 무언가 해보겠다고 결정하자, 시내를 겨우 두 번 다녀오는 동안에 예전에 일하던 분야에서 훌륭한 직업을 구할 수 있었다. 정신분석 방면의 사회사업가인 다른 여성은 자신은 정규직을 얻을 수가 없고, 그만두고 싶을 때 언제라도 그만둘 수 있는 임시직만 할 수 있다고 했다. 청소부를 믿을 수 없기 때문이었다. 사실 그녀가 청소부를 고용했다면, 그녀의 이웃들은 청소를 할 이유가 훨씬 적어졌을 것이다. 그녀는 자신의 능력을 진정으로 시험할만한 종류의 일에 전념해야만 했을 것이다. 그러나 분명 그녀는 그런 시험을 두려워했다.

오늘날 교외의 주부 상당수가 더 진지한 책임이 요구되는 순간에 이르면 무급 지도자나 예술 직업에서 뒷걸음질 치거나 포기한다. 학부모 모임 지도자는 학교 운영위원회에서는 일하고 싶어 하지 않는다. 여성유권자연맹의 지도자는 거친 정치적 조류가 흐르는 정당에서 활동하는 것을 두려워한다. "여성은 정책 결정을 할 수 있는 자리에 앉을 수 없어요. 우표나 붙이러 거기에 가지는 않을 겁니다." 물론 그녀가 정당에서 남자들의 편견과 경쟁에 대항해서 정책

여성성의 신화

을 결정할 역할을 얻기 위해서는 더 많은 노력이 필요할 것이다.

어떤 여성은 직책을 맡기는 하지만, 새로운 인생을 설계하려고 하지는 않는다. 나는 유능한 두 여성을 인터뷰했는데, 둘 다 가정주부 일에 싫증을 내고 있었으며, 같은 연구 기관에서 일자리를 얻었다. 그들은 점차 도전적으로 변화하는 그 일을 좋아했고, 빨리 승진했다. 그러나 가정주부가 된 지 10년이 지난 30대로서는 버는 돈이 매우 적었다. 첫 번째 여성은 이 일로 인해 그녀에게 열릴 미래에 대해 분명히 인식하고 있었지만, 실상 그녀의 봉급을 일주일에 세 번 오는 파출부에게 다 지불했다.

두 번째 여성은 '가족의 지출에 보탬이 되어야만' 직업을 갖는 게 용인이 된다고 생각했는데, 파출부를 위해서 돈을 쓰지 않았다. 남편과 아이들에게 집안의 자질구레한 일을 도와달라고 하지 않았으며, 세탁물을 세탁소에 보내거나 전화로 식료품점에 주문을 하는 등 시간을 절약하는 일도 하지 않았다. 그녀는 1년 뒤에 과로 때문에 직장을 그만두었다. 가사를 필요한 만큼 변화시키고 희생시켰던 첫 번째 여성은 38세에 그 기관에서 관리직을 맡았으며, 가족의 수입에 실질적인 기여를 했다. 그녀의 보수는 시간제로 집안일을 해주는 사람에게 임금을 지불하고도 훨씬 남는 금액이었다. 두 번째 여성은 두 주간의 휴식을 취한 후에 해묵은 절망감으로 고통스러워했다. 그러나 집에서 할 수 있는 일을 찾음으로써 남편과 아이들을 덜 '속일' 것이라고 스스로를 위로했다.

집에서 미술이니 조각이니 문학 등의 창조적인 일을 하고 있는 행복한 주부상은 여성성의 신화에 반쯤 물든 환상 중의 하나다. 그렇게라도 할 수 있는 남자와 여자가 있다. 그러나 남자가 가정에서 일할 때 아내는 아이들이 방해되지 않도록 엄하게 지켜보거나, 그밖의 어떤 일을 해야 한다. 그것은 여성에게 그리 쉬운 일이 아니다. 만약 자신의 직업에 대해 진지하다면, 그 일을 하기 위해서 집에서 멀리 떨어진 다른 장소를 찾아야 하거나, 아니면 초조하게 개인적인 공간과 시간을 요구하다가 아이들에게 도깨비 같은 존재가 되는 위험을 감수해야 한다. 그녀의 주의력은 가정과 직업 사이에서 나뉘고, 집중력은 흐트러질 것이다. 직업과 가정을 양립시키려면 차라리 9시부터 5시라는 확실한 시간 구별이 있는 게 더 훈련하기 쉽고 덜 외로울 것이다. 집안에서 가정주부라는 물리적 제약에 맞추려고 노력하는 여성은 전문적인 세계의 일부가 되면서 나타나는 자극과 새로운 친교 관계를 잃을 수도 있다.

어떤 전문직에서든 요구되는 노력과 훈련을 여성이 지속하려면 진실로 명백하게 여성성의 신화에 대해 "아니요"라고 말해야만 한다. 그 신화는 단순히 지적인 구조물만이 아니기 때문이다. 많은 사람들은 '직업: 가정주부'라는 생각이 기득권이라고 생각한다. 그러나 여성성의 신화를 영속화시키는 오류를 여성 잡지, 사회학자, 교육자, 정신과 의사들이 충분히 고쳐나가려면 오랜 시간이 걸릴 수 있다. 여성들은 이제 편견과 잘못된 공포, 남편이 표출하는 불필요한 딜레마들을 과감히 쳐내야만 한다. 장관, 목사, 율법학자 등이 아마 그런 식으로 주장했고, 친구와 이웃이 그렇고, 아이들의 유치

　　　　　　　　　　　　　　　　　여성성의 신화

원 교사가 그랬고, 진료 안내를 하는 사회사업가도 그랬고, 그녀의 철모르는 아이들까지도 그런 식으로 그녀에게 주장해왔다. 그러나 근거가 무엇이든지 저항은 어떤 이유로도 나타나고 있다.

종교적 교조주의의 전통적인 저항이라도 오늘날에는 심리치료라는 조작적인 기술로 위장하고 있다. 정통 가톨릭이나 유대교를 믿는 여성들은 가정주부상을 쉽게 무너뜨리지 못한다. 그 가정주부상은 그들 종교의 경전 속에, 자신과 남편의 어린 시절 속에, 그리고 교회의 결혼과 모성에 대한 독단적인 정의 속에 소중히 담겨져 있다. 그 독단은 여성성의 신화에 관한 심리학적인 교리로도 충분히 분장할 수 있었다. 이것은 뉴욕 대사원에 있는 가족생활 상담소에서 제시한 "결혼한 부부를 위한 토론 개요"에 잘 나타난다. 성직자가 사회자 역할을 맡은 리허설이 끝난 후 몇 쌍이 하고 있는 공개 토론을 보면 이런 질문이 떠오른다. "아내가 직업을 가지는 것이 남편의 권위에 대한 도전이 될 수 있을까?"

참여한 커플은 대부분 아내가 일하는 것이 특별하거나 잘못되지 않았다고 확신한다. …… 그러나 반감을 사선 안 된다. 독단적이기보다는 암시적이어야 한다. …… 공개 토론에 참여한 부부들은 9시부터 5시까지 일을 하며 만족하는 아내가 다음과 같은 점들을 생각해야 한다고 지적했다.

(1) 여성이 직업을 가지면 가장으로서 또 생계유지자로서 갖는 남편의 직업의식을 미묘하게 침식시킨다. 경쟁적인 직업 사회는 부인

이 남편의 권위에 복종하는 것을 어렵게 하는 태도와 습관을 만든다.

    (2) 일을 하고 퇴근한 남편이 아내에게 따뜻한 격려와 신선한 정열을 바라는 시간에 부인은 피로한 심신으로 남편 앞에 나타난다.

    (3) 일부 부인들에게는 직업을 가지고 시간제 주부 역할을 하는 게 두 배의 긴장감을 느끼게 해서 불임의 원인이 될 수 있다.

    내가 인터뷰한 한 가톨릭 신자 여성은, 그녀가 여성유권자연맹의 주 평의회에서 일하는 것을 남편과 성직자가 못마땅하게 여기던 차에, 학교의 심리학자가 그녀의 정치적 활동 때문에 딸이 정신적으로 많은 어려움을 겪는다고 주장하자 그 일을 그만두었다. "가톨릭 여성이 해방된다는 것은 더 힘겨운 일이에요"라고 그녀는 말했다. "나는 물러났어요. 내가 가정주부로만 머무르는 것이 다른 모든 사람에게 좋은 일일 거예요." 이때 전화벨이 울렸고, 나는 30분간의 고등정치 전략을 흥미 있게 엿들었지만 그건 분명 연맹의 일이 아니고 민주당 지부의 문제였다. 그 '은퇴한' 정치인은 저녁 준비를 마치기 위해 부엌으로 돌아갔고, 그녀는 가정에서는 알코올 중독자나 마약중독자처럼 자신의 정치 활동을 숨기고 있다고 고백했다. "난 그 일을 포기할 수 없을 거예요."

    유대교 전통을 따르며 사는 또 다른 여성은 그녀가 의사의 아내가 되었을 때, 네 아이를 잘 기르기 위해 의사 일을 그만두었다. 막내가 학교에 갈 나이가 되어 그녀가 다시 의사자격시험을 보려고 책의 먼지를 털어내자 남편은 별로 기뻐하지 않는 기색이었다. 내

여성성의 신화

성적이고 말이 별로 없었던 그녀는 15년 동안 일을 쉬었음에도 불구하고 다시 의사 면허를 얻기 위해 믿을 수 없을 정도로 많은 노력을 쏟았다. 그녀는 변명조로 내게 말했다. "관심 있는 것을 중단할 수는 없지요. 그만두려고 애써보아도 그렇게 안 되더군요." 그녀는 밤중에 왕진 요청이 들어오면 마치 연인이라도 만나러 가는 듯이 죄 지은 양 집에서 살며시 빠져나온다고 고백했다. 비교적 교조적이지 않은 전통에서조차 여성성의 신화의 가장 강력한 무기는 여성이 집 밖에서 일함으로써 남편과 자식에게 소홀해진다는 주장이다. 어떤 이유에서든지 자식이 아프거나 남편이 곤란해지면, 지역사회의 교활한 심판관인 여성성의 신화는 심지어는 여성 내부에서조차도 주부로서의 역할을 '거부'했다고 반성하게 만들 것이다.

한 여성은 남편이 직장에서 곤란을 겪는 이유가 그녀가 '여성다운 역할 수행'을 실패했기 때문이라고 단정 지었고 '온전한 주부'로 돌아오기 위해 하던 일을 포기했다고 말했다. 그녀는 남편과 선의의 '경쟁'을 하려고 '바지 입기'를 원했다. 그녀는 다른 대부분의 여성들처럼 어느 정신과 의사가 '직업을 가진 여성이 갖는 죄의식 증후군'이라 부른 종류의 도전에 취약했다. 그래서 자신의 모든 에너지를 가족을 돌보는 일에 쏟아부었다. 그리고 남편이 귀찮아할 정도로 남편의 직업에 비판적인 관심을 쏟았다.

하지만 그녀는 교외에 살면서 여가 시간에 소극장의 연출자로 일했고, 별로 관심을 쏟지 않았는데도 지역에서 갑작스레 성공을 거두었다. 남편의 일에 관심을 기울이는 것은 그녀가 가족으로부터 떨어져 다른 전문인들과 경쟁하던 때보다 훨씬 더 남편의 자아를 손상시켰고 남편과 아이들을 짜증나게 했다. 어느 날 그녀가 소극장에서 연출에 몰두해있을 때 아이가 자동차에 치였다. 그녀는 그 사건 때문에 자책했고 소극장 일을 그만두었다. 자신의 죄를 하느님에게 고백하며 이번에는 꼭 '온전한 가정주부'로 돌아가리라 맹세했다.

그녀는 이내 이름을 붙일 수 없는 문제의 증세를 심각하게 겪으며 고통받았다. 그녀의 침체와 의존적 태도는 남편의 생활을 지옥처럼 만들었다. 그녀는 정신과 의사에게 도움을 구했고, 의사는 비지시적인 접근법에서 출발해 다시 일자리로 돌아가라고 권고했다. 그녀는 자신이 사회적 임무를 회피했던 내용을 소재로 진지한 소설을 쓰기 시작했고, 직장을 얻고 나서도 작업을 계속했다. 자신의 일에 몰두하자 더 이상 남편의 직장 일에 대한 걱정거리가 사라졌다. 아들이 시야에서 벗어나면 사고를 당할 것이라는 망상에도 더 이상 사로잡히지 않았다. 그리고 여전히 물러서기에는 너무 늦었지만, 결혼 생활이 위기에 처한 것은 아닌지 때때로 의문이 들었다.

여성에게 씌운 신화의 내용과는 반대로 남편은 부인이 쓴 소설에 나오는 인물과 똑같아지려 온 힘을 기울여 경력을 쌓았다. 그녀가 일에 전념하는 것이 남편에게도 전염되었는지 아니면 그녀가 병적으로 자신에게 의존하는 것을 멈추었기 때문이었는지, 그것도 아니면 별개의 이유가 있었는지는 모르겠지만 말이다. 물론 여전히 거기에도 문제는 있었지만, 예전과 같은 문제는 아니었다. 부부가

여성성의 신화

자신들을 옭아매는 올가미를 찢어 거기에서 벗어나자 관계는 다시 좋아지기 시작했다.

모든 성장에는 위험 요소가 있다. 나는 직장을 얻은지 얼마 안 되어 남편이 이혼을 요구한 여성을 인터뷰한 적이 있다. 그들의 결혼은 파국으로 치달았다. 그 여성은 자신의 일을 하면서 정체성을 찾았고, 더 이상 자신을 파괴하는 결혼 생활을 참을 수 없게 되었다. 이런 이유 때문에 그들이 이혼으로 치달았는지도 모른다. 하지만 이렇게 얻은 정체성은 그녀가 더 잘 살아갈 수 있게 해주었다.

다른 예를 보면, 남편은 처음에 부인이 직업 갖는 것을 반대했지만 부인이 고집해 막상 일을 시작하자 부정적인 태도가 사라지기 시작했다고 한다. 그들은 자신의 결정을 회피하기 위하여 남편의 반대를 과장한 것은 아닐까? 이와 같은 맥락에서 내가 인터뷰한 남편들은 아내의 세상에서 자신들이 더 이상 유일한 해나 달 따위 같은 것이 아니라는 것에서 '구원'을 알게 되었고 이 사실에 놀라곤 했다. 그들은 이제 더는 바가지의 대상이 아니어도 됐고, 아내의 불만에 대해 더 이상 가책을 느끼지 않아도 됐다. 어떤 남성이 다음과 같이 진술했다. "경제적인 부담도 덜었을 뿐만 아니라, 솔직히 말해 하나의 구원이 되었죠. 마거릿이 직장을 다닌 후부터는 생활에서 전반적으로 느껴지던 짐이 가벼워진 것 같아요."

반감을 쉽사리 떨쳐버리지 못하는 남편들도 있다. 아내가 여성성의 신화에 대해 '아니요'라고 선언하는 것을 참지 못하는 남편은 어머니에 대한 유아기적 환상에 빠져있는 사람들이거나 자기 아이들을 통해 그 환상을 건져보려고 하는 사람들이다. 그런 유형의 남편에게 부인은 자기는 그의 어머니가 아니며 아이들은 그녀가 종일 보살피지 않아도 잘 자란다고 설득하는 것은 어려운 일이다. 만약 여성이 진정한 자신에 이르기 위해 남편의 환상을 더 이상 받아들이지 않는다면, 남편은 갑자기 깨어나서 그녀를 다시 보게 될 것이다. 그러면 남편은 어머니가 되어줄 다른 부인을 찾을 것이다.

여성이 주부의 틀에서 벗어나 자신의 길을 가는 데 있어서 또 다른 위험은 다른 주부들의 적의에 부딪친다는 점이다. 일적으로 성장하는 것을 회피하는 남성들이 아내가 성장하는 것에 분개하는 것처럼 남편과 자식을 통해서 대리 인생을 꾸려나가는 여성들은 자기 자신의 인생을 살아가는 여성에게 울분을 느낀다. 디너파티에서, 어린이집 문제에서, 학부모 모임의 오픈하우스에서 가정주부 외에도 다른 역할을 가진 여성은 이웃들에게서 조금 가시 돋친 말을 들으리라는 것을 예상할 수 있다. 일하는 여성은 아침 식탁 구석에서 끝없이 커피를 마시며 태평스럽게 험담이나 늘어놓을 시간이 없다. 그녀는 다른 주부들과 함께 "우리는 한 배를 탄 운명이에요"라는 착각을 나누며 수다를 떨 수 없다. 그녀의 출현은 그런 수다를 그르쳐버릴 것이다. 또한 그녀는 집, 남편, 아이들에게 어떤 사소한 "문제"의 징후가 나타나면 사람들이 그녀에게 보통 이상으로 꼬치꼬치 캐물을 것이라 예상할 수 있다. 하지만 그 적의는 가끔 비밀스런 질투로 위장한다. "행복한 가정주부들" 중 가장 적개심을 보이는 사람은 아마도 새로운 경력을 가지고 살아가는 것에 대해 조언을 구하는

　여성성의 신화

첫 번째 사람일 것이다.

계속 전진하는 여성에게는 언제나 변화가 수반하는 상실감이 뒤따른다. 오랜 친구와 익숙하고 확실한 궤도를 잃게 되고, 새로운 것들은 아직 명백하지 않다는 상실감 말이다. 여성이 여성성의 신화에 대해 '예'라고 말하는 것은 훨씬 쉬운 일이며, 자신을 발전시키는 데 따르는 고통도 감수하지 않아도 된다. 그러므로 가정주부라는 올가미를 벗어던지려는 여성에게는 능력이 필수적인 것만큼, 노력하려는 야망도 필수적이다. 여성성의 신화는 여성의 야망이니 경력이니 하는 것들을 치졸한 단어라고 취급해왔다. 《마드모아젤》의 '대학과 직업'란을 맡고 있던 편집인 폴리 위버Polly Weaver가 1956년에 4백 명의 여성에게 야망 또는 경쟁 같은 주제로 조사를 했을 때, 대부분의 여성이 야망을 가지는 것을 죄악시했다.[4] 위버의 말에 의하면, 그 여성들은 "야망이라는 것을 먹는 행위와 마찬가지로 보편적이며 자신을 위한 것으로 생각하는 게 아니라, 특별한 지점에 올려놓고 보려 합니다. 놀라웠어요. …… 아침부터 밤까지 직장이나 지역사회 또는 교회를 위해 스스로를 몰아가는 많은 여성들이, 예를 들자면, 자신들 스스로 가정주부라는 가치에서 벗어나기를 원치 않는다니 말예요. 그 사람들은 돈, 사회적 지위, 권력, 영향력, 인정, 이런 것들을 원치 않아요. 이들은 자신을 기만하고 있는 것일까요?"

여성성의 신화는 여성 스스로 야망을 포기하도록 했다. 결혼과 모성은 목적이다. 결혼한 후에야 여성은 남편과 자식들을 위해서만 야망을 가진다고 가정한다. 정말 자신을 바보로 만드는 많은 여성들은 인정되지 않는 자신의 야망을 채우기 위해 남편과 아이를 채찍질한다. 그러나 이 편집인의 조사에 응한 여성들 중에서도 솔직하게 야망을 가진 여성들이 꽤 있었다. 그들은 야망으로 인해 고통받는 것 같지 않았다.

우리의 질문지에 답한 야망 있는 여성은 다정한 옛 친구들과 가족 소풍, 아무도 입에 올리지 않는 책을 읽을 시간 등을 희생한 데 대해 거의 후회하지 않았다. 그들은 포기한 것 이상을 얻었다. 새 친구를 사귀고 더욱 큰 세계로 들어갔으며, 명석하고 재능 있는 사람들과 일할 때는 화산이 분출하는 것처럼 자신들이 많은 발전을 이루었다고 말했다. 압력 밥솥이 푸푸 소리를 내며 끓는 것처럼 대부분은 만족감을 최대한으로 내뿜었다. 사실, 야망을 가진 행복한 여성들은 주위 사람들도 행복하게 만든다. 남편, 아이, 동료들에게 행복을 주는 것이다. 야심 있는 여성은 남편의 성공에 따라 전적으로 위신이 올라간다 해도 행복해하지 않는다. 활동적이고 야망 있는 여성에게, 야심이란 그녀의 생애를 처음부터 끝까지 꿰뚫는 실과 같은 것이며 그녀로 하여금 일생을 단편적인 수집이 아닌 일하는 예술로서 가능하게 붙들어 맨다…….

이름을 붙일 수 없는 문제로 고통받았고 이 문제를 해결해냈던 여성들은 자신의 야망을 충족시키기 위해, 최고의 능력으로 일하기 위해, 성취감을 얻기 위해, 오래 묻혀있었건 새로 시작했건 간에, 마치 짝 맞추기 놀이에서 잃어버린 조각을 찾으려는 것 같았다. 그들

여성성의 신화

이 버는 돈으로 가족의 생활이 나아진 경우도 많지만, 누구도 이것이 유일한 이유라거나 중요한 이유라고 말하지 않았다. "더 이상 고립된 섬으로 남기는 싫어요. 중심이 되고 싶어요." 이 세계의 일부로서 충실하고 완벽한 사람이 되고 싶다고 다시 자각했다. 여성들은 그 자각이 일에서만 오는 게 아니라 결혼, 가정, 아이들, 일, 그들의 변화, 사회와 연결된 발전 전부에서 생겨난다는 것을 알고 있다. 그들은 '그저 가정주부'가 아니라 다시 한 번 인간이고자 했다. 그런 여성들은 운 좋은 사람들이다. 어떤 여성들은 어릴 때의 거부, 미운 오리 새끼 같은 사춘기, 불행한 결혼 생활, 이혼 또는 과부가 되어 그런 야망에 끌려갔을 수 있다. 이것은 아이러니이자 여성성의 신화를 고발하는 것이다. 못생긴 새끼 오리들은 종종 자기 자신을 찾도록 강요받은 반면, 고정된 이미지에 자신을 맞춘 소녀들은 '행복한' 주부가 되었지만 자신이 누구인지는 알아내지 못했다. 그러나 '좌절'이 소녀들에게 유익할 수 있다는 말은 중요한 것을 놓치는 것이다. 그러한 좌절감이 여성 정체성의 대가가 되어서는 안 되며, 그 자체가 열쇠가 되어서도 안 된다. 여성성의 신화는 이디스 시트웰Edith sitwell 같은 시를 쓸 수도 있는 아름다운 소녀들이나 미운 소녀들에게 모두 자기 자신의 자질을 발견하지 못하게 한다. 또한 여성성의 신화는, 루스 베네딕트가 인류학에서 이루어 놓은 것과 같은 업적을 찾을 수도 있는 행복하고 불행한 아내들에게 자신의 영역을 찾지 못하게 만든다. 그리고 돌연 퍼즐의 마지막 조각이 제자리를 찾았다.

가장 좌절한 사람조차도 함정에서 빠져나오지 못하는 한 가지가 있었다. 그리고 어린 시절의 경험이나 행복한 결혼과 상관없이, 주부의 이미지에 적응하려고 애쓰는 모든 여성들에게 좌절감을 주는 한 가지가 있었다. 내가 만난, 결국 자신의 길을 발견한 모든 사람들이 공유하는 한 가지가 있었다.

그 함정의 열쇠는 물론 교육이다. 여성성의 신화는 여성에게 고등교육을 허락하는 것이 회의적이고 불필요하며 위험해 보이도록 만들었다. 그러나 나는 교육이야말로 미국 여성들을 여성성의 신화라는 끔찍한 위험에서 구했으며, 앞으로도 구원할 수 있다고 생각한다. 스미스대학을 졸업하고 나서 15년 후 1957년에 나는 동창들에게 질문지에 답해줄 것을 부탁했다. 그때 나는 교육이 여성들을 '남성적'으로 만들고 여성으로서의 성취를 방해하며 불필요한 갈등과 욕구 불만의 원인이 된다고 믿는 분위기에 반박할 수 있는 기회를 잡았다. 나는 그 비판이 절반만 옳았다는 사실을 발견했다. 교육은 위험했고 여성들에게 좌절감을 안겨주었다. 그러나 이는 여성들이 자신들이 받은 교육을 활용하지 않았을 때에만 그랬다.

1957년 질문지에 답한 2백 명의 여성 중 89퍼센트가 전업주부였다. 그들은 교육이 전업주부에게 야기할 수 있는 모든 가능한 좌절감을 느끼며 살아왔다. 그러나 그들이 다음과 같은 질문을 받았을 때, 여성으로서 그들의 진정한 문제는 교육 때문에 생긴 것이 아니라는 것을 알았다. "여성으로서 당신의 역할을 해내는 데 어떤 어려움을 발견했습니까? 지금의 당신 생활에서 가장 만족스러운 일과 불만은 무엇입니까? 당신의 내면세계는 변화해왔습니까? 늙는다는 것에 대해 어떻게 느낍니까? 당신이 다른 식으로 살았더라면 무엇을 원합니까?" 등의 질문이었다. 일반적으로 그들이 후회하는 것은 단 한 가지였다. 충분히 진지하게 교육받지 못했다는 것, 그 교육을 중요하게 활용할 계획을 세우지 못했다는 것이었다.

이 여성들 중 97퍼센트가 대학 졸업 뒤 3년 사이에 결혼했는데 그중 3퍼센트만이 이혼했다. 그리고 20퍼센트의 여성이 결혼 뒤에 다른 남성에게 관심을 가졌지만 대부분은 "아무것도 할 게 없었다"고 했다. 86퍼센트는 출산을 계획했고 임신 사실에 기뻐했다. 그리고 그중 70퍼센트가 아기를 낳고 9개월이 될 때까지 모유를 먹여 길렀다. 그들은 어머니 세대보다 아이들을 더 많이 낳았는데(평균 2.94명) 단지 10퍼센트만이 어머니로서 자신이 "순교한다"고 느꼈다. 99퍼센트가 성관계가 인생에 있어 "많은 것 중 한 요소"라고 기록했음에도 불구하고, 성욕으로 흥분하지도, 성관계를 가지지도 않았으며, 여성이라는 사실에 대해 성적으로 만족하기 시작한 것도 아니었다. 그들 중 89퍼센트쯤은 "해가 갈수록 성욕을 더 잘 느낀다"고 기록했지만, 한편으로는 "성관계는 예전만큼 그렇게 중요하지 않은 것 같다"고 답하기도 했다. 그들은 "사람이 다른 사람과 할 수 있는 최대한으로" 남편과 인생을 공유했지만, 75퍼센트는 인생의 모든 것을 남편과 공유할 수 없다는 것을 기꺼이 인정했다.

대부분(약 60퍼센트)은 전업주부로서 자신들이 주로 하는 일이 가정에서 "온전한 성취감"을 얻을 수 있다고 솔직하게 말하지 못했다. 그들은 하루 평균 4시간씩을 가사에 쏟았지만, 그 일을 결코 "즐기지"는 않았다. 여성성의 신화가 대두되던 시기 이전에 교육받은 여성들은 이 가정주부라는 역할 내에서 자신들의 새로운 정체성을 찾으려 했다. 하지만 그 과정에서 많은 이들이 난관에 부딪쳤다. 대부분은 가사노동이라는 좁은 틀 안에서도 계속 성장했다. 교육이 그들에게 자율성, 목적의식, 그리고 보다 큰 가치에 헌신해야 한다는 것을 가르쳤기 때문일 것이다.

약 79퍼센트는 목표를 추구하는 어떤 방법을 찾았지만 대부분은 사실상 지역사회 내에 한정되었다. 만화가 헬렌 호킨슨Helen Hokinson은 그래도 지역사회에서 책임감 있게 활동하는 것은 대체로 성숙한 행위이며, 기운을 내서 자신의 힘을 지역사회에 쏟아 붓는 헌신이라고 말했다. 이런 여성들에게 있어서, 지역사회에서 활동하는 것은 거의 항상 혁신적이고 개성 있는 일을 하는 것이라는 인식이 강했다. 그들은 아무도 없는 교외 지역에 공동 탁아소를 세우는 일에 착수했다. 교내에 학생들이 이용할 수 있는 상담소를 세우고 도서관도 만들었는데, 좋은 책이 없기 때문에 아이들이 독서하는 데 어려움이 많았기 때문이었다. 그들은 새 교육 프로그램을 도입했고 나중에는 그것을 교과과정 속에 편입시켰다. 어떤 사람은 학교 체제에 정책을 관철시키기 위해 일반 대중 1만 2천 명의 서명을 받아내는 수완을 발휘했다. 또 다른 사람은 남부 학교에서의 인종차별 폐지를 공개적으로 주장했으며, 어떤 여성은 백인 아이들을 북부에 있는 인종차별 정책 폐지 학교에 입학시켰다. 어떤 여성은

여성성의 신화

서부의 주 의회에 정신보건 진료 사업을 위한 주 정부 재정 지원을 추진했다. 어떤 여성은 결혼한 뒤 계속해서 살았던 세 도시에서 학생들을 위한 예술 박물관 설립 계획에 착수했다. 다른 여성들은 교외 지역 합창단, 시민 극장, 외교 정책 연구 모임 등을 시작하고 이끌어나갔다. 이들 중 30퍼센트는 지역 위원회에서 주 의회에 이르기까지 정당 활동에 참여했다. 90퍼센트 이상이 매일 신문을 완독하고 정규적으로 투표했다고 보고했다. 그들은 낮에는 텔레비전을 결코 보지 않았고 브리지 놀이도 거의 하지 않는 것 같았으며, 여성 잡지도 읽지 않는 것 같았다. 그 한 해 동안 그들은 10권에서 3백 권까지의 책을 읽었는데, 그중 절반은 베스트셀러가 아니었다.

나이가 마흔에 이르자, 그 여성들의 대부분은 아주 솔직하게 "머리카락이 세기 시작하며, 피부는 시들고 지쳐 보인다"고 말했지만, 잃어버린 청춘이 그리 안타까운 것은 아니라고 말했다. "당신에게는 자라나는 자아의식, 내적인 평온과 힘이 있어요.", "나는 점점 더 나의 진정한 자아로 되돌아가고 있어요."

"아이들이 다 자란 후의 당신의 일생을 어떻게 그리십니까?"라는 질문에 대부분(약 60퍼센트)은 일하거나 공부를 할 계획이라고 확고하게 답했다. 마침내 공부를 끝마치려 한 것이다. 예전에 생각이 없었던 직장 생활도 이제는 생각하고 있었다. 몇몇 여성들은 '고통의 심연'에 이르는가 하면 여성성의 신화가 깨진 절망과 환멸을 느꼈으며 가정주부로서만 살려고 애썼다. 또 일부 여성들은 고백했다. "네 아이를 기르고 집을 돌보는 것에는 나의 능력과 교육을 유용하게 쓸 수 없어요. 어머니답다는 것과 교육, 직업과 같은 경력이 조화될 수만 있다면 얼마나 좋을까요." 그리고 가장 괴로워하는 이들은 이렇게 말했다. "내가 누군지 결코 찾을 수가 없어요. 나는 지금 나만의 창조적인 생활을 가질 수 있는 아주 깊숙한 무엇을 향해 가고 싶어요." 그러나 대부분은 그들이 누구이고 무엇을 원하는지 알지 못했다. 이들 중 80퍼센트는 그들이 받은 교육을 전문직에 활용할 계획을 진지하게 세우지 못한 것을 후회했다. 지역사회 문제에 능동적으로 참여하는 것도, 아이들이 조금 자라고 나면 할 일이 이미 없어져버렸다. 많은 여성들은 교사가 될 생각이었다고 답했다. 다행스럽게도 교사에 대한 수요가 매우 커서 그들은 힘을 내어 일할 기회를 얻었다. 다른 여성들은 그들이 선택한 분야에서 우수해질 때까지 몇 년간 더 공부하며 기다렸다.

스미스대학을 졸업한 2백 명의 여학생들은 전 지역에 걸쳐 대조적인 두 가지 양상을 보였다. 즉 지적이고 유능한 여성들은 가정주부라는 올가미에서 벗어나기 위해 투쟁하거나, 그들이 받은 교육 때문에 전혀 올가미에 붙잡히지 않았다. 그러나 1942년에 졸업한 이 여성들은 여성성의 신화가 도래하기 이전에 교육받은 마지막 세대였다.

마운트홀리오크대학을 졸업한 약 1만 명의 여성들이 개교 25주년인 1962년에 대학에서 실시한 다른 질문지에 답한 것을 보면, 지난 20년간 교육받은 여성들에게 여성성의 신화가 어떤 영향을 끼쳤는지 볼 수 있다. 마운트홀리오크의 여자 졸업생들은 결혼 비율

여성성의 신화

이 높았으며 이혼율은 2퍼센트로 낮았다. 1942년 이전에는 대부분이 25세 내지 그 이후에 결혼한 반면, 1942년 이후에 졸업한 학생들의 평균 결혼 연령은 극적으로 낮아졌으며, 아이들을 넷 혹은 그보다 더 많이 낳는 비율이 급상승했다. 1942년 이전에는 졸업생의 3분의 2 혹은 그 이상이 공부를 더 계속했는데, 그 비율은 점차 감소했다. 최근의 졸업반 동문들 중에는 소수가 예술, 과학, 법률, 약학, 교육 분야에서 학위를 더 얻었으며, 1937년의 40퍼센트와 비교해 보면 아주 적은 수치다. 국가적이고 국제적인 문제에 관한 전망을 공유하는 숫자도 대폭 줄어드는 것 같았다. 지방 정치 클럽에 참여하는 비율은 1952년의 동문들 때에는 12퍼센트로 떨어졌다. 1942년부터는 극소수만이 어떤 전문적인 단체에 가입되어 있었다. 여자 동문들 중 절반 정도가 한때 일을 했지만, 일차적으로 그들은 "가정주부의 역할"을 택했기 때문에 더 이상 일하지 않았다. 어떤 여성들은 다시 일을 시작했는데, 일하는 것 자체를 원했을 뿐 아니라 이것이 수입에도 큰 도움이 되었기 때문이다. 그러나 1942년부터 지금까지 졸업한 학생들 중 대부분은 현재 가정주부이며, 거의 반 정도는 다시 일하려 하지 않았다.

1942년부터 여성들이 집 밖의 세계에 참여하는 영역이 줄어든 것은 이들 교육받은 여성들에 대한 여성성의 신화의 영향을 명백히 보여준다. 여성성의 신화에 의해 '오로지 가정주부'가 되기로 한 교육받은 많은 젊은 여성들이 '덫에 걸린' 느낌과 절망적인 공허감을 느끼는 것을 보면서, 나는 동창들의 경험이 의미 깊다는 것을 깨달았다. 그들은 교육 덕택에 결혼 및 가족생활과 진지한 사회적 역할을 조화시킬 수 있었다. 지성과 책임을 요하는 지역사회 활동에 참여할 수 있었으며, 이 참여가 몇 년 간 이어지면 전문적인 사회사업이나 교습으로 발전할 수 있었다. 자격검정시험을 치르는 데 필요한 자금을 조달하기 위하여 대리교사나 시간제 사회사업가로 취직할 수도 있었다. 그들은 때때로 대학을 졸업한 뒤에 종사했던 분야에서 기대하지 않았던 데까지 성장했으며, 교육받았던 자율성의 핵심을 가지고 심지어는 새로운 분야까지 뛰어들 수 있었다.

그러나 고등교육을 전혀 받지 못한 젊은 여성들이나 결혼하기 위해 대학을 떠난 여성이나 강의실에서 '제대로 된 남성'을 기다리며 시간을 버린 젊은 여성들은 어떠한가? 나이 40이 되면 그들은 무엇이 되겠는가? 교외와 도시 지역에 거주하는 주부들은 오늘날 더 교육받기를 원하고 있으며, 어떤 강의건 교육을 통해 자신의 정체성을 찾을 수 있기를 기대한다. 그러나 그들이 택하고 들은 강의들은 사회에서 실제로는 사용가치가 거의 없는 것들이기 마련이다. 40세에 여성들이 받을 수 있는 교육이란 18세였을 때 성적 환상 속에서 회피했던 그 교육보다 더욱 더 여성성의 신화에 배어들고 오염되고 희석된 것이다.

골프, 브리지 카드놀이, 러그 짜기, 맛있는 음식 요리하기, 바느질 등을 가르치는 학과는 가정주부 제도에 머무르는 여성에게나 실제 쓰임새가 있을 뿐이다. 소위 일반 성인교육 센터에서 지적 과정이라고 불리는 예술 감상, 도자기 굽기, 단편소설 쓰기, 프랑스어 회

여성성의 신화

화, 우주 시대의 천문학 등은 단지 '자기 계발' 정도에만 기여한다. 공부와 노력, 오랜 기간 걸리는 숙제는 가정주부를 염두에 둔 것이 아니다.

실제로 이 강의들을 필사적으로 수강한 많은 여성들은 진지한 교육을 필요로 한다. 그러나 이런 강의들마저 맛보지 못했더라면, 그들은 어디에서 어떻게 자신이 필요로 하는 강의들을 찾아야 하는지조차 모를 것이며, 많은 성인 강좌들이 진지하지 못하기 때문에 스스로 만족하지 못한다는 사실도 이해하지 못했을 것이다. 거의 정의상 '가정주부'를 위해 특별히 고안된 강좌에서는 심지어 '자기 계발'에서 필수적인 현실의 차원이 배제된다. 이러한 과정을 개설하는 기관이 가장 높은 기준을 가지고 있는 경우에도 그렇다. 최근에 래드클리프는 "행정가의 아내를 위한 강좌"를 개설했다.(아마 "과학자의 아내를 위한 강좌"나 "예술가의 아내를 위한 강좌", "대학교수의 아내를 위한 강좌" 등이 잇따를 터이다.) 아이들이 모두 학교에 다니며 30~40세 된 과학자 및 행정가의 부인들은, 남편의 세계에 속하는 보다 상세하고 대리적인 일들을 배우는 것만으로는 그들이 필요로 하는 새로운 정체성을 찾는 데 도움을 받기 어려웠다. 그녀가 필요로 하는 것은 자기만의 창조적인 일을 위해 훈련받는 것이다.

내가 인터뷰한 여성들 중에서, 교육이 이름 붙일 수 없는 그 문제에서 열쇠가 될 수 있었던 경우는 단지 새 인생 설계의 부분이 되었을 때, 즉 아마추어건 전문적이건 간에 사회에서 중요하게 사용되었을 때였다. 그들은 그런 열쇠가 될 수 있는 교육을 정규대학과 종합대학에서만 찾을 수 있었다. 학생들과 교육자들에게 여성성의 신화가 불어넣은 희망사항에도 불구하고, 18세나 21세에 교육을 중단하면 가정과 남편과 아이 서너 명을 가진 31세나 38세 또는 40세에는 기회를 얻기가 훨씬 어려웠다. 여성은 대학에서 여성성의 신화에 의해 창조된 편견에 직면하게 된다. 그녀에게 결여된 학문적인 기반이 아무리 대수롭지 않은 것이라 해도, 그녀는 새로 인정받기 위해 되풀이하여 자기 목적의 성실성을 증명해야만 할 것이다. 그녀는 우글거리는 아이들과 함께 경쟁해야 했고, 그녀와 비슷한 처지에 있는 여성들은 이 시기에 너무 많았다. 성인 여성들이, 강의하는 동안 내내 앉아서 10대에 적응하며 10대처럼 취급받는 것은 쉬운 일이 아니었다. 그녀에게 잘 맞으면서도 아내와 어머니라는 여성의 다른 책임에 부응하는 교육을 발견하기 위해 여성은 탁월한 재능을 발휘해야만 하며 수많은 거절과 실망을 참아내야만 했다.

내가 인터뷰한 한 여성은 대학에 다닌 적이 없는데 심리 치료를 받은 뒤에 다행스럽게도 야간학부가 있는 근처 대학에서 1년에 두 과목씩 수업을 듣기로 결정했다. 처음에는 그것이 어떻게 그녀를 이끌어나갈지 생각하지 못했으나, 2년 후에는 역사를 전공하기로 결정했고, 고등학교 교사가 되려고 준비했다. 그녀는 좋은 성적을 유지했으며, 느린 속도와 바쁜 일들에 조급해하기도 했다. 그러나 적어도 어떤 목적을 가지고 공부하는 것은 탐정소설이나 잡지 등을 운동장에 앉아 뒤적이는 것보다 훨씬 즐거운 일이었다. 게다가 그것은 미래에 확실한 무엇을 제시해주는 것이었다. 1년에 두 과목씩

여성성의 신화

수업을 듣는다면 420달러의 비용이 들었고 일주일에 두 번 저녁 수업을 받았다. 학사학위를 얻는 데 10년이 걸렸다. 2년째에는 돈이 부족하여 강의를 하나밖에 들을 수가 없었다. 전 과정을 다니지 않는 한 학자금 대출도 신청할 수가 없었으며, 그마저도 막내 아이가 초등학교에 들어갈 때까지 기다려야 가능했다. 이런 모든 난관에도 불구하고 그녀는 4년 동안 참고 견뎠다. 동급생인 다른 주부들이 돈 때문에 학업을 중단하거나, "그걸 다하기엔 너무 오래 걸려"라고 말하며 점점 많은 이들이 공부를 그만두는 것을 지켜보았다.

막내가 초등학교에 입학하자 그녀는 정규 과정을 등록했는데, 학생들이 진지하게 수업에 임하지 않아 수업 진도는 더욱 느렸다. 그녀는 그 주에서 고등학교 역사 교사가 되려고 했으나 석사학위가 필요했고, 석사학위를 얻기에 앞서 몇 년 간의 염려를 참지 못해서 교육학으로 전공을 바꾸었다. 만약 그녀에게 전공을 필요로 하며, 전공을 활용할 수 있는 명백한 인생 설계가 없었더라면 지금쯤은 이미 이 비싸고 제대로 돼먹지 않은 교육을 틀림없이 계속할 수 없었을 것이다. 초등 교육으로 옮긴 후로 그녀는 전 과정 수업료 중 일부를 정부에서 대출받을 수 있었고(1년에 내는 수업료가 이제 천 달러가 넘었다) 2년간 더 공부해서 과정을 끝마치게 됐다.

그런 큰 장애물을 넘어오면서까지 점점 많은 여성들이 그들이 필요로 하는 교육을 받기 위해 학교로 돌아오고 있으며, 이들은 사실상 사회로부터 아무런 도움도 없이, 교육자들로부터도 때늦어 마지못해 보내는 격려를 받는 정도다. 여성들의 결심은 그동안 무시되어온 여성들의 인간적인 능력 및 그 능력을 사용하고자 하는 절실한 요구를 드러낸다. 그러나 여성성의 신화 시대가 거의 20년이 지나서야 가장 강한 이들만이 자신의 힘으로 전진할 수 있었다. 이는 여성 각자의 개인적이고 사적인 문제가 아니라는 것을 의미한다. 여성성의 신화는 국가적인 차원에서 고려되어야 한다.

이름을 붙일 수 없는 그 문제—미국 여성들이 그들의 능력만큼 성장하는 것을 막고 있는 사실—는 지금까지 알려진 어떤 질병보다 더 크게 미국의 육체, 정신 건강에 경종을 울리고 있다. 20, 30대 여성들이 그들의 '역할 위기'에서 정서적인 붕괴에 도달하는 빈도가 잦다는 사실에 유념하라. 이들은 40, 50대에 알코올 중독에 걸릴 위험이 높고 자살의 빈도가 높으며, 의사들의 진료를 가정주부들이 독점한다는 사실에 유념해야 한다. 10대에 결혼이 유행하고, 혼전 임신율이 증가하며, 더 심각하게는 아이와 어머니 사이의 공생 상태라는 병리 현상을 중시하라. 미국 10대들의 놀라운 수동성을 보라. 만약 계속해서 정체성도 아직 확립되지 않은 채 학업을 그만두고 성장하기를 멈춘 수백만의 어린 어머니가 생긴다면, 그들의 아이들에게 강하고 핵심적인 인간의 가치를 전수하는 일은 불가능할 것이다. 그렇게 되면 우리는 간단히 말해 대량 학살의 사태를 맞이할 터인데, 이는 미국 여성들의 집단 매몰에서 출발하여 그들의 아들과 딸의 점진적 비인간화라는 사실로 종결될 것이다.

이런 문제는 약이나 심리 치료 따위로 해결될 수 있는 것이 아니다. 여성들이 여성으로서 성취하는 데 갈등 없이 성숙해지고, 정

여성성의 신화

체성을 확립시키고, 자아실현에 도달할 수 있도록 하기 위해 문화적으로 여성성을 과감하게 재형성할 필요가 있는 것이다. 조혼 경향을 멈추게 하고 소녀들을 '단지 가정주부'로 기르려는 풍토를 종식시키기 위해 교육자와 부모와 관리, 잡지 편집인, 여론 조작자, 상담가들의 대대적인 노력이 있어야 한다. 부모와 교사들은 어린 시절부터 성장하기까지 소년들에게 보내는 것과 같은 관심을 소녀들에게도 쏟아야 하며, 그 소녀들이 자아를 개발하고 정체성을 찾으려는 목표를 갖게 하게끔 노력해야 한다.

물론 교육자들이 여성성의 신화를 '아니요'라고 부정하는 것은 개개인이 부정하는 것보다 결코 쉽지 않다. 가장 진보적인 교육자라 할지라도 남은 인생을 독립해서 살아보려는 주부들의 욕구를 심각하게 염려하며, 조혼의 물결에 강하게 반대하는 것을 주저한다. 그들은 널리 퍼져있는 정신분석의 단언에 기가 죽었고, 아직도 여성의 성적 성취를 방해한다는 생각 때문에 죄책감에 사로잡혀 있다. 마치 성경 말씀인 척하는 정신분석적인 단언에 의해 뒷받침되는 주장은 대학 캠퍼스 안에도 존재한다. 즉 여성이 정체성을 찾을 수 있는 근본적인 길은 결혼과 모성에 있으므로, 아내와 어머니라는 역할을 수행할 때 갈등을 일으킬 수 있는 심도 깊은 교육에 대한 관심은 자녀 양육이 끝날 때까지 미뤄야 한다는 것이다. 1962년 예일대학의 정신의학과 고문의 경고는 여성들이 대학생으로서 남성들과 같은 진지한 교육을 받는 것에 대해 숙고했다.

대부분은 아닐지라도 많은 젊은 여성들은 여성으로서 건강하게 성장을 하기 위한 보다 근본적인 단계를 거칠 때까지 처리해야 할, 미래의 장기적인 지적 관심사를 다룰 능력이 없는 것 같습니다. 아이를 훈육하고 가족의 삶을 이끌어나가는 어머니라는 일을 잘 해내려면, 모든 여성의 능력, 정서적이고 지적인 자원과 기술에 의존해야 합니다. 정서적인 장애가 방해하지 않는다면, 훈련을 잘 받을수록 그 일을 잘해야 할 더 좋은 기회가 되는 것입니다. 성인 여성으로서 발전하기 위한 훌륭한 기본을 다졌고, 고등교육 과정에서 그러한 발달에 부정적인 영향을 미치는 압박을 받지 않았다면 말입니다……. 상충되는 목표들을 촉구하고, 남성의 세계에서 경력과 전문성이 여성의 삶을 계획하는 데 우선적으로 고려되어야 한다며 압박하는 것은 여성 자신의 정체성을 온전하게 확립하는 데에 부정적인 영향을 끼칠 수 있습니다. 할머니 세대는 모든 사회적인 자유를 획득했습니다. 먼저 건강하고 완전한 여성이 되려는 자유를 얻었고, 이후에 죄책감과 그로 인한 갈등에서 자유로워지기를 원했습니다. 이것은 결혼이라는 틀 안에서는 일자리를 가지는 게 가능하다는 것을 의미하지만, '경력'은 글쎄요…….[5]

다음과 같은 사실이 남는다. 진지한 관심 없이 대학에서 시간을 낭비하는 젊은 여자들은 어머니로서 자리를 잡고 성적 성취를 이룰 수 있게 해줄 남자를 구하는 도박을 감행한다는 것이다. 여성에게 아이가 다 자랄 때까지는 다른 것에 이보다 큰 관심을 가지지 말고 미루라고 격려하는 교육자들은 사실상 그녀가 그런 관심을 영영 가

여성성의 신화

지지 못하도록 만드는 것이나 다름없다. 자기 자신을 10년, 15년, 20 년씩 아내이자 어머니로만 제한하다가 35세나 40세, 50세에 이르러 새로운 자아를 발견한다는 것은 쉬운 일이 아니다. 그런 것을 할 수 있는 사람들이라면 솔직히 말해서 더 일찍 교육에 진지하게 참여하는 이들이며, 한 번이라도 일을 해본 경험이 있거나 여전히 일하기를 원하는 이들이며, 결혼과 어머니로서의 역할을 자신의 주체적인 지각으로 성취한 사람들이다. 동부 교외 지역과 도시에서 거주하는 50명의 대졸 여성들을 대상으로 한 최근의 연구에 따르면, 이들은 가장 큰 아이가 집을 떠난 뒤부터 공부를 시작했는데 예외를 제외하고는 지역사회 활동이나 예술, 기타 일 등에 관심을 갖고 추구한 여성들만 대학을 졸업할 수 있었다. 그런 관심이 결여된 사람들은 성공하지 못했다. 자신들의 '텅 빈 둥지'에서 늦게 잠들고 오직 죽음만 기다릴 뿐이다.[6]

여자대학과 일반대학의 교육자들은 모두 여성들이 사회에서 매우 중요한 일을 하거나 학문의 분야에 인생을 바치는 삶을 살려한다는 것을 직시해야만 한다.('경력'이라는 말이 너무 독신주의적 느낌을 준다면 '생애 계획', '소명', '인생의 목적'이라고 부르자.) 교육자들은 소년들에게 기대하는 것과 마찬가지로 소녀들에게도 인생을 추구하기에 충분히 중요한 영역을 갖도록 기대해야 한다. 이는 직업을 가진 여성이 되기 위한 과정에만 치중하여 교양 교육을 포기하라는 뜻이 아니다. 대학에서 이루어지는 교양 교육은 마음을 훈련시킬 뿐만 아니라 인류 가치관의 뿌리 깊은 핵심을 제공해준다. 그러나 교양 교육은 단순히 취미나 수동적인 감상 등이 아니라 진지한 용도를 고려해서 계획되어야 한다. 하버드대학이나 예일대학, 컬럼비아대학, 시카고대학에서 교양 과목을 공부하고 계속해서 건축학, 약학, 법률학, 과학 공부를 하는 남학생들처럼 여학생들도 일생의 설계를 세우기 위해 계속 공부하도록 장려되어야 한다. 공부를 하는 여학생들은 조혼 풍토에 덜 열성적이고 남자를 찾는 일에 두려움도 적을 뿐 아니라 성적인 행동에도 책임감이 있다.[7] 물론 대부분은 결혼하지만 훨씬 성숙한 기반을 갖고 임한다. 그들에게 결혼은 도피가 아니고 자신들과 사회에 대한 위임을 나누어서 담당하는 것이다. 사실 여성이 그런 책임을 담당할 수 있도록 교육받아서 결혼한다면 성이라는 문제는 유달리 중요한 문제가 되지 않을 것이다.[8] 즉 여성의 생애에서 성, 애정, 결혼, 아이를 유일하고 핵심적인 사실인 것처럼 만드는 종류의 정체성은 사라지게 되는 것이다.

여성성의 신화의 강력하고도 간접적인 파괴 공작 때문에, 교육자들은 특단의 조치 없이는 젊은 여성들로 하여금 교육에 진지하게 임하고 사명 의식을 가질 수 있는 일을 찾게 할 수 없다는 것을 깨달아야 한다. 장기적인 안목을 가지고 시도한 몇몇 사람만이 겨우 그 문제의 실마리를 잡게 됐다. 래드클리프대학에서 개설한 메리 번팅 Mary Bunting의 독립적 연구를 위한 강좌는 자신이 원하는 것을 깨달은 여성이나, 박사과정을 밟으며 자신의 연구를 이어가는 여성, 예술 분야에서 활동하거나, 어머니 역할로부터 본질적인 역할로 돌아오는 데 약간의 유예기간이 필요한 여성들에게 아주 적절하다. 더

여성성의 신화

욱 중요한 것은 아이와 남편이 있으면서 자신의 일을 충분히 해내고 있는 이들 여성이 캠퍼스에 출현함으로써, 전문 경력을 지닌 여성과 독신을 연관 지어 생각하는 관습을 몰아내는 데 많은 도움이 된다는 것이다. 또한 이들의 등장은 이 나라에서 최고 수준의 교육을 맛보기 위해, 그리고 나중에는 결혼과 어머니 역할을 위해 대학을 다닌다는 바람직하지 못한 풍토를 일소하는 데에 도움이 될 것이다. 메리 번팅은 그런 효과를 염두에 둔 것이다.

이것은 더 간단한 방법으로도 다른 지역에서 이루어질 수 있다. 모든 대학에서 여성들이 진지하게 교육받는 것을 고무시키고, 정신적인 자질을 가진 생활로써 결혼과 모성을 결합시킨 여성들로 대학 기능을 보충하고자 힘을 기울이는 것이다. 임신이 학업을 중단시키지 않도록 보장하고, 남성 조교수의 아내이며 훌륭한 석사학위나 박사학위를 가진 여성들만 고용을 알선한다는 오랜 규칙을 깨뜨린다는 의미 정도일지라도, 대학들은 노력을 기울일 것이다. 대학은 독신의 여성학자들을 더 이상 적대시해서는 안 된다. 이를 위해 대학 당국이 여성학자들의 존재를 진지하게 받아들이고 잠재력을 펼칠 수 있도록 도와줘야 한다. 여성학자들은 때때로 번지르르한 가족 공동체의 이미지만 가지고 살아가지만 스스로를 박탈당한 여성들의 부러움을 살지도 모르고 또 그래야 마땅하다. 남성뿐 아니라 여성들도, 인간적 활동에서 뿌리 뽑힌 이들은 인생에서도 뿌리가 뽑힌 것이라는 사실을 알아야 한다.

무엇보다도, 교육자들이 여성성의 신화에 대해 스스로 '아니요'라고 말하면서 여성들을 교육하는 데 있어서 중요한 것은 여성들을 자기 능력의 최고 지점까지 교육시키는 것이라는 사실을 똑바로 알아야 한다는 점이다. 여성들이 결혼해서 가족들을 보살피는 데에 '결혼과 가족'이라는 학과가 필요한 것이 아니다. 가정을 꾸미기 위해 가정 형성이라는 과목을 필요로 하는 것도 아니다. 과학적인 탐구를 위해서는 과학을 연구해야 하고, 새로운 사상을 창조하기 위해서는 과거의 사상을 연구해야 하며, 사회의 선구자가 되기 위해서는 사회를 연구해야 한다. 교육자들은 또한 '한 번에 한 가지씩'이라는 논리의 타협을 단념해야 한다. '자녀 교육', '성관계', '결혼', '모성', '인생의 마지막 3분의 1을 위한 관심' 등과 같은 제각기 떨어진 맛보기식 과목으로는 역할 위기라는 문제를 해결할 수 없다. 여성들은 각 역할들을 새롭게 통합시키기 위해 교육받아야 한다. 여성들이 결혼 및 모성과 진지한 일생 동안의 사회적 책임을 통합하는 새로운 인생을 설계하도록 격려받을수록, 그들은 아내와 어머니로서 갈등을 덜 겪을 것이며 덜 좌절할 것이다. 그들의 딸이 정체성을 가진 여성에 대한 이미지를 알지 못해서 잘못된 선택을 하는 경우도 줄어들 것이다.

나는 이런 것을 대학을 다니는 소녀들의 조혼 경향에 대해 조사하면서 알 수 있었다. 남자를 구하기 위해 필사적으로 서두르지 않으며, 자신에 대해 장기적 차원에서 진지하게 생각하는 소수의 학생들은 그로 인해 자신들의 여성다움을 잃게 되리라고 걱정하지 않았다. 거의 대부분이 어떤 진지한 목적에 참여하고 있는 어머니나

여성성의 신화

다른 특별한 여성상을 갖고 있었다.("우리 엄마는 교사예요", "내 가장 친한 친구의 엄마는 의사예요. 아주 바쁘고 행복해 보여요").

교육이 '여성의 역할'이라는 낡은 이미지와 타협하고 영합하는 것을 그만두는 순간, 소녀들은 자신을 창조할 수 있는 불꽃과 새로운 상을 키울 수 있다. 교육은 남자와 마찬가지로 여자에게도 인간 진화의 모형이며, 원형이어야 한다. 만약 오늘날의 미국 여성들이 새로운 정체성을 찾기 위해 가정주부의 틀을 무너뜨리고 있다면, 그것은 많은 여성들이 고등교육을 받은 적이 있기 때문이라고 간단히 말할 수 있다. 그 고등교육이 미완성된 것이고 초점이 맞지 않는 것이었다 할지라도 여성들을 움직일 만큼 충분히 강한 영향력을 가진 것이다.

여성 자신들은 마음과 정신 속에서 최후의 그리고 가장 중요한 투쟁을 이루어낼 수 있다. 개인적으로 특별한 상이 없다 할지라도, 단지 인간다운 교육을 받은 미국의 많은 여학생들은 남자의 사랑에서 안위를 구하는 것을 넘어서서 낡은 여성성이라는 환상을 떠나보내고, 새로운 자아를 찾을 수 있을 만큼 충분히 그들의 인간적 가능성을 강하게 지각하고 있다. 스와스모어대학의 한 졸업생은 인턴 과정에 있었는데 나에게 이렇게 말했다. 먼저, 그녀가 대학 내에서 점점 더 고립되는 것을 느꼈을 때 연애와 결혼에 대해 굉장히 고민했으며, '남자에게 걸려들기'를 바랐다고 했다. "여성다워지기 위해 제 가치를 낮춰보려고 했어요. 하지만 제가 하고 있는 일에 흥미를 가지기 시작하자 이런 걱정은 사라졌어요"라고 말했다.

그것은 마치 어떤 종류의 전환을 이룬 것 같았습니다. 당신은 일을 하는 데서 성취감을 얻기 시작할 거예요. 아이가 걸음마를 배우는 것처럼 당신의 마음은 넓어지기 시작하죠. 당신은 자신의 분야를 찾습니다. 그건 아주 멋진 일이죠. 일을 한다는 것을 사랑하게 되고, 일에 중요한 것이 있다는 것을 느끼게 되며, 그것을 신뢰할 수 있게 되죠. 거기에서 얻는 고민은 가치 있는 것입니다. 남자는 성장하기 위해서 고통을 겪어야만 한다고 말하지만, 여성도 같아요. 그러면 자기 자신이 되어간다는 사실을 두려워하지 않게 돼요.

이제 여성성의 신화에 속아온 여성들을 재교육시키는 철저한 계획이 이루어져야 한다. 내가 인터뷰한 많은 여성들은 가정주부로서의 구속을 느끼고 지난 몇 년 동안 가정의 올가미에서 빠져나오려 하고 있다. 그러나 그중 많은 사람들이 다시 침몰해버린다. 적시에 그들이 하고자 하는 일을 찾을 수 없었고, 가정의 구속에서 벗어나는 방법을 찾을 수 없었기 때문이었다. 대부분의 경우 기성 교육 시설을 이용하는 데에는 감당하기 어려울 정도의 시간과 경비가 든다. 정상적으로 이 교육을 이수할 수 있는 가정주부는 거의 없다. 비록 소수의 대학에서 주부들에게 시간제 학생 제도를 수락할지라도, 매우 적은 수의 주부만이 10년 혹은 그 이상으로 연장된 기나긴 대학 과정을 참고 견딜 수 있을 것이다. 어떤 교육기관들은 현재 주부를 대상으로 한 모험을 해보려고 하지만, 그 대학들의 사정이 어려울 때도 기꺼이 그렇게 할까? 사라로렌스대학과 미네소타대학에서 시작한 시범 프로그램은 해결 가능성을 보여줬다. 많은 여성들이 감당해낼 수 없는 시간과 경비 문제는 일어나지 않았다.

이 시점에서 진지하게 교육을 다시 시작하거나 계속하기를 원하고 또 그 배움을 통해 직업에 종사하기를 원하는 여성들을 위해 미국 군인 장학금과 유사한 형태인 국가적인 교육계획을 요구한다. 그 장학금은 적절한 자격을 지닌 여성에게 수업료는 물론 책과 여비 등 기타 보조금을 지원해야 하며, 심지어 필요하다면 가정 보조금도 줄 수 있어야 한다. 이런 데 드는 액수라야 군인 장학금보다 훨씬 덜 든다. 그렇게 되면 어머니들은 현존하는 교육 시설을 시간제로 이용할 수 있게 되어 개인적인 공부를 할 수 있고, 정규 강의에 참석할 수 없는 해에도 가정에서 과제를 연구할 수 있다. 여성에게 교육 개념은 4년제 대학에서 적절한 시기에 계획을 세워 일생을 두고 받는 것으로 바뀔 것이며, 그때에는 결혼과 남편이나 아이들의 문제로 곤란을 겪지 않을 것이다.

전쟁에 익숙해진 군인이 사회에서 자신의 정체성을 찾으려면 교육을 받아야 한다. 교육에 들어간 시간적 소비에 아랑곳없이, 가르친 사람이나 그들 자신은 교육의 성과에 대해 놀라움을 금치 못한다. 가정주부의 역할을 하는 동안 가정 일에 익숙해진 주부들도 군인들과 비슷한 정도로 교육적인 성취를 올릴 수 있다. 여성 교육의 절실한 요구와 모든 직종에서 사용되지 않고 비축된 여성의 지성에 대한 국가적 요구는 이런 특단의 조치를 정당화시킨다.[9]

대학에 가지 않았거나 너무 일찍 중퇴한 여성들, 이전에 공부했던 분야에 더 이상 관심이 없는 여성들, 교육을 진지하게 받아본 적이 없는 여성들에게, 나는 우선 아주 간단히 말해서 인간성 속에 강하게 다시 몰두해보라고 권한다. 보통 대학교 1, 2학년이 하는 것 같은 간략하고 선택적인 것이 아니라, 벨 전화 회사나 포드 재단에서 시도하는 교육적인 실험처럼 아주 집약적인 연구를 하라는 것이다.[포드 재단과 벨 전화 회사에서는 조직에서 부과한 역할에 너무 철저하게 순응한 나머지 최고 행정 서열에서 요구되는 주도성과 전망을 갖출 능력이 없는 젊은 관리들에게 집약적인 교육 실험을 시도한다──옮긴이] 여성에게는 대니시 가족고등학교 운동의 방식을 따라서 국가적인 계획을 세우면 그것이 가능해진다. 대니시 가족고등학교에서 벌인 운동은 가정주부들을 6주 여름 과정에 참여하게 하여 사고의 주류를 찾게 하는 것인데, 일종의 지적인 '충격 요법'이다. 여성들은 보조금을 받아 가정을 떠나 거주지에 있는 대학에 갈 수 있으며, 그 보조금을 다른 곳에 써버리면 안 된다. 또는 대학만큼 기반을 갖춘 대도시의 센터에 6주 또는 8주 동안 한 주에 5일씩 나갈 수 있을 것이며, 이경우 아이들을 위해 주간 캠프를 제공할 수 있다.

이런 교육적인 충격 치료를 받고 유능한 여성들이 보다 전문적인 훈련을 위해 4년제 대학의 프로그램에 상당하는 것을 해보려 결심하게 된다고 가정해보자. 그런 대학 프로그램은 여름 강좌와 겨울 동안에 집에서 할 수 있는 독서, 논문, 계획안을 정해주어 잘 조정되면 전 강의에 참석하지 않고도 4년이나 혹은 그보다 짧은 시간에 완결될 수 있다. 보다 확장된 기반으로서 텔레비전, 지역사회대학, 종합대학 등에서 수강되는 학과목들은 매달 혹은 한 해의 중반에 개별지도 모임과 결합할 수 있을 것이다. 그 강좌들은 학점을 위해 개설될 것이며, 관례적인 학위를 받을 수 있을 것이다. 요구사항을 충족시키지 못했을 경우에는 학점을 주지 말고, 진정으로 진지한 과업을 해냈을 때 학점을 주는 "동등한" 수준의 시스템을 만들어야 한다. 비록 이것이 전통적인 학문의 기준을 위반하는 시간과 장소에서 행해진다 하더라도 말이다.

많은 대학에서는 대학원 과정이나 시간제 학부를 다니지 못하게 함으로써 가정주부들이 대학 교육을 받을 수 없도록 자연스럽게 대학의 문에 빗장을 걸고 있다. 아마도 주부들은 단지 아마추어로서 자신을 불태우고 있을 것이다. 진지한 인생 설계에 적합한 학부 과정이나 석사과정인 대학 수업을 시간제로 이수할 수 있게 하는 것이야말로 주부들이 단순히 아마추어로 끝나지 않게 하는 유일한 방법이다. 또한 남편과 어린애가 있는 여성이 지속적으로 교육을 받을 수 있는 유일한 길이다. 대학의 입장에서도 가장 실제적인 해결책이다. 정원의 압력 때문에 이미 과도하게 대학의 시설이 이용되고 있는 만큼, 대학과 주부들이 모두 정규적인 학과 과정을 요구하지 않는 계획을 세움으로써 이익을 얻을 수도 있다. 미네소타 대학이 정규 대학의 입장에서 훌륭하게 여성 교육을 지속적으로 이어나갈 계획[10]을 세우는 것은 중요한 의미가 있지만, 그런 계획으로는 무엇을 할지 알기 위해 교육을 전적으로 다시 시작하려는 여성을 도울 수 없다. 그러나 여성이 자신의 인생 계획을 수립하지 못하고 있을 때, 어떤 제도 하에서는 현존하는 교육 시설이 그 틈을 메우는 데 사용될 수 있을 것이다.

전문대학이나 종합대학은 새로운 인생 계획을 필요로 한다. 그것들은 학생을 위한 일생에 걸친 교육제도가 되어야 한다. 학생들에게 교육 지침을 인쇄해주고, 기록을 잘 보관하며, 상부 과제를 계속 제공하면서 학생들이 어디에서 배웠는가에 관계없이 새 과정을 제공해야 한다. 매년 6월 5일마다 기금을 모금하고 감상적인 재회를 하는 티파티 대신에, 만약 여성이 지속적인 교육과 지도를 받기 위해 자신이 다닌 대학에 다닐 수 있다면 동문들의 호의와 경제적 원조가 얼마나 더 커지겠는가. 버나드대학의 동문들은 자격 요건만 충족한다면 언제든지 돌아와서 무료로 어느 과목이든 자유롭게 이수할 수 있다. 모든 대학이 젊은 어머니들에게 그들의 분야에서 폭넓은 개발을 지속할 수 있도록 하는 제도를 만들면 좋을 것이다. 그 대학들은 학교를 정규적으로 다닐 수 없는 주부를 위한 보충 교육을 제공하고 시간제 이수 학생들을 받아들일 수 있다. 대학은 주부들에게 계획안이나 논문 또는 집에서 할 수 있는 과제에 대해 조언을 할 수도 있다. 대학은 또한 여자 동문들이 그들의 지역사회에서 교육, 정신보건, 사회학, 정치학에 관해 수행한 과제들을 학위에 필요한 동등한 학점으로 인정할 수 있는 체제를 시행할 수도 있다. 시시한 과목의 학점을 채우는 대신에 여성 지원자에게 전문직의 견습생 자격을 제공하고, 돈을 지불하는 대신 학점을 인정해주어라. 마찬가지로, 남편의 직장 이동 때문에 여성들이 다른 교육기관에서

여성성의 신화

과목을 이수한 경우나, 정부 기관, 병원, 도서관 혹은 연구소나 원래 다니던 대학이나 몇 개의 대학이 세운 국립기관 등에서 지역사회의 인정을 얻었을 경우, 여성에게 학점을 취득할 수 있도록 구두시험, 이해도 시험, 또는 그 외의 적절한 시험의 기회를 주어야 한다. 이미 '지속적인 교육'의 개념이 남자들에게는 많은 분야에서 실현되고 있다. 왜 여자에게는 해당되지 않는가? 어머니 노릇을 하는 대신 경력을 얻기 위해 받는 교육이나 어머니가 되기 전의 일시적인 경력을 위한 교육도 아니고 더 좋은 아내와 어머니를 만드는 교육도 아닌, 사회의 완전한 성원으로서 유용하게 사용할 수 있는 교육이 필요하다.

"그런데 과연 얼마나 많은 미국 여성들이 실제로 인생에서 더 일하기를 원하겠는가?"라고 비꼴 수도 있다. 수학 선생이 되고자 원하는 여성들을 위해 전에 대학을 다녔던 여성에게 집중적인 수학 재교육을 공고했을 때, 뉴저지에서는 믿을 수 없을 만큼 많은 주부들이 신청했다. 1962년 1월 《뉴욕타임스》에서 다음과 같은 간단한 기사가 실렸다. "사라로렌스대학의 에스더 라우셴부쉬Esther Raushenbush가 여성들을 위하여, 어머니로서 맡은 임무와 조화할 수 있는 시간제 체제로써 학사학위를 취득케 하여 여성들이 교육과 연구를 마칠 수 있도록 하는 인가를 획득했다"는 보도였다. 거기에 대한 반응은 말 그대로 조그만 사라로렌스의 전화 교환대를 마비시킬 지경이 되게 만들었다. 24시간 내에 라우셴부쉬 여사는 100통이 넘는 신청 전화를 받았다. 교환원은 "마치 현상금이 걸린 야간 거래소 같

있어요. 그들은 꼭 그 자리에서 허가를 받으려는 것 같았으며, 기회를 놓칠세라 전화하는 기세였죠"라고 토로했다. 그 계획에 지원한 여성들을 인터뷰한 라우셴부쉬는 미네소타주의 버지니아 샌더스와 마찬가지로 현실적으로 여성에게 교육이 필요하다는 사실을 확신하게 됐다. 그들은 남편이나 자식을 신경질적으로 거부한 사람들이 아니었다. 그들에게는 정신 치료가 필요한 게 아니라 남편이나 자식을 거부하지 않고 교육받을 수 있는 교육이 긴급히 필요했던 것이다.

큰 대의를 갖는 미국 여성의 교육과 재교육이 선견지명이 있는 몇 개 기관에 의해서만 좌우될 수는 없다. 그것은 더 큰 규모로 진행되어야 한다. 여성성의 신화를 요령부득으로 되풀이하는 그 누구도 이 목적을 충족시키지 못한다. 오늘날 지도적인 소수의 여성교육자들이 말하는 것처럼, 물론 여성은 교육을 받아야 하지만 남성과 경쟁을 하기 위한 전문 경력은 하늘이 금하고 있다고 말하는 것은 옳지 않다.[11] 여성들이 교육을 받거나 특별한 능력을 지녀 그것들을 활용하고자 할 때 결국 남자들과 경쟁을 해야 한다. 그러나 여성들이 남자들처럼 사회에서 일반적인 경쟁을 하는 것이, 집에서 남편과 주도권 싸움을 하는 것이나, 자신의 공허한 상태를 메우기 위해 이웃과 경쟁하는 것이나, 자식들을 너무 옭아매어 나중에 경쟁을 전혀 하지 못하게 만드는 것보다 훨씬 낫다. 경쟁이 필요하지만 가정에 유폐되다시피 한 여성을 위한 직업 치료법을 다룬 뉴스를 들어보자.

여성성의 신화

댈러스에서 전형적인 평일 중 어느 날이었다. 아버지는 직장에 나갔다. 갓난아기는 아침에 잠이 들었다. 옆방에서는 세 살 형이 새 장난감 말을 타고 놀고, 다섯 살 언니는 텔레비전 만화를 열심히 보고 있다. 그런데 엄마는 어디에 있는 것일까? 엄마는 조금 떨어진 곳에서, 스트라이크를 치기 위해 1번 3번 핀의 사이에 파랗고 하얀 무늬의 볼을 굴려 넣으려고 다리를 왼쪽으로 꼬고서 53번 레인의 파울선에서 몸을 오므리고 있다. 엄마는 볼링을 하고 있다. 댈러스, 클리블랜드 혹은 스포캔 어디서나 활력이 넘치는 주부들이 청소복과 진공청소기를 집어던지고, 아이들은 완벽하게 시설이 갖추어진 어린이 방에서 항상 돌보며 보모도 있는 새로운 볼링협회에 가입했다.

한 클리블랜드의 볼링장 지배인은 다음과 같이 말한다. "여자들이 결혼 후 어디 가서 경쟁을 해보겠습니까? 여자들도 남자들이 하듯이 경쟁이 필요합니다. 그것은 부엌일 하러 집에 가는 것보다 확실히 낫습니다!"[12]

학교나 대학의 과학 연구실 혹은 행정기관에는 탁아 시설이 없는 반면에 볼링협회나 슈퍼마켓에는 탁아 시설이 마련되어 있다는 것은 아무래도 적절하지 못하다. 그러나 능력 있는 여성이 어떤 뜻 있는 일을 추구하는 데 있어서 힘과 능력을 활용하지 못한다면(뜻 있는 일을 하는 것이란 반드시 경쟁을 의미한다. 우리 사회에서 모든 분야의 직업에는 반드시 경쟁이 있기 때문이다.) 에너지를 쓸데없이 신경질을 부리거나 비생산적인 일, 파괴적인 '사랑'에 쏟아버리게 된다고 지적하는 것은 대단히 타당성이 있는 말이다.

미국에서는 여성의 권리 획득을 위해 더 이상 투쟁할 것이 없으며 이미 그 권리를 획득했다는 생각을 이제는 거두어야 한다. 여자들이 새로운 일자리에 들어갔을 때 남자들이 여자가 있다는 것을 눈치채지 못하게 쥐 죽은 듯 조용히 하라고 이야기하는 것은 바보 같은 짓이다. 거의 모든 직업 분야에서, 이를테면 사업, 예술, 과학에서 여자는 아직도 보조 정도로 취급받는다. 사회에서 일하려는 젊은 여자들에게 직장에서 마음을 놓을 수 없으며 불편한 차별이 있을 것이지만, 그렇다고 해서 조용히 있지는 말고 곧 그 차별은 없어질 것이니 그것을 위해 투쟁하라고 말해주는 것은 대단히 중요한 일이다. 여자들은 그들이 여자라고 해서 어떤 특권을 기대하면 안 되지만 편견과 차별에 결코 적응해서도 안 된다.

여성들은 부당한 대우를 받을 때 한 인간으로서 경쟁해야 한다. 많은 여성들이 주변적 위치에서 주류적 위치로 옮겨올 때까지, 사회 자체가 여성들의 새로운 삶의 설계를 위해 정돈된 상태로 기다리지는 않을 것이다. 법대나 의대에 들어가 석, 박사학위를 받고 그것을 사회에서 활용하는 여성들은 다른 여성들이 주류적 위치로 올라오는 데 도움을 준다. 여성성의 신화에 의해 가려진, 완전한 동등성을 방해하는 것과 싸우는 모든 여성들은 다음에 오는 여성들이 보다 수월할 수 있도록 도와준다. 엘리너 루스벨트가 회장이었던 대통령 직속 여성지위향상위원회는 임금뿐만 아니라 취업 기회에 크고 작은 장애가 있다는 관점에서, 여성에 대한 차별에 관해 인

여성성의 신화

식하고 무언가 해볼 가능성이 있는 풍토를 조성했다. 정치 분야에서도 여성들은 '가정주부'로서가 아니라 시민으로서 공인되어야 한다. "평화를 위한 여성의 파업"이라는 기치 아래 핵실험을 반대하는 여성의 항의 시위는 올바른 걸음이다. 하지만 왜 이 운동을 주도하는 전문 삽화가는 자신이 단지 '가정주부'일 뿐이라고 이야기하고, 그녀의 추종자들도 실험이 끝나면 가정에서 행복하게 아이들과 지낼 것이라고 주장하는 걸까? 심지어 거대한 정당 조직의 지부에서도 남자는 결정을 내리는 반면 여자는 정치적 내조를 하게 만드는 은밀한 불문율을 변화시킬 수 있고 앞으로도 그럴 것이다.[13]

많은 여성들이 실제 자신의 능력에 맞게 삶을 계획할 때나 육아 휴직 또는 1년 유급 휴가, 전문적인 탁아소 같은 꼭 필요한 법률 개정을 요구할 때에 결혼이나 어머니로서의 역할이 희생될 수 없듯이, 명예로운 사회에서의 경쟁이나 공헌의 권리 또한 희생되어서는 안 된다. 여성에게 사회적 책임이나 어머니의 역할 중 하나를 무의식적으로 거부하도록 하는 불필요한 선택을 강요하는 것은 그릇된 일이다. 이것은 사회 변화에 요구되는 인식을 퇴보시키는 생각이다.[14] 빵을 굽고 먹는 것은 여성 문제가 아니다. 여성은 성별로도 불리한 위치에 있는데, 직장에서 남성이 승진하는 방식을 맹목적으로 받아들여 따라하거나 남성과 경쟁하는 것을 아예 피해버림으로써 사회적으로도 불리한 위치에 서게 된다. 그러나 각 여성들이 새로운 삶을 희망차게 설계한다면 전문직과 정치에 관한 책임이나 결혼과 어머니로서의 책임을 남성과 동등하게 이룩할 수 있을 것이다.

여성성의 신화가 발하는 경고에도 불구하고 새 삶의 계획을 세운 여성은 어떤 의미에서 '돌연변이'이며, 그것은 미국 여성이 만들 수 있는 새로운 이미지이다. 그들은 생계를 위해 정규직으로 일하지 않거나 일할 수 없을 때, 자신을 진정 흥미롭게 하는 일을 파트타임으로 하며 시간을 보냈다. 시간이 가장 중요했으므로 그들은 집안일이나 직업상의 일에서 시간을 낭비하는 자질구레한 일은 때때로 생략했다.

자신들이 알았건 몰랐건 간에 그 여성들은 인생 계획에 따르고 있었다. 이들은 인턴 실습 전후나 대학원 연구생 기간에 아이를 낳는다. 어린아이의 초기 양육 기간에 돌봐줄 사람이 따로 없을 때에는 직장을 그만두고, 봉급은 별로 좋은 편이 아니지만 앞으로 직장생활에 발전이 있는 시간제 직업을 택했다. 교사인 여성은 학부모 모임에서 일을 새로 하고, 의사는 집에서 가까운 곳에서 진료나 연구를 했으며, 편집자나 작가는 계약에 얽매이지 않고 지냈다. 비록 그들이 버는 돈이 생활이나 살림에 별 도움이 안 되더라도 그것은 그들이 활용할 수 있는 능력에 대한 실제적인 공인을 얻는 것이다. 그들은 결혼과 모성이 인생의 요소인 것을 알지만 전부가 아니라는 것도 안다.

이런 '변이'는 '역할 조정에 있어서의 문화적 단절', '역할 위기' 또는 '정체성의 위기' 등을 겪으며 이겨나갔다. 분명 문제들이 있다. 임신 중에 안정을 취하는 데 방해가 될 수 있고, 보모나 식모를 두어야 하고, 또 남편이 좋은 배속을 받고 근무지를 옮기려 하는 것을 포기해야만 하는 것이다. 또 그들은 다른 여자들로부터도 엄청난 미움을 받아야만 했다. 많은 이들은 남편이 불쾌하게 여기는 것을 늘 감수하며 살아야 했다. 그리고 여성성의 신화 때문에 많은 여성들이 죄를 지은 것 같은 불필요한 고통을 겪었다. 현재도 이 사회는 여자들에게 기대되지 않은 일을 인생 계획에 집어넣어 추구하는 것을 강력히 막으려고 한다. 그러나 가정의 올가미 속에 있는 여성들이 매년 문제가 심각해지는 것과는 반대로, 이런 여성들은 그들의 문제를 풀어가고 있으며 계속 앞으로 나아가고 있다. 그들은 엄청난 설복과 회유를 물리치고 순응에서 얻어지는 안락함에 반대하며, 번번이 괴로움을 당하는 자기 자신의 가치를 포기하지 않았다. 그들은 소극적인 자아로 물러서지 않았고 실제 세계의 도전에 맞섰다. 그리하여 이제는 그들이 과연 누구인가를 확실히 알게 되었다.

아마 명확하게 본 것은 아니겠지만, 그들은 점점 폭발적으로 변해가는 역사의 속도에 모든 여성과 남성이 발맞추기 위해 지금 해야 하는 일과 대중사회 내에서 개인의 정체성을 발견하고 유지하는 일을 하고 있었다. 남성들과 여성들의 정체성의 위기는 다음에 오는 한 세대 안에 해결될 수는 없을 것이다. 이와 같이 급변하는 사회에서 정체성은 계속 위기에 직면하게 될 것이고, 해결된다 해도 결국 짧은 인생 기간 동안에 또 다시 직면하게 될 것이다. 새로운 가능성이 늘 열려있듯이, 인생 계획도 변화에 대해 사회적으로나 개인적으로나 개방되어야 한다. 오늘날 미국에서 자신의 정체성을 찾기 시작하는 여성치고 어디서 그것을 구할지 확신하고 있는 여성은 아무도 없다. 오늘날 어떤 여성도 투쟁하고, 갈등하고, 용기를 손에 넣지 않고는 그것을 찾기 시작할 수 없다. 그러나 내가 만난 그 미지의 길을 가고 있는 여자들은 고통과 노력과 위험에 대해 후회하지 않았다.

여성해방의 기나긴 투쟁에 비추어볼 때, 최근 미국 내에서 일고 있는 성적 반혁명은 아마도 마지막 위기일 것이다. 마치 애벌레가 껍질로부터 나와 성충이 되기 전까지의 기간처럼 신비롭게 숨죽인 기간이다. 수백만의 여자들이 자신을 차디찬 얼음 속에 가두고 성장을 중지했던 휴지 기간이다. 언젠가는 과학으로 인간의 신체 성장을 동결시켜서 인간을 더 오래 살게 할 수 있다고들 한다. 최근에 보면 미국의 여성은 늙어서 남자들보다 더 오래 산다. 마치 죽은 여자처럼 살면서 남은 인생을 보낸다. 혹 여자들이 남자들의 짐을 대신해서 삶의 경쟁에서 더 많은 역할을 하면 남자들도 더 오래 살지 않을까. 여성들의 남아도는 정력은 세상과의 투쟁에 쓰일 때까지 계속 그들의 남편이나 자식들에게 비건설적으로 쓰일 것이며, 여자들 자신에게도 그렇다고 생각한다. 그러나 남자는 물론 여자들도 생물적인 의미의 삶에서 나와 자신의 인간성을 인식할 때, 그들의 남은 인생은 위대한 성취의 기간이 될 것이다.[15]

분열된 여성상의 골은 메워질 것이고 딸들은 21세나 41세 때 그들의 한계에 직면하지 않을 것이다. 어머니의 성취감을 보고 딸들도 여성이 되고 싶다는 확신을 가지게 될 때, 그들은 여성스러워

여성성의 신화

지기 위해 스스로를 "두들겨 팰" 필요가 없을 것이다. 자신이 누구인지 그들 자신의 노력이 말해줄 때까지 그들은 계속해서 뻗어나갈 수 있다. 그들은 살아있음을 느끼기 위해 소년이나 남자의 존경이 필요하지 않을 것이다. 여성이 남편이나 자식을 통해 살 필요가 없을 때 남성은 여성의 힘과 사랑을 두려워하지 않을 것이며, 자신의 남성성을 증명하기 위해 다른 사람의 약점이 필요하지 않을 것이다. 여성과 남성은 결국에는 서로를 똑바로 볼 수 있으며, 그것은 인간 진화의 다음 단계가 될 것이다.

여성들이 완전히 자유롭게 되어 진정한 그들 자신이 되었을 때 무엇이 될 수 있을지 누가 알겠는가? 여성의 지식이 사랑을 거부하지 않고 충만해질 때 사회에 어떻게 공헌할 것인지 누가 알겠는가? 여성과 남성이 어린애와 가정, 정원과 생물학적 역할의 성취뿐만 아니라, 인간의 미래를 창조하는 일과 인간의 모든 지식에 관한 책임과 열망도 나누어 가질 때, 사랑의 가능성이 어떻게 나타날지 누가 알겠는가? 자신에 대한 여성의 탐구는 이제 겨우 시작되었을 뿐이다. 완전한 여성이 되도록 유도하는 내면의 목소리를 여성성의 신화가 더 이상 어찌할 수 없는 시간이 가까이 온 것이다.

나오는 말

『여성성의 신화』가 인쇄소로 넘어가고 막내 아이가 학교에서 하루를 보낼 수 있게 되자, 나는 학교로 돌아가서 박사학위를 따기로 마음먹었다. 출판업자의 추천서와 대학 졸업 증명서, 20년 전에 받은 대학 성적표, 내가 꿈꿔왔으며 록랜드 카운티에서 운영되는 교육 프로젝트에 관한 뉴월드 재단의 보고서를 가지고 컬럼비아대학의 사회심리학과 학과장을 만나러 갔다. 그는 마흔두 살 정도로 보였고 무척 너그럽고 친절했다. 살림을 하느라고 아무런 공부도 못한 채 20년을 흘려보낸 내게 박사과정의 모든 과목을 해내기는 무척 어렵고, 어려운 통계학이 필수라는 사실을 일러줬다. 그래서 난 이렇게 지적했다. "책 여기저기서 통계를 이용했습니다." 그 사람은 얼빠진 표정으로 "아, 그래요"라고 하면서 물었다. "도대체 당신은 왜 박사학위를 받는 생고생을 하려고 합니까?"

나는 여성성의 신화를 통해 세상을 알게 된 많은 여성들이 아이들 숙제를 돕는 일을 그만두고 자기 일을 시작하고 싶다고 말하는 편지를 받기 시작했다. 그 여성들은 당장 다른 일을 할 수 없으니 집에서 딸기 잼을 만들고 4학년 정도 되는 아이들 수학 문제를 푸는 것을 도와주고 있다고 말했다. 이런 것들만으로는 여성이 자신을 진지하게 한 인간이라고 여기기에 충분하지 않다. 여하튼 사회는 여성이 인간으로서 대우받게끔 변화되어야 한다. 여성이 '그냥 가정주부'의 구실만 하고 산다는 것은 이미 불가능한 일이다. 그러면 여성이 살아갈 다른 방법은 무엇일까?

『여성성의 신화』를 쓸 때까지도, 그 점에 대해서는 해결책이 없었다. 나는 마지막 장에서 '이름 붙일 수 없는 문제'에 대한 해결책을 제시해야 했다. 갈등에서 빠져나오는 새로운 양식을 제시하는 것이었다. 여성들이 사회에서 자신의 능력을 충분히 사용할 수 있도록, 행동하고 결정하는 것을 공유함으로써 그들 자신의 실존적 정체성을 발견할 수 있도록, 그리고 동시에 가정과 자녀와 사랑, 그리고 자신의 성적 특성을 포기하지 않고도 도전할 수 있도록 말이다. 마음은 헛헛했다. 당신은 당신이 필요로 하는 "예"라고 할 새로운 대안을 찾기 전에 낡은 방법에 대해 "아니오"라고 말해야만 하기 때문이다. 이름 붙일 수 없는 문제에 이름을 붙여주는 것이 필수적인 첫 단계다. 그러나 그것으로는 충분하지 않았다.

개인적으로 나는 내가 원한다 하더라도 이미 교외의 가정주부로 활동할 수 없었다. 첫째로 내가 사는 교외에서 난 버림받은 사람으로 취급받았다. 많은 사람들이 결코 읽지 않는 글을 써대는 한, 아이들이 학교에 가 있는 몇 시간 동안 글을 쓰는 행동은 혼자 해장술을 마시는 것과 다르지 않다. 그러나 진짜 작가처럼 행동하고 텔레비전 인터뷰를 하는 등 죄악이 너무나 커졌기 때문에, 내 행동은 묵과될 수 없었다. 교외에 사는 어떤 여성들은 나를 마치 잔 다르크처럼 여기고 편지를 보내왔다. 그렇지만 사실 나는 화형을 당하지 않기 위해 잡초가 우거진 마당에서 도망쳐야만 했다. 남편과 나는 똑같이 인기 있는 사람이었지만 나는 갑자기 이웃 사람들이 여는 저녁 파티에 초대받지 못했다. 우리 아이들은 미술 학원과 무용 학원 카풀 그룹에서 쫓겨났다. 내 차례가 됐을 때 내 일을 하느라 아이들을 태워다주지 않고 택시를 부르자 다른 엄마들이 광분했다. 우리는 다시 도시로 이사해야 했다. 내가 차로 태워다주지 않아도 아이들이 제 할 일을 할 수 있고 내가 출퇴근하느라 허비하던 시간을 아이들과 함께 보낼 수 있는 곳을 찾아서. 교외에서 별난 존재로 취급받는 것을 더는 견딜 수 없었다.

먼저 내 책 그리고 나중에는 내가 벌인 여성운동에 대한 이상한 적개심은 나를 놀랍고 당황하게 한 몇몇 여성들에게서 시작된 것 같았다. 남자들이 적개심을 표할 것이라 생각하고 내심 각오하고 있었지만 오히려 그들은 적개심을 표하지 않았다. 많은 남자들이 부인을 위해 『여성성의 신화』를 샀고, 부인에게 학교나 직장에 다시 나가라고 권했다. 얼마 지나지 않아 나는 교외에 사는 가정주부들 중에 자신을 괴물처럼 완전히 혼자라고 느끼는 여성이 아마 수백만 명은 충분히 되리라는 사실을 알게 되었다. 그러나 어쩌면 당신이 당신의 존재 근거인 남편과 아이들에 대한 진실한 감정을 마주하기를 꺼린다면, 그런 귀찮은 문제를 건드리는 사람은 골칫거리가 될 뿐이었다.

난 겁에 질렸다는 이유로 여성을 비난하지 않는다. 사실 나도 무척이나 겁에 질린 적이 있었다. 당신 혼자서 새로운 삶의 양식을 만들기란 거의 불가능하다. 난 무엇보다도 혼자 있는 것을 늘 두려워했다. 무력하고 보잘것없는 가정주부로서 살기 위해 노력하는 동안, 점점 더 스스로 무력하다고 느끼는 동안, 혼자서는 감히 마주하지 못하던 분노가 점점 더 격렬하게 폭발하기 시작했다. 혼자라는 두려움 때문에, 나는 이미 사랑이 아닌 무언가에 예속된 미움에 바탕을 둔 결혼을 이어가려고 노력하다가 자존심을 거의 잃어버렸다. 나로서는 개인의 삶을 바꾸는 것보다 사회를 바꾸기 위해서 필요한 여성운동을 시작하는 게 더욱 쉬웠다.

두 번째 책을 쓰기 시작할 즈음에도, 나는 여성성의 신화에 가려져 있는 사회를 넘어서는 어떤 새로운 양식을 발견할 수 없었다. 다만 하루 종일 직장에 나가서 일하고, 그런 자신에게 죄의식을 느끼면서도 스포크 박사 방식에 따라 아이들을 키우려고 노력하고, 훌륭하게 집을 관리하는 기준을 맞추기 위해 최선을 다하는 몇몇 개별적인 여성들만을 발견할 수 있었다. 그리고 여성들을 위한 지속적인 교육의 가능성에 대한 회의가 열렸다. 자식이 이제 대학에 다니는 나이 들어가는 전업주부들이 음주, 약물 남용, 자살 등의 문제를 일으키기 시작했기 때문이다. 모든 학술지들이 '여성의 삶의 단계와 선택'이라는 논의에 초점을 뒀다. 여성들은 학교에 다니고 직장을 잠깐 다닌 다음 결혼해, 아이들과 15년에서 20년 동안 함께 지내다가 다시 학교나 직장에 나갈 수 있다고들 이야기했다. 문제가 없다. 역할 갈등이 필요 없다는 것이다.

이런 이론을 발전시킨 여성들은 최고의 직업을 얻은 예외적인 소수에 속했다. 15년이나 20년 동안 어떻게든 일을 그만두지 않았기 때문이다. 가정에서 15년을 보낸 사람이 실질적인 직업을 얻거나 전문적인 훈련을 받을 수 있으리라고는 기대할 수 없는 도자기 제작 또는 전문적인 자원봉사 같은 평생 교육 프로그램을 선택한 여성들에게 그것이 현실적인 적응이라고 조언했다.

그저 말뿐이었다. 1965년에 오랜 시간에 걸쳐 임금에서의 여성 차별을 조사한 대통령 직속 여성지위향상위원회의 보고서는 평균적으로 여성은 남성의 절반 정도 되는 임금을 받고 있다고 밝혔다. 위원회는 여성에게 사회에서 자신이 지니고 있는 능력을 발휘하라고 권고했으며, 탁아소와 다른 시설을 통해 유능한 여성이 엄마 역할을 해가며 직장에 나가서 일할 수 있게 해야 한다고 제안했다. 그러나 이 보고서 서문에서 마거릿 미드는 사실상 모든 여성이 중대한 결정을 내리고 거창한 것을 발견하기를 원한다면, 누가 가정을 지키며 자식의 무릎을 붕대로 감아주고 남편의 고민을 들으려 하겠느냐고 말했다.(남편을 돕고 학교에 있는 아이들의 무릎을 치료해주던 이전의 문제없는 여성들은 스스로 인류학적인 발견과 결론을 실현하고 있었다는 것이다. '예외적인' 여성이 된 여성은 다른 여성들과 실제로 동일시되지 않을 것이다. 그런 여성들 때문에 사람들은 세 부류로 나뉜다. 즉 남성과 다른 여성들, 그리고 예외적인 여성들이다. 예외적인 여성의 지위는 배를 흔드는 것이 아니라 다른 여성들을 조용하게 만드는 것에 달려있다.)

대통령 직속 여성지위향상위원회 보고서는 행정 관료의 서랍 속에서 적당히 잊혀졌다. 그해 여름, 나는 여성성의 신화를 넘어서는 문제에 대해서 쓰고 싶었고, 그 책을 통해 제3의 방법을 얻을 수 있었다. 그때서야 나는 여성 앞에는 어떤 새로운 패턴이 있는 게 아니라, 사회가 변화하지 않는 한 해결될 수 없는 새로운 문제가 놓여 있다는 사실을 알게 되었다. 모든 대화들, 보고서, 자문위원회, 성인 교육 계획 등은 단지 명목상 차별을 철폐한 것일 뿐이었다. 아마도 여성들이 직접 사회를 변화시키기 위해 진정한 운동을 벌이는 것을 막기 위한 시도였을 것이다.

나는 대화를 넘어서는 무엇인가가 일어나야 한다고 생각했다. 완성하지 못하고 있던 두 번째 책을 끝내면서 "지금까지 유일하게 변화한 것은 우리의 의식뿐"이라고 썼다. "우리는 흑인들이 벌였던 것과 똑같은 정치 운동과 사회운동을 벌여야 한다"고 생각했기 때문이었다. 나는 행동해야만 했다. 워싱턴으로 가는 비행기에서 무엇을 할지 궁리하던 나는 『혁명의 첫걸음은 의식이다The First Step to Revolution Is Consciousness』라는 책을 읽는 한 학생을 봤다. 그것은 어떤 전조와 같았다.

내가 워싱턴으로 간 이유는 인종차별과 더불어 고용 문제에 있어 성차별을 금지하는 1964년의 시민권 법안 7조가 통과되었기 때문이었다. 성차별 관련 조항이 언급될 때 남부 버지니아주 출신 하워드 스미스 의원은 야유를 퍼부었고 법안 통과를 지연시키려 했다. 법률의 효력을 검토한 뒤 가진 첫 번째 기자회견에서, 그 법률의 집행을 담당하는 관료는 성차별 금지 조항을 보고 비아냥거렸다. "이 법률은 남자들에게 여자처럼《플레이보이》의 토끼가 될 수 있는 균등한 기회를 부여할 것이다."

워싱턴에서 나는 한 지하단체를 알게 되었다. 이 여성들은 이 법안이 모든 산업과 직업, 모든 공장, 학교, 사무실에 퍼져있는 성차별을 깰 수 있을 것이라 여겼는데, 정부와 언론계, 노동조합이 이 법안에 대한 사보타주 행위를 멈출 힘이 없다고 보았다. 이들 중 일부는 당시 신인 작가로 알려진 내가 대중의 지지를 얻을 수 있을 것이라고 생각했다.

하루는 성차별을 금지하는 법률을 따르지 않는 회사에서 일하던 젊은 여성 변호사가 자기 사무실 문을 조심스럽게 닫고 나서 눈물이 그렁그렁한 채 말했다. "난 여성에게 관심을 가져본 적이 없어요. 난 남성을 좋아해요. 그런데 우리 사회의 병폐를 알게 됐어요. 여성들은 지금도 속고 있어요. 우리는 이 법률처럼 좋은 기회를 다시는 가질 수 없을 거예요. 베티, 당신은 여성을 위한 NAACP[1909년에 창설된 전미 흑인지위향상협의회—옮긴이]를 시작해야만 해요. 당신은 그런 일을 하기에 충분히 자유로운 유일한 여성이에요."

나는 조직 활동을 하던 사람은 아니었다. 여성유권자연맹에 가입하지도 않았다. 그런데 6월에 워싱턴에서 여성의 지위에 관한 각 주 위원 회의가 있었고, 나는 여러 주에서 온 여성들 사이에서 우리

여성성의 신화

가 적어도 기자회견을 열 수 있을 만한 조직의 핵심들을 모아 구석 구석에 있는 여성들에게 경종을 울릴 수 있을 것이라고 생각했다.

능력 있는 흑인 변호사 파울리 머리, UAW의 도로시 해너와 캐럴라인 데이비스, 위스콘신주 주지사위원회 의장인 케이 클라렌바흐, 미국 통신노동자협회의 캐서린 콘로이, 에일린 헤르난데즈, 그리고 동일노동위원회 위원들이 모임에 참여했다. 나는 그 사람들에게 밤에 내 호텔 방에 와달라고 했다. 다수는 흑인들이 벌이는 운동과 비슷한 운동이 여성에게도 필요하다고 생각지는 않았다. 그러나 제7조가 지켜지지 않는 것에는 모두 흥분했다. 이 회의가 법률을 집행할 것을 주장하기 위해 확실히 훌륭한 조치를 취할 수 있다는 데 의견이 일치했다.

어쩌면 운동이 반드시 조직되지 않아도 될 것이라고 안심하면서 잠자리에 들었다. 다음 날 아침 6시, 존슨 행정부의 고위직에 있는 한 여성이 자신들이 탄 배를 흔들지 말아달라고 경고하는 전화를 걸어왔다. 8시에 다시 전화벨이 울렸다. 이번에는 전날 밤 회의에서 마지못해 하는 태도를 보이던 자매 중 한 명이 정말 크게 화를 냈다. "우리에게 이 회의가 어떤 조치를 취할 힘도 없고, 심지어는 결의안을 제출할 권리도 없다고 하네요. 점심 때 다 같이 식사할 테이블이 마련되어 있으니, 우리는 단체를 설립할 수 있습니다." 점심을 들며 우리는 각자 1달러씩 기부했다. 나는 종이 냅킨 위에 'NOW'라는 단어를 썼다. 그리고 "우리 모임은 '여성을 위한 전국 조직 National Organization for Woman'이라고 부르는 게 좋겠어요"라고 말했다.

남성도 그 조직원에 속할 수 있어야 하기 때문이다. 그때 나는 "남성과 동등한 협력자로 모든 권한과 책임을 행사하면서, 미국 사회의 주류 속에 여성들이 충분히 참여할 수 있게 할 행동을 취하자는 데" 우리들의 의견을 모으면서 'NOW' 창립 선언문의 첫 번째 문구를 써내려갔다.

평등을 이룩하기 위한 변화는 그때나 지금이나 무척 혁명적인 것들이다. 변화에는 우리의 모든 제도, 즉 자녀 양육, 교육, 결혼, 가족, 가정 설계, 의약품 다루기, 직업, 정당, 경제, 종교, 심리학 이론, 성별 구분, 도덕성과 인종의 발전을 재구성할, 남성과 여성을 위한 성 역할의 혁명이 포함된다.

더욱 거대한 성 역할 혁명에서 필요한 첫 단계는, 간단히 말하면 평등을 위한 여성들의 운동이라고 생각한다. 나는 여성운동을 계급이나 인종의 관점에서 본 적이 없다. 억압받는 계급인 여성이 압제자인 남성을 전복시키거나 권력을 빼앗기 위해 싸운다는 식으로 말이다. 나는 첫 단계에서는 여성이 선두에 서서 운동을 이끌 테지만, 남성을 동등한 구성원으로 받아들여야 한다는 것을 알고 있었다.

사회의 주류에 참여함으로써, 그 사회를 형성하는 모든 결정을 내리는 과정에서 자신들의 발언권을 행사함으로써 여성이 지닌 잠재력을 완전히 발휘하기 위해서는 오로지 한 가지 방법밖에 없다. 정체성을 확립하고 완전한 자유를 갖기 위해 여성은 경제적으로 독립해야 한다. 사회가 보장하는 일자리나 직업을 갖지 못하게 하는

여성성의 신화

장벽을 부숴버리는 게 첫 번째 단계지만, 그것으로는 충분하지 않다. 직업, 결혼, 가족, 가정을 재구성하는 게임의 규칙을 바꿀 필요가 있다. 비서와 경영자, 간호사와 의사처럼, 엄격하고 분리되어 있으며 불평등하며 건널 수 없는 선을 따라 편성된 사무실과 병원의 구성 방식은 여성성의 신화를 구체화하고 영속화시켰다. 그러나 적어도 사회 보장, 연금, 퇴직금 등의 관점에서 여성이 하는 가사 노동의 가치가 매겨지지 않는다면 경제적인 부분은 완전히 파악될 수 없다. 그리고 남편과 아내, 그리고 사회는 더 균등하게 가사와 자녀 양육을 분담해야만 한다.

여성에게 평등과 인간의 존엄성이란 직접 돈을 벌지 않으면 얻기 불가능한 것이다. 여성운동에 참여하는 젊고 급진적인 소녀들은 여성운동이 직업과 교육을 많이 강조하는 것에 대해 '따분하다'거나 '개량주의적'이라거나 '자본과의 야합'이라고 말한다. 그러나 살아가는 데 기본적으로 필요한 경제적 사실들을 무시할 수 있는 사람은 오직 극소수의 여성들뿐이다. 경제적 독립이란 단지 사회적인 지위를 갖거나 재정적으로 뒷받침하는 것이 생긴다는 것뿐만이 아니라 사랑을 위해 결혼하는 여성을 자유롭게 만들 수 있다는 것을 의미한다. 또는 사랑도 없고 참을 수 없으며 굴욕적인 결혼에서 벗어날 수 있음을 의미하며, 결혼하지 않기로 마음을 먹었다면 의식주나 집 문제에서 여성을 자유롭게 만들 수 있다는 것을 의미한다. 그러나 여성을 위한 일의 중요성은 경제성을 능가하고 있다. 사회에서 참여함으로써 훈련을 받고 기회를 익힐 수 없다면 어떻게 여성이 발전된 산업 사회에서 일어나는 행위와 결정에 참여할 수 있겠는가?

여성은 또한 초기 페미니스트들처럼 자신의 성적 본능을 부인하거나 거부하지 않고 정면으로 부딪혀야 한다. 자신의 의도와 상관없이 어쩌다 임신을 하게 된 여성들이 아이를 낳을지 말지 그리고 아이를 가진다면 언제 가질지 선택하고 이 책임을 떠맡을 수 있도록, 그리고 자신들의 권리를 행사하며 사회에 참여하는 것을 제약받지 않도록 사회가 재구성되어야만 한다. 이것은 출산을 완벽하게 계획하고 안전하게 임신중절 수술을 받을 수 있는 권리를 뜻한다. 그리고 여성이 임신 기간 동안에 성인의 세계에서 물러나지 않고자 할 경우 출산휴가와 보육 센터를 요구할 권리를 뜻하며, 여성이 아이를 키우며 집 안에 머물러있기를 선택했다면 이후에 군인 재교육을 위한 제대군인자원법과 동등한 지원을 여성에게도 해주는 것을 뜻한다. 아이를 낳고 키우는 것이 사회적 지위를 얻는 유일한 길이며 경제적인 지원을 받을 수 있는 방법이 더 이상 아니었다면 양육을 선택하는 여성이 그리 많지는 않겠지만, 대부분의 여성들은 여전히 아이를 가지는 쪽을 선택하는 것 같다.

나는 남성을 사랑하고 때로는 의존하기도 하는 우리의 성적이고 인간적인 현실을 부인하는 말을 써서 여성을 위한 '해방'을 정의할 수 없었다. 우리가 변화시켜야 할 것은 성을 비인간화하는 케케묵은 성 역할, 즉 여성이든 남성이든 전쟁이 아닌 사랑을 하기가 거의 불가능하게 만들어 성을 비인간화하는 현실이다. 우리로 하여금

여성성의 신화

우리 자신을 알지 못하게 하거나 존재하지도 못하게 하는 그런 역할들을 수행하는 동안, 우리가 어떻게 상대방을 진정으로 알거나 사랑할 수 있었겠는가? 자신들의 신체를 수많은 성적인 기예를 통해 어떻게 자극하든 상관없이, 여성과 마찬가지로 남성도 쓸쓸한 고립과 소외 속에 여전히 사로잡혀 있지는 않은가? 남성은 두려움과 눈물과 자신의 부드러움을 억누르면서 너무 젊은 나이에 죽어가고 있지는 않은가? 내가 보기에 남성은 진정한 적이 아니었다. 불필요하며 부적절한 케케묵은 남성성의 신화 때문에 고통을 겪는 동료 희생자였다.

나는 지난 시절 벌인 운동 속에서 우리 자신을 더 진지하게 생각하면서, 나 자신과 다른 여성들이 더욱 강하고 온건해지는 모습을 지켜봤다. 우리는 서로 신뢰할 수 있다는 사실을 발견했다. 난 요즈음 몇 년 동안에 모험에 찬 즐거운 행동을 함께 한 여성들을 사랑한다. 우리가 처음 일을 시작할 때 얼마나 적은 수였고, 가진 돈이 얼마나 적고, 경험이 얼마나 모자랐는지는 아무도 알지 못했다.

미국 여성, 아니 세계 여성의 이름으로 우리가 해온 일을 할 수 있도록 힘과 용기를 준 것은 무엇인가? 물론 우리는 우리 자신을 위해 그런 행동을 해야 했다. 가난한 사람들을 위한 자비심도 아니었다. 우리들, 이 일을 시작한 중산층 여성들은 재산 소유와는 다른 의미에서 모두 가난했다. 가난하지 않은 남편을 둔 가정주부들에게도 NOW 회의를 하러 갈 비행기 표를 구하는 일은 쉽지 않았다. 직장에서 일하는 시간을 피해야 하는 여성 또는 가족들과 보낼 귀중한 주말에 시간을 내야 하는 여성들에게도 어려운 일이었다. 잠도 거의 못 자고 식사를 하거나 화장실에 갈 시간마저 빼앗긴 채 그렇게 수많은 시간을 써가며, 나는 여성운동을 시작한 처음 몇 년 동안 열심히 일했다. 돈벌이를 위해 그렇게 일해본 기억이 없을 정도로.

1966년 크리스마스 이브, 나는 연방수사국에 소환되었다. 한 항공사에서 결혼한 스튜어디스들이나 30세가 된 스튜어디스들에게 사표를 내라고 압박을 가했고, 우리는 이런 행위가 성차별이라고 주장했다. 우리의 이 운동을 항공사측이 불법행위로 고발한 것이었다.(왜 그런 행동을 한 것일까? 항공사는 남성들이 나이가 찬 스튜어디스들이 있으면 비행기를 타지 않을 것이라고 생각한 게 틀림없다. 그러고 나서 나는 임금, 휴가 일수, 연금이 근속 연수에 따라 늘어나기 전에 그런 스튜어디스를 해고함으로써 항공사 측이 얼마나 많은 돈을 절감하는지 알게 되었다. 스튜어디스들이 비행기 안에서 나를 껴안으며, 자기들이 결혼을 하거나 30세가 넘어서도, 그뿐만 아니라 아이가 생긴 뒤에도 계속 일할 수 있다고 말했을 때 얼마나 즐거웠던가!).

나는 지금 우리가 임신중절 문제를 회피한다면 다음 세대들에게 우리의 실패를 물려줄 것이라는 어떤 역사적인 절박함을 느꼈다. 또 여성들에 대한 '보호 장치'로 끝나게 될 것이라는 노동조합 지도자들의 주장에도 불구하고, 헌법에 평등권 수정안을 덧붙여야 한다고 생각했다. 여성이 선거권을 얻기 위해 스스로 백악관 담에 몸을 묶은 이래 거의 50년 동안 의회에서 봉쇄되어온 수정안을 위해 홀로 싸운 외롭고 쓸쓸해하는 나이 든 여성들에게서 평등의 횃

여성성의 신화

불을 이어받아야 했다.

1967년 어머니의 날에 백악관 담에서 "꽃이 아닐 수 있는 권리 Rights Not Roses"라는 피켓을 들고 연 첫 시위에서, 우리는 앞치마와 꽃과 가짜 타자기를 멀리 던져버렸다. 우리는 (좋은 직장에서 낸) '남성 구함'이라는 광고와 (여사무원―타자수를 구하는) '여성 구함'이라는 광고 같은 성차별에 맞서 민권 법안을 시행하기를 거부한 것에 항의해 고용평등위원회 앞에 신문 꾸러미를 쏟아부었다. 그런 광고는 "백인 구함"이나 "유색인 구함"만큼이나 불법적인 것이었다. 우리는 여성을 대표해서 평등하게 법적 효력을 부여하지 않는 연방정부를 고소할 것이라고 발표했다.(그러고 나서 누가 그런 일을 할 수 있는지 알아보기 위해 법무부에 있는 우리 단체 회원을 불렀다.) 그리고 우리는 실행에 옮겼다.

나는 NOW 지부를 조직했는데(우리는 조직 간사에게 활동비를 주지 않았다), 빚을 지지 않고 우리 스스로 조직을 꾸려가기 위해 예일대학, UCLA, 하버드대학뿐만 아니라 시골 구석에 있는 대학의 강의실과 졸업식 연설과 남부의 낚시학교에서도 강연을 했다. 지난 몇 년 동안에 우리의 사무실은 내 아파트였다. 우편으로 활동을 계속할 수는 없었다. 그러나 피츠버그의 윌마 헤이드나 시라큐스의 카렌 드크로우, 애틀랜타의 일라이자 파샬, 자키 세발로스, 그리고 그 밖의 많은 여성들이 NOW 지부를 만들기로 결정했다. 그런 사람들은 우리가 답장을 쓰지 않자 장거리 전화를 걸어오는 등 아주 열심이어서, 우리가 할 일은 그 사람들을 NOW 지부의 발기인으로

정하는 것뿐이었다.

　많은 일들이 주마등처럼 기억난다. NOW에 속한 여성 50명이 플라자호텔에 몰려가 참나무로 장식된 남성 전용 객실에서 점심을 먹겠다고 한 일, 유치원에 다니는 아이가 있다고 해고된 여성의 사건을 심문하지 않고 거부한 카스웰이라는 반여성주의자 판사의 대법관 임명에 항의해 상원 청문회에 출석한 일, 1968년 메릴랜드주의 칼리지 파크에서 전국대학생대표회의 그룹 토론을 이끌어 달라는 부탁을 받았을 때 학생운동에서 급진 여성운동 조직이 나타나는 첫 신호를 본 일, 등사판 기계에서 여성을 해방시키자는 결의안이 민주사회주의학생연맹SDS 회합에서 비웃음을 산 뒤 어느 젊고 과격한 여성이 내게 독립된 여성해방 운동단체가 필요하다―만약 SDS 회합에서 실제로 용기를 내 발언을 할 경우 그 여성들은 결혼하지 말아야 할 테니까―고 이야기한 일. 1968년에 쉴라 토비아스를 도와 첫 번째 여성 연구 프로그램을 시작한 코넬대학 여성학 계절학기 강의(지금은 얼마나 많은 대학에서 이 문제를 다루는가!), 우리의 이데올로기와 양식에 차이가 있더라도 젊은 급진주의자들과 함께 여성의 연대를 위한 대회를 열어야 한다고 NOW 이사회를 설득한 일, 그 밖의 수많은 일들.

　성 전쟁과 계급 전쟁 같은 말을 내뱉고, 애틀랜타에서 열리는 미스아메리카 선발대회 반대 시위 같은 행동을 이끄는 젊고 과격한 여성들의 재능에 감탄했다. 그러나 미디어는 더 자극적으로 변해갔다. 점점 더 선정적인 용어를 쓰고, 보여주기식 행동이 늘어나고, 남성을 타도하며, 결혼 제도를 전복하고, 출산을 배격하자는 구호와 행동이 점점 더 도를 더해가고 있었다. 남성을 증오하는 성 전쟁과 계급 전쟁을 설파하던 사람들이 NOW 뉴욕 지부와 전국 NOW를 장악하려고 했고, 평등을 원하면서도 남편과 자녀를 계속 사랑하고 싶어 하는 여성들을 내쫓았다. 케이트 밀릿Kate Millett의 『성의 정치학 Sexual Politics』은 과격한 여성운동을 주장하는 사람들에게 성 전쟁과 계급 전쟁의 이데올로기로 환영받았다. 남성을 증오하는 분파가 거친 말과 폭력을 선보이며 제2차 여성의 연대를 위한 대회에서 분리해 나간 뒤, 나는 젊고 과격한 한 여성이 "만약 내가 CIA 요원[1950년대에 CIA의 하수인으로 비난받은 글로리아 스타이넘을 지칭한다—옮긴이]이고 이 운동이 분열되기를 바란다면, 그게 바로 내가 하려는 것"이라고 떠드는 말을 들었다.

1970년까지 여성운동은 일시적인 변덕을 뛰어넘었다는 것이 명확해지기 시작했고, 10년 동안 일어난 근본적인 사회정치적 변화 덕분에 가장 빠르게 성장한 운동이었다. 흑인운동은 극단주의자가 장악했고, 학생운동은 지도자 없는 구조를 물신화하면서 극단주의자들의 증오에 찬 수사와 함께 고립되어 흩어졌다. 어떤 사람은 과격한 수사학을 가장해서, 그리고 조직의 지도부와 구조에 대한 유사한 물신화 아래 우리의 운동을 접수하려 했다. 또는 여성운동을 중단시키거나 더 나아가지 못하게 하거나 분열시키려 했다. 어느 흑인운동 지도자는 내게 이렇게 경고했다. "CIA의 대리인이든, 병적인 사람이든, 개인적인 권력을 추구하는 사람이든, 그저 단순히 어리석은 사람이든지 간에, 계속 운동을 붕괴시킨다면 당신은 그 집단들과 싸워야 합니다."

여성운동이 성의 정치학에서 빠져나와야 할 것 같았다. 내가 생각하기에 그것은 처음에는 농담이고 야유였다. 남성의 성기에 성적으로 의존하는 것에서 여성을 해방시켜야 하는 음핵 오르가슴에 관한 이상하게도 유머가 없는 논문이었고, 여성이 이제 남성과 침대위에서 최고의 자리에 올라야 한다고 주장해야 한다는 '의식을 상승하게 만드는' 대화였다. 시몬 드 보부아르가 말한 것처럼, 나는 이 여성들이 사회의 '밑부분'이 되는 것과 그들의 개인적 정의를 남성에게 의존하는 것에 대한 부분적인 반란과 분노를 성적으로 행하는 것임을 깨달았다. 하지만 그들의 분노는 성적 오르가슴에 대한 증오로 조작되고 있었다. 그것은 지금 그들이 분개하는 조건들을 변화시킬 권력을 약해지게 한다. 여성운동에서 남성에 대한 증오를 악의적으로 공표하고 교묘히 조작해 사람들을 자극하는 것이 올바른지 나는 확신할 수 없다. 분열주의자 중 일부는 극좌 그룹에서 비롯했고, 또 일부는 레즈비언 운동으로 전향시키기 위해 여성운동을 이용하는 것 같으며, 나머지는 여성의 정당성과 너무도 오래 묻어둔 분노를 성/계급 전쟁으로 순진하게 접합시키려 하는 것 같았다. 그러나 나는 이런 시도가 계급투쟁이나 인종차별 같은 낡고 부적절할 이데올로기를 잘못 끌어오고 있다고 생각했다. 남성을 미워하는 여성들은 선정주의에 굶주린 매스미디어 덕분에 분에 넘치는 대중성을 확보했다. 운동에 참가하고 있는 여성들은 처음 자신의 상

　　　　　　　　　　　여성성의 신화

황을 의식하기 시작할 때 남성에 대한 커다란 적개심이 생기는 일시적인 기간을 겪는다. 자신의 상황을 변화시키려는 행동을 시작할때, 여성들은 내가 급진적 소아병이라고 부르는 것을 벗어났다. 그러나 남성 증오의 수사학은 여성운동에 참여하는 많은 여성을 불안하게 했을 뿐만 아니라 새로운 여성들이 여성운동에 참여하지 못하게 가로막고 있다.

시카고로 가는 비행기에서 NOW의 의장으로 인사할 준비를 하면서, 남성을 증오하는 사람들 앞에서 거절당하고 공개적으로 싸우는 게 무기력하다고 느껴졌다. 갑자기 나는 진작 행해져야 했던 것이 무엇인지 깨달았다. 플로리다주에 사는 한 여성이 1970년 8월 26일이 여성에게 선거권을 부여하는 헌법 수정안 통과 50주년이 되는 날이라는 것을 일깨워주는 편지를 보냈다. 우리에게는 전국적 활동, 즉 완성하지 못한 평등권에 관련된 사업, 다시 말해 직업과 교육에 대한 균등한 기회, 임신중절과 탁아에 대한 권리, 정치권력에서 여성들의 몫을 차지할 권리 등에 관심을 불러일으키기 위한 여성의 파업을 요구할 필요가 있었다. 그것은 '여성해방' 그룹을 결코 가까이 하지 않던 여성들을 진지한 행동으로 다시 뭉치게 할 것이었다.(NOW는 가장 큰 단체인 데다 전국적인 조직을 가진 유일한 그룹이었지만, 1970년 당시 30개 도시에 단지 3천 명의 회원이 있을 뿐이었다.) 여성운동을 분열시키려는 위험을 경고하기 위한 시카고 NOW 회의에 이런 새로운 비전을 전달하려고, 나는 거의 2시간 동안 연설했으며 열렬한 환호를 받았다. NOW의 기층 조직은 8월 26일에 파업을 조직하는 데 힘을 쏟았다. 뉴욕에서는 수많은 여성들이 모든 일에 자원봉사를 하느라 임시 본부를 꽉 메웠다. 그리고 밤새도록 집으로 돌아가지 않았다.

린제이 시장은 우리가 행진할 수 있게 5번가를 폐쇄하지 않았고, 나는 행진을 인도로 제한하려는 경관의 말발굽과 함께 행진하기 시작한 것을 기억한다. 행진 대열의 선두로 뛰어가서 뒤를 돌아다봤다. 태어나서 그렇게 많은 여성들을 한꺼번에 본적이 없었다. 내가 사랑하는 도로시 케년Dorothy Kenyon 판사(82세인 케년은 우리가 마련한 차를 타는 대신 나와 함께 걷겠다고 고집했다)와 팔짱을 꽉 끼었다. 그리고 다른 팔은 다른 쪽의 어떤 젊은 여성과 팔짱을 끼었다. 나는 대열의 앞에서 다른 사람들에게 외쳤다. "스크럼을 짜고, 인도로, 인도로!" 대열은 5번가를 완전히 메우고도 남았다. 너무 많아 경찰들도 가로막기는커녕 어떻게 해볼 엄두조차 내지 못했다. 경찰들이 말한 대로 이 행진은 여성이 50여 년 전에 자력으로 선거권을 얻은 이래로 여성이 처음 벌인 (남성 수백 명이 우리와 함께 행진한) 위대한 전국적 행동이었다. '브라 버너스bra-burners[브래지어를 태운 사람들, 전투적인 여성해방 운동가—옮긴이]'를 조롱하던 기자들은 그날 자신들과 함께 행진한 자랑스럽고 즐거운, 그토록 아름다운 여성들을 본적이 없다고 썼다. 그날 모든 여성이 아름다웠다.

8월 26일이 되자, 페미니스트가 되는 일이 갑자기 정치적이고 매력적인 것이 됐다. 처음에 정치는 여성운동이 주장하는 것과는 완전히 분리된 것 같았다. 좌익, 우익, 중도 또는 공화당과 민주당, 각 분파의 일반 정치인들은 확실히 여성에게 별 흥미가 없었다. 1968년에 나는 공화당이나 민주당을 가리지 않고 여성에 대해 일치된 의견을 갖게 하려고 시도했지만 두 정당의 보수파들에게는 몽땅 헛수고였다. 평등권 수정안의 중요한 후원자인 유진 매카시 의원이 베트남 전쟁을 끝내기 위해 대통령에 출마하겠다고 발표했을 때, 나는 어쨌든 나 자신의 정치와 여성 평등 추구를 연결시키기 시작했다. 나는 벨라 압주그Bella Abzug[미국의 법조인이자 정치가. 1970년부터 1974년까지 두 차례에 걸쳐 미 하원 의원을 지낸 자유주의 페미니스트—옮긴이]를 국회의원으로 당선시켰고 매카시 의원을 위해 무엇을 할 수 있겠느냐고 물었다. 그러나 매카시 의원을 위해 일하는 다른 여성들은 여성 문제가 정치와 관계가 있다고 생각하지 않았고, 많은 NOW의 회원들도 매카시 의원을 위해 공개 선거운동을 하려는 나를 비판했다.

1970년 시카고에서 열린 NOW 회의에서 나는 우리가 베트남 전쟁 종식에 대해 여성으로서 인간적인 책임감을 가져야 한다고 말했다. 남성도 여성도 추잡하고 비도덕적인 전쟁에 끌려다녀서는 안 되며, 우리는 전쟁을 끝마치기 위해 동등한 책임감을 가져야 한다고 외쳤다. 2년 전인 1968년에 민주당 전당대회가 열린 시카고의 콘라드 힐튼 호텔 밖에 서 있던 나는 헬멧을 쓴 경찰관들이 긴 머리의 젊은이들을 곤봉으로 때리는 모습을 보았다. 그 젊은이들 중에 내 아들이 있었다. 자신들이 남자라는 것을 입증하기 위해 베트남과 캄보디아에 있는 모든 어린아이들에게 네이팜탄을 떨어뜨릴 필요는 없다고 이야기하는 것을 듣고, 이 젊은이들이 우리가 여성성의 신화를 무화한 것만큼이나 남성성의 신화를 떨쳐냈다는 사실을 확인하기 시작했다. 그 젊은이들 그리고 그 젊은이들처럼 생각하는 선배들은 우리와 함께 할 나머지 절반이었다.

1970년 여름 나는 여성 정치 코커스Women's Political Caucus를 조직하려고 했고, 이 활동은 이후 벨라 압주그를 당선시키기에 충분했다. 벨라와 글로리아 스타이넘Gloria Steinem은 8월 26일에 행한 평등권을 위한 여성 파업 행진의 조직자로서 나와 합세했다. 그때까지는 두려워만 하던 많은 여성들이 그날 우리와 함께 했다. 이렇게 해서 우리, 그리고 세상 사람들 모두 갑자기 여성의 정치적 역량의 잠재성을 깨달았다. 이 힘이 처음 시험된 때가, 즉 여성이 정치적 회의에서 주요한 역할을 수행한 때가 마이애미에서 보낸 1972년 여름이었다. 경험이 없는 코커스 지도자들이 닉슨이나 맥거번에 의해 너무 쉽게 포섭되거나 워터게이트 행위자들에 의해 너무 쉽게 장악됐는데도, 우리들은 정치적 영역에 변화를 가져왔다. 육아, 유치원, 방과 후 프로그램에 관해 양대 정당에서 긍정적인 반응을 얻었다. 그리고 셜리 치점Shirley Chisholm은 민주당에서 최초로 경선을 끝까지 뛰었다. 나는 1976년까지는 심지어 공화당도 대통령은 아니더라도 부통령 자리에 여성을 출마시킬까 말까 진지하게 고려하게 될 것이라고 예상했다.

그리고 성 역할 혁명 1단계의 의제들은 대부분 성취됐거나 해결되고 있는 과정에 있다. 평등권 수정안은 우리가 전국적인 여성 정치 코커스를 조직한 뒤에 의회에서도 거의 반론이 없는 채로 인준됐다. 수정안의 주요한 반대자인 이매뉴얼 셀러Emanuel Celler는 사무실에서 우편번호를 찾는 대신 스스로 입후보를 택한 젊은 여성 정치 신인들 중 한 명에게 패해 의회에서 물러났다. 대법원은 출산과 임신중절을 선택할 수 있는 여성의 권리를 어느 주도 부인할 수 없다고 판결했다. 1천여 건이 넘는 소송이 진행되면서 여성으로 하여금 최고의 직업을 갖지 못하게 하는 조건들과 성차별을 종식시키기 위한 결정적 행위를 취하도록 대학과 기업에 압력을 가했다. 미국 전신 전화 회사는 전화 교환수라는 직업이 여성에게 개방되지 않아 지원할 수도 없었던 여성들에게 보상금으로 1500만 달러를 지불하라는 명령을 받았다. 거의 모든 도시에 있는 모든 전문가 협회, 신문사, 방송사, 교회, 주식회사, 병원과 학교에서 여성을 계속 남성 밑에 있게 하는 구체적 조건에 행동을 취하는 여성 코커스나 그룹이 만들어졌다.

나중에는 뉴욕과 미네소타주에 있는 카운슬러와 미주리주의 목사, 콜로라도주에 있는 공군사관학교와 은행가들에게서도 강의를 해달라는 요청을 받았다.(나는 여성들이 자신의 돈과 경제력 사용을 통제할 수 있게 하기 위해 여성은행과 신용회사도 조직했다.) 국무성은 결혼을 이유로 여성을 외무직에서 해고할 수 없으며 비서에게 커피를 가져오라는 말을 해서도 안 된다고 발표했다. 여성들은 여성이 자신의 신체를 위해 적극적 책임감을 가질 수 있는 자조적 진료소를 설립함으로써 의료 관행 자체를 변화시키기 시작했다. 정신분석학 회의에서 나와 다른 여성운동가들에게 여성다움과 남성다움에 대한 정의를 변화시킬 수 있게 도와달라고 요청해왔다. 로마 교황이 여전히 여성은 미사를 집전할 수 없다고 이야기하지만, 여성들은 목사, 랍비, 집사로서 성직에 임명되고 있다. 그리고 성 역할의 혁명의 선두에 서서 종교적 반란을 주도하고 있는 수녀와 신부들은 묻는다. "신은 남자입니까?"

여성운동은 이미 미국에서만 일어나는 일이 아니다. 나는 이탈리아, 브라질, 멕시코, 콜롬비아, 스웨덴, 프랑스, 이스라엘, 일본, 인도, 그리고 체코슬로바키아와 다른 사회주의 국가에서도 그룹을 조직하는 데 도움을 달라는 요청을 받았다. 내년쯤에는 아마 스웨덴에서 여성해방주의자들이 첫 번째 세계회의를 열 수 있을 것이라고 기대한다.

미국 인구조사국은 출산율이 급격히 떨어지고 있다고 보고하는데, 나는 그것이 경구 피임약 같은 새로운 처방에 힘 입은 바 크다고 생각한다. 여성운동은 현실적이고 뚜렷한 이데올로기가 될 만큼 충분히 강력하다. 나는 앞으로 성 역할 혁명이 우리 사회 주류들의 신념으로 부상할 것이며, 남성을 미워하는 극단론자들은 일시적인 국면이나 조직적인 전환을 보여 주며 사라져갈 것이라고 본다. 물론 역풍을 예상하지 않는 것은 비현실적이다. 평등권 수정안의 비준을 막기 위해 현재 여러 주에서 보이는 것처럼 역조직을 하는 움직임이 있다. 예를 들어, 오하이오주에서는 한 무리의 여성들이 사용자들에게 일주일 휴가를 얻어 평등권 수정안을 봉쇄하려는 캔터

키주 의회에 압력을 넣기 위해 주경계선 너머로 버스를 타고 올 정도로 열정적이다. 그러나 나는 50년 전 테네시주에서 한 양조회사가 여성 선거권 비준을 방해하려고 수백만 달러를 쓴 것을 기억한다. 오늘날 누가 평등권을 위한 여성운동의 마지막 행동을 저지하려는 운동에 돈을 대겠는가? 여성을 남성 밑에 두려는 남성의 음모라기보다는 차라리 수동적인 여성의 무기력한 격분과 두려움을 조작하는 데 매달리는 남성들의 힘 또는 이해관계가 가져온 음모라고 하겠다. 이 나라 미국에서 자신의 운명에 대한 통제력을 요구하는 가장 거대한 집단으로서 여성은 미국의 정치와 권력의 본성을 변화시킬 것이다.

『여성성의 신화』가 출판되고 나서 지난 10년 동안 여성운동은 강력하게 또 즐겁게 내 모든 생활을 커다랗게 변화시켰고, 내게 자신들의 이야기를 하는 것을 멈춘 여성들의 삶 역시 변화시켰다. 나는 자존심을 파괴하는 결혼을 지속시킬 수 없었다. 황무지 밖으로 다른 여성을 이끌면서 내 정신분열적인 삶을 계속할 수는 없었다. 나는 마침내 1969년 5월에 이혼을 하기 위해 법원을 찾았다. 내 결혼의 거짓된 안전을 고수하던 때보다는 지금이 훨씬 덜 외롭다. 내 생각에 앞으로 여성운동에 다가올 커다란 문제는 결혼과 이혼을 근본적으로 개선하는 것이다.

내 생활은 금년 가을에 래드클리프대학으로 떠난 에밀리와 프린스턴대학에서 박사학위를 얻은 다니엘 그리고 나름대로 새로운 길을 개척한 조나단과 더불어 아직도 끊임없이 변화하고 있다. 나는 템플대학 사회학과 초빙교수로 처음 할당된 일을 끝냈고,《맥콜》에 검열을 받지 않은 칼럼을 썼다. 모든 미래를 향해 열려진 하늘과 강과 다리가 있는 유쾌하고 신기한 뉴욕으로 이사도 했다. 결혼을 하지 않은 성인들과 함께 주말 공동체를 시작하기도 했다. 그것은 일종의 확대된 가족으로, 구성원들은 새로운 형태의 결혼을 시험하고 있다.

나 자신을 찾으면 찾을수록, 운동 속에서 만나는 여성들과 더 많은 힘과 지원, 사랑을 주고받을수록, 내가 남성을 사랑한다는 것이 더 기쁘고 진실처럼 느껴진다. 나는 나 개인의 의견을 분명하게 설명한 뒤 이제 크게 안도하고 있다. 즉 여성 자신의 정체성과 평등, 그리고 정치적 권리까지 주장하는 것은 남성을 사랑하고 남성에게 사랑받아야 할 필요가 없다는 뜻도 아니고, 여성이 아이를 돌보지 말아야 한다는 뜻도 아니라는 것이다. 결정적으로 부드럽고 넉넉한 마음을 받아들일 수 없었다면, 여성운동을 위한 열정도 잃어버리고 말았을 것이다.

재미난 이야기 하나. 나는 비행기 타기를 무척이나 두려워했다. 그런데『여성성의 신화』를 쓴 뒤에 갑자기 두려움이 없어졌다. 지금 나는 제트기로 대양 위를 날고 웨스트버지니아의 구릉지대에서 엔진이 하나뿐인 근거리 소형 여객기 에어택시를 탄다. 일단 당신이 당신의 삶을 진정으로 살기 시작하고, 당신의 일을 하고, 그리고 사랑을 하면 죽음 따위는 두려워하지 않게 되리라고 생각한다. 때때로 얼마나 비행기를 많이 탔는지 떠올릴 때, 앞으로 나는 비행기 사고로 죽을 수 있다고 생각한다. 그러나 남성과 더불어 여성으로서 내 삶의 일부가 인간의 성과 인간 정치학의 새로운 양식으로 합쳐지고 있기 때문에 당분간은 그 죽음이 오지 않기를 바란다. 지금 나는 새로운 책을 다시 쓸 수 있을 것 같다.

나는 그런 낡은 남성성과 여성성의 역할에 속박되어 있는 에너지가 $E=MC^2$라는 공식에 갇혀있는 물리학적 에너지와 같은 꼴이라고 생각한다. 그것은 히로시마의 폭발을 만들어낼 수 있는 힘이었다. 나는 폐쇄된 성적 역량이 누군가가 알아채지 못하는 사이에 지난 10년 동안 전국적으로나 세계적으로 발생한 끔찍한 폭력 사태에 연료를 공급했다고 생각한다. 내가 제대로 봤다면 성 역할의 혁명은 이런 에너지들을 죽음의 체제에서 해방시킬 것이며, 더 나아가 남녀 모두 '전쟁이 아닌 사랑을' 할 수 있게 만들 것이다.

애나 퀸들런의 후기

어머니가 주방 탁자에서 페이퍼백 서적 한 권을 읽고 있다. 낯선 풍경이다. 어머니는 엄청난 독서광도 아니고, 잠자기 전에 테일러 콜드웰과 대프니 듀 모리에 아니면 메리 스튜어트의 소설 같은, 이달의 북클럽에서 보내주는 하드커버 책을 읽는 정도이기 때문이다. 어머니는 미간을 찡그리며 이 책에 잔뜩 열중해있다. 나는 어린 시절의 소소한 기억들이 많지만, 이런 장면은 기억에 없다. 나는 열두 살이다.

나는 이렇게 베티 프리단의 『여성성의 신화』를 처음 만났다. 스스로 이 책을 읽은 것은 8년 후에, 바너드대학에서 여성학 수업 과제를 하기 위해서였다. 나는 어머니가 요리하기 위한 공간인 주방에서 이 책을 왜 그렇게 몰두해서 읽었는지, 이 책을 읽자마자 곧바로 이해했다. 다만 나는 어머니가 지크문트 프로이트의 이론들에 대한 프리단의 체계적 해석이나 미국적 소비주의에 대한 선견지명 어린 고발을 제대로 이해했다고 생각하지는 않는다.

아마도 그녀가 이 책 속에서 설거지와 청소, 식사 준비, 남편 옷 다림질, 아이들 옷 세탁의 끊임없는, 제대로 보상받지도 못하는 순환으로서 자신의 삶을 본 것이 아닐까 생각한다. "내 개성이 존재하지 않는다고 느끼기 시작했어요", 한 여성은 프리단에게 말했다. "나는 음식을 내오고 바지를 수선하고 잠자리를 정리하고, 누가 무엇을 필요로 할 때 부르는 사람이죠. 나는 누구일까요?"

"나는 누구일까?" 어머니가 주방 탁자에서 스스로 물어보았던 질문임이 분명하고, 찬반이 팽팽한 이 책을 탐독했을 다른 수백만 명의 동료들도 자문했을 것이다. 어머니는 2차 대전 이후 여성들이 원하는 것을 모두 다 가졌다는 말을, 잡지에서 보고 영화와 텔레비전을 통해 들었다. 좋은 일자리를 가진 남편, 다섯 명의 건강한 아이들, 교외의 아름다운 집, 집 뒤의 테라스와 화장대를 갖춘 그녀만의 공간 등등. 하지만 그녀는 서랍장 한 구석에 고등학생 때 그렸던 스케치 묶음을 보관해두고 있었고, 한 해 두 해 지나갈수록 종이는 누렇게 바라고 있었다. 내 점심 도시락에 가끔 완숙 계란을 넣어주시던 날, 어머니는 계란 껍데기에 수성 물감으로 왕자의 얼굴과 바닷가 풍경을 그려 넣곤 했다. 나는 그 계란 껍데기들을 주저 없이 깨먹었지만 말이다.

『여성성의 신화』가 1963년에 처음 출간된 이후 거의 40년이 지나 그동안 많은 것이 바뀌었고, 또한 너무도 조금만 바뀌었기 때문에, 지금 이 책을 다시 읽는 것은 혁명적이면서 동시에 아주 시기적절하게 느껴진다. 이 책은 내 인생을 바꾸었다. 그리고 이런 생각을 하는 것은 나쁜만이 아니다. 수잔 브라운밀러는 여성운동에 대한 자신의 회고록을 쓰면서 첫 페이지에서 같은 이야기를 하고 있다. 이 책은 프리단의 인생도 바꾸었다. 그녀는 유명인, 골치 아픈 이단자, 운동의 기수, 그리고 비난의 대상이 되었다. 그녀는 전미여성기구(NOW)를 창립했고 그녀의 이름은 남녀평등 헌법수정안 그리고 20세기 후반 페미니즘과 동의어가 되었다.

그리고 이 책은 끝없는 집안일로 공허한 시간들을 보내고, 아이를 기르고 남편을 먹이는 삶에서 의미를 찾았던 다른 수백 수천만 여성들의 삶을 바꾸었다. 여성들이 겨우 새 세탁기의 가격을 계산하는 데 그녀의 지성과 열망을 팔도록 꼬드김 당한다는 프리단의 주장—"구운 감자는 세계만큼 그렇게 거대하지 않다", 프리단은 여성들의 가로막힌 열망을 이렇게 장난스럽게 표현했다—으로부터, 여성들이 새 법률 아래 작업장에서 평등과 공평성을 요구하는 거대한 변화의 물결이 일어났다. 힐러리 클린턴, 루스 베이더 긴즈버그, 어린이 야구 리그의 소녀들, 여성 유대교 랍비들. 『여성성의 신화』가 이들 모두를 위한 무대를 만들었다고 말한다고 해도 과장이 아니다.

프리단이 세계에 가져온 것은 "이름을 붙일 수 없는 문제"였다. 그녀는 그 문제에 이름을 붙였을 뿐 아니라 그것을 해부했다. 과학의 발전, 노동을 줄여주는 도구들의 개발, 교외의 확장, 그들의 어머니들은 꿈도 꾸지 못했던 이 모든 것들이 1950년대의 여성들에게 제공되었다. 창궐하는 전염병, 단조롭고 고된 잡일, 오염에 찌든 도시의 거리로부터도 자유로워졌다. 하지만 푸른 잔디밭과 널찍한 주차장은 고립되어 있었고, 집안일은 시간이 허락하는 끝까지 확대되어 늘어나는 것 같았으며, 천연두와 소아마비의 자리를 우울증과 알코올 중독이 차지했다. 이 모든 것이 부인否認이라는 주방의 음모 속에 은폐되었다. "1950년대와 60년대에 여성이 문제가 있다고 느끼면, 그녀는 틀림없이 결혼이나 스스로에게 잘못된 점이 있다고 생각했다." 프리단은 자신의 칼럼과 경험을 바탕으로 글을 썼다.

이건 말도 안 되는 일이었다고 그녀는 주장한다. 문제는 반질반질하게 윤이 나는 마루와 완벽하게 갖추어진 립스틱 세트라는 신화와 관련되어 있었다. 프리단은 여성성의 신화가 여성의 삶의 유일한 목적이 되면서, 바사대학과 스미스대학의 여학생들의 열정이 식는 경향과 교외의 젊은 어머니들에 대한 심리 치료의 증가를, 결혼과 출산 평균 연령이 감소하는 현상을 보여주는 연구들과 연결시키면서 무언가가 잘못되었다는 자신의 느낌을 더욱 강화했다. 이 책을 그저 페미니스트의 선언문으로만 여기는 이들은 책을 다시 자세히 보면서 프리단이 수행한 방대한 연구와 보고를 이해해야 한다.

이 책은 그만큼 야심적이다. 책의 저자와 메시지 모두를 공격하고 싶어 하는 이들을 주의 깊게 배려한 책, 주장을 위해 공격 무기와 방어 무기를 꼼꼼하게 배치한 책이다. 그리고 책이 조망하는 범위 역시 야심적이다. 스스로 크게 축복받고 만족스러운 세대라고 생각한, 동시에 어렴풋한 불만을 느끼는 여성들을 세세하게 그려 보이는 앞 장만으로도 이 책은 중요한 책이다. 하지만 프리단이 다루는 연관된 이슈들 때문에 책의 가치는 더해진다. 미국의 사회 계층 구조를 강화하는 소비주의의 역할에 대한 그녀의 설명은 충격적이며, 지금도 우리는 물건을 사고파는 것을 당연하게 여긴다. 모든 위대한 선언문에는 스스로의 자각을 보여주는 결정적인 순간들이 있다. 『여성성의 신화』에서 그런 순간들 중 하나는 "주부라는 역할에서 여성들이 실제로 행하는 중요한 역할은 가계를 위해 더 많은 물건을 사는 것인데, 왜 이것이 여성들의 결정적인 기능이라고 이야기되지 않는가"라는 수사학적 의문문이다.

그러한 순간들에서 독자는 프리단이 이 책을 소비자 운동, 반전 운동, 반문화 운동이 일어나기 훨씬 이전에 썼다는 점을 환기해야만 한다. 그런 의미에서 이 책은 예지적이었고 지금까지도 그렇다. 일을 마치고 돌아오는 남편들을 위해 은 식기와 옷가지를 정성을 다해 준비하는 교육받은 주부의 한 세대를 프리단이 묘사한 이래로 여성들의 삶이 많은 측면에서 급격히 변화했지만, 그 문화가 여성들에게 은밀하게 보내는 메시지는 여전히 치명적이다. 그래서 "아이 숭배"를 묘사하는 장들은 아이들에게 과하게 투자하는 어머니들이나, 집 바깥에서 일하지 않기를 선택한 여성들이나, 일을 가진 여성들 모두에게 여전한 울림을 갖는다. 그리고 결코 어른이 되려 하지 않으려는 아이들에 대한 묘사는 바로 어제 쓰인 것만 같다. "몰상식한 파괴행동valdalism, 봄방학 중 플로리다에서 일어난 폭동, 난잡한 성행위, 10대의 성병과 임신의 증가, 심상치 않은 고등학교와 대학 중퇴 경향 등의 배후에 이런 새로운 수동성이 있었다. 지루하고,

　　　　　　　　　　　　여성성의 신화

태만하고, 재미없는 애송이들에게 있어 기존 질서에 반항하는 것은 빈 시간의 지루함을 메우는 유일한 방법이었다." 거짓말 같지만, 이 표현들은 40년 전에 나온 것이다.

그 40년 동안 『여성성의 신화』는 때로는 과소평가되었다. 이 책을 쓴 프리단은 공인으로서의 프리단과 불가분하게 얽히게 되었고, 특히 후자는 종종 다른 페미니스트 지도자들과의 내부 다툼 및 전투적인 대중적 인사의 이미지와 동일시되곤 했다. 하지만 시간이 지나니 이 책의 결점들이 분명해졌다. 여성의 수동성을 강제하는 것에 대하여 제도와 출판물의 역할에 너무 과도한 관심을 가졌고, 하인 계급[여성들]의 서비스를 만끽했으며 여전히 그 손해를 아쉬워하는 개인 남성들의 역할에 관해서는 별다른 언급이 없다. 1981년에 출간된 『두번째 단계The Second State』에서 프리단은 이 문제를 다시 다루었으나 『여성성의 신화』에 비해 그렇게 엄격하게 문제를 다루거나 충실하게 연구를 수행하지 않았다. 그녀는 왜 일부 여성들이 육아와 가정생활을 받아들이기로 선택했는지에 대해 핵심을 짚으려 했지만, 이 두 번째 저서가 던진 수정주의적 메시지는 첫 저서의 맹렬함에 대한 변명으로 보였다.

아마도 『여성성의 신화』 이후 세대 중 의기양양한 성공을 거둔 이들 사이에서는, 시간이 흘렀고, 이 책도 때가 지나갔으며, 따라서 우리 자신의 삶에 대한 통제력을 장악하기 위해서는 이제 초급 과정에서 벗어나서 심화 과정으로 들어서야 한다는 느낌도 있었을 것이다. 나는 이 건에 죄가 있음을 시인한다. 조금 낡기는 했지만, 이 흥미롭고, 주목할만하고 존경할만한 가치가 있는 시대의 산물인 이 책을 다시 검토할 기회가 있으리라 생각했다. 조용하고 조심스러운 주부의 딸이었던 나는 이 책이 일으킨 변화의 맹공 속에서 여론을 이끄는 칼럼 작가가 되었고, 이 책에 충분히 감사할줄 알았다. 말하자면, 조금은 겸손해졌으리라.

어린 시절, 어머니가 그렇게 공들여 그려 넣었던 달걀 껍데기를 무시로 깨뜨렸듯이, 나는 이 책의 등을 꺾었다. 그리고 내 어머니가 그랬던 것처럼, 아주 다른 세계에서, 아주 다른 시간에, 그리고 엄청나게 다른 환경 아래에서, 나는 이 책에 도취되었다. 40년이 지났고, 수백만 명이 개인적 변화를 겪었지만, 섹스와 집 그리고 노동과 규범이 어떻게 여성들의 삶을 기괴하고 부자연스러운 모양으로 비트는 데 활용되는지에 관해 이 책으로부터 여전히 배울 것들이 많이 남아있다. 이 책이 사회적인 그리고 정치적인 폭발을 촉발했지만, 평등한 사회 풍경의 재건은 여전히 미진하다고 책은 말한다. "이름 붙일 수 없는 문제에 이름을 붙이는 것이야말로 필수적인 첫 발걸음이다"라고 프리단은 나오는 말에서 말했다. "하지만 그것으로는 충분치 않다." 우리의 삶을 바꾸려면 많은, 더욱 많은 것들이 필요하다. 첫 발걸음으로서, 이 책은 탁월하다. 한 사람의 작가로서 나는 말한다, "브라바!" 20세기 미국의 가장 거대하고 위대한 사회 변혁, 『여성성의 신화』와 함께 시작된 페미니즘 부활의 수혜자로서, 이 말을 꼭 덧붙여야겠다. "많이, 정말 많이 프리단에게 감사의 인사를 전하고 싶다."

애나 퀸들런Anna Quindlen은 미국의 베스트셀러 작가이며《뉴욕타임스》의 칼럼니스트로, 「공적인 것과 사적인 것Public&Private」이라는 제목의 칼럼으로 퓰리처상을 수상했다. 국내에도 『독서가 어떻게 나의 인생을 바꾸었나?』(에코리브르, 2001), 『어느날 문득 발견한 행복』(뜨인돌, 2001), 『내 생의 가장 완벽한 순간』(뜨인돌, 2005), 『이제야 비로소 인생이 다정해지기 시작했다』(오후세시, 2014)등이 출간되어 있다.

출간 50주년을 축하하며

책을 쓰는 사람들이라면 시대를 장악할 책을 써내기를 간절히 바란다. 사람들이 사회에 어떤 문제가 존재하는지도 알아차리기 전에 그 시대의 문제를 포착해내는 책을 말이다. 물론 그런 일은 극히 드물다. 대부분은 사람들이 이미 알고 있는 현상이 좀 흥미로운 방식으로 진행되고 있다는 것을 그럭저럭 설명할 수 있다면 그것만으로도 만족해할 것이다. 하지만 베티 프리단은 대박을 터트렸다.『여성성의 신화』가 1963년에 출간됐을 때 이 책이 불러일으킨 반향이 너무 강렬했던 나머지, 프리단은 한참 뒤에야 자신의 첫 저서에 대해 여성들이 말하는 것들을 다룬 또 한 권의 책(『그것은 내 인생을 바꾸었다』)을 쓸 수 있었다. 20세기의 가장 중요한 책들을 꼽는다면『여성성의 신화』도 분명히 그중에 포함되어 있을 것이다. 한 보수 잡지는 19세기와 20세기의 가장 위해한 도서 열 권에 이 책을 선정하기도 했다. 저자에게 아첨하려고 이 이야기를 하는 건 아니지만, 적어도 이 사실은 이 책이 내포하는 위력을 반증하는 것일 테다.

여성성의 신화

우리는 오늘도 여전히 이 책을 읽는다. 스테파니 쿤츠Stephanie Coontz는 『여성성의 신화』와 그 영향을 다룬 자신의 책 『낯선 흔들림A Strange Stirring』에서 다음과 같이 썼다. 쿤츠의 수업을 듣는 학생들은 9 장 "여성을 노리는 상술"에서 "본능적으로 반응했다"고 한다. 이 장 에서 프리단은 여성들에게 소비재를 사라고 압박하는 동시에 "여성 들이 자신들을 소비되는 대상으로 표현"하게끔 강요하는 것에 대해 이야기한다. 그리고 물론, 당신이 지난 반세기 동안 미국 여성들에 게 일어난 일들, 가수 도리스 데이부터 연속극 〈미녀와 뱀파이어Buffy The Vampire Slayer〉를 넘어서서 나아간 여성들의 비범한 여행을 이해하 고자 한다면 이 책부터 읽어야 한다.

비판자들 그리고 많은 팬들은 『여성성의 신화』가 간과하고 있 는 것들을 지적해야 한다고 느꼈다. 또한 시민권 운동이 벌어지던 시기에 프리단이 이 책을 썼음에도 불구하고 아프리카계 미국인 여 성에 대해 좀처럼 언급하지 않는다는 점에 그들이 적잖이 당황하는 것도 온당한 일이다. 노동계급 여성들은 주로 직장을 얻고자 하는 기혼 여성들이 집사나 유모를 고용하기를 원할 것이라고 제시하는 내용들에 주로 언급된다. 그리고 놀랍게도, 프리단은 법률에 대해서 는 논하지 않은 채 사회가 여성에 대한 태도를 바꾸어야 한다며 이 책을 써내려갔다. 1963년에 대부분의 여성들은 남성의 서명이 없으 면 대출을 받을 수 없었다. 몇몇 주에서는 배심원석에 앉을 수도 없 었고, 어떤 주들에서는 남편이 여성의 재산뿐 아니라 수입까지 관 리했다.

프리단은 여성이 일자리를 얻는 것에 깊은 관심을 가졌지만, 신문이 구인광고를 실을 때 성별을 구분하여 싣도록 하는 것이나, 고용주가 어떤 일자리들은 남성만을 위한 것이라고 발표하는 것이 법적으로 아무런 문제가 없었다는 점에 대해서는 언급하지 않는다. 심지어 연방정부도 그렇게 했다.

신기한 일이지만, 이런 결점들까지도 이 책이 지닌 힘이다. 『여성성의 신화』는 똑똑한 고학력 여성들이 직업 세계의 주류에 들어서지 못하고 그저 하이힐을 신은 재생산 기관 이상으로 간주되지 못하는 것에 대한 아주 특수한 분노의 외침이다. 이 책은 특히 개인적이며, 이런 면이 폐부를 찌르는 힘을 가져다준다. 프리단은 자신의 학문적 성공이 남자친구를 위협했기 때문에 대학원을 그만두었다고 말했다. 그녀는 다음 세대의 여성 대학생들이 미시즈 학위MRS degree[여학생이 잠재적인 배우자를 찾기 위해 대학을 다닌다고 설명하기 위해 사용하는 용어—옮긴이]를 따는 것이야말로 고등 교육의 모든 것이자 궁극적인 경험이라고 여기도록 프로그램된 것에 분개했다. 그녀는 정신과 의사가 주부가 불행하다고 느끼는 것을 무언가 잘못된 리비도의 징후로 간주하는 것에 대해서도 참을 수 없어 했다. 여성이라는 성별 전체를 주방에 새 가전 제품을 들여놓고 완벽한 세탁 세제를 열심히 찾아다님으로써 국가 번영에 이바지하는 단순한 소비 기계로 바라보는 경제 논리에도 그녀는 화를 냈다. 프리단은 여성 잡지들에 기고했고, 여성성의 신화를 계속해서 팔아대는 엄청나게 끔찍한 사례를 수집했다. 거기에는 "중요한 인물"이 될 계획을 세운 다음 결혼했으며, 스포크 박사의 육아 서적 여섯 권을 탐독하고 나서 "나는 정말 행운이야, 행운. 나는 여자인 게 너무 감사해!"라고 외치는 젊은 여성에 관한 짧은 이야기가 있다. 당신은 정신병원 의료진이 그녀를 간이침대에 눕히기 위해 몸을 묶고 있는 모습을 생생하게 떠올릴 수 있을 것이다.

베티 프리단은 1921년에 태어났다. 2차 세계대전이 벌어지는 와중에 스미스대학을 졸업한 덕분에, 전후 경제가 팽창하여 이전에는 보지 못했던 생활수준을 누리는 중산층이 대중적이 되는 것을 어른의 눈으로 지켜볼 수 있었다. 이 책을 쓰기 시작할 무렵 대다수의 미국 가정들은 자기 명의의 집에서 살았다. 그들은 자동차와 텔레비전을 구비하고 휴가를 즐겼으며, 아이들을 대학에 보내기를 희망했다. 일자리는 얻기 쉬웠다. 일할 사람을 간절히 필요로 했던 고용주들은 기혼 여성들에게 괜찮은 파트타임 점원이나 판매원 일이 가계와 아이들을 위한 여분의 '푼돈'을 벌 수 있는 가장 좋은 방법이라고 알리는 광고를 냈다.(『여성성의 신화』가 독자들에게 노동의 세계로 복귀하라고 들볶는 가운데 프리단은 한때 언론인이었지만 이제는 전장으로 다시 돌아가기에는 너무 오래 신문사를 떠나있었다고 걱정하는 교외의 주부였던 자신의 친구 이야기를 한다. "이 친구가 뭔가를 하기로 마침내 결심했을 때, 친구는 도시에서 겨우 두 번만 갈아타면 옛 터전에서 최고의 일자리를 발견할 수 있다는 것을 알게 되었다"라고 프리단은 신이 나서 적고 있다. 이 대목에서 우리는 잠시 멈추어야 할 것이다. 그 많은 열정적인 젊은 기자들이 급여도 제대로 받지 못하는 세 번째 인턴직을 구하고서 벽에 머리를 박고 있는 동안 말이다.)

그건 경이적인 시기였고, 평균적으로 살아가는 사람이 스스로 실제로 행복한지 그렇지 않은지를 물어볼 수 있는 시간과 여유를 가진, 미국 역사상 최초의 순간이었을 것이다. 하지만 프리단은 그렇지 않았다.

"이 문제는 미국 여성들의 가슴 속 깊이 여러 해 동안 묻혀있었다. 이런 동요는 낯설었고, 만족스럽지 못했으며, 20세기 중반의 미국 여성들이 갈망하며 애타게 기다리던 것이었다. 교외의 주부들은 제각기 이 문제를 가지고 홀로 싸웠다." (그 시대의 가장 위대한 책들이 대체로 그렇듯이, 끊임없이 인용되는 첫머리가 있다.) "침대를 정리하면서, 식료품 가게에서 물건을 사면서, 의자에 커버를 씌우면서, 아이들과 땅콩버터 샌드위치를 먹으면서, 아이들을 보이스카우트와 걸스카우트에 태우고 다니면서, 그리고 밤마다 남편 옆에 누워 '이것이 과연 전부일까?' 하고 스스로에게 조용히 묻는 것조차 두려워했다."

이것은 지축을 흔드는 물음이었다. 모든 서구 역사에서 평균적이지만 야망을 가진 여성들은 전업주부가 되기를 꿈꾸었다. 집 밖에서 일을 한다는 것은 들판에서 고된 작업을 하거나, 남성 고용주를 위해서 공장이나 술집에서 일하거나, 여성 고용주를 위해 집안에서 고된 노동을 한다는 것을 의미했다. 집에 붙어있는 주부가 된다는 것은 여성이 자신의 쇼를 만들어나가는 것을 뜻했다. "집에 있으면서 누군가 내게 무엇을 하라고 지시하지 않는 그런 자유가 좋

여성성의 신화

았어요." 오클라호마 출신의 한 여성은 서점 관리 일을 그만두고 주부가 되어 세 아이를 기르게 된 이유를 이렇게 말했다.

젊은 영국 여성들을 식민지 아메리카로 향하도록 유혹한 것도 전업주부로서의 삶이라는 약속이었다. 엄청나게 넓은 대서양을 건너기 위해 아주 작은 보트에 뛰어든 그들은 그냥 남편을 구하는 것만이 아니라 자신을 가정주부로 만들어줄 남편을 찾을 수 있다는 약속을 믿었다. 그러나 모집 광고는 사실이 아닌 경우가 많았다. 미국으로 건너온 여성들은 대부분 남편과 밭을 개간해야 했을 뿐 아니라 실을 잣고 바느질하고 요리하고 통조림을 만들어야 했다. 또한 치즈를 만들고 양초를 찍어내는 등 식민지 주거 생활의 일부를 이루는 모든 복잡한 제조 활동들도 했다. 가계를 유지하기 위한 일은 너무나 광범위해서 집에 종일 머무를 수 있도록 허락된 여성들조차 언제나 녹초가 되었다. 그들이 손세탁, 비누 만들기, 닭털 뽑기 등을 하지 않고도 집을 꾸려갈 수 있으리라는 상상은 그 자체만으로도 천국이었다.

그리고 이제 그들의 손녀의, 손녀의, 손녀의, 손녀의, 손녀들이 그런 상태에 다다랐으며, 극도로 우울함을 느끼고 있다.

전후의 교외 지역들은 그 지역에 사는 사람들에게 천국 아니면 지옥이었다. 넓은 부지에 세워진 새로운 브랜드의 주택들이 끝없이 이어져 있고, 주중에는 여성과 아이들이 가득했다. 나는 신시내티의 한 교외에서 자랐는데, 아버지가 우리 집의 유일한 차를 타고 매일 아침 출근하고 나면 동네에 남는 성인 남성은 식료품 배달원들뿐이었다. 배달원들은 낡은 버스에 식료품을 넘치도록 싣고 와서 주부들에게 팔았다. 어머니들은 주로 몇 명의 아이들을 돌보느라 바빴지만, 과로하지는 않았다. 여성들에게 하루 중 가장 좋은 순간은 잡일을 끝내고 저녁거리를 오븐 속에 넣어 둔 뒤, 누군가의 부엌이나 현관 뒤에 모여앉아 칵테일을 마시거나 담소를 나눌 수 있는 네다섯 시 경이었다. 우리 집은 아버지가 귀가해서 두 번째 칵테일 타임을 가질 때 한 번 더 그런 순간이 있었다. 부모님들은 그날 있었던 일을 이야기했고 아이들은 어린 동생들을 보행기에 태우고 돌봤다. 프리단과 내가 자란 가정은 이런 비슷한 구석이 있었다.

『여성성의 신화』에서 프리단은 자신을 60년대 초반의 전형적인 중산층 교외 주부로 그리려 했다. 그러나 스미스대학원생으로서 맨해튼의 좌파 신문과 노동조합 신문들에서 일하다가 결혼 생활에 정착해 어머니 역할을 한 사람이 평범한 주부일 수는 없었다. 프리단은 두 개의 자화상을 동시에 지닌 대학 유경험자 여성들의 작은 집단에 속해있었다. 하나의 자화상이 미래의 전업주부라면, 또 하나는 학점과 필독서, 심각한 토론을 걱정하고, 남성 대학생들과 똑같은 교과 과정을 듣는—또는 프리단처럼 스미스대학의 자기 교과 과정이 더 어렵다고 생각하는—진지한 학생의 모습이었다. 이후 그녀는 대학원으로 향했고 그녀와 교제하던 남학생은 버클리의 언덕을 함께 거닐면서 이렇게 말했다, "우리 사이가 이래 가지고는 아무 것도 안 되겠어. 나라면 당신처럼 장학금을 받지 않을 거야." 프리단은 학문 경력을 포기했고, 동부로 와서 "특별한 계획도 없이 신문사에서 일하면서 하루하루를 보냈다. 그리고 결혼해서 아이를 낳고 여성성의 신화에 이끌려 교외에서 주부로 살았다."

정말 그랬을까? 구혼자의 질시 어린 한 마디가 정말 프리단을 뉴욕으로 보내고 다른 사람과 결혼하게 했을까? 사실 문제는 이게 아니다. 중요한 것은 주부로서, 한편으로는 프리랜서로서 잡지에 기고를 하면서도 프리단은 미치도록 지루해했다는 것이다. 프리단은 미국인들이 농장에서 도시로, 그리고 교외로 이동하면서 가계 일의 본성이 바뀌었음을, 그것이 자신의 시대와 과거 사이의 차이라는 점을 이해했다. 농장에서 부인은 가족 내에서 결정적인 경제적 역할을 했다. 농가에서는 여성이 만드는 옷가지, 비누, 양초, 치즈, 그녀가 기르는 채소와 닭에 의지했다. 또 여성은 가족에게 필요한 중요한 물품들과 자신이 만든 것들을 교환하는 비공식적인 주부 경제에도 참여했다. 그러나 교외의 주부들에게는 아무런 경제적 중요성이 없었고, 현대 제품들은 과거에 시간을 쏟아야 했던 잡일들을 대부분 해결해주었다. 프리단은 여성의 자존감이 "한때는 필수적인 노동과 집안에서의 성취에 달려있었다"고 썼다. 하지만 이러한 자존감은 집안일이 "여성이 자유로울 수 있고, 마침내 다른 무언가를 할 수 있게 된 나라와 시기에 와서 더 이상 실제로 필수적이지 않거나 많은 역량을 필요치 않게" 되면서 사라져버렸다.

프리단이 이렇게 자신을 괴롭히는 것을 분석한 결과물이 바로 『여성성의 신화』다. 이 책이 서점 진열대에 오르자 완벽한 집과 결혼에 지루함을 느끼고 속박되어 있다고 생각하던 여성들이 이 책을 집어 들었고 그러한 세계 속에서 심리적으로 동조하는 자신들을 발견했다. "어떤 여성들은 『여성성의 신화』가 자신들의 선택에 의문을 느끼게 만들었다고 분개했고, 저 같은 또 다른 이들은 마침내 이해받았다고 느꼈어요." 의과 대학생의 부인이었던 매들린 쿠닌 Madeleine Kunin이 매사추세츠 케임브리지의 북클럽에서 한 말이다.(쿠닌은 나중에 노동의 세계로 다시 합류했다. 그녀는 프리단처럼 정말 많은 것을 이루었고, 결국에는 버몬트의 주지사가 되었다.)

내가 아는 한, 이웃들 중 『여성성의 신화』를 읽은 어머니는 없다. 만약 그녀들이 자신들의 선택에 의문을 제기했다면 그것은 나중의 일이었을 것이다. 그러니까 프리단을 미치게 만들었던, 모든 여성 잡지들이 찬미했던 이상적인 교외의 라이프스타일에 내재적인 결함이 있다는 것이 밝혀진 다음의 일이었을 것이다. 여성성의 신화는 어머니라는 핵심적인 여성 역할을 중심으로 형성되었다. 그러나 교외에서 생활한 첫 세대는 어린 나이에 아이들을 낳았고 그 아이들은 자라서 떠나버렸다. 그녀들은 여전히 한창 때였지만, 이미 자신들의 역할을 상실해버렸다. 우리는 대학 기숙사에 있는 우리의 새 집들에서 과거를 돌아보았고 이것이 우리가 그것으로부터 스스로를 보호해야만 했던 공허함이라는 것을 깨달았다. 나중에 우리가 『여성성의 신화』에 뒤늦게 손을 댔을 때, '아, 바로 이거야!' 하게 되는 순간이었다. 프리단이 모든 문제에 대한 하나의 대답으로 내놓고자 했던, 일자리에 대한 집착도 완전히 이해하게 되었다.

『여성성의 신화』는 한 저자의 인생을 규정하는 일종의 베스트셀러가 되었다. 1966년에 프리단은 여성의 지위에 관한 주 위원회의 컨퍼런스를 마무리하고 워싱턴에서 다른 책을 준비하고 있었다. 이 컨퍼런스에 참가한 사람들은 1964년의 시민권리법에 포함된 내용을 반영하여 성별에 따른 일자리 차별을 금지하는 법률을 제정해야 한다는 요청에 연방정부가 따를 의사가 없다는 것이 분명해지자 분개하고 있었다.(이 지점에서 『여성성의 신화』가 여성권리운동을 만든 게 아니라는 점을 지적하고자 한다. 여성의 지위에 관한 위원회들은 이 책이 출간되기 전에 이미 케네디 행정부에 의해 구성되었고, 시민권리법이 의회에서 토론되는 동안 미국의 주부들은 그때서야 프리단의 책을 돌려보기 시작했다.)

린든 존슨 행정부가 이 이슈를 밀어붙이는 데 관심이 없음을 보여주었을 때, 분개한 컨퍼런스 참가자들이 무엇을 할지 토론하고자 모인 곳이 베티 프리단의 호텔방이었다.(프리단은 만만찮은 성격을 가진 것으로 널리 알려져 있었고, 어떤 때는 프리단이 욕실에서 문을 잠그고 모두 돌아가라고 말했지만, 아무도 그렇게 하지 않았다.) 다음 날, 프리단 일당은 격앙된 점심식사 자리에서 문서를 돌리고, 그 자리에서 전미여성기구(NOW)를 창립했다. 이 조직은 프리단이 이끌게 될 것이었다. 『여성성의 신화』가 무시했다고 늘 비판받아온 평범한, 아름답지 않은, 일하는 여성들, 바로 그런 이들을 위해 소송을 제기한 것도 프리단이 지도하는 NOW였다. 그리고 1970년, 프리단은 여성 참정권 입법화 15주년 기념 행진을 요청했고, 전국의 도시에서 엄청나게 많은 참가자가 모였으며, 의지를 가진 여성들이 어떻게 그들의 삶과 사회를 바꿀 수 있는지 똑똑히 보여주었다. 뉴욕에서 참가자들은 5번가에서 행진하는 것을 불허당하고 인도로 들어설 것을 요구받았다. 대열의 선두에서, 프리단은 다시 한 번 앞에 나섰다. "그렇게 좁은 길로는 5번가를 지나갈 방법이 없습니다." 나중에 프리단은 이렇게 기록했다. "나는 머리 위로 손을 흔들며 외쳤습니다. '거리를 점거합시다!' 엄청난 순간이었습니다."

이 얼마나 엄청난 책인가. 출간 50주년을 축하한다.

게일 콜린스Gail Collins는 진보적 미국 언론인으로,《뉴욕타임스》등에 칼럼을 쓰고 있다. 1995년에 《타임스》에 들어가서 2001년부터 2007년까지 사설란 편집인으로 일했는데, 콜린스는 이 지위에 오른 최초의 여성이었다. 『새천년의 책』(댄 콜린스와 공저, 1990), 『모든 것이 변화할 때: 1960년대부터 현재까지 미국 여성들의 경이로운 여행』(2009) 등의 저서가 있다.

여성성의 신화

옮긴이의 말

2018년의 한국에 베티 프리단의 저서를 다시 내놓는 것은 어떤 의미가 있을까? 유명한 여성주의 문헌을 책방과 도서관의 서가에 다시 등장시키는 것, 아쉬웠던 번역을 바로잡고 개선하는 것 이상의 의미 말이다. '비동시성의 동시성'은 그런 생각 속에 금세 떠오른 맞춤한 표현이다.

한국에서 페미니즘 담론과 운동의 비상한 폭발을 목도하고 있는 지금, 운동의 노선과 방식을 둘러싸고 무수한 각도와 무게를 지닌 날 선 공방들이 오고 가는 지금, '미투 운동'과 더불어 페미니스트 서울시장 후보가 안온했던 기성 정치에 도발적 자극을 던지는 지금이다. 그러나 다른 한편으로, 처음으로 중앙정부 장관의 3분의 1이 여성으로 임명되었지만 여성의 전반적인 사회경제적 지위는 좀체 공식 의제로 오르지 못하고, 여성들을 소비 기계로 재생산하는 제품과 광고가 넘쳐나고, 프리단이 말한 '이름 붙일 수 없는 문제들'이 이름은 얻었으되 공중파의 지상파의 막장 드라마들에서 여전히 한 구석자리를 벗어나지 못하는 지금, 그리고 페미니즘 정치의 선언이 수많은 적대적 시선과 n개의 다양한 정치 노선 중 하나 사이에서 분투해야 하는 지금이다.

1, 2, 3, 4세대의 페미니즘 운동과 현상들이 함께 충돌하고 관통한다. 정말이지 지독한 비동시성의 동시성이 아닐 수 없다. 출간 50주년이 된 『여성성의 신화』는 그렇게 1960년대의 미국 사회와 2018년의 한국 사회를 동일한 역사적 시간대로 만나게 하면서, 또한 2018년 한국의 풍경 위에서 여러 다른 시간대의 담론과 장면들을 마주치게 한다.

이 책과 프리단에 대해서 많은 찬사와 함께 비판이 이어졌고, 판을 달리하는 서문들에서 밝히고 있듯 프리단의 생각도 변해온 것이 사실이다. 교외의 중산층 백인 여성들에 지나치게 집중되는 초점, 여성의 공식 직업 취득을 거의 유일한 해법으로 보는 시각, 남성과의 화해를 주문하는 노선은 당황스럽고 의뭉스러운 반응들을 낳았다.

그러나 많은 역사적 문헌들이 그러하듯, 이 문헌의 역사적 가치와 공과에 대한 평가는 시대적 맥락과 배경을 함께 보지 않으면 안 된다. 간단히 말해서 페미니즘의 큰 물결을 가져왔던 남북전쟁과 노예해방의 시대 이후 거의 두 세대가 지난 다음, 전후의 경제적 풍요가 주부들에게 가정으로 돌아가서 소비재를 구매하고 아이들을 돌보는 데 충실하도록 명령하던 그 시대에 프리단은 질문을 던졌고 그 대답은 페미니즘의 두 번째 물결로 이어졌다. 그 질문 중 몇 가지는 어떻게든 풀렸지만, 봉쇄되거나 변형된 형태로 남아있거나 다시 은폐된 질문들도 여럿 있을 것이다. 그렇게 변화한 시대의 인식 지평 위에서 이 텍스트는 그야말로 참고가 되는 책으로 다가 온다.

또한 이 책의 메시지와 정치적 입장에 관한 논쟁이 책의 평가를 대신하면서 프리단의 연구와 서술 자체가 갖는 의미는 다소 관심 바깥이었던 것 같다. 하지만 이 책 곳곳의 전후 소비 자본주의에 대한 문화 비평과 제도권 학문 세계에 대한 지식사회학적 분석은 무척 깊이 있는 것이다. 프리단이 초판을 출간한지 50년이 지났음에도, 그만큼 변화한 기술적 소통 방식과 정치적 동원과 운동 방식이라는 지반 위에서, 그런 문화 비평과 지식사회학적 분석은 그만큼 진화하지 못하고 있는 점이 오히려 아쉽게 느껴진다.

이 책의 한국어 출간은 『여성의 신비』라는 제목으로 1978년 평민사 그리고 2005년 이매진 출판사에서 나온 번역본 이후 이번으로 세 번째다. 이번 도서출판 갈라파고스의 판본은 2013년에 출간된 50주년 기념판을 번역한 것으로, 뉴욕타임스의 칼럼니스트 게일 콜린스와 작가 애나 퀸들런의 글이 추가되었다. 2005년판의 번역을 맡았던 사람으로서, 이번 출간을 통해 지난 판본의 오역들을 바로잡고, 프리단의 취지를 한국어로 보다 잘 전달할 수 있는 "여성성의 신화"라는 제목을 갖게 되어서 더욱 다행으로 생각한다.

2018년 7월
김현우

주

개정판 서문: 두 세대 뒤의 변화한 풍경

1. *New York Times*, February 11, 1994. U.S. Census Bureau data compiled by F. Levy(MIT) and R. Murnane(Harvard).

2. "Women: The New Providers", Whirlpool Foundation Study, by Families and Work Institute, May 1995.

3. "Employment and Earnings", Bureau of Labor Statistics, January 1996.

4. U.S. Census Bureau data from Current Population Report, 1994.

5. National Committee on Pay Equity, compiled U.S. Census Bureau data from Current Population Report, 1996.

6. "The Wage Gap: Women's and Men's Earning", Institute for Women's Policy Research, 1996.

7. *Washington Post*, September 27, 1994. Data released from "Corporate Downsizing, Job Elimination, and Job Creation", AMA Survey, 1994; *The Downsizing of America: The New York Times Special Report*. New York: Random House, 1996.

8. "Women's Voices: Solutions for a New Economy", Center for Policy Alternatives, 1992.

9. "Contraceptive Practice and Trends in Coital Frequency", Princeton University Office of Population Research, *Family Planning Perspectives*, vol. 12. 5, October 1980.

10. *Starting Right: How America Neglects Its Youngest Children and What We Can Do About It*, Sheila B. Kamerman and Alfred J. Kahn. New York: Oxford University Press, 1995.

11. The New Republic, June 10, 1996.

여성성의 신화

1. 이름 붙일 수 없는 문제들

1. *Good Housekeeping*(May, 1960, 75주년 기념호), "The Gift of Self"를 보라. Margaret Mead, Jessamyn West, et. al.이 주최한 심포지엄.

2. Lee Rainwater, Richard P. Coleman, and General Handel, *Workingman's Wife*, New York, 1959.

3. Betty Friedan, "If One Generation Can Ever Tell Another", *Smith Alumnae Quarterly*, Northampton, Mass., Winter, 1961. 졸업한 지 15년 만에 스미스대학 동창들에게 심층 면접을 준비하고 조사를 시행한 1957년에 '이름을 붙일 수 없는 문제'와 내가 결국 '여성성의 신화'라고 명명한 것 사이의 관계를 처음 알아차릴 수 있었다.

4. Jhan and June Robbins, "Why Young Mothers Feel Trapped", *RedBook*, September, 1960.

5. Marian Freda Poverman, "Alumnae on Parade", *Barnard Alumnae Magazine*, July, 1957.

2. 더없이 '행복한' 주부의 등장

1. Betty Friedan, "Women Are People Too!", *Good Housekeeping*, September, 1960. 이 기사의 응답으로 미국 전역에서 온 편지들에는 아주 깊은 감정이 어려 있었고, 나는 "이름을 붙일 수 없는 문제들"이 아이비리그 여대 졸업생에 국한된 문제가 결코 아님을 확신하게 됐다.

2. 1960년대에는 때때로 '행복한 가정주부'가 아닌 여성 주인공들이 여성지에 갑자기 등장하기 시작했다.《맥콜》의 편집인은 이렇게 설명했다. "이따금 우리는 순전히 재미를 위해서 엉뚱한 이야기를 연재하거든요." 노엘 클라드가 의뢰 받아《굿 하우스 키핑》1960년 1월호에 쓴 소설의 제목은 「여성과 남성의 대립」이었다. 직업을 가진 행복한 여성인 여주인공이 남편뿐만 아니라 아이까지 잃을 위험에 처한다는 내용이다.

3. 위기에 처한 여성들의 정체성

1. Erik H. Erikson, *Young Man Luther, A Study in Psychoanalysis and History*, New York, 1958, pp. 15 ff. Erikson, *Childhood and Society*, New York, 1950, and

Erikson, "The Problem of Ego Identity", *Journal of the American Psychoanalytical Association*, Vol.4, 1956, pp. 56~121도 보라.

4. 페미니스트들의 열정적인 여행

1. Eleanor Flexner, *Century of Struggle: The Woman's Rights Movements in the United States*, Cambridge, Mass., 1959. 여성성의 신화가 최고조에 이르던 1959 년 출간된 미국의 여권 운동에 관한 이 정연한 역사서는 지식인 독자나 학자 어 느 쪽에게서도 합당한 관심을 받지 못했다. 그러나 나는 미국 대학에 입학할 모 든 여성들이 이 책을 읽어야 한다고 생각한다. 여성성의 신화가 그토록 지배적 인 이유 중 하나는 40세 이하의 여성들 중 여권 운동의 진실을 아는 이들이 극히 드물다는 데 있다. 여성성의 신화의 배후에 있는 사실에 접근하고 페미니스트에 대한 기괴한 이미지를 벗을 수 있게 여러 실마리를 제공해준 플렉스너 양에게 크게 감사한다.

2. Sidney Ditzion, Marriage, *Morals and Sex in America — A History of Ideas,* New York, 1953. 뉴욕대학 도서관 직원이 수집한 이 방대한 기록물은 미국의 사회운 동과 성 개혁 운동 사이의 관계, 특히 좀 더 큰 자아실현과 성적 성취를 위한 남 성운동과 여성운동 사이의 지속적인 상호관계를 보여주고 있다. 연설문과 소책 자들은 여성해방운동이 종종 운동을 이끈 남녀에게 모두 "양성을 위한 좀 더 만 족스러운 성적 표현"을 위해 "양성간 평등한 지위를 만드는 것"으로 이해됨을 보여 준다.

3. *Ibid.*, p. 107.

4. Yuri Suhl, Ernestine L. *Rose and the Battle for Human Rights*, New York, 1959, p. 158. 이 책은 기혼 여성들이 자신의 재산과 수입을 가질 권리를 위해 벌이는 투 쟁을 생생히 담고 있다.

5. Flexner, *op. cit.*, p. 30.

6. Elinor Rice Hays, *Morning Star, A Bibliography of Lucy Stone*, New York, 1961, p. 83.

7. Flexner, *op. cit.*, p. 64.

8. Hay, *op. cit.*, p. 136.

9. *Ibid.*, p. 285.

여성성의 신화

10. Flexner, *op. cit.*, p. 46.

11. *Ibid.*, p. 73.

12. Hays, *op. cit.*, p. 221.

13. Flexner, *op. cit.*, p. 117.

14. *Ibid.*, p. 235.

15. *Ibid.*, p. 299.

16. *Ibid.*, p. 173.

17. Ida Alexis Ross Wylie, "The Little Woman", *Harper's* Magazine, November, 1945.

5. 프로이트가 여성에게 끼친 영향

1. Clara Thompson, *Psychoanalysis: Evolution and Development*, New York, 1950, pp. 131 ff. "프로이트는 문화적인 것에 대해 생물학적 면을 더 강조했을 뿐 아니라, 자신의 생물학 이론에 기초한 자신만의 문화 이론도 발전시켰다. 프로이트가 목격하고 기록한 문화 현상의 중요성을 이해하는 데에는 두 가지 장애물이 있었다. 하나는 자신의 생물학 이론을 발전시키는 데 너무 깊이 빠져있어서 수집한 데이터의 다른 측면들을 숙고하기 어려웠다는 점이다. 그래서 인간 사회를 자신의 본능 이론에 적용하려 했다. 예를 들어 죽음의 본능이라는 전제에서 출발해 자신이 죽음의 본능이라는 견지에서 관찰한 문화 현상들을 설명했다. 또한 비교 문화에 대한 지식에서 관점을 습득하지 못한 탓에 프로이트는 그런 문화 과정들을 평가할 수 없었다. …… 현대의 연구는 프로이트의 연구가 대부분 특정한 유형의 문화에 대한 반응이지 보편적 인간 본성의 특징에 관한 것이 아님을 보여준다."

2. Richard La Piere, *The Freudian Ethic*, New York, 1959, p. 62.

3. Ernest Jones, *The Life and Work of Sigmund Freud*, New York, 1953, Vol. I, p. 384.

4. *Ibid.*, Vol. II(1955), p. 432.

5. *Ibid.*, Vol. I, pp. 7-14, 294; Vol. II, p. 483.

6. Bruno Bettelheim, *Love Is Not Enough: The Treatment of Emotionally Disturbed Children*, Glencoe, Ill., 1950, pp. 7ff.

7. Ernest L. Freud, *Letters of Sigmund Freud*, New York, 1960, Letter 10, p. 27; Letter 26, p. 71; Letter 65, p. 145.

8. *Ibid.*, Letter 74, p. 60; Letter 76, pp. 161 ff.

9. Jones, *op. cit.*, Vol. I, pp. 176f.

10. *Ibid.*, Vol. II, p. 422.

11. *Ibid.*, Vol. I, p. 271. "성행위에 대한 묘사들은 너무 사실적이어서 많은 독자들은 그것이 거의 건조하며 따뜻함이라곤 찾아볼 수 없다는 것을 발견한다. 내가 아는 한 프로이트는 탐닉적인 주제에 대해서는 평균적 사람의 관심도 보여주지 않았다. 성적인 화제에 관해서도 무미건조하기 짝이 없고 …… 언제나 대단히 고상한 사람인 것 같은 인상을 줬다. '금욕적'이라는 말이 딱 맞다. 프로이트의 초기 이론 전개는 이런 생각을 뒷받침해준다."

12. *Ibid.*, Vol. I, p. 102.

13. *Ibid.*, Vol. I, pp. 110 ff.

14. *Ibid.*, Vol. I, p. 124.

15. *Ibid.*, Vol. I, p. 127.

16. *Ibid.*, Vol. I, p. 138.

17. *Ibid.*, Vol. I, p. 151.

18. Helen Walker Puner, *Freud, His Life and His Mind*, New York, 1947, p. 152.

19. Jones, *op. cit.*, Vol. II, p. 121.

20. *Ibid.*, Vol. I, pp. 301 ff. 프로이트가 남성들에 대한 열정적 의존에서 자기 자신을 자유롭게 한 자기분석 이전에, 성 이론을 구성하고 있을 시기 동안 프로이트의 감정의 초점은 플리스라는 이비인후과 의사에 맞춰져 있었다. 이것은 여성들에게 아주 운명적인 역사의 일치점이라 하겠다. 플리스는 환상적인 '과학적 이론'을 제안하고 프로이트에게 평생의 추종을 받았는데, 그것은 생사의 모든 현상을 '양성성'으로 환원시켰고 여성의 생리주기인 '28'이라는 숫자에 기초한 주기표로 표현되는 수학적 용어로 표현되었다. 프로이트는 플리스를 만나는 일을 "배고픔과 목마름을 달래기 위해" 고대했다. "특별하고, 아마도 내 여성적 측면이 요구하는 벗과 함께 하는 교류를 대체할 사람은 없다"고 편지를 보냈다. 자신에 대한 자기분석 이후에도 프로이트는 플리스의 주기표가 예고하는 날에 죽을 것을 예상했다. 여성의 생리주기의 끝과 다음 주기의 시작에서 나오는, 여성의

숫자인 '28'과 남성의 숫자인 '23'으로 모든 것이 숫자화될 수 있다는 것이었다.

21. *Ibid.*, Vol. I, p. 320.

22. Sigmund Freud, "Degradation in Erotic Life", in The Collected Papers of Sigmund Freud, Vol. IV.

23. Thompson, op. cit., p. 133.

24. Sigmund Freud, "The Psychology of Woman", *in New Introductory Lectures on Psychoanalysis*, tr. by W. J. H. Sprott, New York, 1933, pp. 170 f.

25. *Ibid.*, p. 182.

26. *Ibid.*, p. 184.

27. Thompson, *op. cit.*, pp. 12f. "1914~1918년의 전쟁은 자아의 추동력에 대한 관심을 심화시켰다. …… 이 즈음 분석에 새로운 사상이 도입되었고 …… 섹스뿐만 아니라 공격성이 주요한 억압된 충동일 수 있다는 것이었다. …… 문제는 이것을 본능 이론에 어떻게 수용하느냐 하는 것이었다. …… 결국 프로이트는 자신의 2차 본능 이론으로 이것을 해결했다. 공격성은 죽음 본능의 일부로 자리매김되었다. 평범한 자긍심, 예를 들어 환경을 지배하거나 자아실현을 하려는 충동을 프로이트가 특별히 강조하지 않았다는 점은 흥미롭다."

28. Sigmund Freud, "Anxiety and Instinctual Life", *in New Introductory Lectures on Psychoanalysis*, p. 149.

29. Marynia Farnham and Ferdinand Lundberg, *Modern Woman: The Lost Sex*, New York and London, 1947, pp. 142 ff.

30. Ernest Jones, *op. cit.*, Vol. II, p. 446.

31 Helene Deutsch, *The Psychology of Women — A Psychoanalytical Interpretation*, New York, 1944, Vol. I, pp. 224 ff.

32. *Ibid.*, Vol. I, pp. 251 ff.

33. Sigmund Freud, "The Anatomy of the Mental Personality", *in New Introductory Lectures on Psychoanalysis*, p. 96.

6. 기능주의의 함정, 여성성 주장 그리고 마거릿 미드

1. Henry A. Bowman, *Marriage for Moderns*, New York, 1942, p. 21.

2. *Ibid.*, pp. 22 ff.

3. *Ibid.*, pp. 62 ff.

4. *Ibid.*, pp. 74-76.

5. *Ibid.*, pp. 66ff.

6. Talcott Parsons, "Age and Sex in the Social Structure of the United States", *in Essays in Sociological Theory*, Glencoe, Ill., 1949, pp. 223 ff.

7. Talcott Parsons, "An Analytical Approach to the Theory of Social Stratification", *op. cit.*, pp. 174 ff.

8. Mirra Komarovsky, *Women in the Modern World, Their Education and Their Dilemmas*, Boston, 1953, pp. 52-61.

9. *Ibid.*, p. 66.

10. *Ibid.*, pp. 72-74.

11. Mirra Komarovsky, "Functional Analysis of Sex Roles", *American Sociological Review*, August, 1950. "Cultural Contradictions and Sex Roles", *American Journal of Sociology*, November, 1946.

12. Kingsley Davis, "The Myth of Functional Analysis as a Special Method in Sociology and Anthropology", *American Sociological Review*, Vol. 24, No. 6, December, 1959, pp. 757-772. 데이비스는 기능주의가 사회학 자체와 어느 정도 동일시되는 경향이 있다고 지적한다. 최근의 사회학 연구가 여대생들이 '기능적인' 전통적 성 역할에 자기 자신을 제한하도록 설복했다는 강력한 증거가 있다. '전문적 사회학에서 여성의 지위'에 관한 한 보고서(Sylvia Fleis Fava, *American Sociological Review*, Vol. 25, No. 2, April, 1960)는 학부 과정에서 사회학을 전공하는 대다수 학생들이 여성이지만, 1949년에서 1958년 사이에 사회학 분야에서 여성에게 돌아간 학위 수와 등급이 급격히 감소했음을 보여 준다.(1949년에 4143명이던 학사는 1955년에 3200명, 1958년에는 3606명으로 줄었다.) 그리고 사회학 학사학위의 절반에서 3분의 2 가량이 여성에게 돌아갔지만, 석사학위는 25~43퍼센트가 여성에게 수여되었고, 박사학위는 8~19퍼센트에 불과했다. 여성성의 신화의 시대 동안 대학원에서 공부하는 여성의 수가 모든 분야에서 급격히 감소했지만, 다른 분야와 비교할 때도 사회학에서 여성은 높은 '사망률'을 보였다.

13. Margaret Mead, *Sex and Temperament in Three Primitive Societies*, New York,

1935, pp. 279 f.

14. Margaret Mead, *From the South Seas*, New York, 1939, p. 321.

15. Margaret Mead, *Male and Female*, New York, 1955, pp. 16~18.

16. *Ibid.*, p. 26.

17. *Ibid.*, 각주, pp. 289 f. "나는 1931년 아라페쉬에 간 다음부터 육체라는 영역에 대해 심각하게 접근하게 되었다. 이 주제에 관한 프로이트의 기본적 작업을 전반적으로 알고는 있었지만, 로하임Geza Roheim의 첫 연구 보고서인「원시 문화 유형들의 정신분석」을 읽기 전까지는 그것이 어떻게 이 연구에 적용될 수 있을지 알지 못했다. …… 나는 에이브러햄K. Abrahams의 연구 요약문을 살펴봤다. 에릭슨Erik Homburger Erikson이 이런 생각들을 체계적으로 정리한 것을 접하게 된 다음, 그것들은 내 이론 작업의 한 부분이 되었다."

18. *Ibid.*, pp. 50 f.

19. *Ibid.*, pp. 72 ff.

20. *Ibid.*, pp. 84 ff.

21. *Ibid.*, p. 85.

22. *Ibid.*, pp. 125 ff.

23. *Ibid.*, pp. 135 ff.

24. *Ibid.*, pp. 274 ff.

25. *Ibid.*, pp. 278 ff.

26. *Ibid.*, pp. 276~285.

27. Margaret Mead, Introduction to *From the South Sea*, New York, 1939, p. xiii, "아이들이 자신이 살아가는 사회의 가치와 다른 가치들을 발전시키도록 허용하는 것은 소용없는 일이다."

28. Marie Jahoda and Joan Havel, "Psychological Problems of Women in Different Social Roles — A Case History of Problem Formulation in Research", *Educational Record*, Vol. 36, 1955, pp. 325~333.

7. 여성성을 주입하다

1. Mabel Newcomer, *A Century of Higher Education for Women*, New York, 1959, pp. 45 ff. 미국 대학에서 여성의 비율은 1870년에 21퍼센트에서 1920년에 47

퍼센트로 상승했지만, 1958년에는 35.2퍼센트로 하락했다. 여자대학 다섯 곳이 문을 닫았고, 21개 학교는 공학이 되었으며, 2개 학교는 전문대학으로 바뀌었다. 1956년에는 남녀공학에 다니는 여성 5명 중 3명이 비서, 간호, 가정학 또는 교육학 과정을 전공했다. 1920년에는 6명의 박사학위 수여자 중 1명이 여성이었고 1940년에는 13퍼센트였지만, 당시의 박사학위 수여자 중 여성은 10명 중 1명도 안되었다. 1차대전 이전까지 미국 여성의 학위 수여 비율이 이 기간만큼 지속적으로 낮아지지는 않았다. 미국 여성의 후퇴 정도는 자신의 잠재성을 발전시키지 못하는 측면으로도 측정될 수 있다. 《우먼파워》에 따르면, 대학 학업을 수행할 수 있는 젊은 여성 4명 중 한 명만이 대학에 진학한다. 남성의 경우 2명 중 한 명이다. 박사학위를 딸 수 있는 능력을 가진 여성 3백 명 중 한 명만이 실제로 학위를 취득한다. 남성의 경우 30명 중 한 명이다. 지금 같은 상황이 계속된다면 미국 여성은 곧 세계에서 가장 '후진한' 여성들 사이에 끼게 될 것이다. 미국은 지난 20년 동안 고등교육을 받는 여성의 비율이 하락한 유일한 국가일 것이다. 스웨덴, 영국, 프랑스뿐 아니라 아시아의 개발도상국가들과 공산주의 국가들에서도 여성의 고등교육 비율은 계속 향상되어왔다. 1950년대가 되면 미국 여성보다 프랑스 여성들의 고등교육 수료 비율이 더 높아진다. 전문직에 있는 프랑스 여성의 비율은 지난 50년간 두 배가 되었다. 의료직에 있는 프랑스 여성의 비율만 해도 미국 여성들의 다섯 배다. 소련은 의사 중 70퍼센트가 여성이지만 미국은 5퍼센트에 불과하다. Alva Myrdal and Viola Klein, *Women's Two Roles — Home and Work*, London, 1956, pp. 33~64.

2. Mervin B. Freeman, "The Passage through College", *in Personality Development During the College Years*, ed. by Nevitt Sanford, Journal of Social Issues, Vol. XII, No, 4, 1956, pp. 15 f.

3. John Bushnel, "Student Culture at Vassar", in *The American College*, ed. by Nevitt Sanford, New York and London, 1962, pp. 509 f.

4. Lynn White, *Educating our Daughters*, New York, 1950, pp. 18-48.

5. *Ibid.*, p. 76.

6. *Ibid.*, pp. 77 ff.

7. *Ibid.*, p. 79.

8. Dael Wolfle, *America's Resources of Specialized Talent*, New York, 1954.

9. Mary H. Donlon 판사가 '여성 교육 연구의 현 상태와 전망에 관한 회의'에서 행한 연설에서 인용. American Council on Education, Washington, D.C., 1957.

10. "The Bright Girl: A Major Source of Untapped Talent", *Guidance Newsletter*, Science Research Associates Inc., Chicago, Ill., May, 1959를 보라.

11. Dael Wolfle, *op. cit.*

12. John Summerskill, "Dropouts form College", in *The American College*, p. 631.

13. Joseph M. Jones, "Does Overpopulation Mean Poverty?", Center for International Economic Growth, Washington, 1962. *United Nations Demographic Yearbook*, New York, 1960, pp. 580 ff. 미국에서는 다른 어느 연령 집단보다도 15~19세 사이의 소녀들이 결혼을 많이 한다. 모든 선진국들과 개발 도상국에서도 대다수 소녀들은 20~24세 또는 25세 이후에 결혼하는 비율이 높다. 10대의 결혼이라는 미국의 패턴은 파라과이, 베네수엘라, 온두라스, 과테말라, 멕시코, 이집트, 이라크, 피지 등에서만 발견된다.

14. Nevitt Sanford, "Higher Education as a Social Problem", in *The American College*, p. 23.

15. Elizabeth Douvan and Carol Kaye, "Motivational Factors in College Entrance", in *The American College*, pp. 202-206.

16. *Ibid.*, pp. 208 f.

17. Esther Lloyd-Jones, "Women Today and Their Education", *Teachers' College Record*, Vol, 57, No. 1, October, 1955; No. 7, April, 1956. Opal David, *The Education of Women — Signs for the Future*, American Council on Education, Washington, D.C., 1957.

18. Mary Ann Guitar, "College Marriage Courses — Fun or Fraud?", *Mademoiselle*, February, 1961.

19. Helene Deutsch, *op. cit.*, Vol. I, p. 290.

20. Mirra Komarovsky, *op. cit.*, p. 70. 연구 결과는 여학생 40퍼센트가 남성들과 '바보 놀이'를 하고 있음을 보여 준다. 지나치게 지성적인 부류에 속하지 않으려고, 미국 소녀들 중 다수가 자신들에게 부여받는 높은 지능을 감추는 방법을 배운다.

21. Jean Macfarlane and Lester Sontag, Research Report to the Commission on the

Education of Women, Washington, D.C., 1954, (mimeo ms.).

22. Harold Webster, "Some Quantitative Results", in *Personality Development During the College Years*, ed. by Nevitt Sanford, Journal of Social Issues, 1956, Vol. 12, No. 4, p. 36.

23. Nevitt Sanford, *Personality Development During the College Years*, Journal of Socal Issues, 1956, Vo. 12, No. 4.

24. Mervin B. Freeman, "Studies of College Alumni", in *The American College*, p. 878.

25. Lynn White, *op. cit.*, p. 117.

26. *Ibid.*, pp. 119 f.

27. Max Lerner, *America As a Civilization*, New York, 1957, pp. 608-611. "그 핵심은 여성들의 생물학적 불능성이나 경제적 무능력에 있는 것이 아니라, 자신들이 성취할 현실적 의지가 아무것도 없는 남성의 세계나 거의 실현할 수 없어 보이는 자신들의 세계 사이에 끼어있다는 느낌에 있다. …… 이 여성들에게 장난감과 이야기책에서 손을 떼고 남성들이 하듯, 현실의 독립적이고 험난한 인생으로 나아가도록 타이를 때, 월트 휘트먼은 다른 대다수의 동시대인들과 마찬가지로 그릇된 평등주의를 생각하고 있었다. …… 한 여자가 자신의 정체성을 발견하려면, 페미니즘 운동보다는 자신의 여성다움에 대한 자아의 믿음에서 출발해야만 한다. 마거릿 미드는 여성의 생물학적 생애 주기는 초경부터 아이의 출산을 지나 환경에 이르는 확실히 나뉘어지는 국면들을 갖는다고 지적한다. 기본적인 신체 리듬처럼 이런 생애 주기의 각 단계들 속에서, 자신의 여성다움 속에서 안정감을 느낄 수 있고 남성들처럼 잠재력을 강변하지 않아도 된다는 것이다. 이것과 비슷하게, 자신이 인생에서 수행해야 하는 다중적 역할이 당황스러울 때 한 여성이 자신의 중심 역할이 여성의 그것임을 안다면 혼란 없이 이 역할들을 성취할 수 있다. …… 하지만 여전히 그 여성의 중심 기능은 자신과 가정을 위해 생애 주기를 만들고 여기서 생활을 창조하고 지속시키는 것에 있다."

28. Philip E. Jacob, *Changing Value in College*, New York, 1960을 보라.

29. Margaret Mead, "New Look at Early Marriages", Interview in U.S. *News and World Report*, June 6, 1960.

8. 잘못된 선택의 결과

1. *United Nations Demographic Yearbook*, New York, 1960, pp. 90~118과 pp. 476~490, p.580. 1955~59년 사이 미국의 연간 인구증가율은 서유럽 나라들보다 훨씬 높았고, 인도, 일본, 미얀마, 파키스탄보다도 높았다. 실제로 북미의 증가율(1.8)은 세계 평균(1.7)을 넘어섰다. 유럽은 0.8, 소련은 1.7, 아시아 1.8, 아프리카 1.9, 남미가 2.3이었다. 저개발 국가들의 인구 증가율은 물론 의학 발전과 사망률 감소 때문이었지만, 미국에서는 확실히 출산율 증가, 조혼, 가족 수 증가에 따른 것이었다. 1950년에서 1959년까지 미국에서 출산율이 지속적으로 상승한 반면, 프랑스와 노르웨이, 스웨덴, 소련, 인도, 일본 등에서는 감소했다. 미국은 1958년 기준으로 15~19세 사이의 소녀들이 가장 많이 결혼하는 유일한 이른바 '선진' 국가이자 세계에서도 몇 안 되는 나라였다. 독일, 캐나다, 영국, 칠레, 뉴질랜드, 페루 등 출산율 상승을 보인 나라들조차 10대의 결혼이라는 이런 현상을 보이지 않았다.

2. 마리야 맨스Marya Mannes가《뉴욕타임스 매거진》1960년 1월 3일자에 실은 「여성의 지성을 원하는 이 누구인가?」에 대한 분노 어린 답신으로, 같은 잡지 1월 17일자에 실린 「두뇌를 가진 여성」을 보라.

3. National Manpower Council, *Womanpower*, New York, 1957을 보라. 1940년에 미국에서 고용된 모든 여성 중 절반 이상이 25세 이하였고, 45세 이상은 5분의 1이었다. 1950년대에는 18~19세의 젊은 여성들이 유급 고용으로 일하는 비율이 가장 많이 증가했고, 45세 이상의 여성들이 갖고 있는 일자리에는 거의 아무런 훈련도 필요없었다. 노동력 중 나이 든 기혼 여성의 비율이 새롭게 많아진 것은 현재 20~30대 여성 중 일하는 여성들이 거의 없다는 사실에서 기인한다. 미국에서 전체 피고용 여성 중 5분의 2가 45세 이상으로, 대부분 부인이나 어머니고 시간제나 미숙련 직종에서 일한다. 수백만 명에 이르는 미국 여성들이 집 바깥에서 일하고 있다는 보고들은 몇 가지 지점에서 오해를 불러일으킨다. 모든 피고용 여성 중 3분의 1만이 전일제 노동에 종사하고 있으며, 3분의 1의 일자리는 크리스마스 시즌의 여성 판매직처럼 연중 일정 기간만 전일제다. 전문직 여성은 아주 소수이며 대부분 독신 여성들이다. 나이 든 미숙련 주부나 어머니들은 따로 훈련을 받지 않는 18세의 소녀들처럼, 임금과 직무 수준의 사다리 아래쪽에 집중되어 있다. 공장, 서비스직, 판매직, 사무실 일자리에서 모두 그렇다. 미국의

인구 증가와 전문직 증가를 감안한다면, 오히려 잘 드러나지 않은 놀라운 현상
은 집 바깥에서 일하는 미국 여성들의 수가 미세하게 증가했지만, 미국 성인 여
성의 3분의 2가 집안일 말고는 하지 않으며, 더 많은 여성들이 직업이나 숙련을
위한 아무런 훈련도 받지 않는다는 점이다. Theodore Caplow, *The Sociology of
Work*, 1954, 그리고 Alva Myrdal and Viola Klein, *Women's Two Roles — Home
and Work*, London, 1956도 보라.

4. Edward Strecker, *Their Mothers' Sons*, Philadelphia and New York, 1946, pp.
    52-59.

5. *Ibid.*, pp. 31ff.

6. Farnham and Lundberg, *Modern Woman, The Lost Sex*, p. 271. Lynn White,
   Educating Our Daughters, p. 90도 보라. "킨제이 박사가 인디애나대학에서 수행
   한 미국인의 성적 행태에 관한 주의 깊은 연구의 예비 결과는 교육과 결혼한 여
   성이 습관적으로 오르가슴을 느끼는 능력 사이에 역관계가 있음을 제시한다. 비
   록 조심스럽게 받아들여져야 하지만, 대학을 졸업한 여성 중 65퍼센트가 부부간
   성교에서 오르가슴을 느끼지 못하는 반면, 고등교육을 마치지 못한 기혼 여성의
   경우는 15퍼센트였다."

7. Alfred C. Kinsey, *et al.*, Staff of the Institute for Sex Research, Indiana
    University, *Sexual Behavior in the Human Female*, Philadelphia and London,
    1953, pp. 378 f.

8. Lois Meek Stolz, "Effects of Maternal Employment on Children: Evidence from
   Research", *Child Development*, Vol. 31, No. 4, 1960, pp. 749-782.

9. H. F. Southard, "Mothers' Dilemma: To Work or Not?", *New York Times
    Magazine*, July 17, 1960.

10. Stolz, *op. cit.* 그리고 Myrdal and Klein, *op. cit.*, pp. 125 ff도 보라.

11. Benjamin Spock, "Russian Children Don't Whine, Squabble or Break Things
    — Why?", *Ladies Home Journal*, October, 1960.

12. David Levy, *Maternal Overprotection*, New York, 1943.

13. Arnold W. Green, "The Middle-Class Male Child and Neurosis", *American
    Sociological Review*, Vol. II, No. 1, 1946.

9. 여성을 노리는 상술

1. 이 장은 디흐터Ernest Dichter 박사의 주도로 동기조사연구소가 수행한 연구들에 근거해 쓰여졌다. 디흐터 박사와 동료들이 베푼 호의로 나는 뉴욕에 있는 연구소의 파일들을 살펴볼 수 있었다.

2. Harrison Kinney, *Has Anybody Seen My Father?*, New York, 1960.

10. 집안일은 왜 끝이 나지 않을까?

1. Jhan and June Robbins, "Why Young Mothers Feel Trapped?", *Redbook*, September, 1960.

2. Carola Woerishoffer Graduate Department of Social Economy and Social Research, "Women During the War and After", Bryn Mawr College, 1945.

3. 캡로우Theodore Caplow는 『노동사회학The Sociology of Work』의 234쪽에서, 1900년 이래 미국에 급속한 경제성장과 매우 빠른 도시화가 일어났지만 여성 고용이 1900년의 20.4퍼센트에서 1950년의 28.5퍼센트로 증가한 것은 너무도 미적지근한 것이라고 지적한다. 내가 파킨슨 효과라고 이야기한 바를 확인해주는, 미국 주부들이 가사에 투여하는 노동시간에 대한 최근 연구들은 Jean Warren, "Time: Resource or Utility", *Journal of Home Economics*, Vol. 49, January, 1957, pp. 21 ff에 요약되어 있다. Alva Myrdal and Viola Klein, *Women's Two Roles — Home and Work*에서는 전업주부에 비해 직장을 가진 어머니들이 가사에 쏟아붓는 시간이 주당 30시간 줄었음을 보여주는 프랑스의 한 연구를 인용하고 있다. 세 아이를 가진 일하는 어머니의 주당 노동시간은 직무에 35.2시간, 가사에 48.3시간까지 내려갔다. 반면 전업주부는 77.7시간을 가사에 투여했다. 전일제 일자리와 함께 가사와 아이 돌보기도 하는 어머니는 전업주부에 비해 하루에 한 시간만 더 일하는 것으로 나타났다.

4. Robert Wood, *Suburbia, Its People and Their Politics*, Boston, 1959.

5. "Papa's Taking Over the PTA Mama Started", *New York Herald Tribune*, February 10, 1962를 보라. 1962년 학부모모임연합 전국대회에서 보면, 당시 4만6457명의 학부모 모임 회장 중 32퍼센트가 남성인 것으로 드러났다. 뉴욕(33퍼센트), 코네티컷(45퍼센트), 델라웨어(80퍼센트) 등 몇몇 주는 남성 회장의 비율이 더 높았다.

6. Nanette Scofield, "Some Changing Roles of Women in Suburbia: A Social Anthropological Case Study", transactions of the New York Academy of Science, Vol. 22, No.6, April, 1960.

7. Mervin B. Freeman, "Studies of College Alumni", in *The American College*, pp. 872 f.

8. Murray T. Pringle, "Women Are Wretched Housekeeper", *Science Digest*, June, 1960.

9. *Time*, April 20, 1959.

10. Farnham and Lundberg, *Modern Women: The Lost Sex*, p. 369.

11. Edith M. Stern, "Women are Household Slaves", *American Mercury*, January, 1949.

12. Russell Lynes, "The New Servant Class", in *A Surfeit of Honey*, New York, 1957, pp. 49-64.

11. 성관계에 집착하는 사람들

1. 몇몇 사회사가들은 미국의 성적 편견을 남성의 관점에서 이야기했다. 막스 러너는 "미국은 로마 이래 다른 모든 문명처럼 성을 중시하게 됐다"고 말했다.(*America as a Civilization*, p.678.) 데이비드 리스먼은 *The Lonely Crowd*(New Haven, 1950, p. 172 ff)에서 성을 "마지막 최전선"이라고 일컬었다.
"직업의식이 옅어지면서 그 전보다 더욱, 성은 노는 시간뿐 아니라 주간에도 의식의 큰 부분을 차지하고 있다. 과거의 유한계급뿐만 아니라 현대의 대중들에게도 하나의 소비재로 받아들여지고 있는 것이다. …… 이런 변화가 일어난 이유 중 하나는 여성이 이제 더는 그냥 소비재의 취득 대상이 아니라 스스로 피어그룹이 되었다는 변화된 현실이다. …… 오늘날, 기술 덕분에 많은 가사에서 자유로워지고, 애정 관계에 도움이 되는 기술을 부여받은 여성 수백만 명이 남성들과 함께 성의 최전선에 선 개척자가 됐다. 여성들이 해박한 소비자가 됨에 따라, 남성이 여성을 만족시키는 데 실패해선 안 된다는 욕구도 함께 자란다."
임상의학자들은 남성들이 부인들보다 성적 '소비자'로서 덜 몰두하는 경향이 있다고 지적했다. 고 에이브러햄 스톤 박사가 세상을 뜨기 얼마 전 인터뷰를 할 수 있었는데, 박사는 부인들이 성적으로 '잘 맞지 않는' 남편에 대해 불평하는 사레가 늘고 있다고 이야기했다. 칼 메닝거 박사는 남편의 과도한 성욕을 불평하는 부인이 한 명이라면, 열두 명의 부인은 남편들이 냉담하거나 성적으로 불능 상태라고 불평한다고 이야기한다. 이런 '문제들'은 미국 여성들이 자신의 '여성성'을 상실하고 있다는 부수적 증거로 매스미디어에 인용된다. 그래서 이 신화에 새로운 뒷받침을 제공하는 것이다. John Kord Lagemann, "The Male Sex", *Redbook*, December, 1956을 보라.

2. Albert Ellis, *The Folklore of Sex*, New York, 1961, p. 123.

3. 레이 러셀Ray Russell의 재미있는 패러디 『경건한 포르노 작가』를 보라. *The Permanent Playboy*, New York, 1959.

4. A. C. Spectorsky, *The Exurbanites,* New York, 1955, p. 223.

5. Nathan Ackerman, *The Psychodynamics of Family Life*, New York, 1958, pp. 112-127.

6. Evan Hunter, *Strangers* When We Meet, New York, 1958, pp. 231-235.

7. Kinsey, et al., *Sexual Behavior in the Human Female*, pp. 353 ff., p. 426.

8. Doris Menzer-Benaron M.D., et al., "Patterns of Emotional Recovery form Hysterectomy", *Psychosomatic Medicine*, XIX, No. 5, September, 1957, pp. 378-388.

9. 현대 미국의 젊은 어머니들 중 75~85퍼센트가 처음 임신했을 때 후회, 슬픔, 실망, 거부 등 부정적인 감정들을 느낀다는 사실은 여러 연구에서 밝혀졌다. 사실 여성성의 신화를 행하는 이들은 젊은 어머니들이 임신에 대한 이런 낯선 거부감을 느끼는 것은 '정상적'일 뿐이고 이런 느낌에 대한 '죄의식'이 실제 문제일 뿐이라는 점을 확인하는 발견들을 보고하고 있다. 그래서《레드북》에 실린 「여성들은 임신에 대해 실제로 어떻게 느끼나」(1958년 11월) 같은 기사는 "정상적인 여성의 80~85퍼센트는 임신했을 때 임신을 거부한다는 하버드대학 보건대학원의 연구 결과를 싣고 있다. 롱아일랜드 의과대학은 자신들의 임신에 대해 '행복한' 느낌을 갖는 여성들은 4분의 1 이하라는 것을 발견했다. 뉴헤이븐의 연구는 100명 중 17명의 여성만이 아이를 갖는 것에 '즐거운' 느낌을 갖는다고 보고했다. 편집자의 말은 이렇다.

"임신이 기꺼운 일이 아니고 어렵다는 느낌으로 가득 차게 될 때 일어나는 현실적 문제는 여성이 이런 반응이 비정상적이고 부자연스럽다고 생각하는 탓에 죄책감을 갖고 스트레스를 받을 수 있다는 것이다. 이렇게 되면 부부관계나 어머니와 자식의 관계도 훼손될 수 있다. …… 죄책감을 가라앉히기 위해 정신보건 전문가가 필요한 경우도 있다. …… 자신이 임신했다는 것을 알게 됐을 때 정상적인 여성이라면 우울함이나 의구심을 갖는 게 당연하다."

이런 기사들은 다른 나라의 여성들, 미국보다 선진적이거나 후진적인 나라들, 심지어 미국의 '직업을 가진' 여성들도 임신에 대한 감정적 거부감을 덜 경험한다는 사실을 보여주는 여러 연구결과에 대해서는 결코 말하지 않는다. 임신에 대한 우울감은 여성성의 신화 시대에 사는 전업주부 어머니들에게 '정상적'일 수 있지만, 어머니 일반에게 정상적인 것은 아니다. 루스 베네딕트가 말하듯, 여성의 성적 주기에 대한 물리적·심리학적 불편함을 만들어내는 것은 생물학적 필연성이 아니라 우리의 문화다.(*Continuities and Discontinuities in Cultural Conditioning*을 보라.)

10. William J. Goode, *After Divorce*, Glencoe, Ill., 1956을 보라.

11. A. C. Kinsey, *et. al., Sexual Behavior* in the Human Male, Philadelphia and London, 1948, p. 259, pp. 585~588.

12. 미국 여성이 여성성의 신화에 따라 자신을 주조하게 되면서 남성들이 갖는 경멸은 《에스콰이어》1962년 7월호 「미국 여성, 새로운 관점」에 우울하게 드러나 있다. 특히 로버트 앨런 어서의 『여성들의 언어 ― '아니요.'』(32쪽)를 보라. 미국의 여성 성 추구자의 무성성은 말콤 머거리지의 기사(「식민지의 동침」, 84쪽)에서 찬미된다. "감질나게 하려고 육체를 억제하는 모양을 보라! 그 여성들의 아름다움은 거대 산업이고, 유혹은 수녀나 운동선수들이나 넘볼 정도의 훈육이다. 관능적이기에는 너무 성적이고 매력적이기에는 너무 흔해 빠져서, 나이도 그 여성들을 시들게 하지 못하고 관습도 그 무한한 단조로움을 삭감시키지 못한다."

13. Kinsey, *et al., Sexual Behavior in the Human Male*, p. 631.

14. 다음을 보라. Donald Webster Cory, *The Homosexual in America*, New York, 1969, 제2판 서문, pp. xxii ff. 그리고 Albert Ellis, *op. cit.*, pp. 186~190와 Seward Hiltner, "Stability and Change in American Sexual Patterns", in *Sexual Behavior in American Society*, Jerome Himelhoch and Sylvia Fleis Fava, ed., New York, 1955, p. 321도 보라.

15. Sigmund Freud, *Three Contributions to the Theory of Sex*, New York, 1948, p.

10.

16. Kinsey, *et al.*, *Sexual Behavior in the Human Male*, pp. 610 ff. Donald Webster Cory, op. cit., pp. 97 ff도 보라.

17. 혼인 후 출산은 1956년에서 1962년 사이 194퍼센트 증가했다. 젊은이들 사이의 성병은 132퍼센트 증가했다.(*Time*, March 16, 1962.)

18. Kinsey, *et al.*, *Sexual Behavior in the Human Male*, pp. 348 ff., 427~433.

19. Kinsey, *et al.*, *Sexual Behavior in the Human Male*, pp. 293, 378, 382.

20. Clara Thompson, "Changing Concepts of Homosexuality in Psychoanalysis", in *A Study of Interpersonal Relations, New Contributions to Psychiatry*, Patrick Mullahy, ed., New York, 1949, pp. 218 f.

21. Erich Fromm, "Sex and Character: the Kinsey Report Viewed form the Standpoint of Psychoanalysis", in *Sexual Behavior in American Society*, p. 307.

22. Carl Binger, "The Pressures On College Girls Today", *Atlantic Monthly*, February, 1961.

23. Sallie Bingham, "Winter Team", *Mademoiselle*, July, 1958.

12. 가정이라는 이름의 안락한 포로수용소

1. Marjorie K. McCorquodale, "What They Will Die for in Houston", *Harper's*, October, 1961.

2. David Riesman, The Lonely Crowd. Erich Fromm, *Escape From Freedom*, New York and Toronto, 1941, pp. 185~206과 Erik H. Erickson, *Childhood and Society*, p. 239도 보라.

3. David Riesman, introduction to Edgar Friedenberg's *The Vanishing Adolescent*, Boston, 1959.

4. Harold Taylor, "Freedom and Authority on the Campus", in *The American College*, pp. 780 ff.

5. David Riesman, introduction to Edgar Friedenberg's *The Vanishing Adolescent*.

6. Eugene Kinkead, *In Every Wars But One*, New York, 1959. 최근 이런 결과들을 논박하거나 신빙성을 약화시키려는 시도들이 있었다. 하지만 1953년 귀환한 포로들을 인터뷰한 육군팀의 일원인 윌리엄 메이어 박사가 1958년 미국정신분석

학회에서 행한 연설의 녹음 테이프는 많은 소아과 의사들과 아동 전문의들에게 스포크 박사의 말로 질문하게 만들었다. "유난히 수동적이고 관대한 부모들이 오늘날 더욱 많아졌고, 그 부모들이 우리 아이들의 인성을 유약하게 만들고 있는 것일까?"(Benjamin Spock, "Are We Bringing Up Our Children Too 'Soft' for the Stern Realities They Must Face?", *Ladies' Home Journal*, September, 1960) 미국의 자존심을 불쾌하게 훼손하더라도, 이전의 다른 전쟁하고도 다르고 또 한국에 왔던 다른 나라 군인들의 행태하고도 다르게, 한국의 미군 포로들이 무너져내린 것에는 설명이 필요하다. 다른 전쟁에서는 미군 병사들이 적의 포로수용소에서 어떻게든 탈출하려 시도했다. 기후나 음식, 수용소의 부실한 의료 시설 같은 미군 당국의 말을 따르더라도 38퍼센트라는 사망률은 설명하기 어렵다. 잔인한 행위나 고문 때문에 사망한 것도 아니었다. 어느 의사는 '자포자기'라는 말로 미군들이 죽은 이유를 설명했다. 포로들은 천막 아래서 수그리고 앉아 대개 2~3주 동안 죽을 때까지 물만 먹으며 시간을 보냈던 것이다. 이런 현상은 미국인에게만 해당한 것으로 보인다. 역시 UN군으로 한국에 파견된 터키인 포로들은 질병이나 기아로 한 명도 사망하지 않았다. 터키인들은 똘똘 뭉쳐서 간부들의 명령에 복종했고, 보건 규칙을 준수하고 협력해 병자들을 보살폈으며, 서로 밀고하지 않았다.

7. Edgar Friedenberg, *The Vanishing Adolescent*, pp. 212 ff.

8. Andras Angyal, M.D., "Evasion of Growth", *American Journal of Psychiatry*, Vol. 110, No. 5, November, 1953, pp. 358~361. Erich Fromm, *Escape From Freedom*, pp. 138~206도 보라.

9. Richard E. Gordon and Katherine K. Gordon, "Social Factors in the Prediction and Treatment of Emotional Disorders of Pregnancy", *American Journal of Obstetrics and Gynecology*, 1959, 77:5, pp. 1074~1083; Richard E. Gordon and Katherine K. Gordon, "Psychiatric Problems of a Rapidly Growing Suburb", *American Medical Association Archives of Neurology and Psychiatry*, 1958, Vol. 79; "Psychosomatic Problems of a Rapidly Growing Suburb", *Journal of the American Medical Association*, 1959, 170:15; "Social Psychiatry of a Mobile Suburb", *International Journal of Social Psychiatry*, 1960, 6:1, 2, pp. 89~99. 이 글들 중 일부는 Richard E. Gordon, Katherine K. Gordon, and Max Gunther,

The Split Level Trap(New York, 1960)의 비교사를 통해 알려졌다.

10. Richard E. Gordon, "Sociodynamics and Psychotherapy", A.M.A. *Archives of Neurology and Psychiatry*, April, 1959, Vol. 81, pp. 486-503.

11. Adelaide M. Johnson and S. A. Szurels, "The Genesis of Anti-social Acting Out in Children and Adults", *Psychoanalytic Quarterly*, 1952, 21:323-343.

12. *Ibid.*

13. Beata Rank, "Adaptation of the Psychoanalytical Technique for the Treatment of Young Children with Atypical Development", *American Journal of Orthopsychiatry*, XIX, 1, January, 1949.

14. *Ibid.*

15. *Ibid.*

16. Beata Rank, Marian C. Putnam, and Gregory Rochlin, M.D., "The Significance of the Emotional Climate, in Early Feeding Difficulties", *Psychosomatic Medicine*, X, 5, October, 1948.

17. Richard E. Gordon and Katherine K. Gordon, "Social Psychiatry of a Mobile Suburb", *op. cit.*, pp. 89-100.

18. *Ibid.*

19. Oscar Sternbach, "Sex Without Love and Marriage Without Responsibility", 1962년 3월 12일 뉴욕, 미국아동연구협회 제38차 연례대회에서 행한 연설문(등사원고).

20. Bruno Bettelheim, *The Informed Heart — Autonomy in a Mass Age, Glencoe*, Ill., 1960.

21. *Ibid.*, pp. 162-169.

22. *Ibid.*, p. 231.

23. *Ibid.*, pp. 233 ff.

24. *Ibid.*, p. 265.

13. 박탈당한 자아

1. Rollo May, "The Origins and Significance of the Existential Movement in Psychology", in *Existence, A New Dimension in Psychiatry and Psychology*, Rollo

May, Ernest Angel and Henri F. Ellenberger, eds., New York, 1956, pp. 30 f(다음도 보라. Erich Fromm, *Escape from Freedom*, pp. 269 ff; A. H. Maslow, *Motivation and Personality*, New York, 1954; David Riesman, *The Lonely Crowd*).

2. Rollo May, "Contributions of Existential Psychotherapy", in *Existence, A New Dimension in Psychiatry and Psychology*, p. 87.

3. *Ibid.*, p. 52.

4. *Ibid.*, p. 53.

5. *Ibid.*, pp. 59 f.

6. Kurt Goldstein, *The Organism, A Holistic Approach to Biology Derived From Pathological Data on Man*, New York and Cincinnati, 1939를 보라. 그리고 다음 책들도 볼 것. *Abstract and Concrete Behavior*, Evanston, Ill., 1950; *Case of Idiot Savant*(Martin Scheerer와 공저), Evanston, 1945; *Human Nature in the Light of Psychopathology*, Cambridge, 1947; *After-Effects of Brain Injuries in War*, New York, 1942.

7. Eugene Minkowski, "Findings in a Case of Schizophrenic Depression", in *Existence, A New Dimension in Psychiatry and Psychology*, pp. 132 f.

8. O. Hobart Mowrer, "Time as a Determinant in Integrative Learning", in *Learning Theory and Personality Dynamics*, New York, 1950.

9. Eugene Minkowski, *op. cit.*, pp. 133~138. "우리는 우리가 피할 수 없는 죽음을 넘어 사고하고 행동하고 욕망한다. 미래 세대들을 위해 무언가를 하려는 욕구 같은 현상의 존재 자체가 이런 측면에서 우리의 태도를 확연히 보여준다. 우리의 환자들에게 특히 결핍되어 있는 것처럼 보이는 것이 바로 이런 미래를 향한 추동력이다. …… 개인적 충동 속에 확장의 요소가 존재한다. 우리 자신의 자아의 한계를 넘어서서 세계에 우리 개인의 흔적을 남기고, 우리에게서 우리 자신의 생명력으로 지속해 나갈 작품을 만들고자 하는 것이다. 이것은 우리가 만족이라 부르는 특정한 긍정적 감정을 수반한다. 그것은 모든 완료된 행동이나 확고한 결심에 수반되는 즐거움이다. 어떤 독특한 느낌 …… 우리의 개인적 발전은 이미 이루어진 것을 뛰어넘으려 노력하는 데 있다. 우리의 정신 생활이 빛을 잃게 되면 미래도 우리 앞에서 닫히게 된다."

여성성의 신화

10. Rollo May, "Contibutions of Existentail Psychotherapy", pp. 31 f. 니체의 철학 에서 인간의 개인성과 존엄은 "우리 스스로 풀어야만 하는 과제로서 우리에게 주어지거나 할당된다." 그리고 틸리히의 철학에서는 당신이 "존재하고자 하는 용기"를 갖지 않는다면, 당신의 존재를 상실하게 된다고 한다. 사르트르에게서 는, 당신의 존재는 당신의 선택이나 다름없다.

11. A. H. Maslow, *Motivation and Personality*, p. 83.

12. A. H. Maslow, "Some Basic Propositions of Holistic-Dynamic Psychology", an unpublished paper, Brandies University.

13. *Ibid.*

14. A. H. Maslow, "Dominance, Personality and Social Behavior in Women", *Journal of Social Psychology*, 1939, Vol. 10, pp. 3-39. "Self Esteem(Dominance-Feeling) and Sexuality in Women", *Journal of Social Psychology*, 1942, Vol. 16, pp. 259-294.

15. A. H. Maslow, "Dominance, Personality and Social Behavior in Women", *op. cit.*, pp. 3-11.

16. *Ibid.*, pp. 13 f.

17. *Ibid.*, p. 180.

18. A. H. Maslow, "Self Esteem(Dominance-Feeling) and Sexuality", pp. 288. 하 지만 매슬로는 '자아 불안'을 갖고 있는 여성들이 '자긍심이 있는' 척 하지만 실 제로는 갖고 있지 않다고 지적한다. 그런 여성들은 '자아 불안'을 벌충하기 위해 성적 관계 속에서 통상적 의미로 '지배'해야만 한다. 따라서 그 여성들은 거세적 이거나 마조히즘적이다. 내가 지적했듯이, 그런 여성들은 여성들에게 진정한 자 긍심을 가질 기회를 거의 제공하지 않는 사회에 아주 공통적이었다. 이것이야말 로 사람을 잡아먹는 신화와, 여성성이 거세된 남근 선망 그리고/또는 마조히즘 적 수동성과 동일시되는 프로이트적 생각을 구성하는 기반이다.

19. A. H. Maslow, *Motivation and Personality*, pp. 200 f.

20. *Ibid.*, pp. 211 f.

21. *Ibid.*, pp. 214.

22. *Ibid.*, pp. 242 f.

23. *Ibid.*, pp. 257 f. 매슬로는 자아실현적 사람들은 "파트너의 승리에 위협받기보

다는 이것을 즐기는 비범한 능력을 가지며 …… 이런 가장 인상적인 사례는 부인이 자신보다 더 성공을 거둘 때조차 부인의 성과를 아낌없이 자랑스러워하는 남성이다"라고 이야기한다.(*Ibid.*, p. 252)

24. *Ibid.*, p. 245.

25. *Ibid.*, p. 255.

26. A. C. Kinsey, *et al.*, *Sexual Behavior in the Human Female*, pp. 356 ff.; Table 97, p. 397, Table 104, p. 403.

출생연도와 결혼 생활 성교에서 오르가슴에 이르는 비율 비교

결혼 후 1년, 여성의 비율				
오르가슴에 이르는 성교의 비율	출생 연도			
	1900년 이전	1900-1909	1910-1919	1920-1929
없음	33	27	23	22
1-29	9	13	12	8
30-59	10	22	15	12
60-89	11	11	12	15
90-100	37	37	38	43
사례 수	331	589	834	484

결혼 후 5년, 여성의 비율				
오르가슴에 이르는 성교의 비율	출생연도			
	1900년 이전	1900-1909	1910-1919	1920-1929
없음	23	17	12	12
1-29	14	15	13	14
30-59	14	13	16	19
60-89	12	13	17	19
90-100	37	42	42	36
사례 수	302	489	528	130

여성성의 신화

27. *Ibid.*, p. 355.

28. 다음을 보라. Judson T. Landis, "The Women Kinsey Studied", George Simpson, Nonsense about Women, and A. H. Maslow and James M. Sakoda, "Volunteer Error in the Kinsey Study", in *Sexual Behavior in American Society.*

29. Ernest W. Burgess and Leonard S. Cottrell, Jr., *Predicting Success or Failure in Marriage*, New York, 1939, p. 271.

30. A. C. Kinsey, *et al., Sexual Behavior in the Human Female*, p. 403.

31. Sylvan Keiser, "Body Ego During Orgasm", *Psychoanalytic Quarterly*, 1952, Vol. XXI, pp. 153-166. "이 집단의 사람들은 적절한 자아를 발전시키지 못했다는 특징을 갖는다. …… 자신의 육체에 대한 열정적인 몰입과 배려는 실은 공허하고 부적절한 내적 느낌을 일러주는 것이다. …… 이런 환자는 자신의 정체성에 대한 인식이 없으며 다른 사람들의 인격을 쉽사리 받아들이곤 한다. 개인적 확신은 거의 없으며, 다른 이들의 의견을 추종한다. …… 주로 이런 종류의 환자는 오르가슴을 느낄 때까지만 성교를 즐긴다. …… 그런 사람들은 통제의 상실, 육체에 대한 자각의 상실, 또는 죽음을 수반하는 오르가슴의 억제되지 않은 전개를 감행하지 못한다. …… 육체 이미지의 구조와 경계에 대한 불확실성이라는 측면에서, 혹자는 피부가 자아에서 환경으로 나아가는 이행을 명확히 규정하는 껍질로 기능하지 않는다고 이야기할지도 모른다. 하나는 다른 하나로 점진적으로 변이한다. 자기 자신의 통일성을 위협하지 않고 자신을 구별하며 존재감을 부여할 수 있다는 보장은 없다."

32. Lawrence Kubie, "Psychiatric Implications of the Kinsey Report", in *Sexual Behavior in American Society*, pp. 270 ff. "이 간단한 생물학적 목표는 개인들 자신이 대개는 알지 못하는 많은 미묘한 목표들과 겹쳐진다. 그중 일부는 얻을 수 있고 일부는 그렇지 않다. 많은 것을 얻을 수 있을 때, 성행위는 결국 평화로운 완성과 만족으로 남는다. 하지만 무의식적 목표들이 달성되지 못하면, 오르가슴이 일어났느냐 그렇지 않느냐에 상관없이, 성교 뒤의 불만족스러운 감정이 남게 되며 때로는 두려움이나 분노, 우울감이 생겨난다."

33. Erick H. Erikson, Childhood and Society, pp. 239-283, 367-380. Erich Fromm, *Escape from Freedom and Man for Himself.* David Riesman, *The Lonely Crowd*도 보라.

34. Alva Myrdal and Viola Klein(*Woman's Two Roles*)를 보라. 저자들은 현재 가정 밖에서 일하는 미국 여성의 수가 더 많다고 지적하는데, 이는 비교의 근거가 되는 수가 너무 작았기 때문이다. 한 세기 전에 가정 바깥에서 일하는 미국 여성들의 비율은 유럽 대륙보다 훨씬 작았다. 말하자면 미국에서 여성 문제는 미국 여성들이 사회에서 핵심적 역할과 정체성에서 너무도 급격히 배제되었기 때문에 심각했다. 이것은 주로 미국 경제의 매우 급격한 성장과 산업화 때문이었다. 개척 시대에 남성과 함께 성장하던 여성들은 하루밤 사이에 아노미에 빠져들었다. 이것은 중요한 일이 집에서 떠나 사회에서 실제적인 장소가 없는 사람이 겪는 비존재 또는 비정체성에 대한 매우 표현적인 사회학적 명칭이다. 대조적으로 산업화가 좀더 느리게 진행되고 농장과 소규모 가족 상점들이 경제에서 아직 중요한 위치를 차지하는 프랑스에서는 백 년 전에도 들판과 상점에서 많은 여성들이 일하고 있었다. 그리고 오늘날에도 프랑스 여성 다수는 미국적 의미에서 전일제 노동은 아니더라도 많은 영역에서 일을 계속하고 있다. 프랑스에서 여성의 성장은 사회의 성장과 밀접히 결합됐고, 전문 직종에 종사하는 프랑스 여성의 비율은 50년 동안 두 배로 증가했다. 프랑스에서는 여성성의 신화가 미국만큼 지배력을 행사하지 못한다는 점도 지적해야 하겠다. 프랑스에서는 전문직 여성과 여성 지식인에 대한 정당한 이미지가 존재하며, 프랑스 남자들은 속이 빈 공허함이나 남자를 잡아먹는 여성 따위로 등치하지 않고 여성성을 평가하는 듯하다. 제조업이나 전문직에서 여성이 일한다고 해서 가족이 약화된 것도 아니었다. 뮈르달과 클라인은 프랑스의 직업을 가진 여성들이, 새로운 교육을 받은 미국 주부들만큼은 아니지만, 꾸준히 아이를 갖고 있음을 보여준다.

35. Sidney Ditzion, *Marriage, Morals and Sex in America, A History of Ideas*, New York, 1953, p. 277.

36. William James, *Psychology*, New York, 1892, p. 458.

14. 여성들의 새로운 인생을 계획하기 위하여

1. "Mother's Choice: Manager or Martyr", 그리고 "For a Mother's Hour", *New York Times Magazine*, January 14, 1962와 March 18, 1962를 보라.

2. 정체성의 기반을 제공하기 위해서는 일이 '실제적'이어야 하며 단순한 '치료'나 잡일이어선 안 된다는 생각은, 여성에 대해서뿐만 아니더라도 자아에 관한 이

론들에서 뚜렷해졌다. 어린 아이들에게 '정체성'의 시작을 정의하는 것에 관해서 에릭슨은 이렇게 말한다. "자라나는 아이들이 모든 단계에서 경험하고 소화하는 개인적 방식이 집단 정체성의 성공적 일부가 되며, 시공간과 생애 계획에 잘 들어맞는다는 인식에서 실제성의 생생한 이해를 끌어낸다. 이런 아이들은 공허한 칭찬이나 생색내는 이야기로 기만당하지 않는다. 더 나은 환경 속에서 자긍심을 인위적으로 부풀릴 수는 있지만, 자신들의 자아 정체성은 실제적 성취를 진정으로 일관성 있게 인지할 때에만 현실적 힘을 얻게 된다. 그 성취는 문화 속에서 의미를 갖는 것이다."(*Childhood and Society*, p. 208)

3. Nanette E. Scofield, "Some Changing Roles of Women in Suburbia: A Social Anthropological Case Study", transactions of the New York Academy of Sciences, Vol. 22, 6, April, 1960.

4. Polly Weaver, "What's Wrong with Ambition?", *Mademoiselle*, September, 1956.

5. Edna G. Rostow, "The Best of Both Worlds", *Yale Review*, March, 1962.

6. Ida Fischer Davidoff and May Elish Markewich, "The Postparental Phase in the Life Cycle of Fifty College-Educated Women", unpublished doctoral study, Teachers College, Columbia University, 1961. 이 50명의 교육받은 여성들은 아이들이 학교에 다니는 몇 해 동안 내내 전업주부이자 어머니로 지냈다. 막내가 집을 떠나자 여성들은 심각한 마음의 고통을 겪었다. 가정 바깥에는 깊은 관심을 쏟을 것이 없었기 때문이다. 이 여성들은 지역사회의 지도자였지만, 스스로를 "열 살짜리도 할 수 있는 일"로 다른 사람들의 존경을 얻어야 하는 사기꾼처럼 느꼈다. 기능적응 학교에서 저자 자신의 오리엔테이션은 교육이 '비현실적' 목표를 주었다는 사실을 개탄하게 만들었다.(50~60세가 된 이 여성들 중 얼마나 많은 수가 의사가 되었으면 하고 바라는지 놀랄 만하다.) 하지만 대학에서 시작된 자신의 관심사를 계속 추구해온 여성들은 일자리나 정치 혹은 예술 활동을 계속하고 있었고, 자신을 '사기꾼'으로 느끼거나 환경기의 좌절감을 예상하며 고통을 겪지도 않았다. 그렇지 않은 여성들은 그런 관심의 부재로 고통을 겪고 있으면서도, 아이들을 키우는 세월이 지난 뒤 학교로 돌아가기를 원치 않았다. 그런 노력을 정당화하기에는 시간이 얼마 남지 않았다는 간단한 이유 때문이었다. 그래서 여성들은 자기 연배의 부모들에게 어머니 구실을 하며 '여성 역할'을

계속하거나, 애완동물 키우기나 화초 가꾸기에서 취미를 찾고 아이들의 자리를 대신 채웠다.

중년 나이에 전문 결혼 상담사가 된 두 사람의 가정 생활 교육가가 하는 해석이 재미있다.

"우리 그룹 중에서 높은 기대나 높은 지적 수준 혹은 두 가지를 다 가진 여성들에게, 성공과 성취를 지향하는 우리 사회에서 강조하는 가치들과 훈련받지 않은 나이 든 여성들에게 열려진 실제 기회 사이의 불일치는 특히 참기 어려운 것입니다. …… 숙련된 여성에게 열려있는 문은 따로 훈련을 받지 않은 여성에게는 닫혀있었어요. 그 여성이 돈이 되는 일자리를 찾고자 노력해도 할 수 없었죠. 하지만 대부분 노동 상황의 실제 곤란을 이해하고 있는 것 같았어요. 마음이 끌리는 일자리를 위한 준비도 안 되어 있고, 활동할 수 있는 시간이 그리 많이 남지도 않았는데 훈련에 요구되는 시간과 에너지를 투입할 생각은 들지 않았던 거죠. …… 책임감이 저하됐기 때문에 압력이 적었다는 점도 고려되어야 했어요. …… 어머니 노릇이라는 주 임무가 끝나자, 전에는 두 번째 일이던 자원봉사 활동의 만족도 적어졌습니다. …… 교외 지역의 문화 활동이란 게 뻔했고, 도시에서도 성인 교육은 …… 아무런 보장도 제공하지 않는 '시간낭비'로 여겨졌던 거죠. 그래서 어떤 여성들은 후회를 하죠. 직업을 가질 수 있는 새 기술을 배우기에는 너무 늦었다고. 한 우물을 팠더라면 내 잠재력을 충분히 활용할 수 있었을 텐데 하고요."

하지만 저자들은 "대다수 여성들은 어떻게든 사회에서 자신의 위치를 찾아냈다"는 말에 수긍한다.

"우리 문화가 여성들에게 특정한 활동의 극기를 요구하고 참여의 시야를 인생의 흐름 속에 제한하는 탓에, 이 시점에서 여성이라는 것은 단점이라기보다는 이점으로 여겨질지도 모른다. 그 사람들은 여성으로서 일생 동안 다른 사람들의 느낌이나 요구에 민감하도록 고무되어왔다. 그 여성의 생애는, 전략적 지점에서 볼 때 자아의 부정을 요구했다. 그리고 이 마지막 극기를 위해 '의상 리허설'의 기회를 충분히 가졌다. …… 일련의 장구한 극기가 인생의 초기부터 시작된다. 여성으로서 그 사람의 생애는 이제 또 다른 준비 없이도 자유롭게 충분히 이용할 수 있는 기술을 선사했다."

7. Nevitt Sanford, "Personality Development During the College Years", *Journal of*

Social Issues, 1956, Vol. 12, No. 4, p. 36.

8. 바사대학 학생들의 첫 경험을 둘러싼 1962년 봄의 파동은 한 가지 사례다. 내가 보기에 교육자들에게 실제 문제는 이 학생들이 교육만이 제공할 수 있는 진지한 인생 목표를 자신들이 받는 교육에서 얻고 있느냐는 것이었다. 그렇다면 그 학생들은 성생활에 있어 책임감 있다고 믿어질 것이다. 블랜딩 총장은 만약 교육을 위해 대학에 와있는 게 아니라면 학생들은 거기에 있을 필요가 없다고 대담하게 말함으로써 신화를 실제로 격파했다. 그 선언이 파문을 일으켰다는 것은 여성 지향적 교육이 얼마나 강력했는지 보여주는 증거다.

9. 의학, 과학, 법학 등을 파트타임으로 공부하기 불가능하다는 것과 최고 수준 대학에서 시간제로 대학원 공부를 할 수 없다는 사실은 훌륭한 능력을 가진 많은 여성들이 학업을 시도하지 못하게 만들었다. 하지만 1962년에 하버드대학교 교육대학원이 이 장벽을 허물고 유능한 주부들이 교사가 되도록 장려하는 조치를 취했다. 뉴욕에서도 여성 의사들의 모성 역할을 고려해 시간제로 심리학 레지던트가 될 수 있게 허용했다.

10. Virginia L. Senders, "The Minnesota Plan for Women's Continuing Education", in "Unfinished Business — Continuing Education for Women", *The Educational Record*, American Council on Education, October, 1961, pp. 10 ff.

11. Mary Bunting, "The Radcliffe Institute for Independent Study", *Ibid.*, pp. 19 ff. 일류 대학 졸업생들이 자신이 받은 선진 교육을 사용하는 방법에 대해 개탄하면서 래드클리프대학 학장은 여성성의 신화를 반영하고 있다. "그 여성들은 너무도 쉽게 열정적이고 두려움 없으며 논리 정연하지만 때로는 시끄러운 십자군이자 개혁가가 된다. 교육받은 여성의 정형은 일반인의 마음 속에서, 그리고 동시에, 그 정형과 교육 두 가지에 대한 편견 속에서 자라난다.

우리는 과거에 여성들이 필요로 한 전문적인 교육을 제공하기 위해 어떤 시도도 하지 않았다. 이것은 교육의 목적이 오로지 남성들의 직업 패턴에만 맞추어졌다는 사실을 분명하게 드러낸다. 그러나 이 주안점이 변하는 가운데, 여성들이 능력을 갖추어 남성과 경쟁하도록 부추기는 것이 우리의 목표가 되어서는 안 된다. 여성들은 일반적으로 가정 내에서 가장이 아니기 때문에 오히려 NBA의 트레일 블레이저스 팀처럼 가장 유용할 수 있다. 옆길로 빠져 일을 한다거나 남자들에게는 희망을 걸만한 것이 없는 특이한 일을 한다거나 말이다. 지식 시장에서 경쟁이 치열한 때에도 언제나 주변에는 여유로운 곳이 존재한다."

여성성의 신화 때문에 오늘날 여성들이 이 '주변'에서 주로 자신들이 교육받은 것을 써먹으며, 이는 또한 교육받은 여성이라는 사실을 숨기려는 편견에서 비롯된 것이기도 하다. 교육자들조차 "십자군이나 개혁가가 되려 하고, 열정적이고 두려움이 없으며 자신의 생각을 또렷하게 표현하는" 사람이 되어가는 이 능력 있는 여성들을 단념시키려 할 것이다. 그렇기 때문에 여전히 남아있는 이 장애물들을 극복할 수 있을지 의심스럽다.

12. *Time*, November, 1961, 그리고 "Housewives at the $2 Window", *New York Times Magazine*, April 1, 1962도 보라. 이 기사는 교외 주부들을 위한 보육 서비스와 '진료소'가 이제 경쟁적으로 제공되고 있음을 보여준다.

13. 《뉴욕타임스》 1962년 5월 8일자에 실린, 맨해튼의 공화당 여성 주의원 도로시 벨 로렌스의 언급을 보라. 뉴욕시에서 최초로 공화당 지역구 의원으로 선출된 로렌스는 이렇게 말했다. "나는 모든 일을 해냈고, 지역 지부 의장에게 의장이 되고 싶다고 이야기했어요. 의장은 여성이 그 지위를 맡는 것은 규정에 어긋난다고 말했지만, 곧 규정을 바꿨지요." 뉴욕의 민주당 '개혁' 운동에서는 여성들이 자신들의 활동에 부응하는 지도부 자리를 맡기 시작했고, 과거의 분리된 '여성 사업 부서'나 '여성위원회'는 사라지기 시작했다.

14. 내가 인터뷰한 여성들 중 여성성의 신화가 조언하는 대로 주부이자 어머니가 되려는 열망을 완전히 포기한 사람들 중에서, 나는 잘못된 역사가 반복되고 있음을 발견했다. 어떤 여성들은 포기했던 일을 마침내 다시 시작하거나 대학원으로 돌아간 뒤에 오랫동안 바라던 둘째 또는 셋째 아이를 가질 수 있었다.

15. 미국 여성들의 평균수명은 75세로 세계 어느 곳보다 길다. 하지만 뮈르달과 클라인이 『여성의 두 역할Women's Two Roles』에서 지적했듯이, 인간에게는 연대기적 나이와 생물학적 나이가 다르다는 인식이 늘어나고 있다. "연대기적 나이로 70세라 하더라도, 생물학적 나이의 편차는 연대기적 나이로 50에서 90세까지 걸쳐있을 수 있다." 인간의 나이듦에 관한 새로운 연구들은 가장 많이 교육받고 복합적이고 활동적인 삶을 사는 이들, 새로운 경험과 배움에 깊은 흥미와 참여 의사를 갖는 이들은 다른 이들보다 '늙지' 않는다는 것을 보여준다. 3백 명의 생애사를 심층 조사한 한 연구(Charlotte Buhler, "The Curve of Life as Studied in

Biographies", *Journal of Applied Psychology*, XIX, August, 1935, pp. 405 ff.를 보라)는 생애 후반 동안 인간의 생산성은 자신의 생물적 조건과 독립되며, 실제로 생물적 효율성보다 높은 수준—인간이 생물적 삶에서 벗어날 때—에 이른다는 것을 보여줬다. '정신적 요소들'이 활동을 지배하게 될 때 가장 높은 수준의 생산성이 인생의 후반기에 나타나게 된다. 개인의 생활에서 '물리적 요소들'이 결정적이 되면 최고점에 좀 더 일찍 이르게 되지만, 물리적 곡선은 생물적 곡선과 더 가까워지게 된다. 위에서 인용한 교육받은 여성들에 대한 연구는 이 여성들이 오늘날 미국의 '정상적' 여성들에 비해 완경기에 훨씬 덜 괴로워한다는 것을 보여줬다. 물리적인 집 지키기와 생물적 역할에 지평이 국한되지 않은 이 여성들은 대부분 50대나 60대에도 '늙었다'고 느끼지 않았다. 많은 이들이 자기 어머니의 경험에서 미뤄 예상했던 것과는 달리 완경기에 훨씬 덜 고통스러웠다고 놀라워하며 증언했다. 그래서 베네데크는 오늘날 많은 여성들이 완경기에 경험하는 고통의 감소와 창조적 에너지의 분출이 적어도 일부는 여성 '해방' 덕분이라고 주장한다.(Benedek, "Climacterium: A Development Phase", Psychoanalytical Quarterly, XIX, 1950, p. 1.) 킨제이가 제시한 통계들은 교육 덕분에 순전한 생물적 생활에서 해방된 여성들이 예상보다 더 인생의 후반기에 성적 만족의 극치를 경험하며, 그것은 40대를 넘어 완경기까지 계속되는 경향이 있다는 것을 보여준다. 이런 현상의 가장 좋은 사례는 아마도 콜레트일 것이다. 그녀는 살며 사랑하고 글을 쓴 진정한 인간, 해방된 프랑스 여성이었으며, 자신의 연대기적 나이에 전혀 굴복하지 않았다. 80세의 생일에 콜레트는 말했다. "58세라면 미래에 대한 희망으로 가득 차서 욕망할 때가 아닌가."

여성성의 신화

1판 1쇄 발행 2018년 7월 18일
1판 3쇄 발행 2022년 4월 1일

지은이 베티 프리단 | 옮긴이 김현우 | 해제 정희진
편집 김지하 김지은 | 표지 디자인 별을 잡는 그물

펴낸이 임병삼 | 펴낸곳 갈라파고스
등록 2002년 10월 29일 제2003-000147호
주소 03938 서울시 마포구 월드컵로 196 대명비첸시티오피스텔 801호
전화 02-3142-3797 | 전송 02-3142-2408
전자우편 galapagos@chol.com

ISBN 979-11-87038-34-4 (03300)

갈라파고스 자연과 인간, 인간과 인간의 공존을 희망하며, 함께 읽으면 좋은 책들을 만듭니다.